Andre Bartoniczek
Die Zukunft entdecken

Andre Bartoniczek

Die Zukunft entdecken

Grundlagen des Geschichtsunterrichts

Verlag Freies Geistesleben

1. Auflage 2014

Verlag Freies Geistesleben
Landhausstraße 82, 70190 Stuttgart
Internet: www.geistesleben.com

ISBN 978-3-7725-1556-9

Druck: fgb Freiburger Graphische Betriebe
Printed in Germany

Inhalt

Teil II: Der Schüler. «Wer spricht da? Ich, dein Stern»

Vorwort

«Wir fühlen, dass selbst, wenn alle möglichen wissenschaftlichen Fragen beantwortet sind, unsere Lebensprobleme noch gar nicht berührt sind.»[1]

(Ludwig Wittgenstein, 1918)

«Das Leben der Welt muss in seinen Fundamenten neu gegründet werden. Ich habe niemals etwas anderes im Unterbewusstsein der jugendlichen Menschen eingeschrieben gesehen.»[2]

(Rudolf Steiner, 1924)

Die Äußerungen Ludwig Wittgensteins und Rudolf Steiners – im Abstand von nur wenigen Jahren formuliert – umreißen das ganze Spannungsverhältnis, in dem auch der Umgang mit der Geschichte heute steht. Der Nobelpreisträger Imre Kertész schildert in seinem *Roman eines Schicksallosen*, wie sein junger Protagonist nach seiner Ankunft in Auschwitz realisiert, dass zu dem Zeitpunkt, als sein weißbärtiger Gymnasialdirektor in der Eröffnungsfeier den antiken Spruch zitierte: «Nicht für die Schule, sondern für das Leben lernen wir», bereits das Todeslager existierte. So staunt er: «Dann hätte ich jedoch, das war meine Ansicht, die ganze Zeit ausschließlich für Auschwitz lernen müssen. Es wäre alles erklärt worden, offen, ehrlich, vernünftig. Bloß hatte ich während der ganzen vier Jahre in der Schule kein einziges Wort davon gehört.»[3] Leben und schulisches Lernen klaffen – nicht nur in einem solch extremen Fall wie bei Kertész – seit Langem schon so weit auseinander, dass von Schülern und Erwachsenen immer wieder der Sinn dieses Lernens existenziell infrage gestellt wird. Das betrifft besonders stark den Geschichtsunterricht, weil es in ihm ja direkt um das menschliche Leben geht. Eigentlich werden die Schüler unmittelbar fasziniert von den Taten und dem Denken eines Themistokles, einer Rosa Luxemburg oder eines Nelson Mandela. Geschichtliche Ereignisse sind voller Leben und Dramatik; wo gehandelt wird, wird Zukunft erlebt, und darin erfährt sich der Mensch als Mitgestalter der Welt. Das ist die Möglichkeit des Geschichtsunterrichts. Ein eindrucksvolles Zeugnis davon legt die Autobiografie des Franzosen Jacques Lusseyran ab, der durch einen Unfall mit acht Jahren erblindete, als Jugendlicher später die Besatzung der Nationalsozialisten in Paris erlebte und sich gegen alle bedenklichen Umstände dazu entschloss, eine Widerstandsgruppe zu gründen. Es ist der Geschichtslehrer an der Première Supérieure, der Jacques durch sein Engagement, aber auch durch sein profundes Wissen und seine fast prophetische Voraussicht die gegenwärtigen Ereignisse und ihre tieferen Zusammenhänge durchschauen lässt. Der 16-jährige Schüler erlebt voller Dankbarkeit, wie ihm die Kraft seines Lehrers die sich seit Jahrzehnten vorbereitende welthistorische Auseinandersetzung zwischen Ost und West aufschließt und im selben Moment den Mut zum Handeln, zum aktiven Widerstand gegen den Nationalsozialismus entfacht.[4] Die schulische Realität sieht eigentümlicherweise oft anders aus: Man könnte viele Äußerungen von Jugendlichen und Erwachsenen anführen wie die Schilderung eines 15-jährigen Gymnasiasten: «Der Stoff wurde uns ins Gehirn gestopft. Meine Schule war benannt nach den Widerstandskämpfern Hans und Sophie Scholl. In der 8. Klasse haben wir Flugblätter und Texte der Scholls durchgenommen, um dann den Schülern der 6. Klasse – in Gruppen aufgeteilt – davon zu erzählen. Ich glaube, sie wissen immer noch nicht Bescheid.»[5] Oder Alexander Terboven von der Rap-Gruppe «Die Firma»: «Was ich damals [in der Schule] vermisst habe, ist, dass mir irgendjemand sagte: ‹Übrigens, das ist wichtig.› Heute gibt es das Problem, und das hat immer noch mit dem zu tun, was vor Jahrhunderten oder Jahrtausenden passiert ist.»[6]

Dieser Widerspruch von Unterricht und Lebensrealität hat Gründe, die mit unserem heutigen Weltbild zusammenhängen. Ein Paradigmenwechsel steht an. In der vorliegenden Schrift werden aus diesem Grunde Gesichtspunkte thematisiert, die unsere gegenwärtigen Denkgewohnheiten provozieren müssen, die zugleich aber unabdingbar sind, wenn ein neuer Blick auf den Umgang mit der Geschichte gelingen soll. «Es wird einmal für die Geschichtsbetrachtung eines der bedeutendsten Ergebnisse sein, wenn man darauf kommen wird, dass man erst den Gegenstand der Geschichtsbetrachtung finden muss» (R. Steiner)[7] – dass wir das Leben der Geschichte also noch gar nicht sehen, sondern – wie ein Mensch, der immerfort Buchstaben beschreibt, anstatt sie zu lesen – Fakten registrieren, aber nicht die Wirklichkeit der Historie erfassen.

Die vorliegende Schrift möchte einen Beitrag zur Entdeckung der Geschichte und ihrer Bedeutung für den jungen Menschen leisten – sie ist ein Versuch und bedarf der Ergänzung, Ausweitung und Diskussion. Sie wäre undenkbar ohne die reichen Begegnungen mit den Schülern im Unterricht und mit Seminaristen in meiner Lehrerbildungstätigkeit, sie ist ebenso das Ergebnis von vielen Gesprächen und Anregungen durch Freunde, Kollegen und Forschungsliteratur. Dafür möchte ich mich sehr bedanken. Nicht alle Gesprächspartner kann ich an dieser Stelle nennen, ich möchte einige aber doch hervorheben. Sehr dankbar bin ich für die wertvolle Begegnung mit dem inzwischen verstorbenen Uwe Densch, der mir in der ersten Entstehungsphase dieser Arbeit seine große Bibliothek in Bremen großzügig zur Verfügung gestellt, aber auch durch anregende Gespräche und ein wertvolles pädagogisches Fundstück wesentliche Anstöße gegeben hat. Bedanken möchte ich mich bei Dr. Jürgen Schürholz für den Austausch über die medizinischen Aspekte, bei Martin Basfeld und Martin Rozumek für die Anregungen zu Steiners Sinneslehre und Karmaforschung und bei Rita Schumacher, Albert Schmelzer und Elisabeth von Kügelgen für die direkt auf den Geschichtsunterricht bezogene Zusammenarbeit.

Ohne die regelmäßige inhaltliche und organisatorische Ermutigung Ruprecht Frieds, solch eine Arbeit während des Schulalltags noch zu einem Ende zu bringen, ohne die Bereitschaft des Kollegiums der Waldorfschule Uhlandshöhe in Stuttgart, mich für das Vorhaben partiell freizustellen, und ohne die engagierte finanzielle Unterstützung der Pädagogischen

Forschungsstelle beim Bund der Freien Waldorfschulen – vor allem durch Christian Boettger; wäre dieses Unternehmen sicherlich nicht zustande gekommen – auch ihnen allen herzlichen Dank!

Besonders bedanken möchte ich mich bei meiner Frau und meinen beiden kleinen Söhnen, dass sie diese Arbeit mitgetragen haben.

Stuttgart, im Oktober 2013   *Andre Bartoniczek*

Einleitung

Es gibt wohl kaum einen Zeitpunkt in der Biografie eines Menschen, an dem Vergangenheit, Gegenwart und Zukunft dramatischer aufeinanderprallen als in der Jugend. Die Vergangenheit ist etwas Feindliches: Sie hat ohne meine Beteiligung Tatsachen geschaffen, die nun mein Leben determinieren – Gesetze zwängen meine eigensten Bedürfnisse ein, meine Persönlichkeit wird definiert als Produkt von Vererbung und Sozialisation, die Bahnen meiner Existenz sind bereits vorgeprägt von den Erwartungen und Regelungen der Erwachsenen. Alles ist fertig, und dieses Fertige kann mich keineswegs befriedigen, weil es bis in meinen unzulänglichen Körper hinein unvollkommen ist und von mir nicht gewollt war. Zugleich regen sich unstillbare Sehnsüchte nach einer neuen, besseren Welt, nach dem Menschen, den ich liebe, nach der sinnvollen Lebensaufgabe, die ich durch meinen Beruf entdecke, usw. Der Jugendliche verlässt die Kindheit und entfremdet sich der Vergangenheit: Er spürt, dass sein Elternhaus nicht mehr seine Identität ausmacht, und distanziert sich, die fertige Erwachsenenwelt wird als abgestorben erlebt und kritisiert. «Unsere Existenzgrundlage ist weggeschwemmt, und wir treiben ziellos dahin», schreibt Karl König.[8] Der junge Mensch fühlt die Zukunft, stößt sich vom Vergangenen ab, das Neue kennt er aber noch kaum, sodass er sich noch nicht wirklich orientieren kann.

Das Verhältnis zwischen Vergangenheit, Gegenwart und Zukunft wird mit der Geschlechtsreife also zum ersten Mal Lebensthema, und das Gelingen des Heranreifungsprozesses des Menschen zu einer erwachsenen, selbstbestimmten Persönlichkeit scheint wesentlich davon abzuhängen, ob er lernt, dieses Verhältnis zu gestalten. Es ist offensichtlich, dass sich eine solche Fähigkeit nicht instinktiv von selbst einstellt – auch die Erwachsenen müssen sich fragen: Wie kommt es, dass wir immer wieder überrascht werden von gesellschaftlichen Katastrophen wie den Kriegen im ehemaligen Jugoslawien, der Finanzkrise, der Klimaerwärmung usw., warum hat uns die Beschäftigung mit der Vergangenheit so wenig erkennen lassen, was aus der Zukunft auf uns zukommt? Warum lassen wir uns so oft von der Vergangenheit fesseln, geraten in Atavismen hinein wie Nationalismus, Rassismus oder auch illusionär-nostalgische Wiederbelebungen alter Lebensformen wie z.B. in den verschiedenen Ausprägungen der New Age-Bewegung? Wie kommt es, dass die Begeisterung für Ideale in der Regel süffisant belächelt wird oder der Versuch der konkreten Umsetzung gesellschaftlicher Utopien so häufig in die Zerstörung, den Terrorismus führt? Es ist signifikant für unsere heutige Zivilisation überhaupt, dass sie fortwährend damit beschäftigt ist, Traumata der Vergangenheit wie den Nationalsozialismus, den Palästina-Konflikt oder den Kolonialismus aufzuarbeiten, und andersherum in Zukunftsseminaren, Konfliktforschung, Schulungen prozessualen Denkens für Wirtschaftsmanager hochbewusst daran arbeitet, Zukunft erkennen und gestalten zu lernen. Es ist sicherlich kein Zufall, dass unsere Zeit eine wohl noch nie gekannte Faszination für – unterhaltungstechnisch aufbereitete – alte Mythen mit dem ganzen Inventar der Drachen, Trolle, Feen, Schwertkämpfe und Magier und zugleich für apokalyptische Bilder zeigt, in denen Maschinen den Menschen ablösen, Krankheit ausgemerzt wird, Gefühle und Sinneserlebnisse als Verbrechen deklariert und zukünftige Entscheidungsschlachten über das Schicksal unseres Planeten geführt werden.

Der Pädagogik scheint zunehmend die Aufgabe zuzukommen, in den Heranwachsenden die Befähigung zu erwecken, die Wirklichkeit des Vergangenen zu erkennen und darin zugleich Zukunft zu erfassen, Orientierung zu gewinnen und damit letztlich handlungsfähig zu werden. Hierin liegt die besondere Herausforderung und Chance des Geschichtsunterrichts. Sein Gegenstand ist die Zeit. Im Geschichtsunterricht lernt der Schüler die Vergangenheit kennen; indem er sich in die Zeiten hineinversetzt und Zeuge der verschiedensten menschlichen Impulse wird, durch die sich das Leben jeweils von Grund auf und bleibend verändert hat, hört die Vergangenheit für ihn auf, ein bedrohlich festes und abgestorbenes «Endprodukt» zu sein, das ihn unfrei macht. Vielmehr erlebt er gerade im Vergleich der Zeiten, dass sich die Welt in permanentem Wandel befindet, die Gegenwart also nicht abgeschlossen ist, sondern in jedem Moment aus den Ideen und Initiativen einzelner Menschen hervorgeht. Geschichte verstehen heißt, die Gründe zu erkennen, aus denen heraus zu bestimmten Zeiten Einrichtungen und Lebensformen geschaffen wurden, die mein heutiges Leben bestimmen. Ich beginne, meine Lebensverhältnisse zu verstehen und die Gegenwart als sinnvoll zu erleben, indem ich die innere Notwendigkeit erkenne, aus der sie hervorgegangen sind bzw. ist. Die Etappen der Vergangenheit werden in ihrer eigenen Bedeutung erfasst, und in ihrer Abfolge offenbart sich ein Zusammenhang – der Schüler erfährt an der Vergangenheit den Gang der Menschheit, er erlebt einen Weg, an dem er teilnimmt, und damit Orientierung. Es ereignet sich ein geheimnisvoller Moment: Der Blick in die Vergangenheit schlägt um in das Erlebnis von Zukunft – diese muss nicht ein nur herbeigesehntes Nebelgebilde bleiben, das mich, weil ich es nicht verstehe, vielleicht sogar zu zerstörerischer Radikalität treibt, sondern sie kann mit Erkenntnis durchdrungen werden, zur Idee werden und Impulse für konkrete Handlungen geben.

Hier wird sich bei vielen Lesern sofort Zweifel regen: Kann Geschichtsunterricht so etwas wirklich leisten? Überschätzt man ihn mit solchen Erwartungen nicht hoffnungslos? Ist sein Problem nicht gerade, dass er so wenig ins Leben führt, sondern immer wieder die Tendenz hat, in totes Faktenwissen, Unverbindlichkeit und Langeweile zu führen? Man kann sich selber einmal fragen: Traut man es dem Geschichtsunterricht zu, dass er einen realen Einfluss auf die Biografie eines Menschen bis in seine inneren Befindlichkeiten und Handlungen hinein hat?

Es stimmt nachdenklich, wenn in dem kommerziell erfolgreichsten Buch aller Zeiten, in Joanne K. Rowlings *Harry Potter*, explizit Geschichtsunterricht thematisiert und ein wohl unzähligen Menschen sehr vertrautes Bild gezeichnet wird: Eines der Fächer, das die Schüler der

15

Zaubereischule von Hogwarts zu belegen haben, ist die «Geschichte der Zauberei» bei Professor Binns. Kein Fach ist so langweilig wie dieses, und es spricht Bände, wer jener Lehrer Binns tatsächlich ist: Er ist ein Gespenst, «uralt und schrumpelig, und viele Leute sagten, er habe nicht bemerkt, dass er tot sei. Er war eines Tages einfach aufgestanden, um zum Unterricht zu gehen, und hatte seinen Körper in einem Sessel vor dem Kamin im Lehrerzimmer zurückgelassen; sein Tagesablauf hatte sich seither nicht im Mindesten geändert. Heute war es noch langweiliger als sonst. Professor Binns öffnete seine Unterlagen und begann dumpf dröhnend wie ein Staubsauger zu lesen, bis fast alle in der Klasse in einen Wachschlaf verfallen waren, nur gelegentlich aufmerkend, um einen Namen oder ein Datum zu notieren.»[9] Mit diesem Bild benennt Rowling die klassischen Merkmale, mit denen Geschichtsunterricht landläufig belegt wird: Er ist öde und langweilig und versetzt Schüler in einen Schlafzustand, indem er sie mit Namen und Zahlen traktiert, ansonsten aber vor allem eines ist: unwirklich. Der Lehrer ist alt, steht also nicht im vollen Saft des realen, gegenwärtigen Lebens – noch schlimmer: In Wirklichkeit ist er schon tot (auch innerlich, wie das unabänderliche Wiederholen desselben ausdrückt), es gibt ihn gar nicht, seine Darstellungen sind also bloße Scheingebilde ohne reales Sein. Die Schüler wollen keine Geschichte der Zauberei, sie wollen selber zaubern lernen.

Vernichtender kann ein Urteil über den Geschichtsunterricht kaum ausfallen, und jeder, der sich auch nur ein wenig in der Geschichtswissenschaft auskennt, wird zugeben, dass die Autorin mit großem Instinkt das Kernproblem der Historik getroffen hat. Schon die Väter der modernen Geschichtsschreibung erkannten die Widersprüche, in die sie mit ihrer Wissenschaft hineingeraten waren: Mit dem empirischen Objektivitätsideal, nur als real gelten zu lassen, was unter Ausklammerung des forschenden Subjekts sinnlich feststellbar ist, und in diesem Sinne ausschließlich zu berichten, «wie es eigentlich gewesen», hat sie ihre Lebensrelevanz verloren. Das empirische Material besteht aus unvollständigen Resten, aus denen das Leben vergangener Zeiten entwichen ist,

Fakten geben erst einen Zusammenhang preis, wenn ich Gesichtspunkte habe, sie zu ordnen – und dies ist ohne begriffliche Deutung durch das Subjekt gar nicht möglich –, die fehlende Wiederholbarkeit und die Diskontinuität verhindern die Formulierung wissenschaftlicher Gesetze oder beschränken diese auf sehr allgemeine, unverbindliche Abstraktionen, die Feststellung von Tatsachen bleibt entweder belanglos oder wird durch Erdichtung künstlich «beatmet». Mit ihrem Entstehen haftet der modernen Geschichtserkenntnis unterschwellig, aber kaum eingestanden eine resignative Grundstimmung an, dass diese Erkenntnis etwas Zusätzliches, Nur-Theoretisches, subjektiv Unverbindliches ist und nicht wirklich in das volle, reale Leben eingreift. Leopold von Ranke bemerkte, dass in den von ihm geforderten sinnlich-kausalen Erkenntnissen letztlich eine gewisse «Trockenheit» und «Irreligiosität» läge,[10] Theodor Mommsen – Autor von 1500 Titeln und Träger des Literaturnobelpreises – bekannte am Ende des 19. Jahrhunderts: «Aber darin unterscheidet sich die Geschichtsforschung von ihren Schwestern [den anderen Wissenschaften], dass sie ihre Elemente zu eigentlich theoretischer Entwickelung zu bringen nicht vermag»,[11] also unfähig sei, einen Zusammenhang und insofern die Wirklichkeit von Geschichte zu erfassen, und riet als berühmter Historiker in seiner Antrittsrede als Rektor der Humboldt-Universität seinen eigenen Studenten vom Geschichtsstudium ab. Auch hundert Jahre später sind mir selber solche Haltungen immer wieder begegnet: Einen sehr anregenden Vortrag über den historischen Wandel in den osteuropäischen Ländern beendete der Historiker Karl Schlögel mit den Worten: «Irgendwelche Lehren aus der Geschichte helfen da nicht weiter. Sie sind nur Analogiefallen und führen nur in die Irre.»[12] Im Studium wurde uns dezidiert abgeraten zu erwarten, dass wir in den Seminaren etwas für das Leben lernen könnten, und als 1989 mit dem Fall der Mauer einmal wirklich der Puls der Geschichte an uns heranschlug und wir einen unserer ausgewiesensten und kompetentesten Professoren baten, uns die aktuellen Ereignisse aus seinem Wissen heraus zu erörtern, verweigerte er sich. Unverändert vernimmt man Nietzsche aus dem Hintergrund: «Die Frage aber, bis zu welchem Grade das Leben den Dienst der Historie überhaupt brauche, ist eine der höchsten Fragen und Sorgen in Betreff der Gesundheit eines Menschen, eines Volkes, einer Kultur.»[13] Der historischen Empirie zerrinnen die Zusammenhänge und damit letztlich auch der Gegenstand ihrer Beobachtung, und wenn dann doch geschlossene Bilder einer geschichtlichen Epoche oder deutende Schlussfolgerungen auf unsere Gegenwart hin unternommen werden, so ist dies nicht ehrlich und in der Regel nur ein weiteres Beispiel einer Erfindung, in der sich «der Herren eigner Geist» bespiegelt (Goethe, *Faust I*, Z. 578f.). Es ist insofern nur konsequent, wenn die Ergebnisse der Geschichtsforschung als Scheingebilde deklariert und ein radikaler, aber fast zwangsläufiger Schritt vollzogen wurde: Geschichtsschreibung sei reine Konstruktion. Die in der zweiten Hälfte des 20. Jahrhunderts formulierten Positionen des Konstruktivismus prägen unser Verhältnis zur Geschichte heute maßgeblich: Es sei gar nicht möglich, zu einer objektiven Erkenntnis von Geschichte zu gelangen, an jedem Erkenntnisakt sei die eigene Vorstellungstätigkeit beteiligt und bringe Anschauungen von Geschichte hervor, die letztlich das reine Produkt der eigenen Subjektivität seien: «Die Wahrheit ist ein Irrtum, der nicht mehr abgewiesen werden kann, weil er durch eine lange Geschichte hartgesotten wurde» (Michel Foucault).[14] Diese Erkenntnis wirkt sich auf unser Geschichtsbild aus: «Die Geschichte hat keine Richtung, sie hat keinen Sinn, keinen Anfang und kein Ende. Sie ist, was die diskursiven Praktiken aus ihr machen. [...] Praktiken, in denen sich das Subjekt konstituiert.»[15] Hayden White kommt dann schließlich dazu, Geschichtsschreibung als «Erzählung» zu definieren, die von vornherein gar nicht mehr den Anspruch erhebt, Tatsachendarstellung zu sein.[16] Damit ist Geschichte nun endgültig zum Gespenst geworden.

Es ist deutlich: Es geht zunächst einmal gar nicht um den Schüler, sondern um den Lehrer! Es ist unser Wissenschaftsverständnis, das heute dem Geschichtsunterricht jene Gestalt gibt, die von Joanne K. Rowling zielsicher karikiert und von unendlich vielen Menschen tatsächlich als quälend empfunden wurde und wird. Wir sind selber dazu aufgerufen, unser geschichtswissenschaftliches Paradigma zu befragen und prinzipiell über die Grundlagen unserer historischen Erkenntnistätigkeit nachzudenken. Dieses Wissenschaftsverständnis setzt sich in den Unterricht an den Schulen hinein fort und gibt ihm sein Gepräge. Die Schüler dulden aber keine Gespenster. Sie verlangen – ob bewusst oder unbewusst – einen Geschichtsunterricht, in dem man es mit Realitäten zu tun hat und der in das Leben hineinführt.

Geschichtsunterricht soll den jungen Menschen dabei helfen, sich orientieren und zu Individualitäten entwickeln zu können, die initiativ und kompetent Freude daran haben, die Zeitverhältnisse zu gestalten. Wenn er in Zukunft wirklich aus der bloßen Wissensvermittlung herauskommen und die Schüler so konkret erreichen soll, dass sie eine Notwendigkeit in ihm spüren können und ihn nicht als insgeheim bürgerliches Privatinteresse des Lehrers erleben müssen, so müsste viel konkreter als bisher der Zusammenhang zwischen innerseelischer, denkend-betrachtender Aufnahme von Geschichte und den sich dabei vollziehenden medizinisch-menschenkundlichen Wirkungen angeschaut werden. Was geschieht im jungen Menschen konkret, wenn er zeitlich, also in Prozessen, denken lernt? Wie wirkt sich zeitliches Erkennen auf das menschliche Handeln aus? Aber auch ganz andere Fragen würden sich ergeben, wenn man Ernst machen würde mit einer grundsätzlichen Reflexion über die Fundamente von Geschichtserkenntnis: Lassen sich an der Geschichte Sinnerfahrungen machen, und welche Auswirkung hätten solche Erfahrungen auf den Schüler? Ist «historisches Erinnern» nur uneigentlich-metaphorisch zu verstehen, oder gibt es eine Möglichkeit, Erinnerung über die Grenzen der eigenen Biografie auszudehnen (sodass die Schüler Ägypten real begegnen und nicht abstrakt vorstellen würden)? Welche Realität kommt den Bildern der Mythen zu – sind sie nur fiktive Erzählungen zum Zwecke der Erklärung von Unbekanntem, oder sind Ahura Mazdao, Athena, der Erzengel Gabriel usw. reale Wesen? Welche Rolle spielt die Fantasie für den historischen Erkenntnisprozess?

Schon diese Fragen lassen vielleicht erahnen, was gemeint ist mit der Umwendung des Lehrers auf sich selbst, auf sein bisheriges Selbstverständnis und Weltbild. Ein solcher Blick auf die eigene Erkenntnishaltung ist das Anliegen dieses Buches. Es geht nicht darum, der langen Reihe geschichtsdidaktischer Konzepte ein weiteres hinzuzufügen. Vielmehr geht es um die Grundlagen des Geschichtsunterrichts überhaupt. Diese Darstellung möchte die Erkenntnis von Geschichte und zugleich die menschenkundliche Situation eines Heranwachsenden so befragen, dass sich daraus Gesichtspunkte für einen lebendigen, in die Wirklichkeit führenden Geschichtsunterricht ergeben können, der zur Entdeckung und Gestaltung von Zukunft befähigt. Ein wesentlicher Bestandteil der Ausführungen wird sein, konkrete Übungswege für den Lehrer zu beschreiben, wie er erkennend in die Geschichte eindringen kann. Dann allerdings sollen vor diesem Hintergrund und auf der Grundlage eingehender Betrachtungen zur körperlichen und seelischen Entwicklung des Schülers ganz konkrete Konsequenzen für die Gestaltung des Unterrichts beschrieben werden – es geht um die Praxis, und es wird sich zeigen, dass die hier dargestellten Erkenntniswege zwangsläufig zu sehr neuen pädagogischen Ansätzen führen, scheinbar bekannte Unterrichtsmethoden wie z.B. die Erzählung eine neue Beleuchtung erfahren und dadurch letztlich eine ganz andere Färbung erhalten.

Ich knüpfe in meinen Untersuchungen an die Ideen Rudolf Steiners an. In seinem Werk sind viele wertvolle Hinweise auf die hier aufgeworfenen Fragestellungen enthalten. Die Gründung der Waldorfschule zusammen mit dem Unternehmer Emil Molt sowie die große Zahl an pädagogischen Vorträgen bringen zum Ausdruck, wie stark Steiner angetrieben war von einem pädagogischen Impuls. Die Erziehungsfrage war für ihn ein Herzensanliegen, und die Jugendpädagogik nahm hierbei einen besonderen Stellenwert ein. Immer wieder ermahnte er die Lehrer, sich rückhaltlos um eine innere Verbindung mit den jugendlichen Heranwachsenden zu bemühen, denn er hatte sehr stark den Eindruck, dass die Erwachsenenwelt in ihren Konventionen und Denkgewohnheiten die tieferen Antriebe, das

Neue der Zukunftsimpulse in den krisenhaften Umbruchstumulten und in der Kritik der Jugendlichen nicht erkannten. Steiner forderte: «Mut! Mut sich zu sagen: Das Leben der Welt muss in seinen Fundamenten neu gegründet werden. Ich habe niemals etwas anderes im Unterbewusstsein der jugendlichen Menschen eingeschrieben gesehen. Das ist es wirklich: Die Welt muss aus dem Fundament neu begründet werden.»[17] Vor diesem Hintergrund maß er auch dem Geschichtsunterricht eine besondere Bedeutung bei, denn in ihm erkannte er die Möglichkeit, die Schüler an die innere Quelle heranzuführen, aus der jenes Fundament entsteht.

Zugleich stand für Rudolf Steiner im Zentrum der anthroposophischen Bewegung überhaupt die Frage nach einer erweiterten Geschichtserkenntnis. Es war für ihn klar, dass eine Erneuerung des gesellschaftlichen Lebens, die er auf so vielen Gebieten für dringend nötig hielt, nur aus der Einsicht in die historischen Zeitverhältnisse zu gewinnen war. Wie die maßgeblichen Vertreter der Historikerzunft auch sah er aber die Grenzen, an die diese Wissenschaft gekommen war, und er setzte sich intensiv für deren Erneuerung ein. Es ist sicherlich kein Zufall, dass einer der Hauptprotagonisten seiner *Mysteriendramen* ein Geschichtsprofessor ist. Der Historiker Capesius befindet sich in einer existenziellen Krise, er ist gefangen in einer tiefen Depression, die aus der Empfindung hervorgeht, mit der Erkenntnis vor der Geschichte zu scheitern. Er erlebt die Ohnmacht des eigenen Denkens gegenüber den Realitäten der Geschichte und kann auch den Grund dafür benennen: die Tatsache, «dass in des Lebens Wirklichkeit Gedanken nichts als blasse Schatten sind.»[18] Er erlebt Gedanken also als kraftlose «Konstruktion», die zu dem schon aus sich heraus bestehenden Leben wie ein Zusatz oder gar Fremdkörper noch hinzukommt. Weiter heißt es: «Wo nur Gedanken-Blässe wirkt, erlahmt das Leben und auch alles, was sich dem Leben zugesellt.»[19] Rudolf Steiner setzt also direkt an dem Konflikt an, der die Geschichtswissenschaft bis heute kennzeichnet, und zu seinen wichtigsten Leistungen zählt sicherlich der Entwurf einer geschichtlichen «Symptomatologie», in der er eine geradezu revolutionäre Neubegründung historischer Erkenntnis unternimmt. Er versuchte immer wieder, den Zeitgenossen bewusst zu machen, dass die Geschichte bisher noch gar nicht wahrgenommen wurde: «Es wird einmal für die Geschichtsbetrachtung eines der bedeutendsten Ergebnisse sein, wenn man darauf kommen wird, dass man erst den Gegenstand der Geschichtsbetrachtung finden muss, finden muss, dass der Strom des geschichtlichen Werdens gar nicht so da ist wie die Natur, dass also auch dasjenige, was so da ist wie die Natur, nämlich die Tatsachen, die in den Archiven verzeichnet sind, die in den Dokumenten stehen, die man gewöhnlich schon als Geschichte bezeichnet, noch gar nicht Geschichte sind, dass die Geschichte in Wirklichkeit erst dahinter liegt, dass diese Tatsachen nur herausragen aus dem geschichtlichen Werden, nicht selbst dieses geschichtliche Werden sind.»[20] Interessant ist, dass Steiner insbesondere den Lehrern – nicht nur den Geschichtslehrern – eine aktive Beschäftigung mit der Geschichte empfahl, weil er jede pädagogische Tätigkeit so verstand, dass sie sich an den inneren Impulsen der jeweiligen Zeit entzündet.[21]

Die Anregungen Rudolf Steiners zu dem Thema dieses Buches sind so zahlreich und weitreichend, dass es ein Anliegen der Darstellung ist, sie überhaupt einmal zusammenzutragen und sich gegenseitig beleuchten zu lassen. Der Einwand, ein solch starker Rückgriff auf die Gedanken Steiners sei ideologisierend oder öffentlichkeitsfremd, übersieht, wie häufig gerade in jüngerer Zeit Innovationen gefeiert wurden – insbesondere auf pädagogischem Gebiet –, die von Steiner schon vor fast einem Jahrhundert formuliert worden sind – man denke an aktuelle Studien zu Notengebung, Sitzenbleiben, Einführung des Fremdsprachenunterrichts in den untersten Klassen, die stärkere Förderung der kreativen Ressourcen der Schüler, den Gesamtschulgedanken oder die in einigen Bundesländern anfänglich erprobten Formen schulischer Selbstverwaltung.

Viele der Anregungen Rudolf Steiners sind noch gar nicht bekannt, obwohl sie von großer Aktualität sind. Insofern sehe ich eine Notwendigkeit darin, sie wissenschaftlich zu sichten, zu rezipieren, verstehen zu lernen und damit öffentlich zu machen.

Zum Geschichtsunterricht an Waldorfschulen sind bereits grundlegende und wertvolle Arbeiten erschienen – von Christoph Lindenbergs Standardwerk *Geschichte lehren* über die Bände *Wer Revolutionen machen will* und *Aktuelles Mittelalter* von Albert Schmelzer, die an die Elternschaft gerichtete Schrift *Was geschieht in Geschichte?* von Dietrich Esterl, die Studien über die Anfänge der Menschheit und zur Ackerbau- und Viehzuchtkultur von Peter Guttenhöfer, Albrecht Schad, Albert Schmelzer und Markus Osterrieder bis hin zur (leider erst kurz vor der Fertigstellung der vorliegenden Arbeit veröffentlichten) Dissertation von Markus Michael Zech *Der Geschichtsunterricht an Waldorfschulen.*[22]

Die eigentlichen Erkenntniswege allerdings, die zu einer Begegnung mit der Wirklichkeit von Geschichte führen, sind in diesen pädagogischen Arbeiten noch nie gründlich beschrieben worden. Die Ausführungen über eine bildhafte Geschichtserkenntnis, die für Rudolf Steiner der Schlüssel für die Aneignung von Geschichte war, beschränken sich auf einführende Hinweise. Steiners Begriffe von Bild bzw. «Imagination», vom «Symptom» oder «geistiger Wahrnehmung» können nicht mehr selbstverständlich vorausgesetzt werden, sondern bedürfen der grundlegenden Erarbeitung und Begründung. Viele angehende Lehrer an Waldorfschulen wissen, dass diese von bestimmten Ansichten über die historische Entwicklung, über Reinkarnation und Karma, übersinnliche Erkenntnis usw. ausgehen; diesen Lehrern bzw. überhaupt an geschichtlicher Forschung und Unterricht Interessierten muss die Möglichkeit gegeben werden, Erkenntnisprozesse nachvollziehen und beurteilen zu können, sie selber zu beschreiten und zu realen Anschauungen über die betreffenden Themen zu gelangen. Wesentliche Fragestellungen, die sich aus einem solchen Anliegen ergeben, konnten in den genannten Schriften bisher nur – wenn überhaupt – anfänglich berührt werden: Wie vollzieht sich konkret Erinnerung? Wie wirkt sich Geschichtsbetrachtung auf die Konstitution des Schülers aus? Welche Rolle spielt der Gedanke der Wiedergeburt für den Umgang mit der Geschichte? Welche Konsequenz hat es für mein Erzählen, wenn ich davon ausgehe, dass die Schüler vor mir selber einmal Perser, Ägypter, Griechen, Römer usw. waren? Gibt es eine Entwicklung in der Geschichte? Wodurch bzw. durch wen tritt Neues in die Geschichte ein?

Um also – bei allem Wissen um den ungewöhnlichen Charakter mancher Gesichtspunkte – einen Anfang zu machen mit einem öffentlichen Gespräch über eine notwendige Neubegründung des Geschichtsunterrichts, soll zu den bisherigen Arbeiten diese Untersuchung hinzugestellt werden. Sie baut in den erkenntnismethodischen Teilen auf meiner Studie zur Geschichtserkenntnis Rudolf Steiners auf (*Imaginative Geschichtserkenntnis. Rudolf Steiner und die Erweiterung der Geschichtswissenschaft*, Stuttgart 2009). Die bereits oben angedeuteten und im ersten Kapitel ausgeführten Schlaglichter auf die Situation der modernen Geschichtswissenschaft und die sich daran anknüpfenden methodischen Anregungen Rudolf Steiners habe ich in dieser Arbeit wesentlich gründlicher dargestellt, als dies hier möglich war. Sie endet im Kapitel «Lebenskonsequenzen» mit dem Blick auf die Pädagogik. Die vorliegende Schrift ist die eigentliche Ausführung dieses pädagogischen Anliegens. Sie ist der Versuch, die wissenschaftlichen Fragen nach der Erkenntnis von Geschichte weiterzuführen in die Frage, wie diese Erkenntnis dem heranwachsenden Menschen auf seinem Entwicklungsweg dienlich sein kann.

Die Gliederung der Schrift ergibt sich aus der Überzeugung, dass der Entwurf eines Geschichtsunterrichts erst hervorgeht aus dem Weg von der existenziellen Selbsthinterfragung des Lehrers über die intensive Beschäftigung mit dem Schüler bis zu den sich daraus ergebenden pädagogischen Intuitionen. Natürlich lassen sich bestimmte Kapitel bzw. Aspekte auch herausgreifen und bei spezifischem thematischem Interesse gesondert anschauen, trotzdem muss betont werden, dass die Kapitel aufeinander aufbauen, erst vor dem Hintergrund der entsprechenden früheren Ausführungen verständlich werden und Sinn machen. Wenn z.B. zunächst grundsätzlich über den Vorgang des Erinnerns gesprochen und auf die Bedeutung bestimmter Qualitäten einer historischen Erzählung hingewiesen wird, so kann erst später die Geschichtserzählung im

Unterricht im Detail behandelt werden. Oder andersherum: Wenn beschrieben wird, wie eine Unterrichtsdarstellung vielleicht vom Ende einer zu schildernden Biografie her ansetzen kann, dann setzt dies die Auseinandersetzung mit der Umkehrung des Zeitstromes im seelischen Erleben des Schülers voraus. Manchmal muss auf den Unterricht vorausgegriffen, manchmal auf Grundlegendes zurückgegriffen werden – letztlich geht es immer um eine Praxis, die Ausfluss des Miteinanders von Lehrer und Schüler in der Begegnung mit der Geschichte ist.

Die Arbeit richtet sich an alle an der Geschichte interessierten Menschen, insbesondere aber natürlich an die Pädagogen. Aus meiner eigenen beruflichen Tätigkeit ergibt sich ein gewisser Schwerpunkt auf den höheren Klassen (9 – 12), es werden aber so viele grundsätzliche Fragen behandelt – vom Erkenntniszugang zur Geschichte überhaupt über medizinische Fragen bis zum Umgang mit geschichtlichen Mythen, Gesichtspunkten zur Stoffauswahl oder zur erzählerischen Darstellung –, dass die Ausführungen auch zur Orientierung für Lehrer der unteren Klassen geeignet sind (empfohlen seien ergänzend die sehr schönen und immer noch gültigen Kapitel zu den Klassen 5 – 8 in Christoph Lindenbergs *Geschichte lehren*[23] sowie die Ausführungen von Albert Schmelzer zum «Anfangsunterricht an Waldorfschulen»[24]). Es ist gerade der Ansatz dieser Arbeit, dass sie sich um den *Zusammenhang* der biografischen Entwicklung des Schülers bemüht und insofern vielleicht auch denjenigen Erziehern dienlich sein kann, die ihre Kinder auf das Jugendalter vorbereiten.

Teil I: Der Lehrer.
«Was sind wir als Menschen der
Gegenwart?»[25]

1. Die Krise der Geschichtserkenntnis

Eines der bedeutendsten Ereignisse der europäischen Geschichte stellt das am Urner See vollzogene «ewige Bündnis» vom August 1291 zwischen den «Urkantonen» Uri, Schwyz und Unterwalden dar. Vor der gewaltigen Bergkulisse, auf dem «Rütli» – einer Bergwiese über dem See – soll hier nachts in einer Art Geheimverschwörung die schweizerische Eidgenossenschaft begründet worden sein, die die Loslösung von der Herrschaft Habsburgs zum Ziel hatte und das Fundament für die ganze spätere Signatur der schweizerischen Eigenständigkeit bis in unsere Zeit legte. Der «Rütlischwur» gilt als der Gründungsakt der Schweiz, aus dieser feierlichen Freiheitstat jener beteiligten Vertreter der drei «Urkantone» beziehen viele Menschen in der Schweiz bis heute eine starke emotionale Identifikation mit ihrer Heimat.

Bei einem Besuch dieses besonderen Ortes stößt man auf dem Wiesenhang auf eine kleine Hütte. In ihr befindet sich ein winziges Museum, in dem dokumentiert ist, was man nach dem Stand der aktuellen historischen Forschung über den Rütlischwur weiß. Was erfährt man hier? Zunächst zeigt es sich, dass sich der Begriff «Rütlischwur» und die damit verbundenen Motive Erzählungen aus dem letzten Drittel des 15. Jahrhunderts verdanken; weder der Schwur noch die Wiese sind dokumentarisch zu belegen. Eine Familie Tell lässt sich selbst in den Totenregistern jener Region nirgendwo auffinden, der Apfelschuss ist nordischen Sagenmotiven entnommen. So stützte man sich letztlich auf den berühmten «Bundesbrief» von 1291, der als erstes Dokument eine Verbindung der drei Kantone belegt und deshalb heute als das eigentliche Gründungsdokument der Eidgenossenschaft gilt – obwohl alle historischen Forschungen auch hier das ursprüngliche Bild jenes feierlichen Augenblickes durchkreuzt haben: Ob Unterwalden wirklich beteiligt war, ist nicht ganz sicher, für die Datierung auf den 1. August (heute der Nationalfeiertag der Schweiz) gibt es keinerlei Beleg, und auch inhaltlich enthält er gar nicht die Motive, die man ihm im Sinne eines Freiheitsbundes gegen die habsburgischen Unterdrücker immer zugeschrieben hatte. 1258 hatte nicht ein Schweizer, sondern der Habsburger Rudolf IV. zwischen zwei Urner Familien geschlichtet, Uri hatte schon 1231 mit Habsburg einen eigenen Vertrag geschlossen, König Rudolf I. hatte selber noch den Landesherren versprochen, sie vor willkürlicher Unterstellung unter fremde Richter zu schützen. Das Bündnis hatte auch eher den Zweck, sich vor Übergriffen nach einer neuen deutschen Königswahl abzusichern, die nach dem Tod Rudolfs nun drohten – kein Wort also über eine grundsätzliche Revolte gegen Habsburg, über einen feierlichen Freiheitsschwur oder die Gründung eines selbstständigen Staatswesens. Die Rolle Habsburgs erscheint damit zuletzt in einem ganz anderen Licht: «Anstelle von schrecklichen Tyrannen, die das Land mithilfe von habgierigen und blutrünstigen Vögten unterdrückten, wurden die Habsburger zu wohlwollenden, großzügigen, fortschrittlichen Fürsten.»[26] Aus der Zeit zwischen 1251 und 1386 gibt es 82 Dokumente ähnlicher Bünde. Der Rütlischwur: eine viel spätere, mythisierende Erfindung, die historische Wirklichkeit sah ganz anders aus – wie, das weiß man eigentlich nicht.

Was ist in jenem kleinen Museum geschehen? Die ganze emotionale Verbindung mit dem Ort, die Begeisterung für den unverwechselbaren Beitrag der Schweizer Geschichte, der ja gerade aus dem Impuls dieses Gründungsaktes seinen starken Ausdruck bezieht, ist in sich zusammengefallen – ein Erlebnis, das seit Niebuhrs Entzauberung der Rom-Erzählungen des Livius schon unzähligen geschichtsbegeisterten Menschen widerfahren ist, wenn großartige historische Bilder durch wissenschaftliche Kritik zunichte gemacht wurden.[27] Zurück bleibt das graue, anonyme Schema einer ungreifbaren Phase vage ahnbarer Frühgeschichte, die emotional in weite Ferne gerückt ist und allenfalls noch einige berufsmäßige Archivare beschäftigt. Der Ausrichtung der Erkenntnis auf die empirisch verifizierbaren Dokumente und Vorgänge entgleitet die Schicht der

Verursachung der Geschichte, indem sie nur die Reste äußerer Ergebnisse von Intentionen, also das Gewordene, und nicht das Werden erfasst. Was ist verloren gegangen?

Nicht um sie als Alternative zur modernen Geschichtserkenntnis vorzustellen, sondern um einen bestimmten Sachverhalt in den Blick zu rücken, sei an dieser Stelle die berühmte Szene im zweiten Akt von Schillers Tell-Drama angeführt, in der der Dichter den Rütli-Schwur ins Bild bringt.

Es ist tiefe Nacht, auf der Waldlichtung über dem See brennt ein Feuer, um das sich schließlich 33 Männer stellen. Nach drei Vorrednern erhebt schließlich Stauffacher seine Stimme:

STAUFFACHER: Wohl, lasst uns tagen nach der alten Sitte,
                 Ist es gleich Nacht, so leuchtet unser Recht.

MELCHTHAL: Ist gleich die Zahl nicht voll, das *Herz* ist hier
                 Des ganzen Volks, die *Besten* sind zugegen.

KONRAD HUNN: Sind auch die alten Bücher nicht zur Hand,
                 Sie sind in unsre Herzen eingeschrieben.

RÖSSELMANN: Wohlan, so sei der Ring sogleich gebildet,
                 Man pflanze *auf* die Schwerter der Gewalt.

[...]

                 Alle heben die rechte Hand auf.
REDING   (*tritt in die Mitte*):
                 Ich kann die Hand nicht auf die Bücher legen,
                 So schwör ich droben bei den ewgen Sternen,
                 Dass ich mich nimmer will vom Recht entfernen.
Man richtet die zwei Schwerter vor ihm auf, der Ring bildet sich um ihn her, Schwyz hält die Mitte, rechts stellt sich Uri und links Unterwalden. Er steht auf sein Schlachtschwert gestützt.

Was ists, das die drei Völker des Gebirgs
Hier an des Sees unwirtlichem Gestade
Zusammenführte in der Geisterstunde?
Was soll der Inhalt sein des neuen Bunds,
Den wir hier unterm Sternenhimmel stiften?

STAUFFACHER (*tritt in den Ring*):

Wir stiften keinen neuen Bund, es ist
Ein uralt Bündnis nur von Väter Zeit,
Das wir erneuern! Wisset, Eidgenossen!
Ob uns der See, ob uns die Berge scheiden,
Und jedes Volk sich für sich selbst regiert,
So sind wir *eines* Stammes doch und Bluts,
Und *eine* Heimat ists, aus der wir zogen.

[...]

Alle (*sich die Hände reichend*):

Wir sind *ein* Volk, und einig wollen wir handeln.

STAUFFACHER: Die andern Völker tragen fremdes Joch,
Sie haben sich dem Sieger unterworfen. [...]
Doch *wir*, der alten Schweizer echter Stamm,
Wir haben stets die Freiheit uns bewahrt.
Nicht unter Fürsten bogen wir das Knie,
Freiwillig wählten wir den Schirm der Kaiser. [...]

Eine große Bewegung unter den Landleuten

Nein, eine Grenze hat Tyrannenmacht,
Wenn der Gedrückte nirgends Recht kann finden,
Wenn unerträglich wird die Last – greift er
Hinauf getrosten Mutes in den Himmel
Und holt herunter seine ewgen Rechte,
Die droben hangen unveräußerlich
Und unzerbrechlich wie die Sterne selbst –

> Der alte Urstand der Natur kehrt wieder,
> Wo Mensch dem Menschen gegenübersteht –
> Zum letzten Mittel, wenn kein andres mehr
> Verfangen will, ist ihm das Schwert gegeben –
> Der Güter höchstes dürfen wir verteidigen
> Gegen Gewalt – Wir stehn vor unser Land,
> Wir stehn vor unsre Weiber, unsre Kinder!

Alle (*an ihre Schwerter schlagend*):
> Wir stehn vor unsre Weiber, unsre Kinder!

[...]

AUF DER MAUER: Der sei gestoßen aus dem Recht der Schweizer,
> Wer von Ergebung spricht an Österreich!
> – Landamman, ich bestehe drauf, dies sei
> Das erste Landgesetz, das wir hier geben.

MELCHTHAL: So seis. Wer von Ergebung spricht an Österreich,
> Soll rechtlos sein und aller Ehre bar,
> Kein Landmann nehm ihn auf an seinem Feuer.

Alle (*nehmen die rechte Hand auf*):
> Wir wollen es, das sei Gesetz!

REDING (*nach einer Pause*): Es ists.

Es gibt wohl kaum einen Leser, der sich der starken Wirkung dieser Szene entziehen kann. Indem man erlebt, wie sich die Männer sammeln, um sich auf den bedeutenden Augenblick einzustellen; wie Stauffacher auffordert, jetzt zu tagen; wie erinnert wird an die vielen Menschen, die innerlich jetzt dabei sind; wie dann ein Ring gebildet, mit erhobenen Schwertern zu den Sternen aufgeblickt und schließlich wie in einem Ritus mit erhobenen Händen der feierliche Schwur zum Zusammenhalt und zum Freiheitskampf vollzogen wird, so spürt man vor allem eines: Wille.

Stärker kann man es mit sprachlichen Mitteln kaum herbeiführen, dass sich derartig intensiv die Realität des Willens auf den Leser selbst überträgt, sodass dieser unmittelbar des Impulses teilhaftig wird, der in die Tat, also in Geschichte, umschlägt.

Im Vergleich des im Museum entstandenen Erlebnisses mit den an Schillers Szene sich entzündenden Eindrücken kann man bemerken, welches Problem der wissenschaftlichen Geschichtsbetrachtung anhaftet. Geschichtliche Realitäten gehen aus dem Handeln, also aus Willensimpulsen, hervor. Diese Qualität, die Realität des Willens, ist der historischen Untersuchung abhanden gekommen. Schiller komponierte aus seiner Fantasie heraus jene Szene, die den Willen als solchen, das Feuer des Handlungsimpulses, der der Begründung der Eidgenossenschaft zugrunde gelegen haben muss, zur Erfahrung bringt. Wir können heute hinter die Errungenschaft der reflektierten, methodisch-wissenschaftlichen Erkenntnis nicht zurück. In der Fantasie liegt immer jenes Element des Halbbewussten, des unbeobachteten subjektiven Innenlebens, dem Ungenauigkeit, Unbegründbarkeit und die Gefahr des Irrtums und der Illusion anhaftet. Dennoch gilt es als eine ebenso empirische Tatsache festzustellen, dass mit der Beschränkung auf die sinnliche Empirie eine fundamentale Lücke in dem Verstehen historischer Prozesse aufreißt.

Diese Lücke wurde immer schon bemerkt. So ist z.B. die große Athen-Studie Christian Meiers – auch nach seiner eigenen Aussage – Ausdruck einer einzigen Frage: Wie war es möglich, dass aus einem kleinen unbedeutenden Dorf ein epochaler Kristallisationspunkt der Weltgeschichte werden konnte?[28] Meier war natürlich mit einer Fülle von empirischem Material aus der Frühzeit der Stadt vertraut, und dennoch ergab sich ihm aus diesem Material nicht der eigentliche «Motor», der die jeweiligen äußeren Erscheinungen faktisch hervorgebracht hat. Dasselbe Phänomen beschäftigte Géza Alföldy in seinen Heidelberger Vorlesungen 1992 über die Römische Republik, als er zu Beginn die Frage nach dem Aufstieg Roms zur Weltmacht aufwarf. Wo kam diese einzigartige, die ganze spätere Geschichte prägende Vitalität her, die aus einer Ansammlung von Hütten ein Imperium schuf? Sucht man in den erhaltenen Dokumenten aus der Zeit des frühen Roms – denn hier muss man ja ansetzen, alle späteren Ereignisse sind nur Ergebnisse jener Aufstiegsphase –, begegnet man den dürftigsten, ausdruckslosesten Resten, die gegenüber jenen bedeutenden vitalen Vorgängen regelrecht stumm bleiben, so z.B. den Ruinen der Cloaca maxima. Die Forschung hält sich hier insofern sehr zurück, während sie sich fast unbegrenzt über das entgegengesetzte Ende der römischen Geschichte auslässt: über den Untergang Roms. Alexander Demandts voluminöses Werk zu diesem Thema[29] beinhaltet ausschließlich die Thesen der Forschung zu diesem Geschehen. Dort, wo etwas in die Erscheinung getreten ist und zuletzt abstirbt, bietet es dem forschenden Bewusstsein offensichtlich wesentlich leichtere Zugriffsmöglichkeiten als dort, wo es im Entstehen begriffen ist. Dieses Phänomen berührt sich mit einem anderen: Es ist ein gesellschaftlich äußerst brisantes Problem, dass historische Entwicklungen immer erst dann bemerkt werden, wenn sie bereits eingetreten und insofern also eigentlich schon beendet sind. Die Überraschung beim Fall der Mauer 1989 ist nur ein Beispiel – es zeigte sich dann auch, dass die Ideen und politischen Gestaltungsansätze damals überhaupt nicht den Aufgaben gewachsen waren, die durch die neuen Verhältnisse plötzlich anstanden. Besonders schmerzlich entstehen diese Aufwachmomente aber bei zerstörerischen Ereignissen, im Großen z.B. in der Klimakatastrophe, im «Kleinen» in Gewalteskalationen wie den Amoksituationen in Erfurt, Emsdetten, Winnenden usw., durch die plötzlich die Auseinandersetzungen über die Zustände in den Schulen, die Rolle der Medien, das Aufbrechen von Gewalt unter Jugendlichen usw. entstanden. Es ist wie im Persönlichen, wo zuerst immer die Schwächen und das Scheitern einer Person auffallen, während es wesentlich mehr Mühe kostet, die für das äußere Auge verborgenen tatsächlichen Möglichkeiten und Stärken des anderen zu erfassen.

Der kritische, «empirische» Verstand erfasst in der Geschichte das Abgestorbene, den geronnenen Abschluss eines Prozesses, nicht diesen selbst. In dem Moment, in dem er in die äußere, für den vollbewussten Verstand erfassbare Erscheinung tritt, ist er schon nicht mehr. Insofern ist das am Rütlischwur aufgezeigte Problem kein quantitatives, das einfach nur mit der zeitbedingten mangelnden Fülle an äußeren Dokumenten zusammenhängt, sondern hier liegt prinzipiell die Frage vor, wie überhaupt die Realitätsebene der Geschichte, die Handlung verursachende Willenssphäre für die Erkenntnis bewusst greifbar wird.

Die geschilderten Beispiele unseres erkenntnismäßigen Unvermögens zwingen uns dazu, unsere eigenen Bewusstseinsvorgänge anzuschauen. Es muss an unserer eigenen Konstitution liegen, dass uns, sobald wir Geschichte wach verfolgen wollen, das Entscheidende im selben Moment entgleitet. Ein Blick in die Geschichte zeigt, dass sich tatsächlich seit Beginn der Neuzeit eine solche spezifische, unsere gegenwärtige Bewusstseinsverfassung bedingende Konstitution herausgebildet hat, die sich von den früheren Zuständen der menschlichen Entwicklung grundsätzlich unterscheidet. Eine Ausdrucksform dieser neuen Epoche ist bekanntlich die Tatsache, dass sich das menschliche Wahrnehmen radikal verwandelt hat. Die mittelalterliche Malerei bevölkert ihre Bilder in vollkommener Selbstverständlichkeit mit den unterschiedlichsten geistigen Wesen, die für uns ins Reich des bloßen Glaubens entrückt sind, Dinge und Menschen werden nach ihrer Bedeutung, also nach innerlich-moralischen Maßstäben, proportioniert, nicht nach ihrer physisch-räumlichen Realität, biografische und historische Geschehnisse sind durchsetzt von Gedanken und Handlungen, die aus Träumen und Visionen hervorgegangen sind. Je weiter man in der Geschichte zurückgeht, desto mehr steigern sich diese Phänomene. Mit der Neuzeit richtet sich der Blick nun zunehmend auf die materiellen Verhältnisse des Raumes, der Maler wählt sich bewusst einen eigenen, fest fixierten Standpunkt (technisch: den «Sehepunkt») und überträgt nun punktgenau die mathematischen Proportionen seines Sichtfeldes auf seine Zeichenfläche: Die Zentralperspektive entsteht. Zugleich entschwinden nach und nach alle Wesen aus dem Bild, die nicht mit Augen gesehen werden können. Es bleibt die mit den äußeren Sinnen wahrnehmbare, materielle Welt, das Bild wird zum

36

Abbild. Während bis ins Mittelalter hinein träumerisch und weitgehend unreflektiert empfunden wurde, dass in der Wahrnehmungswelt realitätsschaffende geistige Wesen wirksam seien, so entstand nun eine Wahrnehmung, die vom Menschen willentlich und vollbewusst geführt, in der der geistige Hintergrund aber von der Fixierung auf das materielle Abbild, also von einer Art bloßen Spiegelung der Außenwelt im Innern des Menschen, verdrängt wurde. Den Höhepunkt dieser Entwicklung bildet das 19. Jahrhundert mit der vollen Blüte der modernen Naturwissenschaft, die sich jeder subjektiven, moralisch-gefühlsmäßigen Einmischung in die Beobachtung enthalten und nur die sinnlich-empirische «Tatsache» feststellen soll. In dem Prozess der Bildfindung entsteht konsequenterweise nun die Fotografie: das reine Abbild.

Gerade im Hinblick auf die Fotografie wird aber das Eigentümliche unserer heutigen geistigen Konstitution bemerkbar. Man stelle sich eine Situation vor, die jedem in jeweils abgewandelter Form bekannt ist: Von einem bestimmten Fenster – vielleicht vom Schreibtisch – aus hat man täglich denselben Blick auf den schönen Baum im Garten vor dem Haus. Immer wieder prägt sich von hier aus dieser Eindruck des Baumes unverwandelbar ein, sodass dieser nach und nach mit jenem speziellen Eindruck verwächst. Nun gibt es auf der Straßenseite gegenüber auch ein Haus, und auch von dort aus schauen die Bewohner täglich – vielleicht von der Küche aus – auf den Baum. Ihr Bild von ihm – obwohl unter Umständen nicht weniger intensiv – ist aber ein ganz anderes: Sie haben ihn immer in einem ganz anderen Licht gesehen, die Form wird sich von der anderen Seite sehr anders ausnehmen, die Umgebung ist eine andere. Außerdem gibt es Leute, die jeden Morgen durch die Straße zur Arbeit gehen und über Jahre regelmäßig an dem Baum vorbeigehen. Sie sehen ihn wieder von einer anderen Seite, in anderen Verhältnissen und vor allem nie als ruhendes Gegenüber, auf dem immer wieder der Blick liegen bleibt, sondern eher als «Passant», der sich auf einen zu- und von einem wegbewegt. Wir haben hier also sehr verschiedene Vorstellungsbilder ein und desselben Baumes. Die Träger dieser Bilder werden sich wohl selten die Mühe machen, sie zu vergleichen und gegenseitig zu ergänzen. Unser gewöhnliches Bewusstsein identifiziert sein spezielles Bild, das in Wirklichkeit nur ein Ausschnitt ist, mit der vollen Wirklichkeit des Baumes. Genau dies geschieht in hohem Maße in der Fotografie. Indem sie scheinbar so exakt den jeweiligen betrachteten Gegenstand abbildet, meinen wir, ihn auf dem Bild repräsentiert zu haben. In Wirklichkeit wird er durch diesen Vorgang des äußeren Abbildens auf einen sehr ausschnitthaften Aspekt seiner Ganzheit reduziert. Das abbildhafte, auf das Festhalten der sinnlichen Außenfläche sich beschränkende Wahrnehmen lähmt in Wirklichkeit also die Realitätserfahrung ab, der betrachtete Gegenstand erstirbt. Wir müssen, wenn wir von dem Baum sprechen wollten, ihn eigentlich von allen Seiten fotografieren, und selbst dies wäre unvollständig, denn es reduzierte ihn auf seinen momentanen Zustand. Was ist aber der Baum – der kleine, schmale Setzling oder die uralte, ausgewachsene Gestalt mit ihrem mächtigen Stamm und der gewaltigen, dachartigen Krone? Ist er der kahle Baum im Winter oder der grüne, blätterstrotzende im Sommer? Man müsste zu der räumlichen Fotoreihe also noch eine zeitliche über alle Stadien seines Wachstums sowie seines jahreszeitlichen Wandels hinzufügen. Sobald man sich nun eines dieser vielen Fotos anschaut, verliert man konsequenterweise die unendliche Menge der anderen aber wieder aus dem Blick. Man müsste daher den Versuch unternehmen, vor einem inneren Auge alle Bilder gleichzeitig zu einem Eindruck zu verschmelzen – damit hätte man aber die Ebene äußerer sinnlicher Empirie bereits verlassen.

Dieses geschilderte Phänomen wird in seiner ganzen Tragweite in der Regel vergessen. Das Alltagsbewusstsein funktioniert so, als würde man bei der Frage, was denn ein Baum sei, auf diesen bestimmten Baum vor dem Haus zeigen und sich damit begnügen. Man hätte ein Bild und wäre zufrieden, während tatsächlich nur ein abgeschatteter, herabgelähmter Vorstellungsinhalt im Bewusstsein anwesend ist und die Realität des Baumes, sein Leben, verloren geht.

Wir beschreiben hier das heutige, allgemein habituelle Gegenstandsbewusstsein. In dem Moment, wo wir unser Vorstellungsleben auf die sinnliche Wahrnehmung richten, erstarrt das innere Leben dieser Vorstellung, seine produktive, nicht sichtbare Kraftseite. Das liegt daran, dass diese Wahrnehmung uns an die Materie bindet. Deren Charakteristikum ist das Feste, Mineralisierte, durch das räumliche Abgrenzung – und damit Zersplitterung – und zeitliche Isolation entstehen. Das Wachstum einer Pflanze z.B. ist ein prozessualer Vorgang. Indem ich auf ihre materielle Erscheinung schaue und mich damit begnüge, klammere ich ihre früheren und späteren Stadien aus und isoliere die zeitlichen Wachstumsphasen. Werden ist ein Zeitprozess und damit für die Sinne nicht wahrnehmbar. Deshalb entgleitet dem empirischen Historiker die Geschichte: Er richtet seinen Blick auf die äußeren Dokumente, seine Vorstellungsbildung wird gefesselt von deren sinnlicher Gegenwart und vergisst den Ort des Produktiven, der eigentlichen Hervorbringung jener äußeren Tatsachen und die eigene Kraft, diese Quelle in sich selbst aufzurufen. Einerseits verdanken wir der Tatsache, dass unsere Wahrnehmungsinhalte materiell-gegenständlich geworden sind, unser Selbstbewusstsein, denn erst wenn für mich ein unbewegtes, festes «Gegenüber» entsteht, kann ich mich selbst bemerken. Andererseits ist diese gegenständliche Welt der materiellen Sinnesinhalte tot, ich erfasse mit dieser Empirie nicht das Leben. Tritt ein geschichtliches Ereignis ins Bewusstsein, ist es schon aus seinem Entstehungsprozess, seinem zeitlichen Werden herausgenommen und steht unverbunden rein räumlich neben anderen ebenso abgelähmten «Fakten». Sie bleiben stumm und zufällig, weil sie selber aus sich heraus nicht den Zusammenhang bei sich haben, der mitteilt, was sie bedeuten. Wie nichtssagend wäre das Datum «9. November», wenn ich nicht die Prozesse durchdrungen hätte, die zur Revolution von 1918 geführt haben und sie dann auch noch mit der Reichskristallnacht am 9. November 1933 und dem Fall der Mauer 1989 in Beziehung gesetzt und einen Zusammenhang ins Auge gefasst hätte, der über den einen «Gegenstand» hinausführt. Wirklich wird ein historischer Inhalt erst durch den ihn hervorbringenden Zusammenhang. Das gegenständliche Bewusstsein erfasst diesen aber

nicht: Es stellt nur immer wieder fest, dass die Geschichte diskontinuierlich ist, dass sich insofern auch keine Gesetze formulieren lassen, weil diese
eine Wiederholbarkeit der Umstände voraussetzen. Wenn dann doch allgemeine Aussagen versucht werden, bleiben sie zwangsläufig völlig unverbindlich und vage, wie z.B.: Wenn eine Person ohne Legitimation durch
eine Mehrheit Macht erlangt, dann entsteht Gefahr. Und: Wenn das Subjekt sich wirklich jeder Einmischung enthalten, also völlig wertfrei urteilen
soll, dann lassen sich Handlungen nicht mehr qualitativ unterscheiden,
der Tod Sophie Scholls steht neben dem Selbstmord von Goebbels.

Deshalb ist Theodor Mommsen ein so charakteristischer Repräsentant
der modernen Historiografie: Er formulierte einerseits explizit die beschriebene empirische Haltung («Es ist die Grundlegung der historischen
Wissenschaft, dass die Archive der Vergangenheit geordnet werden»[30]),
andererseits ist seine Biografie unmittelbarer Ausdruck jenes Vergessens
von den ursächlichen Entstehungsprozessen, von Zusammenhang, indem
er die Synthese, den Begründungszusammenhang seiner Archivierungs-
arbeiten immer weiter vor sich herschob und zuletzt auch seufzte: «Wie
viel lieber [als] anderen Leuten Ziegel machen, baute ich selber Häuser»,[31]
wozu es aber nie wirklich kam. Ausnahme war sein allerdings völlig aus
Gedanken konstruiertes *Römisches Strafrecht* und die bereits in der Einleitung erwähnte *Römische Geschichte*, in der er bezeichnenderweise bis zu
seinem Tod den 4. Band schuldig blieb – der gerade jene Zeit zu behandeln gehabt hätte, in der etwas völlig Neues, der Impuls des Christentums,
in die Welt trat. Gerade hier spürte er, wie ihm die Urteilsgrundlagen fehlten, und er gestand, dass es ihm so gehe, als ob er ständig in einen «Sandhaufen» oder «Sumpf» greife.[32] Bezeichnend ist auch, dass mit seiner
Generation die wissenschaftliche Institutionalisierung der Geschichtsforschung sich endgültig durchsetzte und nicht nur der akademische Groß-
betrieb entstand, in dem jeder an irgendeiner isolierten Spezialität sitzt,
sondern die zeitliche Isolation bis in die Institute hinein vorgenommen
wurde: Wo findet man noch Universitäten, an denen die Alte Geschichte,
Mittelalterliche und Neuzeitliche Geschichte von denselben Personen in

einem Gebäude und in größeren thematischen Einheiten über die Grenzen der drei «Disziplinen» hinweg erforscht und unterrichtet werden? Welcher Mittelalterhistoriker wird ernst genommen, wenn er plötzlich die Perserkriege behandelt, welcher Althistoriker, wenn er Che Guevaras Biografie erforscht?

Sobald die Wissenschaft mit gegenständlichem Bewusstsein die Geschichte anschaut, erfasst sie nur die toten Endprodukte, die zersplitterten Reste; in dem Moment, wo man sie fixieren will, ist ihre eigentliche «Seele» immer schon draußen. Insofern bezeichnet Rudolf Steiner die Geschichtswissenschaft als «Leichnambetrachtung».[33] Es ist in Wirklichkeit also eine Illusion, von den «harten Fakten» zu sprechen: Die Dokumente selbst sind materiell zwar unter Umständen hart, können aber über die geschichtlichen Realitäten aus sich heraus gar keine Auskunft geben, sodass jener äußerst weiche, bodenlose «Sandhaufen» entsteht, von dem Mommsen sprach. Wie mongolische Schriftzeichen trotz ihrer Sichtbarkeit keinerlei Bedeutung haben, wenn ich die Sprache nicht beherrsche, so sind auch die empirischen Vorstellungsinhalte ohne einen aus einer anderen Wahrnehmungsschicht sich speisenden Hintergrund nur eine luftige Scheinwelt. So heißt es bei Steiner: «[Das] äußere Geschehen wird erst eine Wirklichkeit, wenn es aufgezeigt wird in seinem Hervorsprießen aus den geistigen Impulsen.»[34] Wird dies nicht berücksichtigt, so sind die Konsequenzen fatal: Der Wille bleibt unbeteiligt, und damit kann Geschichtserkenntnis nicht ins Handeln führen, das Denken erfasst keine Prozesse, sondern ist «atomisiert», sodass keine Möglichkeit entsteht, aus Zusammenhängen heraus lebensgemäße Ideen und Initiativen zu entwickeln. Wirklichkeitsverlust und Illusionswelten gehen miteinander einher, verhindern Orientierung und Sinnerfahrung und erzeugen Krankheit.

2. «Der Traum des Werdens» – die Wirklichkeit von Geschichte

Maßgeblich für jeden weiteren Umgang mit Geschichte ist nun, wie ich mit dieser erkenntnismäßigen Ohnmacht umgehe. Resigniere ich an dieser Stelle, verdränge das Problem und fahre bestenfalls mit den bisherigen Methoden fort oder ist für mich diese Situation Anlass, mich mit den Gründen für die beschriebenen Schwierigkeiten auseinanderzusetzen und nach Wegen einer möglichen Erweiterung der gewöhnlichen Geschichtserkenntnis zu suchen? Wenn ich im Sinne einer auf Beobachtung gestützten Erfahrung empirisch weiterforsche, dann können tatsächlich gerade die geschilderten Ohnmachtserlebnisse Schlüssel für eine solche Erweiterung werden. Anstatt nur das Scheitern der Erkenntnisbemühungen festzustellen, kann man versuchen wahrzunehmen, ob es im eigenen Erfahrungsfeld eine Erscheinung gibt, die den historischen Beobachtungen samt ihrer Unzulänglichkeiten verwandt ist, sodass sie eine Antwort geben könnte auf die Frage nach der Realität von Geschichte. Einen solchen Erfahrungsinhalt gibt es.

Beobachten wir noch einmal skizzenhaft an einem konkreten Beispiel – der Geschichte der BRD bis zur Wiedervereinigung –, wie Historie in unser Bewusstsein tritt. In der «Stunde Null» gab es in Deutschland viele Menschen, die einen Neuanfang wollten; angesichts der Erfahrungen der nationalsozialistischen Katastrophe und der allgegenwärtigen Ruinen hofften sie auf einen Aufbruch zu einer politisch ganz neu gestalteten Gesellschaft. Es gab die Visionen eines Jakob Kaiser: «Wir haben Brücke zu sein»[35] – Deutschland sollte die Aufgabe einer Ost und West vermittelnden, Frieden stiftenden Rolle übernehmen, statt sich als nationaler Machtstaat zu erneuern. Diese und andere Ideen erwiesen sich dann aber ganz schnell als naive Illusionen, weil sich herausstellte, dass die Würfel schon gefallen waren: Die alliierten Konferenzen hatten bereits Tatsachen geschaffen, Stalin auf militärischem Wege, der Westen mit Churchills sehr frühem Begriff des «eisernen Vorhangs» und einer klaren, spätestens seit 1945 ausformulierten angloamerikanischen Teilungsabsicht[36] sowie den daraus hervorgehenden Maßnahmen wie Marshall-Plan und Schaffung der Bizone. Ein neuer, bereits fest zementierter historischer Zustand hatte die Bühne der Weltgeschichte betreten, als hätte er sich im Verborgenen schon lange auf diesen Moment vorbereitet: der Kalte Krieg.

Schon nach sehr kurzer Zeit konnte man nur noch registrieren, wie schnell sich östliche und westliche Hemisphäre auseinandergelebt hatten, und es war sehr überraschend, als die ostdeutsche Bevölkerung plötzlich aufbegehrte: Am 16. Juni 1953 streikten die Arbeiter in der DDR, weil sie gegen die zehnprozentige Erhöhung der Arbeitsnorm protestieren wollten. Einen Tag später griff die Bewegung auf das ganze Land über, Gefängnisse und SED-Büros wurden gestürmt und freie Wahlen gefordert. Diese Ereignisse kamen für alle Beteiligten sehr unerwartet. Man hatte nicht geahnt, wie unzufrieden die Bevölkerung war und wie viel Widerstandswille sich unter der Oberfläche angesammelt hatte. Im Westen wurde sofort versucht, diese Situation ideologisch auszunutzen (der 17. Juni wurde zum Feiertag der BRD) und durch Beteiligung der Medien anzuheizen. Dennoch kann man nicht sagen, dass die Proteste eine grundsätzliche Revolte gegen das System der DDR als solches waren. Dafür waren sie viel zu spontan und unvorbereitet und richteten sich eher gegen einige konkrete Missstände, die den Auslöser gebildet hatten. Die DDR-Führung wiederum legte die Vorgänge als vom Westen organisierten, propagandistisch gesteuerten Versuch aus, die sozialistische Herrschaft zu stürzen. Auch hier belegen aber die tatsächlichen Dokumente dieser Tage, dass der Streik und die daraus entstehenden Ereignisse aus dem Moment heraus und ungeplant entstanden, also einfach der unmittelbaren Betroffenheit und Enttäuschung und nicht einer generellen politischen Umsturzidee entsprangen. Bis heute ist nicht vollständig geklärt, aus welchen Antrieben die Menschen im Einzelnen genau handelten. Die Folgen des Aufstandes brachten jedenfalls eines an den Tag: Erst jetzt realisierte die Bevölkerung vollständig ihre tatasächliche Situation – der Einsatz der Sowjet-Panzer dokumentierte unmissverständlich, wer in diesem Land die Macht hatte und wie es beherrscht wurde. Wie ein Schock war es dann allerdings doch, als die im Geheimen vorbereitete und schließlich schlagartig durchgeführte Errichtung der Mauer 1961 die Spaltung der Welt konsequenter und brutaler vollzog, als man es sich je ausgemalt hätte.

Dieser militärisch-politischen Zementierung im Osten entsprach in der BRD die Macht des Wirtschaftswunders, das glücklich und zufrieden machte, bis die Menschen unsanft aus dem Schlaf gerissen wurden: In den Jahren 1967/68 brach sich plötzlich die Studentenbewegung Bahn, die keineswegs eine kausale Folge der amerikanischen Proteste gegen Vietnam waren, sondern sich unter den ganz spezifischen Bedingungen und Problemfeldern in Deutschland vorbereiteten. Und dennoch verliefen sie merkwürdig parallel zu den verschiedensten Aufbruchbewegungen von Amerika bis Tschechien. Prag war nicht die Folge von den Ereignissen in Berkeley, Paris nicht Reaktion auf Berlin, und trotzdem brachen schlagartig an verschiedenen Orten der Welt auf sehr verwandte Art alte Strukturen auf – gleichzeitig und doch äußerlich unverbunden; wie von unsichtbarer Hand geführt brachte dieser Moment eine Reihe unverwechselbarer charismatischer Personen und Ereignisse ans Licht der Geschichte, eine Sehnsucht nach Freiheit, Gerechtigkeit und Frieden, die eine revolutionäre Bewegung schuf. Wenn man genau hinschaut, sieht man aber auch, dass dieser Aufbruch sehr schnell in sich zusammensackte; der SDS war heillos zerstritten und fiel in unzählige Einzelgruppen auseinander, viele resignierten oder gingen in die Radikalität, zumal mit dem Dutschke-Attentat, den harten Reaktionen der Regierung und der Unbeweglichkeit der älteren Generation zunächst kein Fortkommen möglich zu sein schien.

Zwanzig Jahre später geschah dann etwas, mit dem wohl kaum ein Mensch gerechnet hätte: der Fall der Mauer 1989. Wer hätte im September gewagt eine Prognose zu formulieren, dass in ein bis zwei Monaten die Grenze für immer geöffnet sei, gerade einmal vier Monate später die ersten freien Wahlen der DDR abgehalten würden und im Oktober 1990 Deutschland wiedervereinigt sei? Als die Mauer fiel, war man dann tatsächlich ja auch völlig unvorbereitet und konnte fast nur reagieren, statt ideengeleitet und konzeptionell zu agieren. Luftblasen zerplatzten: Der SPD-Kanzlerkandidat bei den Wahlen im März entpuppte sich als Stasi-Spitzel, ebenso Spitzenfunktionäre der von der CDU favorisierten Parteien, das Neue Forum war plötzlich unwichtig, völlig andere Kräfte als diejenigen, die am Fall der Mauer wesentlich beteiligt waren, kamen plötzlich zum Tragen, und ehe man sich's versah, war Deutschland eins und Helmut Kohl der erste gesamtdeutsche Kanzler. Man erhoffte sich «blühende Landschaften», wurde von den Realitäten nach Jahren dann aber eines Besseren belehrt.

Welchen Eindruck gewinnt man nun, wenn man sich die Einzelereignisse nicht nur ihrem Inhalt nach, sondern in der Weise ihres Erscheinens in der Beobachtung anschaut? Es ergibt sich immer wieder ein ähnliches Bild: Ereignisse tauchen auf, unter Umständen verbunden mit starken Emotionen und dem Wissen, dass sie etwas bedeuten und sehr wichtig sind (der «Kalte Krieg», der «17. Juni», «'68», der «Fall der Mauer» sind Chiffren, in denen sich der Gehalt ganzer historischer Epochen kristallisiert), sie bestehen z.T. aus sehr detaillierten Einzelheiten, aber: ihr Zusammenhang lässt sich nicht erfassen, man weiß nicht, woher diese Erscheinungen plötzlich kommen. Sie überraschen uns, überwältigen uns oft geradezu und reißen uns mit, letztlich können wir sie im Taumel des Geschehens gar nicht wirklich beeinflussen, wir sehen und reagieren nur.

Nun vergegenwärtige man sich noch einmal diese Art und Weise des Auftretens der beobachteten historischen Inhalte und frage sich, ob es etwas im Felde der eigenen Erfahrungen gibt, das ganz ähnlich ist und mit diesen Eindrücken verwandt sein könnte.

An dieser Stelle kann sich eine Entdeckung einstellen, die erstaunlich ist und den bisherigen Erkenntnisbemühungen eine radikale Wendung geben kann: Diese Struktur des Auftretens historischer Wahrnehmungen entspricht einer anderen Struktur von Bildwahrnehmungen, die jeder Mensch fast jede Nacht erlebt: dem Erlebnis des Traumes. Auch hier werden wie von unsichtbarer Hand ganz konkrete Bilder aus dem Dunkel herausgeworfen, ihr Zusammenhang ist immer ein Rätsel (nicht umsonst gab es in früheren Kulturen immer wieder Traumdeuter und in der Moderne die vielen Angebote psychologischer Traumanalyse), und der Träumende ist ihnen oft bis zur quälenden Angst ohnmächtig ausgeliefert. Zugleich spürt man aber fast immer: Sie deuten auf einen tieferen Zusammenhang hin, der eine Bedeutung für mein Leben hat. Sie sind wie Signale, die Botschaften für mich enthalten. Rudolf Steiner gelangt insofern in seinem zentralen geschichtsmethodischen Vortrag in Zürich zu dem Fazit: «Nicht heller und nicht anders durchzieht dasjenige, was den Lauf der Geschichte vorwärts treibt, die menschliche Seele als ein Traum. Von dem Traume des Werdens zu sprechen ist völlig wissenschaftlich.»[37] Und an anderer Stelle: «Geschichte wird geträumt. Der große Traum des Werdegangs der Menschheit, das ist Geschichte, und niemals tritt Geschichte in das gewöhnliche Bewusstsein ein.»[38] Um zu einer wahren Erkenntnis von Geschichte zu gelangen, gelte es insofern als methodisch-übende Vorbereitung, «sich die Art des Erlebens vor die Seele zu bringen, in der man ist, wenn man träumt.»[39]

Mit dieser Perspektive einer gezielten Beschäftigung mit dem Traum als Grundlage für geschichtliche Erkenntnis eröffnet Steiner einen völlig neuen Forschungshorizont, man kann sie fast wie einen «Weckruf» für den Historiker empfinden. Lässt man sich als Geschichtslehrer darauf wirklich ein, so erschließen sich einem eine Reihe sehr weitreichender, den Unterricht unmittelbar betreffender Beobachtungen. Neben den genannten Gesichtspunkten der Unverbundenheit der Bilder, ihres Rätselcharakters und zugleich ihrer Zeichenhaftigkeit sowie der fehlenden Kontrolle über sie zeichnet sich der Traum dadurch aus, dass er die Gesetze von Zeit und Raum aufhebt. Räumlich eigentlich getrennte Menschen, Gegenstände oder Situationen werden zusammengeführt und eng

46

ineinander verwoben, und ein sehr geheimnisvolles und das Seelenleben oft stark bewegendes Phänomen besteht darin, dass bestimmte Bilder wie aus der Zukunft zu kommen scheinen bzw. auf sie hindeuten oder uralte Erinnerungen aus scheinbar längst vergangenen Zeiten wieder heraufkommen. Was wir uns von der Geschichtserkenntnis erhoffen, geschieht hier: Vergangenheit wird gegenwärtig und Zukunft wird zur Erfahrungstatsache, bis hin zu jenen prophetischen Träumen, von denen heute nicht wenige Menschen regelrecht heimgesucht werden und die in älteren Zeiten fester Bestandteil vieler Kulturen waren und über die Legenden und Dichtungen ja immer wieder berichten.

Entscheidend für die hier thematisierte Unterscheidung zwischen gewöhnlicher und erweiterter Erkenntnis und ihre Konsequenzen für den Unterricht ist dabei nun immer die Wirkung dieser Erlebnisse auf den ganzen Menschen: Erinnerung tritt in den Traumbildern in der Regel nicht als neutraler Beobachtungsgegenstand auf, zu dem ich in unverbindlicher Distanz stehe, sondern ich bin mit meinen Gefühlen und Leidenschaften sehr stark eins mit dem «Gegenstand». In unserem gewöhnlichen Vorstellungsleben fallen Bildwahrnehmung und Fühlen in der Regel auseinander, sodass in der gedanklich-analytischen Betätigung so oft Langeweile, also Erlebnislosigkeit, entsteht.

Außerdem bewegt den Träumenden oft ein existenzieller Wunsch nach einer Aufklärung über eine verdrängte seelische Situation, also nach Selbsterkenntnis. Sehr oft vermittelt sich im erinnerten Traumbild die intensive Stimmung, dass das Bild aus der Vergangenheit mir etwas mitteilen will über mein jetziges oder gar zukünftiges Leben. Die Vergangenheit wirkt also gar nicht vergangen, meine Distanz zu ihr wird aufgehoben, sodass sie plötzlich zu einem Faktor meiner augenblicklichen Lebenswirklichkeit wird. Die Zukunft wird als solche wiederum im Traum überhaupt erst wahrgenommen. Für unser waches Tagesbewusstsein ist die Zukunft überhaupt nicht da, sondern ein völlig offenes Unbekanntes, das eher spekulativ konstruiert als tatsächlich erfahren wird. Man muss schon in den Bereich des Ahnens und der sehr im Dunkeln liegenden Lebensimpulse hineingehen, um außerhalb des Schlafes der Qualität des Zukünftigen zu begegnen. In Wirklichkeit begibt man sich gerade damit aber auch wieder in die Schicht des Träumerischen, die auch am Tage fortbesteht: Über Ahnungen, ihre Inhalte und vor allem Gründe wird man sich wohl kaum vollbewusste, klar konturierte und empirisch sichere Vorstellungen bilden können.

Aus diesen Beobachtungen lässt sich nicht folgern, dass die Träume inhaltlich gedeutet werden sollen. Gerade weil der Traum sich aus der Sphäre des Halbbewussten speist, wird man rein inhaltlich nie zu einer erkenntnismäßigen Sicherheit gelangen. Es geht vielmehr darum, sich durch die Erfahrung des Traumlebens ein inneres Organ zu schaffen für den Ort, auf dem sich Geschichte überhaupt vollzieht, letztlich also dafür, was der eigentliche *Gegenstand* der Geschichte ist. Dieser gerät nun überhaupt erst in den Blick. Die Traum*inhalte* bestehen aus Reminiszenzen des Tageslebens, die der sinnlichen Erfahrung entnommen sind: größtenteils bekannte Menschen, Orte, Gegenstände usw. Die *Zusammenfügung* dieser Inhalte wird allerdings aus einer ganz anderen Sphäre ausgelöst, denn sie entspricht in keiner Weise den uns bekannten Bildern der tagwachen Sinneswelt. Dies erleben wir auch in der ehrlichen Betrachtung von Geschichte: Wir nehmen in unserem gewöhnlichen Bewusstsein ständig eine Fülle von Bildern wahr, ihr Zusammenhang bleibt aber dunkel und wird höchstens halb bewusst geahnt. Geschichte und Traum speisen sich aus derselben Quelle, und die Aufgabe besteht offensichtlich darin, der Geschichte gegenüber dieselbe Haltung wie im Blick auf den Traum einzunehmen. Es gilt, wie im Traum die gegenständlichen Wahrnehmungen – die «Tatsachen» – als Ausdruck für viel tieferliegende Realitäten aufzufassen, die selber erst den Gegenstand der Geschichte ausmachen. Die äußere Tatsache wird zum Symptom, sodass Rudolf Steiner für die Geschichtswissenschaft eine «*symptomatologische*» Methode fordert.[40] Dabei kann es nicht um esoterische Spekulationen über die Inhalte der Geschichte gehen – dies entspräche der rein inhaltlichen Traumdeutung –, sondern das Ziel ist, die *Komposition* dieser Inhalte und damit die seelische Schicht zu erfassen, aus der sie hervorgehen. Es ist vielleicht bereits deutlich geworden, wie wichtig diese Erkenntnishaltung im Umgang mit den Schülern ist. Im Praktizieren dieser inneren, sich wie auf einen Traum wendenden Blickrichtung – nicht im Träumen, sondern durch das Gespür, dass sich in einem Ereignis eine tiefer liegende Wirklichkeit ausdrückt – können sie das Geheimnis der verborgenen (auch eigenen) Untergründe des Geschichtlichen erleben, es werden auf ganz andere Art ihre Gefühle und ihr Willensleben aufgerufen, die Zukunft berührt sie.

Wenn man wirklich Ernst macht mit der Perspektive, dass die äußeren Ereignisse, die sogenannten «harten» Tatsachen, um mich herum für sich noch gar nicht real sind, sondern erst meine Erkenntnis ihrer verborgenen Zusammenhänge ihnen in ihrer Existenz Sichtbarkeit verleiht, dann verändert sich schlagartig mein ganzes Verhältnis zur äußeren Welt. Die Kluft zwischen unserem empirischen Gegenstandsbewusstsein und der Wahrnehmung der verborgenen, geistigen Wirklichkeit von Geschichte – insofern auch zwischen herkömmlicher und erweiterter Geschichtswissenschaft – scheint dabei gewaltig. Zugleich beinhaltet der Blick auf das Traumleben aber auch die Brücke: Der Verweischarakter der Traumbilder vermittelt ja bereits die reale Erfahrung einer Anwesenheit von etwas Unsichtbarem. Diese verborgene Realität wird nicht nur logisch behauptet, sondern im Erlebnis des Bildes wahrgenommen. Die Traumbilder sind insofern *Sinnbilder*: Ihr materiell-sinnlicher Inhalt vermittelt etwas, was nicht sinnlich erscheint, aber die eigentliche Bedeutungsebene ausmacht. Wenn Geschichtserkenntnis mit ihren empirischen Inhalten die sie verursachenden, unsichtbaren Zusammenhänge zugleich wahrnehmen will, so muss ihre Methode also eine bildhafte werden. Im Bild – so wie es hier charakterisiert ist – erlebt der Betrachter mehr als den bloßen Inhalt und die bloße Stofflichkeit, es entzündet sich am Sinnlichen zugleich die Erfahrung einer über es hinausweisenden seelisch-geistigen Realität. Die Qualität des Bildlichen ist die Brücke vom Sinnlichen zum Übersinnlichen.

49

3. Eine Brücke zur geistigen Erkenntnis – der Symbolbegriff Goethes und der Weg zum «Symptom»

3.1 Das Bildverständnis Goethes

Die Grundlagen, eine Brücke vom Sinnlichen zum Übersinnlichen zu schlagen, sind durch die Erkenntnisbemühungen Goethes geschaffen worden. Sein Bildverständnis ist ein wertvoller Ausgangspunkt, sich einer symptomatologischen und damit geistigen Geschichtserkenntnis anzunähern. Es wird selten berücksichtigt, wie spät Rudolf Steiner erst den Begriff des «Symptoms» zur Bezeichnung einer spezifisch historischen Erkenntnismethodik in seine geschichtlichen Darstellungen eingeführt hat (im dezidiert methodologischen Sinne erst 1916[41]). Offensichtlich war dieser Begriff für ihn zunächst gar nicht so selbstverständlich, wie seine häufige spätere Verwendung vermuten lässt. Wenn man ihn heute verwendet, sollte man sich insofern bewusst sein, dass er aus einer langen, intensiven inneren Auseinandersetzung mit der Geschichte hervorgegangen ist und daher auch heute einer gründlichen Durchdringung bedarf. Es ist bemerkenswert, dass Rudolf Steiner vor 1916 einen anderen Begriff verwendet hat, der an einer Stelle gleichzeitig und synonym mit dem Begriff des «Symptoms» auftritt und der in dieser Form explizit zum ersten Mal von Goethe entwickelt wurde: das «*Symbol*».

Im Einleitungsvortrag des 1910 gehaltenen Zyklus *Okkulte Geschichte* kommt Steiner ganz am Ende auf das tragische Schicksal der Hypatia im 4. Jahrhundert n. Chr. in Alexandria zu sprechen.[42] Zuvor hatte er die orphischen Mysterien in Griechenland charakterisiert, in denen Menschen dadurch eingeweiht wurden, dass sie innerlich den Mythos des Dionysos

Zagreus durchlebten, der von den Titanen zerstückelt, von Zeus aber zu neuem Leben erweckt wird. Sie machten also einen Weg durch, auf dem sie sich persönlich intensiv hineinversetzten in einen Zustand, in dem man sich selbst verlierend ganz eins wurde mit der äußeren Welt – mit den Elementen wie auch den Steinen, Pflanzen, Tieren usw. –, um so wie zersplittert zu werden. Dann ging es darum, in sich die Kraft zu finden, aus der sich die eigene Identität wieder neu herstellen konnte. Anschließend weist Rudolf Steiner darauf hin, wie jene Hypatia als Tochter eines Mathematikers geboren wird, heranwächst und schließlich als Philosophin eine einzigartige Weisheit ausstrahlt, die sogar die größten Gelehrten der Stadt überwältigt. Dies stachelt den Hass der Erzbischöfe Theophilos und Kyrillos an, die sich zuletzt durch eine brutale Mordtat ihrer entledigen. Das Faszinierende und die Größe dieser Individualität erhellt sich durch Steiners Hinweis, dass Hypatia die Wiederverkörperung eines der Schüler der orphischen Mysterien gewesen sei. Ihr grausamer Tod – sie wurde von der Menge regelrecht in Stücke gerissen – erhält insofern nun eine erschütternde Symbolhaftigkeit: «Was das Geheimnis ihrer Einweihung ausmachte, es erschien wirklich hineinprojiziert, abgeschattet, auf den physischen Plan. Und damit berühren wir ein Ereignis, das symbolisch wirksam und bedeutend ist für manches, was sich in historischen Zeiten abspielt. Wir berühren eines jener Ereignisse, das scheinbar nur ein Märtyrertod ist, das aber ein Symbolum ist, in dem sich spirituelle Kräfte und Bedeutungen aussprechen. [...] In diesem Ereignis sind abgespiegelt wichtige Geheimnisse des vierten nachatlantischen Zeitalters, das so Großes, Bedeutendes in sich hatte und das auch dasjenige, was es zeigen musste als Auflösung des Alten, als Hinwegfegung des Alten, in einer so paradox großartigen Weise vor die Welt hingestellt hat in einem so bedeutsamen Symbolum, wie es die Hinschlachtung – anders kann man es nicht nennen – der bedeutendsten Frau von der Wende des 4. zum 5. Jahrhundert, der Hypatia, war.»[43] Mit diesen Schilderungen berühren wir eine Fragestellung, die erst an späterer Stelle (Kap. II.6) ausgeführt wird: die Realität der Wiedergeburt des Menschen. Trotzdem eröffnet die Passage hier bereits durch ihr spezielles Verständnis von Bildhaftigkeit eine bedeutende Blickrichtung: Ein historisches Ereignis begegnet hier als das physische Erscheinen eines vormals geistigen Vorganges, und dieses Ereignis ist von solcher Zeichenhaftigkeit, dass es wesentliche Hintergründe einer ganzen Epoche beleuchtet. Dieses Sinnbild wird als «Symbolum» bezeichnet, «in dem sich spirituelle Kräfte und Bedeutungen aussprechen» – eine Charakteristik, die später direkt auf das Symptom zutrifft.

Vier Jahre später – nur wenige Wochen nach dem Ausbruch des Ersten Weltkriegs – spricht Steiner in einem geschichtlichen Vortrag erneut von einem «Symbolum» – und zugleich vom Symptom. Er geht hier andeutungsweise auf die geistigen Hintergründe des Weltkrieges ein und bezeichnet das Attentat von Sarajewo als «äußerliches Symptom». Er fährt fort: «Und so hat sich denn eigentlich auch im okkulten Hintergrunde der irdischen Ereignisse recht schnell das abgespielt, was ja dann auch auf dem äußeren physischen Plan mit so furchtbar schnellen Schritten in den letzten Julitagen und ersten Augusttagen hereingebrochen ist.»[44] Etwas später heißt es dann, «recht symptomatisch, nicht weil es etwas Persönliches ist, sondern weil es wirklich symptomatisch und symbolisch zur Seele gesprochen hat», sei es gewesen, wie der Krieg den Druck seiner ausgerechnet die Beziehung französischen und deutschen, westlichen und mitteleuropäischen Gedankengutes darstellenden Schrift verhindert habe, «und auch sonst manches»[45] – wie z.B. die ungehinderte spirituelle Wirksamkeit der Vorgänge beim Bau des Goetheanums in dieser Phase: «Es war so eine Art Ideal, schon in den Augusttagen drinnen zu hören das Wort, das vom Geist sprechen sollte. – Dasjenige, was unsere Freunde zuerst in unserem Bau hörten, war der Widerhall der Kanonen, die in unmittelbarer Nähe auf den Elsässer Schlachtfeldern donnerten. So war der Raum, für den wir in einer gewissen Weise den Widerhall der dem Geist gewidmeten Worte erbeten hatten, zuerst Zeuge des Kanonendonners, der in gar nicht weiter Entfernung ertönte.»[46] Ohne dass Steiner hier schon einen systematisch-methodischen Hintergrund mit den Begriffen des Symbols und des Symptoms verbindet, ist der Zusammenhang, in dem er sie verwendet, doch sehr deutlich: Es wird wieder der Blick auf das Verhältnis einer vordergründigen physischen Realität zu einer hinter oder über ihr stehenden geistigen Welt gewendet, und ein sehr konkretes, punktuelles Ereignis erscheint als Bild für einen viel tieferen, weiten Zusammenhang.

Möchte man also wissen, wie Rudolf Steiner selber zu seiner Idee einer «Symptomatologie» gelangt ist, um so einen Aufschluss zu erlangen, wie eine Verwandlung des eigenen geschichtlichen Erkennens möglich ist, stößt man auf die zentrale Bedeutung des Symbolbegriffs, der wie eine Art Schlüssel zum Verständnis des Symptoms erscheint. Von Steiner selbst wird hierzu gar nicht viel ausgeführt, die Art seiner Verwendung dieses Begriffes beweist aber, dass er unmittelbar an Goethe anknüpfte. Goethe hat in einer Vielzahl von theoretischen Äußerungen, vor allem aber in seiner eigenen Dichtung einen neuen Begriff des «Symbols» geprägt.[47] Es sei zunächst eine Passage aus einem Brief Goethes an Schiller aus dem Jahre 1797 zitiert.[48] Goethe erwähnt zunächst seinen «ruhigen und kalten Weg des Beobachtens, ja des bloßen Sehens» – einer Haltung also, die bis in seinen Lebensalltag hinein kennzeichnend für seine Art der Wahrnehmung überhaupt war und sich freimachte von emotionalen, unvermittelten Gefühlsurteilen: «Dagegen wüsste ich noch nichts, was mir auf der ganzen Reise nur irgend eine Art von *Empfindung* gegeben hätte, sondern ich bin heute so ruhig und unbewegt als ich es jemals, bey den gewöhnlichsten Umständen und Vorfällen gewesen.»[49] Insofern fällt ihm nun auf, dass trotz dieser Zurückhaltung der «Empfindung» bestimmte Wahrnehmungen dann doch ganz besondere, deutlich vernehmbare «Stimmungen» in ihm aufrufen, und er fragt sich, woher diese kommen: «Woher denn also diese scheinbare Sentimentalität, die mir umso auffallender ist, weil ich seit langer Zeit in meinem Wesen gar keine Spur, außer der poetischen Stimmung, empfunden habe. Möchte nicht also hier selbst poetische Stimmung seyn? Bey einem Gegenstande, der nicht ganz poetisch ist, wodurch ein gewisser Mittelzustand hervorgebracht wird. Ich habe daher die Gegenstände, die einen solchen Effect hervorbringen, genau betrachtet und zu meiner Verwunderung bemerkt, dass sie eigentlich symbolisch sind.»[50] Bei dem Versuch, sich «Rechenschaft» von «gewissen Gegenständen» zu geben, die jene eigentümliche «poetische» Stimmung hervorrufen, gelangt Goethe also zuletzt zu dem Begriff des «Symbolischen». Diese Darstellung ist in verschiedener Hinsicht bemerkenswert: Sie enthält einen äußerst wertvollen und zugleich provokativen Hinweis auf eine Erweiterung des heutigen wissenschaftlichen Objektivitätsverständnisses: Einerseits spricht Goethe vom «ruhigen und kalten Weg des Beobachtens», dem «bloßen Sehen», «genauen Beobachten» und dem Ablegen von «Rechenschaft» und ist damit ganz Empiriker. Sein Hinweis auf die Verwunderung über das Ergebnis dieser Untersuchung entspricht der Forderung, die Ergebnisse nicht schon vorher in die Betrachtungen hineinzulegen, sondern voraussetzungs- und selbstlos aufzunehmen, was sich den Wahrnehmungen ergibt. Andererseits fällt nun aber auf, dass seine strenge Beobachtung bei dem Zurückhalten der spontanen «Empfindungen» nun keineswegs sein eigenes Subjekt ausklammert: Das eigene Seelenleben wird vielmehr direkter Gegenstand der Beobachtung. Goethe beschränkt sich nicht auf ein bloßes Registrieren der Wahrnehmungen, sondern nimmt die seelischen Wirkungen in den Blick, die nach Zurückhaltung der spontanen Emotionen (z.B. Sympathie und Antipathie) ganz ruhig und unbezweifelbar *von sich aus* in seinem Inneren auftreten. Sie werden schließlich zum «Wegweiser» beim Hinblicken auf die *Gegenstände*, die sich jetzt erst von anderen abheben – eine erste Erkenntnis von Wirklichkeit hat sich vollzogen. Goethe führt ein sehr konkretes Beispiel an: «den Platz, auf dem ich wohne, der in Absicht seiner Lage und alles dessen, was darauf vorgeht, in einem jeden Momente symbolisch ist».[51] Goethe muss diesen Ort als etwas erlebt haben, das einerseits ganz einmalig, sinnlich unmittelbar vor ihm lag und zugleich durch seine besonderen Eigenschaften allgemeine Qualitäten der Begegnung, menschlichen Tätigkeit, ästhetischen Wirkung von Architektur o. Ä. ausstrahlte. So resümiert er schließlich: «Wenn man aber, durch diese Fälle aufmerksam gemacht, künftig bey weiteren Fortschritten der Reise nicht sowohl auf's merkwürdige sondern auf's bedeutende seine Aufmerksamkeit richtete, so müßte man, für sich und andere, doch zuletzt eine schöne Erndte gewinnen. Ich will es erst noch hier versuchen was ich symbolisches bemerken kann, besonders aber an fremden Orten, die ich zum erstenmal sehe, mich üben. Gelänge das, so müßte man, ohne die Erfahrung in die Breite verfolgen zu wollen, doch, wenn man auf jedem Platz, in jedem Moment, so weit es einem vergönnt wäre, in die Tiefe ginge, noch immer genug Beute aus bekannten Ländern und Gegenden davon tragen.»[52] In dieser scheinbar so schlichten Betrachtung spricht sich eine bedeutende Konsequenz aus: Objektivität besteht womöglich gar nicht in der Ausschaltung des eigenen Seelenlebens, sondern setzt sogar dessen innere Beobachtung voraus. Hier scheinen sich dem Subjektivismus Tor und Tür zu öffnen, und so wird auf diese Kernfrage des Erkennens an späterer Stelle wieder zurückzukommen sein – an ihr entscheidet sich tatsächlich das Fortkommen der modernen Wissenschaft.

Eine weitere wesentliche Perspektive, die sich aus der Darstellung Goethes eröffnet, ist nun diejenige auf den «symbolischen» Charakter bestimmter Beobachtungsgegenstände. Goethe erlebt, dass bestimmte Dinge oder Vorgänge eine andere Wirkung auf ihn haben als die Wahrnehmungsinhalte sonst. Er hat diese Erfahrung nicht gesucht, sondern sie ist ihm von jenen Gegenständen aus als eine Gemeinsamkeit entgegengekommen. Es sind Gegenstände, die auf ihre ganz eigene Weise in ihrer Vielfalt doch «charakteristisch», also in einem gewissen Sinne zeichen- oder ausdruckshaft, sind, die nicht nur für sich allein stehen, sondern etwas «repräsentieren», insofern «eine gewisse Totalität in sich schließen» und «an eine gewisse Einheit und Allheit Anspruch machen».[53] Auf den von Goethe beobachteten Platz bezogen würde dies bedeuten, dass der Dichter hier an diesem Ort etwas so Kennzeichnendes, Urbildhaftes erlebt hat, dass der Platz und das auf ihm stattfindende Geschehen für ihn zu einem wesenhaften Ausdruck für den Menschen

55

überhaupt bzw. für dessen gemeinschaftliches Miteinander werden konnte: zum Symbol. Die Bezeichnung, die Goethe für jene an sich selbst beobachtete Stimmung findet, beinhaltet sicherlich nicht zufällig einen Hinweis auf den Bildcharakter dieser Wahrnehmung: Er spricht von einer «poetischen» Stimmung und drückt damit aus, dass sie ihn an diejenigen künstlerischen Erlebnisse erinnert, die er aus seinem dichterischen Schaffen kennt. Für unsere Frage nach der Geschichtserkenntnis ist nun aber interessant, dass er – wie oben zitiert – die eigentlich poetische Erfahrung explizit unterscheidet von der hier an den Dingen der äußeren Lebenswelt gewonnenen Erfahrung: «Möchte nicht also hier selbst poetische Stimmung seyn? Bey einem Gegenstande, der nicht ganz poetisch ist, wodurch ein gewisser Mittelzustand hervorgebracht wird.»⁵⁴ Goethe beschreibt also Gegenstände, die nicht «bloße» Erdichtung sind, aber auch nicht gewöhnliche Wahrnehmung, sondern ein «Mittelzustand». Es gibt für ihn Tatsachen der empirisch gegebenen Welt, die dasjenige ausstrahlen, was sonst nur Kunstwerke ausstrahlen, die also als Realität zugleich auch Bild sind. Er entdeckt diese Tatsachen nicht durch die analytische Ratio, sondern durch die streng geschulte Aufmerksamkeit auf die sehr sensiblen, an den äußeren Gegenständen sich entzündenden «Effecte» in seinem Seelenleben und durch deren Ernstnehmen. Dieses Wahrnehmen der «poetischen» Ausstrahlung einer Erscheinung ist wie ein Seismograf für den wahren Gehalt, der sich in den unendlich vielen «Fakten», die sich der Beobachtung darbieten, verbirgt.

In seinen *Maximen und Reflexionen* fasst Goethe die bisher angedeuteten Eigenschaften des Symbols definitorisch zusammen: «Das ist die wahre Symbolik, wo das Besondere das Allgemeine repräsentiert, nicht als Traum und Schatten, sondern als lebendig-augenblickliche Offenbarung des Unerforschlichen.»⁵⁵ Hier wird wieder der Gesichtspunkt der Repräsentation angeführt: Eine Erscheinung besteht nicht einfach nur für sich, sondern es manifestiert sich in ihr ein Hintergrund, der selbst verborgen bleibt. Diese unsichtbare Wirklichkeitsschicht ist die des Allgemeinen, insofern also des Zusammenhanges, während das Erscheinende als das Besondere, Individuelle auftritt. Goethe sucht im Symbol offensichtlich nach einer Verbindung oder Versöhnung des Individuellen und der Ganzheit, der physischen Verkörperung und der Welt des Geistes. Er hält es nicht für generell gegeben, dass die sinnlich-materielle Welt die in ihr wirkenden geistigen Zusammenhänge, die «Einheit und Allheit», selbst voll zur Erscheinung bringt: Er sieht dies nur in der *wahren* Symbolik verwirklicht, die er abgrenzt von einer Repräsentation des Allgemeinen im Besonderen, die nur als «Traum und Schatten» auftritt. Damit verweist er auf eine Erscheinungsweise der sinnlichen Welt, in der das Stoffliche zu einer blassen, unwirklichen Scheinexistenz herabsinkt, wie z.B. – im Extremfall – bei einem Verkehrsschild, das nicht nach Materialbeschaffenheit, Farbqualität, Formensprache usw. für sich betrachtet werden soll, sondern das nur den einen Sinn hat, auf eine gesellschaftlich festgelegte Regel hinzuweisen. Eine Bilderscheinung, bei der das Stoffliche nur Verweischarakter hat, nennt Goethe «Allegorie». Ein bekanntes Beispiel hierfür ist die «Justitia»: eine Frau, ausgerüstet mit Augenbinde, Schwert und Waage als Zeichen für Absehung von der Person, richtendes Urteil und Abwägen von Schuld und Unschuld. Diese begriffliche Bedeutung soll vom Betrachter rein inhaltlich «gelesen» werden, während die reale Gestalt der Frau und ihrer Instrumente eigentlich keine Rolle spielen. Haare, Hände, Mund, Nase usw. sind nicht selbst Zielpunkt der Darstellung und drücken nicht selbst aus sich heraus etwas über das Wesen der Gerechtigkeit aus – wie auch der Fuchs als «Symbol» für die Schlauheit nicht als wirkliches Tier mit seinen biologischen Merkmalen und charakteristischen Eigentümlichkeiten interessiert. Sie sind «Vorwand» für einen vorausgesetzten Begriff, also einen gedanklichen Zusammenhang, der auch ohne sie besteht. Die Erscheinungswelt wird so zum bloßen, unwirklichen Material, dem eine gewisse Willkür und Zufälligkeit anhaftet, während die Realität in den durch den Verstand zu abstrahierenden allgemeinen Gesetzen gesehen wird. Dies ist beim Symbol anders: Hier wird das Stoffliche, das physisch-konkrete Individuum zu einer «lebendig-augenblicklichen Offenbarung» – es enthält selber das Leben des von ihm Offenbarten und ist nie auswechselbar, sondern nur in ihm, also im Hier und Jetzt des einmaligen Augenblickes, kommt das Geoffenbarte zur Erscheinung. Die «Faktenwelt», über die Goethe hier spricht, ist also so beschaffen, dass aus ihr selbst ein in ihr wirkender verborgen-geistiger Hintergrund spricht. Das Faktum dient hier nicht als «Sprungbrett» zu einem allgemeinen, über ihm stehenden Gesetz, ist aber auch keine gesichts- und sinnlose Materialmasse, die aus sich heraus keine Wirklichkeit vermitteln kann, sondern indem man es auf der einen Seite mit einem Besonderen, einer individuellen Erscheinung zu tun hat, andererseits in ihr selbst die Ganzheit sich offenbart, nimmt die Erscheinung Gestalt an, ist sie beseelt durch jenen Zusammenhang und insofern mit ihm eins und nicht bloß sein beliebiger «Stellvertreter». Symbol und Allegorie müssen deutlich voneinander unterschieden werden, sonst werden die Begriffe «Repräsentant», «Symbol», «Sinnbild» oder «Zeichen», wie sie von Goethe gemeint sind, immer missverstanden. Obwohl über diese Frage nur spekuliert werden kann, vermute ich hierin auch einen wesentlichen Grund, warum Rudolf Steiner letztlich den Begriff des «Symptoms» vorgezogen und den des Symbols fallengelassen hat. Dem Symbol haftet im modernen Sprachgebrauch immer etwas Konventionell-Zeichenhaftes an (Rose als Symbol für die Liebe, Grün steht für die Hoffnung etc.), etwas vom Menschen willkürlich Konstruiertes, das nicht ganz in der Wirklichkeit wurzelt, sondern sich ästhetisierend von ihr abhebt. Im strengen Wortgebrauch Goethes ist hier aber das Sich-Ereignen von Wirklichkeit gemeint.

Wodurch wird nun eine physische Erscheinung zum Symbol? Was hat sie an sich, dass sie nicht nur wesenloser Stoff, stumme, abgelähmte Einzelheit oder eben bloßer Vorwand des Gedankens wird, sondern als individuelle Sinnestatsache den in ihr wirkenden Zusammenhang in seiner ganzen Lebendigkeit anwesend sein lässt und zur Erfahrung bringt? In einem Aufsatz über ein Gemälde, das eine Szene aus dem Neuen Testament darstellt, gibt Goethe ein konkretes Beispiel an, was für ihn ein Symbol im Unterschied zur Allegorie ist.[56] Zunächst interessiert ihn der bemerkenswerte Umstand, dass die Litografie in dem ihm vorliegenden Sammelband von Julius Roman inhaltlich ausgelegt wird als «Aspasia bei Tische mit Sokrates und einem anderen Philosophen Rede wechselnd. Die Männer scheinen erstaunt über die Gewalt ihrer Argumente.» Er selber erkennt in dem Bild Petrus, dem von der Magd des Hohepriesters der Vorwurf gemacht wird, er sei ein Anhänger des verhafteten Jesus. Nicht die Frage, wessen Auslegung nun die richtige sei, sondern die Tatsache, dass an ein und derselben künstlerischen Darstellung zwei verschiedene Inhalte, also begriffliche Zuordnungen, vorgenommen wurden, findet seine Aufmerksamkeit. Er gibt beiden Möglichkeiten recht und macht damit deutlich, dass es auf diese begrifflichen Inhalte gar nicht in erster Linie ankommt. Es geht nicht darum, was das Bild «bedeutet», sondern welche Wirkung es hervorruft. So gerät nun etwas ganz anderes in den Blick: das in dem Bild sich vollziehende Geschehen selber, «eine von ihrer Meinung durchdrungene Frauenperson überzeugt zwei Männer, den einen zu freundlicher Beistimmung, den anderen bis zum Erschrecken».[57] Die Essenz des Bildes besteht für Goethe also nicht im gedanklichen Bezug auf irgendeinen historischen Hintergrund, sondern letztlich in der Erfahrung von Tatsachen des menschlichen Seelenlebens: die Wirkung einer von Wahrheit erfüllten Frau auf zwei Menschen, die auf ganz gegensätzliche Weise mit dieser Wahrheit verbunden sind – und damit verschiedene Qualitäten des Weiblichen und Männlichen, der Wahrheit, Schuld usw. Wenn Vorgänge und nicht Bedeutungen für Goethe den Gehalt eines Bildes ausmachen, dann wird auch deutlich, was für ihn das Bild überhaupt erst zum Bild macht: die – so Goethe – «Komposition». Nicht die Bildinhalte, sondern die Art ihrer Zusammenfügung ist der eigentliche Gegenstand des Bildes und lässt ihn im obigen Sinne zu einer «lebendig-augenblicklichen Offenbarung» werden. Genau dies drückt sich in den berühmten Worten im *Faust* aus: «Das Was bedenke, mehr bedenke wie.» (*Faust II*, 2. Akt) Die Realität des Bildes vermittelt sich im Qualitativen, also in den von ihm ausgehenden Wirkungen.

Damit gelangen wir zu einer entscheidenden Konsequenz bezüglich des Erkenntnislebens: Die Rolle des Betrachters erhält einen ganz neuen Stellenwert. Ein «Was» kann ich teilnahmslos feststellen, ein «Wie» umfasst aber bereits Eigenschaften, die sich nur über ihre Wirkungen auf mein Seelenleben beschreiben lassen – wie sollte ich sonst z.B. das Erschrecken des Petrus erfahren, wenn nicht über den Eindruck, den seine Mimik und Gestik auf mein Inneres machen. Der Schauplatz, auf dem sich der Gehalt des Bildes ausspricht, ist nicht das Bild für sich, sondern die im Betrachter sich an ihm vollziehenden inneren Regungen; nur hier kann ich beobachten, was es heißt, dass jene Frau «von ihrer Meinung durchdrungen» sei. Die Komposition teilt sich im Unterschied zu den rein begrifflichen Inhalten nur im Seelenleben des Betrachters mit. Was sich hier z.B. zwischen den Figuren abspielt, ist ein Geschehen, und dies muss der Betrachter, wenn er es erfassen will, ja selber im anschauenden Hin und Her zwischen den Bildelementen mitvollziehen und damit zugleich selbst hervorbringen. Um eine Komposition zu erfassen, muss ich selber zum Komponisten werden.

Goethe verdeutlicht seine Auffassung nun an einem weiteren Detail des Bildes: Auf einem kleinen, steinernen Sockel brennt ein «unbedeutendes Flämmchen» – inhaltlich ein Hinweis auf die Schilderung des Lukas (22.55) von dem brennenden Holzstoß im Hofe des Hohepriesters, faktisch werden die in dieser Erzählung dargestellten Details aber ausgespart. Es kommt dem Künstler also nicht auf ikonografische Richtigkeit und damit auf den Verweis auf einen eigentlich gemeinten «Text», sondern auf die Erlebnisqualität an, die durch das «Flämmchen» real entsteht: «Das natürliche Feuer wird dargestellt.»[58] Die Qualität dessen, was Feuer an sich ist – Wärme, Licht usw. –, kann «vorgestellt», also konkret erfahren werden – obwohl nur etwas Farbe auf Papier haftet. Goethe bezeichnet die Darstellung insofern als «echte Symbolik», als ein «Musterbild, wie man das tiefste Leben, die gründlichste Bedeutung eines Ereignisses vorstellen kann, ohne dass daran etwas gelegen ist, ob der heilige Petrus oder Sokrates gemeint sei.» Schließlich gelangt er zu einem Fazit, das als eine der bedeutendsten Formulierungen eines modernen Bildbegriffes angesehen werden kann: Das Symbol sei «die Sache, ohne die Sache zu sein, und doch die Sache; ein im geistigen Spiegel zusammengezogenes Bild, und doch mit dem Gegenstand identisch».[59]

Goethe bringt mit diesem Satz mehrere Sachverhalte zum Ausdruck: Das Bild ist nicht «nur» Bild, nicht eine ästhetisierende Zugabe zu einer schon vorhandenen Wirklichkeit, sondern es ist selber diese Wirklichkeit. Gleichzeitig besteht aber auch eine Differenz: Es ist die Sache, «ohne die Sache zu sein». Die Identität wird wieder zurückgenommen, und mit Recht: Niemand würde jenes «Flämmchen» für ein reales Feuer halten und versuchen, sich die Hände daran zu wärmen. Das Bild ist eben doch ein Repräsentant, nicht das Repräsentierte selbst. Es wird unsentimental anerkannt, dass eine sinnliche Erscheinung nicht selber die volle Wirklichkeit einer «Sache» beinhaltet. Das Symbol täuscht diese Identität auch gar nicht vor, sondern signalisiert, dass das Stoffliche «Bild» ist und auf eine andere, geistige Wirklichkeitsebene hinführt, die mit der physischen nicht willkürlich vermischt werden darf.

Goethe trägt hier der Tatsache Rechnung, die oben an dem Beispiel des Baumes und der Wahrnehmung geschichtlicher Vorgänge beschrieben wurde: Eine sinnliche Erscheinung kann nicht identisch mit dem in ihr wirkenden geistigen Gesetz bzw. Wesen sein, weil sie immer ausschnitthaft, eine Ablähmung des Ganzen bleiben muss.

«Es ist die Sache, ohne die Sache zu sein» – mit dieser Zurücknahme könnte man sich nun verhältnismäßig beruhigen und den seltsamen Widerspruch damit «befrieden», dass man hier einen sinnlichen Stellvertreter vor sich sieht, dessen Bedeutung verabredet und der damit austauschbar ist, denn der Zusammenhang zwischen Zeichen und «eigentlicher» Sache wäre ja unverbindlich, wenn keine wesensmäßige Identität besteht. Nun mutet Goethe dem Leser aber eine Provokation zu, ein Rätsel, das in seiner herausfordernden Widersprüchlichkeit an die Fragmente des Heraklit erinnert: «und doch die Sache»! Goethe baut hier bewusst eine unüberwindliche Paradoxie auf, und das zwingt den Leser – wenn er den Widerspruch doch auflösen will – dazu, eine völlig neue Betrachtungsebene einzunehmen. Es entsteht die Frage: Was heißt es denn eigentlich, dass etwas «eine Sache» ist? Kann etwas eine Sache auf eine Art und Weise sein, die man bis jetzt noch nicht bemerkt hatte? Unser gewöhnliches Erleben einer Sache besteht darin, dass wir etwas als gegenständliche Realität außerhalb von uns haben (selbst unstoffliche Begriffe wie «Freiheit», «Sein», «Wesen» usw. werden letztlich immer mit irgendwelchen aus der Sinneswelt entlehnten gegenständlichen Vorstellungen angefüllt). Deshalb haben wir bei dem Bild die Empfindung, dass es nicht die «eigentliche» Sache ist, weil es dieser stofflichen Realität nicht entspricht (in Cézannes Pfirsiche möchte man nicht hineinbeißen). In welcher Form – wenn nicht in jener der gegenständlichen Vorstellung – sollte also etwas eine Sache sein können?

Bei diesem Goetheschen Rätsel – der Frage, warum ein Bild tatsächlich Wirklichkeit sein kann – gelangen wir an den Kern unserer Suche nach der Erkenntnis von Geschichte. Alle Bemühungen um einen lebendigen Geschichtsunterricht und seine menschenkundlichen Grundlagen hängen von ihm ab. Man kann über das Bild nicht theoretisieren, und insofern soll nun versucht werden, Goethes Äußerung an einem ausgewählten Beispiel – einem Gemälde – zu verstehen. Es handelt sich um ein Werk des schweizerischen Malers und Bildhauers Alberto Giacometti (1901–1966).

Es ist unschwer zu erkennen, was hier die «Sache» ist: ein gehender Mensch, vermutlich ein Mann. So heißt der Titel dann auch: «L'homme qui marche». Ein Großteil unserer Wahrnehmungsprozesse läuft so ab: Bestimmte optische Signale entsprechen einem bekannten Gegenstand, dem man das Wahrgenommene sofort zuordnet und das man damit bewältigt hat.

Allerdings: Kann man hier von einem Menschen sprechen? Die Darstellung verstößt doch gegen jede Realität des menschlichen Körpers: Beine und Füße sind viel zu lang, Unterarme gar nicht zu erkennen, der Kopf unrealistisch – hier stimmt gar nichts, statt einen wirklichen Menschen haben wir nur ein paar hauchdünne Linien. Es ist die Sache, «ohne die Sache zu sein».

62

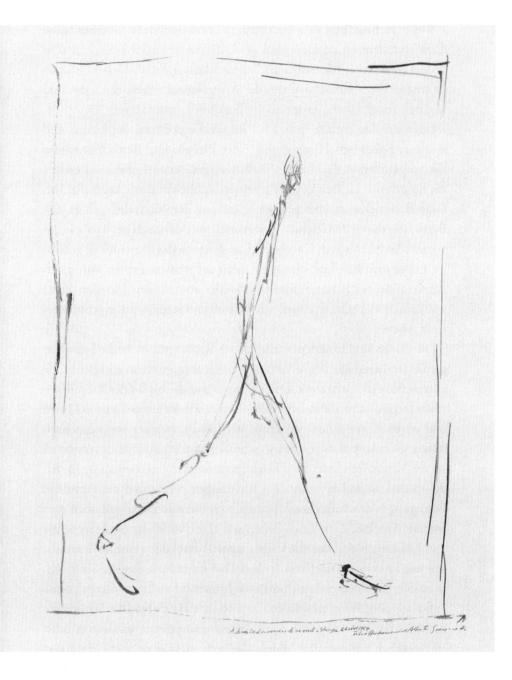

Alberto Giacometti, L'homme qui marche, Öl auf Papier, 1950

Was berechtigt nun also, bei einem solchen Gebilde in Goethes Sinne dann trotzdem zu sagen: «Und doch die Sache»? Schließlich also in diesen Linien den Menschen als Wirklichkeit, nicht als bloßes Zeichen zu sehen? Dazu müssen wir uns der Anstrengung unterziehen, das Bild wirklich anzuschauen, anstatt es nur begrifflich zuzuordnen.

Das Gemälde enthält sich – bis auf das Grau-Braun der Linien und den leicht getönten Hintergrund – der Farben. Der Betrachter taucht also nirgendwo in die von den Farben aufgerufenen Gefühlswelten ein, die Emotionen bleiben in einer gewissen sachlichen Zurückhaltung. Das Grau-Braun erzeugt eine gewisse Stimmung der Neutralität, führt den Betrachter durch den leichten Braunanteil aber dennoch ein wenig in ein warmes Verhältnis zum Gegenstand, zumal auch das Papier leicht gefärbt ist. Hätte man hier nur schwarze Linien auf weißem Papier, würde sich das Gebilde viel härter, starrer und kühler ausnehmen. Der Betrachter würde sich viel stärker einem schematischen Gegenstand gegenüberge-stellt sehen.

Die Linien sind trotzdem natürlich das Wichtigste, nicht die Farbklän-ge. Sie tendieren alle in die Vertikale, einige wenige etwas schwächer, die allermeisten aber sehr stark. Da der Hintergrund – bis auf die Rahmung – völlig leer ist, sammelt sich der Blick immer wieder auf den zarten Linien und wandert mit ihnen von unten nach oben, weniger von oben nach unten. Gerade weil die Linien so schmal und flächenlos sind, verstärken sie die Vertikaltendenz: Eine Fläche setzt immer eine Bewegung in bei-de – vertikale und horizontale – Richtungen voraus und mindert diese Bewegung in die Aufrechte. Wesentlich für diese Tendenz sind noch zwei weitere Aspekte. Zum einen haben wir keine wirkliche Senkrechte vor uns. Die Linien sind fast alle leicht diagonal und bilden eine «Hauptach-se» von links unten nach rechts oben. Dies führt dazu, dass die Senkrech-te unsichtbar anwesend ist (indem die Linien auf sie hintendieren), ohne äußerlich ausgeführt zu werden. So wird dem Betrachter die Senkrechte nicht als fertiges «Ergebnis», als Tatsache vorgesetzt, sondern er muss sie eigentlich ständig selbst bilden. Dadurch erlebt er sie aber viel stärker!

Eine schnurgerade Senkrechte wäre unbeweglich und würde die Tendenz des Senkrechten als solche, also die Kraft, die ihre äußere Erscheinung erst hervorbringt, nicht erleben lassen. Der zweite hierfür wesentliche Aspekt besteht in der Tatsache, dass die Linien unterbrochen sind, sich also aus vielen Einzellinien zusammensetzen. Dies führt dazu, dass man die vertikale Bewegung ständig selber wie plastizierend aufbaut, weil man mit dem Blick immer wieder neu ansetzen muss, um «weiterfahren» zu können.

Bemerkenswert ist auch, dass die Linien fast immer leicht gekrümmt sind. Damit entsteht etwas, was eine vollkommen gerade Linie nie bewirken kann: Spannung. Das ganze Bild lebt von einer Fülle von Spannungsverhältnissen: nicht nur in der Biegung der Einzellinie, sondern auch in seiner Biegung vom «Unterleib» aufwärts, in der Krümmung der Hauptachse, dem Winkel der «Arme», dem Verhältnis der «Beine» zueinander oder dem Verhältnis zwischen Boden und «Fuß». Überhaupt bewirkt die leichte Neigung der Gesamtfigur einen Eindruck der Spannung und damit Bewegung.

Eine Hauptwirkung des Bildes ist insofern die der Dynamik. Hierin liegt auch eine maßgebliche Aufgabe der bereits angesprochenen überdimensionalen Länge der «Beine». Mit ihrem Spannungsverhältnis untereinander, dem Oszillieren zwischen Horizontal- (bei dem hinteren) und stärkerer Vertikaltendenz (bei dem vorderen), der durch die rätselhafte Linie links oben neben dem oberen Ende des vorderen Beines noch verstärkten «Fächerung», den nicht horizontal aufsetzenden und damit nicht lastenden, Schwere vermittelnden Füßen und eben der Überbetonung der Länge erzeugen sie einen starken Eindruck des Ausschreitens, der Energie der Bewegung, Zielgerichtetheit und sogar Tempo. Diese Bewegung ist zugleich aber kein Schweben: Dafür sind die Füße wiederum zu groß. Es geht hier nicht um eine Dynamik, die der Horizontalen entflieht, vielmehr hat sie in ihr eine Grundlage.

Es ergeben sich also eine Reihe von Wahrnehmungen, die eng miteinander verwandt sind. Der Betrachter befindet sich in einem ständigen

Prozess des Aufbauens der Vertikalen und erfährt darin eine Kraft des Auf-
richtens. Wenn er ein Abbild des körperlichen Volumens des Menschen
vor sich hätte, würde er viel stärker dessen reine Materialität, nicht aber die
Qualitäten jener ganz unsichtbaren Kräfte erleben, die diese Materie erst
in die Aufrechte bringen. Durch die beschriebenen Spannungsverhältnis-
se und die aus ihnen hervorgehende Dynamik vermitteln sich zugleich die
Qualitäten von Bewegung, Energie bis hin zu Zuversicht und Hoffnung
– letztlich also des Lebendigen schlechthin. So kann man an Giacomettis
wenigen Linien schließlich zu einer Erfahrung eines ganz wesentlichen
Aspektes des Menschen gelangen: zum Erlebnis derjenigen Kräfte, die
dem Menschen Leben geben, sein Dasein bis in die körperlichen Vorgänge
hinein aufbauen. Insofern lässt sich hier mit Goethe sagen: «und doch die
Sache». Die Realität dieses Bildes geht so weit, dass ein Freund während
einer sehr harten Prüfungszeit (ein Diplomabschluss an der Universität)
monatelang einen großen Druck des Gemäldes in seinem Zimmer hängen
hatte und faktisch erlebte, wie ihn das Betrachten des Bildes immer wieder
stärkte und belebte und zumindest einen der Faktoren ausmachte, die ihn
bis zum Ende durchhalten ließen.

   Es ist nun deutlich, inwiefern ein Bild tatsächlich «die Sache» sein
kann. Es kann dies nicht durch seinen bloßen Inhalt. Wie sollten
auch – wie in unserem Fall – geistige Lebenskräfte sinnlich dargestellt
werden? Rein inhaltlich gesehen haben wir bei Giacomettis Bild nur
einige Linien, aber keinen Menschen. Der entscheidende Schritt, die
Schwelle zu einem ganz anderen Bildbegriff besteht nun darin, etwas als
Wahrnehmungsgegenstand, also als «Sache», zu entdecken, was sonst
als Sache überhaupt nicht in den Blick genommen wird: die an den
sinnlichen Inhalten des Bildes sich vollziehende Anschauungstätigkeit.
Wenn ich gründlich und genau die sinnlichen Angebote des Bildes anschaue und insofern produktiv nachschaffe und dann beobachte, welche Bewegungen ich vollzogen habe bzw. welche Qualitäten sich dabei
vermitteln, so ergibt sich mir ein neuer Wahrnehmungsinhalt, der nun
nicht mehr sinnlich-materiell ist, sondern aus der «Substanz» meiner

seelischen Betätigung besteht. Ich beobachte seelische Gebärden und entdecke, dass diese keineswegs willkürlich sind, sondern sich als das Gesetz des betrachteten Gegenstandes herausstellen: Bei Giacomettis «L'homme qui marche» ist es jene unsichtbare Kräfteorganisation des Menschen, die für ihn viel wesentlicher und wirklicher ist als irgendein äußeres, abbildhaftes Detail seines physischen Körpers. Vor dem Hintergrund dieser Erfahrung kann nun ausgedrückt werden, was ein sich durch seine symbolische Qualität auszeichnendes Bild ist: Es ist ein sinnlicher Inhalt, an dem sich mit ihm selbst zugleich die Geste seiner Bildung und damit sein geistiger Ursprung, sein inneres Gesetz ausspricht. Die Wirklichkeit des Bildes[60] besteht nicht in einem vom Betrachter unabhängigen materiellen Gegenstand, sondern in der seelischen Gebärde, die zwischen dem sinnlichen Inhalt und dem Betrachter erzeugt wird. Diese Gebärde ist nichts Subjektiv-Willkürliches, weil die seelische Tätigkeit des Betrachters ja von den sinnlichen Anstößen des Bildinhaltes geführt wird.

Der Bildbegriff Goethes setzt voraus, dass man die hier beschriebene «seelische Beobachtung», also die Beobachtung der in der Anschauung vollzogenen inneren Gebärden, in sich entwickelt. Sonst entfällt einem immer wieder der eigentliche Gegenstand des Bildes, man sucht ihn doch wieder im bloßen Inhalt und muss letztlich feststellen, dass dieser unwirklich, ein bloßes Scheingebilde ist. Jetzt wird auch der letzte Teil in Goethes zitierter Charakteristik des Symbols verständlich: «ein im geistigen Spiegel zusammengezogenes Bild, und doch mit dem Gegenstand identisch». Die Identität des Bildes mit der Wirklichkeit besteht nicht in seinem sinnlichen Inhalt, sondern «im geistigen Spiegel». Farbe auf einer Leinwand kann nur ein «Schein» sein; wenn ich aber auf die durch sie hervorgebrachten seelischen Realitäten blicke, kann es geschehen, dass ich schlagartig die Realität entdecke – bei Giacometti den Menschen. Es handelt sich um jenen Moment der Evidenz, in dem die von mir hervorgebrachte Figur innerer Bewegungen erkannt wird als das Charakteristische des von mir betrachteten Weltinhaltes. Die Formulierung des «Zusammenziehens» entspricht dem Ausdruck einige Zeilen vorher: «Der evangelische Vorfall [die Petrus-Szene, A. B.], wie er uns überliefert ist, kann nicht besser ins Engere gezogen, nicht bedeutender dargestellt werden.» Die tiefere Bedeutung, also die Vermittlung eines eigentlichen geistigen Hintergrunds, entsteht beim Bild also dadurch, dass seine Inhalte konzentriert werden. Indem sich die sinnliche Materialität, der «Stoff», reduziert, kann das Wesentliche zum Vorschein kommen – dies bedeutet aber wiederum, dass dieses Wesentliche, Bedeutende nicht im materiellen Inhalt liegen kann, sondern in dem «geistigen Spiegel», der dadurch entsteht. Das Charakteristische, die Signatur entsteht nicht durch die Menge der Details, sondern durch die Stimmigkeit und ausdruckshafte Präzision ganz weniger Darstellungselemente. Die Kunstgeschichte hält eine Fülle von Beispielen bereit, an denen man beobachten kann, wie oft nur eine einzige Linie, ein Farbkontrast, ein prägnantes Formelement den wesentlichen Gehalt des Bildes ausmacht und die Augen für eine bisher nie so lebendig erfasste Wirklichkeit – ob Mensch, Landschaft, Tier o.a. – öffnet. Dieser Umstand ist für den Geschichtsunterricht von größter Bedeutung, denn einen historischen Sachverhalt auf der Grundlage des hier entwickelten Bildbegriffes zu erfassen würde schon das zur Folge haben, dass man zu einem ganz anderen Verhältnis zur sogenannten «Stofffülle» gelangte, als es gerade in diesem Fach üblich ist. Wenn sich ein Zusammenhang nicht durch die Menge des Tatsachenwissens, sondern durch die Prägnanz seiner bildhaften «Signatur» vermittelt, würde ein vollkommen neuer Umgang mit dem empirischen Stoff ermöglicht und das Klischee des «Mutes zur Lücke», des «Weniger ist Mehr», der «Kunst des Weglassens» sich aus der Sache heraus methodisch notwendig mit Inhalt füllen. Nach dem Hinweis auf die «poetische» Qualität einer «symbolischen» Wahrnehmung von signifikanten Ereignissen berühren wir mit dieser Unterscheidung von Stoff und charakteristischer Gebärde erneut die Tatsache, dass in den Prinzipien wissenschaftlicher Methodik konsequent ihre Fortführung in künstlerische Erkenntnis veranlagt ist. Man ahnt außerdem, inwiefern im modernen Sinne Unterricht

«Erziehungskunst» werden muss. Das «Enge» (Wenige) kann nur das «Weite» bzw. «Ganze» (also mehr als das «Viele») sein, wenn ich eine Realitätsebene in den Blick nehme, die nicht materiell ist: die Gestalt meines geistigen «Componierens».

3.2 Zusammenfassung: Was ist ein «Symptom»?

Es kann nun erklärt werden, warum Goethe Gegenstände wahrnahm, die sich von anderen in ihrem Aussagewert und damit ihrer Bedeutung für die Wirklichkeitserkenntnis unterscheiden: Sie waren so strukturiert, dass sie in ihm geistige Gebärden hervorriefen, in denen ihn die tieferen Gesetze der ihm jeweils begegnenden Welt berührten. Es handelt sich um sinnliche Erscheinungen, in denen sich Geistiges ausspricht – und insofern ist es bezeichnend, dass er seine in diesem Moment auftretende Stimmung eine «poetische», also künstlerische, nennt – obwohl (oder vielleicht sogar gerade weil) er von einer wissenschaftlich-beobachtenden Haltung ausgegangen war. Im Hinblick auf die in diesem Kapitel dargestellte Verwandtschaft zwischen «Symbol» (im Sinne Goethes) und «Symptom» (im Sinne Steiners) kann man das Letztere als ein sinnlich-empirisches Ereignis charakterisieren, das so strukturiert ist, dass es den historischen Betrachter in einen inneren Bewegungsvollzug versetzt, deren Figur die in dem Ereignis wirkende geistig-ursächliche Welt aufscheinen lässt. Das Ereignis wird – so Christoph Lindenberg – zum «äußeren Ausdruck eines übersinnlichen Vorgangs»[61] – wobei nun deutlich geworden ist, was unter einem «äußeren Ausdruck» verstanden werden kann.

Dürfen Kunst und die wissenschaftliche Erkenntnis von Geschichte wirklich so eng miteinander in Verbindung gebracht werden? Widerspricht dies nicht dem seit fast 200 Jahren geschulten modernen historischen Gewissen? Es ist ein ganz kleines Detail in unserem Sprachgebrauch, das auf verblüffend konkrete und schlichte Weise den in diesem Kapitel entwickelten Zusammenhang bestätigt. Rudolf Steiner hat in einem Vortrag über die Verlebendigung unseres Denkens auf dieses Phänomen aufmerksam gemacht.[62] In der Geschichtswissenschaft wird der Begriff der «Regesten» gebraucht. Regesten sind die seit dem 18. Jahrhundert systematisch angefertigten Auszüge von Urkunden, deren Inhalt, Herkunft und Überlieferung knapp zusammengefasst werden. Sie sind also die geronnene Abstraktion einer ohnehin schon sehr resultat- und formelhaften, archivalischen Textgattung, sozusagen die Verdünnung der Verdünnung, das tote Faktum par excellence. Steiner fragt nun, woraus sich das Wort «Regesten» etymologisch ableitet. Hier stößt man sehr schnell auf den lateinischen Ursprung, aus dem sich die spätere Form sofort erhellt: «res gesta» – die Tatsache. Erst diese Herleitung macht sichtbar, dass hinter den Textauszügen historische Vorgänge, also konkretes Leben, steht. Nun bleibt Steiner aber bei dieser Einsicht nicht stehen, sondern geht noch einen Schritt weiter: Warum haben die Römer die geschichtliche Tatsache «res gesta» genannt? Die Antwort kann zu einer echten Entdeckung werden: In jenem «res gesta» verbirgt sich unmittelbar der *Gestus*, die Gebärde! Der Sprachgenius der Römer hat also instinktiv davon gewusst, dass Geschichte tatsächlich aus einer Gebärdensprache hervorgeht, und erst die spätere Zeit hat diesen Zusammenhang immer mehr verloren, bis im Deutschen ein Wort wie «Regesten» entsteht, mit dem bei ehrlicher Selbstprüfung heute wohl niemand mehr lebendige Bewegungen, Gesten verbindet.

Der Begriff «Symptom» scheint auf den ersten Blick auf einen etwas anderen Sachverhalt zu verweisen als auf die Gebärdensprache der sinnlichen Erscheinung. Er betont stärker den Verweischarakter dieser Erscheinung. Wir kennen den Begriff sehr gut aus der Medizin: Ein Krankheitssymptom ist für sich nicht das Entscheidende, sondern die Krankheit selber, auf die es hinweist, und natürlich deren Gründe. Wir würden nicht auf die Idee kommen, eine Hautrötung für sich zu studieren, sondern wir erkennen sie als Zeichen für ausbrechende Masern und gelangen so zu Themen wie Kinderkrankheit, biografische Entwicklungsprozesse usw.

Indem Rudolf Steiner diese Konnotation auf die Geschichte bezieht, betont er, dass das äußere Ereignis für sich noch nicht das Wesentliche ist, sondern «*nur*» ein Hinweis ist. Diese Betonung ist sachgemäß, weil – wie wir gesehen haben – die Geschichte tatsächlich auf der physischen Ebene der sinnlich wahrnehmbaren Ereignisse nicht vollständig in die Erscheinung tritt.

Der Leser sei an dieser Stelle aufgefordert, ein kleines Experiment durchzuführen. Er möge für einen Moment einmal versuchen, sich innerlich vor Augen zu stellen, was er auf die Frage antworten würde: Was waren die Ereignisse oder Augenblicke in Ihrem Leben, von denen Sie den Eindruck haben, dass sie etwas aussagen darüber, wer Sie sind? Welche Situationen in Ihrem Leben geben Auskunft über Ihren unverwechselbaren Charakter, Ihren biografischen Weg, Ihr Wesen?

Man bemerkt sehr schnell, dass man hier in einen sehr anspruchsvollen Prozess des Suchens hineinkommt, der gar nicht unmittelbar die ersten Antworten bereithält, sondern sehr in die Tiefe geht, viele Erinnerungsbilder als doch nicht wirklich entscheidend verwirft, bis sich zuletzt einzelne Lebensmomente herauskristallisieren. Ich bin sicher, dass viele Leser bestätigen werden, dass das Frühstück heute Morgen, der Toilettengang gestern, die Autofahrt zur Arbeit, der Einkauf am Wochenende in der Regel nicht darunter waren. Wenn man seine eigene Biografie anschaut, realisiert man, dass es sehr viele Ereignisse im Leben gibt, die gar nichts aussagen über das eigene individuelle Wesen und die Gründe seiner Handlungen und Wege. Es gibt eine Fülle von Bereichen, in denen man gar nicht individuell ist, sondern allgemein – so vor allem natürlich unsere rein leiblichen Vorgänge wie Essen, Trinken usw. oder auch die Ausübung notwendiger gesellschaftlicher Konventionen wie das Anhalten vor einer roten Ampel. Vererbung und Sozialisation beeinflussen maßgeblich unsere Existenz, diese Ebene kausaler Wirksamkeit bildet unbestreitbar ein Bedingungsgefüge unserer Biografie. Deutlich ist aber auch: Darin erschöpft sich unsere Identität nicht, man spürt, dass diese Identität eigentlich von diesen Dingen noch gar nicht wirklich berührt ist. Es sind vielmehr einzelne, sehr prägnante Momente, die wirklich Ausdruck sind für meine Individualität, und ich vermute, dass sie ähnlich beschrieben würden z.B. als Augenblicke der Entscheidung, als Begegnung mit einem bestimmten Menschen, berufliche Aufgaben, für die man plötzlich gefragt wird, der Moment einer ungeheuren Freude bei einem bestimmten Erlebnis, einer Tätigkeit oder einzelnen Handlung, eine schmerzliche Wende in meinem Lebensalltag u.a. Es ist also nicht die lückenlose Abfolge der Ereignisse meines Lebens, die bei mir eine Selbsterkenntnis hervorruft; vieles, was in meiner Biografie geschehen ist, hat keine ursächliche Wirkung auf mein jetziges Dasein; auch die signifikanten, aussagefähigen Momente, die soeben beschrieben wurden, spielen nicht die Rolle eines *Grundes* für eine spätere Handlung, sie sind vielmehr Ausdruck meines sich in ihnen aussprechenden Wesens.

An diesem Versuch kann einsichtig werden, inwiefern die Welt der äußeren Erscheinungen selber nicht schon die Wirklichkeit von Biografie oder Geschichte ausmacht, sondern wie es Einzelmomente sind, die zum signifikanten Ausdruck für verborgene, geistige Zusammenhänge werden. Dabei wirft sich immer wieder eine zentrale Thematik auf: Was sind in der Geschichte Kausaliäten? Die Hautrötung ist nicht der Grund für die Masern, die *eine* intensive Auseinandersetzung mit einem bestimmten Menschen nicht der Grund für eine spätere Berufswahl – im Medizinischen und Biografischen lässt sich diese Fragestellung etwas einfacher in den Blick nehmen, in der Geschichte mit ihrer gewaltigen Faktenmasse führt die Macht des chronologischen Nacheinanders immer wieder dazu, in wissenschaftlichen Erklärungen in Vorstellungen von kausaler Wirkung hineinzurutschen, die in die Geschichte gar nicht hineingehören. Nur in der anorganischen Natur habe ich die Situation, dass eine sinnliche Erscheinung selber der Grund für eine andere sein kann. Die Nässe eines Steines kann ich hinreichend mit dem eingetretenen Regenschauer erklären. Beim Menschen geht das nicht: Man kann nicht von der kausalen Wirkung früherer Ereignisse auf die folgenden sprechen. Auf ein und denselben Vorgang reagieren bereits zwei Menschen sehr unterschiedlich. Der Brand eines Hauses kann den einen in die Verzweiflung stürzen, den anderen befreien und zu einem neuen Lebensschritt bewegen. Die auf uns einströmenden Erfahrungsinhalte werden von uns beurteilt, sie treffen auf Bewusstsein, das sie erst verarbeitet, und führen nicht mechanisch zu einer festgelegten Handlungsreaktion. Die Finanzkrise erzwingt also nicht bestimmte historische Folgeerscheinungen, sondern erst unser individueller Bewusstseinsakt macht die Verhältnisse, die auf uns treffen, zu wirksamen Faktoren in der Entstehung der historischen Erscheinungen. Dadurch, dass in den äußeren Tatsachen keine kausalen Verbindungen aufzufinden sind, wird deutlich, dass die Antriebe des menschlichen Handelns, seine Gründe und damit Zusammenhänge in einer ganz anderen, nämlich unterbewussten und verborgenen Realitätsschicht urständen. Die geschichtlichen Ereignisse sind nicht als Ursachen zu behandeln, sondern – und damit sind wir wieder an unserem Ausgangspunkt angelangt – als *Ausdruck* für unsere unsichtbaren, tiefer liegenden Handlungsimpulse.

Ist man einmal aufmerksam geworden auf die vielen Missverständnisse, die sich über die «Gründe» menschlichen Handels fast zwangsläufig immer wieder einstellen, lernt man zunehmend zu unterscheiden und das gewöhnliche Kausaldenken infrage zu stellen. In jeder Biografie gibt es Momente, die Anlass böten, manches Ursachenverständnis auf den Kopf zu stellen: War die Sprache der Grund, warum ich damals in den Spanisch-Kurs gegangen bin, oder war es die Frau, die ich – ohne vorher überhaupt von ihr zu wissen – dort kennenlernte und später heiratete? War der Motorschaden der Grund dafür, dass mein Bekannter nicht den Zug erreicht hat, der später tragisch verunglückte? Oder unspektakulärer: War mein Mathematikstudium die Ursache dafür, dass ich Mathelehrer geworden bin, oder habe ich eine solch enge Beziehung zu jungen Menschen, dass ich Mathematik studiert habe, um letztlich Lehrer werden zu können? Ich möchte diese Fragen noch zuspitzen: Ist das Klingeln des Weckers an diesem Morgen der Grund, dass ich heute in der Bank am Schalter gesessen habe? Eine gewisse kausale Wirksamkeit kann man dem Wecker ja nicht absprechen. Wenn es ihn nicht gegeben hätte, wäre ich vielleicht nicht aufgewacht und würde meinen Beruf heute nicht ausüben – man kann in Bezug auf die verschiedenen Ebenen kausaler Verhältnisse ungeheuer viel vermischen. An dem Weckerbeispiel entblößt sich die Absurdität eines unreflektierten Ursachenverständnisses sofort, in der realen Geschichte bleibt es aber meist völlig unbemerkt. In dem von Abiturienten benutzten Schulgeschichtsbuch *Zeiten und Menschen*[63] gibt es ein Kapitel zu den «Voraussetzungen der Industrialisierung in England», in dem explizit die Frage gestellt wird: «Warum England?»[64] Die weiteren Ausführungen seien im Wortlaut zitiert: «Woran lag es, dass England diese Schrittmacherrolle einnehmen konnte? In England befand sich der landwirtschaftlich nutzbare Boden Mitte des 18. Jahrhunderts in den Händen einer kleinen Gruppe zumeist adliger Grundbesitzer. Sie vergaben ihr Land durch langjährige Verträge an ‹Farmer›. Diese Farmer beschäftigten ihrerseits Lohnarbeiter und waren bestrebt, ihre landwirtschaftlichen Betriebe wirtschaftlich erfolgreich und effektiv zu gestalten. Deshalb hatten sie ein großes Interesse an Neuerungen, die eine Steigerung der Erträge versprachen. Früher als in anderen Ländern wurde die alte Dreifelderwirtschaft durch die Fruchtwechselwirtschaft ersetzt. Die Nutzfläche erhöhte sich so um ein Drittel. Technische Neuerungen wie Sämaschinen und Metallpflüge wurden nun eingeführt. Man begann sich intensiver mit Viehzucht und Saatgutauswahl zu beschäftigen. Gemeindeland wurde privatisiert und zusätzlich landwirtschaftlich genutzt. All dies machte die Landwirtschaft für viele Farmer und Grundbesitzer immer profitabler. Sie waren zunehmend in der Lage, ihre landwirtschaftlichen Unternehmungen auszuweiten oder ihre Gewinne anderweitig einzusetzen – etwa als Startkapital für ein Engagement in der aufkommenden Industrie. Die Modernisierung der Landwirtschaft hatte auch zur Folge, dass die Zahl der benötigten Arbeitskräfte sank. Damit wuchs die Zahl der Menschen, die ihren Lebensunterhalt nicht mehr auf dem Land verdienen konnten. Da sie weder durch Leibeigenschaft noch Besitz gebunden waren und der Zuzug in die Städte nicht behindert wurde, suchten viele von ihnen dort nach einem neuen Auskommen. Immer mehr Menschen drängten in die Städte. Grund dafür war auch, dass England seit Mitte des 18. Jahrhunderts ein bislang nicht gekanntes Bevölkerungswachstum erlebte. Verbesserte Hygienebedingungen und neue medizinische Errungenschaften sorgten dafür, dass Krankheiten wie Pest oder Tuberkulose, die zuvor viele Menschen dahingerafft hatten, zurückgedrängt wurden. Auch die Säuglingssterblichkeit ging zurück. Die Geburtenraten stiegen. Von 1750 bis 1850 verdreifachte sich die Bevölkerung Englands. Das bedeutete auch eine Zunahme der Arbeitskräfte und des Konsums. Für die beginnende Industrialisierung förderlich war das ländliche Heimgewerbe. Die Menschen auf dem Land waren es gewohnt gewesen, viele lebensnotwendige handwerkliche Tätigkeiten selbst zu verrichten. Dazu gehörte z.B. auch die Herstellung eigener Kleidung. Im 18. Jahrhundert wuchs die Zahl derjenigen, die ein Heimgewerbe betrieben und vor allem Textilien herstellten. Sie waren für einen Unternehmer, den Verleger, tätig, der das Rohmaterial zur Verfügung stellte und den Verkauf der fertigen Produkte organisierte. Diese Verleger besaßen das notwendige unternehmerische Geschick, bald auch als Fabrikanten industrielle Unternehmen ins Leben zu rufen. So förderte das Verlagswesen indirekt den industriellen Aufbruch.»[65] An welcher Stelle sind in diesem Text Gründe dafür genannt worden, warum die Industrielle Revolution in England begann? Die Farmer hatten Interesse an Neuerungen – wo kam aber dieses Interesse plötzlich her? Dann heißt es signifikant: «Technische Neuerungen [...] wurden nun eingeführt.» Diese Neuerungen sind selber aber der klassische Ausdruck der Industrialisierung: Der Grund für die Industrialisierung ist also die Industrialisierung! Die nun folgenden Aspekte (eine «Beschäftigung» mit Viehzucht und Saatgutauswahl sowie die Privatisierung von Gemeindeland) werden ohne Begründung nur als eingetretene Tatsachen beschreibend aufgelistet, und plötzlich wird schon die Modernisierung der Landwirtschaft als Ergebnis festgehalten und nun selbst als Ursache weiterverwendet («hatte auch zur Folge») –

ein Ereignis, das man noch gar nicht verstanden hat, dient zur kausalen Erklärung. Woher kamen denn das Bevölkerungswachstum, die neuen medizinischen Errungenschaften (auch sie unerklärt als Grund für Späteres sofort weiterverwendet) und das aufblühende Verlagswesen? Die angekündigte Darstellung historischer Ursachen entpuppt sich als bloßes Konstatieren von Ereignissen, die selbst nur Resultate von Vorgängen sind, die nicht erklärt werden, zugleich aber selbst schon zum Teil als Gründe fungieren. Man könnte aus beliebigen anderen Geschichtsbüchern unzählige ähnliche Beispiele anführen, und man versteht Steiner, wenn er gerade mit Bezug auf die Geschichtserkenntnis von «kolossalen Schnitzern» im Denken spricht.[66] An anderer Stelle wählt er ein sehr drastisches Bild, um deutlich zu machen, wie elementar wir den Kausalitäten der Geschichte gegenüber Missverständnissen unterliegen. Er vergleicht den gewöhnlichen Historiker mit «einem Menschen, der einen Gegenstand beleuchten lässt von einem Lichte, dann durch irgendeine Drehvorrichtung weiter das Licht auf einen dritten Gegenstand fallen lässt, und dann sagt: Der zweite Gegenstand ist beleuchtet, das ist die Folge des Leuchtens des ersten Gegenstandes; der dritte Gegenstand ist beleuchtet, das ist die Folge des Leuchtens des zweiten Gegenstandes. – Das ist nicht wahr! Jeder Gegenstand wird beleuchtet vom Lichte aus.»[67] Unser gewöhnliches Gegenstandsbewusstsein, das nur die Ebene der äußeren Erscheinungen, nicht die Schicht tatsächlicher Ursachen erfasst, macht aus einem zeitlichen Nacheinander von Ereignissen das Bild einer kausalen Abfolge, verwechselt also die Tatsache, dass etwas früher war, mit der Frage, ob etwas Ursache ist. Es entsteht die Figur einer physikalischen Ursache-Wirkung-Reihe.

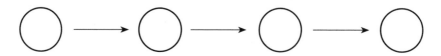

In Wirklichkeit haben die Einzelerscheinungen als solche aber gar keine Wirkung aufeinander, ihr Zusammenhang besteht vielmehr darin, dass sie aus derselben Quelle stammen, und diese Quelle, die selber gar nicht auf der Ebene der Erscheinungen liegt, ist die Ursache.

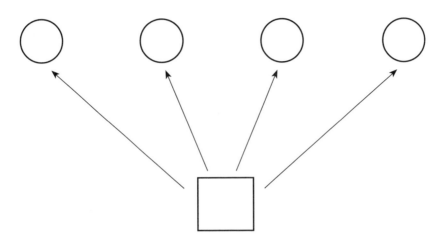

Das bedeutet aber, dass die Gründe eines historischen Ereignisses gar nichts mit einem Früher und Später zu tun haben, sondern selber in Wirklichkeit überzeitlich sind – und damit ist wieder die Realität des Traumes angesprochen, bei dem wir denselben Sachverhalt jener Aufhebung der Zeit in der eigentlich verursachenden Schicht der Bilderschaffung bereits beschrieben haben. Wichtig ist in diesem Bild der Lampe auch der Hinweis auf das Licht. Indem es eine Realitätsquelle gibt, die den Gegenstand *beleuchtet*, tritt dieser überhaupt erst in die Erscheinung, das heißt, er wird sichtbar und nimmt Gestalt an. Diese hat er nicht aus sich allein heraus, sondern erst durch den aktiven Ursachenzusammenhang, der hinter ihm wirkt.

Der sinnlich erscheinende Gegenstand wird also nie selber Ursache sein. Er ist rein für sich nichts. Deshalb ist es aber so wichtig zu verstehen, was es nun heißt, wenn ein solcher Gegenstand «Symptom» ist, denn man muss konsequenterweise natürlich nun fragen, wieso ein solches «Nichts» die Fähigkeit haben soll, auf einen Zusammenhang zu verweisen. Mit dem Verweischarakter, der in dem Begriff «Symptom» hervorgehoben wird, bleibt dies ein Stück weit unbeantwortet. Hier hilft es nun, den in diesem Kapitel angesprochenen Weg vom Symbol zum Symptom nachzuvollziehen. Die Betonung des Verweischarakters ist nötig, um das Geschichtsbewusstsein entschieden von der sinnlichen Erscheinungsebene zu emanzipieren und aufzuwecken für den eigentlichen Gegenstand von Geschichte. Der *Ausdruckscharakter* des Symptoms gehört zu dessen Begriff aber notwendig dazu – und dieser Charakter besteht darin, als *Gestus* den Betrachter die Handlung vollziehen zu lassen, aus der die historischen Ereignisse hervorgegangen sind. Diese Gebärdensprache gilt es in der Geschichtsbetrachtung zu entdecken. Aus der Gegenwart des 21. Jahrhunderts in entfernteste geschichtliche Zustände zurückzugehen kann nur gelingen, wenn man nicht mit fertigen Begriffen, die passiv sind und mich insofern in meinem gewöhnlichen Sosein belassen, aus der Distanz das historische Material «erklärt», sondern indem man sich einladen lässt, die Ausdrucksformen selber innerlich aktiv mitzumachen – und insofern die Geschichte in sich selber hervorzubringen.

3.3 Beispiele historischer «Gebärden»

Eine der größten Herausforderungen an die historische Erkenntnis stellt der Versuch dar, die ersten Kulturstufen der Menschheit zu erschließen. Man hat es hier mit Denk- und Lebensformen zu tun, die sich extrem von unseren heutigen unterscheiden und uns in denkbar größtem Maße fremd sind. Wie bei keinem anderen Gegenstand sind wir also aufgerufen, ein Hineinprojizieren eigener, zeitbedingter Begriffe in die damaligen Zustände zu überwinden. Wir müssen selber – und sei es noch so anfänglich – ein Stück weit zu den Menschen jener anderen Zeiten werden. Ein zentraler Bestandteil des Lebensalltages schwarzafrikanischer

Frühkulturen war die Rundhütte. Statt die Materialien und die Bauart nun einfach nur aus den natürlichen Gegebenheiten – Klima, Bodenbeschaffenheit, Pflanzenbestand usw. – kausal herzuleiten, kann man sich fragen: Wie ist es, wenn man ständig von Rundungen umgeben ist? Welche Qualitäten haben Lehm und Kuhdung als Wandmaterial und wie ist es, auf der bloßen Erde zu sitzen? Was bedeutet es, in einem Raum zu leben, der fast keine Öffnungen nach außen hat, also so gut wie kein Tageslicht einlässt, und in dem außer einer mehrköpfigen Familie mehrere Ziegen untergebracht sind? Um diese Fragen zu beantworten, gilt es, die Bewegung des Runden im Unterschied zum Eckigen wirklich innerlich mitzuvollziehen – es also fast abzulaufen –, ebenso die Dunkelheit um sich herum zu spüren, das Erdige der Wände «abzutasten» – also nicht bloß mit Widerwillen oder Sympathie auf diese Dinge zu reagieren, sondern sie – bis in die «Geste» hinein, die dem Geruch von Ziegen in einem engen Raum innewohnt – die seelischen Bewegungen zu betrachten, die an ihnen entstehen. So werden sich die wahrgenommenen Qualitäten allmählich verdichten zu einem gemeinsamen Eindruck: Man erlebt die Wirklichkeit von Wärme, von seelischer Geborgenheit, mit der hier zugleich aber auch ein Element der Enge einhergeht. Wir erleben einen Zustand völliger Einbettung in die Qualitäten des Lebendig-Natürlichen, in einen «Schoß der Natur»; der Mensch ist eng umhüllt von einer wärmehaften Atmosphäre: Sowohl die runden Formen als auch die Qualität der natürlichen Materialien und ganz äußerlich die Körper der Tiere und Menschen strahlen dies aus. Diese Lebensform trägt insofern den Gestus eines fast kindlichen, harmonisch geborgenen Ursprungs in sich, eines historischen Keimzustandes, in den noch keine Vereinzelung und verstandesmäßig-technische Kälte eingetreten ist. Ebenso enthält dieser Zustand aber auch das Moment einer unhinterfragbaren Gruppenhaftigkeit (den es in einem weiteren Schritt der Untersuchung der sozialen Lebensformen des betreffenden Stammes anzuschauen gälte), mehrere Individuen sind eng zusammengedrängt wie zu einem Wesen – es besteht eine Einheit, die noch kaum eine Individualisierung kennt (sonst würde der Einzelne diese Einheit nicht aushalten). Vor dem Hintergrund dieser Beobachtungen kann dann auch eine Ahnung vom Wesen des europäischen Kolonialismus gegen Ende des 19. Jahrhunderts entstehen, wenn in Südafrika z.B. Männer aus ihren Familien und Hütten herausgerissen und in rechteckige Häuser mit Blechdach umgesiedelt wurden.

Ein weiteres Beispiel für die gestisch-qualitative Anschauung historischer Phänomene möchte ich einer Darstellung Christoph Lindenbergs entnehmen.[68] Um den Begriff einer historischen Symptomatologie zu umreißen, wendet er diese auf die Geschichte des Mittelalters an. Er kontrastiert die schon weit entwickelte europäische Zivilisation am Ende des 13. Jahrhunderts – zu der die ausgeweiteten Kenntnisse der arabischen oder der südlichen und westlichen Welt Europas genauso gehören wie die lichten, aufstrebenden Kathedralen oder die hochdifferenzierte städtische Gesellschaft – mit den dunklen, fast durchgängigen Waldlandschaften Mitteleuropas, Englands und z.T. auch Frankreichs im 9. und 10. Jahrhundert mit ihren noch spärlichen, sehr schlichten Siedlungen. Dazwischen ist also etwas passiert: «Fasst man dasselbe Gebiet um das Jahr 1270 ins Auge, so ist der Wald weit zurückgedrängt, im August würde man um die Dörfer und Städte überall goldene Kornfelder sehen. In den Städten ragen Kirchen auf, auf dem Lande gibt es aus Stein gebaute Klosteranlagen mit Kirche, Kreuzgang, Refektorien, Wohngebäuden, Krankenhäusern, Gärten, in denen Heilkräuter wachsen. Wie die Dörfer sind die Klöster – namentlich die der Zisterzienser – von weiten Rodungen umgeben, die den Blick frei schweifen lassen.» Vor dem Hintergrund der anderen beschriebenen Erscheinungen, die noch durch einen Blick auf das sich emanzipierende Gedankenleben dieser Zeit – man denke an die Kathedralschulen, an die methodisch diskutierende Scholastik oder an die Auseinandersetzungen zwischen Kaiser und Papst – zu ergänzen sind, wird dieses Zurücktreten der Wälder nun zum Bild, zu einem echten Gestus menschlicher Entwicklung: Muten uns die mitteleuropäischen Landschaften um das Jahr 1000 noch «wie eine schlafende Welt an», so scheint es jetzt, «als sei der Schlaf der Wälder einem Erwachen gewichen;

überall grüßen Spuren menschlichen Handelns, wie das Glockengeläut vom Kirchturm. So ist der erste Eindruck, dass die Verwandlung, die sich vollzogen hat, von einem träumenden Schlafen zu einem Erwachen führt, das freiere Blicke, Übersicht ermöglicht.»[69] Übersicht ist Ausdruck eines freieren und differenzierteren Gedankenlebens – wir werden in diesen Vorgängen Zeugen der erwachenden Persönlichkeit, die sich auf die Kraft des eigenen Verstandes stützt.

Nach einem sehr frühen Kulturzustand und dem Mittelalter soll in einem dritten und ausführlicheren Beispiel die Gegenwart vor dem Hintergrund eines großen historischen Entwicklungsbogens angeschaut werden. Es soll dabei noch etwas genauer dargestellt werden, wie sich das zunächst unzusammenhängende Neben- und Nacheinander von Geschichtstatsachen in eine einzige, die Jahrtausende umspannende Gebärde verwandeln kann, aus der dann Geschichte sich mitzuteilen beginnt. In Kapitel I.8 wird begründet, warum eine solche weltgeschichtliche Betrachtung trotz der gegenwärtigen wissenschaftlichen Skepsis ihre Berechtigung hat.

Im Jahre 1922 begann der englische Archäologe Leonard Woolley mit seinen Ausgrabungen in der mesopotamischen Stadt Ur. Eine Tonscherbe mit dem Fragment einer königlichen Stiftungsinschrift ließ ihn ahnen, dass an der Fundstelle die Königsgräber aufzufinden sein müssten. Nach vierjähriger Vorbereitungszeit wagte er mit 140 Helfern das mutige Unternehmen, und der Erfolg war überwältigend: Woolley stieß auf 1800 Gräber in verschiedenen Schichten – er hatte tatsächlich den Königsfriedhof gefunden. Auf diesem Friedhof brachte eine der Grabungen nun einen sensationellen Fund ans Tageslicht: ein Feld von 72 x 54 Meter, auf dem sich 74 weibliche Skelette befanden, und zwar direkt neben dem Königsgrab. Nachdem man zunächst an ein gewöhnliches Massengrab gedacht hatte, stellte sich heraus, dass die Leichen Schmuck – z.B. silberne Haarbänder – getragen hatten, eine goldene und eine silberne Harfe wurden entdeckt und schließlich auch eine Vielzahl von Bechern. Außerdem war die Position der Skelette auffällig: Sie lagen in Reihen geordnet nebeneinander, die Arme waren zum Mund geführt. Woolley erkannte:

Hier hatte ein rituelles Menschenopfer stattgefunden. Seine berühmte Deutung sei im Wortlaut zitiert: «Wir müssen annehmen, dass das (königliche) Begräbnis in der Grabkammer vorüber und die Türe versiegelt war; doch die Grube, Wände und Boden lediglich mit Matten verkleidet, war noch offen, leer und ohne jeden Einrichtungsgegenstand. Da hört man eine Prozession, die durch den Zugang herabsteigt: der Hofstaat, Leibgarde, Kammerdiener und Hofdamen, letztere in ihrer reichen farbigen Hoftracht, mit Kopfschmuck aus Lapislazuli, Silber und Gold, und mit ihnen die Musikanten mit ihren Harfen, Leiern, Zimbeln und Sistrums; ... dann kommen die Wagen mit den Zugtieren, Ochsen oder Eseln, den Wagenlenkern, die sie hinunterfahren oder -schieben. Jeder Mann, jede Frau führte einen kleinen Becher mit sich, das einzige, was sie benötigten für die grausige Zeremonie. Die Musiker spielten. Dann nahm jeder seinen Trank – inmitten der Todesgrube stand ein großer Kessel, aus dem jedermann schöpfen konnte – und dann legten sie sich nieder und erwarteten den Tod.»[70] Hier waren also 74 Frauen und einige begleitende Männer ihrem König in einem feierlichen Ritual nachgestorben. Vom Standpunkt eines heutigen Menschen aus würde man sicherlich schnell vermuten, dass die Frauen gewaltsam dazu gezwungen wurden, denn die Vorstellung befremdet uns zutiefst, dass Menschen einem anderen Menschen in den Tod gefolgt sind, bloß weil dieser ihr König war. Uns würde der Gedanke völlig absurd erscheinen, einem Bundeskanzler in Begeisterung nachzusterben. Betrachtet man diesen Fund aber im Zusammenhang mit vielen anderen Kulturerscheinungen jenes 3. Jahrtausends v. Chr., so kommt man doch nicht umhin, die gewohnten, an der eigenen Gegenwart gewonnenen Begriffe infrage zu stellen und diesen Todesvorgang mit ganz anderen Augen anzuschauen. Die Theokratien Ägyptens und des Zweistromlandes weisen eine Fülle von Merkmalen auf, die auf ein völlig anderes Verhältnis zwischen Bevölkerung und dem König hindeuten, als dies zwischen Politikern und Bevölkerung heute der Fall ist. In vielen Texten, Bau- und Kunstwerken dokumentiert sich eine rückhaltlose Verehrung für den Menschen, der die Weisheit besaß, einen ganzen Staat wirtschaftlich, rechtlich und kulturell zu organisieren und lenken, Deichbau zu planen und umzusetzen, gewaltige Pyramiden oder Tempel zu bauen usw. Das in seinem Wirken erlebte Können, die Wahrheit und Ordnung, die sich in seinen Handlungen täglich bewies, waren für die Menschen unmittelbarer Ausdruck göttlicher Wirksamkeit: Sie verehrten den «waklum», den von den Göttern ausgewählten «Vertreter», den Gottkönig (über Gilgamesch hieß es: ein Drittel Mensch, zwei Drittel Gott; «Chefren» heißt übersetzt: «Er erscheint: Re»), und dieser war nicht nur Politiker, sondern zugleich auch Priester, in dem das Wirken der Sonne erlebt wurde. Sehr charakteristisch ist ein Ausspruch über den König Gudea von Lagasch: Das Volk «gehorchte ihm einmütig wie Kinder einer Mutter».[71] Altägyptische Lebensregeln, Texte wie die Medizinlehrbücher für angehende ägyptische Ärzte, Bauvorgänge an den Pyramiden und vieles mehr belegen, dass dieses Bild der «Kinder» wiederum nicht im Sinne einer politisch willfährig gemachten, unkritischen Masse zu verstehen ist, sondern tatsächlich einem anthropologischen Bewusstseinszustand wie dem hingebungsvollen, aber noch nicht eigenständigen Entwicklungszustand eines Kindes entspricht, in dem man sich dankbar führen ließ wie von einem Erwachsenen, der einen an die Hand nahm.[72] Diese Phänomene und auch ein so kleines Detail wie der Name einer Frau am Hof des babylonischen Königs Hammurabi – *Hammurabi-schamschi:* «Hammurabi ist meine Sonne»[73] – weisen darauf hin, dass jene 74 Frauen tatsächlich in einer für uns heute unvorstellbaren Haltung in den Tod gegangen sind: dass sie ihm nachfolgen wollten, weil sie in ihm ihre eigene Identität erlebten. Ein solch individualisiertes, abgegrenztes Selbsterleben wie heute gab es damals noch nicht, und auch der Tod wurde ganz anders aufgefasst als heute, er war wesentlich selbstverständlicher und weniger von Angst besetzt, weil er nur der Übergang in eine andere Welt und nicht das Ende bedeutete.[74]

Wir stoßen hier auf Kulturmerkmale, die wir im ganzen Orient finden: Bis nach China hinein treffen wir auf Gesellschaftsstrukturen, die immer wieder die Gemeinschaft, das soziale Ganze über den Einzelnen stellen und in denen jeder Aspekt des Lebens eingebunden ist in einen religiösen Horizont. Ob man auf die Auffassung von Bildung schaut, in der sich der Schüler in absoluter Verehrung den Weisungen des Lehrers übergibt und ihn nachahmt, auf die Politik, in der – wie in China – der «Sohn des Himmels» wie ein Vater seine Familie das Volk unhinterfragt lenkt, oder auf die ökonomische Praxis, in der vom Priesterkönig nach religiösen und sozialen Gesichtspunkten die gesamte Wirtschaft organisiert wurde (bis heute speisen sich in Asien Motivation und Engagement im Betrieb durch dessen familienartige, moralisch verpflichtende Kollektivstrukturen) – immer ist das «Wir» wesentlicher als das egoismusverdächtige «Ich», die Ganzheitlichkeit wichtiger als das individuelle Glück, die Götter größer als der Mensch.

Um 480 v. Chr. wurde dieser uralte Kulturzustand plötzlich in seinen Grundfesten erschüttert: Das sehr kleine Volk der Griechen stellte sich todesmutig dem Perserreich entgegen, das angetreten war, noch einmal mit aller Macht die hier beschriebenen Merkmale orientalischer Geschichte über die Erde zu verbreiten. Die Perserkriege sind ein Urbild des Aufeinanderstoßens zweier völlig verschiedener historischer Epochen. Heeresaufbau, Kommandostruktur, Strategien des Daraios und schließlich des Xerxes waren auf typische Weise gekennzeichnet von einem zentral ausgedachten Plan, der von einer riesigen Masse von Menschen unhinterfragt ausgeführt wurde. Die entscheidende Niederlage vor Salamis war explizit das Resultat eines einmal ausgegebenen Befehls, der nicht von den an der unmittelbaren Front betroffenen Offizieren auf den einzelnen Schiffen korrigiert und umgestellt werden konnte. Auf den Hinterhalt der Griechen hätte man nur spontan aus eigener Urteilsfähigkeit und Entscheidungsfreiheit reagieren können – das lag aber nicht in den Denkgewohnheiten der persischen Soldaten, und so musste Xerxes ohnmächtig zusehen, wie ein Schiff nach dem anderen im Meer versank.

Der griechische Sieg trotz atemberaubender Unterzahl (die Griechen hatten eine Streitmacht von einigen zehntausend Soldaten, die Perser rückten mit einer Flotte von ca. 1200 Schiffen sowie mindestens

100.000 Fußsoldaten an) verdankt sich völlig neuer Kulturfähigkeiten: eigenverantwortlichem Handeln und eigenständigem Denken, das sich in beweglicher Strategie, planerischer «List» usw. ausdrückt. Verschiedene Vorgänge hatten in der griechischen Welt einen elementaren geistesgeschichtlichen Umbruch befördert. So provozierte das Orakel von Delphi über Jahrhunderte durch seine verschlüsselten Rätsel, die nur Antwort gaben, wenn der Frager selbst ihren eigentlichen Sinn verstand, das selbsttätige Denken – zuletzt beim einfachen Bauern genauso wie beim berühmten König. Die Priesterschaft legte durch diese regelrecht pädagogische Praxis das Erkenntnisleben allmählich in die Hände jedes einzelnen Menschen – bis dann Sokrates durch den Anstoß von Delphi das Denken wirklich in die innerste Souveränität des Individuums hineinstellte. Dramatische Handlungen wurden durch Persönlichkeiten wie Thepsis und schließlich Aischylos aus der Mysterienstätte von Eleusis herausgeholt und öffentlich gemacht und wurden Theater, sie wurden Sache der Dichter und nicht mehr der Priester, und auch die politischen Entscheidungsprozesse wurden durch die Entwicklung der attischen Demokratie dem Priesterkönig entrissen und zu einer Sache aller Bürger Athens gemacht. Symptomatisch erscheinen dann dichterische Gestalten wie König Ödipus, der dem blinden Seher Theiresias – also einem Priester – nicht mehr vertraut und selber nachdenken will, dabei zwar große Genialität entwickelt und dennoch völlig blind ist, oder die Eumeniden, die bei Aischylos den Orest als echte Rachegöttinnen quälen, die zwei Generationen später bei Euripides zum ersten Mal in der Weltgeschichte als «Gewissen» bezeichnet werden und damit also ganz in das Innere des Menschen als moralische Stimme eingezogen sind.

In Griechenland vollzieht sich also ein erster fundamentaler Emanzipationsprozess: Das Geistesleben befreit sich aus der «Zuständigkeit» der Priesterschaft, wird in die individuelle Verantwortung des Menschen gelegt, und zugleich werden auch sein Handeln, die Formen des gesellschaftlichen Zusammenlebens individueller und freier und lösen das kollektive Gemeinschaftsempfinden der alten Theokratien ab.

Trotzdem kann man auch in Griechenland noch nicht von einem durchgängig emanzipierten Individuum sprechen. Politische Mitbestimmung z.B. war immer noch gebunden an einen Maßstab, der einer Gruppenidentifikation entstammte: Bürger Athens war nur, wer das entsprechende Blut in seinen Adern hatte. Ein Kaufmann konnte noch so reich, bedeutend und angesehen sein – wenn er nicht zum attischen Adel gehörte, sondern irgendwann einmal zugezogen war, galten für ihn nicht die Rechte eines jeden «kleinen» Bürgers der Stadt. Veränderung brachte hier erst eine andere Kultur und ein anderer Ort: Rom. Mit dem römischen Bürgerrecht war das Blutsprinzip durchbrochen: Bürger konnte jeder werden (mit Ausnahme natürlich immer noch der Sklaven), unabhängig von seiner «genetischen» Herkunft. Das Bürgerrecht hatte sich in einem langen Prozess der Ständekämpfe herausgebildet, in dem Patrizier und Plebejer in einem andauernden Kräftemessen, einem ständigen Pendelschlag zwischen eigenen Interessen und Rücksichtnahme Kontrollmechanismen und Regeln entwarfen, die das soziale Miteinander gestalteten. Schon die Tatsache, dass Streitfälle nicht mehr durch den Priester, durch Losorakel oder andere kultische Handlungen bereinigt wurden und der Rex sacrorum eine fast nur noch symbolische Funktion besaß, zeigt, wie in Rom der Bezug zur göttlichen Welt zunehmend verdämmerte. Wenn kein Gott mehr über dem Menschen steht, muss er seine sozialen Verhältnisse selber regeln, und so entsteht am Ende gegnerischer Auseinandersetzung die Vereinbarung, das Gesetz: Das römische Recht wird geboren, und zwar nicht als Gabe der Priesterschaft, sondern als Folge der ausgleichenden Verhandlungen zwischen Mensch und Mensch. Mit dem Zwölftafelgesetz wird 451 v. Chr. dieses Recht auf dem Forum öffentlich ausgestellt, sodass sich jeder Bürger darauf berufen kann, und als die Plebejer schließlich die Möglichkeit zu Ehen zwischen Patriziern und Plebejern erzwingen, sind die alten Blutsprinzipien durchbrochen und es gilt das Recht für jeden, der sich aus eigenem Entschluss der Republik anschließen will. Das Römische Recht wird damit Zivilisationsprinzip, denn auch die unterworfenen Völker in den verschiedensten Teilen der damaligen Welt können Bürger Roms werden. Die Geschichte Roms initiiert also einen weiteren historischen Emanzipationsprozess: die Befreiung des Rechtslebens.

Die Universalmacht Rom mit ihrem politischen und geistigen Herrschaftsanspruch von Kaiser und Papst bricht zu Beginn der Neuzeit auseinander, als in Deutschland die Landesfürsten die Reformation unterstützen. Während Jan Hus mit seinen kirchenkritischen Ideen 1415 noch verbrannt wurde, überlebte Luther sein unbeugsames Auftreten in Worms, weil er Schutz fand durch Friedrich den Weisen und sich letztlich eine ganze Zahl von Fürsten der reformatorischen Bewegung anschlossen. Wie war dies möglich geworden? Bei nüchterner Betrachtung der damaligen Vorgänge zeigt sich deutlich, dass es nicht religiöse, sondern wirtschaftliche Gründe waren, die der Reformation zum Durchbruch verhalfen: Die weltlichen Fürsten wollten an die Kirchengüter heran. Die Säkularisierung ermöglichte den Zugriff auf die Reichtümer der Geistlichkeit, und damit wurde eine uralte Selbstverständlichkeit im wirtschaftlichen Verhalten der Menschen durchbrochen: Die Ökonomie wurde der religiösen Moral entrissen. Im Mittelalter stoßen wir noch auf solche Phänomene wie das Zinsverbot oder einen bestimmten Umgang mit dem Boden. Zinsen für verliehenes Geld zu nehmen galt als unmoralisch, ein rein wirtschaftlich motiviertes Engagement im Umgang mit Geld war durch religiöse Vorstellungen also gebremst bzw. reguliert. Auch den Besitz von Boden gab es im eigentlichen Sinne damals noch nicht: Das Lehenswesen zeichnete es aus, dass einem Land nur zeitlich befristet geliehen und zur Pflege überlassen wurde, bis es vom «Lehnsherrn» wieder eingezogen und neu verteilt wurde. Dies kann man nur verstehen vor dem Hintergrund eines religiösen Weltbildes, für das selbstverständlich ist, dass Boden einem Menschen nicht gehören kann: Die Welt und somit auch die Erde ist von Gott erschaffen, also kann sich kein Mensch anmaßen, Land zu besitzen. Der König als Stellvertreter Gottes auf Erden und als höchster Lehnsherr hat das Recht und die Aufgabe, Boden zu vergeben, aber natürlich nie als Besitz, sondern nur als pflegerischen Auftrag. Wir bemerken hier also noch ein ganz anderes Verhältnis zum Wirtschaftsleben, als es für uns heute selbstverständlich ist. Selbst die Zünfte, die – um Huizingas bedeutendes Bild zu verwenden[75] – im «Herbst des Mittelalters» in den neu gegründeten Städten entstanden, sind immer noch von moralischen Maßstäben geprägt, von Richtlinien für das Wirtschaften, und es ist bezeichnend, dass die Zünfte in der Kirche ihre eigene Bank hatten. Dies alles trug nicht mehr, wie z.b. das Verhalten der weltlichen Landesfürsten zeigt: Wirtschaftlicher Egoismus setzte sich deutlich gegen die religiösen Wertvorstellungen durch.

Sehr handgreiflich wird diese Entwicklung an dem zeitgleichen, beispiellosen Aufstieg der Fugger. Diese Augsburger Familie hatte es in der frühneuzeitlichen Welt bekanntlich zu einem fast unvorstellbaren Reichtum gebracht. Ihr Erfolg beruhte ganz wesentlich auf der wirtschaftlichen Idee, nicht mehr selber ein Produkt (hier handelte es sich um Tuch) herzustellen, sondern es in Auftrag zu geben, für wenig Geld zu kaufen und dann an anderer Stelle zu einem wesentlich höheren Preis weiterzuverkaufen. Durch diese Trennung von Arbeit und Gewinn häufte sich schnell eine große Summe von Geld an: Es entstand *Kapital*, das nun für weitere Investitionen frei wurde. Einen Höhepunkt erreichte dieser Vorgang, als Jakob Fugger Ende des 15. Jahrhunderts das Kupfermonopol erkämpfte. Im Salzburger Land gab es eine ganze Reihe gewinnträchtiger Kupferminen, die den dortigen Landesherren gehörten. Ein Teil der Minen gehörte bereits den Fuggern. Diese verkauften nun das Kupfer zu einem Preis, der die Kosten nicht im mindesten deckte. Für Jakob Fugger war dies möglich, weil er durch Gewinne aus anderen Handelsgeschäften – also Kapitalanhäufung – die Verluste eine Weile lang ausgleichen konnte. Jeder kaufte nun bei den Fuggern ein, die Landesherren blieben auf ihren Förderungen sitzen, mussten mit den Preisen heruntergehen, Schulden aufnehmen, und als die Gläubiger ihr Geld irgendwann zurückforderten, waren sie gezwungen, ihre Bergwerke zu verkaufen – natürlich an niemand anderen als die Fugger. Sofort schnellte der Preis in die Höhe, und nun machten die Fugger mit dem Kupferabbau einen gewaltigen

Gewinn. Die katastrophalen sozialen Folgen dieses Vorgangs – im Zuge des Preisnachlasses, der Verschuldung und des Verkaufs wurden zahllose Arbeiter entlassen und in den Ruin getrieben – verschleierten die Fugger durch den Siedlungsbau in Augsburg (die «Fuggerei»), Wirtschaft war zu einem egoistischen Gewinnstreben geworden, das sich von religiösen Motiven gänzlich befreit hatte.

Der Boden wurde in diesem Zuge nun zum persönlichen Besitz, der durch Erbfolge in der Familie blieb und nicht wie im Lehenswesen an denjenigen vergeben wurde, der durch Befähigung sich seiner Nutzung würdig machte. Auch Geldverleih war nun kein Thema mehr. Die Kirche finanzierte ihren Ablasshandel mit der Unterstützung der Fugger, und Karl V. wurde durch die gewaltigen Geldsummen des Handelshauses «Kaiser von Fuggers Gnaden». Der Herrscher schuldete seine Stellung nicht mehr den Göttern, sondern den Ökonomen, und auch das Recht trat in Abhängigkeit von den wirtschaftlich Mächtigen: Als die Salzburger Fürsten vor dem Reichskammergericht von Wetzlar einen Prozess gegen die Fugger wegen unerlaubter Monopolbildung anstrengten, wurde deutlich, wer die geschichtsmächtige Größe der beginnenden Neuzeit geworden war: Vorsitzender des Gerichtes war niemand anderes als Karl V., und dieser wusste, wem er seine Position zu verdanken hatte ... Die Neuzeit bringt die Emanzipation des Wirtschaftslebens. Galt vorher das Streben nach Gewinn und Reichtum als die Wurzel allen Übels und bildete die Naturalwirtschaft und reine Bedarfsdeckung ein ausgewogenes ökonomisch-soziales System, setzten sich nun ganz neue Werte durch: der Mut zum Risiko, Anhäufung von Vermögen, um sich individuell entfalten zu können anstatt in den vorgegebenen beruflichen und sozialen Bahnen sein Leben zu fristen usw. Indem die Wirtschaft von der religiösen Beurteilung abgelöst wurde und ihren eigenen Gesetzen freien Lauf lassen konnte, entstanden einerseits die großen sozialen Ungerechtigkeiten und Verwerfungen, andererseits entwickelten sich persönliche Initiative, die Möglichkeit, durch Kapital, also frei verfügbares Geld, eigene Entscheidungen zu treffen und die eigenen Lebenswege frei zu gestalten.

89

Die Macht der Wirtschaft steigert sich durch die von England ausgehende Industrialisierung und erfährt durch Adam Smith auch ihre philosophische Begründung. Nun haben sich aber in der europäischen Geschichte über lange Zeiten Rechtsformen herausgebildet, die trotz aller Umgehungen und Beschneidungen von Seiten der Ökonomen der wirtschaftlichen Eigendynamik Grenzen setzen, und so ist es zuletzt Amerika, das die Emanzipation der Wirtschaft auf einen Höhepunkt bringt. Goethes Ausruf «Amerika, du hast es besser»[76] bringt die ganze Stimmung auf den Punkt, die angesichts der Freiheit, der unendlichen Möglichkeiten, die einem Kontinent gegeben waren, auf dem noch alles offen war, herrschte. An der sich Jahr für Jahr 25 km weiter nach Westen bewegenden «wandernden Grenze» standen die Menschen über ein ganzes Jahrhundert immer wieder vor der Herausforderung, sich aus dem Nichts heraus eine Existenz zu schaffen, keine feudalen oder sonstigen Strukturen aus der «alten Welt» behinderte sie in ihrer Willensentfaltung, es konnte sich ein Unternehmertum voller Engagement, Tatkraft und Visionen entwickeln. So wurden von vornherein die Gesetze zurückhaltend formuliert, die das Wirtschaftsleben zu regulieren hatten. Der Kapitalismus trat zu seinem endgültigen Siegeszug an.

Dann erreichte die Grenze am Ende des 19. Jahrhunderts im äußersten Westen den Pazifik, die Erschließung des Kontinents mit seinen ständigen Herausforderungen war abgeschlossen, und es musste die «new frontier» gefunden werden: Mit Beginn des 20. Jahrhunderts greifen die USA in die Weltpolitik ein, die beiden Weltkriege und der sich anschließende «Kalte Krieg» zeigen, dass Amerika politische und wirtschaftliche Großmacht geworden ist.

Exakt an der Wende zum nächsten Jahrtausend erscheint dann eine Schrift, die mit diesem System abrechnet und es grundsätzlich infrage stellt: Die junge Journalistin Naomi Klein deckt in ihrem Buch *No Logo! Der Kampf der Global Players um Marktmacht. Ein Spiel mit vielen Verlierern und wenigen Gewinnern*[77] die zerstörerischen Mechanismen der Marktwirtschaft auf, indem sie die Bedingungen analysiert, unter welchen die großen Marken der kapitalistischen Welt zu ihrem Erfolg gelangen. Sehr bedeutend ist hier unter anderem eine kurze Passage, in der die Autorin auf ein bestimmtes Phänomen hinweist: Viele Unternehmen versuchen bekanntlich schon seit längerer Zeit ein emotionales «Wir-Gefühl», eine Gruppenstimmung aufzubauen, das eine fast schon quasi-religiöse Identifikation mit der Marke schafft und zum Kauf führt. Sie schreibt, die Unternehmenskultur von Nike, Apple, Body Shop, Calvin Klein, Disney, Levi's und Starbucks sei «so rigide und klösterlich, dass sie von außen wie eine Mischung aus Studentenverbindung, religiösem Kult und Sanatorium wirkte. Alles war Werbung für die Marke: bizarre Begriffe für die Angestellten (Partner, Barristas, Teamgefährten, Mannschaftsmitglieder), eigene Lieder, CEOs als Superstars, fanatische Beachtung der Designkonsistenz, die Neigung zu Monumentalbauten und die missionarischen Erklärungen im Jargon des New Age.»[78] Sie zitiert dann Howard Shultz, der über den Kunden bei Starbucks schreibt: «Es kommt ihm auf die romantische Kaffeeerfahrung an, auf das Gefühl von Wärme und Gemeinschaft, das man in den Starbucks-Geschäften bekommt.»[79] Scott Bedbury, Marketingchef bei Starbucks und vorher bei Nike: «Nike zum Beispiel nutzt die tiefe emotionale Verbindung, die die Leute zu Sport und Fitness haben. Bei Starbucks erfährt man, wie der Kaffee sich mit den Lebensmustern der Menschen verwoben hat, und da liegen die Emotionen, die wir nutzen können ... Eine große Marke erhöht die Herausforderung – sie gibt einer Erfahrung größere Bedeutung, gleichgültig ob es darum geht, in Sport und Fitness sein Bestes zu geben, oder darum, dass die Tasse Kaffee, die man trinkt, wirklich wichtig ist.» Marken werden «Sinnvermittler», setzt Naomi Klein fort, «nach dem neuen Modell ist das Produkt immer sekundär. Es muss gegenüber der Marke als dem eigentlichen Produkt zurückstehen, und der Verkauf der Marke erfordert eine neue Komponente, die man nur als spirituell bezeichnen kann.»[80] Auf dieser Komponente aufbauend vernetzte Richard Branson, der Besitzer der Virgin-Gruppe, verschiedenste Bereiche wie Musik, Brautkleider, Luftfahrtgesellschaften und Cola bis zur Finanzdienstleistung zu einer kollektiven Lebensstimmung und bezeichnete diese Strategie als den «*asiatischen ‹Trick›*».[81]

Damit sind wir in der Gegenwart angekommen, und wenn man sich den ganzen geschilderten Prozess noch einmal innerlich vor Augen führt, kann sich eine Entdeckung einstellen: Mit jeder historischen Etappe, die jeweils einen wesentlichen historischen Entwicklungsschritt darstellt, ist die Geschichte ein Stück weit nach Westen vorgerückt. Die Abfolge dieser Schritte ist eine kontinuierliche Bewegung von Asien über Griechenland, Rom, Mitteleuropa, England bis nach Amerika, wo sie sich auf dem Kontinent selbst historisch folgenreich über hundert Jahre vollzogen hat, bis sie am Pazifik den äußersten Westen erreicht hat – die Geschichte offenbart einen *Weg*! Studiert man dessen jeweilige Stationen, wird deutlich, dass dieser Weg nicht ein zufälliger geografischer Umstand ist, sondern durch einen inneren, sinnvollen Zusammenhang tatsächlich diesen Namen verdient. Wir sehen, wie in der Frühzeit der Geschichte in Asien auf dem Boden eines das ganze Leben durchdringenden spirituellen Weltbildes eine Einheit von Priestertum, politisch-rechtlicher Herrschaft und Wirtschaft besteht und überhaupt eine harmonische Ganzheitlichkeit das gesamte soziale Miteinander der Menschen beherrschte. Diese Harmonie eines gruppenhaften «Wir» war allerdings nur möglich um den Preis eines noch fehlenden Bewusstseins des Menschen für seine eigene Individualität. Dieses Bewusstsein entstand in einem ersten Schritt durch die Emanzipation seines Geisteslebens, bis sich ebenso das Rechts- und das Wirtschaftsleben befreiten. Wir haben hier also nicht nur einen räumlichen Vorgang, sondern einen seelischen Entwicklungsprozess vor uns, der von einem Eigenständigwerden des Denkens über das soziale Empfinden bis hinein in das freie, initiative Wollen den individuellen Menschen zu sich selbst geführt hat und insofern dem räumlichen Vorgang einen bemerkenswerten Inhalt gibt.

Mit dieser Ost-West-Bewegung ist der dargestellte Prozess aber noch nicht erschöpfend beschrieben. In dem Moment, an dem er sein äußerstes Ende erreicht, wendet er sich um, bewegt sich auf den Osten zu und gerät mit sich selbst in Widerspruch: Im 20. Jahrhundert spitzt sich der Gegensatz zwischen Ost und West zu einem («kalten») Krieg zu, und am Ende mündet der Prozess im Westen ein in das erstaunliche Motiv des «asiatischen Tricks», das heißt, der Westen bemerkt am End- und Höhepunkt seines Weges, dass er die andere Seite braucht, während sich in China z.B. die charakterisierten kollektiven Mentalitäten voll ausleben, zugleich aber in Architektur, Wirtschaft, Technik rückhaltlos auf westlich-materialistische Zivilisationserrungenschaften zugegriffen wird. Die auf Selbstlosigkeit hinzielenden, religiös begründeten Lehren des Konfuzius sind mit dem auf Egoismus gegründeten Kapitalismus kaum vereinbar.

Auch die großen welthistorischen Zeiträume weisen also Gebärden auf: die Gestalt eines Weges, auf dem der Mensch immer größere «Teile» seines Wesens in Freiheit setzt und dabei vom Kopf bis in den Willen hinein eigenständig wird, zugleich aber auch zerstörerischen Egoismus entwickelt und die Geborgenheit eines harmonischen sozialen Ganzen verliert. Seine Existenz ist geprägt von einem inneren Widerspruch zwischen zwei gegensätzlichen Seiten, die nach Vereinigung drängen, sich aktuell jedoch chaotisch mischen: Wenn Asien im Westen letztlich als «Trick» oder als esoterisches Pflaster auf den Wunden des materialistischen Intellekts benutzt wird, so lebt sich hierin in Wirklichkeit nach wie vor Egoismus aus, wenn in China westliche Modernität rezipiert wird und andererseits bis in Menschenrechtsfragen hinein das Individuum der Herrschaft des Kollektivs unterworfen wird, bleibt die Öffnung nach Westen auch nur eine vordergründige Maske.

Diese sehr große, welthistorische Gebärde können wir wiederum nur erfassen, indem wir die Gesten unserer eigenen seelischen Tätigkeit beobachten. Man hat vielleicht bemerken können: Das Bedürfnis nach Mitsprache in Griechenland, der Drang nach persönlicher Initiative im Handeln mit der Möglichkeit, mein «Kapital» meinen innersten Antrieben gemäß zu «investieren», die Herausforderung des «Selfmademan» an der Grenze zum Unbekannten, an der ich auf mich gestellt mein eigenes Dasein gründen muss, aber auch die Sehnsucht nach dem sozialen Frieden, dem Gelingen von Gemeinschaft – das alles haben wir in uns selbst und rufen es im Durchgang von Asien bis Kalifornien in uns auf. Das «Ich» und das «Wir» sind zwei Seiten in uns selbst, und wir erkennen an dem Gestus der Weltgeschichte, dass wir heute die Aufgabe haben, diese beiden Seiten auf moderne Weise miteinander zu verbinden. Der Gang durch die historischen Ereignisse hat sich durchaus an der Chronologie orientiert, aber an keiner Stelle wurde behauptet, dass ein früheres Ereignis der Grund für ein späteres gewesen sei. Es wäre absurd anzunehmen, die Fugger wären die Ursache für die wandernde Grenze in Amerika, der griechische Sieg gegen die Perser die Ursache für das römische Bürgerrecht usw. Vielmehr zeigt sich an der Entwicklungstendenz, die der chronologische Weg von Asien bis nach Amerika sichtbar macht, ein innerer Impuls zur Emanzipation und zugleich die charakterisierte historische Aufgabe der Gegenwart – als Ursachenschicht wird hier also die unterschwellige, verborgene Wirksamkeit menschlicher Entwicklung erkennbar, die wir in uns selbst auffinden. Woolleys Gräberfund, Delphis Antwort auf die athenische Gesandtschaft, die Ehen zwischen römischen Plebejern und Patriziern, das mittelalterliche Zinsverbot, der «asiatische Trick» des westlichen Kapitalismus – dies alles sind nicht Gründe für die Weltgeschichte, sondern Symptome für einen großen ursächlichen Zusammenhang, der ihnen allen zugrunde liegt. Das Nacheinander der Chronologie löst sich schließlich auf: Indem wir den beschriebenen Weg von Ost nach West als Entwicklung von zwei Seiten unseres eigenen menschlichen Wesens erfassen, die schließlich verlangen, in ein gesundes Gleichgewicht gebracht zu werden, erfahren wir einen zeitlosen Sachverhalt, und in dem ist auch – in Form einer deutlichen Aufgabe – die Zukunft anwesend.

4. Was ist «wirklich»? – Empirismus, Konstruktivismus und Anthroposophie

Bei den zuletzt geschilderten Beispielen der Anschauung geschichtlicher Gesten muss sich in einem bestimmten Moment fast zwangsläufig Widerstand regen: Wenn sich der Blick von den äußeren Erscheinungen auf innere Beobachtungen wendet (die Qualität einer Rundung, der freie Blick über gerodetes und kultiviertes Land, der Verlauf einer Schlacht), verlässt man den festen Boden empirischer Faktizität und begibt sich auf unsicheres Territorium – man lässt sich auf die Bewegungen des eigenen Seelenlebens ein. Hier zeigt sich die methodische Notwendigkeit der Verwandlung unseres eigenen Denkens. Solange wir herabgelähmte, gegenständliche Vorstellungen, wie sie an der Betrachtung eines Baumes veranschaulicht wurden, an die Geschichte herantragen, wird diese uns zu erstarrten Regesten, zu bloßen Archiven führen, die den lebendigen Zusammenhang, dem sie sich verdanken, nicht verraten. Das Denken muss selber zum Gestus werden, darf nicht fertige Inhalte aufnehmen, sondern muss den Bildevorgang hervorbringen, welcher dem passiv aufgenommenen Denkergebnis – der fertigen Vorstellung – zugrunde liegt. Es muss sich also in die Tätigkeit versetzen, aus der der «Gegenstand» erst hervorgegangen ist. Rudolf Steiner beschreibt dies 1915 – im Angesicht der dramatischen Folgen des zeitgenössischen «Schlafzustandes» vor und im Weltkrieg – mit beinahe drastischen Worten: «Man ist versucht, wenn man unseren heutigen Zeitgenossen so etwas erklären will, ich möchte sagen, schon herumzuspringen. Man möchte am liebsten herumspringen, damit man zeigen kann, wie ein wahrer Begriff sich unterscheidet von dem schläfrigen Haben der Vorstellung. Am liebsten möchte man, um die Menschen einmal ein wenig in Bewegung zu bringen, dies furchtbar träge

Vorstellungsvermögen von heute in Regsamkeit bringen, möchte den Begriffen überall nachspringen, möchte sich der Unterscheidung hingeben zwischen der gewöhnlichen Vorstellung und dem, wo man wirklich herum muss um den Mittelpunkt.»[82] Es sei auszugehen «von einer Entwicklung des subjektiven menschlichen Inneren. Kräfte, die in der Seele sonst nur latent sind, sie müssen erweckt werden, sie müssen zu eigentlichen Forschungskräften umgestaltet werden.»[83] Es gelte, «das Ganze [Angeschaute] selbst mit stärkster Einsetzung der Persönlichkeit in innerliche Regung und Bewegung zu bringen»,[84] denn so komme schließlich in den Tiefen der Seele ein Objektives zum Vorschein.[85] Erst ein aktives inneres Nachschaffen der Gesten der Geschichte schafft den Beobachtungsinhalt, aus dem sich ihre Erkenntnis gewinnen lässt. Die Wissenschaft stößt mit einem solchen Vorgehen aber auf einen völlig neuen Objektivitätsbegriff. Erst wenn das Verständnis von «Empirie» von der bloßen Sinnesbeobachtung auf die Beobachtung der Seele ausgeweitet wird, zeigt sich ein Objektives, der Gegenstand der Geschichte. Subjektiv sind die von Goethe «Empfindung» genannten spontanen und wertenden Emotionen, nicht aber jene in methodischer Ruhe gewonnenen Beobachtungen innerer seelischer Bewegungsvollzüge. Der Gegenstand der Geschichte ist außerhalb dieser seelischen Beobachtung überhaupt nicht vorhanden. Diese Tatsache ist äußerst unbequem, man muss sich ihr aber stellen, möchte man mit der Geschichtserkenntnis weiterkommen.

Wenn Rudolf Steiner so dezidiert und regelmäßig darauf hinwies, dass das Subjekt an der Wahrnehmung von Wirklichkeit beteiligt sei und die «Tatsachen» gerade nicht unter Ausklammerung dieses Subjekts erfasst werden können, so hat er damit eine Einsicht vorweggenommen, die im Laufe des 20. Jahrhunderts immer stärker ins wissenschaftliche Bewusstsein getreten ist. Einerseits wurde die empirische Forschung an den Universitäten immer weiter ausgebildet und zum alles beherrschenden Paradigma historischer Erkenntnis gemacht, andererseits regte sich mit Karl Lamprecht, dem an Stefan George anknüpfenden Ernst Kantorowicz und schließlich mit der Annales-Schule schon sehr früh Widerspruch. Die entscheidende Wende im Wissenschaftsverständnis des 20. Jahrhunderts erfolgte aber in den 70er-Jahren in den USA, wo die «Konstruktivisten» – vor allem die österreichischen Emigranten von Foerster, von Glasersfeld und Watzlawick – endgültig jede subjektunabhängige Wirklichkeitsauffasung ins Reich wissenschaftlicher Naivität verwiesen. Paul Watzlawick führte in seiner 1976 erschienenen Schrift mit dem programmatischen Titel *Wie wirklich ist die Wirklichkeit?*[86] psychologische Experimente an, die bewiesen, wie stark die Beurteilung von Tatsachen von der Verfassung des urteilenden Subjekts abhängen und letztlich eine objektive Wahrheit nur noch als Illusion erscheint. Auch dokumentarische Empirie beinhaltet eine vom forschenden Subjekt aufgestellte Vorentscheidung, die die Wahrnehmung der Ergebnisse – der angeblichen realen «Tatsachen» – schon vorprägt. Ernst von Glasersfeld formuliert die «Einsicht, dass Erkennen und Wissen nicht der Niederschlag eines passiven Empfangens sein können, sondern als Ergebnis von Handlungen eines aktiven Subjekts entstehen».[87] Die Schlussfolgerung lautet bei Heinz von Foerster dann ganz knapp: «Die Umwelt, so wie wir sie wahrnehmen, ist unsere Erfindung.»[88] Karl-Martin Dietz resümiert: «Besonders im Gefolge der Arbeiten Karl Poppers wurde klar, dass es rein empirische Fakten, wie sie der Empirismus voraussetzte, gar nicht gibt. In aller wissenschaftlichen Tätigkeit, selbst beim Ablesen physikalischer Messgeräte, ist bereits eine Fülle von Gedankenleistung vorausgesetzt, die der empirisch Vorgehende nur vergisst. In jeder physikalischen Versuchsanordnung steckt bereits höchst kompliziertes Denken. Theoriefreie Fakten gibt es nicht. Diese Einsicht, der sich heute kaum jemand mehr auf wissenschaftstheoretischem Gebiet verschließt, hat ungeheure Folgen. Sie bedeutet die totale Abschaffung der Wirklichkeit aus dem menschlichen Erkenntnisgebiet.»[89]

Ganz unabhängig vom eigentlichen Wissenschaftsbetrieb sind beide Einstellungen heute Lebensalltag geworden, und zwar oft als Haltungen ein und desselben Menschen. Zum einen durchzieht unsere Zeit eine ganz starke Bindung an die sinnlich-materielle Wahrnehmung, wir lassen uns ungeheuer beeinflussen von den «sicheren» Gegebenheiten, wie sie z.B. in «Wikipedia», in Fernsehnachrichten etc. als Information geliefert werden, verlangen Beweise (auch die Leser von Dan Browns Grals-, Kirchen- und Freimaurererzählungen bekräftigen immer wieder, dass sich diese auf «wissenschaftliche Tatsachen» gründen würden), verlachen neue, idealistische Ideen als Schwärmereien, zum anderen lebt in vielen Menschen die tief verwurzelte Stimmung: Es ist letztlich doch alles relativ, wir konstruieren Geschichte, eine historische Wahrheit kann es gar nicht geben. Gerne halten wir uns stattdessen in virtuellen Welten PC-animierter Geschichtsräume auf oder erfreuen uns an roman- bzw. kino- und fernsehgerechte Spielhandlungen, die Fakten und Fiktion durchmischen, damit Geschichte interessant wird. Wir erklären, wie DNS-Spuren nun doch belegen, dass Kaspar Hauser nicht der Nachfolger auf dem Throne Badens war, an anderen Stellen wenden wir ein, dass man nie wissen werde, «wie es eigentlich gewesen» sei. Ein Blick ins Regal der aktuellen historischen Neuerscheinungen zeigt eine Fülle von Arbeiten, die ganz herkömmlich Quellen gesichtet haben und empirische Tatsachenschilderungen liefern und unhinterfragt ihre Ergebnisse als historische Realität betrachten, auf der anderen Seite herrscht in der modernen Forschung ein Konsens darüber, dass die Bilder historischer Darstellung letztlich standpunktbedingt seien. Schon ein Vergleich der Schulgeschichtsbücher der letzten vierzig Jahre zeigt dieses Doppelgesicht: Letztlich ist immer noch die Wissensvermittlung, die Kenntnis unbezweifelbarer Fakten das eigentliche Ziel dieser Bücher, und dennoch spielen das farbige Bildmaterial, die originellen Illustrationen, die spielerischen Einführungen und die mitunter fiktive Erzählung heute eine ungleich wesentlichere Rolle als noch vor zwanzig Jahren.

Eine allgemeine Theorie- und Sachlichkeitsverdrossenheit, ursprünglich aber die neueren erkenntnistheoretischen Auffassungen haben zu einem bedeutenden Umdenken geführt: Wissenschaftliche Rationalität ist nicht mehr der unhinterfragte Maßstab für unser Verhältnis zur Wirklichkeit. Auch in Geschichtsdarstellungen ist diese Wende angekommen.

So schreibt der Historiker Daniel J. Boorstin über eine so wichtige historische Situation wie das Auftreten des Kopernikus: «Warum nahm Nikolaus Kopernikus (1473–1543) so viel Mühe auf sich, ein System zu verdrängen, das von der Alltagserfahrung, der Tradition und der Autorität so stark gestützt wurde? Je mehr wir uns in das Zeitalter des Kopernikus hineindenken, desto eher sehen wir ein, dass die, die sich von ihm nicht überzeugen ließen, schlicht vernünftig waren. Das vorhandene Material erforderte keine Revision des Schemas. Jahrzehnte sollten vergehen, bevor Astronomen und Mathematiker neue Fakten zusammentragen und neue Instrumente erfinden sollten, und ein Jahrhundert oder mehr, bevor sich Laien gegen ihren gesunden Menschenverstand überzeugen ließen. Gewiss passte das alte Schema trotz der kaum bekannten Veränderungen, die Astronomen und Mathematiker ersannen, nicht zu allen bekannten Tatsachen. Doch war dies bei der Vereinfachung des Kopernikus auch nicht der Fall. Es scheint, dass Kopernikus nicht durch die Kraft der Fakten motiviert wurde, sondern durch ein ästhetisches, metaphysisches Streben. Er stellte sich vor, wie viel schöner ein anderes Schema sein könnte. Kopernikus verfügte über einen außerordentlich spielerischen Verstand und eine kühne Fantasie.»[90]

Wir können also heute nicht mehr zurück in einen naiven Empirismus, vielmehr geht es ganz wesentlich darum, eine Antwort auf die für die Zukunft von Geschichtserkenntnis und -unterricht so existenzielle Frage zu finden, wie die Rolle des am Geschichtsbild beteiligten Subjekts tatsächlich aussieht. Es ist erwiesen, dass wir den Gegenstand der Geschichte nicht passiv «entgegennehmen» können, sondern ihn mitproduzieren. Müssen wir deshalb die Geschichte als «Konstruktion» ansehen, als Ausfluss rein subjektiv-willkürlicher Erfindung? Eine solche Haltung hat gewaltige Konsequenzen, denn dann müssten wir uns als Teil einer bodenlosen Illusion empfinden, die alles andere als Sinn, Orientierung, Sicherheit durch Realitätserfahrung vermittelt. Aus Gesprächen im Unterricht oder in privater Begegnung mit Jugendlichen habe ich diese Haltung oft erlebt, und viel wird davon abhängen, ob Geschichtserkenntnis verständlich machen kann, ob es bei dieser Grundstimmung bleiben muss oder ob es begründbare Wege zu einer «wirklichen» Wirklichkeit gibt.

Auch der Empirismus wird dann erst seine echte Erweiterung erfahren – zurzeit bedingen sich Empirismus und Konstruktivismus auf fatale Weise gegenseitig: *Weil* der Konstruktivismus in Illusionswelten hineinführen muss, klammert sich oft dieselbe Forscherpersönlichkeit zugleich umso stärker an materielle «Tatsachen» (je mehr man z.B. Geschichte als bloße «Erzählung» definiert und dementsprechend zum unterhaltenden Roman macht, desto unreflektierter und automatischer wird man auf «Fakten» auf schlichtestem Lexikonniveau zugreifen, um sich über die «wahren Hintergründe» des Romans zu informieren).

Die Bedeutung des Konstruktivismus besteht – und damit schließe ich mich dem Fazit von Karl-Martin Dietz an – in dem «Anliegen, die historische Subjekt-Objekt-Spaltung und die Erkenntnisgrenzen zu überwinden», und in dem «Versuch, den Menschen in die ‹Welt› einzubeziehen».[91] Ist die Schlussfolgerung des Konstruktivismus aber zwingend, dass die Beteiligung des Subjekts am Zustandekommen von Wirklichkeit bedeutet, eine solche Wirklichkeit sei willkürlich, also nicht objektiv und insofern letztlich «unwirklich»? Watzlawick unterscheidet von der Konstruktion am Ende dann doch eine Wirklichkeit «erster Ordnung», die sich «auf die rein physischen und daher weitgehend objektiv feststellbaren Eigenschaften von Dingen und damit entweder auf Fragen des sogenannten gesunden Menschenverstandes oder des objektiven wissenschaftlichen Vorgehens»[92] bezieht, und Nelson Goodman gibt zu: «Welche Welten nun genau als wirklich anerkannt werden müssen, ist eine ganz andere Frage»,[93] beantwortet diese Frage aber nicht. Schon Michel Foucault weicht mit seiner die Wahrheit als Irrtum und das Denken als subjektlos deklarierenden Diskurs-Philosophie der Frage aus, wie er für seine Aussagen über die «diskursiven Praktiken», die die Wirklichkeit konstruieren, objektive Geltung beanspruchen kann, wenn er streng genommen auch seine Thesen als bloße Konstruktion ansehen müsste. Der

Ort, von dem aus wir entscheiden können, dass alle Ordnungen gleich willkürlich sind, ist «uns Menschen einfach nicht verfügbar»,[94] müsste man mit Charles Taylor Foucault und dem Konstruktivismus, gerade wenn man ihn ernst nimmt, entgegnen. Wenn wirklich alles nur Konstruktion ist, darf ich überhaupt keine Aussage mehr machen, die für irgendwen oder irgendwas eine Gültigkeit haben soll. Die Konstruktivisten verstricken sich also selbst in Widersprüche oder bleiben äußerst vage, weil es ihnen nicht gelingt, positiv zu beschreiben, was Wirklichkeit unter den neuen Prämissen nun eigentlich ist. Werner Heil hat diese Aporien des Konstruktivismus prägnant zusammengefasst. Zunächst zitiert er Frank Thissen: «Die Grundlage der Theorie ist die Tatsache, dass das menschliche Gehirn [...] zum allergrößten Teil seiner Aktivitäten mit sich selbst beschäftigt ist und nur zu einem geringen Teil mit der Verarbeitung von Informationen oder Reizen aus der Außenwelt. Diese Informationen der Außenwelt wie z.B. Töne oder visuelle Eindrücke bieten, durch die Sinnesorgane aufgenommen, dem Gehirn keine Informationen darüber, wie die Dinge der Welt sind, sondern dienen nur als Rohmaterial, das vom Gehirn erst interpretiert und verstanden wird. [...] Der Musikeindruck wird also erst im Gehirn erzeugt und nicht von den Sinnesorganen aufgenommen.»[95] Im Konstruktivismus wird also nicht nur die Interpretation der Wirklichkeit infrage gestellt, sondern die Wirklichkeit selbst. Der argumentative Widerspruch dieses Paradigmas ist eigentlich leicht zu bemerken und wird trotzdem merkwürdig erfolgreich ausgeblendet. Werner Heil: «Der Konstruktivismus analysiert den Erkenntnisakt primär nicht *als solchen*, sondern untersucht seine *biologische Grundlage*: das Gehirn. Aufgrund dieser Untersuchung zieht er *Rückschlüsse* auf den Erkenntnisakt selbst. Dabei vermengt er die Analyse des Erkenntnisaktes mit *biologischen Theorien*, wodurch eine weitere Analyse verhindert wird. Der Konstruktivismus nimmt an, dass wir von der Welt nichts wissen, weil wir über die Sinnesorgane nur Reize der Außenwelt empfangen, die erst durch unser Gehirn zu einer Wirklichkeit aus Tönen und Farben aufgebaut werden. [...] Tatsächlich aber *ertönt* in keiner Partie des Gehirns etwas oder *erscheint* ein visuelles Bild. An jeder Stelle finden sich nur rein physiologische Vorgänge, die *immer und überall nur* ihre quantitative elektromagnetische Einheitssprache sprechen. Die Behauptung, dass das Gehirn Reize zu Tönen oder Wahrnehmungen verarbeite, ist rein spekulativer Natur. Man kann nur sagen, dass gewisse Gehirnpartien mit der Wahrnehmungen von Tönen und Farben in *Zusammenhang* stehen, nicht aber, dass sie die Wahrnehmungen *erzeugen*. [...] Rein spekulativ ist auch die Annahme, dass das Gehirn eine Wirklichkeit aufbaut: Im Gegenteil ist das Gehirn selbst Teil der Wirklichkeit. Folglich auch Teil der angenommenen Konstruktion.»[96]

Das Scheitern des Konstruktivismus an der Wirklichkeit liegt maßgeblich darin begründet, dass nicht präzise genug die Seite des Subjekts beschrieben wird. Wenn immer wieder die Aktivität des Subjekts betont wird, so ist damit noch nicht dargestellt, woraus diese Aktivität entspringt, also wovon sie sich leiten lässt. Warum muss der Erkenntnisakt des Subjekts – und wenn er noch so individuell ist – willkürlich sein? Wenn das Subjekt seine Wirklichkeitsbilder produziert – warum tut es dies gerade auf diese Art?

Von Glasersfelds bereits zitierte Aussage, dass «Erkennen und Wissen nicht der Niederschlag eines passiven Empfangens sein können, sondern als Ergebnis von Handlungen eines aktiven Subjekts entstehen», ist fast identisch mit manchen Formulierungen Rudolf Steiners zum Prozess des Erkennens wie dem ebenfalls zitierten Hinweis auf den Einsatz stärkster Kräfte «des subjektiven menschlichen Inneren» oder einer Äußerung in seiner Dissertation *Wahrheit und Wissenschaft* (1892): «Das Resultat dieser Untersuchung ist, dass die Wahrheit nicht, wie man gewöhnlich annimmt, die ideelle Abspiegelung von irgendeinem Realen ist, sondern ein *freies* Erzeugnis des Menschengeistes, das überhaupt nirgends existierte, wenn wir es nicht selbst hervorbrächten. Die Aufgabe der Erkenntnis ist nicht: etwas schon anderwärts Vorhandenes in begrifflicher Form zu *wiederholen*, sondern die: ein ganz neues Gebiet zu *schaffen*.»[97] Steiner setzt an dieser Stelle nun aber ganz anders als die Konstruktivisten fort: Dieses

vom Subjekt geschaffene Gebiet ergebe «mit der sinnenfällig gegebenen
Welt zusammen erst die volle Wirklichkeit».[98] Die Erkenntnistheorie
Rudolf Steiners nimmt genau diesen Moment in den Blick, in dem eine
Vorstellung, ein Wirklichkeitsbild entsteht, und sie berücsichtigt beide
Seiten: die individuelle Denk*tätigkeit*, auf der anderen Seite aber auch
das Auftreten der *Inhalte* des Denkens, die eben nicht willkürlich erfunden werden, sondern von außen an das Bewusstsein herantreten. Die Erkenntnistätigkeit ist nicht beliebig, sondern lässt sich durch ein außer ihr
Liegendes führen, aber: Diese Führung ist nur möglich, wenn das Denken
diese angebotenen Bewegungen wirklich vollzieht. Diesen tätigen Anteil
des Denkens an der Wirklichkeit hat Rudolf Steiner im 3. Kapitel seiner
Philosophie der Freiheit herausgearbeitet.[99] Genauso wichtig ist aber das
4. Kapitel («Die Welt als Wahrnehmung»), in dem Steiner zeigt, dass es
keine Möglichkeit gibt, die subjektunabhängige Wahrnehmung infrage zu
stellen und zu relativieren. Selbst die Beobachtung meiner Subjektivität
verdankt sich einem Wahrnehmungsinhalt, der ohne mein Zutun einfach
in meinem Bewusstsein «auftritt». Die Wahrnehmung ist ein schlechthin
Gegebenes, hier berührt mich etwas, das nicht ich bin. Selbst wenn meine
«Diskurse» subjektiv sind: Warum sind sie so und nicht anders? Welche
Beobachtung belegt, dass ihre Regeln zufällig sind? Wenn Hayden White
behauptet, Geschichtserkenntnis sei nur «Erzählung», so übergeht er die
Frage, welche Realität den Beobachtungen zukommen, die ein Historiker
z.B. an einem minoischen Siegelring, der ägyptischen Flusslandschaft, ei-
ner Handschrift Luthers oder einer Fabrikanlage des Ruhrgebiets macht.
Wie kann er von einer Erfindung sprechen, wenn der Ausgangspunkt der
Erkenntnis im konkreten Fall Wahrnehmungen sind? Dieses Verwischen
des Unterschiedes von Wahrnehmung und Vorstellung verstellt den Blick
auf das Zustandekommen und die Wirklichkeit historischer Bildfindung
– Konstruktion wird konstruiert.

In einer wesentlichen Hinsicht ist der Ansatz von White sehr wertvoll:
Er schärft die Aufmerksamkeit für Strukturen der Geschichtsdarstellung,
die sich tatsächlich gar nicht aus dem historischen Gegenstand ableiten,

sondern rein ästhetischen, darstellerischen Gesetzen entspringen, sozusagen der Dramaturgie eines spannenden Romans. Historische Literatur täuscht in vielen Fällen geschichtliche Zusammenhänge nur dadurch vor, dass sie Ereignisse in einer aufeinanderfolgenden Chronologie darstellt, mit dem Nacheinander also z.b. Kausalität suggeriert (das Frühere als Ursache für das Spätere). Bilder werden gewählt, die vielleicht fesseln, aber unter Umständen bloß Anschauungslücken ersetzen, weil Quellenmaterial fehlt; innere Monologe historischer Persönlichkeiten werden eingeschoben, damit diese dem Leser zugänglich werden – dabei ist das Charakteristische dieser Person vielleicht gerade, dass sie einem fremd bleibt. Geschichtserkenntnis bedarf tatsächlich der strengen Prüfung der Beteiligung des Subjekts. Die von ihm produzierten Bilder können standpunktbedingt und Ausfluss purer Privatheit sein: Die Darstellungen europäischer Kolonisten im 19. Jahrhundert über die schwarzen Einwohner Afrikas, die deutschen Heldengeschichten zur Nazizeit, sozialistische Geschichtsschreibung sind nur wenige Beispiele dafür, wie subjektive Befindlichkeit Vorstellungen prägen kann und Geschichtsbilder auf diesem Wege regelrecht gefährlich werden können. Funktion und Ansehen der Geschichtsschreibung steht und fällt mit dem Gelingen und Scheitern an dieser Stelle.

Insofern ist es eine so anspruchsvolle Herausforderung zu realisieren, dass die Produktivität des Subjekts etwas ganz anderes meint. Es bedarf aufmerksamster innerer Beobachtung, wenn sie nicht mit jener subjektiven Bedingtheit verwechselt werden soll: Subjektivität ist hier die von mir aufgebrachte Kraft, mein Denken und Beobachten zu betätigen, und die mir von außen entgegenkommenden Wahrnehmungen, die für sich allein noch keine Wirklichkeit ausmachen, gemäß ihrer Gestalt bzw. Beschaffenheit mit meinen Begriffen zu verbinden und zu einer «Sache» zu machen. Die rassistischen, ideologischen, nostalgischen und zahlreichen anderen subjektiven Interpreten lassen sich nur entsprechend ihrer Konstitution, Vorlieben, Meinungen, Interessen und Egoismen von den Wahrnehmungen zu beliebigen Assoziationen anstoßen bzw. bedienen sich an der Geschichte, um ihre aktuellen Zwecke verfolgen zu können – wie die Nationalsozialisten an den Germanen, die Islamisten am Koran usw. Erzeugt der Empirismus eine Welt ohne Seele, haben wir hier eine Seele ohne Welt. Diese Interpreten unternehmen es nicht, aktiv ihre privaten Befindlichkeiten zurückzustellen und sind paradoxerweise in Wirklichkeit darin gerade nicht individuell, sondern höchst fremdbestimmt. Das Subjekt einzusetzen bedeutet, diese Fremdbestimmtheit zu bemerken und die passiv auftretenden Vorstellungen zurückzuhalten – das ist die Aufgabe der Empirie, darin liegt die Würde der modernen Wissenschaftlichkeit. Sie darf aber nicht dabei stehenbleiben, denn dieser Schritt zur Selbstlosigkeit macht nur den ersten Teil des Erkenntnisvorgangs aus. Es gilt zugleich die Kraft aufzubringen, die mir entgegenkommenden Wahrnehmungen in ihrer eigenen Gestalt beobachtend abzutasten und mich mit meinem Denken an ihnen entlang zu bewegen, bis sich mir eben nicht eine Assoziation, sondern ein dem Gegenstand gemäßer Gedanke gebildet hat. Das Abtasten jener «eigenen Gestalt» ist ein seelisches Abtasten, denn die sinnliche Wahrnehmung vermittelt mir nur die durch meine Physis bedingten und damit wieder assoziativen und passiven Vorstellungsinhalte. Die Seele wird tätig und kann insofern selber beobachtet werden. Es entsteht die scheinbar paradoxe Situation, dass das Wahrnehmen in einem Produzieren besteht. Indem die Seele in höchster schöpferischer Aktivität die Gebärden nachschafft, die von dem beobachteten Gegenstand angestoßen werden – sich also wie tastend an ihn «anschmiegt» und seine Bewegungen somit selbst vollzieht –, macht sie sich zum Gefäß, in das sich die Realität dieses Gegenstandes «einsenken» kann: Es entsteht ein schauendes Denken. Die Bewegung mit den historischen Inhalten führt also nicht zu der Konstruktion einer Scheinvergangenheit, sondern zu einer Seelenbewegung, die eine historischen Wahrnehmung hervorruft.

Ich möchte an einem Bild verdeutlichen, was mit diesen Ausführungen gemeint ist. Zwei Schiffspassagiere können auf ein und denselben hohen Seegang sehr verschieden reagieren. Der eine wird seekrank und verflucht das Meer, der andere ist glücklich und preist die Seefahrt. Die Wertungen der beiden sind tatsächlich subjektiv. Zwei extrem verschiedene Begriffe von Seefahrt bzw. Meer werden hier vorliegen. Muss es aber dabei bleiben? Gibt es hier keine Erfahrungen, die objektiven Charakter haben und die unabhängig von beiden spontanen Befindlichkeiten ihnen zugrunde liegen? Hält man einmal die unmittelbaren Wertungen zurück, die tatsächlich ja rein körperlichen Unterschieden entspringen – der eine wird leichter seekrank als der andere –, kann man durchaus auf etwas Gemeinsames stoßen: die Wirkung des Wellenganges. Die seelischen Reaktionen beider gehen auf die Tatsache zurück, dass sie von den Wellen auf und ab geworfen werden – sie sind nicht willkürliche Einbildungen. In beiden vollzieht sich also die Wirklichkeit dieser Meeressituation. Der Unterschied entsteht durch die körperlich-biografische Subjektivität, die Wirkung selber ist aber objektiv. Die beiden Betroffenen könnten nun, indem sie ihren Zustand vergleichen, zu einer Einsicht von etwas sehr Charakteristischem des Meeres gelangen, das beiden Zuständen zugrunde liegt: Es gehört zu seinem ureigensten Merkmal, *bewegt* zu sein und insofern ein festes Gleichgewicht jederzeit aufzulösen. Man käme zu einem wesentlichen Aspekt des Wesens von Wasser: Es belebt, bringt Festes in Fluss und löst immer wieder Gewordenes, erstarrte Form auf. Auf den einen wirkt dies krankmachend, weil er – in unserem Beispiel vor allem körperlich – auf ein festes Gleichgewicht angewiesen ist, auf den anderen wirkt es beglückend und befreiend, weil er sich belebt fühlt. Diese Charakteristik des Meeres ist also durchaus nicht völlig willkürlich und vom jeweiligen Standpunkt abhängig, sondern erweist sich als eine objektive Realität, die dem Subjektiven zugrunde liegt, bei dessen Zurückdrängung aber erst durch innere Beobachtung sichtbar wird.

Die Vorstellungsinhalte setzen sich zusammen aus einem von außen kommenden Weltinhalt und dem von mir ausgehenden begrifflichen Hinzutun: In jedem Menschen realisiert sich Meer anders, und dennoch sind diese vielen verschiedenen Realisierungen nicht willkürlich, sondern angestoßen von einem zunächst «unsichtbaren» Objektiven. Es ist eine übliche und verhängnisvolle, keineswegs aber notwendige Schlussfolgerung, dass es angesichts der Verschiedenheit der Standpunkte keine objektive Wirklichkeit gibt.

Gegen alle wissenschaftlichen Denkgewohnheiten gilt es zu realisieren: Geschichtserkenntnis erzeugt erst den Gegenstand, den sie beobachtet! Dies stellt jeden Begriff von wissenschaftlicher Objektivität auf den Kopf, ergibt sich aber notwendig aus dem sachlichen Befund. Zugleich zeigt sich, dass eine solche Perspektive nur so lange anstößig bleibt, wie man noch nicht eine Anschauung davon bekommen hat, dass diese seelischen Hervorbringungen nicht willkürlich sind, sondern geführt werden durch Wahrnehmungen. Historische Antriebe, Willensimpulse, Emotionen, Ideen usw. lassen sich nicht aus der unbeteiligten Distanz beobachten, weil ihre Realität nur erfahren werden kann von dem Organ, das selber aus dem «Stoffe» dieses Gegenstandes ist. Seelisches kann nur durch Seele erfasst werden – diese ist aber nur anwesend, wenn sie sich betätigt. Dieses Tun ist nicht zufällig: Die sich mit der geschichtlichen Gebärde mitbewegende Seele tut dasselbe wie der beobachtete historische Gegenstand.

5. Die Bildnatur des Menschen

Die geschilderte Seefahrer-Situation ist natürlich ein sehr ausgesuchtes Bild. Die Hemmnisse, sich auf jene seelische Beobachtung einzulassen und sie nicht mit dem Argument der Subjektivität von sich fernzuhalten, sind aber gewöhnlich so groß, dass es doch dazu anregen soll, die hier am exemplarischen Fall beschriebene Unterscheidung von subjektivem Urteil und Beobachtung seelischer Gesten auch an anderen Gegenständen unbefangen anzuschauen. Bei wirklich gründlichen, gemeinsamen kunstgeschichtlichen Betrachtungen zeigt sich z.B. immer wieder, dass die Wahrnehmung von Farbqualitäten viel weniger voneinander divergiert als oft behauptet, dasselbe gilt von der Beobachtung von Naturprozessen, einer Pflanze, der Gestalt einer Landschaft oder dem Charakter einer sozialen Gruppierung (z.B. dem «Gesicht» einer Schulklasse). Um eine Wahrnehmung vermitteln zu können von der hier immer wieder charakterisierten Realität seelischer Beobachtung, die dem Bewusstsein so leicht entgleitet oder gegen die es sich sogar wehrt, greift Rudolf Steiner zu einem elementaren Vergleich.[100] Er beschreibt in seinem «Leitsatzbrief» über die «Bildnatur des Menschen» zunächst die Erkenntnishaltung der modernen Naturwissenschaft bzw. der in ihrem Sinne verfahrenden empirischen Wissenschaften überhaupt: Diese ließen nur gelten, was mit den Sinnen wahrgenommen werde bzw. was sich als Gesetzmäßigkeit auf diese gründe. Diese auf die Natur bezogene Erkenntnisweise werde schließlich auf den Menschen übertragen. Dann heißt es weiter: «Das ist nun gerade so, als ob man das Bild, das ein Maler geschaffen hat, betrachtete nach der Substanz der Farben, nach der Kraft, mit der die Farben an der Leinwand haften, nach der Art, wie sich diese Farben auf die Leinwand streichen lassen, und nach ähnlichen Gesichtspunkten. Aber mit alledem trifft man nicht, was sich in dem Bilde offenbart. In dieser

Offenbarung, die durch das Bild da ist, leben ganz andere Gesetzmäßigkeiten als diejenigen, die aus den angegebenen Gesichtspunkten gewonnen werden können.»[101] An diesem Vergleich lässt sich sehr gut erleben, worin der kategorische Unterschied zwischen der gewöhnlichen Empirie, auf die sich auch die Geschichtswissenschaft stützt, und der in diesem Kapitel beschriebenen verlebendigten Erkenntnis besteht. Es sind zwei grundsätzlich verschiedene Betrachtungsebenen, ob ich ein Gemälde von der Wand nehme, um sein Gewicht zu messen oder die chemische Zusammensetzung der Farben zu untersuchen, oder ob ich es als Bild auf mich wirken lasse. Ich habe auch die absolute Gewissheit, dass ich mit der ersten Betrachtungsweise der Realität dieses Gegenstandes in keiner Weise gerecht werde. Es ist unmittelbar evident, dass die Realität der Farbe sich keineswegs in ihrer Materialität erschöpft, sondern sich in dem seelischen Eindruck manifestiert, den sie in mir hervorruft. Die Wahrnehmung der offensiven Kraft des Rot und der sich zurücknehmenden Weite des Blau sind empirisch, gehen aber gleichzeitig nicht aus der Betrachtung ihrer chemischen Zusammensetzung oder der physikalischen Wellenlänge hervor. Man kann hier also von einer Empirie der Seele sprechen. Man vergegenwärtige sich, wie reich die Wahrnehmungen an einem Bild sein können: Man erlebt Bewegungen, Ruhe, Spannungen, Dramatik, Klänge und sogar Rhythmus. Diese Wahrnehmungen sind keine willkürlichen Einbildungen, denn Blau und Rot lösen sehr unterschiedliche und durchaus beschreibbare Eindrücke aus.[102] Und dennoch sind dies alles Ergebnisse innerer Beobachtungen. So formuliert Rudolf Steiner etwas später: «Beim Bilde richtet sich die Anschauung gewissermaßen durch das sinnlich Angeschaute *hindurch* auf einen Inhalt, der im Geiste erfasst wird.»[103] Man spürt hier instinktiv, dass es nicht ausreicht, einfach nur die physische Existenz von Blau und Rot festzustellen, sondern fühlt sich aufgerufen, «in einer inneren Seelentätigkeit das Blau und Rot auf etwas zu beziehen, das sich durch diese Farben offenbart».[104]

Diese dem Bild gegenüber eingenommene Haltung gilt es auf die Geschichte anzuwenden – die «res gestae» tatsächlich als solche betrachtend. Steiners Vergleich ist nicht metaphorisch gemeint. Er deutet auf etwas hin, was in den letzten beiden Kapiteln an den Aporien der heutigen Geschichtserkenntis bereits dargestellt worden ist: Der Mensch ist mit den Mitteln sinnlicher Empirie nicht zu erfassen. Er offenbart sich nur in seiner – so Steiner – «*Bildnatur*». In Anlehnung an diese Formulierung lässt sich insofern auch als Aufgabe einer künftigen, erweiterten Geschichtswissenschaft das Erfassen der «Bildnatur der Geschichte» beschreiben.

Die dem Bild gegenüber sich betätigende Erkenntnis nennt Rudolf Steiner «Imagination» (mit ihr ist nicht die im gewöhnlichen Sprachgebrauch auftretende Verwendung im Sinne von «Vorstellung» gemeint). Sie erfasst die in den sinnlichen Erscheinungen sich offenbarenden Bildgestalten. Sie führt zuletzt zu übersinnlichen Wahrnehmungen der geistigen Welt.[105] Die bisher beschriebenen Erkenntnisansätze bilden allerdings eine Art Zwischenschritt. Auch ohne schon die Imagination voll ausgebildet zu haben, lässt sich ein Denken entwickeln, das bereits imaginative Qualitäten besitzt. Steiner nennt es das «morphologische», also gestalthafte Denken und meint damit nichts anderes als die Hervorbringung und Beobachtung jener mehrfach charakterisierten geistigen Gebärden des Denkens. Diese Erkenntnis beobachtet die Bildevorgänge des Denkens als solche und die darin tätigen wesenhaften Kräfte. Wird diese Erkenntnis immer und immer wieder geübt, führt sie letztlich zur eigentlichen Imagination. Diese erfasst aber nur eine reine Bilderwelt. Die geistigen Kräfte, die hinter diesen Bildern stehen, erfasst die «Inspiration». Sie gelangt zu einer «Offenbarung» des inneren Sinns, der in ihnen enthalten ist, insofern also gewissermaßen zu ihrem «Begriff», und fast im selben Moment berührt der Erkennende das Wesen, von dem das Bild und die Prozesse, die es hervorgebracht haben, ausgehen – um wieder Steiners Vergleich aufzugreifen: Man begegnet dem Maler bzw. wird selbst zum Maler. Er beobachtet ihn also nicht mehr nur, sondern wird eins mit ihm. Steiner nennt diese höchste Erkenntnisstufe – die Wesensbegegnung – «Intuition». Man erfasst hier nicht mehr nur die Handlungen, die zu den jeweiligen Ereignissen führen, sondern geht noch eine Stufe dahinter zurück: Man wird eins mit dem Willensimpuls, der den Handlungen vorausgeht. Hier ist es nun so, «wie wenn man im Anblick vom Maler, leerer Leinwand und Farbentöpfen das später gemalte Bild malte».[106] Man befindet sich hier also in der Sphäre des Ursprunges des betrachteten Gegenstandes, der rein geistigen Quelle dessen, was aus dieser Quelle erst in die Erscheinung tritt. Auf dieser Stufe verhält man sich nicht mehr rein erkennend, sondern die Erkenntnis wird zugleich zur Tat und führt zur aktiven Gestaltung der Wirklichkeit, anstatt dass diese nur beobachtet wird.

6. Das eigene Denken verwandeln: Erkenntnisgrenzen als Ausgangspunkt geistiger Wahrnehmung

Der wesentliche Schritt auf dem Weg zur Entwicklung der höheren Erkenntnisarten wurde verdeutlicht in dem Vergleich mit dem Betrachten eines Bildes. Hier ist es unmittelbar evident, dass es keinen Sinn macht, an einen Rembrandt heranzutreten und seine Oberfläche zu betasten, um das Bild wahrzunehmen. Das liegt daran, dass der Künstler es bereits geleistet hat, die Sinnesinhalte so umzugestalten, dass sie sich als Bild zu erkennen geben. Insbesondere die Kunst der Moderne hat ja darum gekämpft, z.B. die Farbe so von jeder Unterordnung unter eine Gegenständlichkeit der scheinbar «realen» Welt zu befreien, dass man endlich nur sie selbst betrachtete und in ihren ureigensten Qualitäten wahrnahm. Bilder von Kandinsky, Rothko, Klein usw. haben eben so wenig mit der bekannten gegenständlichen Welt zu tun, dass man kaum auf die Idee kommen kann, in ihnen etwas Außerbildliches zu suchen. Gerade die moderne Kunst ist ein Beleg für das aktuelle Bemühen um eine Verwandlung der gegenständlichen in eine imaginative Wahrnehmung der Welt.

In der Kunst ist die sinnliche Materialität schon Bild. Dies ist bei den geschichtlichen Tatsachen anders. Hier steht der Betrachter vor einer unendlichen Masse von gestaltlosen, chaotischen Einzeldaten, und er muss selber erst in ihnen die Bilderschrift entdecken. Es hängt von seiner «seismografischen» Sensibilität ab, ob er jene «poetischen Stimmungen» in sich bemerkt, die signalisieren, dass er bei einer bestimmten Ereigniskonstellation auf eine Bildgestalt, also auf ein Symptom, trifft. Er erschafft nicht symbolische Bilder, sondern er erhebt die empirischen Tatsachen selber zum Bild – weil einige von ihnen in sich einen Bildcharakter haben. Die Macht der äußeren, «knallharten» Fakten, der Ablenkung durch die Menge der äußerlich zu beobachtenden und damit festzuhaltenden Daten ist so groß, dass einem diese zunächst äußerst fragilen, leisen innerseelischen Wahrnehmungen immer wieder zu entgleiten drohen. Ein Blick in die Geschichtsschreibung hält eine Fülle von Beispielen bereit, wie ein Forscher eine bedeutende Beobachtung macht, die zum Eingangstor für symptomatische Einsichten werden könnte, in ihrer Interpretation dann aber wieder aus seiner ursprünglichen Wahrnehmung herausfällt, weil er die Erklärung wieder auf der rein sinnlichen, von der seelischen Beobachtung losgelösten Ebene sucht. Man denke an das Beispiel der afrikanischen Lehmhütte: Man könnte sich sofort damit begnügen, dass die Hütte so aussehen musste, weil Gras und Lehm eben die Materialien waren, die einem Massai zur Verfügung standen. Das stimmt natürlich, aber ist damit das Entscheidende überhaupt berührt? Sehr wesentlich und für die Massai aussagekräftig ist doch die atmosphärische Qualität dieser Bauweise: Die Eigenschaften der Wärme und Natürlichkeit geben Auskunft über den inneren Entwicklungszustand dieser Kultur, der etwas mit Geborgenheit, Keimhaftigkeit usw. zu tun hat. Diese Signaturen würde man völlig übersehen, wenn man sich mit den sinnlich-kausalen Erklärungen zufrieden gäbe. Dies wäre so, als wenn man angesichts der Farberlebnisse an den Sonnenblumen van Goghs an das Bild herantreten und die Farbe abkratzen würde, um sie chemisch zu untersuchen. Man wäre aus der eigentlichen Realität des Bildes herausgefallen.

Der «Lärm»[107] der äußeren, sinnesgebundenen Vorstellungswelt lenkt uns ab von der Wahrnehmung der gebärdenhaften Tätigkeit unseres Denkens, sodass wir erst gar nicht zum Bild gelangen. Wie können wir uns schulen, gegen alle äußeren Widerstände in die Schicht des seelischen Beobachtens hineinzukommen? Hier möchte ich noch einmal an Giacometti und die moderne Kunst erinnern. Indem die sinnlichen Inhalte – wenige Striche als Beine – so stark unseren gegenständlichen Vorstellungen widersprechen, stoßen wir mit dem gewöhnlichen Vorstellen an eine Grenze. Diese Grenze ist entscheidend dafür, dass wir das Bild als Bild betrachten, dass wir es nicht doch wieder auf die bekannten Vorstellungen beziehen. Dieses Anstoßen an die Grenze und der dadurch hervorgerufene «Rückprall» machen uns aufmerksam auf eine bisher unbekannte Blickrichtung: auf ein seelisches Wahrnehmen der Qualitäten der Bildinhalte. Weil Giacometti mich mit jenen dünnen Linien in meinem gewöhnlichen Sehen so deutlich provoziert, lasse ich mich darauf ein, diese Linien selber nun einmal als solche genauer anzuschauen und mich zu fragen, was dies bei mir überhaupt auslöst.

Solche Grenzen, an denen das gewöhnliche Erkennen mit seinen kausalen Erklärungen scheitert, hält die Geschichte in überwältigender Fülle bereit. Sie sind wie das harte Klopfen an der Tür, das den Schlafenden wecken soll. Im strengen Verfolgen der empirischen Erscheinungen der Geschichte wird der Forscher an irgendeinem Punkt letztlich immer auf jene Aporien stoßen, die sich der gewöhnlichen wissenschaftlichen Erkenntnis verweigern. Seit es die moderne Geschichtswissenschaft gibt, werden diese Erkenntnisgrenzen beschrieben. Oft wurden sie am Ende verdrängt, sie können aber dazu dienen, aufzuwachen für eine generelle wissenschaftliche Blickwendung.

Eines der markantesten Beispiele einer historischen Erkenntnisgrenze ist die Frage nach den Gründen der Neolithischen Revolution. Die Sesshaftwerdung bedeutet in der Tat ja einen so radikalen Umbruch in der Geschichte der Menschheit, dass hier der Ausdruck «Revolution» wirklich zutrifft. Über unendlich lange Zeiträume hinweg hat der Mensch als Jäger und Sammler gelebt, sein Dasein bestand in fortwährendem Wandern – über Entfernungen hinweg, die für uns heute kaum mehr vorstellbar sind. Vollständig eingebunden in die Natur nahm er seine Nahrung wie eine Gabe, ein Geschenk entgegen: Er zog dorthin, wo die Tiere waren, oder sammelte auf, was sich im Boden und an der Pflanze finden ließ. Er kannte insofern keine andere Existenz als das Entgegennehmen der Erzeugnisse der äußeren Natur, und dies bedeutete ein uneingeschränktes Sich-Einfügen in eine gegebene, sinnerfüllte Welt.

Und nun gab es Menschen, die nicht mehr wanderten, sondern fest an einem Ort blieben. Sie taten, was noch in griechischen Zeiten Sophokles in den Worten seines berühmten Chors in der *Antigone* (in der Übersetzung von Wolfgang Schadewaldt) staunen ließ: «Und der Götter Heiligste, die Erde, die unerschöpfliche, unermüdliche reibt er [der Mensch] auf, mit wendenden Pflügen Jahr um Jahr, sie umbrechend mit dem Rossegeschlecht.» In eine Welt, die der Mensch über eine unendlich lange Zeit als etwas Gegebenes kannte, wird nun eingegriffen, Natur wird verändert. Erde wird umgegraben und künstlich bepflanzt, Früchte so verwandelt, dass sie z.T. um das Mehrfache ihres Volumens anwachsen, auf die Wildtiere wird so eingewirkt, dass sie bis in die elementarsten körperlichen Merkmale hinein zu völlig anderen Tieren werden. Was sich hier verwandelt hat, lässt sich vielleicht ermessen, wenn man einmal ein heutiges Wildschwein neben ein Hausschwein stellt und versucht, sich vorzustellen, wie es konkret zu bewerkstelligen wäre, von dem einen zum anderen zu kommen. Die Verwandlung des Wildgetreides in unser kultiviertes Getreide (die Ähren sind größer, die Körner mehr, damit müssen zur Stabilisierung die Halme wachsen, die Hüllspelzen müssen verkleinert werden – was die Körner anfälliger für Insekten und Austrocknung macht –, die Körner müssen alle zur selben Zeit reifen und herausfallen, es darf also keine Keimruhe geben) konnte bis heute nicht rekonstruiert werden.

Mit der Sesshaftwerdung hat sich eine revolutionäre Umwälzung vollzogen, die alle Lebensbereiche des Menschen radikal veränderte. Insofern drängt sich bei der Betrachtung dieser Ereignisse sofort die Frage auf: Wie kam es dazu? Wieso hat der Mensch alle seine über größte Zeiträume hinweg sich bewährenden Lebensweisen aufgegeben und die Natur und seine eigene Existenz so vollständig umgewandelt?

Die alten mythologischen Überlieferungen erzählen hier von Kulturstiftern – in Persien Zarathustra, in China Shen Nung –, die als Menschen mit göttlichen Fähigkeiten zu den neuen Lebensformen aus der geistigen Welt inspiriert wurden und sie auf die Erde gebracht haben. Die wissenschaftlichen Antworten auf diese Fragen setzten mit dem Ende des 19. Jahrhunderts ein und offenbaren ein bemerkenswertes Phänomen.[108] In den 20er-Jahren des vorigen Jahrhunderts wurde durch Gordon Childe die Theorie aufgestellt, die Sesshaftwerdung sei die Folge eines gewaltigen Klimawandels gewesen: Die Temperaturen seien in jenem Zeitraum (10. – 9. Jahrtausend) gravierend gestiegen, sodass in den betreffenden Gebieten nach und nach eine Wüste entstanden sei. Insofern seien Menschen gezwungen gewesen, sich in Oasen zusammenzudrängen, was wiederum bedeutete, dass sie das nomadisierende Leben aufgeben mussten, zumal natürlich auch die Tiere in die Oasen gezogen seien. Durch diesen Zwang zum Bleiben und das gleichzeitig sehr enge Zusammenleben von Tier und Mensch sei eine Symbiose zwischen ihnen entstanden, aus der letztlich die Domestikation, also die Zähmung und Zucht der Tiere, hervorgegangen sei.[109] Hier war nun also ein schlüssiges und nachvollziehbares Erklärungsmodell gefunden worden, das diesen historischen Schritt kausal herleiten konnte.

Nun wurde diese Erklärung zwanzig Jahre später aber von dem Archäologen Robert Braidwood überprüft, und seine 1948 veröffentlichten Ergebnisse waren verblüffend: Jene behauptete Klimaerwärmung lässt sich nirgendwo nachweisen, die klimatischen Veränderungen jener Zeit waren nur geringfügig, eine Austrocknung hat nirgendwo stattgefunden, von einer Oasenbildung kann also gar nicht die Rede sein.[110] Die wissenschaftliche Erklärung von Childe entpuppte sich als bloße Theorie.

Nun setzte sich – bis in die 70er-Jahre hinein – eine andere Auffassung durch, die weniger nach archäologischen Funden, sondern stärker nach einer möglichen inneren Motivation der sesshaft werdenden Menschen fragte. Charakteristisch für diese Auffassung ist eine Äußerung Braidwoods: «Ein Mensch, der zeitlebens den Tieren folgt, nur um sie fürs Essen zu töten, oder sich von einer Beerenstelle zur nächsten bewegt, lebt selbst wie ein Tier.»[111] Das Dasein als Jäger und Sammler wurde also als unwürdiger, «primitiver» und eigentlich nicht menschengemäßer Zustand angesehen, in dem der Mensch fast tierähnlich lebte. Dieses Bild speiste sich wesentlich aus der Vorstellung, die man von der Nahrungsbeschaffung hatte. So hieß es: «Wildbeuter müssen weitaus härter arbeiten als Ackerbauern und Viehzüchter, um ihren Lebensunterhalt zu gewinnen»; oder je «primitiver ein Volk, desto größer der Teil seiner Arbeit, ja tatsächlich seines ganzen Daseins, der dazu dient, Nahrungsmittel zu suchen und herzustellen», der Hunger sei «eine ständige Gefahr für das Überleben der Gattung»[112] gewesen. Es schien sich also eine uralte Ansicht zu bestätigen, dass vor der landwirtschaftlichen Betätigung der Mensch ein unzivilisiertes Wesen war, dessen Dasein von Mühsal und Not geprägt war. Insofern bot sich als Erklärung für jene revolutionären Umwälzungen die Vorstellung an, der Mensch habe aus dieser Not nun ausbrechen und ein besseres – im Sinne von leichteres, angenehmeres – Leben begründen wollen. Deshalb habe er den bedeutenden Schritt vollzogen, sich «die Erde untertan» zu machen.

Seit Anfang der 70er-Jahre wurde diese Vorstellung nun Stück für Stück revidiert. Es stellte sich heraus, dass die Jäger und Sammler durchaus ein Wissen von der vegetativen Fortpflanzung (und damit von Prinzipien der Anpflanzung) hatten, dieses aber nicht nutzten. So lautete die Antwort eines Mitglieds der südafrikanischen «Kung»-Buschmänner: «Warum sollten wir pflanzen, wo es doch so viele Mongongo-Nüsse auf der Erde gibt?» Vor allem die Erforschung solcher Kulturen wie die der afrikanischen Buschmänner oder der australischen Aborigines brachten maßgebliche und sehr erstaunliche Aufschlüsse über die Lebensrealitäten der Jäger und Sammler zutage: Selbst diejenigen letzten Stämme, die im 20. Jahrhundert in unfruchtbare Steppen, Wüsten und unzugängliche Urwälder abgedrängt wurden, sind besser ernährt als Ackerbauern der betreffenden Regionen. Man hat festgestellt, dass für die Jäger und Sammler verschiedener Kontinente drei Stunden täglich ausreichen, um sich mit der nötigen Nahrung zu versorgen. Außerdem entfällt für sie der Aufwand für Herstellung und Wartung der Werkzeuge, der Versorgung der Tiere vom frühen Morgen an, der Bebauung des Ackers usw. Es wurde insofern am Ende von der Forschung der Begriff der «steinzeitlichen Überflussgesellschaft»[113] geprägt, wobei der Überfluss sich nicht nur auf das materielle Wohl, sondern auch auf die Zeit und den Raum für das soziale Miteinander bezieht. Es trifft keineswegs zu, dass diese Menschen – selbst heute unter den extrem erschwerten und gefährdeten Existenzbedingungen der letzten Nachkommen – in gedrückter, vom unerbittlichen Daseinskampf zermürbter Lebensstimmung wie Tiere dahindämmern. Den wirklich noch in ihren Traditionen lebenden Jägern und Sammlern war und ist – das habe ich bei einer Begegnung mit den Hadzape in Tansania selbst erfahren dürfen – eine erstaunliche Heiterkeit und Lebensfreude zu eigen, die sich in einem intensiven, spielvergnügten Miteinander der Erwachsenen mit den Kindern ebenso ausdrückt wie in Tänzen, Wanderungen und auch der Nahrungssuche. In altägyptischen Quellen ist demgegenüber sehr eindrucksvoll festgehalten, was die Sesshaftwerdung in Wirklichkeit konkret bedeutet. Sie berichten – schon 2750 v. Chr. – von großen Hungerkatastrophen: «Ich bin überwältigt von Mitleid für den Thron und die Bewohner des Palasts; mein Herz ist von großem Leid erfüllt, denn in meiner Zeit ist der Nil während sieben Jahren nicht voll gewesen. Es gibt kein Getreide, das Futter ist vertrocknet, und es herrscht Nahrungsmangel. Um nicht antworten zu müssen, wenn man um Hilfe bittet, wenden sich die Menschen ab. Kinder weinen, junge Menschen siechen dahin, die Herzen von Männern werden schwach, die Beine versagen den Dienst. Auf dem Boden kauernd, strecken sie uns die Hände entgegen.»[114] Während die Wildbeuter unter Hunderten von Möglichkeiten ihre Nahrung auswählen konnten oder einfach weiterzogen, war der Ackerbauer auf seinen Boden und seine Ernte fixiert, und ein Monat Dürre konnte schon zur Hungersnot führen. Der Text eines ägyptischen Schreibers (nach 1500 v. Chr.) schildert die Situation des Bauern mit den Worten: «Wenn das Wasser voll ist, bewässert er (die Felder) und bedient seine Geräte. Er verbringt den Tag damit, das Gerät zum Gerstenanbau zu schneiden, und in der Nacht dreht er Seile. Sogar in der Mittagszeit tut er Bauernarbeit. [...] Versetze dich in die Lage des Bauern zur Zeit der Steuererhebung, wenn die Schlange das Getreide davongetragen und das Flusspferd den Rest verschlungen hat. Auf dem Feld wimmelt es von Mäusen. Heuschrecken fallen ein. Spatzen bringen Unglück über den Bauern. Der Rest, der schließlich auf den Dreschboden gelangt, wird von Dieben gestohlen. Und beim Dreschen und Pflügen ist das Joch Ochsen zugrunde gegangen.»[115]

Es ist deutlich: Auch diese Erklärung der Neolithischen Revolution scheitert. Im Gegenteil: Der Vergleich des Lebensalltags eines Ackerbauern mit dem des Jägers und Sammlers bringt zutage, dass das Leben durch die Sesshaftwerdung in vielfältigster Hinsicht sogar mühseliger, anstrengender und auch unsicherer wurde. Gerade die präzise und ehrliche Betrachtung der empirischen Sachverhalte vergrößert noch das Rätsel, warum die Menschen vor ca. zehn- bis zwölftausend Jahren diesen einschneidenden Schritt zu einem völlig anderen und sogar erschwerten Dasein vollzogen haben. Die Deutungen versagen an diesen Phänomenen, und tatsächlich hat die empirische Forschung hier bis heute keine Lösung anzubieten. Man ist mittlerweile dazu gelangt, religiöse Gründe für das Geschehen in den Blick zu nehmen[116] und ist damit bei einer geistigen Ursachenschicht angekommen, doch auch hier stellt sich die Frage: Was motiviert die Menschen dazu, in ihren religiösen Vorstellungen eine solche Wende zu vollziehen – vor allem, wenn alle äußeren Bedingungen dem Sinn eines solchen Wandels widersprechen? Mit dem Hinweis auf veränderte Gottesvorstellungen ist nicht beantwortet, was Menschen zu solchen Vorstellungen real geführt hat.

Diese Ratlosigkeit, die man in der Erkenntnisbemühung jetzt bemerken kann, ist von außerordentlicher Bedeutung. Man kann sich einmal fragen: Stehen meine Wahrnehmungen bezüglich der Sesshaftwerdung immer noch auf demselben inneren Stand wie zu Beginn der Suche nach Interpretationslösungen, als es dort auch noch keine Antwort gab? Ist die jetzige Antwortlosigkeit dieselbe wie diejenige zu Beginn des Fragens? Oder hat sich in dem Verhältnis zu meinem «Gegenstand» nicht etwas verändert? Bei einer aufmerksamen Beobachtung der Erlebnisse, die sich an diesem Rätsel zunehmend einstellen, lässt sich bemerken, dass es wächst, dass mit jedem gescheiterten Erklärungsversuch die Dimension des historischen Schrittes größer und tiefgründiger wird. Indem die empirischen Kausalitäten nicht greifen, erhält der Vorgang der Sesshaftwerdung ein immer größeres Gewicht, gerade die Antwortlosigkeit lässt das Erlebnis entstehen, dass sich hier etwas vollzogen haben muss, wofür das gewöhnliche Denken gar keine Begriffe hat.

Man muss sich an dieser Stelle eingestehen: Es bietet sich eine empirische Erscheinung dar, für die es keine Erklärung gibt, eine Wirkung ohne Ursache. Gleichzeitig ist aber zu erleben: Die sich hierbei einstellende Wahrnehmung des erklärungsmäßigen Dunkels ist nicht leer, sie ist nicht nichts. Vielmehr kann man beobachten, wie in dem unauflösbaren Widerspruch und der aus ihm hervorgehenden Antwortlosigkeit etwas zu sprechen beginnt, von dem man noch gar nichts weiß. An dieser unumgänglichen Grenze des Erkennens wird man wie berührt von einer Wirklichkeit, die nicht sinnlich ist. Das weiß ich ganz genau, denn das «Wachsen», die zunehmende Intensität des Rätsels und der Dimension des historischen Ereignisses ergibt sich ja gerade nicht aus den sinnlichen Beobachtungen – diese scheiden allesamt als Kausalfaktor aus. Ich nehme es vielmehr «zwischen» diesen Inhalten wahr.

Wie die Ungegenständlichkeit und inhaltliche Widersprüchlichkeit der modernen Kunst «zwingt» mich diese Aporie also geradezu, eine Beobachtung zu machen, die empirisch ist, aber nicht sinnlich: Sie ist eine erste rein geistige Wahrnehmung, eine erste auf dem Wege der Wissenschaft errungene Erfahrung des Übersinnlichen. Sie vermittelt noch kaum ein «Was» der Beobachtung, sondern zunächst ein «Dass». Andererseits erlebe ich auch schon eine wesentliche inhaltliche Qualität meiner Beobachtung: Ich erfahre die Qualität der Wirksamkeit einer Kraft, die den historischen Vorgang gestaltet hat und sich durch nichts aus der Vergangenheit ableiten lässt. Es handelt sich insofern um eine geistige Wirksamkeit.

Diese Erfahrungen treffen sich mit den Ausführungen Rudolf Steiners über die Erkenntnisgrenzen in seiner 1917 veröffentlichten Schrift *Von*

Seelenrätseln.[117] Er geht hier explizit auf jene Situationen ein, in denen das gewöhnliche Denken an den empirischen Erscheinungen versagt, und macht darauf aufmerksam, dass gerade diese Momente zum entscheidenden Ausgangspunkt für eine Erweiterung der Erkenntnis werden können. Er fordert dazu auf, sich «diese Ohnmacht des Erkennens recht innerlich anschaulich [zu] machen».[118] Hierbei können sich dann Vorstellungen ganz neuer Qualität einstellen: «Als gewöhnliche Erkenntnisvorstellungen bleiben sie stumm; aber in eben dem Maße, als sich ihre Stummheit dem Bewusstsein immer mehr mitteilt, gewinnen sie ein eigenes inneres Leben, das mit dem Leben der Seele eine Einheit wird.»[119] Diese Äußerung enthält zwei wesentliche Aspekte. Der erste besteht in dem Hinweis auf den oben beschriebenen inneren Erkenntnisvorgang: Die Stummheit der Grenzvorstellung wird als solche bewusst wahrgenommen und gewinnt in diesem Augenblick immer mehr Eigenleben. Steiner spricht hier von einem realen Tasterlebnis. Wie ich auch körperlich irgendwo anstoßen muss, um mein Tastorgan zu bemerken, und wie ich – auf die ertastete Welt einmal aufmerksam geworden – nun beginne, die Wahrnehmungen allmählich zu erweitern und letztlich zu differenzieren und aufzuhellen, so ist es auch im Geistigen: Ich stoße an der Erkenntnisgrenze an die Wirklichkeit des Geistigen und kann hier vielleicht zum ersten Mal die Existenz meines seelisch-übersinnlichen Wahrnehmungsorgans bemerken. Damit werden die Grenzvorstellungen zu «Ausgangspunkten der Geistwahrnehmung».[120] Für die Geschichte veranschaulicht Steiner dies an einem Beispiel, das in dem wesentlichen Punkt mit der an der Neolithischen Revolution gezeigten Grenzerfahrung verwandt ist: «Wenn wir nur ehrlich überhaupt gerade in dem Geschichtlichen zu Werke gehen mit der Anschauung dieser Tatsachen, wenn wir vernünftig genug sind und philosophisch genügend geschult sind, um uns klar zu machen, welche Zweifel und Rätsel einem aufgegeben werden aus dem äußeren geschichtlichen Werden, wenn man sich dies ehrlich vorlegt, dann kommt man der äußerlichen Geschichte gegenüber an allen möglichen Punkten zu einem solchen inneren Erlebnis, wie es etwa der Astronom gehabt hat, der aus den Gravitationskräften heraus den Neptun vorausgesagt hat. Das Entdecken der betreffenden Wesenheiten ist im Grunde genommen auf geistigem Gebiet ein ganz ähnliches Ereignis wie beim Astronomen Le Verrier, der den Neptun vorausberechnet hat. Er hat nicht irgendwie aus dem äußeren historisch-empirischen Tatbestand das wissenschaftliche Ergebnis zusammenkonstruiert – sei es positivistisch oder sei es skeptisch, indem er einfach Zusammenhänge ablehnte, sondern hat die Daten, die gegeben sind, nach ihren wahren Qualitäten verfolgt und sich gesagt: Da muss irgendetwas wirken. – Ebenso wie sich der Astronom sagte, als er den Uranus beobachtete: Der läuft nicht so, wie er nach den Kräften laufen sollte, die ich schon kenne, da muss irgendetwas anderes da sein, was in das System dieser Kräfte einwirkt –, so kommt an allen möglichen Stellen der geschichtlichen Betrachtung der wirklich gewissenhafte Forscher dazu, zu erkennen, wie da Kräfte einwirken.»[121]

Diese Erfahrung wirkender Kräfte ist das Entscheidende. Sie ist sehr sensibel und kann durch verschiedene Reaktionen sofort wieder ausgelöscht werden. Entweder fürchtet man sich vor ihr – denn sie verlässt den sicheren Boden und führt ins Seelische hinein – und verdrängt sie schnell, indem man doch wieder im Äußeren nach einer möglichen materiellen Kausalität sucht. Dies wäre zum Beispiel der Fall, wenn man doch wieder nach ähnlichen Faktoren wie Klima, Bevölkerungswachstum o. Ä. suchen würde, um die Sesshaftwerdung zu erklären, anstatt die eigentlich bemerkte Antwortlosigkeit anzuerkennen und die sich daraus ergebenden Konsequenzen aufmerksam anzuschauen. Diese Reaktion würde der schon beschriebenen Verhaltensweise vor dem Gemälde entsprechen, die den Grund für den bewegenden Eindruck durch die chemische Farbuntersuchung zu klären unternimmt und damit aus dem Bilde herausfällt. Sehr viele historische Erklärungen bestehen aus dieser Reaktion. Eine zweite Reaktion verzichtet auf weitere Erklärungen, resigniert vor dem Unerklärlichen und ernennt das weitere Umgehen mit ihr zu einer weltanschaulichen Privatangelegenheit, über die die Wissenschaft selber nichts mehr aussagen könne (in unserem Bildvergleich entspräche dies der

Haltung: Das ist schon sehr rätselhaft, aber man weiß natürlich nicht, was der Künstler selber sich hier vorgestellt hat). Damit wird dem Forscher die Fähigkeit zur Weiterentwicklung seiner Erkenntnismöglichkeiten abgesprochen und gleichzeitig der empirische Sachverhalt geleugnet, dass eine *Erfahrungs*tatsache bereits als erste Stufe einer Brücke vorliegt, die insofern nicht ein Gegenstand des bloßen Glaubens ist: die Grenzvorstellung. Eine weitere Reaktion geht eher von spiritueller Seite aus. Sie nimmt die Erfahrung der Erkenntnisgrenze zum Anlass, schon inhaltlich über die geistigen Wesen zu spekulieren, die hier am Werke sind (dies entspräche dem Versuch, im Bild allegorisch nach spirituellen «Aussagen» zu suchen, ohne die realen Farb- und Formqualitäten zu beobachten). Auch sie verfehlt die Realitätsgrundlage: Es kann nicht darum gehen, sich mit dem gewöhnlichen Verstand die geistige Welt vorzustellen, sondern die *Substanz* des Geistigen als solche überhaupt zu einer Erfahrung werden zu lassen, und diese entsteht zunächst gerade am Rätsel und nicht an einem vorgestellten Begriff. Sehr bezeichnend ist in dieser Hinsicht eine Stelle in den Vorträgen Rudolf Steiners zur *Geschichtlichen Symptomatologie*,[122] die er am Ende des 1. Weltkrieges – kurz vor der Novemberrevolution – in Dornach gehalten hat. Man muss sich vergegenwärtigen, dass Steiner hier zu Anthroposophen sprach – zu Menschen also, die von ihm bereits viele hoch esoterische Darstellungen gehört hatten. Hier sprach er nun über den englischen König Jakob I. und schilderte dessen rätselhafte Doppelgesichtigkeit: Jakob war ein Mensch mit zwei sehr gegensätzlichen Seiten, und den Biografen war es noch nie gelungen, diesen Widerspruch in irgendeiner Form erklärend aufzulösen. Hier setzt Steiner nun an, verzichtet auf eine esoterische oder gar karmische Darlegung und führt stattdessen aus: «Wenn man Symptome charakterisiert, muss man niemals pedantisch fertig werden wollen, sondern immer einen unaufgelösten Rest lassen, sonst kommt man nicht weiter. So charakterisiere ich Ihnen Jakob I. keineswegs so, dass Sie ein schönes geschlossenes Bildchen haben, sondern so, dass Sie etwas daran zu denken, vielleicht auch zu rätseln haben.»[123] Steiner ging es also – und zwar in einem explizit zur Methodik der Geschichtserkenntnis sich äußernden Vortragszyklus – nicht um schnelle esoterische Begriffe, sondern um die Tätigkeit, die sich an dem Rätsel produktiv entzündet.

Alle drei Reaktionen verlieren die geistige Tastwahrnehmung und fallen aus der Ebene der seelischen Beobachtung heraus, weil sie die entstehende Unsicherheit an der Grenze des gewöhnlichen Vorstellungslebens nicht aushalten und ganz schnell durch Heranziehung vertrauter, aber eben sinnesbezogener, passiver Begriffe wieder mit dem Erleben in die äußere Gegenstandswelt eintauchen wollen.

Der zweite Teil des Satzes (die Grenzvorstellungen gewinnen «ein eigenes inneres Leben, das mit dem Leben der Seele eine Einheit wird») ist der Schlüssel zu der zentralen und gerade auch für die Pädagogik so wichtigen Frage, wie eine Geschichtserkenntnis möglich ist, die nicht nur intellektuell-abstrakt bleibt, sondern sich auf die Konstitution und das Handeln des Menschen auswirkt. Wenn man die Grenzvorstellung wahrnimmt, so hat man bereits eine Wahrnehmung gewonnen, die ihren Inhalt nicht mehr aus der Sinneswelt nimmt. Das bedeutet aber, dass diese Wahrnehmung ihren Inhalt durch die Seele selber erhält. Man nimmt wahr, was man getan hat. Damit sind Erkennen und Tun, Objekt und Subjekt wiederum nicht mehr zwei getrennte Dinge. Die Wirklichkeit des geschichtlichen Gegenstandes ist die jeweilige Tätigkeit der Seele. Da ich zur Wahrnehmung der Grenzvorstellung innerlich wirklich gehandelt haben muss, kann sich diese Erkenntnis dann auch auf die dem sonstigen Handeln zugrunde liegenden Kräfte übertragen. Indem ich immer stärker die der Vorstellungsbildung zugrunde liegenden Kräfte aufgerufen habe, um beobachten zu können, was mich an der Erkenntnisgrenze berührt hat, bringe ich die dem menschlichen Leibesaufbau zugrunde liegenden Bildekräfte überhaupt in Tätigkeit.[124] Die von mir seelisch beobachtete Vorstellung besteht insofern aus der Substanz meines Willens, und andersherum wird der Wille hier erst durch die Erkenntnis aktiviert. Damit bin ich erstmalig der Substanz des Willens real begegnet, die – wie eingangs dargestellt – der Geschichtsbetrachtung gewöhnlich ja immer entgleitet. Auf die Pädagogik bezogen heißt das: Der Schüler kann

Geschichte nur erkennen, wenn er vorher innerlich tätig war. Solange der Unterricht ihn in seinem passiven Vorstellungsleben belässt, führt er nicht zur Erkenntnis und kann ebenso wenig eine Wirkung auf das Handeln des Schülers haben.

Die für das Hineinkommen in die Ebene der realen geschichtlichen Wirksamkeit so wichtigen Erkenntnisgrenzen müssen keineswegs irgendwie künstlich gesucht werden. Gerade die intensive und genaue Beobachtung der empirischen Erscheinungen der Geschichte führt zwangsläufig – aus der Natur der Geschichte heraus – an allen Stellen zu jenen Rätseln, die sich aus dem gewöhnlichen Denken heraus nicht beantworten lassen. Rudolf Steiner spricht hier dementsprechend immer wieder von «*Sprüngen*» in der Geschichte, die sich überall in der historischen Entwicklung entdecken lassen und deren Wahrnehmung den Anfang macht zu einer wirklichen geschichtlichen Erkenntnis.[125] Begibt man sich nur intensiv genug in die Phänomene hinein, wird man wie von selbst an die Grenzfragen herangeführt, die die Tore zur gestalthaften seelischen Beobachtung öffnen. Hingewiesen wurde bereits auf die Aporien der Entwicklung der Geschichtswissenschaft selbst, die von Forschern wie Ranke und Mommsen genau bemerkt wurden, aber auch auf Christian Meiers Staunen über Athen, Alföldys Hinweis auf das Rätsel des Aufstiegs Roms zur Weltmacht oder auf den äußerlich unauffindbaren Gründungsimpuls der Schweizer Eidgenossenschaft. Eine der bedrängendsten Erkenntnisgrenzen, an die man in der Geschichte stoßen kann, begegnet einem im Umgang mit der Biografie Adolf Hitlers. Überschaut man das totale Scheitern auf allen Ebenen seines Lebens von der Schule über den Beruf bis hin zum Soldaten, dem sogar eine einfache Beförderung verweigert wird, weil seine Vorgesetzten «keine entsprechenden Führereigenschaften an ihm entdecken konnten»,[126] und zugleich die völlig illusionären Seifenblasen seiner Wunschfantasien, dann entzieht es sich jeglichem Begreifen, dass derselbe Mensch dann zum «Führer» avancieren konnte, der ein ganzes Volk zu paralysieren wusste, sich in jahrelangen Machtkämpfen an die Spitze eines Staatsapparates vorarbeitete und dabei mit äußerstem

Geschick seine Mitarbeiter gegeneinander ausspielte, mit Weltpolitikern kommunizierte, eine Propaganda- und Gleichschaltungsmaschinerie aufbaute und letztlich immer mehr ein Charisma ausstrahlte, dem selbst aufgeklärteste Persönlichkeiten zum Opfer fielen. Man begegnet hier der Perfektion einer Intelligenz und einer Macht, die aus seiner früheren Person durch nichts zu erklären ist.

Geht man in die zweite Hälfte desselben Jahrhunderts, so begegnet einem ein ganz anders geartetes Rätsel, das an früherer Stelle schon angedeutet wurde. In den Jahren 1967 und 1968 ereignen sich an verschiedenen Stellen in der Welt gleichzeitig sehr ähnliche Vorgänge: ein Massenprotest gegen die herrschenden, autoritären Strukturen der alten politischen Systeme bzw. letztlich der erstarrten Lebensformen der älteren Generationen überhaupt. Ob Berkeley, Paris, Berlin oder Prag – immer handelte es sich um einen Aufbruch in eine freie, soziale und friedliche Welt. Aber: Niemand wird behaupten, dass der Prager Frühling der Grund für die Demonstrationen in Paris war oder andersherum. Auch das Engagement Rudi Dutschkes ist nicht kausal herzuleiten aus den musikalischen, weltanschaulichen und politischen Szenarien in San Francisco. Der Historiker steht hier vor dem erstaunlichen Phänomen, dass sich gleichzeitig Dinge ereignet haben, die eine deutliche innere Verwandtschaft – also einen Zusammenhang – aufweisen und dennoch ohne äußere kausale Verbindung zueinander stehen. Wieder steht er vor einer Wirkung, deren Grund empirisch nicht aufzufinden ist. Man spürt sehr deutlich, dass in dieser Zeit «etwas in der Luft» lag. Wie es aber dazu kam und wie es möglich ist, dass an verschiedenen Stellen gleichzeitig etwas sehr Ähnliches atmosphärisch in den Gemütern der Menschen lebte, lässt sich eigentlich nicht erklären. Vietnam war nicht der Grund für die Bewegung in Prag und bildete auch nicht den Grund des Protestes der Pariser Arbeiter. Es war in Wirklichkeit selber nur eine der verschiedenen Erscheinungsformen eines eigentlich tiefer liegenden Vorgangs.

Diese verschiedenen Beispiele lassen sich nicht einfach damit auflösen, dass die Quellenlage noch dunkel sei. In einigen Situationen – z.b. 1968 – ist dies faktisch nicht der Fall, vor allem verstellt dieses Argument aber den Blick auf die eigentliche Beschaffenheit des jeweiligen Sachverhaltes: Bei genauerer Wahrnehmung der historischen Situation, der Aussagefähigkeit der tatsächlich aufgefundenen Quellen etc. bemerkt man sehr gut, dass hier eine Quelle als solche eine kausale Antwort gar nicht geben kann, die das eigentliche Rätsel aufheben könnte. Die Suche nach weiteren Quellen würde nur wieder das Herausfallen aus der qualitativen Beobachtungsebene bedeuten.

Wenn wir im gewöhnlichen wissenschaftlichen Vorstellungsleben fortwährend historische Scheinwelten konstruieren (und uns ohne es zu merken ständig darin einrichten), indem wir eigentlich unverbundene Tatsachen aneinanderreihen und ihnen durch das bloße zeitliche Nacheinander oder durch hineinprojizierte Kausalitäten den Anschein eines Zusammenhanges verleihen, so sind es die Erkenntnisgrenzen, die uns dann doch an den wesentlichen Stellen immer wieder überraschend zurückwerfen, losreißen von der Sinnesgebundenheit und erinnern an die Bildnatur, die eigentliche Wirklichkeitsebene der Geschichte, die wir aufgrund der Betäubung durch die Macht des Faktischen vergessen hatten. Wie man im Umgang mit den Kunstwerken der Moderne aber durch wiederholtes Üben an den «Provokationen» des Sehens auch nicht immer wieder aufs Neue die allerersten Schritte eines Hineinfindens in die Wirklichkeitsebene des Bildes durchmachen muss, sondern sich allmählich die Fähigkeit erweitert, durch ein Anstoßen an die Ungegenständlichkeit sehr schnell in die Schicht der gebärdenhaften Qualitätserfahrungen hineinzukommen, so wird ganz ähnlich auch das Anstoßen an die geschichtlichen Grenzerfahrungen zuletzt zu einem unmittelbaren Auslöser für den Übergang der sinnlich-empirischen Beobachtung in das «morphologische» Denken. Hier ist nicht an eine schematische Technik zu denken, sondern gemeint ist das Beweglichwerden, die Habitualisierung einer Fertigkeit wie beim Erlernen eines Musikinstrumentes. Man wird berührt von der Realität der geistigen Wirksamkeit und nimmt zugleich eine Haltung wie vor einem Bild ein, bei dem man nicht auf die Idee kommen würde, die Farbe zu betasten. Wie bei Franz Marc[127] die warm-gelbe Farbe des sich auf dem Waldboden einrollenden Rehs mit ihren unangenehm grünlichen «Einschlüssen» mich von der äußeren Erscheinung zu etwas Wesensmäßigem dieses Tieres führt – zu einem latenten Spannungszustand zwischen zarter Reinheit und Wärme und permanenter Gefährdung –, so suche ich bei der Frage nach den Gründen der Sesshaftwerdung nicht weiter nach archäologischen Hinweisen auf naturwissenschaftliche Kausalitäten, ebensowenig entledige ich mich aber auch des Rätsels durch Heranziehung eines unserem heutigen Vorstellungsleben entnommenen Begriffes (Sesshaftwerdung als Befreiung vom primitiven Leben). Vielmehr bemerke ich jenes beschriebene Tasterlebnis einer geistigen Kraft, von der diese einzigartige Revolution ausgegangen sein muss. Ich bin dann in der Schicht seelischer Beobachtung, von der aus ich z.B. fragen kann: Zu welcher Erfahrung gelange ich, wenn ich mir innerlich einen solchen Vorgang vor Augen stelle, dass Menschen eine Handlung unternehmen, die ihr Leben eher verkomplizieren statt erleichtern, durch die sie vielmehr eine Zukunft äußerster Mühen und Beschwerlichkeiten einleiten? Welcher innere Gestus begegnet mir, wenn ich den Schritt von den Umständen des Lebens als Jäger und Sammler zu einem Dasein nachvollziehe, in dem die Welt mich nun nicht mehr beschenkt, sondern in dem ich diese sogar «verletze», um mir selber die Grundlage meiner eigenen Existenz zu gestalten?

Ein allererster Eindruck, der sich hier einstellt, ist der eines von den äußeren Bedingungen ganz unabhängig gewonnenen Impulses zur Eigenverantwortlichkeit. Das Leben wird schwerer und schmerzlicher, ist zugleich aber in bisher ungekanntem Maße unter den eigenen Einfluss des Menschen gestellt. Das Wesen der Erde wird zu einem Teil seines Willens. Die Erde dient der Entfaltung des menschlichen Eigenwillens, und damit entsteht in der Auseinandersetzung des Menschen mit dem Boden, den Pflanzen und den Tieren ein erster, aber fundamentaler Schritt der Individualisierung (dieser Vorgang wird in Kap. III. 5. noch eingehender charakterisiert). Anstrengung kann begeistern, weil ich mich in ihr selbst erfahre. Es ist insofern eine Qualität der Freiheit, die sich hier unter willentlicher Aufbürdung von Mühe und Schmerz geschichtlich manifestiert. Indem diese Manifestation allem Gegebenen, also den sich den Sinnen darbietenden Erfahrungen, widerspricht, kann sie sich nur einer rein geistigen Inspiration verdanken. Dies spricht vor allem auch aus dem anderen großen Rätsel: Wie ist es den Menschen damals überhaupt gelungen, Pflanzen und Tiere so grundlegend umzuwandeln? Woher nahmen sie die staunenswerte Weisheit, so in die Gesetze der Natur einzugreifen? Es muss hier ein Zusammenhang zwischen dem Menschen und der Erde mit ihren Pflanzen und Tieren initiiert worden sein, wie es ihn vorher noch nie gegeben hatte. Versetzt man sich in den Vorgang, dass ein Mensch nicht einen Weizen, der ohne sein geringstes Zutun irgendwo gewachsen war, einfach wie ein Geschenk abschneidet und verwertet, sondern ihn sät, regelmäßig bewässert, durch einen Zaun schützt, pflegt und Tag für Tag, Monat für Monat aufwachsen sieht, bis dieser «sein» Weizen reif ist und geerntet werden kann, dann ahnt man, dass sich hier ein zutiefst liebevolles Einswerden mit der Natur vollzogen hat. Mensch und Erde sind eine «Schicksalsgemeinschaft» eingegangen, im bäuerlichen Alltag – man denke nur an die strenge Notwendigkeit eines regelmäßigen Melkens der Kühe – hat der Mensch zu einem zielgerichteten Zeiterleben gefunden, in dem er sein Handeln permanenter Verantwortlichkeit unterwerfen musste – von einer Strukturierung des Tages und des Jahreslaufes bis hin zu der Abhängigkeit der Natur von seiner Pflege. Mit Eigenständigkeit und Verantwortung tritt zugleich etwas anderes auf: Schuld. Indem die Natur derartig in die Hände des Menschen gelegt wurde und er daran Selbstständigkeit entwickeln konnte, bedeutet das auch, dass er seitdem Fehler machen und scheitern kann und der Erde Leid zugefügt wird. Die altpersischen Mythen sind entscheidend geprägt von dem Motiv der Auseinandersetzung von Licht und Finsternis, Gut und Böse – und auch das beinhaltet natürlich ein Menschenbild, in dem die Ackerbauern erlebten, dass ihre eigene Verantwortung, ihr Selbst gefordert war.

Bei diesen Betrachtungen, die die Schicht der seelischen, nicht der materiell-kausalen Vorgänge betreten haben, vermittelt sich jetzt ein Erlebnis von ursächlicher Notwendigkeit: Ich kann nun innerlich anfänglich nachvollziehen, aus welchem historischen Antrieb heraus dieser gewaltige Schritt in eine völlig neue menschliche Daseinsweise entstanden ist. Man ist zu einer ganz anderen Wirklichkeit von Kausalität vorgestoßen: Den hier greifbaren Willensimpuls kann ich in mir real wiederfinden und damit dem persischen Bauern für einen Moment tatsächlich begegnen.

Eine Frage bleibt aber nach wie vor so bedrängend wie offen: Wodurch wurde dieser beschriebene Antrieb konkret ausgelöst und wie sind die damaligen Menschen – die ja noch Jäger und Sammler waren – in die Lage versetzt worden, solche Fähigkeiten in der radikalen Umgestaltung von Pflanze und Tier zu erwerben und aus sich herauszusetzen?

7. «Der Engel der Geschichte» – nur eine Metapher?

Geistige Wesen sind seit dem Abdämmern des mittelalterlichen Weltbildes Gegenstand bloßer Spekulation und werden der Esoterik, der philosophischen Metaphysik oder der künstlerischen Fiktion überlassen, weil sie in der sinnlichen Wahrnehmung nicht auffindbar sind und damit jeder erfahrungswissenschaftlichen Forschungsgesinnung widersprechen. Was aber, wenn sich auf dem Gange empirischer Beobachtung Wahrnehmungsinhalte einstellten, die auf die Existenz von historischen Kräften hinwiesen, die sinnlich-historische Ereignisse bewirken, ohne selbst im Felde der Sinnesbeobachtung zu erscheinen? Das vorangegangene Kapitel ist mit der Thematisierung der Erkenntnisgrenzen mit solchen Erfahrungen umgegangen und hat sie als empirisch ausgewiesen. Welche Konsequenzen ergeben sich, wenn man diese Erfahrungen nun ernst nimmt und zu einem bewussten, wissenschaftlichen Beobachtungsgegenstand macht?

Zunächst sei noch einmal erinnert an den Ausgangspunkt der modernen Geschichtswissenschaft. Da steht am Anfang ein schwerwiegender, paradigmatischer Einwand gegen Hegel und die Geschichtsphilosophie. Symptomatisch ist die Reaktion Leopold von Rankes auf die Geschichtsphilosophie Hegels. Hegel hatte es in seiner Philosophie unternommen, Geschichte rein aus der begrifflichen Entwicklung der Idee herzuleiten, und charakteristisch waren dabei Formulierungen wie in der «Einleitung» zu seinen *Vorlesungen über die Philosophie der Geschichte*: «Die Entwicklung führt es mit sich, dass sie ein Stufengang, eine Reihe weiterer Bestimmungen der Freiheit ist, welche durch den Begriff der Sache hervorgehen. Die logische und noch mehr die dialektische Natur des

Begriffes überhaupt, dass er sich selbst bestimmt, Bestimmungen in sich setzt und dieselben wieder aufhebt und durch dieses Aufheben selbst eine affirmative, und zwar reichere, konkretere Bestimmung gewinnt – diese Notwendigkeit und die notwendige Reihe der reinen abstrakten Begriffsbestimmungen wird in der Logik erkannt.»[128] Es ist für Hegel also die «Natur des Begriffes», aus der die geschichtliche Entwicklung zur Freiheit hervorgeht, und so finden sich bei ihm auch Formulierungen, dass dieses oder jenes Ereignis eintreten «musste», weil der betreffende Vorgang einen notwendigen historischen Schritt herbeiführte – z.B. mussten die Griechen gegen die Perser siegen, weil hier das Prinzip der individuellen Freiheit zur Entwicklung kommen sollte. Hierauf entgegnet Ranke nun: «Es ist nicht abzuleugnen, die lebensvolle, eben in kräftiger Entfaltung begriffene Griechenwelt war in Gefahr, erdrückt zu werden. Man könnte sagen, eine solche Unterdrückung des kräftig emporkommenden griechischen Geistes sei doch an sich unmöglich gewesen. Gewiss, wenn es eine Idee gibt, die in den Ereignissen waltet, so konnte die Tendenz der Weltbildung nicht dahingehen, die Griechen den Persern zu unterwerfen; auf diesen Höhen aber bewegt sich die Menschengeschichte nicht allein. Die historische Frage ist, *wodurch denn* ein solches Ereignis verhindert worden ist.»[129] [Hvhbg. v. A.B.] In diesen Worten Rankes spricht sich eine bedeutende geistesgeschichtliche Blickwendung aus: Hegel hat im Begriff selbst ein reales Sein erlebt, für Ranke sind Begriff und Realität zwei verschiedene Dinge. Wie sollen aus einem Begriff Ereignisse hervorgehen? Es handelt sich doch um wirkende Kräfte, um Taten und insofern konkrete Individuen, die die Geschehnisse hervorgebracht haben. Aus Rankes Einwand spricht der Drang, durch die Ideen hindurchzustoßen zu einer Erfahrung des die Tatsachen bewirkenden Wesens.

Wie wir sehen konnten, hat diese Suche aber zu folgenschweren Missverständnissen geführt. In dem völlig berechtigten und notwendigen Versuch, das Individuum, also das empirisch reale Wesen, zu erkunden, das den historischen Vorgang kraft seines Handelns hervorgebracht hat, hat man sich an die Sinneswelt gehalten, weil diese im Unterschied zu den

«Ideen» Wirklichkeit vermittelt. Wie wir sehen konnten, entsteht am sinnlichen Tasteindruck (zu dem auch ein optischer Eindruck gehört) das Erlebnis jener Gegenständlichkeit, die für uns die Erfahrung von realem Sein entstehen lässt. Paradoxerweise führte nun dieser Gang in die sinnliche Empirie selbst wieder in einen erneuten Verlust jener gesuchten historischen Realität: Sinnestatsachen ohne Zusammenhang bleiben ein wesenloses Scheingebilde – es fehlt ihnen der ursächliche Hintergrund, der sie erst zu der unverwechselbaren Identität verbindet, die als historische Realität ein faktisches Ereignis verantwortet. Ökonomische Verhältnisse sind anonym und erklären nicht das ihnen zugrunde liegende menschliche Handeln, Klimaverhältnisse sind Bedingungen, aber nicht historische Individualitäten, selbst Mentalitäten, die sich in Sprache, Gebräuchen oder Artefakten ausdrücken, sind Zustände, in denen wir zunächst nicht die sie verursachenden Impulse antreffen. Die auf Sinnesbeobachtung beruhende Empirie führt in die Einzelheit, aber nicht zum Individuum, zur Gegenständlichkeit, zur Wirklichkeit. Der Körper eines Menschen kann in Millionen Details beobachtet und dargestellt werden; wenn ich nicht die Persönlichkeit erlebe, die diese Tausende von Haaren oder Milliarden Hautzellen zusammenhält, verschwindet mir jede Realitätserfahrung von diesem betreffenden Menschen. Man hat «knallharte Fakten» in der Hand, es «fehlt leider nur das geistige Band»[130] – und mit ihm die «Sache».

Wenn Geschichtserkenntnis also ihrer eigenen Intention und Aufgabe nachkommen will, so muss sie die Frage beantworten, wie sie zu der Identität der historischen Subjekte gelangen will. Der Gang in die sinnliche Empirie war offenbar nur der erste Schritt: Aus dem hierbei auftretenden Scheitern gilt es die Konsequenzen zu ziehen und zu fragen, was im Historischen überhaupt Ursache, Realität, Individuum ist.

Ein solcher Ansatz ist in den vorangegangenen Kapiteln dargestellt worden. Setzen wir noch einmal ein an der Stelle, an der für den gewissenhaften, gründlich beobachtenden Forscher sein Erkennen an eine Grenze kommt. Unvergesslich wird für mich eine Szene bleiben, die mir als Dozent in einem Seminar für angehende Geschichtslehrer widerfahren ist. Ich hatte eine ausführliche Darstellung zum Bau der ägyptischen Pyramiden gegeben[131] und dabei auf eine ganze Reihe sehr erstaunlicher Phänomene hingewiesen: auf die ungeheure Menge an Steinblöcken, die in den beiden großen Pyramiden von Gizeh verbaut worden sind (jeweils ca. 2,6 Millionen) und aneinandergelegt (nur die Steine *einer* Pyramide) einen über das Mittelmeer sich ziehenden Weg von Deutschland bis Ägypten ausmachen würden; auf die unter Berücksichtigung der ungefähren Baudauer zu errechnende äußerste Schnelligkeit des Setzens der Steine (ca. drei Blöcke pro Minute), die Frage, wie überhaupt solch schwere Blöcke bis in eine Höhe von über 100 Meter hinaufzutransportieren waren und wie man es organisieren konnte, dass sich dafür ca. 1800 Arbeiter pro Stunde an einem einzigen Punkt vorbeibewegen mussten; ich machte aufmerksam auf die Frage, wie es möglich war, ohne Metallwerkzeuge auf den Zentimeter genau die Blöcke zu behauen usw. Bis heute ist es bekanntlich nicht geklärt, wie sich dieser Bauvorgang tatsächlich abgespielt hat – man steht vor einer kulturellen Leistung, die kaum nachvollziehbar ist. Nimmt man nun noch die einzigartige architektonische Konstruktion der Pyramiden mit ihren vielen genialen, jeweils ganz unterschiedlichen, z.T. sehr rätselhaften Konzeptionen hinzu, dann kann man verstehen, warum in der Antike alle Aufzählungen der sieben Weltwunder mit den Pyramiden begannen, aber auch in allen nachfolgenden Zeiten die Menschen diese Bauten als Wunder erlebt haben. Und nun muss man sich noch vergegenwärtigen, dass die Pyramiden am Anfang der ägyptischen Geschichte standen und nicht Ergebnis einer langen, sich allmählich entwickelnden und einübenden Baukultur waren. Vorher gab es am Nil Lehm- und Schilfhütten einfacher Bauern, und diese Menschen haben übergangslos die größten Gebäude der Menschheit geschaffen, deren architektonischer Entwurf und Verwirklichung bis heute noch nicht voll verstanden werden kann.

Dieses Rätsel, vor dem man hier steht, wurde von einem Teilnehmer des Seminars in voller Wucht erlebt, und es führte ihn zu einer Äußerung, die von ihm in diesem Moment durch und durch ernst gemeint war: Das mussten doch Ufos sein, die diesen Bau bewirkt hätten! Die große Heiterkeit in der Runde ließ den Teilnehmer aufschrecken und bemerken, was er da gerade gesagt hatte, und dennoch hatte ich schon damals den Eindruck, dass hier etwas sehr Berechtigtes und Richtiges passiert war: Der Teilnehmer hatte unmittelbar erlebt, dass man hier ohne die Annahme einer Kraft, die von außen in das Geschehen eingewirkt hat, nicht weiterkommt. Wir haben hier genau jene Erfahrung vor uns, die Rudolf Steiner mit dem oben zitierten Hinweis auf die Entdeckung des Neptuns durch den Astronomen Le Verrier anspricht. Le Verrier hatte aus der genauen Beobachtung des Uranus die Wirksamkeit von Kräften bemerkt, deren Herkunft noch unsichtbar war und die dennoch sehr genau wahrgenommen werden konnten. An dem historischen «Quantensprung» (so ebenfalls der Teilnehmer) in der Geschichte Ägyptens lassen sich in der äußeren Erscheinungswelt auftretende Wirkungen erleben, deren Ursachen nicht im Felde der ihnen vorangegangen empirischen Ereignisse oder Zustände aufzufinden sind – im selben Moment hat man das Erlebnis von Kräften, welche die betreffenden Vorgänge hervorgebracht haben. Nun ist es natürlich ein hilfloses Unterfangen, diese Kräfte mit dem Arsenal unserer materiellen Vorstellungen auszustaffieren, also Ufos und andere Blechfahrzeuge anzunehmen, die sämtlich nur wieder unserer Welt der gegenständlichen Sinneswahrnehmungen entstammen und an dieser Stelle ja gerade nicht mehr greifen. Hier steht uns keine sinnliche Vorstellung mehr zur Verfügung. Insofern kann es jetzt auch nicht darum gehen, rein logisch geistige Wesen zu postulieren und verstandesmäßige Spekulationen über ihr Aussehen zu entwerfen bzw. auf die Tradition religiöser Darstellungen zurückzugreifen. Es geht darum, die Erfahrungen zu beobachten, die sich angesichts der beschriebenen Tatsachen einstellen – und da ist es ein erster ganz wesentlicher Sachverhalt, dass man eine Realität erlebt, die nicht sinnlich ist und die sich als Kraft mitteilt, die zugleich die Gestalt einer ganz bestimmten Intelligenz annimmt.

Wenn man im Sinne des letzten Kapitels hier nun aufmerksam weiter die seelischen Beobachtungen, die sich an den Phänomenen des Pyramidenbaus einstellen, innerlich abtastet, so differenzieren sich langsam die Wahrnehmungen und bilden eine gestische Figur, eine geistige Gestalt: Diese Kraft geht weit über den Radius einer einzelnen Biografie hinaus, sie umspannt eine für die damaligen bäuerlichen Verhältnisse gewaltige Masse von Menschen, führt sie zusammen und begabt sie mit nie gekannten mathematischen, astronomischen, architektonischen, wirtschaftlichen sowie politisch-organisatorischen Ideen, welche ihren bisherigen Horizont weit übersteigen und eine komplexe Gesellschaftsstruktur – die Einrichtungen einer Hochkultur – zur Wirksamkeit bringt, die wiederum über den eigenen Ort hinaus die menschheitliche Zivilisation über Jahrtausende prägt. Von dieser Kraft geht eine andere Gebärde aus als zum Beispiel von der Neolithischen Revolution. Sie ist nicht so sehr auf die Erde, die Wachstumskräfte der Pflanzenwelt usw. ausgerichtet, sondern man beobachtet in ihr eine intentionale Richtung auf das durch Schrift, Arbeitsteilung und damit Berufsvielfalt, durch Bauprojekte u.a. beförderte Entstehen eines sozialen Gemeinwesens, durch das sich die Menschen individualisieren konnten.

Im Herausarbeiten des differenzierten Charakters jener Kraft stellt sich nun etwas Neues ein: Fast unmittelbar nach ihrer ersten Wahrnehmung, immer stärker aber, wenn man ihre genauere «Richtung», ihre spezielle Artung erlebt, wird klar, dass sie noch nicht selbst die Sache ist, sondern dass sie Ausdruck einer Tätigkeit ist und dass diese von einer konkreten schöpferischen Instanz ausgeht. In der Kraft offenbart sich ein ganz bestimmter Inhalt, der «Begriff» der Sache – jetzt aber nicht als abstrakter Gedanke, sondern als eine reale Entität, als ein individuelles Wesen, von dem eine bestimmte Tätigkeit ausgeht.

Karl-Martin Dietz weist in seiner bereits zitierten Studie *Die Suche nach Wirklichkeit* auf einen charakteristischen historischen Sachverhalt hin.[132] Im 21. Buch der *Ilias* Homers gibt es eine Stelle, in der geschildert wird, wie Achill die Trojaner in den Fluss Skamander treibt, um sie dort zu vernichten. Da erzürnt der Fluss und spricht – einem Mann gleichend –

136

Achill an: «Wenn du morden willst, dann treibe die Leute aus mir heraus! Meine Strömung ist von Leichen beengt.» Er wirft tatsächlich die Trojaner heraus und droht Achill zu verschlingen, bis Poseidon und Athena einspringen.

Bei Homer machen sich also vier Ebenen der Wirklichkeitswahrnehmung geltend: Zum einen ist der Fluss ein *Gegenstand* mit Wasser, Strömung und Flussbett und damit die «physische Manifestation»,[133] welche das abgeschlossene Ergebnis einer ihm vorausgehenden, lebendigen Realität ist. Der Gegenstand zeigt sich nämlich auch als tätiger Vorgang, als das Kraftgeschehen, das ihm zugrunde liegt (das Anschwellen und die Bewegung des Flusses). Diese Tätigkeit stammt aber von einem Wesen, das die eigentliche Ursache der Bewegungen ist – dieses Wesen kommt in den Vorgängen plötzlich zur Erscheinung («einem Mann gleichend»), sodass ich ihm fast gleichzeitig unmittelbar begegne.

Diese Stufen der Realitätswahrnehmung werden von Rudolf Steiner 1924 begrifflich gefasst.[134] Er unterscheidet die Ebene des *Werkes* von denen der *Wirksamkeit, Offenbarung* und *Wesen*. Die unterste Wirklichkeitsebene nehmen wir heute mit unserem gewöhnlichen Vorstellungsleben wahr, historisch befinden wir uns an einem Punkt, an dem wir die fertigen, gegenständlichen Endprodukte der Lebensprozesse – das Gewordene – als Realität anerkennen. Hatte das Mittelalter die Sternenwelt noch als Bild für das Götterwirken erlebt, werden bei Kepler schon die «Himmelsbewegungen von rein körperlichen, d.h. magnetischen Kräften besorgt»,[135] und heute haben wir die physikalisch-chemisch berechenbaren Gaskugeln. Den Weg zur zweiten Ebene, zur *Wirksamkeit*, haben wir im Gewahrwerden der Erkenntnisgrenzen und der sich dabei einstellenden Erfahrungen als Kräftewahrnehmung beschrieben. Wenn in diesen Kräften eine ihnen zugrunde liegende Gestalt in Erscheinung tritt, aus der ein Verständnis der Sachlage entspringt, entsteht der Erkenntnismoment einer *Offenbarung*, und fast unmittelbar darauf kommt es oft zu einer Begegnung mit dem aus jener Gestalt sprechenden *Wesen*. Damit hat sich genau das ereignet, was als der eigentliche Antrieb der modernen Geschichtswissenschaft deutlich gemacht wurde: Anstatt sich im vereinzelten und wesenlosen sinnlichen Gegenstand zu verlieren, aber auch ohne wieder bei der bloßen Idee stehen zu bleiben, erblicken wir wirklich das in der Geschichte handelnde Individuum – und dies ist, wie wir erleben konnten, in vielen Fällen nicht nur der Mensch.

Betrachtet man den spezifischen Charakter der unterschiedlichen Grenzerfahrungen, die an den historischen Vorgängen auftreten, so erlebt man verschiedene Gestalten geistiger Wirksamkeit (nun immer vorausgesetzt, dass das eigene Denken sich dabei von der Gegenstandsgebundenheit losgelöst und der Wirklichkeitsschicht jener Gestalten selber anverwandelt hat). So stößt man zunächst auf merkwürdige Rätsel in Biografien einzelner Menschen. Das Leben des jungen Schiller ist klar vorgezeichnet, er wird Theologie studieren und Priester werden. Da ereignet sich der eigentümliche Zufall, dass gerade zu diesem Zeitpunkt Herzog Karl Eugen begabte Schüler für seine neu gegründete Eliteschule sucht, und damit erfährt Schillers Lebenslauf einen radikalen, tragischen Bruch, wird umgelenkt in eine die komplette Jugendzeit beherrschende Dressur in der «Karlsschule». Was so quälend und verzweiflungsvoll erscheint, nimmt sich vom Ende seines Lebenslaufs überraschend anders aus: Hätte Schiller über die Zeiten und Länder hinweg je eine solch wesentliche Bedeutung für die Menschen erlangt, wenn er ein schwäbischer Pfarrer geworden wäre und nicht die Qual der Karlsschule durchlitten hätte? Die *Räuber* schrieb Schiller, um überleben zu können, damit fing sein Dichten an. Wenn später dann das Motiv der «Schaubühne als moralische Anstalt» entsteht, so treffen wir wieder auf einen Schiller als Priester – aber nun umgeschmolzen in die Moderne: als Künstler. Es wäre absurd, Karl Eugen deshalb als Grund für Schillers Dichtertum anzusehen – stattdessen entsteht der erstaunliche Eindruck, dass sich dessen eigentliche, zukünftige Bestimmung in diesem frühen, schmerzlichen Lebenseingriff geltend gemacht hat. Woher kam aber konkret dieser Eingriff?

Als der 18-jährige Jacques Lusseyran als Mitglied der französischen Résistance nach Buchenwald eingeliefert wird, ist sein Ende vorgezeichnet:

Er ist blind und hat in diesem Lager insofern so gut wie keine Chance. Tatsächlich wird er auch irgendwann schwerkrank in die sogenannte «Krankenbaracke» gebracht, von der alle wissen, dass sie eigentlich die Endstation ist – der Ort, an dem man seinen Tod erwartet. Es besteht keinerlei Aussicht auf Heilung, zumal in der Baracke ohnehin niemand mehr medizinisch behandelt wird. Und so erlebt er, wie nach und nach eine Lebensfunktion nach der anderen aufhört zu arbeiten, fürchterliche Schmerzen quälen ihn, und er erwartet das Ende. Dann geschieht etwas, für das er selber kaum Worte findet: «Habe ich gesagt, der Tod sei bei mir gewesen? Habe ich es gesagt, so war das allerdings ein Irrtum. Krankheit, Schmerz, ja, aber nicht Tod. Im Gegenteil – das Leben, erstaunlicherweise das Leben, hatte ganz und gar von mir Besitz ergriffen. Ich hatte noch nie so intensiv gelebt. Das Leben war eine Substanz in mir geworden. Sie drang mit einer Kraft, die tausendmal stärker war als ich, in meinen Käfig ein. Sie bestand nicht aus Fleisch und Blut – oh, gewiss nicht –, nicht einmal aus Ideen. Sie kam wie eine hell schimmernde Welle, wie eine Liebkosung von Licht, auf mich zu. Ich konnte sie jenseits meiner Augen und meiner Stirn, jenseits meines Kopfes wahrnehmen. Sie berührte mich, schlug über mir zusammen; ich ließ mich auf ihr treiben. Aus der Tiefe meines Erstaunens stammelte ich Namen, oder nein, ich sprach sie sicher nicht aus, sie erklangen von selbst: ‹Vorsehung, Schutzengel, Jesus Christus, Gott.› Ich versuchte nicht, nachzudenken. Für Metaphysik war noch viel Zeit! Ich sog an der Quelle. Und dann trank ich, noch und noch! Diesen himmlischen Fluss wollte ich nicht lassen! Ich erkannte ihn übrigens gut wieder. Er war bereits einmal zu mir gekommen, gleich nach meinem Unfall, als ich gemerkt hatte, dass ich blind war. Es war dasselbe, stets dasselbe: *das* Leben, das mein Leben schützte.»[136] Jacques verlässt ohne jede Medizin geheilt, zum maßlosen Erstaunen seiner Mithäftlinge, auf unsicheren Beinen die Baracke und übersteht nun sicher die weitere Zeit im KZ bis zur Befreiung und wird für unzählige Häftlinge zum trostspendenden, lebensrettenden Helfer.

Die junge Amerikanerin Julia Hill wird durch einen schweren Autounfall aus ihrem bisherigen Leben gerissen, das sich anschickt, in die gewöhnlichen bürgerlichen Bahnen einzumünden wie viele andere Biografien auch. Durch den Unfall muss sie sich über ein Jahr unterschiedlichsten Therapien unterziehen, und noch während sie krank im Bett liegt, plant sie eine Reise zu verschiedenen spirituellen Orten in Amerika. Dazu kommt es aber nicht, weil nach ihrer Genesung drei Freunde sie ansprechen, die eine Fahrt zur Westküste unternehmen möchten, ein vierter Mitfahrer sei abgesprungen, und sie bräuchten noch jemanden, damit die Benzinkosten nicht zu teuer würden. Diese Benzinkosten sorgen also dafür, dass Julia mitfährt, bei einer Rast an der Straße nur schnell einmal in den Wald läuft, von den Düften, den Farben und überhaupt der ganzen Atmosphäre unter den Redwoods wie magisch angezogen wird und schließlich tief im Wald überwältigt wird von dem Erlebnis, wie ihr «ganzes Dasein in dieser majestätischen Kathedrale zu neuem Leben aufbrach».[137] Zwei Wochen später erfährt sie, dass nur unweit von dieser Stelle eine Firma riesige Flächen des Waldes aus reiner Profitgier abholzt, sodass sie beschließt, einen der Bäume zu besetzen, und letztlich 738 Tage auf ihm wohnt, bis sie am Ende ihre Forderungen nach Schutz dieser Bäume und des ganzen Areals um ihn herum durchsetzen kann. Auf diesem Wege wird sie eine der wichtigsten und erfolgreichsten Umweltschützerinnen weltweit. In welchem Verhältnis stehen nun der Unfall und die Benzinkosten zu diesem Ergebnis?

An weiteren Beispielen konnten wir eine ganz andere Art von Grenzerfahrungen beobachten: An den Ereignissen von 1967/68 haben wir gesehen, wie an verschiedenen, weit auseinanderliegenden Orten sich ohne kausale Verbindung untereinander sehr ähnliche Vorgänge ereignen, welche die Geschichte radikal verändern. Noch größer ist die Dimension gleichzeitiger, zusammenhängender und doch äußerlich unverbundener Ereignisse in den von Karl Jaspers als «Achsenzeit» bezeichneten Umbrüchen. Jaspers beschreibt, wie sich von Griechenland über Indien bis nach China parallel sehr verwandte Ereignisse vollzogen.[138] Ganz ähnlich wurde bereits in diesem Kapitel jener gewaltige Umbruch in Ägypten charakterisiert, mit dem wiederum unmittelbar die Städtegründungen an Euphrat und Tigris, am Indus sowie am Hoangho einhergehen. Hier wird eine aus sinnlichen Faktoren nicht erklärbare Wirksamkeit riesiger, weltumspannender und kulturell einheitlich impulsierender Kräfte erfahrbar. Hat man sich den jeweiligen Charakter, das Antlitz dieser Wirksamkeit plastisch vor Augen gestellt, so vermittelt sich in der angedeuteten Art das Erleben einer geistigen Identität, die ihr zugrunde liegt. Man wird berührt von der schöpferischen Tätigkeit einer realen Wesenheit. Auf der Grundlage dieser Erlebnisse, d.h. der konkreten Wahrnehmung jener geistigen Gestalt, kann es einem nun evident werden, wie Rudolf Steiner diese Wesenheiten beschreibt und benennt. Er verwendet an einigen Stellen die aus der christlichen Tradition stammende Bezeichnung «Archai», an anderen Stellen spricht er von den «Zeitgeistern».[139] Es handelt sich um Wesenheiten, die noch über den Engeln und Erzengeln stehen, indem sie nicht nur individuelles Menschenschicksal oder die Entwicklung einzelner Gruppen mitgestalten, sondern die Impulsgeber für so raumübergreifende Prozesse sind, wie wir sie an den genannten Epochenumbrüchen kennengelernt haben. Sie wirken nicht unmittelbar auf Biografien oder Mentalitäten, sondern sie gestalten Zeit. Es ist von Steiner also nicht der «Zeitgeist» im Sinne unseres heutigen Wortgebrauches gemeint, der die allgemeinen gesellschaftlichen Trends, Moden oder Denkgewohnheiten bezeichnet, sondern ein reales geistiges Wesen, das von solch gewaltiger Wirksamkeit ist, dass es die historischen Zeitprozesse, die Entwicklungsetappen der Menschheit anstößt und prägt. Sprachlich kommt eine Darstellung hier schon an Grenzen, denn die Ausdrücke des «Anstoßens» und «Prägens» rufen Vorstellungen einer räumlichen Welt auf, um die es hier aber gar nicht geht. Wenn sich wie beim kindlichen Zahnwechsel im Übergang von der Kleinkind- in die Schulzeit oder bei der fundamentalen biografischen Umwandlung von der Kindheit in die Jugend auch in der Geschichte die Verfassung des Menschen grundlegend wandelt, dann hat sich ein rein zeitlicher Vorgang ereignet. Wenn man sich Zeit nicht wieder als Raum vorstellen will, dann müsste es eigentlich heißen: Zeit hat sich ereignet. Es hat nicht ein bestimmtes Wesen etwas angestoßen, sondern dieses Wesen ist selbst der neue Zustand. Die «Archai» bestehen aus Zeit und lassen aus ihrem Wesen heraus geschichtlichen Wandel, die großen Epochen der Menschheitsgeschichte in die räumliche Erscheinung treten. Vergegenwärtigt man sich die in den vielen erstaunlichen Kulturleistungen sich aussprechende Weisheit Ägyptens und Babylons – von der Schrift über die Astronomie, Architektur bis hin zu den großen Rechtsschöpfungen –, zugleich die sich vom Mittelmeer bis nach Ostasien erstreckende Wirksamkeit dieser Kulturstufe und die gewaltige Macht, die in ihren Schöpfungen mit den Millionen von Steinblöcken der Pyramiden, dem Mauerbau in Uruk, den Deichen, Tempeln, Straßen, Textkonvoluten usw. zum Ausdruck kommt, und stellt man daneben die im letzten Kapitel beobachteten, geradezu unbegreiflichen Züchtungs- und Kultivierungsleistungen der Neolithischen Revolution sowie die weltweiten Veränderungen des von Karl Jaspers als «Achsenzeit» bezeichneten Epochenumbruches um 800 v. Chr., dann ahnt man etwas von der Erhabenheit, von dem Geheimnis des welthistorischen Wirkens dieser Wesenheiten.

Die Zeitgeister stehen nicht isoliert im Weltganzen. Ihre umfassende Tätigkeit muss vermittelt werden an die individuellen Menschen, die in Ägypten die Pyramiden bauen, in Griechenland Volksversammlungen abhalten oder in England Maschinen erfinden. Über die Erzengel erreichen die Impulse die kollektiven Gemeinwesen. An den oben angeführten Beispielen einzelner Biografien ist versucht worden, einen Eindruck davon zu erwecken, inwiefern es die Wirksamkeit von Wesen gibt, die dem Menschen aber noch näher stehen und die an seiner individuellen Schicksalsgestaltung mitwirken und darin den Zusammenhang herstellen mit den beschriebenen sehr hohen geistigen Kräften. Eine genaue, aufmerksame Beobachtung der Symptomatik, also der seelischen Gestik jener an den Biografien erfahrbaren Grenzerlebnisse, führt zu einer geistigen Berührung durch den Engel, die sehr leicht unbemerkt bleiben kann. Ihre Wahrnehmung erfordert Schulung: Das zunächst passive Vorstellungsleben muss willentlich ergriffen werden, das heißt, es muss die Kraft aufbringen, die in der biografischen Beobachtung entstehenden Bewegungen zu verfolgen und darin die «Merkwürdigkeiten» zu bemerken, die einer gewöhnlichen Betrachtung schnell entgehen. In einem für sein ganzes Werk zentralen Vortrag über den Zusammenhang zwischen Engel und Mensch beschreibt Rudolf Steiner, wie man an dieser Stelle die Erkenntnis üben kann.[140] Die betreffende Passage sei im Wortlaut zitiert:

«Wir können gleich einmal anfangen mit der Wachsamkeit, können finden, dass eigentlich im Grunde genommen kein Tag vergeht, in dem nicht in unserem Leben ein Wunder geschieht. Wir können diesen Satz, den ich jetzt sprach, umkehren, wir können sagen: Wenn wir an irgendeinem Tag kein Wunder finden in unserem Leben, so haben wir es nur aus dem Auge verloren. – Versuchen Sie einmal, Ihr Leben am Abend zu überblicken; Sie werden ein kleines oder ein großes oder ein mittleres Ereignis darin finden, von dem Sie sich werden sagen können: Es ist ja ganz merkwürdig in mein Leben hereingetreten, es hat sich ganz merkwürdig vollzogen. – Sie können dies erreichen, wenn Sie nur umfassend genug denken, wenn Sie nur Zusammenhänge des Lebens umfassend genug ins seelische Auge fassen. Aber das tut man im gewöhnlichen Leben gar nicht, weil man sich gewöhnlich nicht frägt: Was ist zum Beispiel durch irgendetwas verhindert worden? Wir kümmern uns meistens nicht um die Dinge, die verhindert worden sind, die, wenn sie eingetreten wären, unser Leben gründlich verändert hätten. Hinter diesen Dingen, die aus unserem Leben fortgeschafft werden auf irgendeine Weise, sitzt ungeheuer viel von dem, was uns zu wachsamen Menschen erzieht. Was hätte mir heute alles passieren können? – Wenn ich diese Frage mir an jedem Abend stelle und dann einzelne Ereignisse betrachte, die dies oder jenes hätten herbeiführen können, so knüpfen sich an solche Fragen Lebensbetrachtungen, die Wachsamkeit in die Selbstzucht hineinbringen. Das ist etwas, was einen Anfang machen kann und was schon von selbst immer weiter und weiter führt, endlich dazu führt, dass wir nicht nur auskundschaften, was es in unserem Leben bedeutet, dass wir zum Beispiel um halb elf Uhr vormittags einmal ausgehen wollten und dass gerade im letzten Augenblicke noch irgendein Mensch kam, der uns aufhielt; wir sind ärgerlich, dass er uns aufhielt, aber wir fragen nicht nach, was hätte geschehen können, wenn wir wirklich zur rechten Zeit ausgegangen wären, wie wir es geplant haben. Wir fragen nicht: Was hat sich da verändert. [...] Von der Bedeutung des Negativen in unserem Leben, das aber von der weisheitsvollen Führung unseres Lebens Zeugnis ablegen kann, bis zu der Beobachtung des webenden und wirkenden Engels in unserem astralischen Leibe ist eine gerader Weg, ein recht gerader Weg und ein sicherer Weg, den wir einschlagen können.»[141]

Wenn Rudolf Steiner hier das «Wunder» als Ausgangspunkt der Engelerkenntnis im ganz persönlichen, meditativen Üben anspricht, dann bemerkt man sofort die unmittelbare Verwandtschaft zu den «Rätselfragen», den Erkenntnisgrenzen der Geschichtswissenschaft. Auch hier ging es ja um Brüche innerhalb äußerer kausaler Abläufe, um bedeutende Wirkungen von Ursachen, die man gar nicht so richtig in den vorangegangenen Ereignissen auffindet usw. Der genannte Aufsatz thematisiert auch explizit die historische Dimension der Engelwirksamkeit im Menschen – die Inspiration der Ideale Freiheit, Gleichheit und Brüderlichkeit in dessen Unterbewusstsein –, und so kann man jenen Umgang mit dem «Wunder» als direkten historischen Übungsweg in der Annäherung an den Engel verstehen. Diese Übung ist keine Sache eines einmal eingesehenen Gedankens – auch die Begegnung mit einem Menschen besteht nicht in einem einmaligen Moment logischer Erkenntnis –, sondern bedarf der Wiederholung und der sich allmählich steigernden Vertiefung der Aufmerksamkeit und hat insofern einen meditativen Charakter.

Erinnern wir uns noch einmal an die Beobachtungen zur Traumstruktur der Geschichte. Wir hatten festgestellt, dass die Wahrnehmung geschichtlicher Ereignisse sehr eng verwandt ist mit den Bildern des Traumgeschehens und dass diese Bilder ganz bestimmte Qualitäten haben: Sie umgreifen Raum und Zeit in einer für unser Wachbewusstsein völlig unbekannten Art und Weise, und dabei gibt es nicht die gewohnte Unterscheidung zwischen Subjekt und Objekt, Innen und Außen. Fern vergangene Dinge erscheinen in stärkster Gegenwart, unter Umständen zeigt sich sogar Zukunft, ich halte mich an Orten auf, an die ich in meinem realen Leben nie gelangen könnte, Menschen sprechen Dinge aus, die ich selber denke, ich sehe mich in einer Handlung, die von anderen stammt usw. Damit lernen wir aber das Element kennen, in dem die Engel beheimatet sind. Als rein geistige Wesen sind sie unabhängig von Raum und Zeit, können gleichzeitig an verschiedenen Orten Ereignisse impulsieren, können fern vergangene Situationen aufgreifen, verarbeiten und im Blick auf die Zukunft gestaltend auf die Gegenwart beziehen. Zugleich ist aber auch deutlich, dass ihre Erkenntnis für mich als Mensch nicht im gewöhnlichen, distanzierten Gegenstandsbewusstsein geschieht, sondern mich eins werden lässt mit ihnen. Die von mir aufgebrachte Kraft des morphologischen Denkens ist selber die Kraft des Engels. Für den Engel gibt es nicht einen Unterschied zwischen Gegenstand (im oben entwickelten Sinne «Werk») und tätiger Kraft, die ihn hervorbringt, sondern die Kraft ist selbst die Sache, denn seine Welt enthält keine räumlich-physische Materialität, in der Lebensprozesse enden. Indem wir eine Erkenntnis verwirklichen, in der Vorstellungsbild und wirkende Kraft nicht mehr getrennt sind (ich kann im gewöhnlichen Bewusstsein eine Überschwemmung denken, ohne sie hervorzubringen), sondern der Gedanke selber die lebendige, schöpferische Realität der «Sache» ist, wird Erkenntnis der geschichtlichen Ursache zum Verschmelzen mit der Ursache selbst.

Wenn wir also nicht einfach nur träumen – der gewöhnliche Traum hat immer Illusionscharakter, denn wenn wir erwachen, erleben wir uns in der «eigentlichen» Wirklichkeit –, sondern wenn wir bewusst und willentlich die Kraft aufbringen, die eigenen Gedanken gemäß der «Komposition», der Gebärde der betreffenden Bildinhalte zu führen, dann erfahren wir die Kraft, aus der diese Bilder entspringen, wir begegnen den geistigen Wesen in ihrer Tätigkeit.

An dieser Stelle sei Walter Benjamins berühmter Kommentar zu Paul Klees Gemälde «Angelus Novus» zitiert: «Es gibt ein Bild von Klee, das Angelus Novus heißt. Ein Engel ist darauf dargestellt, der aussieht, als wäre er im Begriff, sich von etwas zu entfernen, worauf er starrt. Seine Augen sind aufgerissen, sein Mund steht offen, und seine Flügel sind ausgespannt. Der Engel der Geschichte muss so aussehen. Er hat das Antlitz der Vergangenheit zugewendet. Wo eine Kette von Begebenheiten vor uns erscheint, da sieht er eine einzige Katastrophe, die unablässig Trümmer auf Trümmer häuft und sie ihm vor die Füße schleudert. Er möchte wohl verweilen, die Toten wecken und das Zerschlagene zusammenfügen. Aber ein Sturm weht vom Paradiese her, der sich in seinen Flügeln verfangen hat und so stark ist, dass der Engel sie nicht mehr schließen kann. Dieser Sturm treibt ihn unaufhaltsam in die Zukunft, der er den Rücken kehrt, während der Trümmerhaufen vor ihm zum Himmel wächst. Das, was wir den Fortschritt nennen, ist dieser Sturm.»[142]

Diese Darstellung wurde seit ihrer Formulierung 1921 immer wieder aufgegriffen und diskutiert. Man wird einwenden, dass sie natürlich metaphorisch gemeint sei, weil Benjamin als moderner, aufgeklärter Mensch bestimmt nicht an reale Engel «geglaubt» habe. Dies mag sein – trotzdem drängt sich die Frage auf, warum der Philosoph bei dem Versuch, diese so erschütternden, unsäglichen Ereignisse des 1. Weltkrieges bzw. überhaupt der modernen Geschichte sprachlich zu fassen, zu einem solchen Bild findet. Kann es nicht sein, dass diese sehr starken geschichtlichen Erlebnisse die innere Anschauung zu einem Eindruck verdichtet haben, der sich tatsächlich in der Gestalt einer geistigen Identität, der Realität eines Wesens mitgeteilt hat, auch wenn der Autor philosophisch die Existenz von Engeln vielleicht bezweifeln müsste? Der Vorgang ist bemerkenswert: Walter Benjamin stößt auf das Gemälde von Paul Klee, ist so beeindruckt, dass er es sogar käuflich erwirbt, und es ist schließlich dieses künstlerische Bild, das ihm zu einer elementaren Anschauung der Realität von Geschichte verhilft. Klee hatte selbst einmal gesagt: «Ich habe diesen Krieg längst in mir gehabt»,[143] ihm war die Wahrnehmung einer unsichtbaren, seelischen Wirklichkeitsschicht historischer Ereignisse, die den äußeren Erscheinungen ursächlich sogar vorausgeht, vertraut.

In einem späteren Kapitel wird auf ein 1920 verfasstes Gedicht Klees näher eingegangen, das mit der Zeile beginnt: «Diesseitig bin ich gar nicht fassbar.»[144] – die geistige Dimension menschlicher Existenz spricht sich hier ebenfalls unmittelbar aus. Klees künstlerisches Schaffen ist Ausdruck eines Bildverständnisses, für das die kompositorische Gestaltung der sinnlichen Erscheinung von Farbe, Linie, Materialität die an sich verborgene Wirklichkeit der Dinge erst in die Erfahrung hebt, die empirische Gegenstandswelt also nicht schon für die volle Realität selbst nimmt. «Kunst bildet nicht ab, sondern macht sichtbar»[145] – dieses Diktum Klees beleuchtet solch ein Werk wie den «Angelus Novus», mit dem er das Bild eines Engels findet, um seine inneren Erlebnisse ausdrücken zu können. Es ist bezeichnend, dass Walter Benjamin von dem «Antlitz» des Engels spricht: Das Antlitz ist das *Gesicht* einer Sache, in dem – schon für unseren gewöhnlichen Sprachgebrauch – sein Charakter zum Ausdruck kommt, das also sein Wesen wahrnehmbar macht. Klees Gemälde muss in Benjamin einen Vorgang angeregt haben, in dem ihm letzten Endes eine Vielheit einzelner geschichtlicher Erscheinungen bzw. Ereignisse in das Bild einer geistigen Entität umschlug.

Seit Beginn des 20. Jahrhunderts haben bedeutende Künstler von Rilke über Barlach bis zu Klee immer wieder zu dem Motiv des Engels gefunden. Bei Christian Morgenstern weiß man, dass für ihn als Anthroposoph die Engel eine unmittelbare Realität darstellten, aber auch bei den anderen Künstlern wäre zu fragen, was sie angeleitet hat zu einer Formulierung solcher Bildinhalte. Die Linien Paul Klees, die Skulpturen Barlachs, die Worte Rilkes sind natürlich nicht selbst schon zu identifizieren mit dem Engel, ein paar Striche oder eine Bronze können kein Engel sein; im Sinne des in diesen Kapiteln entwickelten Bildbegriffes ist aber zu fragen, inwieweit hier diese Künstler nicht doch «die Sache» erfasst haben, nicht als «bloße» Metapher, sondern als faktische Realität. Die bloße Existenz solcher künstlerischen Versuche kann nicht als irgendein äußerlich gearteter Beweis für die Existenz von Engeln fungieren, sie können aber darauf aufmerksam machen, dass die Frage nach der Realität und

Wirksamkeit der Engel keine Angelegenheit schwärmerischer Fantasten ist, sondern eine sich aus der historischen Entwicklung heraus ergebende dringliche Erkenntnisherausforderung. Was im Kunstwerk auf den ersten Blick eher spielerisch und freilassend als noch unverbindliches «Denkangebot» erscheinen kann, erhält eine Beleuchtung durch den hier beschriebenen wissenschaftlichen Erkenntnisweg – dieser ist nicht durch einen Hinweis auf moderne Engeldarstellungen zu ersetzen, wechselseitig können sich aber künstlerische und wissenschaftliche Annäherung an die Wirklichkeit des Engels vertiefen.

Ähnliches gilt auch für den Umgang mit den traditionellen Darstellungen von Engelwesen in der mittelalterlichen Kunst und Theologie bzw. Philosophie. Sie können nicht dazu dienen, die Annahme von Engeln zu untermauern: Diese würde wieder zur Glaubenssache, und der Zugang zur Realität einer geistigen Wirklichkeit ginge auf Kosten unseres souveränen Ichs. Etwas anderes ist aber möglich: Hat man sich dem geistigen Beobachtungsinhalt der historischen Erkenntnis, der «Gestalt» des Engels angenähert und von dieser eine vielleicht auch nur anfängliche Anschauung, so kann man von dieser Grundlage aus die Vorstellungsbilder des Mittelalters studieren. Sie dienen dann nicht einer rein spekulativen Beglaubigung, sondern beginnen durch die bewusst entwickelten modernen Erkenntnisorgane ganz losgelöst von den begrifflichen Kategorien der Tradition zu uns zu sprechen. So kann nun z.B. sehr aufschlussreich werden, dass einerseits Kinder in der führend-begleiteten Obhut eines einzelnen Engels dargestellt werden, andererseits ein Erzengel – Michael – u.a. mit einer (gläsernen) Weltkugel gezeigt wird (ein Bild, das ein signifikantes Licht auf Steiners Schilderung wirft, wie ein früherer Erzengel in unserer Zeit die Aufgabe eines Zeitgeistes übernommen hat[146]).

Auch zu den mythischen Bildern von den großen historischen Kulturstiftern gewinnt man auf der dargestellten Erkenntnisgrundlage einen völlig neuen Zugang. Sie müssen nicht mehr mit den Kategorien heutiger Denkgewohnheiten als konstruierte Erklärungen von Unbegreiflichem definiert werden, sondern in der Wahrnehmung einer spezifischen, gestalthaft beschreibbaren Wirksamkeit einer bestimmten historischen Kraft wird es nun interessant, mit welchen Bildern die früheren Zeiten jeweils den historischen Vorgang zum Ausdruck gebracht haben. Die Erzählungen von dem Zusammenwirken des Lichtgottes Ahura Mazdao und Zarathustra bleiben nicht Fiktion, sondern können nun in ihrem Wirklichkeitsgehalt angeschaut werden. Das Auftreten eines Gilgamesch – zwei Drittel Gott, ein Drittel Mensch – wird jetzt «lesbar», ähnlich wie die Wirksamkeit des ägyptischen Pharaos Chefren (Chefren = er erscheint: Re), die Eingriffe Athenas oder Apollos in die griechische Geschichte, die Impulsierungen der Handlungen eines Franz von Assisi, einer Jeanne d'Arc usw. Zugleich lässt sich aber auch verstehen, warum in der Neuzeit solche Schilderungen verschwinden und dass dies nicht Beweis für die Nichtexistenz jener geistigen Wesen ist, sondern Ausdruck des historisch notwendigen Verlustes ihrer Wahrnehmung. Vor dem Hintergrund des in der vorliegenden Schrift entwickelten Bildbegriffes können die Inhalte der Mythen und Legenden als Wirklichkeit aufgefasst werden, sinnlich unwahrscheinliche Erzählungen müssen nicht Indiz für fehlende Wahrheit, sondern können Ausdruck der Notwendigkeit sein, ins Bild zu gehen, um eine Wirklichkeit vermitteln zu können, die nicht sinnlich ist. Eine Erkenntnis der Wirklichkeit des Bildes eröffnet die Fähigkeit zum «Lesen» der Darstellungen über die geistige Welt. Für die Geschichtswissenschaft und den Geschichtsunterricht läge in der Entwicklung bildhaften Erkennens eine ungeheure Chance: Die mythischen Zeiten müssten uns nicht als fremdes Objekt in unüberbrückbarer Distanz gegenüberstehen – dort, wo die unvollständigen und unvollkommenen empirischen Dokumente versagen, können die Bilder der Mythen auf dem Wege innerer Anschauung in die Wirklichkeit einer vergangenen Zeit hineinführen. Insbesondere die Lehrer der unteren Klassen (an den Waldorfschulen im Klassenlehrerbereich), die ihre geschichtlichen Darstellungen noch stark an die mythischen Erzählungen von Zarathustra, Odysseus u.a. anbinden, hätten hier eine bedeutende methodische Stütze, den Wirklichkeitsgehalt jener großen Bilder aufzuschließen und weder in Naivität beharren noch sich mit einem schlechten Gewissen angesichts der eigenen «Unwissenschaftlichkeit» abfinden zu müssen. Wenn hier bislang von einer Annäherung an die Wirksamkeit geistiger Wesen in der Geschichte die Rede war, so gilt es, zumindest anfänglich auch die Realität solcher Wesen anzusprechen, deren Tätigkeit zerstörerisch wirkt. Anstatt inhaltlich auf den persischen «Ahriman», den Satan der Bibel, den Māra des Buddhismus einzugehen, möchte ich an einer ganz einzelnen, modernen historischen Situation andeuten, wie man sich wiederum nicht gegenständlich-traditionell, sondern konkret wahrnehmend einer solchen Wirksamkeit wissenschaftlich annähern kann. Es war an anderer Stelle bereits auf die rätselhafte Biografie Adolf Hitlers hingewiesen worden, bei der wir auf eine unüberbrückbare Kluft zwischen dem frühen Hitler und dem späteren «Führer» eines ganzen Volkes gestoßen waren. Man führe sich die bekannte Reihe von Phänomenen vor Augen: das Scheitern in der Schule, die frühe Ziel- und Betätigungslosigkeit, die Apathie, das getriebene Auf- und Abgehen im Zimmer, die vergebliche Bewerbung an der Kunstakademie, das Schwelgen in realitätsfernen Illusionswelten (das vom Lottogewinn gebaute Haus, die architektonischen Pläne für Linz), die ausdruckslose Armseligkeit seiner kleinen Bildchen, die erneute Erfolglosigkeit als Soldat. In allen diesen Vorgängen oder Situationen begegnet einem eine geradezu quälende Leere des inneren und äußeren Daseins (es fehlten nicht nur berufliche Tätigkeit und Aufgaben, sondern auch reale soziale Kontakte). Diese Leere füllt sich dann mit inhaltlosen Fantasien, schlagartigen Ausbrüchen von Aggressionen und Fluchtbewegungen wie Hitlers Begeisterung für den Krieg. Vor diesem Hintergrund gewinnt eine Äußerung Rudolf Steiners aus seinen geschichtlichen Vorträgen von 1918 an Bedeutung: Er weist hierin auf die Ereignisse der Russischen Revolution hin, die zeigen, dass Lenin bei genauem Hinsehen eigentlich nicht durch eigene Stärke und Kraft an die Macht gekommen sei, sondern erst die Vakuumsituation nach der Februarrevolution, in der es keine wirklichen Ideen zu den so brennenden sozialen Fragen gegeben hat, zu einer Dynamik geführt hat, in die dann die Agitation Lenins wie hineingesogen worden ist. Steiner gebraucht hier das verblüffend technische und einfache Bild einer Fahrradpumpe, mit der die Luft aus einem Ball gesaugt würde. Öffne man nun den Stöpsel des Balls, so ströme schlagartig mit voller Wucht die Luft in das Vakuum. So sei es in der modernen Geschichte: Die zerstörerischen Kräfte der Geschichte würden nicht aus eigener Stärke agieren, sondern wirksam durch das Entstehen jener beschriebenen Vakuumsituationen.[147] Solch ein Zustand existenziellen Vakuums lässt sich bei Hitler direkt beobachten, und insofern erhält dann ein kleines, spezielles Detail eine enorm signifikante Bedeutung: Joachim Fest beschreibt die von Hitler gezielt aufgebaute Langeweile und zugleich sich zuspitzende Erwartungshaltung der Zuhörermenge, in die hinein er seine Reden ergoss. Dann heißt es über den Anfang solcher Reden: «Die ersten Worte fielen gedämpft und tastend in die atemlose Stille, oft ging ihnen eine minutenlange und bis ins Unerträgliche gesteigerte Sammlungspause voraus. Der Anfang blieb eintönig, trivial, meist verharrend bei der Legende seines Aufstiegs: ‹Als ich im Jahre 1918 als namenloser Frontsoldat ...› Mit diesem formelhaften Beginn verlängerte er nicht nur die Spannung noch einmal bis in die Rede selbst hinein, er diente ihm vielmehr auch dazu, Witterung zu nehmen, sich einzustimmen. Ein Zwischenruf konnte ihn dann unvermittelt inspirieren: zu einer Antwort, einer zuspitzenden Bemerkung, bis der erste begierig erwartete Beifall aufbrandete, der ihm Kontakt verschaffte, ihn rauschhaft steigerte, und ‹nach etwa fünfzehn Minuten tritt ein›, wie ein zeitgenössischer Beobachter bemerkt hat, ‹was sich nur mit dem alten primitiven Bilde sagen lässt: Der Geist fährt in ihn›. Mit wilden, explosiven Bewegungen, die metallisch verwandelte Stimme unnachsichtig in die Höhe treibend, schleuderte er dann die Worte aus sich heraus.»[148] Man könnte eine ganze Reihe von Situationen anführen, die immer wieder dieses an Hitlers Rede beobachtete Phänomen einer absoluten inneren Leere aufweisen – von den nächtlichen Stunden quälender Langeweile auf dem Obersalzberg über Hitlers Versagen in spontanen Situationen, in denen er vor wenigen Menschen einige Sätze hätte sagen sollen und den Faden verlor, bis hin zu seinen kläglichen, gebeugten, wie eingefallenen Zuständen nach einer ekstatischen Rede vor großer Menschenmenge –,[149] die auf einen unheimlichen Sachverhalt hinweisen: Hitler gelangte nicht aus eigener Kraft zu jener Intelligenz und Gewalt, die ihm die Macht über ein Volk gab, sondern er war besetzt von einer fremden geistigen Instanz. Nicht wer stark, sondern wer leer ist, taugt zum Gefäß. Vieles, was hinsichtlich des Nationalsozialismus in der Forschung und in der öffentlichen Diskussion so ungelöst ist (man denke an die Auseinandersetzung, ob er das Ergebnis der Agitation von charismatischen Einzelpersonen wie Adolf Hitler oder von den gesellschaftlichen Strukturen war[150]), könnte einige Klärung erfahren, wenn man diese Dimension des geistigen Vakuums und der realen Existenz geistiger Wesen ins Auge fassen würde, die durch dieses Vakuum wirksam werden können. Es sollte zu denken geben und ein Stück weit auch zur Ernsthaftigkeit gegenüber solchen Ansätzen verpflichten, wenn gerade diejenigen, die in aktivem geschichtlichem Handeln in die Ereignisse eingegriffen und bewusst ihr Leben dafür geopfert haben – die Mitglieder der «Weißen Rose» –, in einem ihrer Flugblätter schrieben: «Wohl muss man mit rationalen Mitteln den Kampf wider den nationalsozialistischen Terrorstaat führen; wer aber heute noch an der realen Existenz der dämonischen Mächte zweifelt, hat den metaphysischen Hintergrund dieses Krieges bei Weitem nicht begriffen. Hinter dem Konkreten, hinter dem sinnlich Wahrnehmbaren, hinter allen sachlichen, logischen Überlegungen steht das Irrationale, d.i. der Kampf wider den Dämon, wider den Boten des Antichrist. Überall und zu allen Zeiten haben die Dämonen im Dunkeln gelauert auf die Stunde, da der Mensch schwach wird.»[151]

Möchte man einen Weg schildern, wie man junge Menschen in der Entdeckung der Geschichte und damit ihrer eigenen Zukunft unterstützen kann, dann kann meines Erachtens die Beschäftigung mit der Dimension der Engelwirksamkeit nicht mehr fehlen (nicht als Unterrichtsinhalt, sondern als Erkenntnisbemühung des Lehrers). Wenn Geschichtsunterricht existenzielle Lebensrelevanz erhalten soll, so muss er aus der Sphäre heraus schöpfen, der die Ursachen, die Handlungsimpulse der Geschichte entstammen. Diese haben ihren Ursprung nicht in einem Abstraktum, sondern – und da gilt es die moderne Geschichtswissenschaft beim Wort zu nehmen – in realen individuellen Wesen. Wenn wir die Verantwortung gegenüber der gesunden Entwicklung, der noch verborgenen, der Unterstützung bedürftigen Persönlichkeit des jungen Menschen ernst nehmen, so müssen wir verstehen lernen, wodurch in seinem Inneren Sinnerfahrung und Lebensorientierung entstehen können, durch welche konkreten Vorgänge sich ihm also Zeitimpulse vermitteln und welche Inhalte diese haben.

8. Entwickelt sich Geschichte?

Mit der Perspektive auf die Erfahrung von Sinn und Orientierung an der Geschichte ist eine nächste Fragestellung aufgeworfen, die das heutige Erkennen vor wesentliche Herausforderungen stellt und einer paradigmatischen Betrachtung bedarf. Alles mündet ein in die Frage: Was erlaubt es, Geschichte als eine Einheit, einen sinnvollen Entwicklungszusammenhang anzuschauen?

Goethe nahm in *Dichtung und Wahrheit* bereits unser gegenwärtiges Verhältnis zur Geschichte vorweg: «Die Weltgeschichte hingegen, der ich gar nichts abgewinnen konnte, wollte mir im Ganzen nicht zu Sinne.»[152] Und 1788 an Herder: «Nun gehen die Generationen durcheinander, das Individuum ist ein armes Ding, es erkläre sich für welche Partei es wolle, das Ganze ist nie ein Ganzes, und so schwankt das Menschengeschlecht in einer Lumperei hin und wider»[153] – Goethe konnte sich der Geschichte gegenüber radikal und emotional äußern. Was in diesem Ausruf wie ein spontaner Stoßseufzer wirkt, steht in Wirklichkeit in einem keineswegs zufälligen Zusammenhang mit seinem Geschichtsdenken überhaupt. Vierzig Jahre später schreibt er an Kanzler Müller: «Ich bin nicht so alt geworden, um mich um die Weltgeschichte zu kümmern, die das Absurdeste ist, was es gibt.»[154] Weltgeschichte als Ganzes erfassen zu wollen ist heute obsolet, seit den Katastrophen des 20. Jahrhunderts steht jeder Versuch einer einheitlichen Betrachtung menschheitlicher Entwicklung unter Ideologieverdacht, und die Ereignisse spotten jedes historischen Fortschrittsmodells – den pazifistischen Hymnen am Anfang des 20. Jahrhunderts folgten zwei Weltkriege und der Holocaust; als man danach dachte, dass es angesichts der bitteren Lehren aus diesen Ereignissen in Europa nie mehr Krieg geben könne, wurden Bosnien und das Kosovo zum Schauplatz brutalster Gewalt, weltweite Mafiastrukturen, Diktaturen, Umweltzerstörung usw. erwecken den Eindruck, dass die Menschheit eher *hinter* frühere Zeiten zurückgefallen ist als sich weiterzuentwickeln. Begeisternd begonnene Revolutionen scheitern. Auch findet sich, wie wir sehen konnten, keine Ordnung: Ereignisse überraschen uns, plötzliche, selbst von Experten nicht vorhergesehene Umbrüche werfen von einen auf den anderen Tag festgefügte Begriffe und Lebensverhältnisse um, allgemeine Systematisierungsversuche wie z.B. eine Definition, was Europa sei, bleiben vage und unverbindlich, Verhältnisse früherer Zeiten lassen sich letztlich doch nicht auf die jetzige übertragen, weil die Umstände sich nicht wiederholen – Analogiebildungen wie zwischen der Reichsbildung Karls des Großen und der EU, zwischen Saddam Hussein und Hitler usw. erweisen oft schon bei ersten seriöseren Untersuchungen der Verhältnisse ihre Unmöglichkeit. Geschichte ist diskontinuierlich, Dokumente bilden zersplitterte, unvollständige Reste einer kaum erkennbaren früheren Wirklichkeit. So entstehen dann folgerichtig die bereits zitierten Auffassungen von einer richtungs- und sinnlosen Geschichte, die letztlich nur fiktive Erzählung sei.

Wir können nicht mehr zurück in die teleologische, lineare Erzählung, die dazu da ist, eine wie auch immer geartete Idee der Geschichte zu belegen. Man hat sich paradigmatisch davon verabschiedet, Geschichte als menschheitlichen, sinnerfüllten Entwicklungsgang aufzufassen. Nachdenklich stimmen kann zugleich aber, wie selbstverständlich und mit welcher emotionalen Sicherheit und Überzeugungsfreude genau diese Auffassung als unhinterfragbare Gegebenheit vorausgesetzt wird und als geistesgeschichtliche Fortschrittstatsache auftritt. Es ist ein fast schon rituell auftretender Topos geworden, Hegel oder Herder seien glücklich überwunden. Drückt sich hier nicht ein uneingestandenes Entwicklungsdenken aus? Andere historische Beobachtungen können ähnlich nachdenklich stimmen: Warum lösen neun- oder zehnjährige Schüler mit einer Leidenschaft und Perfektion Gedankenrätsel, wie sie bei den Griechen nur von den modernsten, geübtesten Geistern der Zeit als historische Herausforderung bewältigt wurden (man denke an den so

155

zentralen Mythos der Sphinx, deren Rätsel von Ödipus gelöst wird, oder an die Orakelsprüche von Delphi, die geschichtlich von größter Wirkung waren)? Steht den eingangs zitierten Äußerungen Goethes nicht sein eigener Hinweis auf die Geschichtserkenntnis als Grundlage der Lebensorientierung entgegen: «Wer nicht von dreitausend Jahren sich weiß Rechenschaft zu geben, bleib im Dunkeln unerfahren, mag von Tag zu Tage leben»[155]? Wenn man auf der einen Seite das Scheitern der Geschichte, also die Katastrophen, Rückschritte, Abbrüche etc. beschreibt – muss man nicht gleichzeitig auch konstatieren, dass im Unterschied zu fast allen früheren Kulturen die Frauen sich heute – zumindest in den meisten Kulturkreisen – ihren Ehemann selber aussuchen können, dass wir Berufe nach Neigungen ergreifen können, dass wir in der Politik Mitbestimmung fordern – dass also in verschiedenster Hinsicht die Geschichte eine Individualisierung mit sich gebracht hat, die wir bei ehrlicher Selbstprüfung doch als Errungenschaft ansehen, auf die wir nicht mehr verzichten wollen? Der Begriff «Entwicklung» hat sich in den verschiedensten Lebens- und Alltagsbereichen angesiedelt, wir verwenden ihn selbstverständlich, sind uns über seine Konnotationen aber offensichtlich wenig bewusst.

Der Verlust der Empfindung, Glied eines fortschreitenden, auf ein Ziel sich zubewegenden, lernenden Geschichtsprozesses zu sein, hat jedenfalls gravierende Folgen: Orientierung geht verloren, das Vertrauen auf die Ordnung eines übergeordneten Ganzen – und damit Sinn. Das Lebensgefühl eines Eingebettetseins in einen Fortschrittsprozess wirkte sinnstiftend, schuf den Antrieb zur «Besserung», zu praktischer und künstlerischer Fantasie, spornte Menschen an, ihre Kräfte zu mobilisieren und ihr Leben einzusetzen für ein Fortkommen des sozialen Zusammenlebens, und zugleich gab es die Sicherheit eines bestehenden Wahrheitszusammenhanges, auf den man sich innerlich verlassen konnte, weil er dem Gefüge der Welt zugrunde lag. Die Frage nach dem Sinn ist durch die Vorgänge der letzten hundert Jahre mittlerweile keine intellektuelle Frage für philosophisch interessierte Akademiker mehr, sondern sie ist eine regelrecht medizinische Frage geworden. Mit dem Verlust einer sinnstiftenden Orientierung ist unsere Zivilisation krank geworden. Der Psychologe Viktor E. Frankl, der sich bekanntlich intensiv mit dieser Problematik auseinandergesetzt hat, beschreibt in seiner Schrift *Ärztliche Seelsorge*, wie der Verlust von Sinnerfahrungen zu einem «existenziellen Vakuum» führt, das Menschen schließlich bis in Psychosen hinein krank machen kann. Initiativlosigkeit und Langeweile (die «Neurose der Gegenwart») sind charakteristische Ausformungen dieser Psychose und können zu verschiedensten Formen von Gewalt führen. Frankl sieht es als eine Aufgabe der Medizin an, den Patienten zu einer eigenen «Wert- und Weltanschauung zu verhelfen».[156]

Ist ein solcher Satz ausgesprochen, regt sich unvermittelt wieder die innere zeitgenössische Gewissensstimme, die anmahnt, dass Weltanschauungen zwar harmonisierend wirken können, letztlich aber Konstruktionen sind, die nichts mit empirischer Realität zu tun haben und immer in der Gefahr stehen, Ideologien zu bilden. Mag der Wunsch nach einem harmonischen, gesundenden Erlebnis von sinnerfüllter Ganzheit verständlich sein – er kann sich dennoch nicht über die historische Wirklichkeit hinwegsetzen. Die Tatsache, dass wir ein sinnstiftendes Entwicklungsbild der Geschichte brauchen, führt noch nicht dazu, dass es ein solches gibt.

Wir befinden uns in der verhängnisvollen Aporie eines «Entweder-Oder»: Entweder wollen wir objektive Erkenntnis, dann zerfällt uns die Einheit der Geschichte und damit Orientierung, oder wir stellen uns auf die Seite eines harmonisierenden, geschlossenen Weltbildes, dann verlieren wir den Erkenntnis- und Realitätsanspruch und damit eine wesentliche Grundlage unserer Existenz, werden Schwärmer oder Ideologen. Die Ausweglosigkeit dieser Alternative hat enorme Konsequenzen. Die Weltgeschichte als einen fortschreitenden, sinnstiftenden Entwicklungszusammenhang anzuschauen ist tabu, man gerät sofort in den Verdacht der Unwissenschaftlichkeit, hinter die Moderne zurückzufallen und ein weltfremder, vielleicht sogar gefährlicher Fantast zu sein. Dieses Tabu hat – natürlich auch angesichts der katastrophalen Erfahrungen mit den Ideologien des 20. Jahrhunderts – eine solche Macht, dass sich kaum ein seriöser Wissenschaftler daranmachen würde, die Geschichte nach einem ihr innewohnenden Entwicklungszusammenhang zu befragen. Man stelle sich vor, die Abfolge der historischen Epochen gäbe einen inneren Weg preis, der ein gesellschaftliches Ziel, einen Sinn der Ereignisse erfahren ließe und ermögliche, einen eigenen Anteil an dem gemeinsamen Fortkommen, eine persönliche Aufgabe zu erkennen – es ist meines Erachtens nicht schwer, sich auszumalen, welch befreiende, kräftigende und damit gesundende Wirkung eine solche Perspektive hätte. Die gegenwärtige historische Erkenntnis verbietet uns eine solche Vorstellung aber – obwohl alle die faktischen, nicht erdichteten Zivilisationserscheinungen kennen, die belegen, dass der Verlust von Orientierung und geschichtlicher Sinnerfahrung den Menschen in eine globale, existenzielle Krise hineingeworfen hat.

Beide Blickrichtungen sind für sich völlig richtig, notwendig und werden heute im Prinzip sicherlich nicht bezweifelt – wie kommt es aber, dass sich in dieser verhängnisvollen Alternative kein Ausweg zeigt? Wenn die Geschichtserkenntnis immer wieder wie zwangsläufig in diese Aporie hineingerät: Gibt es hierfür vielleicht einen Grund? Würde sich an ihr etwas ändern, wenn man für ihr Zustandekommen als solches eine Ursache erkennen könnte, der man sich wissenschaftlich bisher nicht bewusst war? Ihre sich ständig wiederholende Zwangsläufigkeit deutet darauf hin, dass den beschriebenen Positionen Haltungen bzw. Urteilsbildungen zugrunde liegen, die selber nicht vollständig reflektiert werden. Ich möchte an einem geschichtlichen Beispiel versuchen zu beobachten, wie sich historische Begriffsbildung vollzieht und wo die vielleicht unbeobachteten Gründe liegen, Entwicklungsbilder abzulehnen.

Wenn Leopold von Ranke – wie an früherer Stelle geschildert – die Perserkriege als Beispiel wählt, um sich von Hegels Geschichtsdeutungen abzusetzen, so geschieht dies sicherlich nicht zufällig: Es gibt kaum eine Zeit, die mehr dazu angetan wäre, welthistorische, gesamtkulturelle Entwicklungsschritte zu postulieren wie jene bereits angesprochene «Achsenzeit». In unserem Zusammenhang sei hier noch einmal auf das große

Werk des Althistorikers Christian Meier hingewiesen, das diese Vorgänge in neuerer Zeit sehr gründlich, präzise und anregend herausgearbeitet hat: auf die 1993 erschienene Studie *Athen. Ein Neubeginn der Weltgeschichte.* Diese Untersuchung wirft eine Fülle von Fragen auf, die ins Zentrum des historischen Wissenschaftsverständnisses hineinführen. Meier beschreibt den geschichtlich entscheidenden Moment, in dem die Athener auf das Heranrücken des gigantischen, zahlenmäßig unendlich überlegenen Heer des Xerxes reagieren mussten. Der persische Großkönig hatte jahrelang eine Streitmacht aufgebaut, die nach der Niederlage von Marathon 490 nun in einem todsicheren Feldzug den Sieg eines ganzen Weltreiches über das kleine Griechenland erzwingen sollte. Das Landheer bestand aus mehr als 100.000 Soldaten, die Flotte umfasste nicht weniger als 1200 Schiffe. Die Griechen brachten es auf einige zehntausend Kämpfer, waren zahlenmäßig also hoffnungslos unterlegen. Zur Überraschung und zum Unverständnis des Großkönigs ergaben sich Sparta, Athen und ihre kleineren Verbündeten aber nicht. Stattdessen begannen sie nun mit einer ganzen Reihe von Maßnahmen, die höchst ungewöhnlich waren. Die Athener schlossen sich der gewagten und alle Traditionen über Bord werfenden Deutung des Orakelspruches aus Delphi durch den jungen, kühnen und zugleich intelligenten Themistokles an. Er hatte die Rede von der «hölzernen Mauer» gegen die Meinung der ehrwürdigen Älteren als Hinweis auf den Bau von Schiffen gedeutet, obwohl die Athener überhaupt keine Erfahrungen mit dem Seekrieg hatten. Es wurden 200 Schiffe mit je 170 Ruderern und Soldaten gebaut, und damit es diese Schiffsbesatzungen überhaupt geben konnte, mussten auch die reichen Hopliten mit ins Boot und nicht nur diese, sondern *alle* mussten nun dienen – eine Revolution, bedenkt man, dass die Schwerbewaffneten nun plötzlich an den Riemen saßen (jahrhundertelang hatten sie immer Mann gegen Mann auf offenem Feld gekämpft), und zwar von Gleich zu Gleich direkt neben den Geringsten! Zeitgleich war die Stimmung in Athen überhaupt nicht einheitlich, sondern viele Bürger sympathisierten mit den Politikern, die die Verständigung mit dem Großkönig befürworteten. Es war nur eine

Minderheit, die sich letztlich dem Krieg stellen wollte, trotzdem setzte diese sich durch. So begann 483 dann der Flottenbau, und obwohl Athen über gar keine Fachleute verfügte, sondern diese aus dem Ausland herbeiholen musste, stand die Flotte letztendlich genau zum richtigen Zeitpunkt. Immer liefen nebenher die Diskussionen mit dem Kriegsrat, der keineswegs von den strategischen Plänen überzeugt war und sie am Ende sogar in einer Abstimmung ablehnte. Nur indem Themistokles Xerxes dazu verleitete, vorschnell anzugreifen, konnte er seine Leute dazu zwingen, dann doch den ungleichen und eigentlich irrealen Kampf der viel kleineren Flotte mit den riesigen und zahlenmäßig weit überlegenen persischen Schiffen aufzunehmen. Der noch nie dagewesene Vorgang, dass eine ganze Bürgerschaft von mehr als 100.000 Menschen ihre geliebte Polis verlässt und einem hochrationalen, alles Gewohnte sprengenden, noch nie geprobten und damit äußerst gewagten, alles auf eine Karte setzenden Plan eines sehr umstrittenen Mannes folgt, veranlasst Meier zu der Äußerung: «Ihre Flucht war Teil eines Abenteuers. Es war, wie sich später herausstellte, das Abenteuer nicht nur des Kriegs eines David gegen Goliath, sondern des fünften Jahrhunderts vor Christus überhaupt, des Jahrhunderts Athens, eines der kühnsten, unwahrscheinlichsten und folgenreichsten der Weltgeschichte.»[157]

Der Unterschied zu Hegel ist deutlich: Wir sprechen hier nicht über die Idee der Freiheit und den Weg ihrer Verwirklichung, sondern über einen einzelnen Menschen – Themistokles – und seine Mitbürger. Wir sprechen außerdem über militärische Zahlenverhältnisse und strategische Konzepte, über die Bucht von Salamis, gesellschaftliche Auseinandersetzungen mit offenem Ausgang u.a. In diesen physisch-sinnlichen Tatsachen vollzieht sich der Sieg der Griechen über Xerxes. Christian Meier bleibt nun aber nicht bei der Auflistung dieser Gegebenheiten stehen, sondern bezieht in seine Beobachtung sehr aufmerksam ein, welche Fragen sich aus ihnen ergeben: Wie kommt es, dass die stolzen Hopliten mit einem Male bereit waren, sich an die Ruder und neben die Armen der Polis zu setzen und damit die Ratio über wichtigste, zentrale Gewohnheiten siegen zu lassen – was er als «Sieg der Athener über sich selbst» bezeichnet?[158] Mag Themistokles in der Abstimmung der Volksversammlung (nicht im zuletzt verängstigten Kriegsrat kurz vor dem Angriff) eine Mehrheit errungen haben – die aktive Umsetzung solcher revolutionären Maßnahmen verlangt noch eine ganz andere innere Identifikation mit jenen ungewohnten Handlungen. Themistokles hatte keinen politischen Lehrer, kein Vorbild für seine Ideen – woher hatte er diese Fähigkeiten zu solch vollkommen durchdachten, äußerst komplexen Plänen (Meier: «Ungeheuerlich mutet das an, kaum glaublich, dass am Ende alles so auskam, wie Themistokles es geplant hatte»[159])? Warum haben die Athener ihm zugestimmt, wenn dies alles für sie vollständig gegen die vertrauten Begriffe verstieß und maßgebliche Autoritäten der Stadt warnten und völlig entgegengesetzte Positionen vertraten? Die demokratische Verfassung Athens war umstritten und umkämpft, oft gescheitert, extrem jung und kaum eingeübt – hier hat man aber schon den Eindruck einer verinnerlichten, habituell gewordenen Haltung, die Teil einer kollektiven Mentalität geworden ist – wo kommt dieser Habitus her? Wie kommt es zu diesem merkwürdigen zeitlichen Zusammentreffen der gerade ausgereiften demokratischen Gesellschaftsform, die eine Diskussion und Zustimmung zu Themistokles erst zulässt, und dem Abschluss der Kriegsvorbereitungen des Xerxes? Ohne dass es hier irgendeine kausale Verbindung geben konnte (die attische Demokratie war nicht das Ergebnis der Angst vor den Persern, Xerxes' Planung nicht beeinflusst von den innenpolitischen Vorgängen in Athen), traten die Perser exakt in dem Moment auf, in dem die Athener die Fähigkeit und Möglichkeit erworben hatten, auf sie zu reagieren. Bemerkenswert auch: Der Feldzug geschah – andersherum – gerade noch früh genug, als Sparta in Athen noch so angesehen war, dass sich dieses der militärischen Führung Spartas auf dem Lande anvertraute.

Diese Fragen entstammen nicht philosophischer Spekulation, sondern sind Teil der an den Tatsachen gewonnenen empirischen Erfahrungen. Sie sind selber ein Bestandteil dieser Erfahrungen und Ausdruck dessen, dass die so erstaunlichen Erscheinungen Erklärungen verlangen, die sich aber nicht einstellen. Nicht als Philosoph, sondern als Historiker ruft Christian Meier aus: «Indes, je mehr vom Ausgang der Schlacht bei Salamis abgehangen haben soll, umso mehr stellt sich die Frage, ob er wirklich derart weitgehend zufällig gewesen ist. Geht so Weltgeschichte vor sich?»[160] Wie sehen die Reaktionen auf diese Situation aus? Für die Griechen sprach aus diesen Vorgängen das Numinose, das Eingreifen geistiger Kräfte: der Wille und die Taten der Götter. Moderner Wissenschaft kann diese Antwort nicht genügen, sie verlangt nach erfahrbaren Beobachtungsinhalten. Ranke hätte hier also sein historisches «Ignorabimus» ausgerufen und gefordert, dass Wissenschaft hier zu schweigen habe, und die meisten Forscher werden sich entweder ihm anschließen mit dem Argument, dass man die Gründe für jene auffälligen Phänomene in letzter Instanz nicht wirklich wissen könne, oder sie werden feststellen, dass es sich eben um Zufälle handle. Beiden Reaktionen liegt eine Haltung erkenntnismäßiger Resignation zugrunde. Der Grund dafür lässt sich hier gut beobachten: Es fehlen sinnliche Inhalte, aus denen sich die Ereignisse kausal herleiten ließen. Hier liegt jene in den vorherigen Kapiteln charakterisierte Ursache für die gegenwärtige Ablehnung des Versuches, Geschichte als Entwicklungszusammenhang zu erfassen: Es wird ein Begriff von Empirie praktiziert, der diese ausschließlich auf die Sinnesinhalte fixiert. Unter dieser Voraussetzung müssen Fähigkeiten, die nicht direkt aus vorhergehenden Ereignissen ableitbar sind, Gleichzeitigkeiten, die nicht kausal miteinander verbunden sind, usw. als Gegebenheiten einfach registriert und als unzusammenhängende Zufälligkeiten behandelt werden.

Wenn man die an den Perserkriegen entstehenden Erlebnisse nun aber einmal etwas stärker auf sich wirken lässt, dann kann einem eine scheinbar beiläufige Äußerung Goethes auffallen. An Charlotte von Stein schreibt er am 7.6.1785: Es ist «das wunderlichste an dem Zusammenhange der Dinge, dass eben die wichtigsten Ereignisse, die dem Menschen begegnen können, keinen Zusammenhang haben». Die gewöhnliche Reaktion auf ein zusammenhangloses Ereignis ist Gleichgültigkeit oder Ratlosigkeit, man lässt das Phänomen letztlich unbeantwortet stehen. Durch sein bewusstes Spiel mit der Paradoxie provoziert Goethe hier aber dazu, einmal die Aufmerksamkeit darauf zu richten, welche Wahrnehmungen sich einstellen, wenn man sich beobachtend auf solche «Lücken» in den Zusammenhängen einlässt. Er ist sicherlich nicht allein mit dem Erlebnis, dass nicht selten gerade dort, wo merkwürdige Zufälle, unerwartete Wendungen, das unerklärliche Zusammentreffen ähnlicher Vorfälle o.Ä. auftreten, ein Eindruck entsteht: «Da ist etwas» – auch wenn man noch gar nicht sagen kann, was dies inhaltlich konkret ist. Goethe betont zugleich, dass dieses «Etwas» das Wichtigste sei; wenn man sich einmal fragt, was einem denn tatsächlich wichtig ist im Leben, dann bemerkt man sehr schnell, dass man von äußeren Erscheinungen weg in sehr tief liegende Schichten hineinschaut, in Lebensziele, biografische Antriebe, Verbindungen zu anderen Menschen, also ursächliche *Zusammenhänge*. Christian Meier hat dieses sich gerade in den «Sprüngen» und in den ohne äußerlich auffindbare Gründe zusammengefügten Vorgängen aussprechende «Wichtige» an Athen erlebt und kommt zu bemerkenswerten, für einen Althistoriker überraschende Reflektionen über Zufall, Götter und Sinn (z.B.: «Vielleicht lag ein Sinn in der griechischen Behauptung, wonach es nicht der Wille der Götter sei, dass Europa und Asien einem einzigen Herrn unterworfen seien»[161]).

Das Fehlen von Zusammenhang wäre dann gerade nicht der Ausdruck eines Mangels, eines Fehlens von Sinn etc., sondern der *Anwesenheit* eines Zusammenhangs auf einer tieferen und verborgenen Realitätsebene. Dass es überhaupt *möglich* ist, dass historische Ereignisse unberechenbar und diskontinuierlich sind, überraschen (in der mineralischen, pflanzlichen und tierischen Welt kann das im engeren Sinne nicht geschehen), nicht aus Früherem herleitbar sind und in ihnen einfach kein Gesetz zu fassen ist, beweist, dass sie nicht aus den Verhältnissen der empirischen Welt materieller Erscheinungen abzuleiten sind. Die Zusammenhanglosigkeit ist in Wirklichkeit also kein Fluch, sondern Manifestation der Würde des Menschen, der Souveränität seines Ichs. Wir haben bereits gesehen, dass man nicht von der kausalen Wirkung früherer Ereignisse auf die folgenden sprechen kann, sondern dass das Ereignis als bildhafter Ausdruck auf eine im Unbewussten lebende geistige Ursachenschicht hinweist. Der archimedische Punkt für die ganze Frage nach der historischen Entwicklung liegt in dieser Anschauung der tatsächlichen Wirklichkeit von Geschichte. An den Grenzen der empirischen Erkenntnis stellen sich die ersten Erfahrungen dieser Wirklichkeit ein. Christian Meier hätte es sicherlich weit von sich gewiesen, tatsächlich ein reales göttliches Einwirken in die Geschichte Athens herausgearbeitet zu haben – und dennoch ist er in seiner historischen Beobachtung so genau und ehrlich, dass er wie berührt zu sein scheint von einer geistigen Wirksamkeit, die hinter den äußeren Ereignissen als ordnende «Hand» diese zusammengeführt hat. Er hätte nur die in seinen eigenen Beobachtungen veranlagte Konsequenz ziehen und den letzten Schritt zu wagen brauchen, die im Inneren sich einstellenden Erfahrungen bewusst anzuschauen, dann wäre er zu dem Begriff einer übersinnlichen Impulsierung von Geschichte gekommen.

Mich meines Subjektes entäußernd kann ich nur die Kausalitäten der anorganischen Welt erfassen. Um zu verstehen, wie der Steinwurf und die zerschlagene Scheibe miteinander in Beziehung stehen, muss ich außer diesen materiellen Faktoren keine weiteren mit einbeziehen. Auf dieser materiellen Kausalebene kann ich das Subjekt herausnehmen und auf Distanz halten. Bei der Geschichte ist das gar nicht möglich, da ist das Subjekt Teil des Beobachtungsinhaltes. Erst wenn ich meine an ihnen vollzogene seelische Tätigkeit beobachte, wird mir die Geschichte zum Gegenstand: Ich aktualisiere in mir jenes Seelenleben, dem die äußeren Fakten entspringen. Indem ich *in mir* den realen menschenkundlichen «Zustand» einer historischen Epoche entdecke, bemerke ich, was die griechische Kultur von der babylonischen unterscheidet und unsere Zeit wiederum von den Griechen. Im Gewahrwerden der völlig unterschiedlichen anthropologischen Seinsweisen entsteht im Vergleich sofort die Wahrnehmung einer Richtung des geschichtlichen Prozesses, nicht von Kausalitäten, sondern eines inneren Weges, d.h. einer Entwicklung. Das faktische Nebeneinander verwandelt sich in die Erfahrung der Wirksamkeit von Impulsen zur Verwandlung menschlicher Seelenfähigkeiten.

Im Athen zur Zeit der Perserkriege begegnet uns ein erstaunliches, geradezu kühnes Vertrauen in einen äußerst rationalen, planerischen Gedankenentwurf, zugleich sehen wir, wie der übermächtige Gegner immer wieder (ob in Marathon, an den Thermopylen oder in der Bucht von Salamis) durch strategische «Tricks» überwältigt wird, und einer der Auslöser dieser Entwürfe war das von Delphi stammende Rätsel, das regelrecht dazu da war, durch eine Denkleistung eine Lösung zu finden. Die menschenkundliche Schicht, die wir im Mitvollzug dieser Vorgänge in uns wahrnehmen, zeigt sich deutlich: Wir haben es mit der Entfaltung des menschlichen Verstandes zu tun, den wir in seiner ganzen Beweglichkeit, seiner Zweckmäßigkeit und Macht bei den Griechen unmittelbar als Antriebsmoment des geschichtlichen Handelns erfahren. Gleichzeitig erleben wir in den Ereignissen aber auch eine andere Qualität: Der Verstand tritt nicht nur als neutrale Fähigkeit auf, sondern die Griechen hegen eine regelrechte Begeisterung und Leidenschaft für ihn. Wir kennen Dokumente emotionalen Triumphes angesichts der eigenen Begabungen: Die persische Gesandtschaft wird in Sparta in den Brunnen gestürzt, der Befehlshaber Hydarnes mit der selbstbewussten Antwort abgespeist: «Du kennst die Knechtschaft, aber von der Freiheit weißt du nichts» (aus Herodot, Buch VII). Die heftig geführten Diskussionen auf den Volksversammlungen zeigen, dass der Drang zur politischen Mitbestimmung keine theoretische Angelegenheit ist, sondern eine Herzensangelegenheit, die Hopliten überwinden sich und setzen sich tatsächlich neben die Ärmeren und ergreifen die Ruder, und der große Themistokles, dem man alles verdankt, wird später per Ostrakismos aus der Stadt gejagt – eine demokratische Institution galt mehr als das Ansehen eines Mannes! Hier wird also verständlich, was Rudolf Steiner mit jenem Doppelbegriff «Verstandes- und Gemütsseele» benennt.[162] Vergleicht man diese Seelenverfassung mit den Persern, so stößt man auf die eigentümliche Tatsache, dass nach dem Verlust der ersten Schiffe in der Meeresenge vor

Salamis die persischen Kapitäne der folgenden Schiffe sich angesichts der griechischen Überrumpelung nicht zurückzogen, um in Ruhe eine neue Strategie zu entwerfen; es war einmal der Befehl von Xerxes ausgegangen, und nun wurde er mechanisch ausgeführt – eine ähnliche Unbeweglichkeit hatte sich in der Schlacht von Marathon gezeigt, als die Perser überhaupt nicht auf das überraschende Manöver der plötzlich losrennenden und den Pfeilregen unterlaufenden Griechen reagierten. Nimmt man diese Vorgänge zusammen mit den oben dargestellten Phänomenen aus der babylonischen Geschichte, dann findet man historische Gebärden, die damit zusammenstimmen: Man denke an die 74 Frauen, die ihrem König nachstarben, an das Bild der Kinder, die ihrem König einmütig folgen usw. In dem Versuch, den sich hier eröffnenden erkenntnismäßigen Abgrund zwischen unserer und der damaligen Zeit zu verstehen, werden wir dazu herausgefordert in uns einen Bewusstseinszustand aufzurufen, in dem wir uns jedes selbstständigen Gedankens und individuellen Selbsterlebens enthalten, uns ganz ausfüllen und führen lassen von den Signalen und Anstößen, die von außen kommen. Es gibt hier noch keine Instanz, die beurteilen und aus einem persönlichen Eigenleben heraus die Außenwahrnehmungen ordnen will, sondern das eigene Innere übergibt sich in Ehrfurcht der es in der Außenwelt repräsentierenden Autorität, in deren Regelungen unendliche Weisheit erlebt wurde. Das aus diesem inneren Zustand sich bestimmende Glied des menschlichen Wesens nennt Rudolf Steiner bezeichnenderweise «Empfindungsseele» und die Epoche, die von ihr geprägt wird, das «Zeitalter der Empfingungsseele».

Vollzieht man innerlich die beiden hier beschriebenen Erscheinungskomplexe der griechischen und der ägyptisch-babylonischen Kultur in sich aktiv nach, vermittelt sich unverkennbar eine Richtung, die Realität eines Weges. Mit den Perserkriegen wird ein Prozess wirksam, in dem aus dem bisherigen Gefüge des menschlichen Wesens ein neues «Glied» geboren wird. Mit ihm individualisiert sich der Mensch, verfügt über ein emanzipiertes Eigenleben, das mit einem selbst geführten Verstand und einem emotional verinnerlichten Gemütsleben ein ganzes Stück mehr «er selbst», also freier, geworden ist. Zwischen der Grabanlage von Ur, den Kommandos des Xerxes, der Rätselfreude der Griechen oder der Verbannung des Themistokles besteht überhaupt keine gegenständliche, innerhalb der empirischen Tatsachen auffindbare, geschweige denn kausale Verbindung, und dennoch vermittelt sich im nachvollziehenden Einleben in die Gebärdensprache jeder dieser einzelnen Erscheinungen ein Zusammenhang, der die Gründe dieser historischen Ereignisse zur Erfahrung bringt. Indem das Ereignis als Ausdruck, als «Symptom» erfasst wird, richtet sich der Blick von der Oberfläche der Erscheinungen in die Tiefe der Ursachenschicht, und diese wird als Entwicklungsvorgang erlebbar. Nicht kontinuierlich wachsend, sondern wie aus einem «Nichts» entstehend, bestehende Lebenserfahrungen im «Unsichtbaren» umschmelzend und zu völlig neuer äußerer Gestalt umformend, ohne kausale Verbindung zwischen einem Vorher und einem Nachher, dennoch mit dem Früheren in einem inhaltlichen Zusammenhang stehend und eine Identität bildend tritt ein Kulturzustand in Erscheinung, der den Menschen verwandelt hat, individueller, emanzipierter, letztlich also freier sein lässt als in den vorangegangen historischen Epochen. Diese Erkenntnis ist nicht wieder Ergebnis eines begrifflichen Entwurfes, sondern ergibt sich als Beobachtung bereits vom Menschen geleisteter Erkenntnisse und Taten. In diesem Sinne betont Rudolf Steiner an zentraler Stelle seiner *Philosophie der Freiheit*: «Wenn wir das Gesetzmäßige (Begriffliche in dem Handeln der Individuen, Völker und Zeitalter) aufsuchen, so erhalten wir eine Ethik, aber nicht als Wissenschaft von sittlichen Normen, sondern als *Naturlehre der Sittlichkeit*.»[163] (Hvhbg. v. Verf.) Es gibt nicht ein abstraktes Entwicklungsgesetz, sondern individuelle Handlungsimpulse, in denen ich im Nachhinein – in der erweiterten historischen Empirie – etwas Gesetzmäßiges entdecken kann. Dies kann mir in meinem Denken und Handeln helfen, aber nicht als teleologische Maxime, sondern als in meinem Willen lebende Antriebsrichtung.

Es gibt einen sinnvollen Entwicklungsgang der Geschichte, wir müssen nur erst durch Verwandlung unseres Erkenntnislebens seiner teilhaftig werden. Er lebt in uns als ganz reale, fast gegenständliche Wirksamkeit, scheint vor unserem heutigen Bewusstsein aber wie von einem Schleier verborgen zu sein. Es ist deutlich geworden, dass der «Gegenstand» der Geschichte eine sich im halb- oder unbewussten Gefühls- und Willensleben darlebende Schicht von Handlungsimpulsen ist. Da es aber keinen Automatismus von Veranlagung und Umsetzung gibt, sondern der Mensch selbst durch seine Bewusstseinsleistung erst die Impulse Wirklichkeit werden lässt oder eben nicht, ist es immer so, dass Zeitimpulse Geschichte werden, gleichzeitig aber eine Fülle von Vorgängen einfach aus der Vergangenheit fortrollen, stehen bleiben, abbrechen und scheitern. Die historische Erscheinungswelt selbst wird also nie ein geschlossenes Bild der eigentlich wirksamen Entwicklungstendenzen zeigen können – wer solche ganzheitlichen Bilder entwirft, diskreditiert sich als Ideologe oder Belletrist. Im einzelnen Symptom, nicht in quantitativ vollständigen, geordneten Tatsachenreihen offenbart sich der unterschwellige historische Entwicklungsgang. Er ist äußerlich nicht unmittelbar ansichtig.

So wenig man das Unzusammenhängende der Geschichte gegen den Entwicklungsgedanken ins Felde führen kann, so wenig greift auch der Einwand, die Katastrophen und Perversionen der Geschichte widerlegten Entwicklung, ja, z.T. erscheine die Historie vielmehr als Rückschritt. Diese Auffassung ist angesichts der ungeheuer schmerzvollen Erfahrungen der neueren Geschichte, der Abgründe insbesondere der letzten 100 Jahre natürlich ausgesprochen naheliegend. Als Geschichtslehrer stelle ich auch immer wieder fest, wie stark viele junge Menschen die Geschichte als Niedergang begreifen, sich für die Weisheit der Aborigines oder anderer alter Kulturen begeistern und sehen, dass mit unseren modernen Errungenschaften der Glanz dieser sozial harmonisierenden, spirituellen, naturverbundenen Lebensformen verloren gegangen ist. Geschichtsschreibung wird immer die Niedergangserscheinungen gründlich und ohne Beschönigung in aller ihrer Hässlichkeit zu erforschen haben. Zugleich stelle ich an den Schülern aber auch fest, dass sie sich selbstverständlich in der Oberstufe nicht einfach vorschreiben lassen, wohin die Klassenfahrt geht, sondern Mitbestimmungsbedürfnisse zeigen wie die leidenschaftlichsten Griechen, dass sie sich als Frau nie so behandeln lassen würden wie noch vor wenigen Jahrzehnten, dass sie nie automatisch den Beruf des Vaters ausüben würden u.v.m. – in jedem jener zivilisationsskeptischen Schüler steckt ein tiefes Vertrauen in die Errungenschaften der Historie. Entwicklung ist nicht zu verwechseln mit bloßem Fortschritt – zu diesem naiven und missverständlichen Entwicklungsbegriff können wir nicht zurück. So wenig, wie man ein dreijähriges Kind dafür kritisieren würde, dass es noch nicht kopfrechnen kann, so wenig würde man die Aborigines dafür verurteilen, dass sie ihre Mädchen schon als Babys oder kleine Kinder einem Ehepartner zugewiesen haben – und dennoch würden wir beim Kind wie beim Aborigine sagen, dass eine spätere Zeit eine Weiterentwicklung gebracht hat. Es geht hier nicht um elitäre Werturteile über andere Kulturkreise vom Standpunkt des eigenen, gegenwärtigen Zivilisationshorizontes aus, es geht nicht darum, ob eine Zeit «*besser*» ist als die andere. Als Erwachsene haben wir bestimmte Fähigkeiten, die ein Kind nicht hat, aber deshalb beurteilen wir natürlich den Zustand des Kindes nicht moralisch. Vielmehr werden wir uns dem Kind und den früheren Kulturen gegenüber immer auch schmerzlich den *Verlust* von Fähigkeiten wie z.B. einer gewissen Reinheit und Unschuld, einer Spontanität, Selbstlosigkeit usw. eingestehen müssen. Geschichtsbetrachtung muss offensichtlich immer zwei gleichzeitige, aber gegensätzliche Vorgänge in eins zusammenschauen: Fortschritt und Verlust, Aufstieg und Niedergang. Uns geht es nicht besser als damals, die tatsächliche Entwicklung besteht aber darin, dass wir eine Selbstständigkeit gewonnen haben, eine Emanzipation unserer Individualität, die die Geschicke der Menschheit, die Entscheidungen über die historischen Handlungen heute stärker in unsere eigenen Hände gelegt hat als jemals zuvor. Der Fortschritt besteht in der Freiheit, für die Geschichte selbst verantwortlich zu sein – damit ist zugleich aber auch die Möglichkeit zu größtem Irren und Versagen gegeben. Nicht an den gelungenen Ergebnissen, sondern an den ihnen zugrunde liegenden Veranlagungen kann man die Entwicklung festmachen. Wo mir Freiheit überantwortet wird, kann ich Möglichkeiten ergreifen und realisieren – oder auch völlig scheitern. So schmerzhaft und abgründig die Katastrophen des 20. Jahrhunderts und der Gegenwart also sind – sie sind nicht ein Beweis gegen den Entwicklungsgedanken und für die Sinnlosigkeit von Geschichte. So paradox und fragwürdig dies auch klingen mag: Sie sind letztlich sogar ein Indiz für historische Entwicklung.

Wir stoßen hier auf eine Deutung der jüngsten Geschichte. Historie als Niedergangsgeschehen aufzufassen (ein Exponat hierfür ist Oswald Spengler mit seiner Schrift *Der Untergang des Abendlandes*) steht in einer Reihe von Vorgängen, die sich merkwürdig parallel im 19. Jahrhundert vollzogen haben. Der in diesem Kapitel thematisierte «Abschied von der Idee», also von der idealistischen Philosophie Hegels, Schellings und Fichtes bzw. überhaupt aller philosophischen, rein ideellen Weltdeutungen, wurde in der Mitte des 19. Jahrhunderts geradezu kollektiv «vollstreckt». Man könnte Formulierung an Formulierung reihen, in denen ab ca. 1850 systematisch die aus der Idee heraus entwickelte Welterklärung zu Grabe getragen worden ist – der Liberale Johannes Miquel rief aus: «Die Zeit der Ideale ist vorüber»,[164] Marx' Diktum: «Es ist nicht das Bewusstsein der Menschen, das ihr Sein, sondern umgekehrt ihr gesellschaftliches Sein, das ihr Bewusstsein bestimmt» ist letztlich derselben Haltung geschuldet,[165] und machtpolitisch konsequent drückt diese sich schließlich in Bismarcks berühmten Worten vor dem preußischen Abgeordnetenhaus aus: «Nicht durch Reden und Majoritätsbeschlüsse werden die großen Fragen der Zeit entschieden [...], sondern durch Eisen und Blut.»[166] Mit den Strömungen des Empirismus und Positivismus, Darwinismus, Naturalismus usw. ging quer durch alle Kulturfelder die Auffassung, dass Erkenntnis sich auf die materiellen Inhalte der Sinnesbeobachtung stützen müsse und diese gegenständlich-materielle Welt die eigentliche Wirklichkeit sei und Ideen nur nebulöser Zusatz. Das beschriebene gegenwärtige Geschichtsbild, das Historie nur als zusammenhangs- und ordnungsloses

Nebeneinander von Fakten ohne Sinn und Richtung ansieht, ist selber Ausfluss dieses historischen Umschwunges, der seinen Anfang bereits mit Beginn der Neuzeit nimmt, im 19. Jahrhundert aber noch einmal einen entscheidenden Schritt vollzieht. Die «toten Fakten» sind Ergebnis eines erstaunlichen zivilisatorischen Verlustes des Vertrauens in die Realität des Gedankens (Theodor Mommsen: Reflexionen über die Idee seien überflüssig, «denn das ist Metaphysik und also lächerlich»[167]). Wir haben am Beispiel Rankes gesehen, dass in diesem Vorgang sich der Drang geltend macht, Geschichte nicht aus Begriffen herzuleiten, sondern eine *Erfahrungs*wissenschaft zu praktizieren, die den realen Individuen begegnet, aus deren Handlungen Geschichte hervorgeht. Dies führte zu einer radikalen Hinwendung zur materiellen Empirie, mit einer tragischen Folge: Die Ganzheiten zersplittern, Inhalte isolieren sich, erfassen lässt sich in den fragmentarischen Dokumenten nur Vergangenes, das Gewordene, und nicht ein zukünftiges Ziel. Dieser sprunghaft und wiederum äußerlich unverbunden auftretende, zugleich aber ausgesprochen kollektive und geschichtsmächtige Umschwung in seiner inneren Gebärde angeschaut, offenbart selbst einen Entwicklungsschritt, der in eine Richtung weist: Dem Forscher erstirbt die Wirklichkeit, zugleich wird er sich aber seiner eigenen Erkenntnistätigkeit, seiner Rolle als Subjekt im Vorgang der Begriffsbildung bewusst. Rudolf Steiner bezeichnet die gegenwärtige historische Epoche deshalb als «Zeitalter der Bewusstseinsseele»,[168] er schildert, wie alle sozialen und erkenntnismäßigen Vorgänge in Todesprozesse einmünden, die zugleich erst Bewusstsein ermöglichen. Die «Verstandesseele» kommt an eine Grenze, bemerkt, dass sie noch nichts wusste von dem individuellen Wesen, das in der Verstandestätigkeit unbeobachtet tätig war.

Damit kommen wir ganz bei der Freiheit an, weil sich erst jetzt das Subjekt seiner selbst voll bewusst wird, zugleich gehört zu diesem zu sich selbst erwachten seelischen Glied aber noch eine zweite Seite: Sie darf beim Todesprozess nicht stehenbleiben, sondern muss zu den Quellen finden, aus der die Geschichte lebendig und neu gegriffen weitergeführt werden kann. Unsere gegenwärtige Auseinandersetzung um Entwicklung, d.h. also jene unsere heutige Skepsis auslösende «Sackgasse» zwischen Ideologie und krankmachender Empirie, enthüllt ihren tieferen Sinn: Die Zusammenhanglosigkeit der Geschichte zu bemerken ist völlig richtig und geradezu notwendig, ist sie doch der unmittelbare Ausdruck der Realität von Geschichte. Um diese nun aber wirklich zu erfassen, bedarf es eines nächsten, existenziell bedeutenden Schrittes, der in dieser Zusammenhanglosigkeit durch eine erweiterte Empirie zur vollen historischen Wirklichkeit, nämlich zu einem sinngetragenen Entwicklungsprozess, vordringt und damit Orientierung gewinnt, Sinn stiftet und ein Handeln ermöglicht, das in der Wirklichkeit wurzelt und nicht zerstört.

Ganz im Sinne Viktor E. Frankls wird unsere Zivilisation nur gesund werden können, wenn wir zu Sinnerfahrungen gelangen. Wie viel wäre dafür gewonnen, wenn es gelänge, auf modernem, wissenschaftlichem Weg bewusster Erfahrung das gegenwärtige «Entwicklungstabu» zu durchbrechen und uns in einem zielvollen Werdegang zu erfassen, in dem wir unsere Aufgabe, einen tieferen Sinn unseres Handelns erleben. Es wird viel davon abhängen, ob wir zu einem erweiterten Geschichtserkennen vordringen, dem verständlich wird, warum ein solcher Weg zur Entdeckung echter weltgeschichtlicher Entwicklungszusammenhänge führt. Wesentlich ist hierbei, dass eine solche Geschichtserkenntnis dem in unserem Zeitalter notwendigen Todesmoment des gegenwärtigen Verstandesdenkens nicht durch neuerliche Konstruktionen von Geschichtsmodellen, Rückgriffe auf vergegenständlichte Vorstellungen auszuweichen versucht, sondern sich dem Unzusammenhängenden nicht nur stellt, sondern es regelrecht begrüßt als den Ausdruck der tieferen Realität der Geschichte. Ein aktiver Umgang mit den sich zwingend einstellenden Erkenntnisgrenzen geht immer wieder den Weg durch diesen Nullpunkt hindurch, um schließlich zu einer Erfahrung der geistigen, prozessualen Wirklichkeit geschichtlicher Entwicklung und ihrer bis in die individuelle Biografie hineinwirkenden Impulse zu gelangen.

Teil II: Der Schüler.
«Wer spricht da? Ich, dein Stern»[169]

1. Eine schwere Geburt:
Das Erwachen der Persönlichkeit

Die vorangegangenen Betrachtungen möchten nicht einem wissenschaftlichen Selbstzweck, sondern den Schülern dienen. Forschung und Lehre sollten zwar nicht gegeneinander ausgespielt werden, dennoch wird jede Spur von wissenschaftlicher Selbstbezogenheit den Schüler bemerken lassen, dass es eigentlich nicht um ihn, sondern um die private Egoität des Lehrers geht. Eine gute Pädagogik wird wesentlich auch aus der Beschäftigung mit der Sache, aus der Erkenntnissuche des Lehrers impulsiert. Die große Herausforderung und zugleich die Freude des Lehrerberufes besteht jedoch darin, dass ihm das Gedeihen von Lebenszusammenhängen, das konkrete Schicksal der Heranwachsenden anvertraut ist. Es klingt selbstverständlicher, als es an den Schulen tatsächlich oft gelebt wird: Der Unterricht dient der Entwicklung der ihm übergebenen, sehr verschiedenen Menschen – der fachliche Inhalt muss sich an dieser Entwicklung beweisen.

Die Ausführungen im letzten Kapitel sollten die Grundlage beschreiben, aus denen heraus die Wissenschaft erst ihren Weg in die Pädagogik finden kann. Eine spirituell erweiterte Geschichtserkenntnis regt im Lehrer einen inneren Weg an, der ihn erst das Leben, den eigentlichen Gegenstand der Geschichte, entdecken lässt. Diese Entdeckung verbindet ihn mit dem Schüler. In diesem pulsiert Geschichte ganz unmittelbar und existenziell, es leben in seinem Unterbewusstsein eine Fülle von Fragen, und insofern möchte er auf einen Menschen stoßen, der den Puls der Zeit kennt und ihn vor allem lebt – und der nicht von erstorbenen Scheingebilden redet, die mit ihm gar nichts zu tun haben. Idealismus, Veränderungswille, das Vertrauen in die Gestaltbarkeit der Zukunft erhalten im

Schüler nur Nahrung und Anregung, wenn der Lehrer durch die Verlebendigung seines eigenen Denkens selber das historische Bild abgelebter Vergangenheit umwandeln kann in eine Wahrnehmung und zugleich Verwirklichung der verborgenen, geistigen Triebkräfte der Geschichte – die sich nirgendwo so aussprechen wie in den unterschwelligen Impulsen der jungen Generation. Auf die Frage hin, was denn Anthroposophie zur Methodik des Erziehens zu sagen habe, antwortete Rudolf Steiner insofern schon 1915: «Die beste geisteswissenschaftliche [den Geist erforschende, nicht fachwissenschaftliche, A.B.] Erziehungsmethode bestünde darinnen, dass möglichst viele Erzieher in die Geisteswissenschaft sich lebendig vertiefen und die Gefühle sich aneignen, die aus der Geisteswissenschaft kommen.»[170]

Damit ist schon angedeutet, dass es nicht um das Methodische als solches gehen kann – eine pädagogische «Strategie» kann genauso wie vorgefasste gesellschaftliche Leistungserwartungen oder weltanschauliche Vorlieben des Lehrers den Schüler verfehlen. Auf diesen Sachverhalt hat Rudolf Steiner immer wieder gedrungen: «Wichtiger als, wie gesagt, irgendeine abgezirkelte Methode in Bezug auf den oder den Gegenstand ist, dass man [...] in dieses innerlich durch und durch moralische Verhältnis zu den Schülern kommt.»[171] Auch die damit verbundene Herausforderung wird von Steiner beschrieben: «Heute beschwert man diejenigen, die Erzieher werden sollen, ganz besonders damit, dass man ihnen allerlei Grundsätze beibringt, *wie* sie unterrichten, *wie* sie erziehen sollen. Das wird in der nächsten Zukunft das viel weniger Wichtige sein. Dagegen wird das Wichtige sein, dass sie die Menschennatur in ihren verschiedenen Äußerungen kennenlernen, dass sie Psychologen im intimsten Sinne werden, dass sie richtige Seelenkenner werden. Denn die Beziehung des Erziehers, des Unterrichters zu dem Zögling, muss eine dem Hellsehen analoge werden. Wenn sich auch der Erzieher dessen nicht voll bewusst ist, sondern es instinktiv in seiner Seele lebt, so muss es doch so sein, dass er instinktiv, speziell als Lehrer, bis zur Prophetie ein Bild dessen bekommt, was aus dem zu Erziehenden heraus will. Und dann wird das

Merkwürdige sich ergeben, so sonderbar es heute klingt: Die Erzieher der Zukunft werden viel von ihren Zöglingen träumen, denn in die Träume verhüllen sich die Prophetien. Die Bilder, die wir in den Träumen haben, die haben wir nur aus dem Grunde, weil wir ungewohnt sind, den Traum mit der Zukunft zusammenzubringen; wir werfen wie ein Kleid über einen Leib die Reminiszenzen aus der Vergangenheit darüber. Das, was eigentlich im Traume lebt, weist immer auf die Zukunft hin.»[172]

Die weitere Darstellung soll sich insofern nun ganz dem jugendlichen Schüler zuwenden. Seine Situation ist zunächst maßgeblich geprägt von dem radikalen Umbruch um das vierzehnte Lebensjahr, der als «Pubertät» oder Geschlechtsreife eigentlich nur unzureichend beschrieben wird. Nicht nur er selbst wird ein anderer, sondern auch sein ganzes Verhältnis zur Außenwelt. Er beginnt ein eigenes, kritisches Urteilsvermögen auszubilden, zugleich aber auch eigenverantwortliches Handeln und ein oft sehr intensives persönliches Engagement im sozialen Miteinander. Es ist vielfach dargestellt worden, wie sich in diesem Alter der Atem verändert und damit das Gefühlsleben sich vertieft und persönlicher wird, wie durch den Wachstumsschub der Gliedmaßen der Körper so unter den Einfluss der Schwere kommt, dass sich der junge Mensch aus seiner persönlichen Mitte heraus sein Gleichgewicht und sein Verhältnis zur Erde neu – wie eine Art zweiten Rückgrats – erringen muss, oder wie das Seelenleben nun chaotisch zwischen den Emotionen und Leidenschaften, den Sehnsüchten und Ängsten, zwischen Sympathie und Antipathie hin- und hergeworfen wird und dadurch erfährt, wie es eine höhere Instanz – das Ich – aufrufen muss, die in der Seele die willentliche Führung übernimmt.[173] Hier soll das Augenmerk zunächst auf einen anderen Gesichtspunkt gelenkt werden, der für die Frage nach dem Geschichtsunterricht von großer Bedeutung ist und einen wesentlichen Untergrund für die hier nur kurz skizzierten Prozesse überhaupt bildet.

In der Einleitung wurde bereits beschrieben, wie beim jungen Menschen mit dem Abstreifen der Kindheit und der allmählichen Herausbildung der eigenen Persönlichkeit ein verborgenes, aber entscheidendes

Ereignis einhergeht: die – zunächst nur ahnend-unbewusste – Entdeckung eines Lebensentwurfes, welcher der ganzen Biografie bisher schon zugrunde lag, jetzt aber erst sichtbar wird und zur Verwirklichung drängt. Der Jugendliche entdeckt einen – um mit Schiller zu sprechen – «idealischen Menschen»,[174] einen «zweiten Menschen» im Mensch[175] in sich, der nicht Produkt seiner Eltern oder seiner Umgebung ist, sondern sich selbst seine Bestimmung und seine Ziele setzt. Er fühlt sich entfremdet von der Welt der Vergangenheit und spürt zugleich einen Sog aus der Zukunft – obwohl seine Zielsetzungen wie aus einer uralten, ursprünglich-heimatlichen Sphäre heraufdämmern. Es regt sich in ihm eine Erinnerung an den zeitlosen, ewigen Kern seines Wesens.

Mit der Geschlechtsreife tritt also ein bisher noch nicht wahrgenommener, neuer Mensch ans Tageslicht, und ein wesentliches Merkmal dieses Ereignisses ist ein völlig verändertes Verhältnis zu Vergangenheit, Gegenwart und Zukunft, also zur Zeit. Der Grund für diese Veränderung ist in der Natur des «Astralleibes» zu suchen. Einen elementaren Eindruck von dessen Wirklichkeit erhält man, wenn man es einmal unternimmt, die eigene Hand und den Unterarm so zu betrachten, als wären sie nicht ein Glied des eigenen Körpers, sondern irgendein Gegenstand der Außenwelt. Vertieft man sich gründlich genug in diesen Eindruck und vergleicht diesen dann mit dem gewöhnlichen Erleben von Hand und Arm, so erfährt man den Unterschied zwischen Wahrnehmung der Physis und Wahrnehmung des Astralleibes. Dieser Letzteren vermittelt sich eine Wirklichkeit, die im Physischen nicht vorkommt: das Erleben unseres eigenen Leibes. «Den von innen, in bewusster Beziehung zur Seele erfahrenen Leib»[176] kann man Astralleib nennen. Bezeichnenderweise führt Rudolf Steiner den Begriff des Astralleibes in seiner *Theosophie* nach der Charakterisierung des physischen und des ätherischen Leibes über eine vorgezogene Schilderung des rein Seelischen ein. Er verweist dazu auf ein Beobachtungsbeispiel: «Die Lichtstrahlen dringen in das Auge; sie pflanzen sich innerhalb desselben bis zur Netzhaut fort. Da rufen sie chemische Vorgänge (im sogenannten Sehpurpur) hervor; die Wirkung dieser Reize setzt sich durch den Sehnerv bis zum Gehirn fort; dort entstehen weitere physische Vorgänge. Könnte man diese beobachten, so sähe man eben physische Vorgänge wie anderswo in der Außenwelt. Vermag ich den Lebensleib zu beobachten, so werde ich wahrnehmen, wie der physische Gehirnvorgang zugleich ein Lebensvorgang ist. Aber die Empfindung der blauen Farbe, die der Empfänger der Lichtstrahlen hat, kann ich auf diesem Wege nirgends finden. Sie ersteht erst innerhalb der Seele dieses Empfängers. Wäre also das Wesen dieses Empfängers mit dem physischen Körper und dem Ätherleib erschöpft, so könnte die Empfindung nicht da sein.»[177] An dem Unterschied zwischen der Betrachtung der physisch-chemischen Vorgänge im Auge und Gehirn und dem Erlebnis der Farbe als solcher macht Steiner den Leser auf den selbstständigen Realitätsbereich des Seelischen aufmerksam. Die Seele wird als «Tätigkeitsquell» beschrieben, der den körperlichen Sinnesreizen nach allen Seiten hin mit Empfindungen (zu denen schon die einfachste Wahrnehmung gehört, die mich z.B. blau von rot unterscheiden lässt) antwortet. In diesem Sinne haben wir es zum ersten Mal mit einer Innenwelt zu tun (die nun nicht mehr als leerer Raum vorgestellt werden kann). Sehr aufschlussreich ist, dass Steiner schon hier – 21 Jahre vor der zitierten Stelle in den Leitsatzbriefen – den Vergleich mit einem Bild verwendet: Den Menschen sich ohne Seele, nur als physischen Leib, vorzustellen sei gleichbedeutend damit, sich von einem Gemälde bloß die Leinwand vorzustellen.[178] Hält man beide Stellen zusammen, so wird nun deutlich, dass die Wirklichkeit des Astralischen, von der wir hier sprechen – und damit eben auch der Geschlechtsreife –, ohne imaginative Erkenntnis gar nicht zu erfassen ist. In seiner Fragment gebliebenen Schrift *Anthroposophie* nennt Steiner den Astralleib «Bilderleib»[179] und stellt damit explizit die den Bildern zugrunde liegende seelische Realitätsschicht als die Realität des Astralleibes heraus (es ist evident, dass mit diesem Ausdruck nicht die rein quantitative Summe der Bildinhalte gemeint sein kann, da diese nicht die spezifisch eigene Form und Abgeschlossenheit eines eigenständigen Wesensgliedes des Menschen besitzen kann).

Wenn der Weg zum Astralleib über eine Betrachtung des Seelischen genommen wird, erhebt sich natürlich die Frage, warum zuletzt dann von einem «Leib» gesprochen wird. Eine Antwort ergibt sich daraus, wie Rudolf Steiner «Leib» überhaupt definiert: «Mit ‹Leib› soll bezeichnet werden, was einem Wesen von irgendeiner Art ‹Gestalt›, ‹Form› gibt. Man sollte den Ausdruck ‹Leib› nicht mit sinnlicher Körperform verwechseln.»[180] Wenn die Rede von einem «Astralleib» ist und Steiner zu diesem Zwecke die durch den physischen Körper (z.B. die Sinneswerkzeuge) der Seele gegebenen Grenzen beschreibt, so ist also deutlich, dass die Form des Astralleibes trotz jener Grenzen nicht durch die Physis gegeben ist, sondern als eine rein seelische Gestalt aufzufassen ist, die aber so gebildet ist, dass sie über den Ätherleib mit der Physis in Verbindung treten kann. Insofern spricht Steiner an anderen Stellen auch einfach nur von dem, «was wir als das eigentliche Seelenleben bezeichnen können».[181]

Wenn die «Substanz» des Astralleibes erfasst worden ist, kann auch deutlich werden, was der Mensch diesem Wesensglied verdankt: Aus ihm gehen neben den sinnlichen Wahrnehmungen die Triebe (als dumpfer Drang von innen im Sinne von Hunger, Durst, Müdigkeit etc.), das Begehren (das von Wahrnehmungen wie z.B. Geruch affiziert ist) und die Leidenschaften hervor. Wenn Rudolf Steiner in dem erwähnten Fragment *Anthroposophie* vom «Bilderleib» spricht, «der aus sich heraus die Kräfte der Begehrung und Bewegung anfacht»,[182] hebt er noch einen etwas anderen Aspekt hervor. Zu dem seelischen Dasein des Menschen gehört, dass er aus seinem inneren Begehren heraus ja letztlich immer aktiv werden will, dass die Impulse, die sich in seinem Innern regen, nach tätiger Umsetzung verlangen. Insofern spricht Henning Köhler im Hinblick auf diese Tätigkeit auch zutreffend von «Ausdruck».[183] Ganz ähnlich charakterisiert Steiner dieses Tätigkeitsmoment in einem pädagogischen Vortrag,[184] in dem er einen Gedanken von Augustinus aufgreift. Dieser habe noch sozusagen instinktiv etwas von der Wirklichkeit des Astralleibes erfasst, indem er darauf hinwies, dass durch ihn «sich der Mensch mit alledem bekannt [mache], was durch die Menschheit künstlich in die Menschheitsentwickelung hineinwallt. Wenn wir ein Haus bauen, einen Pflug fabrizieren, eine Spinnmaschine konstruieren, so ist das so, dass die Kräfte, die dabei vom Menschen in Betracht kommen, an den astralischen Leib gebunden sind.»[185] Gerade die Beispiele des Hauses, des Pfluges und der Spinnmaschine sowie der Hinweis auf das «Künstliche» heben die Eigenschaft des Technischen hervor, über die bloße Natur hinauszugehen, sodass es dem Eigenen des Menschen entspricht. Insbesondere solche Dinge, die sich nicht dem unmittelbaren Vorbild der Natur verdanken, sondern ihr «hinzugefügt» werden, sind dazu angetan, Ausdruck der menschlichen Seele zu werden. Es ist – so Steiner – das vom Menschen «selbst Hervorgebrachte»,[186] was auf den Astralleib hinweist. An diesem Hervorgebrachten kann man erleben, dass es eine Instanz im Menschen gibt, die aus einem unsichtbaren Inneren heraus Impulse in ein äußeres Tun umsetzen will.

Nun lässt sich natürlich einwenden, dass all diese Merkmale des Astralischen doch für das Kind auch schon gelten: Es hat Empfindungen, ist geradezu angefüllt von Begehrungen, und nie bewegt sich der Mensch so viel wie in der Kindheit – und zwar durchaus differenziert wie z.B. beim Malen, Singen aus spontaner Freude heraus, Rollenspiel usw. Wenn also im Folgenden von einer Geburt des Astralleibes die Rede sein wird, so heißt das nicht, dass es das Astralische beim Kind nicht auch schon gab. Der entscheidende Sachverhalt liegt darin, dass dieses Astralische noch keine persönliche Signatur trägt, also noch nicht als individuelle Gestalt auftritt. Erst mit der Geschlechtsreife beginnt die Sehnsucht nach dem «einen» Partner und der Liebesbeziehung zu ihm, Freundschaften verblassen und gleichzeitig vertiefen sich andere auf bisher nicht gekannte Weise gegenüber wenigen «wirklichen» Freunden. Ein Kind schließt demgegenüber fast die ganze Welt in sein Herz ein, auch wenn hier ebenfalls schon von Freunden die Rede ist oder es bereits im Kindergarten den einen gibt, den man einst heiraten will. Ein sehr schönes Zeugnis von dem hier angesprochenen Unterschied findet sich in den Tagebuchaufzeichnungen der Anne Frank. Am 20. Juni 1942 notiert sie: «Nun bin ich bei dem Punkt angelangt, an dem die ganze Tagebuch-Idee angefangen hat: Ich habe keine Freundin. Um noch deutlicher zu sein, muss hier eine Erklärung folgen, denn niemand kann verstehen, dass ein Mädchen von dreizehn ganz allein auf der Welt steht. Das ist auch nicht wahr. Ich habe liebe Eltern und eine Schwester von sechzehn, ich habe, alle zusammengezählt, mindestens dreißig Bekannte oder was man so Freundinnen nennt. Ich habe einen Haufen Anbeter, die mir alles von den Augen ablesen und sogar, wenn's sein muss, in der Klasse versuchen, mithilfe eines zerbrochenen Taschenspiegels einen Schimmer von mir aufzufangen. Ich habe Verwandte und ein gutes Zuhause. Nein, es fehlt mir offensichtlich nichts, außer *die* Freundin. Ich kann mit keinen von meinen Bekannten etwas anderes tun als Spaß machen, ich kann nur über alltägliche Dinge sprechen und werde nie intimer mit ihnen. Das ist der Haken. Vielleicht liegt dieser Mangel an Vertraulichkeit auch an mir. Jedenfalls ist es so, leider, und nicht zu ändern.»[187]

Auch unabhängig von der partnerschaftlichen Seite wird es schwer fallen, bei einem Kind wirkliche Leidenschaften im Sinne individueller, unstillbarer Neigungen einem ganz speziellen Gegenstand gegenüber festzustellen. Häufig handelt es sich um Bedürfnisse, die unverbindlicher und wechselhafter und verhältnismäßig leicht zu befriedigen sind. Ähnliches lässt sich über den Ausdrucksaspekt des Astralleibes sagen. Kinder fühlen nicht den Drang, sich in ihrer Kleidung markant von den Mitschülern zu unterscheiden. Die Kleidung soll schön sein, aber das Kind sucht in ihr nicht die Möglichkeit zur Selbstdarstellung. Das Singen kann wirklich einem freudigen Erlebnis im Innern entspringen, das «herauswill». Dieses Innere ist aber noch etwas ganz Allgemeines, eine Stimmungslage, die in den betreffenden Situationen für ganz viele Menschen zutrifft. Es ist noch nicht persönliches, eigenstes Seelenleben und die Musik noch nicht der Versuch, der eigenen Persönlichkeit als solcher Ausdruck zu verleihen. Die Bands, das Entdecken des einen Albums, mit dem man sich für Ewigkeiten in sein Zimmer zurückzieht, oder sogar die ersten eigenen

Kompositionen beginnen jetzt, beim Jugendlichen. Ähnliches gilt für das Malen, und mit fünfzehn oder sechzehn entstehen oft schon die ersten, mitunter tief bewegenden Gedichte.

Henning Köhler hat die Situation des dritten Lebensjahrsiebts als «Weltwahrnehmung durch ausdrucksbezogene Selbsterfahrung» charakterisiert.[188] Damit deutet er auf den Umstand hin, dass mit der Geschlechtsreife nicht nur – wie bisher dargestellt – eine neue Selbstwahrnehmung und der damit verbundene Ausdruckswille auftritt, sondern im selben Moment auch das Verhältnis des Kindes zur Welt ein anderes wird. Das Kind im zweiten Jahrsiebt ist zwar intensiv wahrnehmend der Welt hingegeben, aber man kann hier dennoch eigentlich noch gar nicht von einem wirklichen «Verhältnis» sprechen: Es ist sich dieser Welt – gerade weil es so von ihr eingenommen ist – noch gar nicht voll bewusst. Es fühlt sich «wie in einer Art paradiesischen Einheit noch so innig verflochten mit der Welt, breitet sein Fühlen und Wollen noch so selbstverständlich in die gesamte Umgebung aus, dass es den Gegensatz von Außen und Innen eigentlich gar nicht kennt; alles ist der Seele gleichermaßen nah und vertraut, in allem lebt das Kind wie in seinem Zuhause.»[189] Das Kind kann insofern noch keine wirkliche Verantwortung übernehmen. Es ist auch juristisch in diesem Alter noch nicht schuldfähig. Es kann hier noch kein Empfinden eigener Lebensaufgaben geben, ebenso wenig einklagbare Erwartungen Erwachsener an verbindliche Verabredungen, Gewissenhaftigkeit der Hausaufgaben, völlige Eigenständigkeit in der Pflege der Kleidung und des Zimmers usw. Erst wenn ich mich selber wahrnehme und mich in der Differenz zur Welt erlebe, werde ich mir dieser bewusst und kann nun in einen Zusammenhang mit ihr treten, der willentlich ist. Durch die Entdeckung meines eigenen Innenlebens beginne ich auch die Welt zu verstehen und kann Verantwortung für sie übernehmen.

Der für den realen Zusammenhang zwischen Mensch und Welt notwendige Riss zwischen Innen und Außen, Umwelt und Ich lässt eine existenzielle Angst entstehen. Gerade diese Angst ist aber noch einmal ein sehr symptomatischer Ausdruck für den hier beschriebenen Unterschied zwischen dem kindlichen Astralischen und dem Astralleib des Heranwachsenden. Henning Köhler beschreibt diesen Unterschied: «Zuvor ist die Angst gewissermaßen ‹gebunden› in der physisch-ätherischen Organisation und löst sich aus dieser Gebundenheit im Allgemeinen nur situationsgebunden, durch dieses oder jenes erschreckende, verunsichernde Erlebnis, auch im Zusammenhang mit (Wach-)Träumen. Der situative Charakter der Angst bei Kindern vor dem 10., 11. Lebensjahr wird dadurch deutlich, dass sie durch tröstende Zuwendung sogleich erlischt. Dies gilt nicht für die latente, auf nichts Bestimmtes bezogene Grundangst des Jugendalters, die sich in der Vorpubertätszeit schon ankündigt. Sie ist dem gewöhnlichen Trost unzugänglich und kann nur überwunden werden durch Kräfte, die wieder aus dem ‹Binnengebiet› (Steiner) des frei gewordenen Seelischen heraufkommen und zusammenhängen mit alledem, was Mut, Hoffnung, Idealismus ist. Wenn schon in den ersten Schuljahren oder gar noch früher die diffuse, sogenannte ‹frei flottierende› Angst auftritt, liegt eine Entwicklungsunregelmäßigkeit vor.»[190]

184

2. Zeit

Angesichts dieser großen biografischen Umwälzung mit ihren mannigfaltigen Einzelaspekten entsteht unweigerlich die Frage nach ihrer eigentlichen, spezifischen Ursache. Von ihr aus erhält auch unsere Ausgangsfrage nach dem eigentlichen Hintergrund des veränderten Verhältnisses des jungen Menschen zur Zeit ihre Beleuchtung.

Ungefähr ab dem zehnten Lebensjahr wird der Leib des Kindes grundlegend umgestaltet. Im Knochenwachstum, in der Veränderung der Lunge und damit des Atems (auf das Herz wird an späterer Stelle noch gesondert eingegangen) oder in der Ausbildung der Geschlechtsorgane kommt es zu Entwicklungen, die wie auf einen gemeinsamen Zweck hin angelegt erscheinen. Sie alle zeichnet aus, dass jenes oben beschriebene, willentliche Verhältnis zwischen Ich und Welt zustande kommen kann: Im Knochenwachstum und der Schwereerfahrung entsteht, wie bereits angedeutet, das Erringen des eigenen «Rückgrats» und zugleich das Bewusstsein für die Verhältnisse dieser Erde, in der Lungenentwicklung die Möglichkeit zu einem ausgeglichenen Atem zwischen Innen und Außen und in der Geschlechtlichkeit die Grundlage zu einem liebenden, individuellen Verhältnis zum Anderen. Es ist hier also mit Händen zu greifen, wie die Leiblichkeit der Kinder geprägt wird von den Kräften des Astralischen und des Ich. Astralleib und Ich als formende geistig-seelische Gestalt schaffen in diesen Jahren die Bedingungen, in der physischen Welt erscheinen zu können.

Wichtig ist nun aber, ein genaues Verständnis davon zu bekommen, was dieses «Erscheinen» eigentlich wirklich bedeutet. Eine wesentliche Beobachtungsgrundlage für diesen Prozess bietet uns täglich der Wechsel von Wachen und Schlafen. Fasst man diesen Wechsel genauer ins Auge, so ergibt sich ein erster elementarer Unterschied zwischen den Wesensgliedern: Astralleib und Ich sind im Gegensatz zu physischem Leib und Ätherleib gar nicht permanent in der physischen Welt anwesend. Während des Schlafes ist der Mensch wie taub für sinnliche Wahrnehmungen, und sein Körper wirkt wie verlassen, es fehlt ihm eine Instanz, die ihn aufrichtet, führt und aktiv auf seine physische Umwelt zugehen lässt. Noch stärker als bei einem liegenden Schlafenden lässt sich dies bei einem sitzenden erleben – z.B. bei einem Beifahrer im Auto. Weil hier der Körper nicht vollständig gestützt wird wie im Bett, kann man beobachten, wie der Oberkörper nach vorne zusammensackt und nur vom Gurt gehalten wird, wie das Kinn auf der Brust liegt usw. Man erlebt eine Hülle, der ihr Inhalt fehlt. Zu einem bestimmten Zeitpunkt setzt sich diese Hülle aber plötzlich auf, hält sich selbst und muss insofern wieder durchdrungen sein von der früheren Aufrichtekraft und der Instanz, von der diese Kraft ausgeht. Diese Instanz steht also mit dem Körper während der Schlafphase weiterhin in Beziehung, sonst würde der Schlafende nicht wieder aufwachen. Wir erleben ein Glied des Menschen, das, obwohl es mit dem physischen Leib verbunden ist, nicht in demselben Maße in der räumlich-körperlichen Welt erscheint wie derselbe. Damit ist deutlich, dass es aus einer ganz anderen, nämlich geistigen Region stammt – es handelt sich um Astralleib und Ich.

Das «Erscheinen» dieses geistigen Wesens des Menschen darf man sich insofern nicht so vorstellen wie bei den Dingen der physischen Welt. Alles, was sein Dasein in der materiellen Welt hat, zeigt seine Existenz in einer Kontinuität von Zeit und Raum (wir würden an der Realität eines physischen Körpers zweifeln, wenn er sich in Luft auflösen und neu bilden würde). Jede Veränderung eines Zustandes müsste sich hier insofern auch immer aus dem bereits Gegebenen ableiten lassen. Auf dieser Ebene müssten dann die Vorgänge der Pubertät kausal aus dem zeitlich Vorhergehenden erklärt werden – z.B. aus der Erbmasse der Eltern als Vollzug eines rein biologischen Gesetzes. Pubertät würde dann vorgestellt als ein weiteres Entfalten der von vornehrein schon existenten leiblichen Strukturen. Nun konnten wir am Schlafleben aber sehen, dass der Astralleib gar nicht in einem solchen kausalen und materiellen Zusammenhang mit dem physischen Leib steht, sondern unabhängig von den Gesetzen der Physis einen Zusammenhang mit ihm eingeht. Dies entspricht genau dem Sachverhalt, den wir an der Biografie beobachtet haben: Das Astralische wächst nicht mit dem Physischen allmählich mit und wird rein quantitativ einfach sichtbarer, sondern tritt in seiner eigensten Beschaffenheit zu einem bestimmten Zeitpunkt wie aus einer anderen Region kommend beim Jugendlichen zum ersten Mal in Erscheinung. Hinsichtlich der körperlichen Entwicklung konnte ja sogar der Eindruck entstehen, dass das Wachstum und die Ausbildung der Organe von einem bestimmten Moment an wie hingestaltet sind auf einen Zweck, der später – in der Zukunft – Bedeutung erlangt.

Astralleib und Ich sind gar nicht der Räumlichkeit und der Zeit unterworfen wie physischer Leib und Ätherleib. Der Astralleib *entsteht* nicht durch die vorangegangenen biografischen Prozesse, sondern es gibt ihn schon von Anfang an, und nur sein Erscheinen ereignet sich zu einem bestimmten Zeitpunkt. Dieser Zeitpunkt besteht darin, dass jetzt nicht die Gründe, sondern die Bedingungen hergestellt sind, dass er sich zeigen und insofern der junge Mensch sich seiner selbst bewusst werden kann. Rudolf Steiner hat deshalb darauf hingewiesen, dass von einer «Geburt» im gewöhnlichen Sinne hier eigentlich nicht geredet werden kann, denn der Astralleib wird hier nicht erst geschaffen und inkarniert sich nicht vollständig, vielmehr müsse man von einer *Spiegelung* des Astralleibes in der Leiblichkeit des Menschen sprechen: Diese ist nun so herangereift, dass sie das ewige, zeitlos-unzerstörbare Wesen des Menschen in die äußere Erscheinung treten lassen kann.[191] Die verschiedenen Kennzeichen der Geschlechtsreife wie individuelles Ausdrucksbedürfnis, Liebefähigkeit, Verantwortungsempfinden, Drang zum eigenen Urteilen brechen also in die Biografie nicht als Produkt der vorigen zwölf bis vierzehn Jahre ein, sondern als eine Ausstrahlung des überzeitlichen Wesens des individuellen Menschen, das jetzt in die räumlich-zeitliche Leiblichkeit einer «Spiegelungsorganisation» einziehen kann.

In einem Vortrag in Norwegen fasst Rudolf Steiner die hier skizzierten Gesichtspunkte sehr komprimiert und anschaulich zusammen, sodass diese Stelle vollständig zitiert werden soll: «Wir denken uns, wenn
wir, sagen wir, am 16. Mai 1923 abends einschlafen, wir hätten im Schlaf-
zustande bis zum 17. Mai 1923 die Zeit durchgemacht, die jemand auch
durchmacht, der, sagen wir, wach bleibt und auf dem Pflaster der Stadt
die ganze Nacht spazieren geht. Wir stellen uns ungefähr so vor, dass
unser Geistig-Seelisches, unser Ich und unser astralischer Leib, die Nacht
durchmacht, nur in einem etwas anderen Zustande, wie ein Nacht-
schwärmer, der in den Straßen von Kristiana herumgeht, diese Nacht
durchmacht. Das ist aber nicht so, sondern wenn wir abends einschlafen,
oder auch bei Tag einschlafen – das macht keinen Unterschied, aber ich
will nur vom nächtlichen Schlaf zunächst sprechen, den der anständige
Mensch durchmacht –, so gehen wir jedes Mal in der Zeit bis in denjenigen Abschnitt unseres Lebens zurück, der ganz im Anfange unseres
Erdendaseins liegt, ja wir gehen sogar noch jenseits unseres Erdendaseins
zurück bis in das vorirdische Leben. In dieselbe Welt gehen wir zurück,
aus der wir heruntergestiegen sind, als wir durch die Konzeption, durch
die Empfängnis einen Erdenleib bekommen haben. Wir bleiben gar nicht
in demselben Zeitpunkte, in dem wir wachend sind, sondern wir machen
den ganzen Gang durch die Zeit zurück. Wir sind im Moment des Ein-
schlafens in demselben Zeitpunkte, in dem wir waren, als wir, wenn ich
mich so ausdrücken darf, von den Himmeln auf die Erde heruntergestiegen sind. Also wir sind gar nicht, nachdem wir eingeschlafen sind, am 16.
Mai 1923, sondern wir sind in dem Zeitpunkte, in dem wir waren, bevor
wir heruntergestiegen sind, und noch in der Zeit, an die wir uns nicht
mehr erinnern, weil wir uns nur bis zu einem gewissen Punkte unserer
Kindheit zurückerinnern. Wir werden jede Nacht geistig-seelisch wiederum Kinder, wenn wir in den richtigen Schlaf hineinkommen. Und
so, wie man hier in der physischen Welt einen Weg im Raume macht,
der zwei, drei Meilen lang ist, so machen Sie, wenn Sie zwanzig Jahre alt
geworden sind, einen Weg durch die Zeit, der zwanzig Jahre dauert, und

gehen zurück in Ihren Zustand eigentlich noch, bevor Sie Kind waren, also, sagen wir, wie Sie angefangen haben, Mensch zu sein. Sie gehen zum Ausgangspunkte Ihres Erdenlebens in der Zeit zurück. Also während der physische Leib im Bette liegt und der Ätherleib, sind gar nicht das Ich und der astralische Leib in demselben Zeitpunkte, sondern sind zurückgegangen in der Zeit, sind in einem früheren Zeitpunkte. Nun entsteht die Frage: Wenn wir so jede Nacht zurückgehen bis zu diesem früheren Zeitpunkte, wie ist es denn dann, während wir wachen mit unserem Ich und mit unserem astralischen Leib? Diese Frage entsteht erst, wenn wir wissen, dass wir in der Nacht zurückgehen. Aber dieses Zurückgehen ist eigentlich auch nur etwas Scheinbares, denn in Wirklichkeit sind wir mit dem Ich und dem astralischen Leibe auch während des Tagwachens nicht herausgekommen aus dem Zustande, in dem wir im vorirdischen Dasein waren. Sie sehen, wir müssen uns Ideen aneignen, wenn wir die Wahrheit über diese Dinge erkennen wollen, die nicht gewöhnliche Ideen sind. Wir müssen uns die Idee aneignen, dass Ich und astralischer Leib überhaupt unsere Erdenentwickelung zunächst gar nicht mitmachen. Sie bleiben im Grunde zurück, bleiben stehen, wo wir sind, wenn wir uns anschicken, einen physischen und einen Ätherleib zu bekommen. Also auch im Wachen ist unser Ich und unser astralischer Leib im Momente des Anfanges unseres Erdenlebens. Wir durchleben das Erdenleben eigentlich nur mit dem physischen Leib und auf eine eigentümliche Weise mit dem Ätherleib. Richtig durchleben wir das Erdenleben im Raume und in der gewöhnlichen Zeit nur mit unserem physischen Leibe. Alt wird nur unser physischer Leib, und der Ätherleib verbindet den Anfang mit demjenigen Punkte, in dem wir gerade in irgendeiner Lebensperiode stehen. Nehmen wir also an, irgendjemand ist geboren worden 1900. Er ist heute dreiundzwanzig Jahre alt. Sein Ich und sein astralischer Leib sind im Grunde genommen in dem Zeitpunkt von 1900 stehengeblieben. Der physische Leib ist dreiundzwanzig Jahre alt geworden, und der Ätherleib verbindet den Zeitpunkt des Eintrittes ins Erdenleben mit dem Zeitpunkte, in dem der Betreffende gegenwärtig ist, sodass wir, wenn wir

189

den Ätherleib nicht hätten, jeden Morgen wiederum aufwachen würden als ganz kleines Kind, das eben zur Welt kommt. Nur dadurch, dass wir in den Ätherleib hineingehen, bevor wir in den physischen Leib hineingehen, passen wir uns an das Alter des physischen Leibes an. Wir müssen uns jeden Morgen erst an das Alter des physischen Leibes anpassen. Der Ätherleib ist der Vermittler zwischen dem Geistig-Seelischen und dem physischen Leibe, und zwar so, dass er das Band über die Jahre hin bildet. Wenn einer schon sechzig Jahre alt geworden ist oder noch älter, so bildet der ätherische Leib das Band zwischen seinem allerersten Auftreten auf der Erde, bei dem er stehengeblieben ist als Ich und als astralischer Leib, und zwischen dem Alter seines physischen Leibes. Nun werden Sie sagen: Aber wir haben doch unser Ich. Unser Ich ist mit uns alt geworden. Unser astralischer Leib, unser Denken, Fühlen und Wollen sind auch mit uns alt geworden. Wenn einer sechzig Jahre alt geworden ist, so ist doch sein Ich auch sechzig Jahre alt geworden. – Wenn wir in dem Ich, von dem wir täglich reden, unser wahres, unser wirkliches Ich vor uns hätten, dann wäre der Einwand berechtigt. Aber wir haben in dem Ich, von dem wir täglich reden, gar nicht unser wirkliches Ich vor uns, sondern unser wirkliches Ich steht am Ausgangspunkte unseres Erdenlebens. Unser physischer Leib wird, sagen wir sechzig Jahre alt. Er spiegelt zurück, indem durch den Ätherleib die Spiegelung vermittelt wird, immer von dem betreffenden Zeitpunkt, in dem der physische Leib lebt, das Spiegelbild des wahren Ichs. Dieses Spiegelbild des wahren Ichs, das wir in jedem Augenblicke von unserem physischen Leibe zurückbekommen, das in Wahrheit von etwas herrührt, das gar nicht ins Erdendasein mitgegangen ist, sehen wir. Und dieses Spiegelbild nennen wir unser Ich. Dieses Spiegelbild wird natürlich älter, denn es wird dadurch älter, dass der Spiegelapparat, der physische Leib, allmählich nicht mehr so frisch ist, wie er im frühen Kindesalter war, dann zuletzt klapperig wird und so weiter. Aber dass das Ich, das eigentlich nur das Spiegelbild des wahren Ichs ist, sich auch als alt zeigt, kommt nur davon, dass der Spiegelungsapparat nicht mehr so gut ist, wenn wir mit dem physischen Leibe alt geworden sind.»[192]

Mit der Geburt des Astralleibes erlebt der junge Mensch zum ersten Mal in seinem Leben, dass er ein «wahres», höheres Ich hat, dass dasjenige, zu dem er bis jetzt Ich gesagt hatte, gar nicht dieses wirkliche Ich ist, sondern dass es da überhaupt einen Unterschied gibt. Für Schüler dieses Alters ist diese Frage nach «gewöhnlichem» und wahrem Ich immer äußerst interessant und existenziell. Sie sind oft sehr berührt von dem berühmten Gedicht von Juan Ramón Jiménez:

Ich bin nicht ich.
Ich bin jener,
der an meiner Seite geht, ohne dass ich ihn erblicke,
den ich oft besuche,
und den ich oft vergesse.
Jener, der ruhig schweigt, wenn ich spreche,
der sanftmütig verzeiht, wenn ich hasse,
der umherschweift, wo ich nicht bin,
der aufrecht bleiben wird, wenn ich sterbe.[193]

Es lässt sich nun nachvollziehen, warum der Jugendliche in dieses ganz neue Verhältnis zu Vergangenheit, Gegenwart und Zukunft hineinkommt. Es werden nun in ihm die Kräfte frei, die gar nicht zeitlich sind. Es war schon angedeutet worden, dass sich dies vor allem dadurch bemerkbar macht, dass sich nun Dinge ereignen, die sich aus einem Vorausgegangenen, also aus den bisherigen sukzessiven Entwicklungsprozessen, gar nicht erklären lassen. Ein aufmerksames Studieren unterschiedlicher Lebensläufe kann hier immer wieder zu bemerkenswerten Beobachtungen führen. Auf die merkwürdige Wendung im Leben des jungen Schiller wurde schon hingewiesen. Bei genauem Hinsehen erweist sich der Eingriff des Herzogs in das Schicksal Schillers als ein Vorgang, der erst wie von einer späteren Bestimmung her «dirigiert» gewesen zu sein scheint. Es zeigt sich, dass ein zukünftiges Ereignis in ein viel früheres Geschehen hineinwirkt – und insofern die bisherige Vorstellung vom Strom der Zeit umgekehrt werden muss.

Dieser umgekehrte Zeitstrom kann sich auf verschiedenste Weise bemerkbar machen: Als der junge Goethe voller Schmerz endgültig von seiner geliebten Friederike davonreitet, begegnet ihm wie im Traum ein Reiter «in einem Kleide, wie ich es nie getragen: es war hechtgrau mit etwas Gold».[194] Als er acht Jahre später Friederike noch einmal mit dem Pferd aufsucht, stellt er auf seinem Ritt plötzlich fest, dass er genau jene Kleidung trägt, die er damals an jenem Reiter wahrgenommen hat.

Frühere Zeiten haben immer wieder zu solchen Bildern gefunden: Das *Nibelungenlied* z.b. stellt ganz an den Anfang der Erzählung den «Falkentraum» Krimhilds. Nicht durch eine Sinneswahrnehmung, sondern im Traum wird in der Seele der noch unberührten, aber heiratsfähigen jungen Frau vorweggenommen, was später dann faktisch auch in seiner ganzen Tragik über die beteiligten Menschen hereinbricht.

Bei dem Versuch einer Charakteristik des menschlichen Seelenlebens lenkt Rudolf Steiner in einem seiner vier zentralen *Psychosophie*-Vorträge die Aufmerksamkeit der Hörer auf einige Tatsachen ihres Innenlebens.[195] So fordert er sie auf, den inneren Blick einmal auf eine bestimmte Gruppe von Gefühlen zu richten, zu denen z.B. Sehnsucht, Hoffnung, Zweifel oder Angst gehören. Dies sind gerade solche Gefühle, die ganz besonders im Jugendalter aufbrechen. Wir haben es mit charakteristisch astralischen Seeleninhalten zu tun, und sie werden von Steiner auch dementsprechend den Begehrungen zugeordnet. Nun knüpft er daran aber die nächste Frage an: «Was sagen uns denn alle derartigen Gefühle? Wenn wir sie wirklich prüfen, haben sie alle etwas merkwürdig Gemeinsames: Sie beziehen sich alle auf die Zukunft, sie beziehen sich auf das, was eintreten kann, oder von uns als eintretend gewünscht wird.»[196] Wenn man diese Gefühle nun vergleicht mit denjenigen, die sich auf die Vergangenheit beziehen (z.B. mit Erlebnissen der Freude und des Schmerzes, die sich an Situationen der Vergangenheit knüpfen und in der Gegenwart nachwirken), so zeigt sich, dass sie viel stärker und existenzieller sind als die letzteren. Daraus ergibt sich eine bedeutende Einsicht: «So weit Sie sich auch umsehen, wenn Sie alles zu Rate ziehen, gibt es nur eine Erklärung für die Ihnen eben charakterisierte Tatsache. Die Tatsache ist ja offenbar; Erklärungen aber gibt es nur die eine einzige: dass das, was wir begehren, überhaupt nicht in derselben Richtung fließt wie der dahinfließende Strom der Vorstellungen, sondern dass es diesem Strom entgegenkommt. Sie werden einen ungeheuren Lichtblitz auf ihr ganzes Seelenleben werfen können, wenn Sie das eine Einzige nur voraussetzen: dass alles, was Begehrungen, Wünsche, Interessiertsein, was die Phänomene von Liebe und Hass sind, einen Strom darstellt im Seelenleben, der gar nicht fließt von der Vergangenheit in die Zukunft, sondern der uns entgegenkommt von der Zukunft, von der Zukunft in die Vergangenheit fließt.»¹⁹⁷ Der Strom, der im Menschen von der Vergangenheit in die Zukunft fließt, ist der Ätherleib, der, der aus der Zukunft in die Vergangenheit geht, der Astralleib.

Die biografische Geburt des Astralleibes ist für den jungen Menschen ein Prozess des Aufwachens. Das Kind in seiner bewusstlosen Naivität befindet sich noch wie in einem Zustand des Schlafes, während der Jugendliche immer mehr zu sich oder auch zur Begegnung mit der Welt kommt. Dies geschieht, indem sich in den unaufhörlichen ätherischen Strom des Wachstums des bereits schon Gegebenen regelrecht konfrontativ Kräfte hineinschieben, die aus einer anderen – astralischen – Welt stammen. Es geschieht genau das, was Steiner an obiger Stelle am Seelenleben generell beschreibt: «Da ist etwas wie eine Durchdringung von dem, was aus der Vergangenheit in die Zukunft fließt, mit dem, was aus der Zukunft in die Vergangenheit fließt und sich dem ersteren entgegenstemmt als Begehrungen, als Interessiertheit, als Wünsche und so weiter. [...] Dieses Übereinanderschlagen ist das Bewusstsein. Es gibt keine andere Erklärung für das Bewusstsein als die eben gegebene.»¹⁹⁸

Wenn man berücksichtigt, wie stark die angeführten, aus der Zukunft in unser Seelenleben hineinwirkenden Begehrungen wie Sehnsucht, Hoffnung oder Angst unser Handeln beeinflussen, dann wird evident, wie elementar unser Leben und die Geschichte von jenem umgekehrten Zeitstrom, von dem wir so wenig Bewusstsein haben, geprägt wird. Es zeigt sich die Notwendigkeit, einen völlig neuen Zeitbegriff zu fassen –

und dies ist natürlich gerade für die Geschichtserkenntnis von ausschlaggebender Bedeutung. Es gibt viele Beschreibungen der Unterschiede der subjektiven Wahrnehmung von Zeit. Dass das Zeiterleben während einer Arbeit, die man z.b. am Fließband ausübt, ganz anders ist als bei einer Vertiefung in eine spannende Lektüre, dass aktive Tätigkeit Zeit viel weniger bemerken lässt als Passivität usw., ist sicherlich schon von jedem irgendwann im Leben beobachtet worden. Solche Beobachtungen können – wenn sie nur genügend ernst genommen werden – schon erste Hinweise darauf geben, dass Zeit nicht einfach eine äußere Maßeinheit, sondern eine eigene Realität ist. Eine andere Erfahrung führt noch ein Stück weiter in diese Richtung. Jeder kennt das Erlebnis, dass er mit Furcht ein bestimmtes Ereignis auf sich zukommen sieht – z.B. Prüfungen aller Art –, dem grundsätzlich nicht auszuweichen ist. Man kann hoffen, wünschen, verdrängen, so viel man will: Mit unabänderlicher Notwendigkeit und Sicherheit wird der gefürchtete Moment eintreten. Solche Situationen können Anlass zu weitreichenden Reflexionen über das Wesen der Zeit geben: Was ist das, was mich so unausweichlich an diesen Augenblick heranführt? Warum bleibt nicht plötzlich alles stehen und der Augenblick wird nie geschehen? Man erlebt, wie etwas, was immer – manchmal sogar sehr lange – bloße Vorstellung war, plötzlich – im Moment des Eintretens – Wirklichkeit ist, wie man selber dabei existenzielle Prozesse durchmacht – aber ebenso, wie auch dieser Moment vorübergeht und danach alles anders ist und ich mich unter Umständen sogar ein wenig verwandelt habe. Angesichts solcher Beobachtungen kann sich der Eindruck von der Zeit als eigene wirklichkeitsgestaltende Kraft einstellen, die nicht als abstraktes, gleich bleibendes Gefäß erst von Leben erfüllt wird, sondern selber Leben ist und den sonst nur als Möglichkeit im Menschen schlafenden Anlagen zur Entwicklung verhilft.

Rudolf Steiner, für den der Zeitbegriff ein schon sehr früh auftretendes biografisches Anliegen war,[199] formuliert in seinen *Einleitungen zu Goethes naturwissenschaftlichen Schriften*: Die Zeit «ist ja nicht *vor* den Dingen und *außerhalb* derselben da».[200] Vielmehr erscheine sie deshalb erst, weil ein solches «Ding» in die sinnenfällige Erscheinung trete. In den Betrachtungen zur Wahrnehmung eines Baumes haben wir exemplarisch gesehen, wie das Wesen einer Sache nie in seiner vollen Existenz in der Sinneswelt gegenwärtig sein kann. Diese muss sich also *wandeln*, soll die Sache ihrem Wesen nach sichtbar werden. Das Wesen muss sich in die sinnlichen Schritte eines Nacheinanders zerlegen, um sich zeigen zu können. Will man dieses Nacheinander aber nicht wieder als räumliches Nebeneinander vorstellen, so gilt es, ein Bild davon zu bekommen, dass ein Sinnesinhalt an die Stelle eines anderen tritt, ihm also folgt – Zeit entsteht. Zeit ist insofern der Ausdruck eines «Platzmachens» der einen Tatsache für die mit ihr zusammenhängende andere (es verschwindet also ständig Raum und entsteht neu, und in dem hierbei entstehenden Wandel kann sich erst die Totalität des an sich geistigen Wesens darstellen). So folgert Steiner schließlich: «Hier sehen wir, dass die Zeit erst da auftritt, wo das *Wesen* einer Sache in die *Erscheinung* tritt. Die Zeit gehört der Erscheinungswelt an. Sie hat mit dem Wesen selbst noch nichts zu tun. Dieses Wesen ist nur ideell zu erfassen.»[201]

Der hier entwickelte Zeitbegriff ist bei genauerem Hinsehen nichts anderes als eine Charakterisierung von Ätherleib und Astralleib bzw. Ich. Der Ätherleib, den Rudolf Steiner auch «Zeitleib» nennt,[202] baut fortwährend Materie ab und neu wieder auf, bringt also Zeit hervor und ermöglicht zugleich Leben. Dort, wo Materie sich geltend macht, tritt physische Erstarrung und damit Tod ein. Steiner definiert im Schweizer Lehrerkurs 1923 den Ätherleib regelrecht als dasjenige Kraftgefüge, das den Raum «aufsaugt».[203] Durch den Ätherleib kann also unser geistiges Wesen in der physischen Welt erscheinen. Wenn man das Wesen eines Menschen nun aber mit dieser äußerlich sich in der Zeit darlebenden Erscheinung identifizieren würde, hätte man es auf verhängnisvolle Weise verfehlt, man wäre an seiner Außenfläche haften geblieben, ohne seiner tatsächlichen Wirklichkeit zu begegnen. Unzählige menschliche Tragödien, die Kindern und Jugendlichen widerfahren, liegen hierin begründet. Wie oft geschieht es, dass sich Kinder von ihren Eltern oder Schüler von ihren Lehrern nicht wahrgenommen fühlen. Tiefe Verletzungen entstehen dadurch, dass junge Menschen nicht auf ihr wahres, aber unter Umständen sehr verborgenes Wesen, sondern auf ihre Erscheinung hin angeschaut werden. Indem wir zeitliche Wesen sind, kann immer nur ein unvollkommener Aspekt unseres Ich zum Vorschein kommen – was diesen Aspekten zugrunde liegt, zeigt sich der physischen und auch der ätherischen Betrachtungsweise nicht.

Es zeigt sich nur, wenn ich den Wandel, also die Entwicklungsvorgänge, des Menschen als solche betrachte und darin die *Kraft* wahrnehme, aus der der Wandel hervorgeht. Den Wandlungsschritten eines Menschen nur inhaltlich zu folgen hieße, sich nur der Schicht des Ätherischen zu überlassen. Wenn ich immer nur in der Richtung von der Vergangenheit in die Zukunft von Ereignis zu Ereignis feststellend mitgehe – also z.B. beobachte, wie ein Kind geboren wird, der Zahnwechsel eintritt, dann die Geschlechtsreife, wie der Jugendliche schließlich erwachsen wird usw. –, dann lebe ich in einem Zeitstrom, nehme aber nicht wahr, woraus dieser Strom entsteht. Um die ihm zugrunde liegende Kraft als solche erfahren zu können, darf ich also nicht *mit* dem Zeitstrom mitgehen, sondern muss mich umwenden und ihm entgegentreten – und das heißt, in mir den umgekehrten Zeitstrom hervorzubringen und wahrzunehmen. Ich muss die Erscheinungswelt der Zeit aufheben, um zu dem sich in ihr ausdrückenden Wesen vorzudringen. Genau dies entspricht der Wirkungsweise des Astralleibes. In dem bereits erwähnten Schweizer Lehrervortrag führt Steiner aus: «Beim Astralleibe ist es nun so, dass er nicht nur den Raum aufsaugt, sondern dass er kurioserweise die Zeit aufsaugt. Der hat nämlich etwas Rückführendes. Er ist rückführend, der Astralleib. [...] Ja, in Ihrem Astralleibe wirken nämlich fortwährend Kräfte, die Sie zurückführen in die Zeiten des verbrachten Erdenlaufes, die Sie zurückführen in die Zeit, die vor der Geschlechtsreife liegt. [...] Der Astralleib ist dasjenige, was uns immer wieder zurückführt zu den früheren Lebensstadien. Im Astralischen lebt man immer rücklaufend – aber selbstständig wird dieses rücklaufende Leben eben erst mit der Geschlechtsreife.»[204] Die

Zeit willentlich in umgekehrter Richtung zu durchlaufen würde also bedeuten, sie «aufzusaugen», d.h. sie aufzuheben und damit des Wesens teilhaftig zu werden, das in dem Zeitstrom zur Erscheinung gekommen ist. Diese Tätigkeit ist erst möglich, wenn der Mensch frei und selbstständig über seinen Astralleib verfügt – also erst langsam beginnend mit der Geschlechtsreife, wenn der Astralleib geboren ist und vom Ich mehr und mehr willentlich geführt wird. Der Astralleib wird von Steiner explizit auch als das Wesensglied bezeichnet, das «nicht mehr in Raum und Zeit eigentlich lebt», sondern sich über sie «hinwegsetzt» und in «freier Weise die räumlichen und die zeitlichen Zusammenhänge braucht». Dies macht deutlich, dass im Wesentlichen vom Astralleib der Traum herrührt, denn auch er «[gruppiert] Vergangenheit, Gegenwart und Zukunft nach inneren Gesichtspunkten durcheinander, [verwebt] das zeitlich Auseinanderstehende in seinen Bildern ineinander».[205]

3. Der Umgang mit der Zeit im Geschichtsunterricht

Man kann nun ermessen, welche Aufgabe im Jugendalter dem Geschichtsunterricht zukommt. Mit der Geschichte begegnet dem jungen Menschen in der äußeren objektiven Welt ein Geschehen, das zutiefst verwandt ist mit den noch halbbewussten Vorgängen in seinem eigenen Inneren, mit denen er sich existenziell gerade auseinanderzusetzen hat. Wir haben bereits weiter oben gesehen, dass wir in unserer gegenwärtigen Bewusstseinsverfassung die historische Entwicklung eigentlich träumen, sodass von einem regelrechten «Traum der Geschichte» gesprochen werden kann. Dies entspricht genau der Wirklichkeit des Astralleibes, der selber überzeitlich ist und aus dem die frei komponierten Bilder des Traumes hervorgehen. Geschichte erweist sich also – und dies beleuchtet noch einmal wesentlich die in den vorangehenden Kapiteln an der Geschichte gewonnenen Beobachtungen – als aus dieser Schicht überzeitlicher Wesen (zu dem auch das eigene Ich gehört) hervorgehend, die aber in der sinnlichen Welt zur Erscheinung kommen und in diesem Prozess jene eigentümlichen, rätselhaften Konstellationen hervorbringen, die wir Historie nennen. Wenn der Jugendliche nun auf diesen aus der Astral(Sternen-)welt gewobenen «Traum» stößt, so spiegelt sich darin sein eigenes Seelenleben, die Wirksamkeit seines Astralleibes. Mit ihm selber ereignet sich gerade etwas, was so charakteristisch für die Geschichte ist: Aus der Zukunft bricht eine Welt in sein bisheriges Leben ein, die er bisher nicht kannte und die ihn an die Tiefen seines eigentlichen, geistigen Wesens führt. Er erwacht für seine eigenen Zielsetzungen, die gar nicht aus der Zeit kommen, sondern jetzt erst im eigentlichen Sinne erscheinen. Indem er in diesem Augenblick in der Geschichte auf Menschen oder ganze Völker trifft, die genau diesen Prozess der Inspiration und des Versuches der Verwirklichung von Zukunftsimpulsen vorgelebt haben, kann sich an ihnen seine eigene Situation klären, aber auch bekräftigen und befeuern.

Es wird nun die knappe Äußerung Steiners verständlich: «Eine ganz andere Wirkung [als die Geografie, A.B.] hat der Geschichtsunterricht, der auf das Zeitliche geht und den wir nur richtig betreiben, wenn wir das Zeitliche ordentlich berücksichtigen.»[206] Karl der Große dürfe nicht vorgestellt werden wie der eigene Onkel, sondern im Kind müsse unbedingt ein «zeitliches Distanzgefühl» entstehen. Es seien die charakteristischen Unterschiede zwischen den Epochen erlebbar zu machen. «Es handelt sich darum, dass das Geschichtliche vorzugsweise in der Zeitvorstellung, in der Zeitanschauung lebt. Das aber wirkt stark auf das Innerliche im Menschen, regt die Innerlichkeit des Menschen an.»[207] Diese Sätze sind für die Geschichtspädagogik bei aller Knappheit sehr bedeutend, weil sie ins Zentrum der historischen und pädagogischen Fragen hineinführen. Dem Geschichtsunterricht kommt es zu, die «Innerlichkeit» des Menschen anzuregen. Pädagogik hat die Aufgabe, dem Schüler dabei zu helfen, jene Kräfte in sich zu entwickeln, die ihn nicht in der materiellen Oberflächenschicht erstarren und unfrei bzw. kraftlos werden, sondern aus den eigensten, freien Impulsen heraus die Wirklichkeit gestalten lassen. Innerlichkeit anzuregen heißt, die geistige Quelle zugänglich zu machen, aus der heraus der Mensch sich selbst bestimmt und die Welt gestaltet. Dies geschieht im Geschichtsunterricht, weil der Schüler hier erlebt, wie in der Menschheit immer wieder Träume, Visionen, Ideale geboren wurden, aus denen dann ganze Kulturen hervorgegangen sind – wie also aus einem Inneren konkrete äußere Taten entstanden sind. Das Äußere offenbart sich in der Geschichte als Ausdruck eines Inneren, und indem der Schüler dies mitvollzieht, erlebt er den Zusammenhang dieser beiden Welten, gewinnt Vertrauen in den Sinn der Außenwelt sowie in ihre Gestaltbarkeit und kommt aus seiner Eigenwelt heraus. Indem er nun die Kraft entwickelt in der Zeit zurückzugehen und nicht nur ihr bewusstloses Geschöpf zu sein, verbindet er sich mit dem überzeitlichen Ursprung der jeweiligen in die äußere Erscheinung tretenden Impulse. Er hat das «Außen», die zeitliche Erscheinungswelt durchdrungen und wird nun selber in seinen Kräften gestärkt, indem der innere Tätigkeitsquell angesprochen ist, aus dem heraus sich seine eigenen Entwicklungsimpulse speisen.

Man wird die angemahnte Berücksichtigung des Zeitlichen vor dem Hintergrund der bisherigen Darstellung nicht mehr dahingehend missverstehen, dass sie ein sukzessives, rein chronologisches Mitgehen mit den aufeinanderfolgenden Tatsachen meint. Der in den vorangegangenen Kapiteln thematisierte klassische Irrtum der Geschichtswissenschaft und -didaktik, dass die Abfolge von Früherem und Späterem, also die Tatsache eines chronologischen Nacheinanders, eine Aussage über Kausalitäten oder Zusammenhänge der Geschichte liefert, ist hier bereits ausgeräumt. Mit jener Hinwendung zum Zeitlichen ist nicht wieder das einfache Mitleben mit dem Ätherleib, mit dem Strom von der Vergangenheit in die Zukunft gemeint. Schon der Hinweis auf das Erleben des Zeitabstandes macht dies deutlich, denn diesen kann ich gar nicht erleben, wenn ich von Punkt zu Punkt fortschreite und jedes Mal – da ich ja nur nach vorne schaue – das Erlebte hinter mir zurückbleibt. Mit jenem «Zeitlichen» ist die Erfahrung des Zeitlichen als solchem gemeint – und die kann nur von einem Standpunkt außerhalb der Chronologie gewonnen werden. Rudolf Steiner spricht insofern auch von einer «Zeitanschauung». Ein bemerkenswertes Dokument einer solchen Beobachtung geschichtlicher Zeitlichkeit ist Reinhart Kosellecks Studie *Vergangene Zukunft. Zur Semantik geschichtlicher Zeiten* von 1979.[208] Koselleck bestimmt in dieser Schrift wegweisend als den spezifisch historischen Gegenstand die «zeitlichen Strukturen» und beschreibt verschiedene «temporale Erfahrungsmodi»: die Irreversibilität von Ereignissen, ihre Wiederholbarkeit sowie die Gleichzeitigkeit des Ungleichzeitigen, um daraus die unterschiedlichsten Zeitphänomene abzuleiten: Dekadenz, Beschleunigung, Verzögerung, Noch-Nicht, Nicht-Mehr, Früher-/ Später als, Zu-Früh oder Zu-Spät, Situation, Dauer.[209] Auch für ihn steht im Zentrum historischer Erkenntnis die Tatsache, dass jedem geschichtlichen Ereignis die «Novität» innewohnt, weil in ihm immer «mehr oder weniger zeitigt, als in den Vorgegebenheiten enthalten ist». Bezeichnenderweise sieht Koselleck hier eine Analogie zum Kunstwerk, bei dem ebenfalls Vorbedingungen in das produktive Ereignis eingingen und trotzdem etwas ganz Neues entstehe, das dann wiederum der Zeit enthoben sei.[210] Für unseren Zusammenhang sehr signifikant ist es, dass Koselleck in seinem Bemühen um eine «Erfahrung einer genuin geschichtlichen Zeit»[211] die spezifischen Qualitäten von Vergangenheits-, Gegenwarts- und Zukunftswahrnehmung unterscheidet und letztlich auch den Forscher in diese zeitliche Phänomenologie einbezieht. Gegen jeden naiven Empirismus schildert er, wie keine Vergangenheitserkenntnis ohne einen Einfluss durch die Zukunft zustande kommt: Es sind die auf unsere Zukunft ausgerichteten Interessen, Intentionen, Anliegen, die unseren wissenschaftlichen Blick auf die Vergangenheit vorprägen; Erkennen und Handeln greifen ineinander, die Zukunft ist im Bild der Vergangenheit schon anwesend.[212]

Erst wenn der Geschichtslehrer um diese Realitäten einer «Semantik» des Zeitlichen weiß, ist er in der Lage, den Schüler zu den beschriebenen Erfahrungen von Zeit anzuregen. Was heißt es nun aber konkret, sich umzuwenden, dem Strom des Geschichtlichen entgegenzustellen und ihn in umgekehrter Richtung zu durchdringen, um seines Ursprunges und Wesens teilhaftig zu werden? Für den Erwachsenen, der aus eigener Initiative seine Erkenntniskräfte schulen möchte, gibt Steiner immer wieder eine zentrale Übung an, so z.B. in dem erwähnten, die beiden Zeitströme charakterisierenden Vortrag über die *Psychosophie*: «Nehmen wir aber an, Sie betreiben es systematisch, den umgekehrten Strom sich anzueignen, Sie gewöhnten sich daran, Dinge, die Sie sonst nur in der einen Richtung verfolgen, auch umgekehrt zu verfolgen. Zum Beispiel, Sie nehmen sich vor, einige Ereignisse des Tages in umgekehrter Reihenfolge zu erinnern. Wenn Sie so das Tagesleben rückwärts betrachten, dann folgen Sie nicht dem gewöhnlichen Ich-Strom, der dadurch zustande kommt, dass das Ich im Ätherleibe lebt, sondern Sie folgen dann dem entgegengesetzten Strom, dem Strom des Astralleibes.»[213] Diese Übung des «Tagesrücklaufes» reißt unsere inneren Bewusstseinskräfte von dem gewöhnlichen Seelenleben los, indem wir nicht – wie im Vorwärtslauf – Geschehnisse wie von selbst empfangen, sondern nun willentliche Anstrengung aufbringen müssen, von dem späteren Punkt zu dem früheren zurückzugehen. Wir müssen sozusagen nun selbst die Kraft aufrufen, die zuvor wirksam war, als Zeit entstand – und so erst *erfahren* wir die Zeit. Dieser Übung kommt also – gerade auch für den Historiker oder Geschichtslehrer – deshalb eine so große Bedeutung zu, weil wir durch sie in der willentlichen Umwendung des Vorstellungslebens faktisch die Zeit «aufsaugen» und damit in uns jene Kräfte realisieren und verstärken, die vor der Zeit und dem Raum liegen und insofern rein geistig sind.

Im Hinblick auf Schüler, die solche vom souveränen Ich geführten Tätigkeiten noch gar nicht leisten können, sind bestimmte Unterrichtsbeispiele sehr aufschlussreich, die Rudolf Steiner für das Fach Geschichte angeführt hat. Für die unteren Klassen (5./6. Schuljahr) empfiehlt er, den Kindern zunächst ihre Eltern und Großeltern vor Augen zu stellen, damit bei ihnen ein konkreter Eindruck von Alter und dem Abstand der Generationen entstehen kann.[214] Von diesem Erlebnis ausgehend sollen die Kinder nun eine Kette bilden, indem immer ein Kind als eine Generation die Hand des nächsten Kindes (als vorangegangene Generation) hält. So entsteht durch diese rückwärtsführende, immer weiter wachsende und an der zu behandelnden Epoche endende Menschenkette ein unmittelbar anschaulicher Eindruck von der inneren Entfernung zu der behandelten Zeit. Es ist für den Schüler ein mit dem Menschen verbundener «geschichtlicher Zeitbegriff»[215] entstanden. Nun ist für einen älteren Schüler solch ein Vorgehen natürlich nicht mehr angemessen. Für ihn muss sich die Anschaulichkeit des Zeitbegriffes verinnerlichen und in eigenständigen Denkerfahrungen ansichtig werden. Auch hierzu gibt es von Rudolf Steiner eine Anregung. Er geht in dem Lehrerkurs in Basel[216] zunächst wieder auf die beschriebene Unzulänglichkeit rein diskursiver Geschichtsbetrachtung ein und fährt dann fort: «Wir müssen uns zum Beispiel klar sein darüber, dass das Wesentliche zunächst das ist, was wir Menschen, die wir in der unmittelbaren Gegenwart stehen, als ‹Geschichte› eigentlich noch erleben. Wenn wir so abstrakt einfach die Kinder zurückführen in die griechische Geschichte, selbst wenn die Kinder schon Gymnasiasten sind, so ist das eben ein abstraktes Zurückversetzen in einen früheren Zeitraum. Man versteht nicht konkret, warum man aus der Gegenwart heraus irgendwie nötig hat, die griechische Zeit zu verstehen. Man begreift aber sofort, um was es sich handelt, wenn man davon ausgeht, dass wir ja in der Gegenwart noch unmittelbare, lebendige Kräfte aus der griechischen Zeit darinnen haben. Davon müssen wir zunächst den Kindern eine Vorstellung geben.»[217]

So kann man nun einen ganzen «Kranz» von Beispielen vor die Schüler hinstellen, wie die griechische Geschichte in unserer Gegenwart konkret fortlebt: in unserem Kunstempfinden, in logischen Begriffen wie Ursache und Wirkung oder im politischen Ideal der Demokratie. Wenn man sich dann das Gemeinsame dieser Beispiele vergegenwärtigt, erlebt man einen «Grundcharakter der ganzen griechischen Geschichte»[218] und kann jetzt darauf schauen, dass diese Errungenschaften eben zu einem bestimmten Zeitpunkt von einem bestimmten Volk hervorgebracht wurden, und man interessiert sich dafür, wie dies im Einzelnen geschah. Das Verfolgen der Geschehnisse im konkreten Zeitablauf hat jetzt eine Grundlage bekommen, denn der Schüler hat vorher «einen ganz bestimmten Begriff [erhalten] von dem Beitrag, den das griechische Zeitalter als einen ewigen Beitrag für die Menschheitsentwicklung geleistet hat».[219] Wodurch wird hier die Rückführungstätigkeit angestoßen? Wie im ersten Beispiel setzt Steiner wieder in der lebendigen Gegenwart des Schülers an, betrachtet Tatsachen, die unser Leben konkret bestimmen und rührt damit sofort die Schicht der Wirksamkeit, der realitätsschaffenden Kräfte an. Wenn der Schüler die existenzielle Bedeutung des jeweiligen Gegenstandes erlebt hat und nun erfährt, dass es diesen gar nicht schon immer gab, sondern dass er in einer früheren Zeit erst *entstanden* ist, dann entfacht dies eine Motivation, einen Willen, in die Vergangenheit zurückzuschauen, denn jetzt möchte man wissen, wer diese Errungenschaft hervorgebracht hat. Steiner deutet mit diesem Vorschlag also darauf hin, dass erst die Willenstätigkeit aufgerufen werden muss, von der aus dann zurückgegangen werden kann. Der Schüler geht von der Erfahrung eines Gewordenen durch die Zeit zurück zu dem Vorgang seines Werdens, seiner Entstehung, er hat auch hier also Zeit «aufgesogen» und berührt die eigentliche Quelle der Dinge, die sein gegenwärtiges Leben bestimmen. Indem ich von einer Reihe von Tatsachen aus nach deren gemeinsamem «Grundcharakter» frage, hebe ich die Vielheit auf und stoße zu dem ganzheitlichen Ursprung vor, aus dem sie hervorgeht. Wäre ich ohne Vorbereitung direkt z.B. an den Anfang der griechischen Geschichte gegangen und hätte dann von der Entstehung der Demokratie gehört, hätte ich diese als neuen Inhalt in mein Vorstellungsleben aufgenommen, aber durch das fehlende Rückwärtsgehen nicht die Kraft und den Gehalt dieses historischen Impulses wahrgenommen – und damit auch nicht sein eigentliches Wesen.

In dem Schüler entsteht also nicht deshalb Interesse für die Vergangenheit, weil sich sein Wissen dadurch vermehrt, sondern weil er in der Rückführung an den Entstehungsmoment der Lebensrealitäten herankommt und entdeckt, dass die Welt nicht ein ewig gleicher, fertiger Mechanismus ist, sondern jede (und damit auch seine) Zeit einen neuen, eigenen, unverzichtbaren Beitrag leistet. Er erlebt, dass es auf ihn ankommt, dass die Wirklichkeit aus ihm selbst hervorgeht. Diese Erfahrung seines eigenen schöpferischen Wesens festigt ihn wie kaum eine andere.

Die von Rudolf Steiner angeführten Beispiele dürfen natürlich nicht schematisiert werden. Man wird nicht jedes Mal mechanisch wie mit der Betrachtung der in der Gegenwart wirkenden Kulturleistungen Griechenlands anfangen können. Jeder Gegenstand und jede Unterrichtssituation verlangt eine eigene Form. Außerdem wäre es ein Missverständnis, in der Geschichtsbetrachtung nun auf Chronologie verzichten zu können. Es muss ja erst ein Zeitstrom aufgebaut werden, um ihn dann als ganzen anschauen und den geistigen Hintergrund erfassen zu können, aus dem er hervorgegangen ist. Ich muss die zeitliche Erscheinung, also die äußere Entwicklungsgestalt, vor mir haben, um in ihrem Mitvollzug zuletzt erfahren zu können, für welche überzeitliche Realität sie Ausdruck ist.

Auch den Tagesrücklauf kann ich nur machen, wenn ich den Tag in seiner Chronologie gelebt habe und er mir als zusammenhängendes Kontinuum zur Verfügung steht. Voraussetzung ist dafür aber meine willentliche Verbindung mit dem Geschehen. Je aktiver ich innerlich an einem Vorgang beteiligt bin, desto besser kann ich mich später an ihn erinnern. Dies gilt genauso für die Geschichtsbetrachtung: Je stärker der Schüler die jeweiligen geschichtlichen Abläufe mit seinem Willen aufnimmt, desto kraftvoller gestaltet er sich den dargestellten Entwicklungsvorgang aus und desto aussagekräftiger teilt sich ihm zuletzt die ihn verursachende historische Wirklichkeit mit. Insofern muss immer irgendwo die Qualität der Rückläufigkeit, des entgegenkommenden astralischen Stromes in der Geschichtsbetrachtung anwesend sein.

Nicht nur in der Hinführung an das geschichtliche Thema oder in der Rückschau kann sich jene Umwendung vollziehen. Es gibt auch innerhalb der Betrachtung des geschichtlichen Prozesses selbst immer wieder bestimmte Anlässe, die die Umwendung anstoßen können. Den Grenzerfahrungen kommt hier wieder eine zentrale Bedeutung zu. Wenn eine historische Erscheinung nicht aus einer vorherigen abzuleiten ist, dann hat dies für unsere Frage nach der Zeitlichkeit der Geschichte entscheidende Konsequenzen: Die chronologische Reihung der Ereignisse macht überhaupt keine Aussage darüber, ob zwischen dem Früheren und dem Späteren ein Zusammenhang besteht. Vielmehr zeigt sich an den Tatsachen, die die Grenzvorstellungen auslösen, dass in dem betrachteten historischen Geschehen der Strom von der Vergangenheit in die Zukunft unterbrochen ist. Das nun eingetretene Ereignis «schwebt» damit gewissermaßen «in der Luft», oder anders gesprochen: Die Zeitvorstellung löst sich auf. Es gibt keine sinnlich erfahrbare Verbindung von Vorher und Nachher, stattdessen entsteht, wie z.B. an der Sesshaftwerdung oder am Pyramidenbau gezeigt, ein Erlebnis rein seelischer Wirksamkeit – hier wird also der Astralleib mit seinem von Raum und Zeit unabhängigen Ursprung regsam. Es konnte an jenen Grenzvorstellungen auch erlebt werden, wie im Moment des Versagens des aus der Vergangenheit kommenden kausalen Stroms und der immer intensiver werdenden Frage nach den Gründen der betreffenden Ereignisse sich allmählich etwas einstellte wie ein Krafterlebnis aus einer ganz anderen Richtung. Die Frage nach dem Woher verwandelte sich in ein Wohin, nach der Wirksamkeit von aus der Zukunft sich speisenden Motiven. Wenn sich aus den gegebenen Verhältnissen keine Gründe ableiten ließen, sesshaft zu werden, so müssen es die auf die Zukunft sich richtenden Begehrungen sein, die ein so radikal verändertes Handeln bei den steinzeitlichen Menschen real hervorgebracht haben. Diese Tatsache war in der oben ausgeführten Darstellung aber nicht einfach logisch hergeleitet, sondern als seelisches Tasterlebnis beschrieben worden. Es zeigt, wie an der Erkenntnisgrenze mit dem Herausgehobenwerden aus dem Zeitlichen zugleich eine Berührung mit dem umgekehrten Strom des Astralischen stattfindet.

Dieser Sachverhalt trifft erneut unmittelbar mit den Schilderungen Rudolf Steiners im erwähnten *Psychosophie*-Vortrag zusammen. Steiner weist dort auf eine Erscheinung des Seelenlebens hin, «die gewöhnlich bezeichnet wird durch Worte wie ‹Überraschung›, ‹Erstaunen› gegenüber irgendeiner Sache. Wann können wir von einer Sache, die uns begegnet, überrascht sein? Nur dann, wenn wir in dem Augenblick, wo sie an uns herantritt, nicht in der Lage sind, sogleich zu urteilen, wo sozusagen auf unser Seelenleben ein Eindruck gemacht wird und wir also nicht gleich mit unserem Urteil der Sache gewachsen sind. Im Augenblick, wo wir mit dem Urteil der Sache gewachsen sind, hört das Erstaunen, hört die Überraschung auf. Und was uns so begegnet, dass wir gleich der Sache gewachsen sind, das bringt uns überhaupt nicht zur Überraschung, zum Erstaunen. So also können wir sagen: Wenn uns eine Erscheinung so gegenübertritt, dass wir überrascht sind, vielleicht sogar Furcht empfinden – denn auch da werden wir das Gefühl so charakterisieren können, dass wir mit unserem Urteil der uns entgegentretenden Erscheinung nicht gewachsen sind –, [...] da drängt sich die Zukunft in unser Seelenleben hinein. Da tritt unser Gefühl, unser Interesse in Kraft, aber unser Urteil kann nicht sogleich heran. Daraus müssen wir uns sagen, dass in der Tat unsere Interessiertheit, unsere Gefühle und unser Begehrungsleben nicht die Richtung haben können, die von der Vergangenheit in die Zukunft geht.»[220]

Jeder Moment des Erstaunens, der Überraschung und letztlich des Interesses ist nichts anderes als die Folge des Anstoßes an eine Erkenntnisgrenze – sie muss aber bemerkt und vor allem ausgehalten werden. Gelingt dem Lehrer dies, so können nicht nur der Einstieg oder die Auswertung, sondern Details seiner geschichtlichen Erzählung selbst für kurze Momente den Schüler in die Schicht des Astralischen, des umgekehrten Zeitstroms hineinführen. Wenn z.B. in einer Erzählung über das Leben Dag Hammarskjölds, des schwedischen, vielleicht bis heute bedeutendsten Generalsekretärs der Vereinten Nationen, zu Beginn geschildert wird, wie stark seine Beziehung zu den afrikanischen Völkern war und dass er für sein einzigartiges Engagement letzten Endes dann sogar sein Leben opferte (auf dem Weg zu einer sehr wichtigen Friedensunterzeichnung wurde sein Flugzeug abgeschossen), und wenn dann in einer anschließenden chronologischen Darstellung berichtet wird, wie er mit drei Jahren seine Mutter damit überraschte, dass er bei seinem abendlichen Gebet ganz von sich aus plötzlich eine Fürbitte «für die kleinen Negerkinder in Afrika» einschob,[221] dann kann von einem solchen Moment eine große Wirkung ausgehen: Beim Schüler entsteht das Erstaunen darüber, wie der Junge plötzlich zu solch einem Motiv gekommen ist, und er erlebt den «Schlag» einer tieferliegenden, die Zeit überspannenden Schicksalssignatur. Die kausale Welt bricht hier für einen Moment auf, und es entsteht zugleich die Begegnung mit dem verborgenen Wesen eines anderen Menschen.

Jeder wirkliche Moment des Staunens, des Berührtwerdens von einem Rätsel, von einer Merkwürdigkeit bewirkt eine Verbindung mit der astralischen Welt. Da deren Realität selbst zeitlos ist, können solche Situationen Augenblicke sein – und dennoch ist der Schüler in die Wirklichkeit des Astralischen ganz eingetaucht. Solche kurzen Momente erlangen viel später unter Umständen eine große existenzielle Bedeutung, die dann wiederum über lange Zeiten hinweg ausstrahlen kann.

Die Aufgabe des Lehrers besteht schließlich darin, mit den Schülern die Stationen der betrachteten geschichtlichen Entwicklung zusammenzuschauen und die Signatur herauszuarbeiten, die allen Details zugrunde liegt. Wenn diese Signatur in ihrer Essenz erfasst wird, gelangt der Schüler zu einer Wahrnehmung, die nicht mehr zeitlich ist. Es sei hier an die Darstellung der historischen Ost-West-Bewegung (und ihrer Umkehr) erinnert: Hier löste sich das Nacheinander der historischen Epochen in den Gestus eines Pendelns zwischen Ich und Wir, Individuum und Sozialität auf. Was vorher zeitlich disparat aufeinanderfolgte, wird nun bildhaft in einem Moment als (im geistigen Sinne) räumliche Gestalt angeschaut. Man kann bei dieser Gestalt von einem «Tableau» sprechen. Mit ihm ist etwas erreicht, was Richard Wagner in sein berühmtes Wort gefasst hat: «Zum Raum wird hier die Zeit» (*Parzifal*, Erster Aufzug). Der Schüler gelangt durch eine solche Wahrnehmung ein Stück weit zu der Erkenntnis seines eigenen Wesens (hier: welche Seite in mir fordert Freiheit, welche Solidarität, wie verbinde ich beides?). Wenn man nicht bei dem Anschauen jenes «räumlichen» Bildes stehenbleibt, sondern seinen Inhalt in den Hintergrund schiebend nach seiner Bedeutung fragt, so kann sich inspirativ ein Begriff einstellen – in unserem Beispiel der Begriff der Weltgeschichte als Atmungsvorgang. Dieser Begriff ist nun aber nicht mehr mit einem intellektuellen, abstrakten Verstandesbegriff zu verwechseln, sondern er wird erfahren als eine lebendige, den ganzen Menschen berührende und verändernde Offenbarung einer geistigen, wesenhaften Wirklichkeit. Der Schüler ist in seiner Innerlichkeit angelangt, erfährt sich selbst als geschichtsgestaltendes Wesen und gewinnt zugleich etwas, was viel wertvoller ist als eine möglichst große Menge von Wissen: die Erkenntnis der inneren *Zusammenhänge* der Geschichte. Nicht allein die aus dem bloßen Gedächtnis abrufbaren Fakten, sondern das Verfügen über Gesichtspunkte befähigt den Schüler letztlich, mit den historischen Ereignissen umzugehen und zu einem Verständnis menschheitlicher

Entwicklung zu gelangen. Er lernt, eine bloße Chronologie von abge-schlossenen, aber fremd bleibenden Einzeldaten zu verwandeln in eine Erkenntnis der eigentlichen Antriebe der Geschichte und damit zuletzt der Aufgaben, die in der eigenen Zeit aktuell anstehen.

4. Die medizinische Dimension

4.1 Das Herz

Die *Frankfurter Allgemeine Zeitung* berichtet in einem Artikel mit dem Titel «Tödlicher Schneeball» (20.3.2002) von einer medizinischen Forschungsarbeit aus Amerika, die dem Phänomen des durch Herzerschütterung (Commotio cordis) ausgelösten Todes nachgeht. Es wird geschildert, wie ein Team vom Herzinstitut in Minneapolis 128 Fälle untersucht hat, in denen vor allem Kinder und Jugendliche oft durch verhältnismäßig leichte Schläge auf den Brustkorb eine solche Herzbelastung erfahren haben, dass daran 84 Prozent von ihnen gestorben sind. Die Auslöser waren Unfälle beim Sport, Stöße bei Raufereien auf dem Schulhof, ein Schneeball oder einfach der Nasenstüber eines großen Hundes. Häufiger ist eine Herzerkrankung wie z.b. ein Infarkt für die Commotio cordis verantwortlich. Das Durchschnittsalter der betroffenen Opfer lag bei 13,5 Jahren.

Walter Holtzapfel hat bereits 1978 auf einige Fälle hingewiesen, in denen Jugendliche in Folge geringfügiger Aufregungen, die aber immer mit einer seelischen Kränkung verbunden waren, an plötzlichem Herztod gestorben sind.[222] Der medizinische Befund ergab jeweils, dass das Herz als physisches Organ völlig gesund war. Henning Köhler zitiert die Schilderung eines dieser Fälle: Das Kind «erhielt von der Mutter eine Ohrfeige. Nicht stärker und nicht schwächer als Tausende von Kindern jeden Tag von ihren Müttern bekommen. – Es wurde G. übel. Sie ging in die Küche, um ein Glas Wasser zu trinken. Dann legte sie sich im Wohnzimmer auf das Sofa. Als man (später) nach ihr sah, lag sie zuckend am Boden. Der Arzt wurde alarmiert, aber (als er kam), war G. schon tot.»[223]

Offensichtlich kann der von den amerikanischen Forschern beobachtete Herztod also auch von seelischen Vorgängen ausgelöst werden. Dies rückt die Erklärung dieses Teams, die Comotio cordis sei durch den pubertätsbedingt nicht voll entwickelten Brustkorb verursacht, in ein etwas anderes Licht. Diese Form des Herztodes braucht nicht notwendig physische Veranlassungen. Eigentliche Herzerkrankungen lagen in den von den Amerikanern untersuchten Fällen nur zum Teil vor, in den von Holtzapfel geschilderten Beispielen war das Herz in allen Fällen sogar gesund. Insofern kann es auch durch das Brustkorbwachstum nicht so beeinträchtigt sein, dass es völlig versagt. Bemerkenswert ist tatsächlich der Umstand, dass das Durchschnittsalter der Betroffenen genau die Umbruchszeit der Geschlechtsreife markiert. In ihr muss offensichtlich der Grund für die tragischen Todesfälle zu suchen sein. Wenn die Herzen gesund waren und ein seelischer Vorgang ausreichte, sie kollabieren zu lassen, muss die Schwäche in einer Instanz zu suchen sein, von der das materielle Herz abhängt. Dies verweist uns auf die Wirksamkeit des Ätherleibes, der die Physis erst aufbaut und insofern auch die Materialität des Herzens organisiert. Denkbar wäre also, dass in dem «hinter» dem Herzen stehenden ätherischen Gefüge eine Schwächung vorliegt, die die Verbindung des Herzens mit der ihm zugrunde liegenden Lebenskraft so labil werden lässt, dass ein körperlicher Stoß von außen oder ein seelischer Schock von innen diesen Lebensfaden schlagartig zerreißen lassen kann. Die eigentliche Ursache des Herztodes läge also weder in dem Stoß (der unter anderen Bedingungen vielleicht überhaupt keine Wirkung gehabt hätte) und auch nicht in der seelischen Verletzung (es wäre völlig verfehlt, in dem erwähnten Beispiel die Handlung der Mutter als fahrlässige Tötung aufzufassen), sondern in der ätherischen Disposition des betreffenden Jugendlichen. Von hier aus wäre dann zu fragen, ob es während der Geschlechtsreife einen solchen Vorgang gibt, in dem sich eine derart gravierende Veränderung in der ätherischen Organisation des jungen Menschen vollzieht.

Rudolf Steiner weist auf genau einen solchen Sachverhalt hin.[224] In einem Vortrag, der das Anliegen hat, die inneren Vorgänge zu charakterisieren, die dem Entstehen der Urteilskraft während der Geschlechtsreife zugrunde liegen, macht er auf eine Tatsache aufmerksam, von der wir in der Regel sehr wenig wissen: Dem physischen Herz liegt ein zweites, ätherisches Herz zugrunde, in dem es sozusagen «darinnenhängt».[225] In Bezug auf dieses Ätherherz vollzieht sich nun eine bedeutende Umwälzung: An die Stelle des bisherigen älteren tritt ein neues Ätherherz, das sich über längere Zeit bis zur Geschlechtsreife herangebildet hat. Damit sind schwerwiegende Konsequenzen verbunden. Diese beiden Herzen haben sich nämlich auf ganz verschiedene Weise entwickelt. Das alte Ätherherz hat der Mensch «bekommen als Erbschaft, das hat er bekommen durch die Kräfte, welche im Embryo drinnen sind».[226] Dieses Herz geht also nicht aus seinen individuellen, eigenen Ursprungskräften hervor, sondern aus den Vererbungskräften, die die leiblichen Bedingungen schaffen, dass sich der Mensch verkörpern kann – es ist insofern eigentlich nur «stellvertretend» für das Ätherherz, das später dann kommen und die eigentliche Bestimmung eines solchen Organs erfüllen soll. Dieses zweite Ätherherz bildet sich allmählich aus einer ganz anderen Region heraus: aus den Kräften des Kosmos.[227] Schon vor der Geburt prägt sich in das Kräftegefüge, das sich zum Ätherleib zusammenzieht, die Welt ein, aus der der Mensch geistig stammt. Dieses kosmische Abbild im Ätherleib bleibt ungefähr bis zum Zahnwechsel erhalten, um sich dann immer mehr von der sternenartigen Peripherie ins Zentrum zusammenzudrängen. Die einstrahlenden, geistigen Kräfte wachsen zusammen und lassen schließlich ein ätherisches Gebilde entstehen, «und in dem, was sich da in der Mitte zusammengeballt hat, in dem hängt in der Zeit, in der die Geschlechtsreife eintritt, das physische Herz darinnen».[228] Währenddessen ereignet sich nun ein ganz gegenläufiger Vorgang. Das alte Ätherherz beginnt abzusterben, um dem neuen «Platz» zu machen: «Dieses Ätherherz aber, das der Mensch in seinem Kindheitsalter hat, das – es ist der Ausdruck etwas unschön für die Gewohnheiten, die wir haben, aber es trifft ganz genau das, um was es sich handelt –, das verfault nach und nach, und an seine Stelle setzt sich, gleichsam immerfort ersetzend das, was da

ätherisch faulend herausfällt, jenes Ätherherz, welches eine Zusammen-
ballung der ganzen Weltensphäre ist das wirklich ein Bild des Kosmos ist,
und das wir uns als ein ätherisches Gebilde mitbringen, wenn wir durch
Konzeption und Geburt ins irdische Dasein schreiten.»[229]

In diesem dramatischen Vorgang finden wir unmittelbar jene Schwächung charakterisiert, die dem beschriebenen Herztod zugrunde liegt.
Das Durchschnittsalter der Opfer liegt genau in jener Phase, in der das
alte Ätherherz in seinem letzten «Verfaulungsstadium» ist und das neue
sich erst schrittweise an seine Stelle setzt – eine äußerst kritische Situation
also, in der das «Band» zum physischen Herz eben sehr leicht reißen
kann.

Diese Dinge sollen nicht geschildert werden, um die sehr extreme Erscheinung des Herztodes als solche speziell zu thematisieren. Sie kann
aber auf einen menschenkundlichen Hintergrund aufmerksam machen,
der alle Jugendlichen betrifft und eine wesentliche Grundlage für die Entwicklung des Heranwachsenden darstellt. Wir beobachten hier die Heranbildung des menschlichen Zentralorgans, deren Folgen weit in die Zukunft reichen und von deren Gelingen die Gesundheit eines Menschen
maßgeblich abhängt. Für ein Verständnis dieses Alters ist es sehr wichtig
zu wissen, dass sich in dieser Phase das innerste ätherische Zentrum des
jungen Menschen in einem Absterbeprozess befindet, ein neues Herz, das
viel stärker und intimer mit ihm selbst etwas zu tun hat, in seine Funktion
einzutreten versucht und in dieser Ablösung äußerst sensible, gefährdete
und stärkungsbedürftige Zustände durchgemacht werden. Diese Ablösung des Herzens entspricht dem Absterbe- und Geburtsvorgang, den der
Jugendliche im Ganzen durchlebt: dem Verlust der behüteten Kindheit,
der Loslösung von der Autorität der Eltern und überhaupt den Einflüssen des Erbstroms, der Einsamkeit, zugleich aber der Wahrnehmung des
eigenen inneren Wesens und dem Freiwerden der persönlichen Impulse,
Urteile und der Selbstverantwortung. Die Tatsache, dass in dem zitierten
Beispiel das Mädchen durch die Ohrfeige der Mutter, also durch eine
seelische Demütigung der eigenen persönlichen Würde, jenes tragische

Herzversagen erleidet, zeigt, wie sich das Herz tatsächlich mittlerweile individualisiert hat und als leibliches Organ eins mit dem seelischen Kern der Persönlichkeit geworden ist. So schreibt Henning Köhler: «Also nicht nur die äußere Physiognomie nimmt beim Jugendlichen persönlichere Züge an, indem sie dem Erbmodell, der Ähnlichkeit mit Eltern und Großeltern entwächst, sondern auch die ‹innere Physiognomie› der Organprozesse.»[230]

Dabei kommt dem Herzen natürlich eine besondere Bedeutung zu. Es bildet das Zentrum des menschlichen Organismus und verbindet alle Prozesse, die sich in ihm vollziehen. Es vermittelt und harmonisiert die zwei Pole des Menschen, die sonst in ihrer Gegensätzlichkeit immer unversöhnt aufeinanderprallen müssten: die Kopf- und die Stoffwechselregion. Während das Blut im oberen Menschen – vor allem im Kopf – sich beruhigt und damit den Menschen empfänglich werden lässt für die von außen (durch die Nerven-/Sinnesorganisation) einströmenden Eindrücke, unterliegt es im unteren Menschen durch die Verdauungsvorgänge, Schwere und auch den starken Druck in den Beinen Einflüssen, die es stark bewegen, verdichten und verwandeln, sodass hier das Erleben nach innen, ins leibliche Eigenleben gerichtet wird.[231] Das Blut gelangt also in Bereiche vollständig entgegengesetzter Wirkungen, die mit dem Zurückströmen ins Herz zusammengeführt und von diesem in ein lebensfähiges Verhältnis gebracht werden. Die Wahrnehmungs- und Denktätigkeit des Menschen kann sich hier mit der vom Stoffwechsel getragenen Willenstätigkeit verbinden. Zugleich wird eine andere Gegensätzlichkeit vermittelt: die Polarität von arteriellem und venösem Blut. Durch die in den Organen stattfindenden Verbrennungsprozesse und das dabei entstehende Kohlendioxid wird das Blut leicht vergiftet, sodass sein Leben hier etwas abgelähmt wird. Es ist weniger flüssig und zugleich langsamer – verliert also die Dynamik, die es, wie später noch gezeigt wird, braucht, um seelische Prozesse zu ermöglichen. Durch die Zufuhr von sauerstoffreichem arteriellem Blut hingegen werden diese Prozesse befördert.[232] Unsere alltäglichen Wahrnehmungen bestätigen, dass sich leibliche und seelische Realität nirgendwo stärker durchdringen als in der Herzregion. Das Herz wurde immer schon als das Organ des Mitgefühls, der Liebe und Sehnsucht erlebt. Es lohnt sich, einmal ganz bewusst die Aufmerksamkeit darauf zu richten, in welcher rein körperlichen Region sich z.B. Gewissensregungen mitteilen oder Urteile gefällt werden. Wo genau regt sich der Schmerz meines Gewissens, wenn ich mir einen Fall vor Augen führe, in dem ich zwischenmenschlich einen ganz schlimmen Fehler begangen habe? Von welcher körperlichen Region aus beurteile ich, ob die Tat eines bestimmten Menschen zu kritisieren ist oder sich doch rechtfertigen lässt?

Gerade die wesentlichsten seelischen Regungen, also diejenigen, die wir am stärksten mit unserer Persönlichkeit, unserer innersten Identität verbinden, haben im Herzen ihren Sitz. Insofern ist es sehr bezeichnend, dass sich auch in der Beschaffenheit des Blutes dieses Verhältnis von Veräußerlichung und innerer Zentrierung ausdrückt. Hierzu Armin Husemann: «Vom linken Herz strömt dasselbe einheitliche arterielle Blut in sämtliche Organe der Kreislauf-Peripherie. Hier differenziert es sich durch die verschiedenen Stoffwechselprozesse der Organe in das jeweilige organspezifische Venenblut, das die biochemische Signatur dieses Organs eingeprägt erhält. Auf dem Wege von der Peripherie zum Zentrum vermischen sich die venösen Blutarten zunehmend miteinander. Vor dem rechten Herzen sind nur noch zwei Blutarten vorhanden: in der oberen Hohlvene das Integral des ‹oberen Menschen›, in der unteren Hohlvene das Integral des ‹unteren Menschen›. [...] Mit dem Einstrom ins rechte Herz entsteht wieder ein einheitliches Blut. So zeigt das Blut, wie es sich aus einem einheitlichen inneren Leben in die Peripherie strömend dort differenziert; und wie diese Differenzierung mit dem Strom von außen nach innen aufgehoben wird zugunsten der lebendigen Einheit, die im Herzen wieder erreicht wird.»[233] Auch hier erscheint das Herz also wieder als der Ort, wo sich eine äußere Differenzierung – nachdem sie sich ins Zentrum zurückwendet und insofern verinnerlicht – aufhebt und sich wie von ihrem Ursprung neu ernährt.

Vor dem Hintergrund dieser Tatsachen kann es einen sehr berühren, wenn Rudolf Steiner ein halbes Jahr vor seinem Tod in der letzten seiner «Jugendansprachen» vor jüngeren Anthroposophen direkt auf das Herz zu sprechen kommt. Am 20. Juli 1924 fasst er die dramatische zivilisatorische Gegenwartskrise schlaglichtartig zusammen, indem er die tiefe Sehnsucht junger Menschen nach einem grundsätzlich anstehenden, «erdbebenartigen Umschwung» kontrastiert mit der gesellschaftlichen Erstarrung in «Phrase, Konvention, Routine»,[234] mit einem verhängnisvollen kollektiven Schlaf, um den Jugendlichen dann zuzurufen: «Unsere Herzen sind [...] anders geworden, wir tragen nicht mehr dieselben Herzen in der Brust. Unser physisches Herz ist hart, unser ätherisches Herz ist beweglicher geworden. [...] Wir müssen neue Herzen haben.»[235] Zuletzt benennt er das Heilmittel, dem sich diese Herzen verdanken werden: «Deshalb: Begeisterung, meine lieben Freunde! [...] Begeisterung wird alles machen. Dann wird das Wort einen Sinn haben: Begeisterung trägt den Geist in sich.– Das ist etwas, was sehr natürlich ist. Enthusiasmus braucht man. Enthusiasmus trägt den Gott in sich. Da ist der Gott im Worte.»[236] Steiner deutet mit diesen Worten einerseits auf eine historische Umwälzung hin: An anderer Stelle schildert er etwas eingehender, dass sich mittlerweile tatsächlich Äther- und physisches Herz voneinander abgelöst haben (was im Zusammenhang mit dem Austausch der zwei Ätherherzen gesehen werden muss) und damit sich unsere physischen Herzen verhärteten, während das Ätherherz empfänglicher für geistige Einflüsse wird.[237] Zugleich wissen wir durch die vorangegangenen Ausführungen, dass er mit seinen Worten aber auch ganz konkret die biografische Situation seiner jungen Zuhörer berührt. In der persönlichen Entwicklung der Heranwachsenden verkörpert sich das, was sich in unserer Zeit historisch vollzieht: Der Mensch ringt um ein neues Verhältnis zu seinem Herzen, er ist dazu aufgerufen, sein neues, ätherisches Herz zu ergreifen. Um mit Steiner zu sprechen: «Wir müssen die Möglichkeit finden, uns an unser übersinnliches Herz zu wenden.»[238]

Für den Schüler kann es noch nicht darum gehen, dass er diesen Schritt unmittelbar schon von sich aus leistet. Hier hat zunächst der Pädagoge die Aufgabe, dabei zu helfen, dass in jener labilen Übergangzeit die neuen Kräfte, die jetzt in der Herzregion wirksam werden sollen, zu stärken und insofern die Bedingungen herzustellen, dass während des dritten Lebensjahrsiebts nach und nach das Ich des jungen Menschen in seine leibliche und seelische Organisation gestaltend eingreifen kann – und sich insofern nicht nach dem Absterben des früheren Ätherherzens materialistisch an seinem physischen, verhärteten Herz «festhalten» muss, sondern den Weg zu einem neuen geistigen Herz finden kann.

Die zitierten Worte Rudolf Steiners enthalten einen wertvollen Hinweis, worin eine solche Stärkung der neuen Herzkräfte bestehen kann. Wie Steiner mit seiner sehr persönlichen, aus tiefstem Anliegen heraus gehaltenen Ansprache bei den jungen Menschen das Bewusstsein für ihre Begeisterungsfähigkeit wecken möchte, so kann dieses Motiv des Enthusiasmus als Brücke zu den neuen Herzen auch für den Lehrer seinen Schülern gegenüber zur Aufgabe werden. Gerade der Geschichtsunterricht nimmt hier eine besondere Stellung ein. In dem bereits zitierten Baseler Vortrag von 1920, in dem Steiner sich gegen eine Behandlung der «bloßen Zeitenfolge» ausspricht und eine Möglichkeit skizziert, von der lebendigen Gegenwart aus in die Geschichte zurückzugehen, um die Schüler erleben zu lassen, dass jedes Zeitalter etwas ganz Eigenes und Bleibendes für die Menschheit leistet, resümiert er schließlich: «Dann bekommt das Kind auch eine gewisse feste Stellung in der Gegenwart. Es sagt sich: Unser Zeitalter hat auch etwas ganz Bestimmtes für die Ewigkeit zu leisten. Solch eine Geschichtsdarstellung, die wirkt dann wirklich auf das Gemüt, die wirkt dann begeisternd auch auf den Willen.»[239] Sowohl in der Jugendansprache als auch hier bringt Steiner zum Ausdruck, dass Begeisterung dem Erlebnis entspringt, in sich selber die Aufgabe und die Möglichkeit zu entdecken, in die Geschichte einzugreifen.

4.2 Der Wille

Wir sind nun aufmerksam geworden auf die tiefere menschenkundliche Dimension der begeisternden Wirkung eines gelingenden Geschichtsunterrichts. Den Zusammenhang mit dem Herzorgan stellt Rudolf Steiner bereits 1913 dar: «Wenn wir nicht die Gelegenheit finden, zu einem Menschen zwischen dem vierzehnten, fünfzehnten und einundzwanzigsten Jahre so zu sprechen, dass man sich in naturgemäßer Weise mit ihm zu Idealen erheben kann, zu Idealen, die das Herz mit Freude durchdringen, so tut man diesem jungen Menschen auch wiederum nichts besonders Gutes. Mit Menschen in diesen Jahren muss man von Idealen sprechen, von dem, was das spätere Leben unter allen Umständen dem richtig heranwachsenden Menschen bringen muss.»[240] Der Geschichtsunterricht ist der Ort, an dem man sachlich und ohne Sentimentalität von Idealen sprechen kann. Er hält die Beispiele bereit, in denen Menschen immer schon aus tiefer Begeisterung die Welt verändert und gestaltet haben. Er muss dabei allerdings jene Qualität des Zukünftigen enthalten, die die Wirklichkeit der Geschichte ausmachen und die es, wie wir bereits gesehen haben, erst zu realisieren gilt. Steiners Hinweis auf das, «was das spätere Leben bringen» müsse, betont nicht umsonst diesen Ursprung des Ideals im realen, künftigen Leben. In seinen späteren pädagogischen Vorträgen vor dem Lehrerkollegium greift er genau dieses Motiv wieder auf. Er empfiehlt für den Umgang mit jugendlichen Schülern: «Man weist auf die Zukunft hin, nimmt die Zweckidee, die Zielidee in das Leben auf.» Er begründet dies damit, dass der Astralleib ein neues Daseinsfundament brauche: «Geradeso wie der menschliche Leib sein gesundes Knochensystem braucht, wenn er nicht einherwackeln soll, so braucht der astralische Leib mit dem eingeschlossenen Ich, wenn er sich richtig entwickeln soll, in diesem Lebensalter Ideale. Das muss man ganz voll ernst nehmen. Ideale, diejenigen Begriffe, die einen Willenscharakter haben, Ideale mit Willenscharakter, das ist dasjenige, was wir jetzt als festes Gerüst dem astralischen Leib einfügen müssen.»[241] Steiner formuliert hier eine für unseren Zusammenhang sehr bedeutsame Definition des Ideals: Mit dem «Begriff mit Willenscharakter» ist sehr treffend die Natur des Ideals zum Ausdruck gebracht, sie bleibt eben nicht nur intellektuell, sondern enthält die Qualität des gesamten Lebensorganismus des Menschen, die Beteiligung der emotionalen Wärme, der Leidenschaft, Energie usw. Ein Ideal lässt einen nicht kalt, sondern es bewegt, impulsiert, schafft Freude. Andersherum hat es aber diesen gedanklichen Anteil, der die Leidenschaften nicht im subjektiven, egoistischen Triebleben belässt, sondern auf ein inhaltliches Ziel, einen geistigen Zusammenhang ausrichtet, uns über uns hinausführt und mit der Umwelt verbindet und damit kultivierend formt. Das Ideal erhebt uns zu einer höheren Gestalt unseres Ich, tut dies aber nicht abstrakt, sondern unser ganzes Wesen belebend. Insofern wird verständlich, warum Rudolf Steiner dem Ideal diese große pädagogische Bedeutung beimisst: Es setzt genau bei der Entwicklung der jugendlichen Urteilsfähigkeit an und kommt der Ablösung von den leiblich-elterlichen Kräften durch die eigenen, emanzipierten und gedanklich getragenen Zukunftskräfte unmittelbar entgegen, zugleich hat es aber auch eine konkrete, psychische und körperliche Wirkung auf die Entwicklung des Organismus. Diese geradezu medizinische, sogar mit dem Knochensystem vergleichbare Beschaffenheit des Ideals ins Zentrum der erzieherischen Aufmerksamkeit gerückt zu haben ist ausgesprochen provokativ und eröffnet einen ganz neuen Horizont moderner Jugendpädagogik.

Im Hinblick auf die Konstitution des Herzens eröffnet sich nun eine für unsere Fragestellung wertvolle Blickrichtung. Wolf-Ulrich Klünker weist in seinen Ausführungen zur *Therapeutischen Bedeutung des Herzverständnisses*[242] auf die Schrift *Über die Bewegung des Herzens* des Thomas von Aquin hin. Thomas erklärt hier die Herzbewegung aus der Wirksamkeit des Astralleibes. Dies lässt sich nur verstehen vor dem Hintergrund einer Anschauung der verschiedenen Wesensglieder. Man kann das Gefüge dieser Glieder – sozusagen den Bau des menschlichen Organismus – mit dem Bau eines Hauses vergleichen. Dieses Haus ist aus einem bestimmten

Material errichtet worden – das ist die Physis. Es brauchte aber einen Architekten und eine Reihe für ihn arbeitender Leute, um das Material, die Baustoffe zu bearbeiten und das Gebäude herzustellen; dieser Architekt und seine Mitarbeiter sind mit dem Lebensleib zu vergleichen, der die Physis organisiert. Der Architekt braucht dabei wiederum einen Plan, ein Bild von dem späteren Haus, um seine Anordnungen geben zu können. Diesen Plan erfindet er nicht einfach willkürlich, sondern er richtet sich nach ganz bestimmten, in der Sache liegenden gedanklichen Gesichtspunkten – die Ideen des Architekten entspringen ästhetischen Auffassungen, der Kenntnis der Bewohner des Hauses und ihrer Bedürfnisse und dem städtebaulichen Zusammenhang, in dem das Gebäude steht. Der Plan entstammt also einer Ideenwelt, die keineswegs beliebig ist, sondern sachlich «richtige» Gedanken enthält. Mit dieser Welt ist ein dritter Wirklichkeitsbereich beschrieben, der geistig ist und in dem Bilder leben; dies entspricht der Realität des Astralleibes. Nun gab es jenen Plan nicht schon immer, sondern der Architekt hat ihn selbst entworfen, seine Individualität ist der Ursprung der später umgesetzten Bilder auf der Grundlage jener objektiven gedanklichen Gesichtspunkte. Als letzte und höchste Stufe begegnen wir hier dem Ich.

Wesentlich an diesem Vergleich ist unter anderem der Hinweis auf den Umstand, dass ein Wesensglied immer erst von dem ihm übergeordneten aus zu verstehen ist. So wie aber der Plan nicht selbst die Steine aufeinandersetzen kann, so kann auch nicht der Astralleib direkt das Herz bewegen, sondern er gibt die «Form» – und diese stammt im Unterschied zum Tier vom Ich. Unter «Form» versteht Thomas hier die «Zustände der Seele».[243]

Entscheidend für die sich allmählich heranbildende Eigenständigkeit des Ätherherzens ist demnach nicht dieses selbst, sondern der Astralleib oder die «Zustände der Seele». Diese Zustände sind aber nicht für immer festgelegt, sondern können sich entwickeln, wenn sie die bereits angesprochene Stärkung erfahren. Wenn der junge Mensch nicht auf sein materielles Herz fixiert werden, sondern dieses sich in seinem weiteren

Leben vergeistigen können soll, muss eine solche Entwicklung einsetzen, denn die Ätherisierung des Materiellen setzt auch eine Verwandlung des Astralischen auf eine nächsthöhere Stufe voraus.[244] Wir finden Beispiele einer solchen Verwandlung in den verschiedenen Nuancen unseres Seelenlebens. Neugier kann sich zum Interesse entwickeln, das lustorientierte, egoistische Verlangen nach einem anderen Menschen zur selbstlosen Liebe, bloßer «Gaumengenuss» zur ästhetischen Wahrnehmung usw.

Diese Unterschiede in den «Zuständen der Seele» sind Ausdruck dafür, inwieweit bereits das Ich des Menschen gestaltend in sein Seelenleben einzugreifen vermag. Wenn ein Mensch z.B. sehr stark auf äußere Genüsse fixiert ist, so wird daran deutlich, dass er sich noch wesentlich den spontanen, ungeführten Regungen seines Astralleibes überlässt. Erst wenn das Ich willentlich dieses Begierdenleben zu beherrschen beginnt, kann sich die Astralität allmählich verwandeln und in sich Fähigkeiten wie z.B. wirkliches Mitleid oder ein von der bloßen Sympathie oder Antipathie unabhängiges Interesse für einen anderen Menschen entwickeln. Diese Fähigkeiten tragen den Charakter der Selbstlosigkeit und speisen sich insofern bereits aus einer anderen Region als aus dem noch vom Körper abhängigen Begehren des Astralleibes. Goethe unterscheidet in seinem Aufsatz «Der Versuch als Vermittler von Subjekt und Objekt» in diesem Sinne das Erforschen des in der Blume wirkenden Gesetzes von dem momentanen Wohlgefallen an einer einzelnen, bald aber schon wieder vergangenen Blume, um damit den Unterschied zwischen Geist und Seele zu charakterisieren.[245] Dieser Unterschied offenbart sich auch in den beschriebenen Fähigkeiten: Während das Seelenleben zur einen Seite hin deutlich leibvermittelt ist, speist es sich zur anderen Seite aus einer über dem rein Seelischen stehenden geistigen Quelle, menschenkundllich gesprochen aus dem nächsthöheren, nun rein geistigen Wesensglied, dem «Geistselbst». Rudolf Steiner schreibt in seiner *Theosophie*: «Das Ich ist dann vermöge seines Anteiles an der geistigen Welt Herr geworden in der Welt der Triebe, Begierden und so weiter. In dem Maße, als es dies geworden ist, erscheint das Geistselbst im Astralleib. Und dieser selbst wird dadurch verwandelt. Der Astralleib erscheint dann selbst als zweigliedrige Wesenheit, als zum Teil unverwandelt, zum Teil verwandelt. Daher kann man das Geistselbst in seiner Offenbarung am Menschen als den verwandelten Astralleib bezeichnen.»[246]

Jeder kennt aus eigener Erinnerung oder durch den Umgang mit Jugendlichen all die seelischen Spielarten, die mit der Geschlechtsreife auftreten: extreme Gefühlsschwankungen, die von den jeweils gerade aktuellen Ereignissen hervorgerufen werden, höchst subjektive, aber vehement vertretene Meinungen, abschweifende, vom momentan Erlebten besetzte Gedanken, Hingabe an Genussmittel aller Art, unkontrollierte Körperkräfte, ständig wiederholte Vorsätze, es endlich besser machen zu wollen, um dann doch ganz schnell wieder zu scheitern usw. Der frei gewordene Astralleib bedarf einer Willensinstanz, die dieses Seelenleben ordnet und führt. Diese Instanz ist das vom Geistselbst durchdrungene Ich. Dem Jugendlichen steht dies noch nicht zur Verfügung. Damit es sich allmählich hervorarbeiten kann wie in der vorpubertären Phase der Astralleib, darf es aber auch nicht einfach vom Erziehenden ersetzt werden, sondern dieser muss in seinen Handlungen ein Bild geben, in dem die jungen Menschen unbewusst ihre eigene Veranlagung wiederfinden und das sie veranlasst, es selber zu versuchen, zu üben und damit ihre Möglichkeiten zu realisieren.

Ziel muss es also sein, den Willen vom Ich her so zu erkraften, dass er sich selbst verwandeln und das Seelenleben aktiv gestalten kann. Diese Verwandlung des Willens beschreibt Rudolf Steiner an einer zentralen Stelle der *Allgemeinen Menschenkunde*.[247] Er schildert, wie der menschliche Wille je nach Wirksamkeit des betreffenden Wesensgliedes einen anderen Charakter annimmt. Auf der Ebene des physischen Leibes erscheint er als reiner Instinkt (ich schließe reflexartig das Auge, wenn mir etwas davorzuschlagen droht), auf der Ebene des Ätherleibes als Trieb (z.B. Ernährung und Fortpflanzung) und auf der Ebene des Astralleibes als Begierdenleben. Gegenüber dem Trieb hat sich hier das Willensleben wesentlich individualisiert: Der Sexualbereich ist nicht einfach nur der Ausdruck bloßer Fortpflanzungsnotwendigkeit im Sinne der Gattungserhaltung, sondern es spielt das Seelische hinein in Form von Zuneigung zu einem bestimmten Menschen (nicht generell des anderen Geschlechts). An die Stelle naturgesetzlicher Gleichmäßigkeit tritt die Situationshaftigkeit – die Begierde «entsteht und vergeht». Dennoch sind – wie oben bereits charakterisiert – die Begierden immer noch leibesabhängig. Eine Verwandlung des Astralischen würde hier nun ansetzen. Sie vollzieht sich bereits in der nächsten Metamorphose des Willenslebens, wenn Instinkt, Trieb und Begierden vom Ich erfasst werden: in der Verwandlung der Begierde zum *Motiv*. Der Unterschied zwischen diesen beiden Willenszuständen ist deutlich spürbar. Die Begierde (im umfassenden Sinne) bezieht sich immer auf einen sinnlich im Moment vorliegenden Gegenstand, egal, ob dies Essbares, Geld oder einen Menschen betrifft. Ein Motiv richtet sich bereits auf etwas Zukünftiges. Außerdem wohnt dem Motiv weniger ein sinnlicher als vielmehr ein ideeller Charakter inne; ich habe mich damit also schon ein Stück von meinem bloßen Selbsterleben in eine objektive Wirklichkeit wegbewegt. Gerade in dieser Unabhängigkeit von den bloßen Außeneinflüssen und dem Überwinden unseres «Alltags-Ich» sind wir aber erst wirklich bei uns selbst angelangt: «Wer überhaupt den Menschen betrachten wird hinsichtlich seiner Willensnatur, der wird sich sagen: Weiß ich beim Menschen, was seine Motive sind, so erkenne ich ihn.»[248] Wir sind jetzt in einem Stadium angelangt, in dem der Schüler nicht nur protestiert gegen eine spontan empfundene Ungerechtigkeit oder nicht nur Erlebnisse sucht z.B. in der Art einer maximalen Musikausreizung, die «noch im übernächsten Zimmer die Türfüllungen vibrieren lässt» (Reiner Kunze über seine fünfzehnjährige Tochter[249]). Für dieses Stadium gilt auch nicht mehr: «Außerdem wägt sie die Tätigkeiten gegeneinander ab nach dem Maß an Unlustgefühlen, das mit ihnen verbunden sein könnte, und betrachtet es als Ausdruck persönlicher Freiheit, die unlustintensiveren zu ignorieren» (ebenfalls Kunze). Vielmehr tauchen jetzt Themen auf – z.B. die Lage der Menschen in Afrika –, die den einzelnen Schüler unabhängig von den ihn umgebenden Freunden oder Mitschülern sehr beschäftigen und denen er über längere Zeit wirklich nachgeht, bis er vielleicht sogar eine Initiative gründet, eine Reise unternimmt o.a. Ein Musikinstrument wird entdeckt und konsequent erlernt, um damit in einer Gruppe oder einem Orchester mitspielen zu können, nach vielen unerträglichen Erfahrungen der Oberflächlichkeit, Lautstärke und Verlogenheit des Sprechens entsteht das Bild des stillen Wortes, des wertvollen Schweigens, und es wird versucht, dies zu leben. Ein Jahresarbeitsthema wird gefunden und realisiert. Der Wille wird nicht mehr so sehr beherrscht von den Anstößen von außen, sondern er entspringt jetzt wesentlich stärker den tieferen Impulsen der eigenen Persönlichkeit und wird mit größerer Kraft auf ein Ziel hin durchgehalten.

Der oben zitierte Ausspruch von Rudolf Steiner geht aber noch weiter: «Weiß ich beim Menschen, was seine Motive sind, so erkenne ich ihn. *Aber nicht ganz!*» Steiner deutet mit dieser knappen Hinzufügung auf eine letzte bedeutende Metamorphose des Willenslebens hin, die die angesprochene Verwandlung des Astralleibes in das Geistselbst unmittelbar betrifft. Er lenkt den Blick auf eine Schicht, die unserem Bewusstsein meistens völlig entgeht. Wenn der Mensch Motive entwickle, klinge nämlich «leise unten etwas an».[250] Während das Motiv verhältnismäßig bewusst erfasst wird, weil es in das Vorstellungsleben hineinspielt, haben wir es hier mit einer weitgehend unbewussten Ebene zu tun. Ich kann z.B. das Motiv haben, eine Reise zu machen, um ein bestimmtes Land kennenzulernen, und darunter liegt in Wirklichkeit der uneingestandene Drang, dort eine neue berufliche, z.B. soziale Lebensaufgabe zu finden. Oder ein junger Mann entscheidet sich für den Zivildienst, weil er das Motiv gefasst hat, keinen Menschen töten zu wollen. Viel tiefer wird hier vielleicht der Drang wirksam, unabhängig von Elternhaus oder gar Militär eine neue, eigenständige Lebensetappe zu beginnen und unter Umständen einen tiefen biografischen Freiheitsimpuls zu verwirklichen. Im Blick auf diese unterbewusste Willensschicht führt Steiner nun aus:

«Da ist zunächst eines, das auch, wenn wir Motive haben, immer noch im Willen wirkt, der Wunsch. Ich meine jetzt nicht die stark ausgeprägten Wünsche, aus denen dann die Begierden sich bilden, sondern jenen leisen Anklang von Wünschen, die alle unsere Motive begleiten. Sie sind immer vorhanden. Dieses Wünschen nehmen wir besonders dann stark wahr, wenn wir irgendetwas ausführen, das einem Motive in unserem Willen entspringt, und wenn wir zuletzt darüber nachdenken und uns sagen: Was du da ausgeführt hast, das könntest du noch viel besser ausführen.»[251] Dabei ist nun trotzdem nicht wieder der Vorstellungsinhalt mit dem eigentlichen Willensvorgang zu verwechseln: Die Vorstellung, es besser machen zu wollen, ist bewusst, der eigentliche Wunsch, der dem zugrunde liegt, wirkt aber sehr verborgen im Unterbewusstsein. Aus dem Wunsch spricht der Drang, nicht bei dem Vollbrachten und damit Gewordenen stehenzubleiben, sondern sich weiterzuentwickeln. Der in diesem Sinne aufgefasste «reine» Wunsch stellt also eine Willensqualität dar, die nun vollständig auf die Zukunft ausgerichtet ist. Von hier aus kann mit Steiner nun gefragt werden: «Was ist es, was da mitklingt als Wunsch? – Für den, der die Seele wirklich beobachten kann, ist es das erste Element von alledem, was nach dem Tode übrigbleibt. [...] Das gehört schon dem Geistselbst an.»[252] Über das Geistselbst schreibt Steiner in der *Theosophie:* «Es bildet sich aus und bereitet sich vor, um in einer neuen Verkörperung sich ein Vollziehen der geistigen Absichten in der irdischen Wirklichkeit zu ermöglichen. [...] Eine Art Gedächtnis für [die] früheren Lebensläufe und der prophetische Vorblick für [die] späteren blitzen auf.»[253] Das Geistselbst ist also der rein geistige Wesenskern des Menschen, der schon vor seiner Geburt besteht und ebenso nach dem Tod. Es enthält – auf der Grundlage der in diesem Leben gemachten Erfahrungen – den Lebensentwurf für die nächste Verkörperung. In den Willensimpulsen auf dieser Stufe – also im Wunsch – wirkt insofern nicht nur der Bezug auf die räumliche und zeitliche Umgebung dieses einen Lebens, sondern der vor der Geburt gefasste geistige Entschluss.

Wenn also jene Empfindung entsteht, bei der Ausführung eines Motivs die Sache noch nicht gut genug gemacht zu haben, so ist dies der Ausdruck der Wirksamkeit des Geistselbst: Die Ausführung muss an einem höheren «Maßstab» gemessen worden sein, der tief im Inneren als vorgeburtliche Zielsetzung lebt. Mit diesen weit in die Zukunft weisenden, in unseren Handlungen nie ganz zu erreichenden und deshalb ständig den Wunsch anfachenden Maßstäben ist charakterisiert, was Ideale sind. Als «Begriffe mit Willenscharakter» entspringen sie einem Vorstellungsleben, das sich verwandelt hat durch die Verbindung mit den aus dem Unterbewusstsein heraufsteigenden Willensqualitäten, oder andersherum: Der Wille hat sich stufenweise verwandelt über eine Verbindung mit dem Leib und mit der Seele bis schließlich in eine Einheit mit dem Geistigen hinein. Es ist nun deutlich, dass der Willensanteil des Ideals nicht aus egoistischen Trieben oder Begierden besteht, sondern sich aus dem rein Geistigen speist. Es wäre sehr lohnend, daraufhin einmal die Qualität der in der Geschichte auftretenden Ideale zu vergleichen, z.B. bei einem Robespierre, einer Rosa Luxemburg oder einem Hans Scholl.

Es ist nun verständlich, warum das Erleben von Idealen eine so große Bedeutung für die Stärkung des Astralleibes hat. Indem im Inneren des Heranwachsenden ein (im oben beschriebenen Sinne) wirkliches Ideal aufleuchtet, regt sich in ihm eine höhere, geistige Willensqualität – ohne dass sie schon selber eigenständig eingreifen könnten, werden die Qualitäten von Ich und Geistselbst vom Jugendlichen erlebt, und dieses Erlebnis setzt die Kräfte frei, den eigenen Willen umzugestalten, also «den leibgebundenen Willen in einen ichverbundenen oder geistverbundenen Willen»[254] zu verwandeln. In der Betätigung dieses geistverbundenen Willens zieht dieser jenen «niederen» Willen kultivierend und stärkend sozusagen zu sich hinauf. Im Ideal ist das Geistselbst wirksam, und so «blitzt» in ihm letztlich ein Vorblick auf das spätere Schicksal auf. Durch dieses Zukunftserlebnis richtet sich der Astralleib auf ein Ziel hin aus, formt und kräftigt sich also.

226

Gerade dem Geschichtsunterricht kommt hier eine bedeutende Aufgabe zu. Er kann die Schüler an hervorragende Beispiele der Wirksamkeit von Idealen heranführen und in der Auseinandersetzung mit ihnen die noch verborgene Ich- und Geistselbsttätigkeit ansprechen und entzünden. Bezeichnenderweise beschreibt Steiner die charakterisierte Willensmetamorphose in jener Passage der *Allgemeinen Menschenkunde* auch mehrfach als «Verinnerlichung» des Willens: Bei jeder Stufe betont er, wie der Wille sich jeweils noch weiter nach innen verlagere bzw. in das menschliche Innere «hereingenommen» werde. Dies entspricht genau der Aufgabenstellung, die Steiner in der bereits zitierten Stelle für den Geschichtsunterricht formuliert: Die Betrachtung von Geschichte solle die «Innerlichkeit» anregen.

Den Schüler zur Verinnerlichung anzuregen heißt also konkret auch, ihm eine Hilfestellung zu geben, sein Willensleben so zu kultivieren, dass er von seinen äußeren Bedürfnissen nach und nach einen Weg zu seinen eigentlichen, zukünftigen Lebensimpulsen finden kann. Diese Hilfestellung wurde in der erwähnten Stelle als Eingehen auf das «Zeitliche» beschrieben, während zuletzt der Blick auf die Wirksamkeit von Idealen gerichtet wurde. Diese beiden Aspekte hängen aber unmittelbar miteinander zusammen. Ein Ideal entzündet sich ja gerade daran, dass die gegebenen Realitäten, das Gewordene nicht hingenommen werden, sondern besser gemacht und insofern aufgelöst, verwandelt, ins Zeitliche überführt werden sollen. Wie bereits dargestellt, geht der Impuls zur Wandlung aber nicht aus dem Zeitprozess selber hervor – dieser ist nur die Folge jenes Impulses –, sondern aus dem Hereinwirken der Zukunft in die Gegenwart – und damit aus der Sphäre des Geistigen, das umgestaltend in den Astralleib hineinstrahlt. Ein wirkliches Ideal ist immer mit einem sehr starken «Tableau»-Erlebnis verbunden, in dem Vergangenheit und Zukunft als Ganzheit in ihrer Gleichzeitigkeit erfahren werden: Man spürt in ihm eine tiefe, ursprungshafte Verbindung in eine sehr ferne Vergangenheit zurück, und zugleich empfindet man, dass mit ihm etwas in einem anklingt, was überhaupt nicht nur für den nächsten oder übernächsten Moment bestimmt ist, sondern das ganze Leben und vielleicht sogar die Zeit darüber hinaus überspannen wird.

Wenn wir uns nun noch einmal vergegenwärtigen, dass eine Verwandlung des Astralleibes auch die das Ätherische bestimmende «Form» (die «Zustände der Seele») umgestaltet und damit sich auch das Ätherische und zuletzt das Physische des Menschen vergeistigen kann, so lässt sich jetzt verstehen, inwiefern es etwas «Gutes» für den jungen Menschen ist, wenn man sich «mit ihm zu Idealen erheben kann, zu Idealen, die das Herz mit Freude durchdringen». Es besteht tatsächlich ein sehr direkter, medizinischer Zusammenhang zwischen dem Erleben von Idealen und einer Verwandlung des Herzens. Die am Ideal sich entzündende Umgestaltung des Astralleibes schafft die Kräfte, die das neu in Funktion tretende, vom materiellen Herzen emanzipierte «zweite» Ätherherz in Tätigkeit bringt, seiner geistigen Natur Nahrung gibt und insofern seine gesunde Entwicklung fördert. Es gibt in der Geistesgeschichte für diesen Zusammenhang ein biografisches Beispiel von einzigartiger, fast urbildhafter Symbolkraft: das Schicksal Friedrich Schillers. Es gibt wohl kaum eine Persönlichkeit, bei der man einen stärkeren Idealismus, eine reinere und flammendere Hingabe an Ideale erlebt als bei ihm. Als man nach seinem Tode die Obduktion vornahm, stieß man auf eine unbegreifliche Entdeckung: Sein Herz war ein leerer Beutel und so radikal zerstört, dass selbst für den Arzt nicht zu fassen war, wie Schiller überhaupt noch mit solch einem Herz hatte leben können, er hätte schon längst tot sein müssen[255] – ein naturwissenschaftliches Rätsel, dessen Hintergrund man zu ahnen beginnt, wenn man um die Tatsache des Ätherherzens weiß. Rudolf Steiner weist in der erwähnten letzten Jugendansprache auf dieses Beispiel hin und schließt die Worte daran an: «So werden alle Herzen verbrennen, die sich in ihrer Erneuerung ergreifen. Wollen wir mit der Spiritualität ernst machen, dann müssen wir selbst uns mutvoll gestehen: Wenn es in uns nicht geht, mit der Welt mitzuleben, so kommt das davon her, dass wir neue Herzen haben müssen.»[256] Für Ideale zu erglühen, in Begeisterung zu entflammen – die Entwicklung des «idealischen», «zweiten Menschen im Menschen» ist eng verbunden mit dem Feuer und mit Wärme. Hier gelangen wir zum Zentrum unseres Menschseins, unserer Willensimpulse und Handlungen und insofern auch zum Kern unserer pädagogischen Bemühungen.

4.3 Geschichte verstehen: Vom Feuer entzündet

Eine der zentralen Gestalten der germanischen Mythologie ist der Gott Thor. Die damaligen Menschen hatten eine sehr starke Beziehung zu ihm. Sie sahen ihn in Blitz und Donner, und sein Attribut, der Hammer, stand mit diesen Erscheinungen in direktem Zusammenhang. Lässt man sich auf diese Bilder ein und versucht ihre Qualitäten auf die seelischen Realitäten hin zu befragen, die sich in ihnen ausdrücken, so stößt man auf das Element des Feuers und der damit verbundenen Kraft, auf die extrem konzentrierten, immer einzeln und momenthaft auftretenden Licht- und Hitzestöße und auf die impulshafte Gewalt heftiger Schläge – Qualitäten also von Wärme und äußerst individualisierter Willenskraft, die machtvoll in das Irdische eingreift. Rudolf Steiner deutet diesen Mythos als ein Bild für die Einprägung des menschlichen Ich in die Leiblichkeit. Thor sei als eine Engelgestalt erlebt worden, «welche von besonderer Macht ist, aber zu gleicher Zeit innig verwandt ist mit dem einzelnen Menschen und seiner Individualität. [...] Was also draußen im Makrokosmos der Pulsation des Blutes entspricht, das ist dasjenige, was als Blitz und Donner durch die wehenden Winde und wehenden Wolken geht.» Der Germane «sah die innige Verwandtschaft des Feuers, des Blitzes mit dem, was durch das Blut geht. Er fühlte den Pulsschlag in seinem Blute und wusste: Das ist der Schlag des Ich.»[257]

Diesen engen Zusammenhang zwischen dem Inkarnationsvorgang und dem Element der Wärme finden wir in den Mythen vieler Kulturen ausgedrückt. Prometheus, der den Menschen aus Lehm formte, raubt den Göttern das Feuer, um es den Menschen zu bringen, und erst von diesem

Moment an können sie ein Dasein führen, das der eigentlichen Bestimmung ihres Lebens entspricht. Dem Kulturgründer Moses erscheint Gott in einem brennenden Dornbusch. Als Moses nach seinem Namen fragt, antwortet er: «Ich bin der Ich-bin.» Der jüdische Erbstrom wird zuletzt schließlich zur leiblichen Grundlage für die Inkarnation des Christus.

Diesen geistesgeschichtlichen Hinweisen entsprechen medizinische Phänomene. Ernst-Michael Kranich schildert in seinen Ausführungen zu «Blut, Kreislauf und Herz»[258] die Veränderungen im Menschen, die bei einer künstlichen Absenkung der Körpertemperatur, wie sie bei langen und schweren Operationen durchgeführt wird, auftreten: «Schon bei der Verringerung der Körpertemperatur auf 36 °C empfindet der Mensch innere Kälte; er kann sich mit seinem Leib in diesem Unwohlsein nicht mehr wie bisher verbinden. Bei 35 bis 34 °C gerät der Mensch leicht in Erregungszustände; er vermag sein Gefühlsleben nicht mehr vom Ich aus zu beherrschen. Das Kältezittern, das bei 36 °C begonnen hat, geht bei 33 °C in eine Versteifung der Muskulatur über, sodass der Mensch seinen Leib nicht mehr durch den Willen und vom Ich aus ergreifen kann. Bei 32 °C ist der Patient zwar noch ansprechbar, er ist aber nicht mehr fähig, das, was er hört und sieht, so mit dem Ich zu durchdringen, dass er es später wieder erinnern kann. Und bei 30 °C erlischt sein Bewusstsein.»[259] Je mehr Wärme der Mensch verliert, desto weniger kann er also sowohl seine Seele als auch seinen Leib ergreifen. Die geschilderten Abläufe entsprechen einem ganz konkreten Exkarnationsvorgang. «Die den Leib durchdringende Wärme des Blutes ist offensichtlich das Medium, durch das das Ich seine Wirksamkeit entfaltet.» Vor diesem Hintergrund charakterisiert Kranich die Beziehung zwischen Wärme und Ich: «Wärme ist jenes ‹Element›, das die Materie vollkommen durchdringt und dabei ausdehnt, flüssig und schließlich gasförmig werden lässt. Unter ihrem Einfluss geht das Erstarrte in einen Zustand vollständiger Aufgelöstheit und größter Beweglichkeit über. Die Wirksamkeit der Wärme ist in höchstem Grade dynamisierend. Und Wärme selbst ist auch ihrer inneren Natur nach dynamisch; sie ist ein fortwährendes inneres Erglühen. Durch diese

Eigenschaft hat sie eine Affinität zum Ich. Denn das Ich ist eine zuinnerst willenshafte Wesenheit, die ihr Wirken fortwährend aus sich selbst erneuert. Das Ich verdankt sein Dasein nur diesem Sich-selbst-Erschaffen. Würde es irgendeinem fremden Einfluss unterliegen, dann wäre es nicht im wahren Sinne Ich. Soll diese schöpferische, schaffende Wesenheit im Leib aufleben, so bedarf sie eines Mediums, das ihr verwandt ist, indem es selbst durch und durch dynamisch ist. Das aber ist die Wärme. Im Erglühen der Wärme kann das Ich als schaffende Wesenheit aufleben.»[260]

Das Blut als körperlicher Träger der Wärme lässt sich also als Organ des Ich auffassen, und auch hier stößt man wieder auf das Phänomen der Verinnerlichung. Es gibt Lebewesen, deren Wärmehaushalt ganz von außen bestimmt wird: Die Fische und andere Meerestiere sind von der durch die Sonne beeinflussten Wassertemperatur abhängig. Auch die Kriechtiere (Schlangen, Kröten etc.) empfangen die Wärme noch von außen, besitzen aber schon einen geschlossenen Blutkreislauf. Mit den Vögeln und Säugetieren vollzieht sich dann ein maßgeblicher Entwicklungsschritt, indem bei ihnen die selbst regulierte Eigenwärme beginnt. Erst der Mensch verfügt aber über einen von Umwelteinflüssen weitgehend unabhängigen Wärmeorganismus – das Lebewesen also, das sich souverän aus sich selbst heraus bestimmen will, schafft sich in seiner eigenen Organisation den leiblichen Träger, im Physischen erscheinen zu können. Die ganze Evolution erkennen wir also als Ausdruck jener Innenwendung, die das Leben der menschlichen Individualität ermöglicht.

Schon in diesem Aspekt der Verinnerlichung, aber auch in einer Reihe weiterer Gesichtspunkte offenbart sich eine bedeutende Verwandtschaft zwischen der Wärme und dem Auftreten der Zeit. Wir konnten bereits feststellen, wie immer dort, wo ein Wesen – also auch ein Ich – in die Erscheinung tritt und insofern aus einem verborgenen Übersinnlichen in die Verkörperung übergeht, Zeit entsteht. Es wurde auch beschrieben, wie das Ich erst durch die Zeitlichkeit sich entwickeln und damit bestimmen kann. Diese Bedeutung des Zeitlichen für das Ich wird schon an einer ganz elementaren Eigenschaft des Menschen deutlich: an der Fähigkeit

zur Erinnerung. Wenn ich nach einigen Jahren einem Kind wiederbegeg-
ne, das damals vielleicht vier Jahre alt war, so werde ich es trotz der gravierenden Veränderungen als den damaligen Menschen wiedererkennen. Ich
werde nicht einfach nur ausgefüllt von einem neuen Wahrnehmungsbild,
das mich völlig einnimmt, sondern es stellt sich für mich sehr schnell oder
wahrscheinlich sofort das Erlebnis einer *Verbindung* der jetzigen mit der
damaligen Vorstellung ein. Ich mache nicht zwei Wahrnehmungen, die
völlig voneinander abgetrennt sind, nur für sich bestehen und überhaupt
nichts miteinander zu tun haben (in dem Sinne, dass ich zwei verschiedene Menschen wahrgenommen hätte), sondern ich beziehe sie aufeinander
und habe das Erlebnis einer *Wandlung*. Durch den zeitlichen Bezug, der
die Fähigkeit zum Zeiterleben als solchem voraussetzt, identifiziere ich
das jetzige Kind mit dem damaligen und erlebe nicht nur seine momentane Erscheinung, sondern zugleich seine Entwicklung. Damit erfahre
ich aber eine Kraft in mir, die unabhängig von den sinnlichen Einflüssen
der Außenwelt ist. Wäre ich nur von diesen abhängig, würde ich mich
auflösen in die unendliche Menge der Wahrnehmungsinhalte, die in mir
leben. Jene Kraft, aus mir selbst heraus ein abwesendes Damals mit dem
Hier und Jetzt zu verbinden, vermittelt mir erst ein Gefühl meiner selbst,
schafft Bewusstseinskontinuität, und dies bildet die Grundlage, dass ich
mich als souveränes Wesen verwirklichen kann.

Nun sind meine Erinnerungsvorstellungen und mein Leben im Zeitlichen auf dieser Stufe aber immer noch bezogen auf die durch die Leiblichkeit vermittelten sinnlichen Wahrnehmungbilder. Die eigentliche
Quelle der Erinnerung, die Kraft, die sie entstehen lässt, liegt tiefer und ist
– da sie ja unabhängig vom Einzelmoment sein muss, um ihn mit einem
anderen verbinden zu können – selber zeitlos. Das menschliche Ich ist
also nicht identisch mit dem im Zeiterleben entstehenden Selbstgefühl,
sondern seine Kraft ist zeitübergreifend. Zeit ist insofern also vielmehr
die Bedingung – sozusagen die «Leiblichkeit» –, unter der das Ich in die
sinnliche Erscheinung treten kann. Martin Basfeld fasst in seiner Studie
Wärme: Ur-Materie und Ich-Leib[261] den hier entwickelten Zusammen-

hang mit den Worten zusammen: «Wir begegnen also dem Ursprung der Zeit am Übergang von der geistigen zur sinnlichen Erfahrung, oder: Zeit entsteht da, wo die Möglichkeit geschaffen wird, dass ein Ich im Leibe leben kann.»[262] Medizinisch drückt sich dies im Entstehen von Wärme aus: «Die Wärme ist das erste materielle Medium, in der das Ich sein Leben entfalten kann.»[263]

Erscheinen Zeit und Wärme zunächst als zwei völlig verschiedene Themen, so zeigt sich zuletzt immer deutlicher, dass sie in Wirklichkeit eng miteinander zusammenhängen. Vor dem Hintergrund des in Kap. I.7. unternommenen Versuches, sich der Wirksamkeit der Engel in der Geschichte anzunähern, sei hier nun auf eine Darstellung Rudolf Steiners hingewiesen, die die Gemeinsamkeit von Zeit und Wärme in einen sehr großen Zusammenhang stellt. In der *Geheimwissenschaft im Umriss* entwirft er das gewaltige Panorama einer kosmischen Evolution, aus der heraus der Ursprung sichtbar wird, der beiden Erscheinungen zugrunde liegt. Steiner gibt dort ein Bild von der gesamten Weltentwicklung und der Stellung, die der Mensch schließlich in ihr einnimmt. Es werden darin auch die Planetenzustände beschrieben, die unserer heutigen Erde vorausgingen. Von großer Bedeutung ist in dieser Evolutionsreihe natürlich der erste Anfang der Entwicklung. Wir kommen hier an die Grenzen unseres gewöhnlichen Vorstellungslebens, weil es in diesem Stadium ja noch gar keine feste Körperlichkeit eines fertigen Planeten gab. Steiner spricht hier von dem Stadium des «Saturns». Unter «Saturn» darf man nicht den aktuellen, sinnlich wahrgenommenen Himmelskörper verstehen, sondern etwas völlig anderes. Steiner betont, dass es äußerst schwierig sei, für diesen Zustand überhaupt Worte zu finden. Man ist hier aufgefordert, sich ein Stadium vorzustellen, in dem es noch gar keine Materialität in unserem heutigen Sinne gab. Es existierten weder Erde, Wasser und Luft, noch nicht einmal Räumlichkeit, insofern natürlich auch keine Tiere oder Pflanzen. Es gab nur eine Form des «Physischen». Um sich über diese Form verständlich machen zu können, verweist Steiner auf bestimmte Erlebnisse, die man an sich selbst beobachten kann: «Man versuche es einmal, ganz abzusehen von aller Wärmewirkung, die man empfängt durch äußere Körper, und sich lediglich das innere Erlebnis zu vergegenwärtigen, das man hat bei den Worten: ‹ich fühle mich warm›, ‹ich fühle mich kalt›. Dieses innere Erlebnis vermag allein eine Vorstellung von dem zu geben, was der Saturn war in der oben geschilderten Periode seiner Entwicklung.»[264] Die Physis dieses Planetenzustandes war also – so schwer es auch vorzustellen ist – die Wärme. Mit ihr fängt der Prozess der Verkörperung und damit auch der Ich-Entwicklung an.

Nun kommen wir an die Stelle, die für unseren Zusammenhang so entscheidend ist: «Mit dem Erscheinen der Saturnwärme tritt also unsere Entwickelung aus dem Innenleben, aus der reinen Geistigkeit zuerst in ein äußerlich sich offenbarendes Dasein. Besonders schwierig wird es dem Gegenwartsbewusstsein wohl, sich damit abzufinden, wenn auch noch gesagt werden muss, dass mit dem Saturnwärmezustand auch zuerst dasjenige auftritt, was man die ‹Zeit› nennt.»[265] Zeit und Wärme sind letztlich zwei Ausdrucksformen ein und desselben Vorganges, nämlich des allerersten Schrittes zur Verkörperung, d.h. zur Bildung einer Physis aus einem raumlosen und unzeitlichen geistigen Zustand heraus, durch die ein Wesen zu einem Ich-Bewusstsein gelangen kann. Wie nämlich der heutige Mensch durch sein Anstoßen an die irdische Physis zu einem Selbstbewusstsein gelangt, so geschah auf dem Saturn ein ganz ähnlicher Vorgang mit geistigen Wesen, die sozusagen damals ihr «Menschendasein» durchgemacht haben: die «Geister der Persönlichkeit» bzw. (in der Terminologie der christlichen Hierarchienlehre) die «Archai». Diese Geister haben durch die «Leibbildung» der Wärme eine Möglichkeit gewonnen, ihr eigenes Wesen wie in einem Spiegel zu erfahren. Damit entsteht aber auch die Erfahrung von «Innerlichkeit»: «Es ist im ganzen Saturn keine Innerlichkeit; aber die ‹Geister der Persönlichkeit› erkennen das Bild ihrer eigenen Innerlichkeit, indem es ihnen als Wärme vom Saturn aus zuströmt.»[266]

In dem griechischen «Archai» (Urbeginne) ist bereits ausgedrückt, dass ihr Wesen unmittelbar mit etwas verknüpft ist, was man als den Moment der Entstehung, als Ursprungshaftigkeit erleben kann. Es verkörpert sich in ihnen die Qualität des Anfanges und damit der Ausrichtung auf ein Ziel, also ein Zeitliches. Wie wir sehen konnten, werden sie von Steiner auch als «Zeitgeister» charakterisiert. Von hier aus erhält der bisher entwickelte Begriff der Zeit noch einmal eine letzte Vertiefung. In einem nur kurz nach dem Erscheinen der «Geheimwissenschaft» gehaltenen Vortrag über die «Saturnverkörperung der Erde»[267] sagt Steiner über die Zeit: «Die Zeit ist jetzt nicht jene abstrakte Zeit, von der wir gewöhnlich sprechen, sondern sie ist selbstständige Wesenheit. Jetzt kann man anfangen zu reden von etwas, was beginnt. Die Zeit beginnt mit dem, was da zunächst als Zeitwesenheiten geboren wird, die nichts sind als lauter Zeit. Es werden Wesenheiten geboren, die nur aus Zeit bestehen; das sind die Geister der Persönlichkeit, die wir dann als Archai in der Hierarchie der geistigen Wesenheiten kennenlernen. Im Saturndasein sind sie nur Zeit.»[268] Wenn es also vorhin hieß, dass mit der Wärme zum ersten Mal Zeit auftritt, so werden wir hier wieder zu dem Gedanken geführt, dass Zeit nicht nur metaphorisch oder philosophisch als Wesen aufzufassen ist, sondern als reale Wesenheiten, «die nichts sind als lauter Zeit».

Daraus ergeben sich nun aber Konsequenzen von großer Tragweite. Wenn der Mensch nicht eine Schöpfung aus dem Nichts ist, sondern selber die mit dem Saturn beginnende Evolution durchlaufen und insofern die verschiedenen Schichten dieser Entwicklung heute in sich hat, so bedeutet jene «Berücksichtigung des Zeitlichen», also die geschichtliche Erkenntnis, die im «Aufsaugen» der Zeit zu einer Tableauerfahrung und damit zum Ursprung der Zeit gelangt, eine reale Begegnung mit den Zeitgeistern. Konnte man vorher immer noch nach einem «Dahinter» hinter den Vorgängen und von Stufe zu Stufe neuerlich nach einem Warum fragen, so hört dies nun auf, weil es hinter einem Wesen kein Warum mehr gibt. Man kann dann im strengen Sinne nicht mehr von einem «Begreifen» oder «Erkennen» sprechen, weil man das geistige Wesen, dem man begegnet, nicht mehr begrifflich in einen Zusammenhang einordnen kann, der über ihm steht, vielmehr mündet der Erkenntnisprozess ein in ein Einswerden mit einem anderen Wesen – und wenn ich das erlebe, weiß ich auch, *warum* eine bestimmte Handlung entstanden ist. Geschichte «verstehen» heißt also etwas anderes als z.B. ein biologisches Gesetz zu verstehen. Es bedeutet die Teilhabe an dem Willen der Zeitgeister und der mit ihrem Schaffen verbundenen Wesenheiten bis hin zum Menschen. Erkenntnis wird hier zur Wesensbegegnung, und dies bedeutet, dass sie nicht mehr im üblichen Sinne als begrifflicher Inhalt, als bloße Idee vorzustellen ist, sondern als eine Verschmelzung von Willensimpulsen, denn die Individualität eines Wesens gibt sich kund in ihrem reinen Willen. Das heißt hier aber: Wenn der Geschichtsunterricht wirklich so angelegt ist, dass er den Schüler nicht in passiver, das Subjekt ausklammernder Distanz zum Gegenstand belässt, sondern durch seine imaginative Qualität seinen Willen in Tätigkeit versetzt, dass er also die Gebärden der Geschichte nachschafft, dann werden zuletzt sein Wille und der jene Gebärden hervorbringende Wille eins. Seine eigenen Impulse und die Zeitimpulse der die Geschichte inspirierenden schöpferischen Mächte schlagen zusammen. Indem ich in der Geschichtserkenntnis die kalte, weil von mir unabhängige Gegenstandswelt in Wandel auflöse und zuletzt in mir selber die Kraft aktiviere, der dieser Wandel entspringt und die mich in dem Zeiterlebnis meine Gestaltungsfähigkeit entdecken und damit also letztlich vom Geschöpf zum Schöpfer werden lässt, vereinige ich mich mit dem Willen der Zeitgeister und zugleich entflammt in mir selber die Wärme. Wärme, der Ich-Leib des Menschen, der es ihm ermöglicht, sich auf dieser Erde zu inkarnieren, entsteht in der Verbindung mit den göttlichen Wesen. Hier erst erlangt die Aufgabenstellung, Geschichtsbetrachtung solle «begeisternd auf den Willen wirken», ihre volle Bedeutung. «Begeisterung» ist so wörtlich zu nehmen, wie man es sich kaum vorgestellt hätte, und wenn man berücksichtigt, dass auch in dem auf das Griechische zurückgehende «Enthusiasmus» das Göttliche angesprochen ist (griech. éntheos «gottbegeistert», eigentlich «worin ein Gott ist»), so wird erst die ganze Dimension jener Worte sichtbar, die Steiner mit der Aufforderung «innerlich zusammenzuwachsen mit der

Flamme» einer neuen, spiritualisierten Zeit an die Jugend gerichtet hat:
«Begeisterung trägt den Geist in sich. [...] Enthusiasmus braucht man.
Enthusiasmus trägt den Gott in sich.»[269]

Wenn man nach dem Spezifischen des Geschichtsunterrichts fragt
und seinen Gegenstand einmal mit den Inhalten der anderen Fächer vergleicht, so treten einem sofort sehr signifikante Unterschiede entgegen.
Man versetze sich z.B. in das gründliche Studium verschiedener Gesteins-
arten wie Sandstein, Kalk oder Granit, in die geduldige und gründliche
Beobachtung der Blattformen einer Geranie oder in die Berechnungen
eines Dreiecks. Und dann stelle man dem den Zug Alexanders in den
Orient gegenüber oder die Artikel Ulrike Meinhofs gegen den Vietnamkrieg. Ich denke, man wird sofort erleben, welche Welten zwischen diesen
Inhalten liegen. Man spürt die «Substanz» des Geschichtlichen: den
Willen, d.h. den im Zeitlichen sich manifestierenden Impuls eines individuellen geistigen Wesens, das handelnd die Welt gestalten und selbst
«real» werden will. Je mehr man von der gewordenen Oberflächenwelt
in dieses Innere der schöpferischen, verwandelnden Impulse eindringt,
desto stärker verbindet man sich mit diesen und desto mehr hat man
Teil an den schaffenden geistigen Mächten, die hinter einer Zeitepoche
und zuletzt der Menschheitsgeschichte wirken. Indem wir Geschichte
betrachten, binden wir uns an die Welt der göttlichen Wesen an. So kann
zuletzt als die eigentliche Aufgabe des Geschichtsunterrichts gelten, dass
sich – in der Formulierung Rudolf Steiners – «Geschichte von selbst
nach und nach in das Religiöse hinein vertieft. [...] Vor allen Dingen wird
der religiöse Trieb, das religiöse Empfinden vertieft durch Geschichtsbetrachtung in Symptomen.»[270]

Dies ist für den Jugendlichen von großer Bedeutung. Steiner hat den
Astralleib einmal «Glaubensleib» genannt.[271] In dem Vortrag mit dem
Titel «Glaube, Liebe, Hoffnung. Drei Stufen des menschlichen Lebens» bezeichnet er an einer für unser Thema sehr bedeutenden Stelle
den Glauben als die Hülle, in die «unser eigentliches Ich» eingebettet
ist.[272] Der Glaube ist für ihn dasjenige in der Seele, «was hinblicken kann

auf eine übersinnliche Welt, was Hinlenkung aller unserer Gedanken und Vorstellungen ist auf eine übersinnliche Welt». Diese Hinlenkung habe maßgebliche Konsequenzen für die Konstitution des Menschen. Verlöre der Mensch nämlich diese Glaubenskräfte, so müsse er krank werden: «Es verödet etwas in uns, wir werden dürr, trocknen ein wie das Laub im Herbst. [...] Dann würden [...] die Menschen herumgehen müssen so, dass keiner mehr recht weiß, was er mit sich anzufangen hat, um sich im Leben zurechtzufinden, dass keiner eigentlich bestehen kann in der Welt, weil er Furcht, Sorge und Ängstlichkeit hat vor dem und jenem.»[273]

Es muss kaum betont werden, wie aktuell diese Sätze heute sind. Die auf fehlende Sinn- und Orientierungserfahrungen zurückgehenden seelischen Vakuumsituationen als «Neurose der Gegenwart» (V. E. Frankl) wurden bereits angesprochen, sie lassen sich bis in die Problematik der Jugendgewalt hinein präzise verfolgen.[274] Existenzielle Angsterscheinungen durchziehen unsere ganze moderne Zivilisation – man denke an den von Michael Moore in seinem Film «Bowling for Columbine» beschriebenen, auf einen elementaren pathologischen Befund hinweisenden Waffenfetischismus in Amerika, an weltweite, oft hysterische Reaktionen auf Krankheitsepidemien, an das in Politik und Berufsleben immer wieder geäußerte Bedürfnis nach Sicherheit und die daraus resultierenden militärischen, gesetzlichen und biografischen Maßnahmen, ganz grundsätzlich an das Zurückschrecken vor neuen und damit das eigene Weltbild verunsichernden Ideen, und vor allem auch an die Zukunftsangst vieler junger Menschen, die nicht wissen, ob sie angesichts beruflicher Perspektivlosigkeit, ökonomiebeherrschter Bildungssysteme und massiver Zwänge in verschiedensten Bereichen der Gesellschaft einen Platz in dieser Welt finden. Es ist bezeichnend, dass sich in Thilo Sarrazins explizit darwinistisch orientierter Publikation *Deutschland schafft sich ab,*[275] die das Schreckensbild eines verfallenden Deutschlands heraufbeschwört, in dem die Intelligenten aussterben und die in ihren Begabungen genetisch unterdurchschnittlich ausgestatteten Migranten möglichst durch Auslese und finanzielle Belohnung fortpflanzungsbereiter erwerbstätiger deutscher Eltern zurückgedrängt werden, eine kurze, bekenntnishafte Stelle beinhaltet, in der Sarrazin – der «Ghostwriter einer verängstigten Gesellschaft»[276] – einen Einblick in die persönliche, psychische Grundlage seiner Auffassungen gewährt: «Als 13-jähriger Schüler wollte ich schon gerne Latein lernen, ich wollte auch jeden Tag eine Seite Vokabeln in der Wortkunde üben, ich tat es nur nicht, trotz vieler Ermahnungen von Eltern und Lehrern. Am Ende blieb ich sitzen, unter anderem mit einer Fünf in Latein, die ich zu Recht bekam. Das war mir eine Lehre; ein- für allemal hatte ich begriffen, dass niemand mir die Vokabeln einfach in den Kopf tut. Bei mir hat die Sanktion und die Furcht, es nicht zu schaffen, gewirkt (sie wirkt übrigens bis heute).»[277]

Bei der Suche nach den Gründen für diese Krankheits- und Angstphänomene könnte die Äußerung Steiners eine wertvolle Anregung geben: Mit dem Hinweis auf die weltanschaulich bedingte seelische Ödnis, ein regelrechtes Vertrocknen des Inneren des Menschen spricht er konkrete medizinische Sachverhalte an. Es geht ihm bei der Beschreibung des Astralleibes um Gesundheit, nicht um pädagogische Konzepte, philosophische Theorien o. Ä. In den «aseptischen» Lebensräumen der Jugendlichen,[278] in dem von Prüfungsgesichtspunkten dominierten schulischen Unterrichtsgeschehen, den inhaltslosen Freizeitbeschäftigungen, in der zwar langweiligen, aber sicheren Berufswahl und in den an Besitz und Wohlstand ausgerichteten gesellschaftlichen Werten finden wir überall diese Spur einer seelischen Leere, die Ausdruck eines Versiegens der schöpferischen, vitalen Lebenskräfte ist.

Es kommt offensichtlich sehr darauf an, dass wir verstehen, was jene «Hülle» ist, in der das Ich sich beheimaten kann. Warum ist der Glaube die «Substanz», aus der diese Hülle besteht? Diese Frage lässt sich nur vor dem Hintergrund dessen beantworten, was wir als Wirklichkeit der astralischen Welt beschrieben haben. Die lebensnotwendige Erfrischung durch den Schlaf hängt damit zusammen, dass wir mit einem Teil unseres Wesens – Astralleib und Ich – für eine Weile den physischen Leib verlassen und offensichtlich neu ernährt in ihn zurückkehren. Um das Bild des Hausbaues aufzugreifen: Die Arbeiter haben wieder «Bilder», also architektonische Anweisungen, bekommen, nach denen sie aktiv werden und mit dem betreffenden Material weiterbauen können. Der «Lebens-» oder «Ätherleib», der Träger unserer vitalen Lebensprozesse, wird gespeist durch die Bilder der geistigen Welt. Entscheidend hierbei ist aber wieder, dass wir diese Bilder, die Wirklichkeit der übersinnlichen Welt, nicht als passiv-gegenständliche «Fotografien», sondern als Kräfte verstehen. Wir hatten festgestellt, wie wir im Übergang von der Werkwelt in die Ebene der Wirksamkeit sofort die gegenständliche Distanz verlieren und in eine Welt der Kräftewirkung eintreten. Unsere innere Ausrichtung auf die geistige Welt verbindet uns mit der Quelle, aus der unsere Lebenskräfte kommen. Diese innere Ausrichtung, in der uns medizinisch-konkret die aufbauenden Kräfte aus der geistigen Welt zufließen, ist hier mit «Glaube» gemeint, und nicht ein Glaube, der an die Stelle realer Erfahrung eine bloße – oft ausschließlich tradierte – Vorstellung setzt. Eine solche Vorstellung bleibt immer an die materielle Gegenstandswelt gebunden, ist leer und macht insofern seelisch krank. Je mehr uns demgegenüber jene reale Verbindung gelingt, desto ausgebildeter, entwickelter und gesättigter wird jenes seelische Kräftegefüge in uns, das nun eine echte Hülle, einen Leib dafür bildet, dass durch die Durchgeistigung des physischen Leibes das Ich in diesem Körper Platz greifen kann. Die Lebenskräfte kommen nicht aus der Materie, sondern aus der (mit den tätigen Wesen der geistigen Welt verbundenen) Seele.

Es ist bezeichnend, dass Rudolf Steiner als Folge einer fehlenden religiösen Verbindung mit der geistigen Welt nicht – wie vielleicht zu erwarten gewesen wäre – eine falsche Vorstellung, weltanschauliche Irrtümer, allgemeine Unzufriedenheit oder dergleichen beschreibt, sondern fehlenden Mut – also eine Willenstatsache. Wenn man die eigenen biografischen Erfahrungen genau beobachtet, kann man ja tatsächlich feststellen, wie man gerade dann Mut gefunden hat, wenn man nicht mehr auf die Tatsachen der äußeren Gegebenheiten geschaut hat, sondern sich frei davon gemacht und für einen ungesicherten Moment auf etwas vertraut hat, das man noch gar nicht kennt und unsichtbar ist und einen trotzdem wie von höherer Warte aus hält. Religiosität im Sinne einer realen Beziehung zu geistigen Wirklichkeiten ist nicht nur eine Frage der Denkinhalte, sondern äußert sich im Handeln.

Die eigentliche Aufgabe des Geschichtsunterrichts ist also nicht, intellektuelle Einsichten zu vermitteln, sondern Willenskräfte zu wecken, die im Unterbewussten des Schülers seinem Leben die Richtkräfte verleihen, also jene oben angesprochene Orientierung und Mut heranzubilden, die den Astralleib eben nicht in Sorge und Ängstlichkeit vertrocknen und veröden lassen. Willenskräfte gründen sich auf Stoffwechselprozesse und insofern auf die Verbrennungsvorgänge, die sich auf die Blutwärme des Menschen auswirken. Die Entflammung des Willens an der Geschichte entfacht also Wärmeprozesse, die eine entscheidende Hilfe für den Inkarnationsvorgang des jungen Menschen sind. Wie sehr sich die eigentliche Wirkung des Geschichtsunterrichts viel mehr im Stoffwechsel- als im Kopfpol des Schülers geltend macht und inwiefern diese Wirkung tatsächlich eine ganz konkrete Inkarnations- und Orientierungshilfe ausmacht, fasst Rudolf Steiner in seinem geschichtsmethodischen Vortrag in Zürich zusammen: «Der Mensch kann also zwar nicht für seinen gewöhnlichen Verstand aus der Geschichte lernen, aber aus der wahren Geschichte, wenn sie immer mehr ausgestaltet wird durch die Anschauung des Geistes in der Geschichte selbst, werden sich die geschichtlichen Impulse in das Empfinden, in das Gefühl des Menschen hineinleben. Er wird nicht in äußerlicher Weise sagen können, die Geschichte lehre dies oder jenes, aber, wenn er vor einer Tatsache steht, wenn er zum Handeln, zum richtigen Empfinden gegenüber einer Tatsache innerhalb des sozialen Lebens aufgerufen wird, dann wird ihn sein Gefühl, sein Empfinden richtig leiten.»[279] Goethe hat die Essenz der in diesem Kapitel behandelten Thematik geradezu hellsichtig in einem einzigen Satz zusammengefasst: «Das Beste, was wir an der Geschichte haben, ist der Enthusiasmus, den sie erregt.»[280]

4.4 Exkurs: Was ist Idealismus?
Anmerkungen zu einem unpopulären Begriff

Glaube, Enthusiasmus, Idealismus – diese Begriffe haben für das zeitgenössische Ohr etwas Anstößiges. Sie bedürfen heute der näheren Erläuterung.

Es sei noch einmal an die Aufforderung Rudolf Steiners erinnert, sich mit Heranwachsenden in «naturgemäßer Weise» zu Idealen zu erheben. In diesem bisher übergangenen kurzen Einschub trägt Steiner in einer für seine Haltung symptomatischen Weise dem Umstand Rechnung, dass Spiritualität heute nicht mehr aus den alten Traditionen schöpfen kann. Schwärmerischer Idealismus oder konventioneller Glaube sind heute – vor allem für den jungen Menschen – nicht mehr möglich. Der Glaube als eine «Hinlenkung aller unserer Gedanken und Vorstellungen auf eine übersinnliche Welt» und die «Erhebung» zu den Idealen sind eng miteinander verwandt, und in beiden Fällen ist es gerade die Betrachtung von Geschichte, der die Möglichkeit zukommt, sie auf «naturgemäße Weise», also nicht dogmatisch oder künstlich, wieder mit Inhalt zu füllen. Ideale lassen sich überhaupt nicht erfahren, wenn das geschieht, was Heinz Zimmermann beschreibt: «Es gibt [beim Spießer] natürlich schon Sonntagsideale, Phrasen-Ideale, aber nicht Ideale, für die er die eigene Existenz einsetzen würde, um etwas zu verändern. [...] Die großen Ideale haben meistens den Phrasen-Charakter: Wir wollen alle frei sein. Und wir wollen, dass die Not auf der Welt verschwindet. Das ist doch klar. Niemand will diese armen Leute, die Ghettos, es muss etwas passieren. Wir sind alle gegen Drogen, natürlich. Aber das sind Proklamationen, das sind nicht Ideale. [...] Ideale werden es erst dann, wenn täglich etwas eingesetzt wird.»[281] Was heißt es, junge Menschen an Ideale heranzuführen? In einem bloßen «Darüber-Reden» bleiben sie abstrakt und werden leicht zu einem Katalog einiger vom Menschen und seiner Zeit unabhängiger Werte, die dogmatisch vorausgesetzt und «proklamiert» werden. Ebenso kann ein Ideal nicht philosophisch definiert werden, es wird unweigerlich zu einem wesenlosen Schema. Bei genauerem Hinsehen zeigt sich: Die Natur des Ideals besteht nicht in seinem bloßen Inhalt, sondern in seiner Verbindung mit dem Menschen, mit dem «Herzblut», dem existenziellen Wollen der Persönlichkeit, von der es gelebt wird. Hierin liegt die Möglichkeit des Geschichtsunterrichts begründet: In der Geschichte treten die Ideale nicht als abstrakter Moralkodex auf, sondern an ihr kann unmittelbar erfahren werden, wie sie immer aus Menschen hervorgegangen sind und was deren Impulse faktisch bewirkt haben. Es geht hier also nicht um Ideale «als solche», sondern um ihren realen Ursprung und ihren Wirklichkeitsgehalt. Werte werden nicht gepredigt, sondern aus der Realität des Lebens hergeleitet. Der junge Mensch wird nicht verstandesmäßig über sie aufgeklärt, sondern entdeckt sie als Teil seines eigenen Wesens, als Willenstatsache. Vor diesem Hintergrund ist es sehr bezeichnend, dass der gesamten von Rudolf Steiner entwickelten Geisteswissenschaft ein sehr starker geschichtlicher Duktus innewohnt. Von den frühen philosophiegeschichtlichen Arbeiten über die *Geheimwissenschaft im Umriss* bis hin zu den Vorträgen zur Begründung der Allgemeinen Anthroposophischen Gesellschaft und den letzten öffentlichen Zeilen kurz vor seinem Tod:[282] Die geistige Welt wird bei ihm nie definitorisch als Kanon von zeitlosen «Gesetzen» und Wahrheiten hingestellt, sondern immer aus historischen Entwicklungsvorgängen heraus als Lebenstatsachen erfahrbar gemacht. Deshalb ist auch deutlich, dass Steiners Hinweis auf die große Bedeutung des «Glaubens» nicht konventionell gemeint ist, sondern dass die Hinwendung der Gedanken auf die übersinnliche Welt als durch Erkenntnis vermittelte Erfahrung, eben als Geistes*wissenschaft*, aufzufassen ist. So stellt Steiner in der erwähnten Stelle ja auch die Wirksamkeit des Glaubens in einen medizinischen und nicht theologischen Zusammenhang.

Das Erwecken von Idealen ist ebenso wenig zu verwechseln mit Idealisierung. Ideale entzünden sich nicht an Schönfärberei. Auch damit hätte man wieder verkannt, worin die Natur eines Ideals eigentlich besteht. Es nährt sich aus dem Erleben eines zukünftigen Zustandes, der noch nicht ist, sondern auf dessen Verwirklichung sich die innersten Willenskräfte ausrichten. Es kann also nicht darum gehen, dem Jugendlichen eine perfekte Welt vorzustellen, sondern den Willen in sich entdecken zu lassen, die Welt zu verändern.

Das Beeindruckende an den Biografien der Geschwister Scholl ist gerade, dass sie nicht von vornherein schon ihren Weg in den Widerstand gefunden haben, sondern zuerst begeisterte HJ-Mitglieder waren und dennoch schließlich nach starken inneren Kämpfen aufgewacht sind und diese radikale Umwendung zum kompromisslosen Widerstand aus sich selbst heraus errungen haben. Die Begeisterung für diesen Vorgang würde sofort erlöschen, wenn die Scholls nur als ein Beispiel, eine Illustration herangezogen würden für ein für sich bestehendes, «eigentliches» Ideal der Kraft des Glaubens, der Freiheit usw. – sie entsteht nur in dem Erlebnis, wie sich in bestimmten Menschen Erkenntnis ereignet, das bisherige Leben aufbricht und sich an höheren, überpersönlichen Wahrheiten der Wille entzündet, notfalls unter Aufopferung der eigenen Existenz für eine bessere Welt zu kämpfen. Die Geschichte kann deshalb auch in ihrem Scheitern geschildert werden. Sie zeigt nicht nur das Ideal als solches, sondern immer auch die konkreten Folgen bei dem Versuch, es umzusetzen. Wenn z.B. die Kubanische Revolution und die schillernde, idealistische Persönlichkeit eines Che Guevara dargestellt werden, so darf es dem Schüler dennoch nicht erspart bleiben, auch dasjenige ins Auge zu fassen, was aus dieser Revolution und dem Leben Guevaras geworden ist: Das völlige Versagen der extremen Wirtschaftskonzepte Guevaras zeigt schonungslos, wie unzulänglich und verblendet dessen Vorstellungen waren. Damit ist aber nicht sein Ideal der Brüderlichkeit schon vollständig diskreditiert, sondern man fühlt sich gedrängt, es noch viel tiefer zu verstehen. Gerade am Erlebnis des Scheiterns kann sich das ursprüngliche Ideal vertiefen und vielleicht jetzt erst richtig entzünden, denn es klärt sich auf, und ich bemerke, wie stark ich selber aufgefordert bin, es wirklich werden zu lassen. Es verlagert sich noch mehr in mich hinein, und in dem halbbewussten

Drang, die Zustände verbessern zu wollen, entflammt (im Sinne der Wirksamkeit des Geistselbst) mein «Wunsch».

Man könnte hier völlig zu Recht einwenden, dass die Geschichte mit ihren Katastrophen, Zerstörungstaten, Krisen und ihrem Scheitern trotz aller positiven Beispiele wenig Grund zur Begeisterung gibt und vor allem nach dem 20. Jahrhundert die Rede vom «Enthusiasmus» geradezu zynisch wirkt. Wenn man sich aber vergegenwärtigt, wie bisher dieser Begriff verwendet wurde, so löst sich der Widerspruch auf. Es geht hier nicht um eine Begeisterung, die sich an der Idealität der bestehenden Welt entzündet, sondern gerade andersherum an der Erfahrung, dass die Welt noch nicht fertig und vollkommen ist, sondern in ihr ständig schaffende Kräfte wirken, zu denen auch meine eigenen gehören. Rudolf Steiner betont ja in der bereits zitierten Stelle, dass beim Schüler das Erlebnis des Beitrages der eigenen Gegenwart für die Menschheitsgeschichte «begeisternd auf den Willen» wirke. Begeisterung in dem in dieser Arbeit gemeinten Sinne entsteht durch den Durchbruch des menschlichen Bewusstseins durch die gewordene, äußere Erscheinungswelt zu den verborgenen Impulsen der Zeit. Die Jahre der nationalsozialistischen Herrschaft sind als äußere Erscheinung der Inbegriff der Zerstörung und Finsternis. Verfolgt man aber z.B. die Auseinandersetzung zwischen Helmuth James von Moltke und Roland Freisler vor dem Volksgerichtshof, so erlebt man schlagartig, wie hinter diesem äußeren Geschehen ein viel größerer Hintergrund aufleuchtet, wie aus der Haltung Moltkes ein geistiger Zeitimpuls spricht – ein Impuls der Freiheit und eines gelebten Christentums –, der vom Nationalsozialismus radikal bekämpft werden musste. Moltke schrieb kurz vor seiner Hinrichtung: «Wir haben nur gedacht, und zwar eigentlich nur Delp, Gerstenmaier & ich. [...] Und vor den Gedanken dieser drei einsamen Männer, den bloßen Gedanken, hat der NS eine solche Angst, dass er alles, was damit infiziert ist, ausrotten will. Wenn das nicht ein Kompliment ist. [...] Wir werden gehenkt, weil wir zusammen gedacht haben. Freisler hat recht, tausendmal recht. [...] Durch diese Personalzusammenstellung ist dokumentiert, dass nicht Pläne, nicht

Vorbereitungen, sondern der Geist als solcher verfolgt werden soll. Vivat Freisler!»[283] Die Katastrophe der Zeit wird im Moment dieser bedeutsamen Auseinandersetzung vor dem Gericht zu einem Ausdruck für das verborgene Geschehen eines weltgeschichtlichen, geistigen Kampfes im 20. Jahrhundert, und das Erlebnis dieses Kampfes kann im jungen Menschen starke biografische Kräfte entfachen.

Immer, wenn die chronologische Folge der Ereignisse sich umwandelt in die Erfahrung des in ihr wirkenden Einschlags eines bestimmten Entwicklungsimpulses, erlebt der Schüler seine eigene – wie Steiner sagt – «feste Stellung» in der Gegenwart. Mit dieser Festigkeit der Stellung ist nichts anderes als die Qualität seines Willens angesprochen. Ob man die Ständekämpfe in Rom, die Erfindung des Schwarzpulvers oder die Biografie Henry Fords nimmt – den Begeisterungsmoment wird man immer dort finden, wo die Betrachtung der faktischen Geschehnisse umschlägt in das Erlebnis einer tieferen, verborgenen Wirksamkeit, die uns von unserem Alltags-Ich wegführt in die geistige Welt, die Heimat unseres eigentlichen Ich, von der jeweils in diesen Ereignissen ein wesentlicher Anstoß zur Entwicklung der Menschheit gegeben wurde.

Das Verhältnis des Menschen zur geistigen Welt ist also nicht ein künstlicher Zusatz zu den Realitäten des Lebens, sondern es wirkt tief bis in die Gesundheit des Menschen hinein. Die Betrachtung der Geschichte ist in unserer Zeit besonders dazu angetan, diese Empfänglichkeit bereits in der Erziehung zu fördern und zu ernähren, denn sie setzt die Götterwelt nicht dogmatisch voraus, sondern lässt sie zu einer realen Erfahrung werden. Idealismus wird eine neue Interpretation erfahren, wenn man erkennen wird, dass aus ihm die handfesten Realitäten des Lebens entstehen: Gesundheit, Innovationen, Fähigkeit zum Handeln.

246

4.5 Missverstandenes Feuer:
Suggestion, Schwärmerei und Sensation

In diesem Zusammenhang ist es aufschlussreich, dass Rudolf Steiner nicht nur die Probleme eines öden, abstrakten Unterrichts beschrieben hat, der in seinem empiristischen Objektivitätsverständnis faktisch die Geschichte verliert, sondern dass er auch andersherum vor einer anderen Gefahr gewarnt hat: vor der Suggestion. Der Geschichtsunterricht könne das Innerliche auch überwältigen, indem er immer wieder nur die Geschichte des eigenen Landes behandle, statt den Horizont darüber hinaus auszuweiten.[284] In dieser Fixierung auf die eigene Nation wurde gerade damals (im ersten Drittel des 20. Jahrhunderts) das Interesse der Schüler über die direkte Identifikation mit der eigenen Umgebung und (zuletzt biologisch definierten) «Gruppe» angefacht. Steiner führt fort, dass man damit dem Geschichtsunterricht eine falsche Stellung gebe und «zu sehr auf gewisse Dinge, falschen Patriotismus und dergleichen» abziele: «Dann wirkt man insbesondere auf das Eigensinnigwerden des Inneren, auf das Launischwerden des Inneren. Das ist die Nebenwirkung. Und vor allen Dingen macht man dadurch die Menschen abgeneigt, den Welterscheinungen gegenüber objektiv zu sein. Und das ist ja das große Übel in unserer Zeit.»[285]

Nun ist nach den Erfahrungen des 1. Weltkrieges und des Nationalsozialismus der nationalistische Gesinnungsunterricht aus den Schulen weitgehend verbannt, das eigentliche Problem, um das es Steiner geht, bleibt aber aktuell: Es gibt auch eine Form, Emotionen und Willensimpulse zu wecken, die gerade nicht Ziel eines menschen- und wirklichkeitsgemäßen Unterrichts sein kann. Diese Form kann sich verschieden ausprägen: An den Schüler werden erschütternde Sensationen herangebracht, die seine Betroffenheit erzwingen sollen, es werden sehr häufig Filme gezeigt, die Spannung erzeugen und den Schüler mitreißen, der Unterricht mündet in öffentliche Aktionen ein, um endlich einmal etwas zu tun u.a. Diese Beispiele haben mit dem von Steiner angesprochenen Phänomen gemein, dass tatsächlich das Emotions- und Willensleben angefacht wird, aber nur das äußere, dem «Alltags-Ich» zugehörige. Es handelt sich hier um Gefühle und Impulse, die sich aus der Leiblichkeit nähren. Auf dieser Ebene wird etwas aus dem Schüler herausgekitzelt, was gar nicht aus ihm selbst kommt – diese Formen entspringen übrigens oft dem Versuch, angesichts des deutlich gespürten Mangels des eigenen, langweiligen Unterrichts etwas Interessantes, Bewegendes anzubieten – oder den Schüler in die Richtung des eigenen, für einzig wahr gehaltenen Willen zu bringen, also (um Beispiele meiner eigenen Schulzeit anzuführen) zu einem sozialkritischen Linksintellektuellen oder zu einem konservativen Adenauer-Anhänger mit «dem Russen im sowjetischen Osten» als Feindbild zu machen. Es wird ein Wille angefacht, der nicht durch Erkenntnis und Wahrheit hindurchgegangen ist und damit wirklich nur Ausdruck des bloßen Subjektivismus ist und nicht des höheren Ich und seiner Durchdringung mit den dem Gang der Geschichte objektiv zugrunde liegenden geistigen Wirklichkeiten. Es kann nicht ein Unterricht angestrebt werden, der suggestiv mitreißt oder der weltanschaulich ideologisiert, sondern – wie an dem Kapitel über die Erkenntnisgrenzen deutlich geworden sein dürfte – auf Erkenntniswegen so große Rätsel und Fragen entdeckt, dass aus diesen viel tiefere Gefühle und Impulse hervorgehen – weil sie dem eigentlichen, verborgenen Wesenskern des Jugendlichen entspringen.

5. Schlafen und Wachen

«O Mensch! Gib acht!
Was spricht die tiefe Mitternacht?
‹Ich schlief, ich schlief-,
Aus tiefem Traum bin ich erwacht: –
Die Welt ist tief,
Und tiefer als der Tag gedacht.›»[286]

Friedrich Nietzsche hat in wenige Zeilen verdichtet, was in alten Kulturen immer im Zentrum des Wissens um die Geheimnisse des menschlichen Lebens stand. Im alten Ägypten war das gesamte Weltverständnis geprägt von dem Bild des Sonnenkreislaufes, zu dem gehörte, dass die Sonne des Nachts nicht einfach «weg» war, sondern in die unsichtbare Seite der Welt eintrat. Die Nachtseite war die andere, verborgene Seite der Wirklichkeit, in der sich unter Osiris aber genauso konkrete, differenzierte Vorgänge zutrugen wie in der sichtbaren Welt, bis da hinein, dass sie neues, frisches Leben hervorbrachte – biologisch und biografisch. Dieser intensive, in unzähligen kulturellen Ausformungen sich darlebende Umgang mit den Ereignissen der Nacht ging historisch allmählich verloren, wenn auch der Faden ihrer Wertschätzung nie ganz abriss – man denke an Novalis' «Hymnen an die Nacht» oder eben an Nietzsches Zeilen gegen Ende des 19. Jahrhunderts. In unseren alltäglichen Erfahrungen dämmert manchmal noch auf, dass sich im Schlaf Dinge abspielen, die ihre eigenen Gesetze haben und nicht unwichtig sind: Man kennt die Redewendung, «noch einmal darüber schlafen» zu wollen, bevor man etwas entscheidet, oder solche Situationen, in denen man abends über etwas angestrengt nachgedacht hat und am nächsten Tag beim Zähneputzen plötzlich die Lösung hat. In Bezug auf unsere pädagogischen Fragen ist die moderne Schlafforschung inzwischen auf bemerkenswerte Phänomene gestoßen. So beschreibt der Psychologe Jan Born, der für seine Erforschung des

Zusammenhangs von Gedächtnisleistung und Schlaf den renommierten Leibniz-Preis erhalten hat, wie durch den Schlaf nicht nur das Erinnern entscheidend gestärkt wird, sondern dass er «auch eine neue Sicht auf Dinge [schafft]. Wir haben Leuten vor dem Schlafengehen ein Zahlenrätsel gegeben. Sie erkannten nicht die Systematik, die sich dahinter verbarg. Dann haben wir eine Gruppe schlafen lassen, die andere nicht. Diejenigen, die schlafen durften, konnten das Rätsel hinterher eher lösen.»[287] Er setzt sich insofern auch stark für eine Berücksichtigung der Nacht in der Pädagogik ein und nutzt seine Erkenntnisse für seinen eigenen Arbeitsalltag, indem er z.B. vor dem Einschlafen ein Manuskript noch einmal durchliest, um am nächsten Tag besser vortragen zu können. Sein Team von der Universität Lübeck veröffentlichte 2004 in der Zeitschrift *Nature* (Bd. 427, S. 352) seine Ergebnisse, die deutlich machen, wie unser Gehirn im Schlaf die Erfahrungen vom Vortag aufarbeitet, indem es die betreffenden Eindrücke nicht nur festigt, sondern neu strukturiert und damit Kreativität veranlagt. Experimente des Hirnforschers Robert Stickgold an der Harvard-Universität belegen die starke Wirkung des Schlafes auf das prozedurale Lernen (das sich im Unterschied zum deklarativen Lernen weniger über das Einprägen bewusster Wissensinhalte als über unterbewusste, motorische Prozesse vollzieht). Unbewusste Lernleistungen lassen sich über Nacht signifikant steigern.[288]

Und dennoch – Nietzsches Frage bleibt: «Gib acht, was spricht die tiefe Mitternacht?» Die Nacht und der Schlaf bleiben ein großes Rätsel. Wenn wir auf den Schlafenden selber, nicht auf den ihn wissenschaftlich Beobachtenden schauen, der ja gerade nicht schläft, sondern wacht, müssen wir uns eingestehen: Die Nacht ist in den Zustand völliger Bewusstlosigkeit getaucht, nur an den «Rändern» – beim Träumen – ahnen wir etwas über die Tiefen dieses dunklen Nichts. Die Ergebnisse der Schlafforschung beschreiben materielle Resultate – aber wie kommen sie zustande? Die biochemischen Vorgänge im Gehirn lassen sich beschreiben, doch was nun die wirklichen Gründe für die verschiedenen, sehr komplexen Reaktionen sind, bleibt nach wie vor sehr unklar. Wieso komme ich morgens plötzlich zu dem Einfall? Warum bin ich nach der Nacht wieder zu Kräften gekommen?

Es gibt wohl kaum jemanden, der in neuerer Zeit die konkreten Vorgänge der Nacht und des Schlafes so umfassend und differenziert dargestellt hat wie Rudolf Steiner. Sie gehören für ihn ins Zentrum gerade auch der pädagogischen Bemühungen. Bezeichnenderweise eröffnet Steiner seinen Lehrerkurs kurz vor der Begründung der ersten Waldorfschule in Stuttgart 1919 mit dem Ausblick: «Was das Kind nicht richtig kann im Anfang seines Daseins – es wird Ihnen auffallen, dass gewöhnlich das, was wir geistig betonen müssen, der äußeren Weltenordnung zu widersprechen scheint –, was das Kind nicht richtig kann, das ist, den Wechsel zwischen Schlafen und Wachen in einer dem Menschenwesen entsprechenden Weise zu vollziehen. Man kann freilich sagen, äußerlich betrachtet: Das Kind kann ja ganz gut schlafen; es schläft sogar in das Leben herein. – Aber das, was innerlich dem Schlafen und Wachen zugrunde liegt, das kann es noch nicht. [...] Dahin muss es gebracht werden durch die richtiggehende Erziehung, dass das, was der Mensch auf dem physischen Plan erfährt, hineingetragen wird in dasjenige, was der Seelengeist oder die Geistseele tut vom Einschlafen bis zum Aufwachen. Wir können als Unterrichter und Erzieher dem Kinde gar nichts von der höheren Welt beibringen. Denn dasjenige, was in den Menschen von der höheren Welt hineinkommt, das kommt hinein in der Zeit vom Einschlafen bis zum Aufwachen. Wir können nur die Zeit, die der Mensch auf dem physischen Plan verbringt, so ausnützen, dass er gerade das, was wir mit ihm tun, allmählich hineintragen kann in die geistige Welt und dass durch dieses Hineintragen wiederum in die physische Welt zurückfließen kann die Kraft, die er mitnehmen kann aus der geistigen Welt, um dann im physischen Dasein ein rechter Mensch zu sein.»[289] Zwischen Tag und Nacht zu «atmen» bedeutet, Mensch zu sein: Als rein nächtliches Wesen wären wir nur unbewusster Geist (Hölderlin: «Schicksallos, wie der schlafende/ Säugling, atmen die Himmlischen»[290]), als reines Tageswesen würden wir ganz materiell – erst im Prozess der Durchdringung kommen wir als bewusste und gesunde Wesen auf dieser Welt ganz an. Diese Motive machen den spezifischen Ansatz der Waldorfpädagogik aus. Es ist merkwürdig: Obwohl die Wirkungen der Nacht in ihrer Bedeutung für das ganze Leben des Menschen offen zutage liegen, spielt der Schlaf in der Pädagogik fast keine Rolle – mindestens in der Geschichtspädagogik nicht. Steiner hat insofern mit dem Versuch, Tag und Nacht in ihrer Bedeutung für den pädagogischen Prozess als Ganzheit zu sehen und die Schlaferlebnisse des Schülers in ihrer Auswirkung auf das Lerngeschehen zu beschreiben, Pionierarbeit geleistet. Wir sind tatsächlich deshalb auch mehrfach schon in dieser Arbeit auf die Rolle des Unterbewussten und die Bedeutung des Rhythmus von Schlafen und Wachen für die Pädagogik gestoßen. Im Folgenden soll nun dieser Aspekt noch eingehender betrachtet werden.

In einem seiner pädagogischen Vorträge in Ilkley (England) schildert Rudolf Steiner direkt, was beim Schüler mit seinen im Geschichtsunterricht gewonnenen Eindrücken im Schlaf geschieht. Zunächst weist er darauf hin, dass Fächer wie Malen, Zeichnen, Schreiben oder auch Rechnen, Geometrie und Pflanzenkunde durch ihre starke Wirkung auf den physischen Leib und den Ätherleib von diesen aufgenommen und während des Schlafes behalten, ausgestaltet und vervollkommnet werden, während Fächer wie Geschichte, Tierkunde und Menschenkunde in erster Linie auf den astralischen Leib und das Ich wirken und deshalb die in ihnen gewonnenen Eindrücke durch die Trennung dieser beiden Wesensglieder von physischem Leib und Ätherleib in die geistige Welt mitgenommen werden. Dann heißt es weiter: «Das bedeutet einen gewaltigen Unterschied in der Wirkung auf den Menschen. [...] Dasjenige, was wir zum Beispiel aus der Geschichte oder Menschenkunde dem Kinde beibringen, [muss] auf die eigentlich seelisch-geistige Organisation wirken, und das hat die Tendenz, während des Schlafes vergessen zu werden, unvollkommener zu werden, blass zu werden. Es ist daher notwendig, dass wir beim Unterricht darauf Rücksicht nehmen, ob wir einen Stoff haben, der zum Ätherleib und zum physischen Leibe spricht, oder ob wir einen Stoff haben, der zur Ich-Organisation und zur astralischen Organisation spricht. [...] Der Äther- oder Bildekräfteleib hat durch seine eigene innere Schwingungskraft immer die Tendenz, das, was wir ihm beibringen, von selbst zu vervollkommnen, weiterzubilden. In Bezug auf astralischen Leib und Ich sind wir dumm. Wir machen dasjenige, was wir in dieser Beziehung als Mensch beigebracht bekommen, unvollkommener.»[291] Auch diesen Hinweis muss man sich wieder in seiner ganzen Konsequenz vor Augen halten und sich vergegenwärtigen, was er für den Geschichtslehrer eigentlich bedeutet: Die Hoffnung, dass sich das Gelernte – womöglich «befestigt» durch «Ergebnissicherung» bereits am Ende der Stunde – «speichern» lässt und als unverändertes Wissen vom Schüler für immer mitgenommen wird, widerspricht den menschenkundlichen Tatsachen. Es *muss* unvollkommener werden, weil es durch den Schlaf hindurchgeht. Wie kommt es aber dazu, dass der Schlaf das Gelernte so stark «reduziert», warum werden die Eindrücke des Geschichtsunterrichtes, die doch eigentlich nicht selten recht dramatisch und bewegend sind, blasser? Was ist mit dieser Unvollkommenheit und Blässe tatsächlich gemeint?

Diese Fragen lassen sich beantworten, wenn wir uns an die Äußerungen Rudolf Steiners über den Astralleib und das Ich in seinem Vortrag vom 16.5.1923 in Kristiana erinnern. Dort wurde dargestellt, wie der Mensch jede Nacht in seine geistige, vorgeburtliche Heimat zurückkehrt. Wir lösen uns also von unserer physisch-ätherischen Leiblichkeit mit ihren in die Zeitabfolge des Tages eingeprägten Eindrücken ab und gelangen rückwärtslaufend in jene Sphäre, die selber überzeitlich ist. Hier begegnen wir unserem eigentlichen Ich und Astralleib, während wir am Tag nur deren Spiegelung im Leiblichen erleben. Was sich vorher in Zeit und Raum erstreckt hatte, wird also nicht in derselben Gestalt in die geistige Welt hinübergetragen, sondern «zusammengedrängt» zu einer zeitlosen Essenz, die nicht mehr aus den leibvermittelten Inhalten bestehen kann. Da diese Essenz der Tageserfahrungen jetzt außerdem nicht mehr gegenständlich, also von der seelischen Welt getrennt, sondern eins mit ihr geworden ist und sie in eine Welt mitgenommen wird, die nur aus den Willensregungen geistiger Wesen besteht, wird sie nun «durchtränkt» mit moralischer Beurteilung. Der Rücklauf vollzieht sich so, dass sich in sein Erleben «eine vollständige moralische Beurteilung desjenigen hineinmischt, was man da durchlebt hat. Man wird sozusagen sein eigener moralischer Richter bei diesem rückwärtigen Durchleben.»[292] Fassen wir diesen Sachverhalt mit den Worten Rainer Patzlaffs zusammen: Der Astralleib «kehrt die Tageserfahrungen im nächtlichen Nacherleben nicht nur um, er schiebt auch die durchlebte Zeit zusammen. Dadurch konzentriert er die Tageserlebnisse einerseits in ihrem zeitlichen Umfang, andererseits verdichtet er sie qualitativ, indem er sie ‹sub specie aeternitatis› sichtet und bewertet, das heißt im Blick auf die geistige Welt; was vor ihrem moralischen Urteil Bestand hat, das bewahrt er, und so verwandelt er Zeit zu Ewigkeit. Man könnte es auch anders formulieren: Er verwandelt das Außen in ein Innen. Denn aus alledem, was im Äußeren der physischen Welt erlebt und getan wurde, saugt der Astralleib nachts das heraus, was für die innere, unsichtbare Welt des Geistes das Wesentliche ist, was man als die geistige Substanz bezeichnen könnte. Ein bekannter Spruch des Angelus Silesius drückt das so aus: ‹*Mensch, werde wesentlich! Denn wenn die Welt vergeht,/ So fällt der Zufall weg. Das Wesen, das besteht.*› ‹So fällt der Zufall weg›: Bei der Verdichtung zum Wesentlichen fällt alles heraus, was nur ein Äußerliches war im Tageserleben, was nur der physischen Welt angehört.»[293]

Jenes «Verblassen» der Unterrichtsresultate wird nun also verständlich. Die sinnlichen Inhalte der geschichtlichen Ereignisse in ihrer räumlichen und zeitlichen Erscheinung werden als äußere Hülle einer tieferen, überzeitlichen Realität abgestreift – «unvollkommener» wird die geschichtliche Erfahrung somit im Hinblick auf ihre physische Außenseite. Gleichzeitig vollzieht sich aber auch eine «Vervollkommnung» dieser Erfahrung: Der in den äußeren, vereinzelten Ereignissen wirkende geistige Hintergrund wird von diesen befreit und kann sich mitteilen, außerdem verwandelt sich der vom Subjekt unabhängige, neutrale «Gegenstand» zu einer Lebenstatsache des Schülers, zu einer Kraft, die nun den ganzen Menschen durchdringt und bis in sein moralisches Empfinden, also in Gemüt und Willen, hineinwirkt.

Das Wesentliche, zu dem die Tageserlebnisse während des Schlafes verdichtet werden, ist die geistige Essenz, die diesen Erlebnissen zugrunde liegt. Wenn die höheren Wesen nun in der Nacht die am Tag gemachten Erfahrungen des Menschen aufgreifen und verarbeiten wollen um ihm für den nächsten Tag bzw. überhaupt sein zukünftiges Schicksal die nötigen Impulse geben zu können, sind sie auf diese Essenz angewiesen, denn nur sie können sie überhaupt wahrnehmen. Die sinnlichen Erlebnisse, also die Inhalte unseres gewöhnlichen Vorstellungslebens, können nicht zu ihnen dringen, weil diese sich aus der physischen Welt herleiten. Rudolf Steiner hat die Wahrnehmungsweise der geistigen Wesenheiten in Bezug auf die Erzengel einmal eindrücklich charakterisiert. In seinem Zyklus *Die Mission einzelner Volksseelen*[294] beschreibt er, wie das, was für unsere Wahrnehmung die sinnlichen Empfindungen wie Farben, Töne, Kälte und Wärme seien, für den Erzengel die sinnlichkeitsfreien Seeleninhalte des Menschen sind.[295] Das können mathematische Gedanken sein, die sich z.B. in der Konstruktion geometrischer Figuren bilden, aus denen sich das Gesetz der Winkelsumme eines Dreiecks herleiten lässt – völlig unabhängig von der sinnlichen Welt gehen hier die Gedankenbewegungen auseinander hervor: «Sie vollziehen dann eine reine Gedankenoperation durch die Kraft Ihres eigenen Innern, Sie brauchen gar nicht aus sich herauszutreten.»[296] Es kann sich aber auch um Begriffe handeln, wie sie z.B. Hegel in seiner Logik entwickelt, oder – und damit stoßen wir direkt auf den Gegenstand der Geschichtserkenntnis – das Auftreten moralischer Ideale: «Es gäbe keine moralischen Ideale, wenn wir angewiesen wären, uns nur über dasjenige Empfindungen zu machen, über das Lust und Leid zu empfinden und uns darüber Gedanken zu machen, was uns von der Außenwelt als die Sinneswahrnehmung entgegentritt.» Das geschichtliche Leben der Völker, das von Epoche zu Epoche sich ereignende Hervorbrechen von neuen Vorstellungen und «Weltgeheimnissen» gebe einen Eindruck davon, «dass die Hälfte unseres inneren Wesens [...] von innen heraus angefüllt» und nicht aus der äußeren Wahrnehmung impulsiert sei.[297]

Nur diese «Hälfte unseres inneren Wesens» können die höheren Wesen wahrnehmen. Das Gemeinsame der angeführten Beispiele besteht darin, dass es sich bei dieser Hälfte wieder nicht um bloße Inhalte, sondern um Kräfte handelt: um die Kraft der Gedankenbildung als solcher oder um den schöpferischen Ursprung eines moralischen Impulses. Die Essenz der Tageserfahrung kann nicht in Inhalten liegen, sondern in der Substanz des Willens. Wenn der Astralleib im Schlaf aus den Tageserfahrungen diese rein geistige Essenz heraussaugen will, damit die höheren Hierarchien ihre auf den Menschen bezogene Tätigkeit entfalten können, so muss auch während des Tages genug Substanz gebildet worden sein, die sich dann heraussaugen lässt. Es hängt demnach alles davon ab, wie sich der Mensch am Tage betätigt hat. Es kann nicht darum gehen, möglichst viele hehre *Inhalte* aufgenommen, sondern aktiv die eigenen inneren Kräfte in Tätigkeit gebracht zu haben, die für Momente die Leibgebundenheit des Denkens lösen und in den sinnlichen Erlebnissen jeweils die in ihnen wirkenden geistigen Realitäten aufscheinen lassen – z.B. in einer symptomatologischen Geschichtsbetrachtung, die in einem äußeren, «ins Enge gezogenen» Ereignis den Ausdruck des Wesentlichen, den eigentlichen geistigen Kern des Geschehens erkennt. Es ist bezeichnend, dass Rudolf Steiner in der zitierten Passage gleich im ersten Vortrag der *Allgemeinen Menschenkunde* betont, man könne «dem Kinde gar nichts von der höheren Welt beibringen». Er stellt mit diesem Satz jedes traditionelle Verständnis von Unterricht auf den Kopf: Solange man nur auf die rein inhaltliche Seite blickt – und mag sie noch so edel, spirituell und tiefgründig sein –, ist man auf dem Holzpfad, über den Inhalt als solchen lernen die Schüler gar nicht. Gerade im Geschichtsunterricht ist der Lehrer dahingehend großen Missverständnissen ausgesetzt, weil er ihn leicht zu Demonstrationen leuchtender Vorbilder oder zu moralischen Appellen benutzen kann – ob sozialkritisch-politisch, theologisch oder esoterisch.

Vielmehr kommt es nur darauf an, in welcher Qualität der Schüler die Unterrichtserlebnissse in den Schlaf mitnehmen kann. Wenn man diese Unterscheidung zwischen Inhalt und realer Wirksamkeit geistiger Betätigung berücksichtigt, lässt sich verstehen, inwieweit die Verbindung des Menschen mit den höheren Wesen davon abhängt, welche Gedanken er im Tagesbewusstsein bewegt. «Ein Mensch, der mit seinen Gedanken ganz in der materiellen Welt aufgeht, [...] dem bleiben beim Einschlafen keine Kräfte, um in der richtigen Weise mit seinem Engelwesen in Berührung zu kommen. Dieses Engelwesen wartet gewissermaßen jedes Mal unser Einschlafen ab, wie viel wir mitbringen von idealen Empfindungen, von idealen Gedanken mit diesem Einschlafen. Und je mehr wir von solcher Art mitbringen, desto inniger wird das Verhältnis zu diesem Engelwesen, wenn wir im Schlafe verweilen.»[298] Bleiben die Gedanken selbstbezogen, kann der Mensch diese Begegnung also geradezu verfehlen. Insofern zeigt sich hier die große Verantwortung des Pädagogen: Von seinen Anregungen hängt es maßgeblich ab, ob der Schüler aus dem Tagesleben etwas in den Schlaf mitnehmen kann, das dort den Engeln ermöglicht, ihn mit neuen Kräften und Impulsen für die Zukunft auszustatten und die Grundlage zu einer gesunden Entwicklung zu schaffen.

Das Verhältnis zwischen geistiger und irdischer Welt, Nacht- und Tagseite, Formung und materieller Stofflichkeit bzw. geistiger Impulsierung und Leiblichkeit lässt sich mit einem künstlerischen Prozess vergleichen. Der Künstler prägt auch nicht dem Stoffe eine abgeschlossene Idee ein und ist dann fertig, sondern der Stoff antwortet auf die Idee, bringt ihr seine eigenen Verhältnisse entgegen und veranlasst zu neuerlicher Wahrnehmung und Umgestaltung, und so entsteht ein Wechselspiel von Formung und Stofflichkeit, an dessen Ende die «Idee» sich ihrer selbst bewusst geworden ist, sich verwirklicht hat und der Stoff vergeistigt ist. Das Kunstwerk als sinnlich-übersinnliche Gestalt ist wie ein Bild für die Inkarnation des Menschen: Vorgeburtliche Absichten und Ziele bilden die irdische Leiblichkeit, erschöpfen sich aber in diesem ersten Verkörperungszustand nicht, sondern werden in der Auseinandersetzung mit ihm auf sich selbst zurückgeführt und erhalten eine neue Gestalt, klären und verwirklichen sich so von Entwicklungsstufe zu Entwicklungsstufe. Diese Rückbindung aus dem Irdischen an den ursprünglichen Heimatort und die daraus hervorgehende Neugestaltung vollziehen sich im Schlaf. Um seine Bedeutung für den Inkarnationsvorgang des Menschen mit speziellem Bezug auf die Erfahrung von Geschichte erfassen zu können, müssen wir noch einen letzten Gesichtspunkt in die Betrachtung einbeziehen.

Parallel zu der Ablösung von Astralleib und Ich und der Rückkehr in die geistige Welt, durch die die Unterrichtserlebnisse zu ihrem wesentlichen Kern verdichtet werden, vollzieht sich noch ein zweites Geschehen: Auch der zurückgebliebene physische Leib und der Ätherleib machen in der Nacht einen wichtigen Prozess durch. Rudolf Steiner beschreibt ihn im *«Ergänzungskurs»*. Um verdeutlichen zu können, wie wichtig für die gesamte, den wirklichen Lebensbedingungen des Schülers gemäße Unterrichtsgestaltung die Berücksichtigung der Dreigliedrigkeit des Menschen ist, schildert Steiner unter anderem, wie der Aufbau solcher eher betrachtenden Fächer wie Physik oder Geschichte aussehen könnte. Er weist daraufhin, wie die erste Begegnung mit dem Unterrichtsgegenstand darauf angelegt sein muss, dass der Schüler hier als ganzer Mensch angesprochen wird. Dies ist der Fall, wenn sich nicht nur das Vorstellen und Urteilen (als Nerven-/Sinnes- und als rhythmische Tätigkeit), sondern vor allem der Gliedmaßen-/ Stoffwechselmensch betätigen kann. Im Unterricht geschieht dies dadurch, dass sich zunächst im Experiment (in Physik) oder in der Erzählung der Schüler mit ganzer Aufmerksamkeit wahrnehmend der Außenwelt zuwendet und mit ihr verbindet, sodass er ein Stück weit regelrecht «außer sich» kommt.[299] Es kann verwundern, dass die Wahrnehmung eines Experimentes oder einer Erzählung Gliedmaßen und Stoffwechsel in Tätigkeit bringen soll. Man weiß heute allerdings, dass z.B. während der Bildung der Vorstellung eines Turmes faktisch die Muskeln in Bewegung kommen, die für das Nach-oben-Schauen zuständig sind, oder dass bei der Vorstellung von körperlicher Arbeit reale Muskelkontraktionen stattfinden.[300] Auch

Farbwahrnehmungen wurden inzwischen bis in ihre Wirkung auf die körperliche Gefäßaktivität hinein verfolgt.[301]

Nun kann das Unterrichtsziel aber nicht sein, den Schüler in die bewusstlose Verschmelzung mit der Außenwelt zu treiben (siehe z.b. die Ausführungen zum falsch verstandenen Idealismus). Vielmehr folgt auf diesen ersten Schritt des mit dem ganzen Menschen vollzogenen Anschließens an die Welt eine Phase, in der (in der Physik durch die innere Rekonstruktion des Experimentes, in der Geschichte z.b. durch ein erstes gemeinsames und noch sehr spontanes Charakterisieren der dargestellten Ereignisse oder Persönlichkeiten) nach einem gewissen Abstand und Ausatmen der mittlere, rhythmische Mensch das Erlebte gleichsam noch einmal «befühlt», persönlich durchgeht, nach seinen Qualitäten befragt usw. Damit endet der Unterricht, und der Schüler nimmt diese Erlebnisse in den Schlaf mit (diese Gliederung des Unterrichts wird in Teil III noch ausführlicher beschrieben).

Da während des Tageslebens Ich und Astralleib mit den unteren Wesensgliedern verbunden sind, darf in dieser Zeit der Kopf nicht zu stark von den Gliedmaßentätigkeiten beeinflusst werden, denn er muss als stärkste Verdichtung des menschlichen Nerven-/Sinnespols unter Zurückdrängung der Lebensprozesse in völliger Ruhe sozusagen die Gedanken abspiegeln, Vorstellungsbilder ermöglichen und damit Selbstbewusstsein erzeugen. Wenn aber in der Nacht Astralleib und Ich die physische und ätherische Leiblichkeit verlassen, so walten im Kopfbereich auch nicht mehr die Ich-Kräfte, die jene Spiegelungen verlangen. So kommt es, dass nun die Tätigkeiten der Gliedmaßen und des rhythmischen Systems in dem im Bett bleibenden Leib nachklingen und schließlich in den Kopf «heraufströmen» und dort Bilder hervorbringen. Diese Bilder nennt Steiner sehr technisch «Fotografien».[302] Mit dieser Formulierung wird ganz klar zum Ausdruck gebracht, dass es sich hier eben um rein leibliche Vorgänge handelt, also nicht die Rede ist von den in der Astralwelt von den Menschen empfangenen geistigen Bildern, sondern von ganz materiellen «Abdrücken» der Tageseindrücke, die ja auch leiblich in irgendeiner Weise in die Nacht fortwirken müssen. Dazu passt die Schilderung über das weitere Geschehen – zunächst auf die Physik bezogen: «Es ist tatsächlich so: Wenn die Kinder am nächsten Tag in die Schule kommen, haben sie, ohne dass sie es wissen, im Kopf die [fotografischen] Bilder. [...] Ich ergehe mich jetzt in Betrachtungen darüber. Da komme ich dem Bewusstwerden der Bilder, die bewusst werden sollen, entgegen. [... Ich stelle die] Betrachtungen an, die dazu führen, dass das Kind die Gesetze kennenlernt von dem, was da vor sich gegangen ist. Ich führe es mehr zum Denkerischen, Vorstellungsmäßigen der Sache, und ich zwinge die Kinder nicht, dass diese Bilder, diese Fotografien, die sie mir mitbringen, ein wesenloses Dasein führen.» Wenn diese Bilder nun keine «Nahrung» bekommen (also unbewusst bleiben), sondern im Schüler gleich neue Erlebnisse angefacht wurden, «durchwühlt [diese Anstrengung] den ganzen Menschen, durchwühlt diese Bilder, und ich bringe eine Art von Chaos in diese Schädel hinein.»[303] Über die hier gemeinten «Fotografien» wird bezeichnenderweise gesagt, dass sie zunächst ein *wesenloses* Dasein führen. Sie enthalten – in direktem Gegensatz zu den geistigen Bildern – für sich noch keinen Realitätsgehalt. Sie sind eben nicht das «Wesentliche», sondern leere Außenseite. «Chaos» meint ja auch das Fehlen von Zusammenhang. Diese Bilder fordern also einen geistigen «Einschlag», der ihnen erst Gestalt und Realität gibt. Dieser Schlag der Erkenntnis, der sozusagen «tausend Fäden knüpft», geht aus den Reflexionen und Betrachtungen zu Beginn der Stunde am nächsten Tag hervor. Er besteht aus den *Gesetzen*, also aus dem geistigen Zusammenhang, der in den Einzelwahrnehmungen waltet – und dieser wird von Astralleib und Ich aus der geistigen Welt mitgebracht. Jetzt kann zur bewussten Einsicht werden, was tags zuvor den ganzen Menschen bewegt. So ist dieser erste sensible Moment des Unterrichts der Augenblick, in dem sich Inkarnation vollzieht: Geistiges Wesen und vorbereitete Leiblichkeit werden eins; für einen Augenblick Wirklichkeit ist der ganze Mensch da.

Es ist sehr interessant, worin im Geschichtsunterricht, für den ansonsten dieselben Vorgänge gelten, jener «Einschlag» besteht, der bei der

Physik als «Gesetz» beschrieben wird: «Ich komme [dem Kind morgens] entgegen, wenn ich so anknüpfe, dass ich jetzt mehr Betrachtungen darüber anstelle, zum Beispiel darüber, ob Mithradates oder Alkibiades ein anständiger Mensch war oder nicht.»[304] Es ist also das moralische Urteil (zum *Begriff* geworden und damit nicht zu verwechseln mit der vom rhythmischen System ausgehenden charakterisierenden Urteilstätigkeit am vorigen Tag), das in der Geschichtsbetrachtung in die Leiblichkeit einzieht und ihr als Willensrealität Gestalt, eine «feste Stellung» gibt. Mit den Prozessen der geistigen Seite des nächtlichen Geschehens zusammen münden die leiblichen Vorgänge am Ende in den Moment ein, in dem Geschichtserkenntnis Gemüts- und Willensimpulsierung wird.

Der junge Mensch erlebt gerade nach der Geschlechtsreife durch seinen Astralleib und das Ich im Schlafe «nicht bloß tote, leuchtende Sterne, er sieht in der Tat die Wesenheiten der höheren Hierarchien».[305] Dieses «Sehen» ist im eigentlichen Sinne aber ein Miterleben bzw. -schaffen von Tätigkeiten dieser Wesenheiten. Daraus empfängt der Heranwachsende – wie im Kapitel über die Engelwirksamkeit in der Geschichte bereits ausgeführt – seine «Impulsierung für das weltgeschichtliche Geschehen.»[306] Die Geschichte kennt viele Beispiele dafür, wie gerade aus der jungen Generation entscheidende historische Impulse hervorgegangen sind – und zwar keineswegs als Produkt der Ratio, sondern stärkster Emotionen und existenzieller Leidenschaft. Im Willen des Menschen, nicht im Verstand, werden die Entwicklungsschritte der Geschichte veranlagt – der Wille schöpft seine Kräfte aber nicht aus dem wachen Tagesleben, sondern aus der Nacht. Die Weltgeschichte wird aus der Sphäre des Schlafes impulsiert. Es ist meines Erachtens kein Zufall, dass derselbe Denker, der die Bedeutung der Nacht so hoch schätzte – Friedrich Nietzsche –, ein solch untrügliches Gespür für die eigentlichen Quellen des geschichtlichen Lebens hatte: «Es gibt einen Grad von Schlaflosigkeit, von Wiederkäuen, von historischem Sinne, bei dem das Lebendige zu schaden kommt und zuletzt zugrunde geht, sei es nun ein Mensch oder ein Volk oder eine Kultur.»[307] Rudolf Steiner, der Nietzsche noch persönlich in Weimar begegnet war und für seine Rezeption mit der Schrift *Nietzsche – ein Kämpfer gegen seine Zeit* sehr engagiert eingetreten ist,[308] antwortet gewissermaßen auf dessen kritische Diagnose: Der *Rhythmus* ist die Heilung, die Atmung zwischen Tag und Nacht ist die Lebensbedingung für das menschliche Wesen.

6. Das menschliche Ich und die wiederholten Erdenleben

«Diesseitig bin ich gar nicht fassbar./ Denn ich wohne grad so gut bei den Toten,/ wie bei den Ungeborenen./ Etwas näher dem Herzen der Schöpfung als üblich./ Und doch lange nicht nahe genug.»[309] Mit diesen 1920 formulierten Gedichtzeilen spricht Paul Klee ein großes Geheimnis der menschlichen Biografie an: Mein eigentliches Wesen, den Kern meines Ich bekomme ich im Äußeren, in seiner sinnlich wahrnehmbaren Erscheinung gar nicht richtig zu fassen. Gerade bei sehr starken, markanten Persönlichkeiten kann man es oft auf sehr paradoxe Weise erleben: Es tritt einem eine absolut unverwechselbare, einmalige Individualität entgegen, eben diese Stärke und Einzigartigkeit ruft aber eine Fülle nicht beantwortbarer Fragen nach den Gründen und nach der Herkunft der betreffenden persönlichen Eigenheiten auf. Wenn eine Olympes de Gouges zum Erstaunen der Zeit und gegen alle Widerstände sich in die Ereignisse der Französischen Revolution einmischt und zum ersten Mal in der Weltgeschichte öffentlich die Rechte der Frau proklamiert und dafür ihr Leben opfert; wenn ein Benjamin Franklin sich als Kind sehr armer Eltern das Lesen und Schreiben selber beibringt und in die Druckerei seines äußerst strengen Bruders geht, weil er genau weiß, dass er diesen Beruf ergreifen will, und dann später nicht nur der Erfinder des Blitzableiters, sondern Präsident von Pennsylvania und Unterzeichner der amerikanischen Unabhängigkeitserklärung wird; oder wenn ein Rudi Dutschke mit Megafon und Flugblättern auf die Straße geht, in einem Unihörsaal einen ganzen Kongress gegen den Vietnamkrieg mitreißt und schließlich für eine Generation junger Menschen zur charismatischen Verkörperung ihres Protestes wird, so stoßen wir immer wieder auf den Ausdruck eines mit keiner anderen Persönlichkeit zu verwechselnden Willens. Es sind die Intentionen, die innersten Handlungsimpulse, die am meisten darüber aussagen, wer dieser Mensch ist. Paradoxerweise ist jener Wille aber selber in seinen Ursprüngen unsichtbar: Woher nimmt diese französische Frau ihren Antrieb und ihren Mut, aber auch ihre Fähigkeiten, sich so gegen alle Traditionen und Konventionen ihrer Zeit zu stellen? Woher kam Franklins Drang, sich gegen widrigste materielle Verhältnisse seiner Umgebung selber auszubilden, und woher kamen die persönlichen Möglichkeiten, schließlich sogar eine der führenden Persönlichkeiten des nordamerikanischen Kontinents zu werden? Worin liegt der Grund für Dutschkes rückhaltloses Aufbegehren und für sein Charisma? Man wird lange suchen können: In keiner der drei Biografien wird man in Elternhaus oder Umgebung auf Faktoren stoßen, die diese Fragen hinreichend beantworten. An dieser Stelle setzt nun Paul Klees dichterische Provokation an: «Denn ich wohne grad so gut bei den Toten/ wie bei den Ungeborenen.» – mein Wesen entstammt einer vorgeburtlichen und zugleich nachtodlichen Welt, mich gab es also schon vor diesem Leben, mein eigentliches Ich ist jenseits der Zeit und damit jenseits einer materiellen Welt beheimatet.

Indem wir uns mit den leiblichen Verhältnissen beschäftigt haben, in denen der junge Mensch heranwächst, und zuletzt für die im Schlaf aufgenommenen individuellen Impulse des Menschen aufmerksam geworden sind, sind wir nun ganz beim Ich des Schülers angelangt. Im Wechsel von Tag und Nacht, geistiger und irdischer Welt, arbeitet es sich durch seine Leiblichkeit hindurch und kommt immer mehr zur Erscheinung. Und dennoch ist es «diesseitig» nicht wirklich «fassbar»: Wir mussten uns von der körperlichen Tagesseite vorarbeiten bis zur Dunkelheit des Schlafes, um uns ihm zu nähern. Das heißt aber, dass wir die materiellen Faktoren der Biografie zunehmend hinter uns gelassen haben. Beim Ich des Menschen haben wir es mit einer Realität zu tun, die sich nicht aus Vererbungsfaktoren oder dergleichen herleiten lässt. Es ist einmalig (nur ich kann «ich» zu mir sagen!), und sein Ursprung liegt *vor* dem materiellen Dasein: In unseren Betrachtungen zur Realität der Zeit war deutlich geworden, wie die menschliche Wesenheit nur verständlich wird, wenn eine geistige Existenzform anerkannt wird, die noch vor der Zeit und damit vor dem Eintritt in das chronologische Nacheinander der physischen Erscheinungen der sinnlichen Welt liegt. Der Ursprung des Ich ist «präexistent». Die Frage nach Reinkarnation und Karma ist die Schlüsselfrage der Pädagogik. Es ist ein radikaler Unterschied, ob ich den Schüler vor mir als Produkt seiner Eltern bzw. der Einflüsse seiner Umgebung ansehe oder als ein Wesen mit eigenem, unvergänglichem geistigen Ursprung – und damit als Subjekt, vor dem ich übrigens keinen qualitativen «Vorsprung» habe!

Es war bezeichnenderweise die Betrachtung der Geschichte, die Gotthold Ephraim Lessing 1780 in seiner Schrift *Die Erziehung des Menschengeschlechts* den Gedanken der Reinkarnation fassen ließ: Ihm wurde die Tatsache zum Rätsel, dass mit jeder historischen Epoche Fähigkeiten in die Menschheit treten, die es zuvor nirgendwo gab. Wenn der Mensch jedes Mal völlig aus dem Nichts geschaffen würde, müsste er immer an demselben Punkt und auf demselben Niveau beginnen wie alle Menschen vor ihm. Durch Vererbung wiederholt sich nur, was es schon gab, und durch Einflüsse aus der Umgebung lassen sich nicht solche fundamentalen qualitativen Veränderungen erklären, die von der einen Kultur zur nächsten auftreten. Lessing beschreibt ein Phänomen, das im Unterricht selbst oft von den Schülern erlebt wird. Es kann für sie eine bedeutende Entdeckung sein, wenn sie plötzlich bemerken: Was wir heute schon mit sechzehn allesamt beherrschen – Rechnen, mehrere Eindrücke unter einem Oberbegriff zusammenfassen, logische Schlüsse ziehen u.a. –, konnte in dem großen und ehrfurchtgebietenden Ägypten nur der Pharao und die alleroberste Gesellschaftsschicht. Also ist heute jeder von uns ein Stück weit ein Pharao! Natürlich wird das Kind durch seine Umgebung sozialisiert, und dennoch treten die erwähnten Fähigkeiten bei den Kindern heute so früh, selbstverständlich und nur durch wenige erzieherische Anstöße motiviert auf, dass sie nicht in solch kurzer Zeit angelernt sein können. Die spontane habituelle Verfügbarkeit dieser Fähigkeiten ist vielmehr ein Indiz dafür, dass der Geburt frühere Leben vorangegangen sein müssen, welche das Kind mit Erfahrungen ausstatteten, die es eben mit anderen Voraussetzungen antreten lassen, als wenn es vorher noch nicht existiert hätte.

Die von Lessing eher geahnte Tatsache der Reinkarnation wird von Rudolf Steiner in seiner Schrift *Theosophie* gedanklich genauer gefasst. Steiners Ausgangspunkt ist eine präzise Unterscheidung des Gattungsbegriffes bei den Tieren und beim Menschen. Wenn die menschliche Gestalt nicht einfach nebulös als etwas Gegebenes, als eine sich allen Fragen entziehende Selbstverständlichkeit hingenommen, sondern aus konkreten Kausalitäten heraus erklärt werden soll, drängen sich gewöhnlich zwei Ansätze auf. Das klassische Erklärungsmodell ist die Vererbung. Diese spielt tatsächlich eine wesentliche Rolle, liegen gewisse Ähnlichkeiten der Kinder mit den Eltern bis in Gemütsnuancen hinein doch oft genug vor Augen. Damit erschöpft sich das Wesen des Menschen aber nicht: Die geistige Gestalt der Menschen ist – was nicht erst die Zwillingsforschung ansichtig macht – individuell völlig verschieden. Diese Unterschiede sind für Steiner nicht – und das ist der zweite traditionelle Ansatz – aus der Umgebung zu erklären, «denn zwei Menschen entwickeln sich unter den gleichen Einflüssen der Umgebung, der Erziehung usw. in ganz verschiedener Art».[310] Sie müssen also verschiedene Anlagen mitgebracht haben. Diese lassen sich wiederum nicht biologisch (vererbungsmäßig) herleiten. Der Mensch besitzt nämlich etwas, was kein Tier besitzt: eine Biografie. Diese könnte es nicht geben, wenn der Mensch nur Gattungswesen wäre. Für eine Taube gilt: «Man hat das Einzelwesen in allem Wesentlichen verstanden, wenn man die Art beschrieben hat. Es kommt hier weniger darauf an, ob man es mit Vater, Sohn oder Enkel zu tun hat. Was bei ihnen interessiert, das haben eben Vater, Sohn und Enkel gemeinsam. Was der Mensch bedeutet, das aber fängt erst da an, wo er nicht bloß Art-, oder Gattungs-, sondern wo er Einzelwesen ist. Ich habe das Wesen des Herrn Schulze in Krähwinkel durchaus nicht begriffen, wenn ich seinen

Sohn oder seinen Vater beschrieben habe. Ich muss seine eigene Biografie kennen. Wer über das Wesen der Biografie nachdenkt, der wird gewahr, dass in geistiger Beziehung *jeder Mensch eine Gattung für sich ist.*»[311] Man kann die Eigenart des Menschen, sein eigentliches Wesen also nur aus sich selbst heraus verstehen. Wie ist dann aber die spezifische, geistige Gestalt seines Wesens zu erklären, wenn es ja nicht aus dem Nichts entstanden sein kann, sondern mit sehr bestimmten Merkmalen angetreten ist und somit durch etwas hervorgebracht sein muss? Sie muss sich selbst vorangegangen sein, «wie das leibliche Wesen des Menschen durch biologische Vererbung entstanden ist, so kann auch die geistige Wesenheit nur durch eine ähnliche *geistige Vererbung* verstanden werden»,[312] und diese besteht darin, dass sich der menschliche Geist von Leben zu Leben wiederholt, angereichert und verwandelt durch die Erfahrungen, die er in dem jeweiligen Leben gemacht und verarbeitet hat. Was in diesem Leben als Anlage auftritt, ist die Frucht der Bemühungen im vorangegangenen Leben. Hier verweist Steiner ganz ähnlich wie Lessing auf den Vorgang des Lernens. Dieses beruhe darauf, dass der Mensch die äußeren Eindrücke mit seinem geistigen Wesensanteil verknüpft und auswertet, damit in seinen Geist einprägt und bei der nächsten Begegnung mit einem ähnlichen Eindruck auf etwas Bekanntes stößt, mit dem er nun anders umgeht als beim ersten Mal. Während die konkreten Erlebnisse vergänglich sind, bleiben die sich in den Geist einschreibenden Früchte der Begegnung im Menschen: Es entstehen Fähigkeiten. Steiner führt das Beispiel Mozarts an, der als Knabe ein einmal gehörtes, langes Musikstück aus dem Gedächtnis aufschreiben konnte, weil er die Fähigkeit hatte, das Ganze in einem Moment zu überschauen.[313] Solch ein Vermögen kann man sich vielleicht über ein ganzes Leben bewusst aneignen, in den wenigen Lebensjahren eines Knaben ist das aber unmöglich.

Die Frage nach der Erinnerung von Geschichte erscheint vor diesem Hintergrund in einem ungeahnten Lichte. Erst unter Einbeziehung der Wiedergeburt des Menschen erhält der Begriff des Erinnerns einen wirklichen Sinn und eine beeindruckende Konkretheit. Sich geschichtlich zu erinnern heißt, in sich selbst die betrachtete Zeit wiederzuentdecken. Außerdem entsteht die Möglichkeit, das geschichtliche Individuum wirklich in einem Zusammenhang zu sehen, ohne es unerlaubt wieder in teleologische, philosophische, ideologische oder sonstige übergestülpte Systeme einzuordnen: Da es seine Gattung in sich selber trägt, kann ich es nur aus ihm selber verstehen – und dies ist aus dem Zusammenhang seiner Abfolge von Verkörperungen möglich (hier zunächst unabhängig von der Frage betrachtet, wie weit ich dazu schon die nötigen Erkenntnisorgane ausgebildet habe). In seiner frühen Schrift *Grundlinien einer Erkenntnistheorie der Goetheschen Weltanschauung* hebt Rudolf Steiner die Tatsache hervor, dass die großen ethischen Leistungen der Geschichte nie von einer Allgemeinheit, der Macht eines Sittengesetzes ausgegangen sind, sondern immer «auf den unmittelbaren Drang einer individuellen Idee hin vollführt»[314] wurde – und damit von ganz bestimmten Menschen. Dies bestätige, dass es keinen außerhalb des Menschen wirkenden Weltenwillen gebe, sondern der Mensch in sich selbst die Gründe seines Handelns trage. Deshalb dürfe «auch in der Geschichte, deren Gegenstand ja der Mensch ist, nicht von äußeren Einflüssen seines Handelns, von Ideen, die in der Zeit liegen usw., gesprochen werden; am wenigsten von einem Plane, der ihr zugrunde liege».[315] Dies gälte auch für allgemeine historische «Zwecke» oder für Kausalitätsmodelle im Sinne einer Abfolge von Ursache und Wirkung. Es könne nur darum gehen, «zu erfahren, welche Ziele sich diese oder jene Persönlichkeit gesetzt, welche Richtung sie ihrer Zeit gegeben. Die Geschichte ist durchaus auf die Menschennatur zu begründen. *Ihr* Wollen, *ihre* Tendenzen sind zu begreifen.»[316] Diese Äußerungen erhalten ihren vollen Inhalt erst vor dem Hintergrund der Tatsachen der Wiederverkörperung. Wenn der individuelle Mensch wirklich als seine eigene Gattung aufgefasst und nicht durch eine außer ihm liegende Gesetzmäßigkeit «erklärt» werden soll und es gleichzeitig aber das Ziel ist, nicht nur unzusammenhängende, zufällige Einzelheiten zu registrieren, sondern die «Gesetze der Geschichte» (so Steiner ebenfalls in den *Grundlinien*[317]) zu erfassen, so muss nach realen Verursachungen gesucht werden – und diese finden sich für das historische Individuum in den Erfahrungen seiner vorangegangenen Verkörperungen sowie der Phasen zwischen Tod und neuer Geburt bzw. des Schlafes. Was wir gewöhnlich als Geschichte ansehen, löst sich auf in die Anschauung individueller menschlicher Schicksale und ihrer Beziehungen zu den Toten und höheren Wesenheiten. Themistokles ist nicht mehr ein Aspekt der griechischen Geschichte, sondern ein Mensch, der vielleicht heute aktuell die Gegenwart mitgestaltet und zu uns in einer konkreten Beziehung steht.

7. Erinnerung

7.1 Die Entdeckung eines neuen Paradigmas

Mitte der 80er-Jahre begannen zunächst unabhängig voneinander an verschiedenen Stellen – vor allem aber in Frankreich und Deutschland – Kulturwissenschaftler unterschiedlicher Fachgebiete ein Thema zu entdecken, das dann sehr schnell öffentliche Beachtung fand und inzwischen zu einem regelrechten Paradigma avanciert ist: Gedächtnis und Erinnerung. Pierre Nora veröffentlichte zwischen 1984 und 1992 seine Studie *Zwischen Geschichte und Gedächtnis*[318] und formulierte darin seine Theorie von den «Erinnerungsorten», später verfasste der Philosoph Paul Ricoeur seine umfassenden Reflexionen zu Erinnern, Vergessen und Verzeihen,[319] in Deutschland entstanden als Früchte interdisziplinärer Kolloquia die wegweisenden Arbeiten von Aleida und Jan Assmann,[320] und schließlich verbanden sich diese Ansätze mit der Gedächtnisforschung in Psychologie und Neurowissenschaft.[321] Jan Assmann hat selber einmal eine Erklärung für das sprunghafte und ausgedehnte Aufkommen dieses Themas versucht, indem er auf drei gegenwärtige Zivilisationsfaktoren hinwies: die kulturelle Revolution nie gekannter externer Speicherung durch die elektronischen Medien, die umfassende Stimmung eines «Zu-Ende-Gekommenseins» der alten europäischen Kultur und die Tatsache, dass es bald keine Zeitzeugen für die gewaltigen Katastrophen des 20. Jahrhunderts mehr geben wird und damit die Frage nach der authentischen Bewahrung eines historischen Gedächtnisses entsteht.[322] Diese Gesichtspunkte sind zweifellos von wesentlicher Bedeutung. Dennoch ist zu fragen, ob diesem Paradigma nicht noch ein grundsätzlicherer geistesgeschichtlicher Vorgang zugrunde liegt. Das Thema ist eigentlich nicht neu: Mit ihm geht in Wirklichkeit eine Wiederentdeckung der Forschun-

gen von Aby Warburg, Maurice Halbwachs oder auch Edmund Husserl
einher, die sich wiederum intensiv mit Henri Bergson, Friedrich Theodor
Vischer, Richard W. Semon, Sigmund Freud auseinandergesetzt haben,
von denen bereits vor und während der Jahrhundertwende maßgebliche
Anstöße zur Erinnerungsforschung ausgingen. Es brauchte aber mehr als
ein halbes Jahrhundert, bis diese Gedanken zu einem öffentlichen Anliegen, einer allgemeinen Lebensfrage wurden. Dazwischen liegt der ganze
Gang durch Empirismus, seine Infragestellung bis zum Konstruktivismus.
Wir haben bereits gesehen, wie mit dem Konstruktivismus das rationale Verstehen von Wirklichkeit, der Gedanke als Organ der Welterklärung an ein Ende kommt und schließlich konsequent darauf verzichtet
wird, von Objektivität und Realitätserkenntnis zu sprechen. Wie kann
es hier nun weitergehen? Der Gedanke trägt nicht mehr – woraus bezieht menschliches Erkennen nun einen realen Erfahrungsinhalt? Die
wissenschaftshistorische Antwort konnte kaum schlüssiger sein, als an
dieser Stelle nun die Erinnerung als Thema wiederzuentdecken. Was unterscheidet die Erinnerung von dem Gedanken? Der Gedanke versucht
die Sinneswahrnehmung in einen Begriffszusammenhang einzuordnen
und zu erklären, er deutet Wirklichkeit. Die Erinnerung ist ebenfalls ein
konstruktiver, bewusster Erkenntnisakt, aber sie tritt als Bild auf und hat
damit viel stärker den Charakter einer Erfahrung, zumal sie weniger ihren Inhalt deutend überformt als sich vielmehr auf ein tatsächlich Ge-
wesenes zu beziehen. Mir erscheint insofern diese paradigmatische, die
wissenschaftliche Forschung maßgeblich impulsierende Entdeckung von
Gedächtnis und Erinnerung als ein notwendiger geistesgeschichtlicher
Schritt, in dem sich eine grundlegende Suche nach einem erfahrungsge-
sättigten Anschauungsinhalt des wissenschaftlichen Begriffes ausdrückt.
    Dies betrifft insbesondere die Geschichtserkenntnis: Die gesamte Fra-
ge nach der Möglichkeit von Rekonstruktion vergangener Zeiten würde
eine völlige Umwendung erfahren, wenn der Historiker in die Lage käme,
sich real zu *erinnern* und nicht die Vergangenheit begrifflich zu *erschließen*. Mit Bezug auf die Shoah schreibt Reinhart Koselleck: «Aus der er-

fahrungsgesättigten *gegenwärtigen Vergangenheit* der Überlebenden wird eine *reine Vergangenheit*, die sich der Erfahrung entzogen hat. [...] Mit der aussterbenden Erinnerung wird die Distanz nicht nur größer, sondern verändert sich auch ihre Qualität. Bald sprechen nur noch die Akten, angereichert durch Bilder, Filme, Memoiren.»[323] Koselleck setzt hier nicht von ungefähr erfahrene Vergangenheit – also historische Empirie – mit Erinnerung gleich. Es ist bemerkenswert, dass ein ausgewiesener Historiker hier das Eingeständnis liefert, dass wissenschaftliche Geschichtsforschung letztlich von geschichtlicher Empirie wegführt! So heißt es weiter: «Die Forschungskriterien werden nüchterner, sie sind aber auch – vielleicht farbloser, weniger empiriegesättigt, auch wenn sie mehr zu erkennen oder zu objektivieren versprechen. Die moralische Betroffenheit, die verkappten Schutzfunktionen, die Anklagen und die Schuldverteilungen der Geschichtsschreibung – all diese Vergangenheitsbewältigungstechniken verlieren ihren politisch-existenziellen Bezug, sie verblassen zugunsten von wissenschaftlicher Einzelforschung und hypothesengesteuerten Analysen.»[324] «Wo nur Gedanken-Blässe wirkt, erlahmt das Leben» – wir erinnern uns an den Historiker Capesius in Steiners Mysteriendramen. Auch die Einsicht, «dass in des Lebens Wirklichkeit Gedanken nichts als bloße Schatten sind», findet sich in Kosellecks Einschätzung der distanzierten, «hypothesengesteuerten Analysen», die den existenziellen Bezug zur erfahrenen Vergangenheit verloren haben. Aleida Assmann resümiert diese Position: «Farblos werden, Verlieren, Verblassen – das sind Umschreibungen eines unaufhaltsamen Vergessensprozesses, der nach Koselleck zielstrebig in die Verwissenschaftlichung mündet. Damit stellt er persönlich leibhaftige Erinnerung und wissenschaftlich abstrakte Geschichtsforschung einander gegenüber. Die Geschichte, so legt dieses Modell nahe, muss in den Köpfen, Herzen und Körpern der Betroffenen erst ‹gestorben› sein, ehe sie sich als Wissenschaft wie der Phoenix aus der Asche der Erfahrung erheben kann.»[325]

«Erinnerung» in der Geschichtswissenschaft würde bedeuten, das folgenreiche Problem zu überwinden, dass der aus der Gegenwart zurückschauende Zeitgenosse seinen wissenschaftlichen Gegenstand selber nie empirisch wahrgenommen hat und immer nur indirekt durch gedankliche Operationen seinen Beobachtungsinhalt «konstruieren» kann. Es wird sehr häufig von «Gedächtnisarbeit», «historischer Erinnerung» etc. gesprochen – wenn die Geschichtswissenschaft ehrlich mit sich ist, muss sie sich eingestehen, dass diese Redewendungen rein metaphorisch gemeint sind: Welcher Historiker würde behaupten, er erinnere sich an Ägypten, das republikanische Rom oder Otto von Bismarck?

Mit der großen Chance, die das Paradigma der Erinnerung für die Geschichtswissenschaft eröffnet, ist also sofort auch seine Problematik markiert, und tatsächlich setzt sich die Erinnerungsforschung seit ihrem Entstehen unablässig mit dieser scheinbar unauflösbaren Aporie auseinander: Wie kann man gegenüber der Geschichte von einem Erinnern oder einem Gedächtnis sprechen, wenn dieses doch biografisch begrenzt ist und insofern individuell nie in ältere und ganz alte Zeiten zurückreicht? Schon im 19. Jahrhundert und zu Beginn des 20. Jahrhunderts gab es bemerkenswerte Versuche, eine reale Verbindung zwischen biografischem und historischem Gedächtnis aufzuspüren. Der englische Romantiker Charles Lamb z.B. gelangte anhand der Wiederbegegnung mit seiner Kinder-Bibel zu dem Eindruck, dass die in ihr enthaltenen Bilder eine Kraft aufrufen, die den Inhalten des Traumes zugrunde liegt und überzeitlich ist: «Gorgonen, Hydras und grässliche Chimären – Geschichten von Celaeno und den Harpies – können sich in einem für Aberglauben empfänglichen Gehirn leicht vermehren – aber sie waren schon vorher da. Sie sind nur Transkripte, Typen – die Archetypen liegen in uns und sind ewig.»[326] Aleida Assmann schreibt im Sinne Lambs über diese «transsubjektiv vorgeprägten Bilder»: «Deren stärkste Affekte gehen weder auf konkrete eigene Erfahrungen zurück noch auf gehörte Geschichten und gesehene Bilder. Sie reichen weiter zurück als unser Körper und wurzeln – als Teil der Ausstattung unserer Seele – in der Welt außermundaner Präexistenz.»[327] Aby Warburg unternahm im 20. Jahrhundert einen ganz konkreten Versuch, archetypische, in «präexistente»

273

Vergangenheiten zurückführende Erinnerungen wissenschaftlich zu beschreiben.[328] Er hatte zwischen 1924 und 1929 ein gewaltiges Bildmaterial
zur Kunst der Antike und der Renaissance gesammelt, die ihn besonders
interessierte, darüber hinaus aber auch völlig andere Materialien wie zeitgenössische Briefmarken, Werbegrafik oder Zeitungsbilder. Er arrangier-
te über 1000 Abbildungen auf 63 «Gestellen» – Tafeln, auf denen die
Bilder unter bestimmten Ordnungsgesichtspunkten zusammengestellt
waren, geplant waren mindestens 70 – zu einer von ihm *Mnemosyne-
Atlas* genannten Gesamtüberschau. Diese sollte durch die ungewöhnlichen Zusammenführungen zu einer vergleichenden Betrachtung führen,
aus der sich grundsätzliche, archetypische Ausdrucksformen des menschlichen Wesens ablesen ließen. Warburg war schon vor der Jahrhundertwende zu der Vorstellung eines europäischen Bildgedächtnisses gelangt.
Er hatte an den Bildwerken der Antike bestimmte Körperumrissformen
erkannt, die er in der Renaissance, aber auch in späteren Bildformen wie-
derentdeckte und als «Pathosformeln» bezeichnete, die wie in einem
kollektiven Gedächtnis gespeichert schienen. Auf Friedrich Theodor und
Robert Vischers Symbolbegriff sowie die biologistische Mnemo-Theorie
des Zoologen Richard W. Semon zurückgreifend (Semon ging davon aus,
dass der Mensch lebensweltliche Erfahrungen in seinen Genen als dauer-
haften Besitz abspeichert und biologisch an spätere Generationen weiter-
gibt) versuchte er zu zeigen, dass das zum Charakteristischen verdichtete
Bild physiologische Prozesse im Organismus des Menschen auslöst, die
ihn in ihrer aktiven bildschaffenden Tätigkeit mit den urbildhaften Gesetzmäßigkeiten der Lebenswelt verbinden. Im Unterschied zum distanz-
erzeugenden, rein kognitiven «Denkbild» ermögliche das «Kunstbild»
also «mit Körper und Willen» vorzustellen.[329] Dieses Merkmal gewähr-
leiste dann auch, dass sich die Erinnerung vergangener Zustände an einem
Bild vollziehen könne – ein Motiv, mit dem Warburg voraussetzt, dass der
heutige Mensch die Spuren früherer Kulturen anthropologisch in sich
trägt. Im 19. Jahrhundert war diese Verbindung von innerer, biografischer
Konstitution und Geschichte noch ideell aufgefasst worden.

Diese Versuche, in der individuellen Konstitution des Mensch direkt und real ein Gedächtnis für vergangene Zeiten fassbar zu machen, blieben aber singulär und wurden schließlich abgelöst von einem anderen und viel wirkungsmächtigeren Ansatz zur Lösung dieser Differenz von biografischem und historischem Gedächtnis. Der Franzose Maurice Halbwachs sprach dem Menschen die Fähigkeit ab, überhaupt eine individuelle Erinnerung hervorzubringen. Zunächst ein Schüler Bergsons beschäftigte ihn zunehmend die Soziologie Emile Durkheims, und schließlich gelangte er zu einer Theorie des Gedächtnisses, die den Erinnerungsvorgang ausschließlich als durch Sozialisation hervorgegangen erklärt. In seinem 1925 erschienenen Buch *Das Gedächtnis und seine sozialen Bedingungen*[330] geht er davon aus, dass dem Menschen Erinnerungen nur möglich sind, weil er im kommunikativen Kontakt mit der sozialen Umwelt Vorstellungen erzeugt, durch diesen Vorgang aber immer wieder auf einen bereits bestehenden kulturellen Fundus an Worten, Gedanken, Bildern etc. zurückgreift.[331] Das Sozialmilieu forme die Erinnerungen, und so spricht Halbwachs von einem «kollektiven Gedächtnis». Wir sind umgeben von Denkmälern, Sprachtraditionen, Festen und Gebräuchen, die uns ständig an unsere gemeinschaftliche Vergangenheit erinnern und damit eine gesellschaftliche Identität festigen. Unabhängig vom einzelnen Gruppenmitglied werden von Generation zu Generation diese identitätsstiftenden Erzählungen, Symbole und Riten weitergereicht, auf die sich dann das Selbstverständnis des Einzelnen abstützt. Weil nun aber diese Rekonstruktionsleistungen immer von der Gegenwart ausgehen und vom Interesse des Subjekts an Identitätsbildung geleitet werden, muss für Halbwachs ein wirkliches Zurückrufen früherer historischer Realitäten scheitern, die Vergangenheit kann nicht reproduziert werden. Halbwachs fordert anzuerkennen, «dass wir in der Überzeugung, unsere Erinnerung seien genau, ihnen ein Ansehen zumessen, das die Wirklichkeit nicht hatte.»[332] Es ist dann nur konsequent, dass Halbwachs dem Gedächtnis die Geschichte entgegensetzt: Das kollektive Gedächtnis ist Ausdruck der Gegenwart, Geschichte hingegen ist das, wohin keine Erinnerung mehr reicht: «Die eigentliche Vergangenheit ist für die Historie das, was nicht mehr einbegriffen ist in den Bereich, in den sich noch das Denken aktueller Gruppen erstreckt.»[333] Mit dieser Entgegensetzung entsteht eine Konkurrenz von Geschichtserkenntnis und Erinnerung: Die wissenschaftliche Erforschung von Vergangenem zerstört mit ihren Daten und Befunden die Konstruktionen des Gedächtnisses, Identitätsbildung wird nur der Erinnerung zugeschrieben, Wissenschaft hebt die Identität auf. Damit wird die Geschichtserkenntnis zu einer Verhinderin von Sinnerfahrung an der Geschichte und einem existenziellen Zusammenhang zwischen dem heutigen Subjekt und einer früheren Zeit. «Wahrheit» und «Identität» geraten in Opposition.[334] Die Erinnerung zeichnet es aus, dass sie *unsere* ist, dass wir in ihr also mit der vergangenen Situation unmittelbar verbunden sind und der Dualismus von Subjekt und Objekt, Gegenstand und Wahrnehmung überwunden ist. Wenn aber im Sinne von Halbwachs das Erlebnis eigener Identität nicht mit der Erkenntnis von Wahrheit einhergeht, ist die Chance, die dem Motiv einer erinnernden und nicht konstruierenden Geschichtswissenschaft innewohnt, hinfällig. Die Versöhnung von Gedanke und Wirklichkeit, Konstruktion und Wahrnehmung, die sich im Aufkommen des Erinnerungsthemas andeutete, kann so nicht gelingen. Zwar führt die Perspektive auf ein kollektives Gedächtnis über das zeitlich begrenzte einzelne Leben des individuellen Menschen hinaus, letztlich bleibt es aber an der Gegenwart verhaftet und vermittelt gerade nicht die Wirklichkeit einer vergangenen Zeit – ganz abgesehen davon, dass bei einem anonymen kollektiven Gedächtnis natürlich auch nicht von einer realen Erinnerung im Sinne von Wahrnehmungseindrücken eines erkennenden Subjekts gesprochen werden kann.

Die Widersprüche in der Theorie von Maurice Halbwachs sind mittlerweile sehr deutlich herausgearbeitet worden. Paul Ricoeur hat darauf hingewiesen, dass das «kollektive Gedächtnis» letztlich eine Analogiebildung ist, die sich vom individuellen Gedächtnis ableitet und ohne die Eindrücke, die der einzelne Mensch aus ihm gewinnt, gar nicht vorgestellt werden könnte.[335] In dieser Analogiebildung bemerke Halbwachs auch nicht, dass er einem abstrakten gesellschaftlichen Kollektiv die Eigenschaften eines Subjekts zuschreibe: «Es würde implizieren, dass das kollektive Gedächtnis einer Gruppe dieselben Funktionen des Bewahrens, der Organisation und des In-Erinnerung-Rufens oder der Vergegenwärtigung erfüllt, die dem individuellen Gedächtnis zugeschrieben werden.»[336] – eine unreflektierte und schwer haltbare Voraussetzung im Werk von Halbwachs. Jan Assmann würdigt dessen Leistung, deutlich gemacht zu haben, wie «aus den Sinnbedürfnissen und Bezugsrahmen der jeweiligen Gegenwarten her» Vergangenheit als kulturelle Schöpfung konstruiert wird,[337] bemerkt gleichzeitig aber auch, dass bei ihm «die Perspektive kultureller Evolution ausgeklammert [bleibt]».[338] Es ist ein merkwürdiger Widerspruch, dass der Forscher, der sich so intensiv mit dem Gedächtnis beschäftigt hat, eigentlich kein Verhältnis zur Zeit hat: Die Herleitung des Gedächtnisses vom Interesse der Gegenwart her und gleichzeitig die Definition der Gegenwart als eine Realität, die sich immer auf bereits gewesene Strukturen abstützen muss, verliert den Wandel, den Unterschied zwischen den Kulturzuständen und damit die Zeit aus den Augen.

Paul Ricoeur stellt Maurice Halbwachs die Philosophie Edmund Husserls gegenüber.[339] Dieser hatte in seiner *Phänomenologie des inneren Zeitbewusstseins* das Erinnern als Akt des Individuums beschrieben und in diesem Akt die Identität des einzelnen Menschen ausgemacht. Husserl stellt dar, wie das Gedächtnis in der «Retention» die zeitliche Kontinuität der Person garantiert. Ganz anders als bei Halbwachs ist die Erinnerung hier also das ganz Eigene. «Meine Erinnerungen sind nicht die Ihren. Man kann nicht die Erinnerungen des einen in das Gedächtnis eines anderen überführen.»[340] Im Gedächtnis sind wir konkret mit der Vergangenheit verbunden. Im erinnernden Zurückgehen in frühere Zeiten kann ich deren Andersartigkeit real erleben und damit Zeiträume unterscheiden, also schlicht Zeit erfahren. Trotzdem bleibe ich in dieser Verschiedenheit eins! Ein unverbundenes Hintereinander verschiedener Zustände würde keine Zeit erlebbar machen, weil diese Zustände nicht in einem Zusammenhang erfahren werden könnten und damit nicht als *Nach*einander. Leistet das Gedächtnis diese Zeiterfahrung, entsteht «ein Richtungssinn der Orientierung [...]: von der Vergangenheit zur Zukunft».[341]

Es zeichnet Paul Ricoeur aus, dass er beide Ansätze – den individuellen Husserls und den kollektiven von Halbwachs – miteinander ins Gespräch bringt, indem er nach einer «wechselseitigen Konstitution» des Gedächtnisses fragt.[342] Mit seiner Kritik an Halbwachs macht er deutlich, dass für ihn der Ausgangspunkt jeder Definition von Erinnerung das individuelle Innere des Menschen als erinnernde Instanz ist. Am Beispiel der psychoanalytischen Aufarbeitung von Traumata verweist er aber gleichzeitig auf die Tatsache, dass oft erst durch das intensive Gespräch, die zuhörende Aufmerksamkeit des Anderen die Bedingungen entstehen, auf deren Grundlage sich die Tätigkeit des Gedächtnisses entzündet und in einen Prozess der Vergegenwärtigung eintritt.[343] Individuell veranlasste Erinnerung ist die Frucht einer «langen Arbeit der Verinnerlichung»,[345] die sich historisch und biografisch vollzieht.

Die von Ricoeur an Husserl und Halbwachs aufgezeigte Polarität war für Rudolf Steiner ein Lebensthema. Eine Fülle von Schriften und Vorträgen durchzieht nicht nur eine Wissenschaft der Erinnerung, sondern insbesondere auch die Charakterisierung dieser beiden Seiten, die er mehrfach als «Punkt» und «Umkreis» bezeichnet. Seine Darstellungen zur Wiedererinnerung an frühere Erdenleben setzen immer an diesen beiden Polen an. In seinen Vorträgen zur *Weltgeschichte in anthroposophischer Beleuchtung* und in den *Anthroposophischen Leitsätzen*[345] schildert er, wie über große historische Zeiten hinweg sich lokales, mythologisches und (schriftgestütztes) biografisches Gedächtnis auseinander entwickelt haben und sich zuletzt in der Gegenwart das Erinnern ganz in das individuelle Innere des Menschen hineinverlagert hat, damit er ein zentriertes Ich-Bewusstsein erlangen konnte. Gleichzeitig weist er aber immer wieder darauf hin, dass mit diesem punkthaft zentrierten Ich-Erleben zwar das Bewusstsein unserer selbst entsteht, der Inhalt unseres Ich, der unverwechselbare Charakter unseres individuellen Lebensweges jedoch noch nicht erfasst ist, sondern dass uns darüber in Wirklichkeit unser Umkreis, die Dinge, die uns scheinbar zufällig von außen zustoßen oder uns umgeben, Auskunft geben: «Man kann sich die Frage stellen: Was wärest du denn eigentlich, wenn dich dieses Schicksal mit all seinen ‹Zufällen› nicht getroffen hätte? [...] Man fragt sich: Was bist du denn anderes, als das Ergebnis dieses Schicksals?»³⁴⁶ An Steiner anknüfend schreibt Martin Basfeld in seiner Studie über «Karma-Erkenntnis und Karma-Gestaltung»:³⁴⁷ «Wir verdanken alle gegenwärtigen Lebensumstände, durch die unsere Persönlichkeit mehr oder weniger zur Entfaltung kommt, und alle Fähigkeiten, die wir besitzen, dem Zusammenwirken mit anderen Menschen. Die Taten der Eltern, Geschwister, Lehrer, Freunde, Bekannten, Kollegen und so weiter haben uns zu dem gemacht, was wir sind. Unser eigenes Handeln würde ins Leere stoßen, gäbe es nicht Menschen, die uns handeln lassen oder mit uns handeln.»³⁴⁸ Diese Sätze könnten ganz ähnlich von Maurice Halbwachs stammen; das kollektive Umfeld wird in seiner wesentlichen Bedeutung für die bewusstseinsmäßige Identitätsbildung des Menschen hervorgehoben. Dabei bleibt es aber nicht: Basfeld schildert zugleich, dass eine von unserem inneren Zentrum ausgehende Kraft auf die Außenwelt antwortet, die Wahrnehmungseindrücke im Blick auf die Zukunft gestaltet (ein Vorgang, den Halbwachs gar nicht thematisiert): «In Ausnahmesituationen unserer Biografie wird uns *bewusst*, was in jedem Moment unseres Lebens stattfindet: der Übergang von Umkreiswirkung zu Zentrumswirkung, von der Bestimmung unserer Persönlichkeit von außen zur Gestaltung der Umwelt von innen. Was wir als Ich erleben, ist nicht bloß die Summe unserer Erinnerungen (das als Bild erscheinende ‹Umkreis-Ich›) und auch nicht nur ein Punkt (das ‹Zentrum-Ich›), aus dem die Kraft unserer Handlungen hervorgeht. Unser wirkliches Ich erscheint in der ständigen Verwandlung von ‹Umkreis-› in ‹Zentrum-Ich› beziehungsweise von ‹Bild› in ‹Kraft›.»³⁴⁹ – mit diesen Worten wird konkret beschrieben, wie Umfeld und individuelles Innere miteinander kommunizieren. Versteht man wie Maurice Halbwachs die Prägung der individuellen Persönlichkeit als ausschließlichen

Vorgang der Sozialisation, gelangt man nicht in die Zeit: Das Individuum ist ein vergangenheitsloses leeres Blatt, das aus der Gegenwart heraus zum ersten Mal determiniert wird, das prägende Umfeld ist Ergebnis einer sich aus gegenwärtigen Bedürfnissen ständig neu formulierenden Konstruktion. Rudolf Steiner erhebt an dieser Stelle die Frage: Woher stammt die Instanz, die die Außeneindrücke verarbeitet und zu etwas Bleibendem macht, aus dem gehandelt werden kann, und wie ist das spezifische Umfeld des erinnernden Subjekts entstanden? Wir können auf Steiner und Halbwachs zurückblickend anschließen: Führt nicht die Aporie, dass ein kollektives, subjektloses Gedächtnis gar keine Vergangenheit kennt, zu der Frage, woraus eine wirkliche Identität des gesellschaftlichen Umfeldes entstanden ist und inwieweit das mit ihm verbundene Individuum einmal selber an seiner Heranbildung beteiligt war?

Bei allen Versuchen, individuelles Gedächtnis und Geschichte zusammenzubringen, stoßen wir auf unaufgelöste Widersprüche. Die in die Vergangenheit weisenden Archetypen, von denen Aby Warburg genauso spricht wie C. G. Jung oder schon Charles Lamb, mögen überindividuelle Verhaltensmusster oder allgemeinmenschliche Wesenszüge treffen, die auch schon ein Grieche gehabt haben mag; in dieser Betonung überzeitlicher Tatbestände geht aber die Dimension der historischen Unterschiede, der spezifischen Verfasstheit einer früheren Zivilisation – und damit wieder die Zeitlichkeit als solche – genauso verloren wie die ganz konkrete, individuelle Geschichte des Einzelnen, also das Denken, Handeln und Entscheiden in den sehr verschiedenen Ereignissen. Semons Fokussierung auf das Gen als «Speicher» von Erinnerung verallgemeinert Erinnerung ebenfalls zu einer sehr prinzipiellen Struktur biologischer Veranlagungen, aus denen schwerlich die Realität vergangener historischer Epochen, der Unterschied zwischen britischer und französischer Kultur oder gar die Bedeutung eines Napoleon für die europäische Geschichte herauszuarbeiten sind. Außerdem bleibt ganz ungeklärt, wie man von der Betrachtung einer Gensubstanz empirisch beobachtend zu dem Bewusstseinsinhalt einer Erinnerung gelangen will. Ebenso ungelöst bleibt das Problem, wie zeitlich-evolutiver Wandel beschrieben werden soll, wenn man diesen als subjektive Erfahrung nur dem Individuum zuschreiben will und historisches Gedächtnis als kollektive Konstruktion definiert, die anonym ist und damit nicht real erinnern kann. Sobald man vom Individuum weg auf das dieses überdauernde historische Kollektiv kommt, verliert sich das Subjekt an ein wesenloses, abstraktes Kollektivgebilde. Damit lässt sich nicht mehr erklären, wie Geschichte erinnert werden kann. Die Konsequenzen hat Koselleck in den zitierten Äußerungen über die Lebensferne und Blässe einer die Empirie verlierenden historischen Analyse beschrieben. Der Abgrund zwischen realer Erinnerung und Geschichte scheint unüberwindlich zu sein und stellt die Forschung vor eine elementare Grenze ihrer Erkenntnis. Das historische Gedächtnis ist – dies gilt es wohl einzugestehen – im augenblicklichen Stadium der Wissenschaft eine bloße Metapher. Zugleich zeigt sich an dem Aufkommen des Themas in aller Deutlichkeit die Aufgabe, aus dieser Aporie herauszukommen und zu fragen, ob sich Geschichtserkenntnis so erweitern lässt, dass sie tatsächlich zu einer realen Fähigkeit des Erinnerns gelangt.

Rudolf Steiner war diese Frage ein großes Anliegen. Dies drückt sich u.a. in dem Umstand aus, dass er mehrfach auf den französischen Philosophen Henri Bergson, den Lehrer von Maurice Halbwachs, hingewiesen hat, der in seinem 1896 veröffentlichten Werk *Materie und Gedächtnis* das Verhältnis zwischen Körper und Geist untersucht hat. Bergson kommt hierin zu dem Ergebnis, dass die Erinnerungsprozesse des Menschen eindeutig auf seelische Vorgänge hinweisen, die aus materiellen Gegebenheiten nicht zu erklären sind. An der Natur des Gedächtnisses wird deshalb für ihn das geistige Wesen des Menschen anschaulich. Dessen Fähigkeit, sich unabhängig von der momentanen körperlichen Gegenwart zu machen, indem er Eindrücke in sich hervorbringen kann, die nicht aus der augenblicklichen sinnlichen Wahrnehmung entstammen, sondern aus einer Bewegung zu einer bereits vergangenen Realität – z.B. der eigenen Kindheit –, belegt, dass sein Wesen nicht materiell ist. Durch die Erinnerung tauche ich in eine Welt ein, die nicht «vor Augen liegt» und die ich

auch nicht mehr als Raum bezeichnen und darstellen kann. Bewege ich
mich in der Zeit, befinde ich mich in einer prozessualen Wirklichkeit und
nicht an einem physischen Ort des Körpers. Steiner knüpft hieran unmittelbar an: «Bergson sieht schon in dem Gedächtnis des Menschen etwas
rein Geistiges.»[350] Er habe erkannt, «dass man das, was als Gedächtnisschatz in der Seele des Menschen vorhanden ist, nicht als irgendwie
mit dem Leiblichen unmittelbar zusammenhängend betrachten kann;
dass man es vielmehr als eine seelische Innerlichkeit betrachten muss,
als etwas, was die Seele entwickelt, was rein geistig-seelisch vorhanden
ist».[351] Rudolf Steiner sieht schon 1914 sehr deutlich, dass eine moderne
Gedächtnisforschung diese Sachverhalte mehr und mehr ans Tageslicht
bringen werde,[352] zunächst beschränkt er sich in den genannten Vorträgen
aber darauf, eine innere Forschungspraxis zu beschreiben, die zu einer
Erweiterung der Erinnerungstätigkeit des Menschen führt. Er schildert
z.B., wie ein wiederholtes, willentlich durchgeführtes Heraufholen der
bis in die früheste Kindheit zurückreichenden Erinnerungen eine Kraft
im Menschen entwickeln würde, die allmählich das Erinnern aus seinem
sonst passiven Charakter herausreiße und reicher, präziser und vollständiger werden lasse. Wie auf einer Wiese zwischen dem gewöhnlichen Gras
Blumen sprießen würden, so träten zwischen den Erinnerungen nach und
nach «Bilder, Imaginationen auf von etwas, was wir vorher nicht gekannt
haben».[353] Man gelange so schließlich zu rein geistigen Wahrnehmungen,
die über die eigene Biografie weit hinausgehen. Wie diese Erinnerungsübungen konkret aussehen und wie im Sinne Bergsons und Steiners am
Gedächtnis das geistige Wesen des Menschen evident wird, wird weiter
unten noch ausführlich beschrieben. Hier sei zunächst Steiners Bezugnahme auf den französischen Philosophen hervorgehoben: Mit diesem
Hinweis beschreitet Steiner einen Weg, der eine Weiterentwicklung
des Erinnerungsbegriffes eröffnet. Ist einmal die rein geistige Natur der
Erinnerung in die Aufmerksamkeit gerückt, kann verständlich werden,
inwieweit es dem Menschen möglich werden kann, über sich selbst hinauszukommen und erinnernd in frühere Zeiten und Zustände zurückzu-

gehen. «Man wird einsehen, wie in dem Schatz unseres Gedächtnisses für die Menschenseele schon etwas vorliegt, was gleichsam der Anfang ist zu einem Übergehen [...] zu einem rein Geistig-Seelischen»,[354] so Rudolf Steiner. Entwickele man in der angedeuteten Art seine Erinnerungskräfte, dann stellten sich Kräfte ein, die «höherer Art als die Kräfte sind, die uns die Erinnerungen aufbewahren. Wenn der Ausdruck nicht so verpönt wäre – aber es ist schwierig, für diese Gebiete, die nichts mit der Sinnenwelt zu tun haben, gehörige Ausdrücke zu finden –, so könnte man den Ausdruck anwenden: Man steigt zu einem Übergedächtnis auf von dem Gedächtnis.»[355] Das ist dann der Moment, in dem wir mit unseren Wahrnehmungen hinter unsere leiblich gebundenen Erinnerungen zurückreichen: «Wir versenken uns in unser Innenleben, gewöhnen uns, durch die Erstarkung der Erinnerungskraft in unserem Innenleben zwischen unseren Erinnerungen Geistiges hervorzuholen aus der geistigen Welt, und so gelangen wir endlich dazu, hinauszudringen durch unsere Geburt, durch die Zeitenfolgen über unsere Empfängnis hinaus.»[356] Steiner verweist hiermit also auf die vorgeburtliche Existenz des Menschen, und tatsächlich besteht hierin auch die entscheidende Grundlage für die Überwindung jener zivilisatorisch bisher nicht gelösten Aporie zwischen Geschichte und Gedächtnis: Der Widerspruch löst sich in dem Moment auf, in dem man das menschliche Individuum als ein Wesen erkennt, das nicht nur einmal lebt, sondern die vergangenen Zeiten von den Jägern und Sammlern über die Ackerbauer und Viehzüchter, die ersten Hochkulturen, die Antike bis ins Mittelalter und schließlich die Gegenwart hinein selbst erlebt hat. Geschichtserkenntnis *ist* dann Gedächtnis, und dieses verliert seinen metaphorischen Charakter. Was heißt dies für den Lehrer und den Schüler? Wenn der Lehrer diese Tatsachen realisiert, dann kann ihm schlagartig bewusst werden, dass er den Schülern keinesfalls die Geschichte *beibringt*, sondern dass vor ihm Menschen sitzen, die diese – wenn auch verborgen im Unterbewusstsein – bereits kennen! Der Schüler erlangt hier eine ganz andere Würde, als wenn man ihn nur als unwissendes, zu beschreibendes Blatt auffasst. Um es etwas zugespitzt zu formulieren: Vielleicht hat der Lehrer Kleisthenes, über den er gerade spricht, vor sich sitzen. Der ganze Geschichtsunterricht erscheint sofort in einem neuen Licht, wenn man sich diesen Umstand, dass man als Lehrer Vergangenheiten *aufruft* und nicht beibringt, bewusst macht. Der Lehrer trifft bei den Schülern auf eine uralte, gereifte Erfahrung und einen Weg, und dem Unterricht kommt keine geringere Bedeutung zu, den jungen Menschen für ihr künftiges, gerade begonnenes Leben dabei zu helfen, mit diesen Erfahrungen – und mögen sie noch so unbewusst bleiben – umzugehen und sie für einen sinnerfüllten Lebenslauf fruchtbar zu machen.

7.2 Karl der Große oder der eigene Onkel?
Wie gelingt Erinnerung?

«Nisir sagte: ‹Gefahr, Marut. Ich spüre etwas.› Marut erschrak: ‹Was ist, Nisir?› Marut wusste, dass seine Schwester bei der Jagd nie ein unnötiges Wort sagen würde. Stille war der Weg, um an die Beute heranzukommen. Fröhlich plappern konnte man auf dem Rückweg. Mit Beute. Marut nahm seine Schwester ernst. Anders als ihre Eltern es getan hatten. Damals, als Nisir die Heuschrecken spürte. Sie hatten Nisirs Warnung nicht beachtet. Wer hörte schon auf die Ahnungen eines kleinen Mädchens. [...] Eine Gerölllawine löste sich durch die Erdbebenausläufer vom Hang. Die Ziegen spürten die schreckliche Gefahr, sprangen in den Schutz von Felsen und duckten sich. Die Gerölllawine schwappte neben ihrer Mulde hoch, verschüttete die Bergziegen und raste weiter bergab. Einen Pfeilschuss entfernt von der Felsplatte, auf der Nisir und Marut lagen, donnerte das Gestein vorbei. Der Luftdruck schleuderte die Geschwister hinter den Felsen. Und das war ihr Glück. Alles geschah in wenigen Atemzügen. Die Staubmassen würden Stunden brauchen, bis sie sich gelegt hätten. ‹Es ist vorbei›, sagte Nisir nach einer Weile und hustete. ‹Wir gehen zurück›, sagte Marut und fasste sich an die rechte Seite. ‹Ich muss langsam

laufen.› Ein Stein hatte ihn an der Hüfte verletzt. Es tat ihm sehr weh.
Nisir half ihm aufzustehen. Plötzlich horchte sie. Über ihnen schrien kleine Wesen um Hilfe. Nisir sah sich um und sagte: ‹Bleib hier, Marut! Ich
gehe hoch. Etwas ruft mich.› ‹Schwester, ich weiß nicht, was dich ruft.
Aber ich gehe mit.› Die Geschwister stiegen zum Rand der Mulde auf.
Zunächst war außer Felsbrocken jeder Größe wenig zu sehen. Der Tod
durch Steinschlag ist grausam. Für jedes Lebewesen. Dann stieß Nisir an
etwas und erschrak. Ein Ziegenbein ragte zwischen den Steinen hilflos
in die Höhe. Es war am Huf umgeknickt, der Knochen stand heraus und
war blutig. Der Körper lag im Steinschutt eingekeilt. ‹Endlich Fleisch
für uns›, sagte Marut erleichtert und begann damit, die Steine wegzu-
räumen. Aber Nisir hörte weiter die verzweifelten Rufe von Tierkindern
und ging auf den Felsen zu. Dahinter drückten sich zwei Ziegenjunge an-
einander. ‹Hier sind zwei Zicklein, Bruder›, sagte Nisir. ‹Deine Ohren
sind die besten›, sagte Marut und lachte. ‹Noch mehr Fleisch für uns.
Die Familie wird sich freuen!› Nisir betrachtete die verängstigten kleinen
Ziegenkinder. Eines kam auf sie zu und leckte ihr die Hand. ‹Du wirst
die Zicklein nicht töten, Marut! Wir werden sie mitnehmen. Lebend!›,
sagte Nisir. Marut schwieg und dachte nach. [...] Die große Familie unten
im Tal war überrascht. Die kleinen Zicklein sollten nicht geschlachtet
und gegessen werden? So verlangte es Nisir von ihnen. [...] ‹Was machst
du mit den jungen Bergziegen? Warum sollen wir sie nicht jetzt essen?›,
fragte Ala, die älteste Frau der Familie. ‹Ich werde diese Zicklein füttern und großziehen. Die Zicklein werden groß, sie bekommen Kinder
und wir bekommen Milch und Fleisch.› Marut stellte sich neben seine
Schwester und sagte: ‹Nisir hat eine Ahnung. Sagte ich doch. Und ich
werde für das Futter der Ziegen sorgen. Ich werde Gras schneiden.› Es
gab viel Gelächter. Doch Nisir setzte ihren Willen durch. Zwei Jahre später hatte die Familie eine Ziegenherde. Sie fingen auch erwachsene Ziegen
und wilde Schafe und holten sie ins Tal, um noch mehr Milch und Fleisch
zu erhalten. Bald lernten die Menschen, wie sie aus der Wolle der Tiere
wärmende Kleidungsstücke herstellen konnten.»[357]

«Es war ein milder, sonniger Morgen im November im Jahre 312. Die Hänge über der Mosel in Trier zeigten sich immer noch in den schönsten Herbstfarben. Dennoch, und obwohl ihr Name ‹die Glück verheißende› bedeutete, war Fausta wütend, weil ihre Schwiegermutter Helena sie wegen ihrer Frisur getadelt hatte. Auch wenn sie erst fünfzehn Jahre alt war, das ging zu weit. Schließlich war sie schon seit über fünf Jahren die Frau des Kaisers und sie liebte Konstantin. Wenn doch nur endlich Nachricht aus Italien käme, wie seine Auseinandersetzung mit ihrem Bruder Maxentius um die alleinige Herrschaft im Westen des Reiches ausgegangen wäre. Bei so quälender Ungewissheit kann man doch unmöglich jeden Tag stillsitzen, bis alle Löckchen gedreht sind. Dabei wusste sie genau, dass sich auch Helena Sorgen machte, aber sie zeigte das nie, sondern sah immer aus wie aus dem Ei gepellt.»[358]

Diese beiden Ausschnitte sind zwei Büchern entnommen, die sich an junge Menschen wenden und den Anspruch haben, ihnen Geschichte auf anschauliche und lebendige Weise nahezubringen. Der Leser möge einmal beobachten, welche Eindrücke diese Darstellungen bei ihm hinterlassen, und sich versuchshalber fragen: Welche geschichtliche Zeiten erlebe ich hier? Ganz unabhängig von den faktischen Daten und Informationen – aus welcher Zeit stammen Nisir, Marut, Helena und Fausta? Vorgegeben wird, dass wir uns in der Steinzeit bzw. im vierten nachchristlichen Jahrhundert befinden, uns also 1.700 bzw. ca. 12.000 Jahre zurückversetzen. Erlebt man das? Es wird wohl kaum jemanden geben, der sich bei ehrlicher Selbstprüfung nicht eingestehen würde, dass er hier Menschen des 20. oder 21. Jahrhunderts vor sich hat. Verhalten und Denken dieser Figuren zeigen uns moderne Menschen mit einer Psychologie, die auf jeden von uns zutreffen könnte: Da wird diskutiert und reflektiert, ein Mädchen geht auf Jagd und setzt sich später gegen ihre viel älteren, aber unwissenden Familienmitglieder geradezu emanzipatorisch durch. Das Drehen der Löckchen im 4. Jahrhundert wird von Emotionen begleitet, wie sie ein heutiges Mädchen ganz genauso formulieren könnte. Wir befinden uns in den Bewusstseinszuständen eines gegenwärtigen Menschen,

286

der sich für den Moment eines Historienspiels die Kleider seiner frühesten Vorfahren anlegt. Es wird ausgeblendet, dass in Jäger- und Sammlerkulturen die Rollen zwischen Mann und Frau klar getrennt waren und nie ein Mädchen zur Jagd gegangen wäre, dass es nie Diskussionen zwischen den Ältesten und einem solchen Mädchen gegeben hätte, diese Ältesten selbstverständlich nicht unwissender als ein Kind oder junger Mensch gewesen sind und dass es ein frei reflektierendes, rationales Denken erst seit den Griechen gibt. Darüber hinaus werden insgeheim Kausalitäten in die Vorgangsbeschreibungen hineingemischt: Die Sesshaftwerdung begann mit einem Vulkanausbruch, der ein Mädchen dazu gebracht hat, eine Ziege nicht gleich zu töten, sondern nach Hause zu führen und schließlich eine domestizierte Herde aufzubauen. Abgesehen von der abenteuerlichen Konstruktion ist es charakteristisch, dass hier offensichtlich ein Bedürfnis nach rationaler Erklärung befriedigt werden soll – ein Bedürfnis, das vor 12.000 Jahren geistesgeschichtlich noch in weiter Ferne lag.

Man mag dies belächeln als unwissenschaftliche Belletristik für Kinder. Allerdings muss einem bewusst sein, dass solch eine Literatur der durchaus ernst gemeinte Versuch ist, Geschichte zu vergegenwärtigen, und in unendlich vielen und gern gelesenen Ausgaben die Regale der Buchhandlungen füllt. Und: Bei genauem Hinsehen unterläuft auch der Wissenschaft genau dieses Phänomen: Das ägyptische Pharaonentum wird als Diktatur bezeichnet, weil ein König an der Spitze zentralisiert und hierarchisch «von oben» Macht ausübt, ökonomische Verhältnisse werden als Gründe für Veränderungen angeführt, ohne zu untersuchen, ob in der betreffenden Zeit überhaupt die Wirtschaft eine solch maßgebliche gesellschaftliche Bedeutung gehabt hat oder z.B. noch viel stärker religiöse Vorstellungen und Werte das Handeln bestimmten. Exemplarisch hierzu die Darstellung Alexanders des Großen bei dem Althistoriker Hermann Bengtson: Sein «Plan hat das persische Weltreich zum Einsturz gebracht. Er ist von fern mit dem Schlieffenplan zu vergleichen, der im Jahre 1914 in abgeänderter Form durchgeführt worden ist. [...] Alexander wusste, dass in den persischen Residenzen große Reichtümer an Gold und Silber aufgespeichert waren. Dies war zweifellos ein Motiv für den Krieg gegen Persien. Seine Hauptabsicht aber war der Sieg über seinen Rivalen, den Perserkönig Darius III., dem die großen Hilfsmittel seines Reiches zur Verfügung standen.«[359] Ein griechischer Eroberungszug wird mit einer Kriegsstrategie verglichen, die mehr als 2000 Jahre später unter völlig anderen Umständen und von sicherlich sehr anderen Menschen entworfen wurde; Alexanders Motive werden aufgrund einer nicht genannten Quellenlage apodiktisch als Gold- bzw. Silberhunger und vor allem als Machtkampf mit einem politischen Rivalen definiert, ohne auf die differenzierten Fragen nach den religiösen, philosophischen, wissenschaftlichen und kosmopolitischen Antrieben sowie den Charakter seiner tatsächlichen Unternehmungen auf dem Zug einzugehen.

In vielen seriösen historischen Biografien finden wir eine Psychologisierung des Denkens und Handelns geschichtlicher Persönlichkeiten, die den Eindruck gegenwärtiger psychologischer Anschauung aufweisen. Eine andere sehr verbreitete Form der Vergegenwärtigung von Geschichte ist die Visualisierung in Filmen und Zeitschriften. Zunehmend werden Faktendarstellungen mit fiktiven Spielszenen durchmischt, die die Atmosphäre heutiger Film- und Fernsehstudios ausstrahlen, aber wenig mit der Vergangenheit zu tun haben; in Computeranimationen oder Fotos werden Rekonstruktionen geleistet (siehe z.B. GEO-Epoche 2008, Nr. 34, *Die Germanen*), die an faktischer Detailfülle enorme Präzision erreicht haben, merkwürdigerweise aber ganz extrem 21. Jahrhundert ausstrahlen und nicht die früheren Zeiten. Die Abbildungen sind gestochen scharf, nichts fehlt in der optischen Wiedergabe des Sachverhaltes, das Faktum präsentiert sich in makelloser Anschaulichkeit – und dennoch: Es ist unser Jahrhundert, das man anschaut.

Die Vorstellungsbilder, die sich unsere Zeit von der Vergangenheit macht, sind in Wirklichkeit also oft Spiegel der eigenen Gegenwart. Unser historisches Vorstellungsleben ist bei genauem Hinsehen in der Regel gekennzeichnet von einem gewaltigen Missverständnis: Was man für Vergangenheit hält, ist Gegenwart. Selbst eine rein wissenschaftliche, nüch-

Computeranimation eines germanischen Dorfes, aus: *GEO Epoche* Nr. 34 / 2008: Die Germanen,
S. 104 f.

tern-faktische Nennung historischer Informationen wie «Gegenüber dem einzelnen Bürger standen dem römischen Beamten alle Zwangsmittel grundsätzlich zur Verfügung, die er gegebenenfalls für nötig hielt, um seine Befehle durchzusetzen oder Verfehlungen innerhalb seiner Amtsbefugnis zu ahnden»[360] garantiert nicht, dass sie Vorstellungen aufruft, die mit der genannten Zeit etwas zu tun haben: Solche Formulierungen beinhalten Begriffe, die wir täglich auf unsere eigene Lebenswelt beziehen (z.b. Bürger, Beamte, Verfehlungen, Amtsbefugnis) und die so allgemein sind, dass sie keine Anlässe bieten, die gegenwärtigen Vorstellungen an ihnen umzuwandeln.

Es macht sich hier eine grundsätzliche Schwierigkeit bemerkbar: Das Zurückversetzen in eine vergangene Zeit ist gar nicht eine von selbst gegebene, natürlich auftretende Fähigkeit wie z.b. eine Sinneswahrnehmung, sondern es bedarf einer aktiven, erlernten, sich selbst umschmelzenden Bewusstseinsleistung. Rudolf Steiner fordert an einer zentralen Stelle seiner pädagogischen Vorträge genau diese Qualität eines realen Eintauchens in die Zeit und damit einer echten Anverwandlung der Wirklichkeit früherer Menschheitsepochen ein: «Sehen Sie, wenn ich einem Kinde über Karl den Großen erzähle, so wie wenn das sein Oheim wäre, der jetzt noch lebt, so führe ich eigentlich das Kind irre. Ich muss stets, wenn ich über Karl den Großen erzähle, den zeitlichen Abstand gegenwärtig machen.»[361] Es komme auf das Zeitgefühl an, denn «das wirkt stark auf das Innerliche des Menschen».[362] In diesem schlichten, konzentrierten Bild bringt Rudolf Steiner die geschilderte Problematik auf den Punkt, und mit der Forderung, «den zeitlichen Abstand gegenwärtig» zu machen, trifft er ins Zentrum der ganzen Frage nach der realen Erfahrung einer anderen, mir fremden und damit tatsächlich vergangenen Zeit. Die Tatsache, dass er die Problematik als ein Hauptkriterium für den Geschichtsunterricht behandelt und damit in den so wichtigen Zusammenhang mit der Entwicklung des Kindes bzw. Jugendlichen stellt, zeigt, dass für ihn die Realität historischen Erinnerns im Mittelpunkt der ganzen Auseinandersetzung um geschichtliche Erkenntnis und ihre biografische

Bedeutung steht. Die Gründe, warum das Erleben des Zeitlichen so sehr auf das «Innerliche» wirkt und warum dies für die Entwicklung des Kindes bzw. des Jugendlichen so wichtig ist, wurden in den vorangegangenen Kapiteln schon dargelegt. Hier interessiert nun vor allem der Hinweis auf die Herausforderung, wirklich in die Vergangenheit hineinzukommen. Karl der Große und der eigene Onkel – dies klingt so trivial und fasst doch die ganze Brisanz des Themas zusammen, und zwar nicht nur rhetorisch: Die historische Forschung bzw. Literatur ist bevölkert mit diesen Onkeln, und die Frage, wie man einem Karl dem Großen real begegnet, fordert unser Alltagsbewusstsein und unsere Erkenntnismöglichkeiten existenziell heraus.

Wie gelingt es, einen zeitlichen Abstand zu erfahren?

Es ist sehr aufschlussreich, an welchen Beispielen Rudolf Steiner versucht, in ein reales Erleben früherer historischer Zustände hineinzuführen. Es gibt mehrere Vorträge, die explizit mit der Fragestellung beginnen, warum in der Regel die Vergangenheit betrachtet wird, ohne den Wandel zu erfassen, der sich historisch zwischen den Zeiten vollzogen hat, und wie stattdessen eine solche Wahrnehmung gelingen könnte. In einem Vortrag vom 19. August 1921 äußert sich Steiner zur Geschichtsschreibung seiner Zeit: «Diese Historiker sagen ohne Weiteres, der Mensch müsse im Wesentlichen in seiner Seelenverfassung während der geschichtlichen Zeit so gewesen sein, wie er heute ist, denn wenn er nicht so gewesen wäre in seiner Seelenverfassung, so könnte es ja eigentlich, meinen diese Leute, keine Geschichte geben. Denn will man Geschichte ausbilden, so muss man von der heutigen Seelenverfassung ausgehen. Müsse man nun als Geschichtsbetrachter auf Menschen zurückblicken, die in ihrer Seele ganz anders waren, so könne man sie nicht verstehen.»[363] Mit diesen Worten ist beschrieben, was wir oben an den gegenwärtigen Beispielen der Geschichtsaneignung betrachtet haben: Man kommt nicht in die Zeit, in die früheren historischen Zustände hinein, weil man so bleibt, wie man ist, und mit dem heutigen Vorstellen an die Vergangenheit herangeht. Hier verweist Rudolf Steiner auf Goethe: An diesem könne man unmittelbar beobachten, wie ein Mensch einer früheren Kultur real begegne, weil er sich seelisch umwandle.[364] Er beschreibt, wie Goethe als junger Mensch ein inneres Verhältnis zur Natur hatte, das eigentlich gar nicht zu seiner Umgebung passte, sondern ihm diese sehr fremd werden ließ. Dann ergreift Goethe jene unstillbare Sehnsucht nach Italien, er macht sich auf den Weg, und bei jeder Berührung mit der antiken Welt ändert sich schrittweise seine ganze innere Verfassung. Er selbst formuliert einmal, es sei ihm, als werfe er «täglich eine neue Schale ab» und erfahre eine «Veränderung bis aufs innerste Knochenmark», eine «Wiedergeburt», die ihn «von innen heraus umarbeitet».[365] Dieses Erlebnis geht sehr weit: «Es ist mir, als wenn ich hier geboren und erzogen wäre und nun von einer Grönlandfahrt, von einem Walfischfang zurückkäme. Alles ist mir willkommen.»[366] Am Ende entstehen in ihm ganz neue Einsichten und dichterische Motive bzw. Antriebe: Die Iphigenie wird umgeschrieben, der Metamorphose-Gedanke entsteht, und Goethe findet zu einer Ästhetik, die in den Gesetzen der Kunst die Prinzipien der Natur erkennt. Mit Goethe erleben wir einen Menschen, der sich selbst dem Kulturzustand des Griechentums anverwandelt hat. Mit der Geschichtserfahrung wird der Erkennende selbst ein anderer. Bezeichnenderweise geht Rudolf Steiner nun erst dazu über, Merkmale des Griechentums zu beschreiben, die zeigen, wie anders als wir heute die Griechen waren.[367] Während der heutige Mensch z.B. die Welt vorwiegend nach Maß, Zahl und Gewicht wahrnehme und beurteile, sei das griechische Weltbild entscheidend von Begrifflichkeiten und Bildern aus der vegetativen Natur geprägt gewesen: Immer wieder begegne man aus der Pflanzenwelt entwickelten Motiven, in denen sich die Qualitäten des Wachsenden, Lebendigen, des Entstehens und Vergehens, Sprießens und Werdens ausdrücken. Nicht das Experiment, sondern die innere Teilnahme an den Verwandlungen der Natur habe dieses Weltbild geformt. Ein anderes Phänomen bezieht sich auf die Sprachwahrnehmung der Griechen. Hier deutet Steiner darauf hin, dass bei den Griechen Wort und Begriff noch nicht so getrennt waren wie heute, dass der intellektuelle Inhalt eines Wortes noch nicht etwas anderes war als dessen lautlicher Klang, sondern im Klang Gedankliches und im Begriff ein «tonloser Ton»[368] erlebt wurde.

Die Qualitäten der griechischen Kultur werden hier also eingeführt über die Schilderung des existenziellen Wandlungsprozesses einer Einzelbiografie. Goethe hat sich in seiner italienischen Zeit so verändert, dass sein innerer Zustand sich immer mehr seinem früheren, schicksalsmäßigen Herkommen angenähert hat – geschichtliches Zurückversetzen in eine frühere Zeit wird bei ihm identisch mit einem realen, biografischen Erinnern an seine eigene, ursprüngliche Vergangenheit. Schiller hatte in seinem berühmten Geburtstagsbrief vom 23. August 1794 schon seinen Eindruck hinsichtlich der historischen Wurzeln der Goetheschen Biografie angedeutet,[369] und Rudolf Steiner wies in seinen Karma-Vorträgen dann sehr konkret auf die griechische Herkunft Goethes hin.[370]

Steiner geht in seinen Ausführungen noch weiter in die Vergangenheit zurück, nicht ohne zu betonen, dass es für die nun zu beschreibende Zeit zwar noch spärliche historische Dokumente gebe, diese aber nur noch vor einem geistigen Erkenntnishintergrund zu verstehen seien.[371] Es geht ihm hier also um den Gesichtspunkt, von dem aus Geschichte überhaupt noch zugänglich ist, will man nicht in Illusionen oder Missverständnisse verfallen. Er schildert eine Zeit, die er räumlich sehr andeutungshaft dem Orient zuweist, zeitlich aber den ersten Hochkulturen zuordnet (3. Jahrtausend v. Chr.). Er spricht von einer Zeit, die «im Bilde lebte». Diese Epoche habe im «Übersprachlichen» gelebt, im «imaginativen Element der Sprache», das dem «Worterleben vorangeht».[372] Wieder wird also auf Sprachphänomene aufmerksam gemacht. Steiner weist vergleichend auf die *Edda* hin, in der erzählt wird, wie Siegfried die Stimmen der Vögel verstanden habe – die Germanen hatten offenbar sprachliche Wahrnehmungen, die noch vor jeder inhaltlichen Wortbedeutung gelegen haben, sich rein bildhaft offenbarten und denen sich eine «Liebe in allen Wesen» mitteilte.[373] Die heutige Wissenschaft spreche bei diesen Bildern in der Regel von «Personifikationen» und verkenne damit vollständig die Bewusstseinsverfassung der damaligen Menschen, die in Wirklichkeit bis in die Wahrnehmung hinein noch gar nicht zwischen Gegenstand und seiner Empfindung unterschieden haben: Wie ein Kind den Tisch schlage, weil es sich an ihm gestoßen und die eigene Empfindung unmittelbar mit dem Tisch verbunden hat, so habe man in dem Äußeren immer «ein Empfindendes» wahrgenommen.[374] Steiner spricht insofern von einer «Epoche, wo die Menschen aufstiegen [...] zu dem unmittelbaren Anschauen dessen, was in der empfindenden Welt lebt».[375]

Es ist an diesen Beispielen schon deutlich geworden, dass es Steiner gar nicht so sehr um äußere Ereignisgeschichte und ihre Daten geht, sondern um Sichtweisen auf die Welt, Spracherleben, Haltungen. Einen ähnlichen Duktus haben seine Schilderungen fünf Jahre zuvor in einem Berliner Vortrag vom 8. Februar 1916. Der Ausgangspunkt ist wieder die Frage nach den Möglichkeiten der Selbsterkenntnis, hier insbesondere nach der Wahrnehmung unseres Ich. Das eigentliche Ich eines Menschen lässt sich äußerlich nicht beobachten, im eigenen Willensakt, der sich im Auftreffen auf unseren physischen Körper mitteilt, können wir es innerlich aber erleben. Dieses Verhältnis von Ich und Leiblichkeit und zugleich unser eigenes Wollen haben sich im Laufe der Zeit aber sehr verändert, sodass uns erst ein Blick in die Vergangenheit Auskunft gibt über unser heutiges Selbst. Rudolf Steiner weist auf das Mittelalter hin, um zu zeigen, wie anders die Menschen einmal gelebt haben und wie sehr unsere heutige Konstitution Ergebnis eines grundlegenden Entwicklungsprozesses über Jahrhunderte hin ist.[376] Es ist sehr bezeichnend, welche Phänomene Steiner in der Charakterisierung des Mittelalters herausgreift. Er schildert, wie anders der mittelalterliche Mensch wahrgenommen hat. So habe man am Menschen noch etwas «Aurisches» gesehen. Wenn man ihm z.B. in die Augen geschaut habe, so habe sich einem unmittelbar seine Moralität mitgeteilt: «Immerhin schaute man auch im zehnten Jahrhundert dem Menschen nicht bloß so wie heute ins Auge, indem man einfach sein physisches Auge betrachtete. Man sah noch, indem man das physische Auge betrachtete, etwas vom Aurischen, etwas vom Ätherischen. Man sah noch in gewisser Weise ein aufrichtiges Auge, ein falsches Auge, aber nicht bloß etwa durch ein äußeres Urteil, sondern indem man unmittelbar das Aurische, das das Auge umspielte, wahrnahm.»[377] So sei es auch mit der Wahrnehmung der Natur gewesen: Ein Samenkorn habe eine Lichtqualität ausgestrahlt, an dem der Mensch erkennen konnte, zu welcher Pflanze dieser Samen gehörte. Am Gold erlebte man das Sonnenlicht, am Silber das Mondenlicht.[378] Dann kommt Steiner wieder auf die Andersartigkeit der Verbindung des Willens mit dem menschlichen Körper in der Vergangenheit zurück und charakterisiert das Kunstschaffen früherer Zeiten: So habe der Maler früher z.B. nicht ein Modell gebraucht, um einen Menschen darzustellen; alte Porträts würden gerade deshalb so bewundert, weil der Künstler damals nicht darauf angewiesen war, nachmalen zu müssen, «sondern weil man noch gewusst hat: bei jemand, der die Muskeln um das Auge in einer bestimmten Weise formt, bei dem geht das, was im Ich lebt, in einer ganz bestimmten Weise in den astralischen Leib, durch den er diese Form der Muskeln hervorbringt. Ginge man gar ins alte Griechenland zurück, würde man sich ganz und gar täuschen, wenn man etwa glaubte, dass die alten Griechen ein Modell gebraucht haben zu diesen wunderbaren Formen, die sie zusammengefügt haben. Sie haben kein Modell gehabt. Wer eine bestimmte Armform zu geben hatte, der wusste, wie der Wille das Ich hineinführt in den astralischen Leib, und aus diesem, was er spürte, machte er dann die Formen.»[379] Dieser Vergleich wirft ein Licht auf unsere gegenwärtige Existenz, die nur die physische Außenseite, das Hier und Jetzt der Dinge bzw. des Menschen wahrnimmt, und es ist bezeichnend, dass nun der Blick auf die Zukunft gerichtet und damit der eigene Wille angesprochen wird: Ganz naturgegeben werde einmal die Fähigkeit beim Menschen auftreten, sich an frühere Leben zurückzuerinnern. Wieder schließt sich an den Blick in die Geschichte also die Thematik von Reinkarnation und Karma an.

Es ist deutlich, worum es Rudolf Steiner in all diesen Beispielen geht: Die Zuhörer seiner Vorträge sollten die Gelegenheit erhalten, nicht bloß Wissen aufzunehmen, sondern das Verhältnis des früheren Menschen zu seinem Umfeld und zu seinem eigenen Leib innerlich konkret mitzuvollziehen und damit seinen anthropologischen «Zustand», seine Existenzweise unmittelbar an sich selbst beobachten zu können – und zugleich den zeitlichen Abstand von der eigenen Konstitution. Es geht ihm immer um die «Seelenverfassung» des damaligen und heutigen Menschen. Ganz in diesem Sinne verweist er an anderer Stelle auch auf die sogenannte Blaublindheit der Griechen. Um deutlich machen zu können, wie sehr wir in der Betrachtung früherer Zeiten immer von unserer eigenen gegenwärtigen Verfassung ausgehen und wie stark sich stattdessen die Menschen dieser Zeiten von uns unterschieden, führt er verschiedene sprachliche Phänomene (der Lapislazuli wurde z.B. mit demselben Farbwort belegt wie andere Gegenstände, die als «grün» bezeichnet wurden) sowie die Feststellung der Römer an, die Griechen hätten nur mit vier Farben gemalt – Weiß, Schwarz, Rot und Gelb![380] Die Griechen haben also ganz anders wahrgenommen und eine andere Welt gesehen als wir, ihre Sinnesorganisation muss sich von unserer bedeutend unterschieden haben.

Rudolf Steiner geht an einer Stelle seines Vortragswerkes explizit darauf ein, worin für ihn die Gründe für die beschriebene Unfähigkeit liegen, sich in vergangene Zeiten real hineinzuversetzen. In Berlin hielt er im Sommer 1918, also noch während des Weltkrieges und kurz vor den deutschen Revolutionsereignissen, Vorträge über die aktuelle historische Situation und ihre tieferen weltgeschichtlichen Hintergründe.[381] Der genannten Passage ging bezeichnenderweise ein Vortrag über «Geschichte und wiederholte Erdenleben» voraus,[382] in dem schon auf die charakterisierten Schwierigkeiten hingewiesen wurde. Eine Woche später, am 23. Juli 1918, löste Steiner die Ankündigung, auf die eigentlichen Ursachen der Problematik zu sprechen zu kommen, ein. Er leitete den Vortrag mit der Frage ein: «Warum [bemerkt] der Mensch eigentlich nicht, wie die verschiedenen Zeiträume [...] auch wirklich ihren Inhalten nach, ihren geistigen und sonstigen Kulturinhalten nach verschieden sind?»[383] Die Antwort: Weil der Mensch sich selbst nicht kennt. Die Ausklammerung des eigenen Subjekts bei der Erkenntnistätigkeit führe zu einer fehlenden

Bekanntschaft mit dem Seelischen, das sich nicht in passiv-distanzierter Haltung der äußeren Betrachtung mitteile, sondern nur in seiner Tätigkeit innerlich zu beobachten sei. Ohne diese Anschauung von «seiner wirklichen Menschenwesenheit» und damit seinem «wahren Ich»[384] könne der Mensch nicht an sich selbst erfahren, was es heißt, sich selbst konstitutionell zu verändern. Weil der «Mensch sich viel zu wenig sich selbst seelisch vorstellt», können sich ihm nur zwei Beobachtungen ergeben: seine Leiblichkeit als verhältnismäßig starres, weil letztlich rein materielles Gebilde und eine völlig abstrakte Vorstellung vom eigenen Ich. Wenn ich mit rein sinnlich-empirischer Haltung die Veränderungen meines Leibes betrachte, kann ich nur feststellen, dass er eine Zeitlang wächst, mehr aber auch nicht. Unbewusst bleibt die Tatsache, dass die gesamte materielle Leiblichkeit des Menschen alle sechs bis acht Jahre abgestoßen wird – wie uns ständig die Fingernägel nachwachsen, bis wir sie wieder schneiden und sich allmählich ein neuer Fingernagel aufbaut. Der ursprüngliche Stoff ist verschwunden, dennoch bleibt der Fingernagel immer unser Fingernagel – er verdankt sich also «etwas sehr Überstofflichem».[385] Würde man sich diesen Vorgang nur einmal wirklich ins Bewusstsein rufen, so könnte man unmittelbar erleben, was unser Ich eigentlich ist: ein tätiges, aktives, bewegtes und äußerst reales Lebendiges und nicht ein bloßer Punkt und vages, ungreifbares Innengefühl, wie es sich in der gewöhnlichen Vorstellung ausnimmt. Schließlich benennt Rudolf Steiner die Problematik mit den zentralen Begriffen der neueren Philosophie, die die Geistesgeschichte der letzten 200 Jahre entscheidend geprägt haben: Statt einer Anschauung vom Menschen habe man die Sinneswahrnehmung, für die das «Ding an sich» nicht zugänglich sei, und es bleibe dem Menschen moralisch nur das bloße Pflichtgefühl, der kategorische Imperativ, für den ein wollendes, wirklich individuelles geistiges Ich unbekannt bleibe.[386] Es ist für Steiner letztlich also die folgenschwere Erkenntnishaltung des Kantianismus, die verantwortlich ist für das Scheitern einer Wahrnehmung zeitlichen Wandels. Der Mensch kennt diesen Wandel an sich selbst nicht, weil er die Seele nicht kennt, und insofern kann er auch den Wandel von Geschichte, die Verschiedenheit der Epochen nicht wahrnehmen.

An anderer Stelle greift Rudolf Steiner zu einem sehr drastischen Bild, um genau diesen Zusammenhang ansichtig machen zu können: Wenn man heutzutage geschichtliche Darstellungen lese, dann ginge es einem selbst bei sehr guten, seriösen Historikern oft so, als wenn einem ein Gewichtheber die Schwere seiner Gewichte demonstriert hätte, um diese dann von einem kleinen Kind leichthändig schwingend davontragen zu lassen – es war nur Papiermaché![387] Steiner beschreibt hier einen auch pädagogisch sehr wesentlichen Eindruck: Geschichte, wie sie heute dargestellt wird, hat kein «Schwergewicht», das heißt, sie ist unwirklich. Es war bereits thematisiert worden, wie fatal sich dieser Umstand auf junge Menschen auswirkt. Mag ein solcher Eindruck der Unwirklichkeit auch noch so unbewusst sein – in den Klagen über die Langeweile und Sinnlosigkeit dieses Unterrichts äußert sich deutlich oft genau jenes Empfinden einer unrealen, schwebenden Welt ungreifbarer Abstraktionen. Vor dem Hintergrund der letzten Kapitel wird diese Situation nun verständlicher. In dem besagten Vortrag gibt Steiner ein Beispiel solcher «papierenen» Darstellungen: Angesichts der Luther-Feierlichkeiten könne man an allen Orten Schilderungen zu dem großen Geistlichen finden. Darunter gebe es durchaus geistvolle Arbeiten, «aber dieser Luther, der von unseren Zeitgenossen beschrieben wird, der wird so beschrieben, wie das Bild ist, das wir von einem solchen Gewicht aus Papiermaché haben, weil der Schilderung gerade dasjenige fehlt, was den Gestalten die Schwere gibt. [...] So können Persönlichkeiten der Geschichte im eminentesten Sinne wahr geschildert sein, zum Beispiel Luther, und es kann den Zeitgenossen, die sich so viel zugute halten auf ihren Realismus, außerordentlich gut gelungen sein, zahlreiche Einzelheiten, zahlreiche charakteristische, signifikante Dinge zu sagen, die ein geistvolles Bild geben, aber das Bild braucht nicht der Wirklichkeit zu entsprechen, weil das geistige Gewicht fehlt.»[388]

Wie eine Vorbereitung auf den neun Monate später gehaltenen Vortrag

298

über die Unfähigkeit zur historischen Zeitwahrnehmung erscheint dabei die Antwort, wie man zu einem wirklichen Erlebnis der Persönlichkeit Luthers gelangen könne: «Man versteht ihn dann wirklich, wenn man weiß, wie die innere Beschaffenheit, die von unseren Anschauungen ganz unabhängige innere Beschaffenheit der Luther-Persönlichkeit war.»[389] Wieder wird also darauf hingewiesen, dass man eine frühere historische Situation nur wahrnehmen kann, wenn man in sich eine «innere Beschaffenheit» bemerkt, die sich von der eigenen unterscheidet. Es gilt, die Verschiedenheit von Seelenverfassungen zu realisieren. Dies würde für Luther bedeuten, dass man beobachten lernte, Verstandes- und Bewusstseinsseele in sich aufzurufen und zu unterscheiden, denn in diesem Moment würde sich zeigen, wie Luthers ganze Existenz davon geprägt war, eigentlich noch sehr stark griechisch-römische bzw. mittelalterliche Impulse in sich zu tragen, aber im Anbruch der Neuzeit zu leben und damit in eine extreme Spannung zu geraten zwischen dem eigenen Gemüt und den Aufgaben der heraufdämmernden Zeit: «Weil Luther in seinen Gemüts- und Gefühlsimpulsen ganz und gar in der vierten nachatlantischen Zeitepoche wurzelte, verstand er eigentlich nicht, was die materialistischen Menschen der fünften nachatlantischen Zeitepoche in ihrem Innersten in der Seele trugen. [...] Daher sein entschiedenes Betonen: Aus all dem Verkehr mit der Außenwelt, aus all dem Werkzusammenhang mit der Außenwelt kann nichts Gutes kommen. Ihr müsst euch lösen von diesem Werkzusammenhang. [...] Aus diesem Nicht-Verbundensein mit der Umwelt entsprang das Betonen Luthers eines nur inneren Glaubenszusammenhangs mit der geistigen Welt.»[390]

Schwere und Wirklichkeit kommen also nicht durch die Dokumente als solche in die Wahrnehmung von Geschichte hinein, sondern erst durch das Erleben der seelischen Schichten im Erkennenden selbst. Es sind die konstitutionellen Zustände, an denen Realität erlebt wird, und da sie nicht Schöpfungen aus dem Nichts sind, sondern in bestimmten Zeitaltern erst herangebildet wurden, erlebt der Schüler unbewusst im Heraufrufen von Verstandesseele, Empfindungsseele usw. die histori-

schen Stadien früherer Epochen. An dem eingangs erwähnten Vortrag
über Goethe, aber auch an der Tatsache, dass einige der bedeutendsten
Vortragszyklen zur Geschichte vor Menschen gehalten wurden, die mit
den Darstellungen bezüglich ihrer früheren Erdenleben selber direkt gemeint waren, deutet sich zugleich an, dass die Möglichkeit dieses inneren
Umwandelns in andere Seelenverfassungen unmittelbar etwas zu tun hat
mit den realen Erfahrungen, die die Menschen in ihren früheren Inkar-
nationen gemacht haben – und insofern jenes Umwandeln letztlich ein
Erinnerungsprozess ist. Dieser Zusammenhang erhärtet sich, wenn man
noch einen anderen, sehr wesentlichen Hinweis im Werk Steiners ins
Auge fasst, der bislang noch kaum zur Kenntnis genommen worden ist,
obwohl er gerade auch in pädagogischer Hinsicht von zentraler Bedeutung ist: die unmittelbare Verwandtschaft einer der wichtigsten von Steiner geschilderten Karmaübungen mit seinen Äußerungen zum Erzählen
im Geschichtsunterricht.

7.3 Erinnerung schulen. Die verborgene Verwandtschaft zwischen «großer Karmaübung» und Geschichtsunterricht

Im sogenannten pädagogischen «*Ergänzungskurs*» von 1921 (*Menschenerkenntnis und Unterrichtsgestaltung*) schickt Rudolf Steiner dem bereits
zitierten Hinweis, im Geschichtsunterricht müsse in den «Zeitvorstel-
lungen» das «Innerliche im Menschen» angeregt werden, eine Darstellung zum konkreten Aufbau eines solchen Unterrichtes voraus: «Ich erzähle zunächst heute den Kindern die bloßen Tatsachen, die Tatsachen,
die sich äußerlich in Raum und Zeit abspielen. Das packt wiederum den
ganzen Menschen, wie das Experiment den ganzen Menschen packt, weil
der Mensch genötigt ist, räumlich vorzustellen. Man soll darauf sehen,
dass er räumlich vorstellt, dass er gewissermaßen so etwas, was ich ihm
erzähle, kontinuierlich im Geiste sieht.»[391] Hier stoßen wir plötzlich auf
eine große Wertschätzung des Räumlichen und der «bloßen Tatsachen»,

wo es doch bisher galt, über sie hinauszukommen. Tatsächlich kennt man aber vielleicht aus eigenem Erleben das Phänomen, dass bei dem Versuch eine bestimmte, schon länger zurückliegende Situation – z.B. ein Geschehen in der Kindheit – zu erinnern, erst ein einzelnes, ganz präzises Detail dazu verhilft, allmählich die Gesamtsituation wieder ins Gedächtnis zu rufen.

Wie kommt es also zum Erinnern, und welche Rolle spielt dabei das Verhältnis des Menschen zur Sinneswelt? Um einer Antwort auf diese Frage näherzukommen, seien im Folgenden drei Äußerungen Rudolf Steiners im Zusammenhang betrachtet. Sie sind sehr verschieden und stehen jeweils in einem ganz anderen Kontext, dennoch enthalten sie einige auffällige Gemeinsamkeiten, die unabhängig vom speziellen Zusammenhang ein Licht auf unsere Fragestellung werfen.

In dem Vortrag *Die praktische Ausbildung des Denkens* führt Steiner eine Übung aus, die der Stärkung des Gedächtnisses dient. Sie besteht darin, dass man zunächst versucht, sich an ein einzelnes Ereignis – es kann am gestrigen Tag gewesen sein – zu erinnern: «Gewöhnlich sind die Erinnerungen der Menschen ja grau in grau; in der Regel ist man ja zufrieden, wenn einem nur der Name des Menschen einfällt, dem man gestern begegnet ist. Aber damit dürfen wir nicht zufrieden sein, wenn wir unser Gedächtnis ausbilden wollen. Das müssen wir uns klarmachen. Wir müssen systematisch Folgendes treiben, wir müssen uns sagen: Ich will mich ganz genau erinnern an den Menschen, den ich gestern gesehen habe, auch an welcher Hausecke ich ihn gesehen habe; was noch um ihn herum war. Das Bild will ich mir genau ausmalen; auch seinen Rock, seine Weste will ich mir bildlich genau vorstellen. – Da werden die meisten Menschen bemerken, dass sie das gar nicht können. [...] Wir müssen nun zunächst ausgehen von den weitaus meisten Fällen, in denen der Mensch nicht in der Lage ist, sich das wieder in Erinnerung zu rufen, was er gestern erlebt hat. Die Beobachtung der Menschen ist eine wirklich im höchsten Maße ungenaue. – Ein Versuch eines Universitätsprofessors mit seinen Hörern hat gezeigt, dass von dreißig Anwesenden nur zwei den Vorgang richtig, die anderen achtundzwanzig dagegen falsch beobachtet hatten. – Ein gutes Gedächtnis ist nun aber das Kind einer treuen Beobachtung. Zur Entwicklung des Gedächtnisses kommt es also gerade darauf an, dass man genau beobachte. Ein gutes Gedächtnis erringt man durch treue Beobachtung, auf einem gewissen seelischen Umwege wird das treue Gedächtnis als Kind einer guten Beobachtung geboren. Wenn man nun aber das nicht kann, zunächst sich genau zu erinnern an das, was man gestern erlebt hat, was tut man da? Zunächst versuche man, sich möglichst genau zu erinnern, und wo man sich nicht erinnert, da versuche man nun tatsächlich sich etwas Falsches vorzustellen, nur etwas Ganzes soll es sein. Nehmen wir an, Sie hätten ganz vergessen, ob jemand, der Ihnen begegnet ist, einen braunen oder einen schwarzen Rock angehabt hat, so stellen Sie sich vielleicht vor, er habe einen braunen Rock und braune Beinkleider angehabt; er habe solche und solche Knöpfe an der Weste gehabt, die Halsbinde war gelb – und da war jene Situation, die Wand war gelb, links ist ein großer, rechts ein kleiner Mensch vorbeigegangen und so weiter. Das, woran man sich erinnert, das stellt man sich hinein in das Bild; nur das, woran man sich nicht erinnern kann, das ergänzt man, um nur im Geiste ein vollständiges Bild zu bekommen, dadurch werden Sie angeleitet, von jetzt ab genauer zu beobachten. Und das setzen Sie fort, solche Übungen zu machen.»[392]

In dieser Übung geht es vordergründig nicht um eine Erinnerung an frühere Erdenleben, sondern um das Erinnern im gewöhnlichen Sinne. Sie ist auch daraufhin angelegt, durch ein bestimmtes gegenwärtiges Verhalten die *späteren* Erinnerungen zu beeinflussen. Dennoch sollen hier einzelne bemerkenswerte Aspekte festgehalten werden. So fällt auf, dass ein unmittelbarer Zusammenhang zwischen der Tätigkeit des Beobachtens und der Erinnerung hergestellt wird. Rudolf Steiner bringt damit zum Ausdruck, dass die Möglichkeit zur Erinnerung abhängig ist von seelischer Aktivität, und diese muss bereits im Moment des Beobachtens einsetzen. Steiner möchte offensichtlich darauf hinweisen, dass schon die

äußere Wahrnehmung nicht ein passiver Vorgang ist, in dem die Welt
einfach so, wie sie ist, in den Menschen «hineinfällt», sondern dass die
entstehenden Wahrnehmungsbilder immer das Ergebnis des Zusammen-
kommens des äußeren Sinneseindruckes und der inneren Tätigkeit der
Seele sind. Diese Hinweise werden durch die moderne Gehirnforschung
unmittelbar bestätigt, auch wenn sie nicht von seelischer Tätigkeit, sondern von neurobiologischen Vorgängen spricht. Wolf Singer illustriert
die «konstruktivistische Natur der Wahrnehmung» mit der Schilderung eines Experimentes: «Man kann nun außerdem noch untersuchen,
wie sich die Aktivierungsmuster unterscheiden, wenn sich die Versuchs-
person ein Objekt beispielsweise mit geschlossenen Augen lediglich so
konkret wie möglich vorzustellen versucht oder wenn sie das Objekt mit
geöffneten Augen tatsächlich sieht. Der Vergleich führt zu dem erstaunlichen Ergebnis, dass fast alle Hirnrindenareale, die bei der Wahrnehmung
sichtbarer Objekte aktiv werden, auch aktiviert sind, wenn man sich die
Objekte nur vorstellt.»[393] – Sinnesreize werden also durch adäquate und
gleichwertige innere Vorgänge beantwortet.

Je stärker die Kräfte der inneren Aufmerksamkeit sind, desto genauer
wird auch wahrgenommen. Indem Steiner die Kraft der Erinnerung in
Abhängigkeit von der aktuellen Kraft des Beobachtens beschreibt, drückt
er aus, dass das Erinnern nicht auf fertige, gegenständliche Bilder zugreift,
sondern auf die Kraft, die diese Bilder hervorgebracht hat. Das Erkraften
des Erinnerns ist identisch mit dem Aufrufen der Beobachtungskraft –
beide müssen also miteinander verwandt sein.

Ein zweiter, sehr wichtiger Aspekt besteht in der Beschreibung, wie
diese Kräfte nun konkret zu stärken sind. Erstaunlich ist hier, dass nicht
nur regelmäßig das Heraufheben der früheren Eindrücke wiederholt
werden soll, sondern dass die Lücken der Erinnerung ganz bewusst mit
«etwas Falschem» ergänzt werden sollen. Gegen alle faktischen Skru-
pel soll aus eigenen Vorstellungen heraus das Unvollständige ausgeführt
und zu etwas «Ganzem» gemacht werden. Entscheidend sind also zwei
Faktoren:

Einerseits geht es darum, zunächst ganz genau «auszumalen», was ich von der früheren Situation noch weiß. Es sollen «möglichst bildhafte Vorstellungen» entstehen, «die sich auf alle Einzelheiten erstrecken». Verlangt ist also eine Präzision in Bezug auf das *Gegebene*, auf die von außen mir vorgegebene Realität. Ich muss sie mir vollständig selbstlos zu eigen machen. Die dem Prozess des Malens entlehnten Begriffe machen allerdings deutlich, dass ich bereits dabei nicht nur passiv, sondern schöpferisch bin.

Andererseits reicht dieser Prozess des «Rekonstruierens» nicht aus: Er allein vermag die Erinnerung in ihrer Gänze nicht herzustellen. Er wird vervollständigt durch ein Produzieren. Dort, wo Gegebenes fehlt, wird es schöpferisch hervorgebracht, auch wenn es «falsch» ist. Konstituierend für die Erinnerung ist für Steiner also auch ein Element, das gar nicht inhaltlicher Art ist und sich nicht auf die äußeren Gegebenheiten bezieht, sondern ausschließlich als Kraft besteht. Durch die produktive Fantasie wird erst die Kraft aufgerufen, die dann einem gestärkten Beobachten zur Verfügung steht. Diese Kraft ist die Grundlage der Erinnerung.

Diese beiden Seiten befördern sich also gegenseitig: Erst die produktive Tätigkeit der Seele bewirkt das kraftvolle, exakte Ergreifen der Einzelheiten der gegebenen Eindrücke; an diesem möglichst genauen Bild der erinnerten Eindrücke kann sich aber wiederum erst die Fantasietätigkeit richtig entzünden, denn wenn jene Lücken gar nicht sichtbar werden, sondern das Vorstellungsleben nur in vagen, unkonturierten Schemen verschwimmt, hat die Fantasie keinen Anlass und keinen Anhalt, woran sie sich entfalten soll. Weltbezug und schöpferische Produktivität sind nach dieser Darstellung Steiners also zwei gleichermaßen wichtige Pole, zwischen denen die Seele zum Erkraften des Erinnerungsvorgangs gelangt.

An einer zweiten Passage soll nun betrachtet werden, wie Steiner die Zuhörer an die Schulung einer Erinnerung an frühere Erdenleben heranführt. Wieder handelt es sich um eine Übung. Steiner schildert 1924 im siebten Vortrag seiner *Esoterischen Betrachtungen karmischer Zusam-*

menhänge (Bd. 2) eine der zentralen Karmaübungen überhaupt. Auch diese Darstellung soll wieder ausführlich zitiert werden, weil sie geradezu einen Schlüssel zu unserer Fragestellung bildet. Dabei ist zu berücksichtigen, dass das Herauslösen eines Zitates aus seinen intimen esoterischen Zusammenhängen zu wissenschaftlichen Zwecken natürlich nicht unproblematisch ist: Die geschilderten Inhalte sind so sensibel, schwer formulierbar und weitreichend, dass sie eigentlich den Schutzraum der konkreten Vortragssituation brauchen und isoliert vom äußerst anspruchsvollen Kontext missverständlich sein können. Wenn hier dieser Versuch nun doch unternommen wird, so geschieht das, weil die Schilderungen in Verbindung mit anderen Äußerungen Steiners tatsächlich eine ausgesprochen wertvolle Hilfe für den Geschichtspädagogen und seinen Umgang mit den jungen Menschen darstellt und dieses Motiv das Zitat hoffentlich legitimiert. Rudolf Steiner führt in diesem Vortrag vom 9. Mai 1924 aus:

«Nun ist ja eine Möglichkeit eines verhältnismäßig schnellen Reifens für die Auffassung karmischer Zusammenhänge vorhanden, wenn man in Geduld längere Zeit hindurch ganz innerlich energisch versucht, dasjenige im Bewusstsein und immer mehr und mehr im Bewusstsein sich abspielen zu lassen, was sich sonst so abspielt, dass es da ist, aber nicht ordentlich aufgefasst wird und einfach verglimmt im Leben. So ist es ja schließlich mit den Ereignissen. Was tut denn der Mensch mit den Ereignissen, mit seinen Erlebnissen, die eben im Tageslauf an ihn herankommen? Er erlebt sie eigentlich halb beobachtend. Sie können sich ein Bild davon machen, wie die Erlebnisse halb beobachtet werden, wenn Sie sich einmal – und ich rate dazu, es zu tun – nachmittags oder abends hinsetzen und sich fragen: Was habe ich eigentlich heute um halb zehn Uhr am Morgen erlebt? – Aber nun versuchen Sie einmal, in allen Einzelheiten, mit allen Details sich ein solches Erlebnis vor die Seele zu rufen, als ob es nun wiederum, meinetwegen um halb acht Uhr abends, einfach da wäre, als ob es dastünde, als ob Sie es geistig-künstlerisch darstellen vor sich. Sie werden sehen, wie viel ihnen fehlt, wie viel Sie nicht beobachtet haben, wie schwer das wird. Sie werden, wenn Sie sich eine Feder oder einen Bleistift nehmen, um das aufzuschreiben, sehr bald anfangen, in den Bleistift oder in die Feder hineinzubeißen, weil Ihnen eben die Details nicht einfallen und Sie sie schließlich herausbeißen wollen aus dem Bleistift. Ja, darauf kommt es aber zunächst an, sich die Aufgabe zu stellen, ein Erlebnis, das man gehabt hat, mit aller Schärfe sich – nicht wenn es dasteht, sondern hinterher – vor die Seele zu stellen, wie wenn man geistig es malen wollte, es so vor die Seele zu stellen, dass, wenn zum Beispiel in dem Erlebnisse etwas ist, wo jemand gesprochen hat, Sie sich das ganz gegenständlich machen: den Klang seiner Stimme, die Art und Weise, wie er geschickt oder ungeschickt die Worte gesetzt hat und so weiter, stark, energisch, kurz das zum Bilde zu bringen, was man erlebt hat.»[394] Es wird dann beschrieben, wie dieses Bild durch das Hindurchgehen durch die folgenden Nächte über Astral- und Ätherleib zuletzt in den physischen Leib des Menschen einzieht und schließlich Wahrnehmungen entstehen von Ereignissen eines vorigen Lebens. Zunächst soll es hier um den ersten Prozess gehen, der jenes dann weiterwirkende Bild entstehen lässt.

Es ist frappierend, in wie vielen Punkten sich diese Ausführungen mit den zuvor zitierten berühren: Der Ausgangspunkt ist wieder der Hinweis auf die schläfrige Beobachtungstätigkeit, und auch hier wird empfohlen, einen ganz bestimmten, engen Ausschnitt der gerade erst vergangenen Erlebnisse herauszugreifen und an ihm die Übung zu beginnen. Wie bei der Gedächtnisübung wird die Aufmerksamkeit dann auf die bittere – hier regelrecht humoristisch beschriebene – Erfahrung gerichtet, die nun eintreten muss: auf das Scheitern der Erinnerung. Auch hier wird zugleich die Notwendigkeit bewusst, sich möglichst präzise das Erlebnis vor Augen zu stellen: «in aller Schärfe» und «ganz gegenständlich», «wie wenn man es geistig malen wollte». Wenn hier die Tätigkeit des eigenen Ergänzens nicht erwähnt, sondern stattdessen auf die Nacht verwiesen wird, in der das Bild durch den Astralleib ausgestaltet wird, so zeigt die unmittelbare Verwandtschaft der beiden Übungen doch, dass auch in den zuerst zitierten Darstellungen Merkmale des Erinnerns beschrieben werden, die nicht nur auf die Erlebnisse dieses einen Lebens bezogen sind.

306

Hier zeigt sich nun, dass das ganz gegenständliche Erinnerungsbild, das Hineingehen in das äußerste sinnliche Detail die Kraft freisetzt, zu übersinnlichen Wahrnehmungen zu gelangen, die die Ereignisse früherer Verkörperungen betreffen.

Sehr interessant ist, dass Steiner das geistige «Malen» hier noch etwas genauer beschreibt: Wichtiger z.B. als der Inhalt der Worte des vorgestellten Menschen sei der Klang seiner Stimme und die Art, wie er sie gesetzt hat – es geht also um ihren Charakter, um das Wie, weniger um das Was. Dann heißt es, man solle «stark, energisch, kurz» vorgehen – es handelt sich um alles andere als um eine rein quantitative Genauigkeit, sondern die «Gegenständlichkeit» und Fülle des «Gemäldes» entsteht hier durch die Kraft der Kontur, die das Charakteristische des Erlebens, seine «Identität» nachformt. Steiner korrigiert sich dann regelrecht wenige Sätze später in einer ausgesprochen signifikanten Formulierung: «Wenn Sie sich wirklich Mühe geben, solch ein Bild stramm zu bilden, mit charakteristischen, starken Linien ganz plastisch auszuarbeiten am ersten Tag, dann haben Sie sich schon geistig angestrengt. So etwas kostet geistige Anstrengung.»[395] Auch hier wird also explizit der Kraftaspekt betont: Das Erinnerungsbild ist nicht eine passiv aufgenommene «Fotografie», sondern wird erst durch äußerst aktive Tätigkeit «plastiziert», und es sind die «charakteristischen, starken Linien», die dem Bild seine Realität verleihen. Das Bild vom «Malen» wird also erweitert bzw. noch schärfer gefasst, indem das Flächig-Malerische zu einem Plastischen, das zweidimensionale Bild fast schon zu einer dreidimensionalen Skulptur gesteigert wird. Es ist deutlich, dass mit den beschriebenen Merkmalen exakt die Qualitäten des imaginativen Bildes umrissen werden, wie sie in Teil I erläutert wurden. Wir stoßen hier auf die Verwandtschaft des Erinnerns mit dem Imaginieren, die später noch eigens thematisiert wird.

Eine dritte Äußerung Steiners – und auch sie bezieht sich wieder auf eine Übung – betrifft nun direkt den Geschichtsunterricht selbst. Sie ist überliefert durch eine Erinnerung Walter Johannes Steins – dem ersten Geschichtslehrer der Waldorfschule –, von der Johannes Tautz in seiner

Biografie über Stein berichtet. Dort ist zu lesen: «Was nun die Darstellung der Geschichte im Unterricht betrifft, so gab Rudolf Steiner den Rat, das zumeist lückenhaft Überlieferte mit exakter und produktiver Vorstellungskraft innerlich nachzuschaffen und das Ergebnis dann so lange ausreifen zu lassen, bis eine abgerundete Darstellung zu erwarten ist. ‹Versuchen Sie, alles Historische, auch das, was vielleicht nur bruchstückweise überliefert ist, immer in seiner Vollständigkeit zu denken. Ergänzen Sie es in Gedanken. Machen Sie jede Vorstellung durch Zuhilfenahme der Fantasie, natürlich nach Berücksichtigung alles historisch Überliefertem, konkret. Tragen Sie dann, was Sie so gewinnen, durch den Schlaf, und beobachten Sie die Veränderung; was so gewonnen ist, dürfen Sie ruhig den Kindern vortragen.› Er wies meinen Einwand, man käme doch leicht ins Unexakte hinein, wenn man die Fantasie zuhilfe nähme, zurück. Er sagte: ‹Sie berücksichtigen ja doch alles, was überliefert ist, und Sie tragen doch das bildhaft Vorgestellte durch den Schlaf. Da wird es wirklich verändert werden, denn die geistige Welt sorgt schon dafür, dass das Wahre offenbar werde. Sie werden auch beobachten können, wenn Sie in dieser Weise wiederholt verfahren, am selben Stoff, also vielleicht mehrere Jahre hintereinander dasselbe vortragen, dass es sich verändert. Und es verändert sich so, dass es immer richtiger wird. Es ist viel richtiger als die Fable convenue, die man Geschichte nennt.›»[396]

Intimer, als dies in den pädagogischen oder geschichtlichen Vorträgen möglich war, verweist diese Schilderung auf den meditativen Kern einer zukünftigen Geschichtserkenntnis. Sie ist meines Erachtens als ein zentrales Dokument für die Tätigkeit des Historikers und des Geschichtslehrers anzusehen. Wie sonst an kaum einer anderen Stelle vermittelt sich in ihr eine Ahnung davon, wie ganz anders einmal mit Geschichte umgegangen werden wird als in unserer Zeit, wo allererste Persönlichkeiten wie W. J. Stein fast verdutzt damit beginnen, mit solchen Dingen Ernst zu machen. In den kurzen Dialog – den Einwand Steins und die Erwiderung Steiners – konzentriert sich die ganze Situation der modernen Geschichtserkenntnis. Die Aufforderung, empirische Fakten durch Fantasie zu er-

gänzen und dann auch noch den Schlaf als Erkenntnisbeförderer in die
Arbeit mit einzubeziehen, veranlasst selbst den Anthroposophen Stein
zum Einspruch, und man kann nur dankbar sein für die Ehrlichkeit seiner
Nachfrage, die Steiner die Gelegenheit für seine Erläuterung gibt. Als ein
Beispiel echten «Symbols» haben wir hier die Konfrontation des modernen, jedem Zeitgenossen eingeborenen Materialismus mit einer spirituellen Geschichtserkenntnis, die eines Tages mit Fantasie, Bildkräften
und Schlaferlebnissen so selbstverständlich umgehen wird wie die heutige
Wissenschaft mit römischen Inschriften und griechischen Münzen.

Die unübersehbare Ähnlichkeit dieser Äußerungen mit den bereits zitierten Stellen macht deutlich: Rudolf Steiner wollte nachhaltig darauf
aufmerksam machen, dass es sich bei der Geschichtserkenntnis tatsächlich um einen Erinnerungsvorgang im tieferen Sinne handelt und dass die
zuerst erwähnte «Gedächtnisübung» noch viel weiter aufzufassen ist als
nur auf die naheliegende Erinnerung beschränkt. Die ganze Doppelheit
des Erinnerungsvorganges wird hier in wenigen Worten zusammengefasst: Einerseits soll alles streng berücksichtigt und vergegenwärtigt werden, was historisch überliefert ist, also sinnlich-empirisch vorliegt. Auch
wird wieder die Bruchstückhaftigkeit dieser Grundlage angemerkt und als
eine Voraussetzung für das Einsetzen der Fantasietätigkeit gekennzeichnet. Andererseits wird die geschichtliche Vorstellung erst wirklich konkret durch die Ergänzung der Fantasie. Die Produktion einer Ganzheit
setzt die Kräfte frei, die in der Nacht dann benutzt werden können zur
«Mitteilung» der äußerlich verborgenen historischen Wirklichkeit. Das
Hindurchgehen durch die Nacht ist hier von entscheidender Bedeutung.
Erst dieser Vorgang gibt die Möglichkeit, in dem ergänzenden Fantasiegebilde etwas Berechtigtes zu sehen. Im Unterschied zu verstandesmäßig-
kausalen Spekulationen, mit denen die historischen Lücken gewöhnlich
ausgefüllt werden (siehe die Ausführungen zur Sesshaftwerdung) gibt
dieses Fantasiegebilde gar nicht vor, irgendetwas zu erklären oder darzustellen. Es wird als reines Scheingebilde (wenn es auch durch die Führung
durch die Gegebenheiten der Bruchstücke nicht willkürlich ist) aner-

kannt und dient nur dem Erwachen jener Kraft, mit der sich die geistige Welt im Schlaf vereinigen kann, um der Seele das Bild der historischen Wirklichkeit einzuprägen. Erst die durch diesen Prozess modifizierten Vorstellungen, die nach dem Schlaf dann beobachtet werden müssen, dürfen als Realität verstanden werden. Weder die empirischen Bruchstücke noch das Fantasiegebilde sind die Wirklichkeit, sondern diese ergibt sich erst aus ihrer Durchdringung. Selbst diese Realität – die wahren Erinnerungen – vertieft sich noch über Jahre hinweg. Es ist bemerkenswert, dass jedem der drei Zitate ein Hinweis auf die langen Wandlungs- und Reifungsprozesse der gewonnenen Bilder unmittelbar vorweggeht oder folgt: Im Karmavortrag schildert Steiner, wie sich in ihm das direkte inhaltliche Sprechen über die übersinnlichen Vorgänge von Wiedergeburt und Schicksal erst 21 Jahre vorbereiten musste und wie wichtig insofern die Fähigkeit des Wartenkönnens sei.[397] Der Schilderung der Gedächtnisübung in *Praktische Ausbildung des Denkens* folgt der Hinweis auf die Bedeutung der Geduld. Der Mensch habe eine «Sehnsucht, wenn er sich etwas überlegt, zu einem Resultat zu kommen». Dieses «Überhasten im Denken» werfe ihn aber in Wirklichkeit zurück.[398] W. J. Stein gegenüber erwähnt er eben jenen langjährigen Prozess der Veränderung der in der beschriebenen Weise gewonnenen Bilder. Warten können, Geduld üben, auf die Wandlung der inneren Vorstellungsbilder über Jahre hin vertrauen können – Erkenntnis wird hier zu einem Lebensvorgang. Die Wirklichkeit wird nicht in logischen Verstandesoperationen konstruiert, sondern das Erkennen geht hindurch durch die realen Prozesse des Lebens – dazu gehört auch der Rhythmus von Wachen und Schlafen – und wird so immer mehr eins mit dem Gegenstand, auf den es sich richtet. Für die Erinnerung von Geschichte heißt dies, dass sie immer reicher, vollständiger und lebendiger wird, dass die betrachtete Zeit also immer mehr zur realen Gegenwart wird.

Der Dialog zwischen Walter Johannes Stein und Rudolf Steiner bezieht sich zunächst nur auf die Erkenntnistätigkeit des Lehrers und noch nicht auf den Erinnerungsvorgang des Schülers. Was bedeuten die beschriebe-

nen Zusammenhänge nun konkret für den Unterricht? Es ist wieder der
«*Ergänzungskurs*», der vor dem Hintergrund der drei zitierten Äußerungen Steiners eine essenzielle Bedeutung erhält. Rudolf Steiner führt
hier aus, dass der Geschichtsunterricht seine eigentliche Wirkung erlange,
«würde man zum Beispiel dem Kinde nicht bloß erzählen, was der Cäsar
getan hat, sondern würde man man dem Kinde zu gleicher Zeit einen
Fantasiebegriff von dem Cäsar beibringen, gewissermaßen eine historische Situation hinmalen, sodass das Kind genötigt ist, ich möchte sagen,
eine Art von Schattenbild, eine Art von Nebelbild von dem Cäsar in der
Fantasie zu haben, ihn gehen zu sehen, ihn zu verfolgen im Gehen, würde
sich das Kind das so vorstellen, dass es gewissermaßen ihn nicht nur nach-
malt, sondern in der Fantasie nachmodelliert».[399]
Es ist verblüffend, welche Ähnlichkeit diese ganz auf die konkrete
pädagogische Situation bezogene Äußerung mit Steiners Formulierungen zu der beschriebenen, zutiefst esoterischen Karmaübung aufweist.
Es wird vom Malen und vom Modellieren, d.h. also Plastizieren, gesprochen. Wieder werden nicht so sehr bestimmte Inhalte wie äußere Daten,
Rang und Stellung, Chronologie der Handlungen usw. hervorgehoben,
sondern die Möglichkeit «ihn (Cäsar) gehen zu sehen, ihn zu verfolgen
im Gehen» – ähnlich der Erinnerung an den Klang der Stimme in der
Gedächtnisübung. Durch die Ergänzung «ihn zu verfolgen im Gehen»
wird ein sehr deutlicher Nachdruck gelegt auf das produktive Nachschaffen im Vorgang der Vorstellungsbildung. Die nachsetzende Korrektur der
zuerst als Malen dargestellten Tätigkeit erfolgt hier fast identisch und
fällt sogar noch etwas expliziter aus: Das «Nachmalen» wird noch einmal wiederholt, um dann ersetzt zu werden durch den Hinweis auf das
«Nachmodellieren». Die Formulierungen sind derartig verwandt, dass
sie geradezu dazu auffordern, sie in einem Zusammenhang zu sehen. Der
Leser wird auf eine existenzielle Entdeckung gestoßen: Der Zusammenhang legt unmittelbar nahe, dass das Hören der Lehrererzählung für den
Schüler ein karmischer Erinnerungsvorgang ist und dem Lehrer die Aufgabe zukommt, seine Darstellung so zu gestalten, dass sie im Schüler die

Kräfte zur Entwicklung bringt, die zu einem allmählichen Erinnern in jenem erweiterten Sinne führen.

Die erste Begegnung des Schülers mit dem geschichtlichen Gegenstand, in der eine wirkliche Anschauung von ihm entstehen soll, wird wieder unmittelbar als Frucht der Fantasietätigkeit gekennzeichnet. Die Betonung der im Modellieren angeregten plastischen Kräfte unterstreicht, dass sich die Gegenwart der betrachteten Zeit nicht durch passive, fotografische Abbilder des empirisch Gegebenen herstellen lässt, sondern durch eine äußerst aktive Tätigkeit, die dem Vorstellungsbild seine charakteristischen Konturen und damit erst seine Wirklichkeit gibt (mit dem «Schatten»- bzw. «Nebelbild» ist insofern nicht ein nebulöses Scheingebilde gemeint, sondern mit diesen Begriffen soll auf die innerliche, geistige Realität der entstandenen Bilder hingewiesen werden).

Wenn es also einerseits hieß, man solle «den Kindern die bloßen Tatsachen [erzählen], die Tatsachen, die sich äußerlich in Raum und Zeit abspielen», so wird vor dem Hintergrund der zuletzt zitierten Passage deutlich: Es wäre ein Missverständnis, dass die historische Vergangenheit in der Darstellung des Lehrers durch eine möglichst vollständige Wiedergabe der empirischen Fakten wiederhergestellt wäre. Ihre Vergegenwärtigung bedarf der schöpferischen Tätigkeit der Fantasie. Diese verfälscht oder verschleiert also nicht die historische Realität, sondern macht sie im Gegenteil erst erfahrbar. Die «bloßen Tatsachen» zu erzählen meint – wie aus dem ganzen Kontext hervorgeht –, dass in den Erzählteil noch keine Kommentierungen, Urteile, Auswertungen usw. eingeschoben werden, die einen gewissen Abstand zum Erlebnis zur Folge haben, sondern dass es hier um die reine, unverstellte Begegnung mit der geschichtlichen Wirklichkeit geht. Hier gewinnt nun aber der Hinweis auf das räumliche Vorstellen («Das packt wiederum den ganzen Menschen, [...] weil der Mensch genötigt ist, räumlich vorzustellen») eine wesentliche Bedeutung.

Der Raum ist die Kategorie der physischen Welt. Dies gilt auch in Bezug auf die menschliche Leiblichkeit. Wir hatten gesehen, dass der Ätherleib als «Zeitleib» ständig die Räumlichkeit «aufsaugt», um Leben möglich zu machen: Indem die entstandene physische Substanz immer wieder von ihrem Platz verdrängt und gegen neue ausgetauscht wird, wird die Materie aufgelöst und daran gehindert, ihre Eigentendenz geltend zu machen: das Erstarren zur reinen Physis. Diese reine Physis verdankt sich dem Raum, der nicht der Zeitlichkeit unterliegt.

Wenn also räumlich vorgestellt werden soll, so bedeutet dies, dass man sein Innenleben bis an seine äußerste Grenze, nämlich die Grenze zum Physischen, erstrecken soll, und damit vollzieht sich ein realer Verkörperungsvorgang. Der ganze Weg aus dem Geistigen bis in die irdische Physis wird ausgeschritten (insofern «packt» dies «den ganzen Menschen»), und die Folge davon ist, dass der Mensch in diesem Nachschaffen die Kräfte in sich aktiviert, die eben bis in die äußeren physischen Tatsachen hinein Geschichte hervorgebracht haben. Je stärker ich die räumliche Anschauung ausgestalte, desto stärker wird die Erinnerungskraft. Steiner charakterisiert das räumliche Vorstellen in der zitierten Stelle als die Fähigkeit, das Gehörte «kontinuierlich im Geiste» zu sehen. Damit wird auf die Unveränderlichkeit und Festigkeit gedeutet, die nicht der Flüssigkeit der Zeit unterworfen ist, sondern dem physischen Charakter der irdischen Welt entspricht. Man muss erst ganz da hineingegangen sein, um wie in einem «Gegenschlag» zugleich die schöpferischen Gestaltungskräfte der geistigen Mächte in ihrem vollen Umfang erfahren zu können – um mit einem Bild zu sprechen: Erst wenn ich ganz auf dem Boden ankomme, kann ich die Höhe ermessen, aus der ich stamme.

Dies entspricht der Situation, in der sich die Jugendlichen befinden. So schreibt Henning Köhler: «Die Spiritualität der Jugendseele ist, wenn es auch paradox klingen mag, in gesunder Verfassung eine ausgesprochen sinnlich-diesseitige, die aber in sich grenzüberwindende Kräfte verspürt. Das Übersinnliche will im Sinnlichen, das Geistige im Materiellen ‹mitschwingend› erlauscht werden.»[400] Der Jugendliche soll ja gerade dabei unterstützt werden, sich auf dieser Erde zu inkarnieren, Vertrauen zu gewinnen in diese äußere Welt und seine eigene Leiblichkeit. Nicht durch weltflüchtigen oder moralinen Spiritualismus, sondern umgekehrt aus dem Hineingehen in die Tatsachen des irdischen Lebens, aus dem Interesse und nicht aus der Flucht vor der Welt kann für ihn die Erfahrung von Geistigkeit entstehen. Typisch für dieses Alter sind oft leidenschaftliche Phasen des Atheismus oder der Begeisterung für psychologisch-behaviouristische Herleitungen menschlichen Verhaltens, biochemische «Erklärungen» des Menschen, und viele Waldorflehrer kennen wohl die Situationen, in denen die etwas älteren Schüler mit penetranter Hartnäckigkeit das Atommodell einfordern oder endgültig wissen wollen, ob der Darwinismus die Wahrheit trifft oder nicht. Im Handeln äußert sich dieser Drang im Bedürfnis nach echten Körpererfahrungen, sei es im Sport, im Aufsuchen von Grenzerfahrungen, im Ausleben von Genüssen aller Art bis hin zur demonstrativen Zuwendung zu ganz pragmatischen, plakativ gegen die moralischen Ansprüche der Erwachsenen gerichteten diesseitigen Zielsetzungen. Positiv drückt sich dieses Hineingehen in die materiellen, irdischen Verhältnisse oft durch einen unbedingten sozialen oder politischen Willen aus, der nicht nur Reden, sondern Taten verlangt, die eine bessere Welt schaffen.

Was beim jungen Menschen als allgemeine Lebenssituation auftritt, wird im Prozess des Erinnerns konkret vollzogen. Das volle Ausgestalten der «Tatsachen» in ihrer Räumlichkeit ist die eine Voraussetzung für das geschichtliche Erinnern. Aber auch hier muss gefragt werden: Wie kommt es denn überhaupt zu einem räumlichen Vorstellen, wie gelingt es, den historischen Gegenstand in voller Plastizität den Schülern vor Augen zu stellen? Dieser Frage ist der Geschichtsdidaktiker Rolf Schörken nachgegangen.[401] Er hat mit seinen Studenten ein Experiment durchgeführt, das die konkreten, durch einen historischen Text hervorgerufenen Vorstellungen untersuchen sollte. Er trug den Studenten Herodots Schilderung der Schlacht bei den Thermopylen vor, zu der auch eine ausführliche Beschreibung der Landschaft gehört. Anschließend wurde verglichen, welche Vorstellungen bei jedem einzelnen Zuhörer entstanden waren, sogar Zeichnungen von dem Ort wurden angefertigt (hier handelt es sich also um «Räumlichkeit» im wörtlichsten Sinne). Das Ergebnis war eindrücklich: Die Studenten konnten sich bei den Ereignissen und Orten konkret kaum etwas vorstellen! Herodots Darstellung ist so ausführlich und überfrachtet mit Namen, topografischen Einzelheiten und anderen Details, dass man von der betreffenden Landschaft gar kein Bild bekam. Die Quantität der Eindrücke ist offensichtlich nicht entscheidend für die Qualität der Vorstellung. Rolf Schörken schließt aus diesem Phänomen: «Nun ist es aber gerade die Ausführlichkeit und Genauigkeit, die der bildhaften Vorstellung Hindernisse entgegenzustellen scheint. [...] Es ist offenbar *eine* Sache, eine Landschaft so zu beschreiben, dass eine möglichst große Genauigkeit erzielt wird, und eine *andere*, sie so darzustellen, dass sie sich der Leser gut vorstellen kann.»[402] Schörken stellt der Schilderung Herodots dann eine Darstellung aus dem 20. Jahrhundert zur Seite (Ulrich Wilcken, 1951), die wesentlich kürzer ist. Tatsächlich zeigte sich hier, dass die Reduktion auf das Wesentliche und die Hervorhebung bestimmter zentraler Signaturen das Sinnverstehen der Schlacht geradezu fördert. Es ist bemerkenswert, zu welchen Erkenntniskonsequenzen Schörken gelangt: «Vorstellungsbilder sind keine Abbildungen, sondern kreative Hervorbringungen des Geistes unterhalb der Reflexionsschwelle. Man sieht etwas, ohne es ‹wirklich› zu sehen. [...] Vorstellungsbilder brauchen zu ihrer Entstehung Entfaltungsfreiheit. Der sprachliche Anstoß tut bessere Dienste für die Aktivierung der Imaginationskraft [Imagination als Vorstellung im gewöhnlichen Sinne, nicht als höhere Erkenntnisart gemeint, A.B.] als die Vollständigkeit der Beschreibung, welche die Imagination erdrücken kann.»[403] Diese Vollständigkeit bezeichnet er als «totes Gewicht».[404]

Mir ist keine Darstellung innerhalb der neueren Geschichtsdidaktik bekannt, in der jemand so explizit die Bedeutung der Fantasietätigkeit für die Anschauung historischer Realität sowie die Qualität des Plastischen (der «Anstoß» ist wichtiger als die Vollständigkeit) im Unterschied zum Quantitativen und Abbildhaften beschreibt. Darüber hinaus fasst Schörken einen Begriff historischen «Sehens» («unterhalb der Reflexionsschwelle»), der ausgesprochen tiefgründig ist und den Hinweisen Steiners auf die Traumrealität der Geschichte und seiner Formulierung von dem «Nebelbild» sehr nahekommt. Schörken gelangte in seinen Beobachtungen auch zu dem Ergebnis, dass bestimmte Wörter eine wesentlich stärkere Vorstellungsbildung als andere auslösen; man könne daher erkennen, dass das entstandene Vorstellungsbild sich nicht aus gleichrangigen, «flächig» nebeneinanderstehenden Eindrücken summarisch zusammensetzt. Die Dynamik einzelner «Schlüsselanstöße» gibt vielmehr formend den Einzelheiten eine ihnen übergeordnete Gestalt. Vielleicht kann man diesen Vorgang an der Charakterisierung eines Menschen verdeutlichen. Wenn man z.B. beginnen würde, ihn von der Schuhsole, der Farbe des Schuhleders über Knöchelform, Beinbehaarung (bei kurzer Hose oder Rock) usw. bis hin zu Farbe, Dichte und Konsistenz seiner Haupthaare zu beschreiben, sämtliche charakterlichen Nuancen anzuführen oder jede Handlung seines Lebens, würde dieser Mensch für uns verschwinden. Nehmen wir demgegenüber eine Stelle aus dem *Schimmelreiter* von Theodor Storm, in der dieser die junge Elke beschreibt, die später die Frau seines Helden wird: «Er kannte sie freilich, das ranke achtzehnjährige Mädchen mit dem bräunlichen schmalen Antlitz und den dunklen Brauen, die über den trotzigen Augen und der schmalen Nase ineinander liefen. [...] Als nach einer Weile der lang aufgeschossene Hauke die hohe Werfte hinaufstieg, welche an den Seiten mit Rüben und Kohl bepflanzt war, sah er droben die Tochter des Hauswirts neben der niedrigen Haustür stehen. Ihr einer etwas hagerer Arm hing schlaff herab, die andere Hand schien im Rücken nach dem Eisenring zu greifen, von denen je einer zu beiden Seiten der Tür in der Mauer war, damit, wer vor das Haus ritt, sein Pferd daran befestigen könne. Die Dirne schien von dort ihre Augen über den Deich hinaus nach dem Meer zu haben, wo an dem stillen Abend die Sonne eben in das Wasser hinabsank und zugleich das bräunliche Mädchen mit ihrem letzten Schein vergoldete. Hauke stieg etwas langsamer an der Werfte hinan und dachte bei sich: ‹So ist sie nicht so dösig!›, dann war er oben. ‹Guten Abend auch!›, sagte er zu ihr tretend; ‹wonach guckst du denn mit deinen großen Augen, Jungfer Elke?› ‹Nach dem›, erwiderte sie, ‹was hier alle Abend vor sich geht; aber hier nicht alle Abend just zu sehen ist.› Sie ließ den Ring aus der Hand fallen, dass er klingend gegen die Mauer schlug. ‹Was willst du, Hauke Haien?›, frug sie.»[405] Wenige «Striche» genügen hier, um sofort einen intensiven Eindruck von dieser jungen Frau zu erhalten. Einzelne charakteristische «Signale» wie Augen, Körperhaltung oder Tonfall gestalten hier die ganze menschliche Erscheinung aus, ohne dass man sich von den vielen ungenannten Details noch irgendwie eine Kenntnis verschaffen müsste. Was hier an einer literarischen Gestalt beschrieben wird, gilt für den realen Menschen gleichermaßen. Eine bestimmte Geste, der Gang, natürlich der mit keinem anderen Menschen zu vergleichende Blick, eventuell sogar physiognomische Einzelheiten wie seine Nase, das Kinn oder die pechschwarzen Haare – es sind immer solche charakteristischen Schlüsselwahrnehmungen, die mir seine Persönlichkeit als Ganze vor das innere Auge rufen – und dann oft auch eine Reihe von weiteren Erinnerungsdetails.

Es ist deutlich: Wir sprechen hier wieder von der Bedeutung der imaginativen Gebärde, wobei sich der Zusammenhang, in dem sie steht, gegenüber Teil I erweitert hat – wir erkennen sie nun als Grundlage eines über die gewöhnlichen Grenzen hinaus erweiterten Erinnerns. Schörken spricht nur von einem Vorgang der Vorstellungsbildung und lässt unberücksichtigt, welche tieferen innerseelischen Wirkungen von solchen tatsächlich gelungenen Vorstellungen menschenkundlich ausgehen. Die Frage nach der realen Erinnerung an frühere Zeiten stellt sich für ihn nicht – was die lebendigen Vorstellungsbilder mit der Wirklichkeit dieser Zeiten zu tun haben, bleibt offen. In dem Kontext der vorliegenden Ausführungen wird deutlich, dass die «kreativen Hervorbringungen des Geistes», von denen Schörken spricht, ein Aktivieren derjenigen Kräfte bedeutet, die den geistigen, gestaltenden Gebärden der betrachteten Zeit entsprechen und damit ein karmisches – wenn auch unbewusstes – Erinnern anstoßen. Gewöhnlich stellt man sich die Erinnerung wie ein gegenständliches Wahrnehmungsbild vor, das fertig gegeben «gespeichert» wird (siehe hierzu Aleida Assmann über die Metaphorik der Erinnerung sowie über die «Gedächtniskisten» in ihrer Studie *Erinnerungsräume*[406]). Nun zeigt sich aber das Gegenteil: Ein Produzieren, ein kraftvolles Ausgestalten charakteristischer Gesten ruft die Intensität und Fülle der Erinnerungen auf. Das Erfassen der historischen Gebärden ist zugleich ein Mitproduzieren, und so abstrahiert ein solches Imaginieren nicht von der Geschichte und «leitet» keine Erkenntnis von ihr «ab», sondern sie verlebendigt und intensiviert in Wirklichkeit ihre Erscheinung.

Rudolf Steiner hat einmal beschrieben, wie man die Erinnerung so weit entwickeln könne, dass man sie schließlich regelrecht «streicheln» könne! In einem Vortrag vom 22. März 1921, also in zeitlicher Nähe zu den Äußerungen im *«Ergänzungskurs»*, lenkt er die Aufmerksamkeit darauf hin, dass die gewöhnliche Erinnerung die Anlage in sich berge, sich zu einer höheren Erkenntniskraft weiterzuentwickeln.[407] Die Erinnerung wird dann zu einem «voll gesättigten Bild», in dem man sich z.B. als Kind «wirklich sieht» in seinen konkreten Handlungen, sodass «da nicht bloß verblasste Erinnerungen auftreten, sondern tatsächlich scharf konturierte Bilder» – bis wir «das Gefühl haben, solche Erinnerungen streicheln zu können [...], wenn überhaupt das Seelenleben so lebendig wird in solchen Bilderinnerungen, wie es werden kann, wenn das Erleben der Außenwelt selbst da ist».[408] Dass es zu solchen Erinnerungen kommt, hängt von der Art ab, wie wir mit den Eindrücken umgehen, mit denen wir gerade beschäftigt sind. Man kommt nicht zu einem solchen Erinnern, wenn man die Eindrücke nur zum Anlass nimmt, zu spekulieren. Ein logisches Schlussfolgern verlässt das Phänomen und dringt nicht tiefer in es ein. Um sich verständlich machen zu können, greift Steiner zu einem plastischen Vergleich: Die Art, wie eigentlich das Denken heute zu verwenden sei, gleiche dem Lesen. «Wir lesen so, dass wir ein Ganzes bilden aus den einzelnen Buchstaben, und dass, wenn wir zum Beispiel eine Zeile vor uns haben und es uns gelungen ist, ein Ganzes innerlich mit dem Bewusstsein zu ergreifen durch die einzelnen Buchstaben und Worte, wir dann das Rätsel aufgelöst haben, das uns diese Zeile aufgegeben hat. Wir werden uns gar nicht einfallen lassen, etwa zu sagen: Hier ist ein B, ein r, ein o, ein t. Ich will das B ansehen. Dieses B sagt mir ja als solches nichts Besonderes. Weil es mir nichts sagt, so muss ich forschen nach dem, was hinter diesem B eigentlich steckt, und da muss ich vielleicht darauf kommen, dass hinter diesem B irgendein geheimnisvolles Jenseitiges steckt, was auf mich einen Eindruck macht, und was mir das B vermittelt. – Das tue ich nicht, sondern ich sehe mir die Buchstaben hier an und bilde mir daraus ein Ganzes: ich lese.»[409] Steiner verweist hier auf den Phänomenalismus Goethes, bezieht seine Beispiele also auf die Naturbetrachtung. Unsere Beobachtungen zur bildhaften Geschichtserkenntnis mit dem Beispiel der Sesshaftwerdung haben aber denselben Sachverhalt sichtbar werden lassen: Wir konnten dort sehen, wie das ständige und vorschnelle Produzieren von logisch-kausalen Erklärungen immer wieder von den Eindrücken wegführt und die Kraft, die den kontinuierlichen Bildinhalt aufbaut – und dies ist die Erinnerungskraft – regelrecht zerstört und ins Nichts auflöst. Es wurde daran deutlich, dass ich den historischen Erscheinungen gegenüber dieselbe Kraft aufbringen muss, die ich anwende, wenn ich ein Bild nicht nach seiner Materie oder seinen bloßen Inhalten betrachte, sondern dies zurückhaltend in den Qualitäten der Farbe lebe. Vergleichend sich in den Qualitäten der historischen Zeiten zu bewegen, ohne immer wieder aus dieser Beobachtungsschicht herauszufallen und doch wieder systematisch-spekulativ schlusszufolgern verlangt also eine große, voll bewusste Aktivität, die durch das «Symbolisieren» zu erüben ist.[410] Nicht die Inhalte, sondern die Kraft als solche bewirkt das Erinnern. Wenige Monate vor dem erwähnten Vortrag führt Rudolf Steiner diese Gesichtspunkte noch weiter aus: Im sechsten Vortrag seines Zyklus *Grenzen der Naturerkenntnis und ihre Überwindung* beschreibt er die Umbildung des Gedächtnisses beim ca. siebenjährigen Kind und die Bedeutung des Erinnerungsvermögens für das Erleben des eigenen Ich und insofern für die Gesundheit des Menschen.[411] Dann weist er auf die *Kraft* hin, die dem Erinnern zugrunde liegt. Diese gelte es mitzunehmen, wenn die Erkenntnis sich im Erwachsenenalter erweitern soll zu geistigen Wahrnehmungen außerhalb des Leibes – hier könnte man nun hinzufügen: auch der bereits vergangenen historischen Zeiten. So heißt es dann auch, durch eine Erstarkung dieser der Erinnerung zugrunde liegenden Kraft befähige sich der Mensch, «frei sich zu bewegen im Elemente der Zeit. [...] Er muss mit der Zeit selber mitgehen lernen.»[412] An die Stelle des gewöhnlichen Gedächtnisses trete so die geistige Wahrnehmung und damit die Wahrnehmung unseres umfassenderen Ich, mit der nun die wiederholten Erdenleben zu einer Erkenntnistatsache werden.

Es ist bezeichnend, dass Rudolf Steiner den oben referierten Ausführungen zu Reinkarnation und Karma in der *Theosophie* eine Charakteristik des Erinnerns voranstellt: «Wer sich Übung für seelisches Beobachten erworben hat, wird finden können, dass der Ausdruck ganz schief ist, der von der Meinung ausgeht: man habe heute eine Vorstellung und morgen trete durch das Gedächtnis *diese* Vorstellung wieder auf, nachdem sie sich inzwischen irgendwo im Menschen aufgehalten hat. Nein, *die* Vorstellung, die ich *jetzt* habe, ist eine Erscheinung, die mit dem ‹jetzt› vorübergeht. Tritt Erinnerung ein, so findet in mir ein Vorgang statt, der die Folge von etwas ist, das außer dem Hervorrufen der gegenwärtigen Vorstellung in dem Verhältnis zwischen Außenwelt und mir stattgefunden hat. Die durch die Erinnerung hervorgerufene Vorstellung ist eine neue und *nicht* die aufbewahrte alte. Erinnerung besteht darin, dass *wieder* vorgestellt werden kann, nicht, dass eine Vorstellung wieder aufleben kann. Was *wieder* eintritt, ist etwas anderes als die Vorstellung selbst. [...] Das heutige Bild gibt mir die Wahrnehmung, das heißt meine Sinnesorganisation. Wer aber zaubert das gestrige in meine Seele herein? Es ist dasselbe Wesen in mir, das gestern bei meinem Erlebnis dabei war und das auch bei dem heutigen dabei ist. *Seele* ist es in den vorhergehenden Ausführungen genannt worden. Ohne diese treue Bewahrerin des Vergangenen wäre jeder äußere Eindruck für den Menschen immer wieder neu. Gewiss ist, dass die Seele den Vorgang, durch welchen etwas Erinnerung wird, dem Leibe wie durch ein Zeichen einprägt; doch muss eben die *Seele* diese Einprägung machen und dann ihre eigene Einprägung wahrnehmen, wie sie etwas Äußeres wahrnimmt. So ist sie die Bewahrerin der Erinnerung.»[413] Auch diese Ausführungen finden sich heute direkt bestätigt durch die Gehirnforschung: Wolf Singer weist z.b. in seinem Aufsatz «Wahrnehmen, Erinnern, Vergessen. Über Nutzen und Vorteil der Hirnforschung für die Geschichtswissenschaft»[414] darauf hin, dass die einzelnen, in verschiedenen Gehirnpartien abgelegten Engramme (die gedächtnismäßigen Einprägungen im Gehirn) keineswegs für sich schon die Erinnerung enthielten, sondern diese einen «holistischen Charakter» hätten, also als «Gesamteindruck» aufträten, «dessen verschiedene Komponenten aufs innigste assoziativ miteinander verknüpft sind».[415] Die weit verteilten Engramme müssten «willentlich aktiviert» werden, um zu einer «Rekonstruktion von Beziehungen zwischen bruchstückhaften und voneinander getrennten Gedächtnisspuren» zu gelangen.[416] Außerdem hat sich in verschiedenen neurobiologischen Untersuchungen gezeigt, dass «Engramme nach wiederholtem Erinnern gar nicht mehr identisch sind mit denen, die vom ersten Lernprozess hinterlassen wurden. Es sind die neuen Spuren, die bei der Testung, also beim Erinnern, erneut geschrieben wurden.» – Erinnern entzündet sich also immer auch an der Wahrnehmung des prozessualen Kontextes, durch den ein voriger Erinnerungsvorgang sich neu eingeschrieben hat. Die Erinnerungsinhalte entstehen damit ständig neu aus der gerade aktuellen Perspektive der Erinnerungstätigkeit.[417] Daniel J. Siegel betont in einem den entwicklungspsychologischen und neurobiologischen Forschungsstand zusammenfassenden Überblickskapitel, dass «es keinen ‹Lagerraum› im Gehirn [gebe], in den man etwas stellt, um es bei Bedarf wieder herauszuholen. Etwas im Gedächtnis zu behalten bedeutet, die Wahrscheinlichkeit zu verändern, dass ein spezifisches Netzwerkmuster zukünftig aktiviert wird. Abruf wiederum ist die tatsächliche Aktivierung dieses möglichen neuralen Netzprofils, das dem Profil ähnelt, das in der Vergangenheit aktiviert wurde, aber nicht identisch mit ihm ist. [...] Die auf den Begriff von Gedächtnisspuren aufbauende Theorie beschreibt ähnliche Einspeicherungsprozesse. Aus dieser Perspektive betrachtet, setzt sich ein Engramm oder eine Gedächtnisspur aus dem *Wesentlichen (gist)* und den spezifischen Details zusammen. Mit der Zeit können die Details verblassen. Das Wesentliche einer Erfahrung kann jedoch weitestgehend unangetastet und recht einfach zugänglich bleiben. [...] Erinnerung ist ein aktiver Prozess, bei dem auch den ‹konkretesten› Erfahrungen – wie etwa dem Erinnern einer architektonischen Struktur – dynamische Repräsentationsprozesse zugrunde liegen. Erinnerung meint nicht, dass ein einmal abgespeichertes Engramm reaktiviert wird, es meint vielmehr, dass ein neues neurales Netzprofil zusammengesetzt wird – aus Merkmalen des abgespeicherten, alten Engramms, Elementen, die von Erinnerungen an andere Erfahrungen stammen, und Momenten, die mit gegenwärtigen Befindlichkeiten zu tun haben.»[418]

Es sind also vor allem zwei Gesichtspunkte, die sich in den letzten Jahren immer deutlicher bestätigen: Erinnerungen sind keine räumlichen und damit physischen Realitäten, sondern definiert «als dynamische Zustände weit verteilter, miteinander vernetzter Nervenzellverbände», die «nicht wie in Computern einen adressierbaren Speicherplatz belegen», sondern deren immer neue «*Konstellation*» die «Repräsentation für den jeweiligen Gedächtnisinhalt darstellt».[419] Und: Die Vorstellung, die im Erinnern «heraufgeholt» wird, ist nicht identisch mit einer damals eingravierten, materiellen, fertigen und unveränderlichen Prägung, sondern entzündet sich an der Bewegung, die das Bewusstsein im Erinnerungsakt vollzogen hat – sodass auch das Wahrnehmen dieser Bewegungsspur selbst wiederum zur Grundlage der nächstfolgenden Erinnerung wird und diese verwandelt.

Durch die Bindung der Seele an die Leiblichkeit verändern sich die Erinnerungen allmählich und werden blasser. Erst indem der Geist des Menschen die von der Seele aufgenommenen Eindrücke verarbeitet, macht er sie unvergänglich. Rudolf Steiner schreibt in der *Theosophie*: «Die Eindrücke, die der Mensch aus den Erlebnissen gewinnt, schwinden dem Gedächtnisse allmählich dahin. Nicht aber ihre Früchte. Man erinnert sich nicht aller Erlebnisse, die man in der Kindheit durchgemacht hat, während man sich die Kunst des Lesens und des Schreibens angeeignet hat. Aber man könnte nicht lesen und schreiben, wenn man diese Erlebnisse nicht gehabt hätte und ihre Früchte nicht bewahrt geblieben wären in Form von Fähigkeiten. [...] Kann man also auch die vergangenen Erlebnisse im Geiste nicht wie in einer Sammelkammer aufbewahrt finden, man findet ihre Wirkungen in den Fähigkeiten, die sich der Mensch erworben hat.»[420] Fassen wir zusammen: Nicht die bloße Wahrnehmung als solche ist der Grund für die Erinnerung, sondern die seelische Tätigkeit, die sich im Moment der Sinneswahrnehmung der Außenwelt zugewandt hat. Man nimmt nicht die Sache selbst mit, sondern die an ihr entstandene «Bewegungsspur» der Seele.

Nun wird erst voll verständlich, was gemeint sein kann, wenn als «einzig richtige Methode» der Geschichte die «Hingabe an das Objekt» bezeichnet wird. Die Geschichtserkenntnis verfehlt ihren Gegenstand, wenn sie die historischen Dokumente empirisch zur Kenntnis nimmt und unter Enthaltung des Subjekts aus ihnen Allgemeinbegriffe ableitet. Es hat auf diesem Wege noch gar keine tatsächliche Vergegenwärtigung der historischen Wirklichkeit stattgefunden. Das Zusammenstellen und die abstrahierende Interpretation ist noch überhaupt keine Erinnerung. Die Passivität dieser Erkenntnishaltung führt dazu, dass keine Wahrnehmung der jeweiligen geschichtlichen Zeit entsteht. Gerade darin muss aber Geschichtserkenntnis bestehen, denn das historische Individuum ist selbst schon seine eigene Gattung und kann nicht begrifflich «erschlossen», sondern letztlich nur wahrgenommen werden. Wahrnehmen heißt in der Geschichte im Unterschied zur Naturwissenschaft aber: Erinnern. Die Hingabe an das Objekt ist ein Erinnerungsvorgang.

7.4 Der erinnernde Schüler

7.4.1 Die anthropologischen Grundlagen des Erinnerns

Wenn wir in den letzten Kapiteln von einem Erinnern an die Geschichte sprachen, dann provoziert dies direkt unser heutiges Weltbild, das sich auf Erfahrung stützt und jedes Reden von einer unmittelbaren Erinnerung an Ereignisse vor tausend und mehr Jahren und eigentlich auch schon vor einem einzigen Jahrhundert ins Reich der Mythen und der esoterischen Fantastik verweist. So heißt es bei Maurice Halbwachs: «Die Geschichte kann als das universale Gedächtnis des Menschengeschlechtes erscheinen. Aber es gibt kein universales Gedächtnis.» [421] Man kann unser autobiografisches Gedächtnis nicht einfach auf die Geschichte übertragen. Unser gewöhnliches Erinnern ist gebunden an die Existenz unseres physischen Körpers und reicht selbstverständlich nicht über unsere Geburt hinaus in frühere Zeiten zurück. «Erinnerung» beinhaltet immer, dass ein früheres Ereignis Bestandteil meiner persönlichen Erfahrung ist – und davon kann bei Lincoln, Luther, dem mittelalterlichen Lehenswesen oder gar dem babylonischen Stadtleben natürlich nicht die Rede sein. Insofern würde man sich allerdings wünschen, dass offener und konsequenter eingestanden würde, dass die heutige, bisweilen inflationäre Verwendung des Erinnerungsbegriffes letztlich immer nur metaphorisch gemeint sein kann – der Illusionscharakter heutiger Geschichtserkenntnis würde so in einer Weise bewusst werden können, dass daraus ein notwendiger und lange fälliger Anstoß zur Hinterfragung unseres Erkenntnisparadigmas entstünde.

Wenn Lucian Hölscher in seinen Ausführungen zur «Geschichte als Erinnerungskultur» [422] konstatiert, dass «erst in den letzten Jahrzehnten sich – teils in der außerwissenschaftlichen ‹Geschichtskultur›, teils innerhalb der Geschichtswissenschaft selbst – Tendenzen [mehren], die diesen [historischen] Gesamtzusammenhang infrage stellen und damit das Problem erneut in aller Grundsätzlichkeit aufwerfen, was die geschichtliche Welt eigentlich ‹im Innersten zusammenhält›»,[423] so muss darauf hingewiesen werden, dass Rudolf Steiner dies – wie in Teil I dargestellt – bereits weit früher unternommen hat und gerade in Bezug auf das von Hölscher aufgeworfene Erinnerungsthema mehrfach nachdrücklich individuelles Gedächtnis und «objektive Tatsachen der Welt» voneinander unterschieden hat.[424] Er hebt wiederholt hervor, dass man bei dem gewöhnlichen Gedächtnis immer begrenzt bleibt in den leiblich vermittelten persönlichen Erlebnissen der eigenen Biografie, dass man auf dieser Erkenntnisgrundlage also nicht hinauskommt aus der gegenwärtigen Existenz und Weltwahrnehmung, sondern mit der gewöhnlichen Erinnerungsvorstellung «in einem gewissen Sinne übergeht in den Organismus»[425] und nicht in die historische Welt hinaus. Steiner bleibt dabei aber nicht stehen, sondern beschreibt Wege, wie man das gewöhnliche Erinnern erweitern kann – und damit stoßen wir auf die pädagogische Frage, die uns in diesen Kapiteln beschäftigt. Der Schatz der Erinnerungsforschung ist erst dann gehoben, wenn das in der gewöhnlichen Erinnerung enthaltene Entwicklungspotenzial erkannt und praktisch realisiert wird. Micha Brumlik schreibt in seinem Aufsatz «Individuelle Erinnerung – kollektive Erinnerung»:[426] «Das, was wir als ‹Tätigkeit› des Erinnerns bezeichnen, besteht zum nicht geringen Teil aus zwar indirekt beeinflussbaren, letztlich aber nicht willentlich steuerbaren Vorgängen auf neuronaler Ebene. Wir erinnern uns – so scheint es –, ob wir wollen oder nicht.»[427] Eine solche apodiktische Festlegung spricht dem Menschen grundsätzlich die Fähigkeit ab, seine Erinnerungsfähigkeit zu schulen, und entspringt weniger einer empirischen Erfahrung als einer weltanschaulichen Meinung. Brumlik hat dies selbst bemerkt: Wenige Sätze später räumt er dann doch ein, dass das Wissen über die Fähigkeit, sich zu erinnern, «im Lebenslauf bewusst werden» könne und es sich wissenschaftlich zeige, dass sich unter bestimmten Bedingungen die Erinnerungsleistung sogar steigern lasse.[428] Bereits zu Beginn des 20. Jahrhunderts hat Rudolf Steiner diesbezüglich eine Fülle von Übungen beschrieben – man muss den Willen zur Erinnerung keineswegs dem Zufall bzw. «der neuronalen Ebene» überlassen, sondern kann ihn durchaus schulen.

Geschichtserkenntnis wird nicht darin bestehen, dass sich der Mensch ad hoc an seine Erlebnisse als alter Ägypter wie an seine erste eigene Autofahrt erinnert. Erst ein erweiterter Begriff von Erinnerung kann verständlich machen, warum es trotzdem Sinn macht, von einem realen «Erinnern» an frühere Zeiten zu sprechen. Eine solche Erweiterung fängt bereits in der Schule mit dem Geschichtsunterricht an. Wir haben gesehen, dass Steiners Darstellungen zur Geschichtserzählung erstaunliche Parallelen zu Übungen aufweisen, die er für Erwachsene angibt, die die Fähigkeit zur Erinnerung bis in karmische Zusammenhänge hinein schulen möchten. Grundlage hierfür ist ein Verständnis von den konkreten seelischen Kräften, die dem Erinnern zugrunde liegen. Wenn man die Erinnerungen nicht nur den leiblichen, willkürlichen Vorgängen des eigenen Organismus passiv überlassen will, sondern sie bewusst im Rückblick auf das Tagesgeschehen selber in die Hand nimmt und immer wieder vergangene Situationen versucht wiederherzustellen, dann stärkt man eine sonst fast unbemerkte innere Kraft, die es einem erlaubt, mehr und mehr frühere Ereignisse der Zeit zu entreißen, kontinuierlich im Bewusstsein zu behalten und immer intensiver anzuschauen. Jeder kennt die von Steiner beschriebene Anstrengung des Erinnerns, die einen geradezu «in den Bleistift beißen» lässt, gerade wenn man die Lücken des Gedächtnisses bemerkt. Diese Anstrengung – sozusagen der innere «Muskel» des Gedächtnisses – lässt uns erleben, dass das Erinnern eine hoch aktive Tätigkeit ist, die sich geradezu als eine körperliche Kraft mitteilt. Diese Kraft gehört dem Äther- oder «Bildekräfteleib» an, der in der Kindheit den physischen Leib des Menschen aufbaut, sodass in dieser Zeit bezeichnenderweise das Gedächtnis auch noch nicht sofort voll zur Verfügung steht. Es handelt sich hier also um die Wachstumskräfte, die mit der Schulreife für die intellektuelle Entwicklung frei werden und dann im Jugendalter für die innerseelischen Vorgänge voll zur Verfügung stehen. Die von Steiner beschriebenen Übungen haben nun die Aufgabe, diese Kraft als solche so stark auszubilden, dass sie sich emanzipiert von den leiblichen Vorgängen des individuellen Organismus, sich immer willentlicher durch die Zeit bewegt, bis die Erinnerungen immer klarer, «dinglicher» und detaillierter aus dem Unterbewusstsein aufsteigen. Je mehr die erinnernde Kraft lernt, sich in sich selbst halten zu können, desto freier wird sie vom Körper. Gelingt es mir, innerlich kontinuierlich auf einer Erinnerungsvorstellung zu ruhen, verliert diese zunehmend ihren zeitlichen Charakter und steht vor mir wie eine räumliche Erscheinung. Eine ferne Erinnerung ist nicht weniger anwesend oder weniger real, sie befindet sich nur wie in räumlicher Entfernung weiter weg von mir – die Erinnerungsinhalte sind also gegenwärtig wie neben- oder hintereinanderstehende Gegenstände: Die Zeit wird zum Raum. Es stellen sich hier nun nicht mehr leibgebundene Eindrücke ein, die gewöhnliche Gedächtnisinhalte sein können, sondern rein geistig aus einer über die persönliche Biografie hinausgehenden Welt stammen müssen.[429]

Unsere Betrachtungen kehren zu den Ausführungen über eine erweiterte Geschichtserkenntnis zurück: Die willentlich gesteigerte Erinnerung lässt ihre Bindung an den physischen Leib hinter sich zurück und erweist sich zuletzt als *Imagination*. Die herkömmliche Wissenschaft muss das Gedächtnis begrenzen auf die von der körperlichen Identität des Erinnernden vorgegebene biografische Dauer. Indem nun aber der Erkennende durch die entsprechende Schulung in sich die Instanz erfährt, die auch ohne diese leibliche Bindung ihre Identität behält und eine Kraft entwickelt, aus ihrer physischen Körperlichkeit hinauszugehen und sich frei in der Zeit zu bewegen, kann es zu historischen Wahrnehmungen kommen, die wie die gewöhnliche Erinnerung auch unmittelbare, auf das eigene Empfinden bezogene *Erfahrung* sind und trotzdem über die subjektive, gegenwärtige Existenz hinausgehen. Missverständnisse können dadurch entstehen, dass Steiner auch diese Wahrnehmungen an vielen Stellen Erinnerungen nennt – wohl deshalb, weil es dieselbe Kraft ist, die dem imaginativen Wahrnehmen vergangener Zeiten bzw. früherer Erdenleben und der gewöhnlichen Erinnerung zugrunde liegt. «Erinnerung» meint unter Umständen also jeweils etwas ganz anderes. Steiner spricht auch vom «Lesenlernen in der abgelaufenen Zeit», das etwas «in der Vergangenheit schaut» und vom Gedächtnis zu unterscheiden ist.[430] Wir verabsolutieren in unserem gewöhnlichen Bewusstsein die Erinnerung als den einzigen Weg, Vergangenheit zu gegenwärtigen – erfasst man aber einmal jene körperunabhängige Wirklichkeit der Bildekräfte, erweist sich die Erinnerung als das materielle Abbild des imaginativen Denkens.[431] In ihr drückt sich in der physischen Welt aus, was die Imagination rein geistig ist. Deshalb ist sie selber aber nicht physisch, sondern die ihr zugrunde liegende Kraft verbindet sich mit der materiellen Leiblichkeit und schließt das Gedächtnis damit in den menschlichen Organismus ein. Erinnerung und Imagination sind in Wirklichkeit also unmittelbar miteinander verwandt und von derselben Herkunft und «Substanz»; die Erweiterung des Erinnerns zur Imagination ist kein mysteriöser «Quantensprung», sondern sie ist in der Erinnerung als Möglichkeit angelegt.

Deshalb ist es ein Kernanliegen Rudolf Steiners, die geistige Natur der Erinnerung herauszustellen. Unter all seinen Äußerungen zur Erinnerung gibt es wohl kaum ein Thema, das er so hartnäckig und regelmäßig angesprochen hat wie die Unabhängigkeit des Erinnerungsvorgangs von den materiellen Prozessen im physischen Leib. Offensichtlich wollte er in aller Deutlichkeit auf die weitreichenden Konsequenzen aufmerksam machen, die das überall zu beobachtende Missverständnis mit sich bringt, dass unsere Erinnerungen im Gehirn abgespeicherte Vorstellungen seien und in dem Zustand der erstmaligen Ausgangswahrnehmung auch so darin aufbewahrt seien. Dieses Missverständnis stellt sich so schnell und fast mechanisch ein, weil es ja tatsächlich diese leibliche Bindung des Gedächtnisses gibt. Pathologische Phänomene wie Amnesie, Demenz u.a., die empirischen Methoden der Hirnforschung und Psychologie, aber auch schon die alltäglichen Erlebnisse des Vergessens, der Grenze des Erinnerns gegen das zweite, dritte Lebensjahr hin usw. legen unmittelbar nahe, dass sich die Erinnerungen der menschlichen Physis verdanken. Die Erinnerung befindet sich tatsächlich in einer Bindung an den Körper

– aber ist ihre eigentliche Quelle, ihr Entstehungsgrund damit wirklich materiell, oder ist das Materielle nicht vielmehr nur die *Bedingung*, im Physischen agieren zu können?

Es war bereits darauf hingewiesen worden, dass die moderne Hirnforschung den Sachverhalt bestätigt, dass es keine materiellen oder psychischen «Orte» gibt, in denen sich Vorstellungen als fertig abrufbare Erinnerungen aufhalten. Was die Neurowissenschaft allerdings nicht beantworten kann, ist die Frage, wodurch diese nichtörtlichen, nur als Vorgang zu denkenden Strukturprozesse zustande kommen. Es handelt sich um Tätigkeiten, und die sind nicht materiell. In der sich hier eröffnenden Erklärungslücke vermittelt sich die Wirklichkeit des Ätherleibes. Er ist diejenige Kraft, die die gestaltenden Aufbauprozesse bis in die Gewinnung von Bildern im menschlichen Organismus leistet. Nicht im physischen Leib sind die Erinnerungen enthalten, denn er wird alle sechs bis acht Jahre ausgetauscht – ganz zu schweigen von dem oft bemerkten Verblassen der Erinnerungen und der Unmöglichkeit, die unendliche Vielfalt und Komplexität der Gedächtnisinhalte sich als materielle «Ablagerungen» im Gehirn vorstellen zu können. Im Astralleib können die Erinnerungen auch nicht enthalten sein, denn dieser existiert als ständig aktuelle seelische Tätigkeit (also nicht als Träger vergangener Vorstellungen) – die Erinnerungsvorstellungen würden also sofort verfliegen. Es ist vielmehr der plastisch am Leib arbeitende, Gewohnheiten schaffende Bildekräfteleib, der die Erinnerungen mit sich trägt und für den Menschen verfügbar hält. In den bereits zitierten Passagen aus der *Theosophie* betont Steiner insofern, dass die durch die Erinnerung hervorgerufene Vorstellung eine neue ist und nicht eine abgespeicherte ursprüngliche Sinneswahrnehmung. Im Erinnern schafft die Seele produktiv ein neues Bild – das allerdings die vergangene Situation repräsentiert. Dies kann sie nur, weil «es dasselbe Wesen in mir [ist], das gestern bei meinem Erlebnis dabei war und das auch bei dem heutigen dabei ist».[432] In unseren erkenntnistheoretischen Ausführungen hatten wir darauf hingewiesen, wie wir bei einer Sinneswahrnehmung durch die Bindung an die physische Außen-

welt die innerseelischen, produktiven Prozesse, die für die Vorstellungsbildung verantwortlich sind, verschlafen. Bei jeder Vorstellungsbildung
führen wir äußerst aktive Bewegungen aus, die aber nicht ins Bewusstsein
dringen. Dieses Geschehen nennt Rudolf Steiner in seinen Vorträgen
«Parallelvorgang»[433] und leitet aus ihm die Erinnerung ab: «Erinnerung
ist Beobachtung, späteres Beobachten eines Geistvorganges, der parallel
gegangen ist der physischen Wahrnehmung.»[434] Diese geistigen Bewegungen sind – wie wir sehen konnten – keineswegs subjektiv-willkürlich,
sondern «der Sache entsprechend» und werden sich ganz unbewusst
wiederholen, womit sie im Ätherleib Gewohnheit werden und damit Erinnerung: «Erinnerung ist Gewohnheit des Ätherleibes.»[435] Wenn der
Mensch später einem anderen Menschen, einem Ort oder einer Situation
erneut begegnet, führt er ätherisch dieselben Bewegungen aus und erkennt unbewusst an seinen Bewegungen dieselben wieder.

Mit diesen Tatsachen sind nun sehr komplexe Vorgänge verbunden, die
man unterscheiden lernen muss: Einerseits bleiben die Bewegungen des
Ätherleibes kein isolierter Vorgang für sich, sondern durch seine Verbindung mit dem physischen Leib kommt es dazu, dass sich jene Bewegungen
als «Spur» in die Physis einprägen. Steiner spricht hier auch von einem
«Siegelabdruck»,[436] und es ist interessant, dass er damit ziemlich genau
der Formulierung des Aristoteles folgt, der über das Gedächtnis schreibt:
«Das Erlebnis, dessen Vorhandensein man Gedächtnis nennt, ist wie ein
Gemälde, weil die ablaufende Bewegung gleichsam einen Eindruck des
Wahrnehmungsbildes zurücklässt, wie wenn man mit einem Ring gesie-
gelt hat.»[437] Diese Spur bzw. dieser Abdruck ist nun nicht wieder zu
verwechseln mit der Erinnerung selbst. Die Spur bildet nur den Anlass,
bereits vollführte und zur Gewohnheit gewordene seelische Bewegungen erneut auszuführen. Die Bewegungen selbst sind die Erinnerungen.
Insofern finden sich bei Steiner vor allem in einem für unser Thema sehr
bedeutenden Vortragszyklus aus dem Jahre 1915 dann auch ganz andere
Formulierungen, die nicht die physischen Vorgänge, sondern die ätherischen Tatsachen beschreiben: Eine Vorstellung mache auf den *ganzen*

Menschen einen Eindruck, und während dies geschehe, bilde man einen inneren Menschen in sich, sozusagen ein «Menschenphantom»: «Wenn ich jetzt zu Ihnen spreche, in der Minute vielleicht hundert Silben, so haben Sie während dieser Minuten rasch hintereinander 50 Menschen in sich gebildet, jedoch 50 Menschenbilder rasch weggeschafft, der eine wechselt rasch mit dem anderen ab. Diese Menschenbilder sind mehr oder weniger gleich; keines ist dem anderen vollständig gleich [...]. Und wenn Sie sich morgen wieder an den Eindruck erinnern, dann versetzen Sie Ihre Seele in dieses Menschenbild.»[438] An anderer Stelle heißt es: «Denken Sie, an wie viele Dinge Sie sich im Leben erinnern! Ebenso viele tausend und abertausend solcher ätherischer Menschenabbilder haben Sie in sich.»[439] So rätselhaft und abwegig solche Darstellungen zunächst auch klingen mögen, letztlich sind sie wesentlich realistischer als die Annahme einer Repräsentation von Vergangenheit im Gehirn. Erinnerungsvorstellungen setzen sich aus so extrem komplexen Inhalten zusammen, dass es naheliegt, den gesamten Organismus des Menschen als Grundlage der Bildgenerierung anzuschauen, auch wenn die verschiedenen beteiligten Prozesse sich materiell messbar im Gehirn bündeln mögen. Bedenkt man wieder, dass es nicht Orte sind, in denen die Erinnerung «steckt», sondern dass auch die Gehirnvorgänge prozessual «komponiert» werden und in der Ausgestaltung der Vorstellungen Farben, Formen, Bewegungseindrücke, Gerüche, Klänge, Gleichgewichtszustände, Empfindungen etc. unterbewusst in Sekundenbruchteilen zusammengeführt werden, so erhält die Rede von Menschenphantomen, die im Erinnern wieder aufgerufen werden, einen Sinn, denn diese gestaltenden Kräfte können ihr «Material» eigentlich nur aus einem Beziehungsgefüge schöpfen, das dem ganzen Menschen entspricht. Bezeichnenderweise spricht Steiner auch von einer ganz spezifischen Beteiligung verschiedener Organe – z.B. der Lunge oder der Leber – an der Erinnerung.[440]

Auch mit diesen Beschreibungen erschöpft sich aber noch nicht vollständig die Erklärung des Erinnerungsvorganges. Die Bewegungen des Ätherleibes allein ergeben noch kein Bild, sondern sie müssen angeschaut werden – und das kann nur durch seelische Wahrnehmungstätigkeit geschehen, also durch den Astralleib. Der Ätherleib braucht den Abdruck in den physischen Leib, um eine objektive Orientierung zu haben, an der er seine Bewegungen entfaltet. Er selber wiederum ist Tätigkeit, aber noch keine Wahrnehmung – dazu braucht es die nächst höhere, rein seelische Instanz des Astralleibes. Kommen wir noch einmal auf das Bild des Lesens zurück, das von Steiner in diesem Zusammenhang mehrfach verwendet wird: Der physische Abdruck ist vergleichbar mit den Buchstaben. Wir würden nie auf die Idee kommen, in ihnen selbst die Realität der Dinge zu sehen. Sie sind nur materielle Zeichen, die für sich genommen gar nichts sind. Erst der Lesevorgang gibt ihnen Inhalt, doch auch das Lesen selbst ist noch nicht der letzte Schritt zur eigentlich den Buchstaben zugrunde liegenden Lebensrealität, sondern ihre innere Deutung. Die Deutung ist vergleichbar mit der Tätigkeit des Astralleibes, sodass Steiner an einer Stelle den Ätherleib – nicht den physischen Leib! – als «Schrifttafel» bezeichnet,[441] die vom Astralleib gelesen wird. Auch dieser Vorgang nimmt sich etwas anders aus, wenn man sich diese «Schrifttafel» konkret anschaut und sie in der beschriebenen Weise als unendliche Reihe von Menschenbildern im Inneren auffasst: «Sie versetzen sich in der Seele in dieses Menschenphantom, und Ihre Seele erlebt etwas ganz anderes als dieses Menschenphantom. Sie erleben dasjenige, was sie gestern erlebt hat, noch einmal. [...] Morgen ist nichts da in unserem Menschenwesen von einem Eindruck von heute als das Phantom, das Abbild, und alles Übrige muss die Arbeit der Seele an diesem Phantom besorgen.»[442]

7.4.2 Die Unterrichtssituation

Die Erinnerung verdankt sich also nicht einem materiellen Vorgang, sondern ist das Erzeugnis der aktuellen, rein seelischen Tätigkeit des Menschen. Insofern kann nun verständlich werden, was Rudolf Steiner mit seinen Worten meint, «unser Gedächtnisschatz [sei] das erste wirklich Geistige».[443] Zugleich wird einsichtig, was es für den Schüler bedeutet, wenn der Lehrer über Jahre hinweg mit ihm jene Tätigkeiten erübt, welche die Erinnerungskräfte schulen: Ihm wird atmosphärisch vermittelt, dass man mit seinem geistigen Wesen rechnet – dass seine Erinnerungen eben nicht nur biochemische, materielle und damit vergängliche Gehirnströme sind, die durch gedächtnismäßiges Training Lernleistungen garantieren, sondern dass sich in der so wichtigen Tätigkeit des Erinnerns etwas Geistiges abspielt. Man schnürt ihn nicht ab von seiner geistigen Herkunft, sondern lässt ihn spüren, dass er ein Wesen ist, das einen übersinnlichen Ursprung hat, einen biografischen Weg geht und sich entwickelt. Im Geschichtsunterricht werden all diese Dinge nicht thematisiert, und dennoch werden die Schüler es unbewusst spüren, ob der Lehrer von dem Potenzial ihrer Erinnerungsfähigkeit weiß und dementsprechend in seiner Pädagogik auch handelt.

Der Schüler sitzt im Klassenraum, sieht die grüne Tafel, die blau lasierte Wand mit den Kunstdrucken, die Tische und die vielleicht schon etwas beschädigten Stühle, sieht und hört die Mitschüler und den Lehrer, seine Schuhe, Hose, Jacke, Gesicht und Frisur: Er befindet sich in der nüchternen Gegenwart dieses Tages am 2. Mai 2013. Persien, Rom, Canossa oder Tenochtitlan sind fern, nichts lässt ihn an frühere geschichtliche Zeiten denken. Schon diese Tatsache gäbe Anlass zu weitreichenden Reflexionen, ich möchte mich aber auf ein Zitat Lessings beschränken: «Wohl mir, dass ich das vergesse. Die Erinnerung meiner vorigen Zustände würde mir nur einen schlechten Gebrauch des gegenwärtigen zu machen erlauben. Und was ich auf itzt vergessen muss, habe ich denn das auf ewig vergessen?»[444] Lessing formuliert mit diesen Sätzen eine Geschichtsdeutung: Das Vergessen erlaubt dem Menschen Freiheit und das Engagement, seine Gegenwart unbelastet zu gestalten. Es ist historisch nötig, damit der Mensch seine Individualität entwickeln kann. So lebt der Schüler in seinem physischen Körper gebunden an die Sinneseindrücke im Hier und Jetzt des Unterrichts, von früheren Zuständen weiß er nichts.

Nun setzt die Darstellung des Lehrers ein, die erzählerisch geschichtliche Bilder ausbreitet. In diesem Moment ereignet sich ein geheimnisvoller Prozess: Der Schüler sieht zwar immer noch den Lehrer, gleichzeitig bringt er durch dessen Anregungen aber in seiner Fantasietätigkeit innere Bilder hervor, die so stark sein können, dass sie die äußere Wahrnehmung regelrecht in den Hintergrund treten lassen. Entscheidend ist nun, dass aus den geschilderten Gründen die Darstellung nicht quantitativ zahlreiche Inhalte beschreibt oder gar bloße Informationen oder Kommentare anführt, sondern dass durch Konzentration auf die eigentlichen Gebärden und durch deren klare, kraftvolle Kontur ein *plastisches* Bilden von Vorstellungen entsteht. Nun wird verständlich, warum Rudolf Steiner so nachdrücklich auf jenes «Modellieren» hindeutet: Es ist dies die Tätigkeit, die dem Ätherleib eigen ist, seine Kräfte sind identisch mit den plastischen Aufbaukräften des Leibes, aber zu einem gewissen Teil auch der Vorstellungstätigkeit. Der Schüler aktiviert hier in einem aus dem Alltag herausgehobenen Maß die Kräfte, die dem Erinnern zugrunde liegen und geistig sind, ihn also über seine bloße Leiblichkeit, diese umgestaltend, hinausführen. Wir müssen uns angesichts des Zuhörens des Schülers bei der Lehrererzählung immer vergegenwärtigen, dass in seinem Fühlen und Wollen Vorgänge stattfinden, die ihm nicht bewusst sind, die ihn aber verbinden mit einer über den gegenwärtigen Moment hinausgehenden Welt – wenn in ihm die entsprechenden seelischen Bewegungen angeregt werden. Wir hatten gesehen, dass der Astralleib überzeitlich ist. Seine Tätigkeit erscheint in der sichtbaren Welt – also hier in diesem Klassenraum – gar nicht voll. Von hier aus müssen zwei Prozesse beobachtet werden.

Der eine betrifft die Reaktionen des ganzen Wesens des Schülers auf die Erzählung. In ihm leben jene «Früchte», von denen Rudolf Steiner in der *Theosophie* spricht: Es waren bestimmte Erlebnisse, an denen er Lesen und Schreiben erlernt hat, und trotzdem bleiben natürlich nicht alle diese Erlebnisse aufbewahrt, sondern die durch sie gewonnenen Fähigkeiten. So bringt der Mensch auch aus seinen früheren Verkörperungen nicht alle

Erlebnisse mit, sondern die an den damaligen Lebenserfahrungen errungenen Fertigkeiten. Nach dem Tode legt die Seele ihre Leiblichkeit und damit ihre Erinnerungen nach und nach ab, bis der eigentliche Kern des Ich übrig bleibt, den man sich als rein geistige Tätigkeit vorstellen muss, denn räumliche Körperlichkeit gibt es ja nicht mehr.[445] Wenn dann nach den verschiedenen Stufen «auswertenden» Rückblickens dieser Kern mithilfe der Engelwesen nach und nach seine seelische, ätherische und schließlich physische Leiblichkeit wieder aufbaut, fließen in diesen Aufbau die Erfahrungen aus den früheren Leben ein, denn die möchte der Mensch ja aufgreifen, ausgleichen, verbessern, weiterentwickeln etc. Sein Astralleib mit den Erinnerungsbildern hatte sich nicht vollständig aufgelöst, ein konzentrierter «Rest» war geblieben und bis zu dem jeweiligen Moment des «Abstieges» in die neue Verkörperung aufbewahrt worden, um sich in die neue Konstitution wieder einzugliedern. Wenn also der Verstand des Schülers im Unterricht von seinen früheren Vergangenheiten abgeschnürt ist, so werden demgegenüber die durch das «Plastizieren» in Bewegung versetzten seelischen Gebärden unterbewusst zum Klingen gebracht. Wenn in entsprechender Weise von Ägypten erzählt wird, so regt sich die in seinen gegenwärtigen Fähigkeiten konstitutionell enthaltene Empfindungsseele, wenn über Griechenland gesprochen wird, die Verstandesseele, und vielleicht erinnert sich der Schüler noch an seine Freude in den unteren Klassen beim Rätsellösen, die ihm als Kind schon gegeben ist, während sie in früheren Zeiten hart errungen werden musste.

Vor dem Hintergrund dieser Zusammenhänge gewinnt nun ein wichtiges Ergebnis der Erinnerungsforschung an Bedeutung. Es ist heute allgemein bekannt, dass es vor allem Emotionen sind, welche das Erinnern maßgeblich befördern. So resümiert der Psychologe Stefan Granzow in seiner Studie über *Das autobiografische Gedächtnis*: «Es kann festgehalten werden, dass Ereignisse, die sich durch ausgeprägte Emotionalität und persönliche Bedeutsamkeit, häufig auch solche, die sich durch Überraschungsgehalt und Folgenschwere auszeichnen, auch über längere Zeiträume mit hohem Genauigkeitsgrad und in detaillierter Form erinnert werden können. [...] Abseits solcher ‹dramatischer› Ereignisse ist der immer wieder genannte zentrale Einflussfaktor hinsichtlich der Erinnerbarkeit von Ereignissen deren Seltenheit, Einmaligkeit oder Unterscheidbarkeit. Routineereignisse des täglichen Lebens können schnell nicht mehr erinnert werden, während seltene Ereignisse länger im Gedächtnis bleiben.»[446]

Ganz ähnlich weist Aleida Assmann in ihrem Kapitel «Stabilisatoren der Erinnerung» auf das antike mnemotechnische Traktat *Ad Herennium* hin, in dem dargestellt wird, dass es oft etwas außergewöhnliches Niedriges, Schändliches, Ungewöhnliches, Großes, Unglaubliches oder Lächerliches sei, das sich besonders gut in das Gedächtnis einpräge. Schließlich heißt es in dem Traktat: «Bilder müssen wir also in der Art festlegen, die man am längsten in Erinnerung behalten kann. Das wird der Fall sein, [...] wenn wir nicht stumme und unbestimmte Bilder, sondern solche, die etwas in Bewegung bringen, hinstellen.»[447] Aleida Assmann knüpft daran an: «Diese Anschauung der antiken Mnemotechniker stimmt erstaunlich genau mit Ergebnissen der neuesten Kognitionspsychologie überein. In einem Experiment haben amerikanische Psychologen zwei Probandengruppen eine identische Serie unbedeutender Dias vorgeführt. Während die eine Gruppe nur die Bilder zu sehen bekam, wurde bei der anderen Gruppe den Bildern eine dramatische, ja blutrünstige Geschichte unterlegt. Das Ergebnis war, dass Mitglieder der ersten Gruppe anschließend einen geringeren, die der anderen Gruppe einen signifikant höheren Teil der Bilder erinnerten. Obwohl in diesem Beispiel gerade nicht die Bilder, sondern der Text Träger des Affekts ist, bestätigt das psychologische Experiment doch die Bedeutung des Affekts für die Einprägsamkeit von Erinnerungen.»[448] Später wird Rousseau zitiert: «Alle Papiere, die ich gesammelt hatte, damit sie meine Erinnerungen ergänzten und mich bei diesem Unternehmen leiteten, sind in andere Hände übergegangen und werden nicht mehr in die meinen zurückgelangen. Ich habe nur einen treuen Führer, auf den ich zählen kann, das ist die Kette der Gefühle, die die Entwicklung meines Daseins begleitet haben, und durch sie die der Ereignisse, die ihre Ursache oder Wirkung gewesen sind. Ich vergesse leicht mein Unglück, aber ich kann meine Fehler nicht vergessen, und noch weniger vergesse ich meine guten Gefühle. Ihre Erinnerung ist mir zu teuer, als dass sie je aus meinem Herzen schwinden könnte. Ich kann Lücken in den Tatsachen lassen, sie verschieben, mich in den Daten irren, aber ich kann mich nicht über das täuschen, was ich gefühlt habe.»[449]

Aleida Assmanns Fazit: «Vom Affekt als einem instrumentellen Erinnerungsverstärker in der antiken Mnemotechnik gelangen wir bei Rousseau zum Affekt als hartem Kern von Erinnerungen. Dazu schreibt Jean Starobinski: ‹Das Gefühl ist das unzerstörbare Zentrum des Gedächtnisses. [...] Die Wahrheit, die Rousseau uns mitteilen will, betrifft nicht die genaue Situierung biografischer Tatsachen, sondern zielt auf die Beziehung, welche er zu dieser Vergangenheit unterhält.›»[450] Rudolf Steiner spricht genau diesen Sachverhalt an, wenn er die Wirkung von Interesse auf das Gedächtnis beschreibt,[451] und es ist für ihn gerade die Entwicklung der leibfreien, imaginativen Erinnerung, die durch «gefühlsmäßiges Interesse» ihre Anregung erfährt.[452] Er empfiehlt dementsprechend eine Übung, die dieses Interesse schult: Man möge z.B. nach dem Lesen eines Romans kurz notieren, was man interessant an ihm fand. Es ist der innere Bezug zum Gegenstand, der für die Erinnerungstätigkeit offenbar eine gravierende Rolle spielt. Es kann gerade nicht darum gehen, das Subjekt aus dem Prozess herauszuhalten, das Gefühlsleben ist vielmehr geradezu das Medium, in dem sich Erinnerung vollzieht. Das Fühlen steht aber nicht isoliert da, sondern ist abhängig davon, was der Mensch will. Man denke hier an die Empfehlung Steiners, Geschichtsunterricht immer von den gegenwärtigen Erlebnissen und Situationen des Schülers ausgehen zu lassen, oder an seine Charakterisierung des Jugendalters, bei dem nun alles darauf ankomme, dass der Heranwachsende ein interessiertes Verhältnis zur Welt, einen Bezug zu seiner Umgebung entwickele. Interesse ist Ausdruck emotionaler Verbindung mit dem Gegenstand, aber auch einer willentlichen Zuwendung. Nicht zufällig stellt Steiner der Empfehlung aufzuschreiben, was man an dem Roman interessant fand, diejenige vor-

an, seinen Inhalt rückwärts vorzustellen.[453] Wieder haben wir die Rücklaufübung, wieder in anderer Gestalt, und auch hier gibt es einen direkten
Bezug zum Geschichtsunterricht, bei dem wir die Wirkung der zeitlich
umgekehrten Betrachtung thematisiert haben. Es ist Willenstätigkeit,
die emotionale Beziehung schafft und damit schließlich Erinnerung befördert. Nicht umsonst rät die antike Mnemotechnik zu dramatischen
Bildern, die erschrecken, begeistern, Staunen hervorrufen, und beschreibt
der moderne Psychologe, dass es die «dramatischen», überraschenden
und folgeschweren – also existenziellen – Erlebnisse sind, die lange und
präzise erinnert werden, daneben aber auch seltene, ungewohnte Ereignisse, also Momente, die uns aus Denkgewohnheiten herausreißen und
damit die Willenstätigkeit im Erkennen provozieren – ein Vorgang, den
wir z.B. an den geschichtlichen Erkenntnisgrenzen beobachtet hatten.

Gleich im ersten Vortrag des *Ergänzungskurses* kommt Steiner auf die
Frage zu sprechen, was Erinnerung sei, und beginnt auch hier gleich mit
der ihm so wichtigen Charakterisierung des Missverständnisses, dass ein
Begriff nach seiner Bildung «in derselben Form im Unterbewussten herumschwimmt und dann wiederum aus diesem gedächtnismäßig heraufgeholt wird. Das ist durchaus nicht der Fall. Die Vorstellung, die wir mit
dem Kinde erarbeitet haben, ist, wenn das Kind nicht daran denkt, gar
nirgends vorhanden. [...] Dasjenige, was geschieht, wenn das Kind gedächtnismäßig eine solche Vorstellung wieder entwickelt, ist etwas ganz
anderes, als man gewöhnlich meint, dass da die Vorstellung aus dem Unterbewusstsein heraufgehoben wird.»[454]

An diese Darstellung schließt Steiner die Äußerung an, der wirkliche
Vorgang des Erinnerns sei sehr kompliziert, hilfreich sei aber bereits, sich
etwas anderes vor Augen zu führen: «Wenn wir auf das Bleibende des
Vorstellungslebens sehen, das dann als Erinnerung wieder auftaucht, so
ist die Summe der Vorgänge, die dann zu dem führen, was erinnert wird,
eigentlich in derselben Seelenregion des Menschen vorhanden, in welcher
das Gefühlsleben vorhanden ist. Das Gefühlsleben mit seiner Freude, seinem Schmerz, seiner Lust und Unlust, Spannung und Entspannung und

so weiter, dieses Gefühlsleben ist dasjenige, was eigentlich der Träger des Bleibenden der Vorstellung ist und aus dem die Erinnerung wiederum geholt wird. Unsere Vorstellung verwandelt sich durchaus in Gefühlsregungen, und diese Gefühlsregungen sind es, die wir dann wahrnehmen und die zur Erinnerung führen. Dieses ist aus dem Grunde wichtig zu wissen, weil wir in der Pädagogik und Didaktik ganz besonders darauf Rücksicht nehmen müssen. Wenn wir einem Kinde, wie man heute in einer ganz verfehlten Pädagogik so vielfach glaubt, immer nur Anschauungen beibringen und darauf sehen, dass das Kind alles sich genau anschaut und ganz und gar nur anschaut, dann sind für das Kind doch sehr wenig Erinnerungshilfen vorhanden. Dagegen sind viele Erinnerungshilfen vorhanden für das Kind, wenn wir versuchen, mit einem gewissen inneren Temperament, in einer temperamentvollen Weise den Unterricht zu begleiten mit Gefühlsmäßigem; wenn wir mit anderen Worten so in den Unterricht eingehen, dass wir ihn immerfort durchspicken mit der Möglichkeit, dass das Kind zu einem sanften, inneren, nicht ganz herauskommenden humorvollen Lächeln über das eine oder andere kommt, oder auch zu einer gewissen Herbigkeit oder Traurigkeit kommt; wenn wir also versuchen, niemals bei dem bloß Intellektuellen zu bleiben, sondern überzugehen zu Gefühlsbegleiterscheinungen des Unterrichtens. Das ist von einer außerordentlichen Wichtigkeit, obwohl für den Lehrer in einer gewissen Weise unbehaglich und unbequem, denn er muss hier natürlich an seine Geistesgegenwart größere Anforderungen stellen, wenn er die Kinder anregen will, gefühlsmäßig die Dinge, die man vorbringt, zu begleiten, als wenn er ihnen einfach erzählend oder auf Anschauung weisend einen Stoff beibringt. Es brauchen Gefühlserregungen durchaus nicht im pedantischen Sinne gerade an dasjenige anzuknüpfen, was man behandelt. Man kann den Gedankengang oder den Empfindungsgang erweitern, vielleicht sogar auf Nebensachen erweitern, aber versuchen, dass das Kind, während man es unterrichtet, eben auch immer Gefühlsregungen hat. Solche Gefühlsregungen sind wesentliche Erinnerungshilfen.»[455] Hier ist natürlich vom zukünftigen Behalten des jetzt Gelernten die Rede, nicht von Erinnerungen an frühere geschichtliche Zeiten – die Aufgabe besteht nun aber darin, immer den oben aufgezeigten Zusammenhang mitzudenken, dass gleichzeitig mit dem Erstarken der «gewöhnlichen» Erinnerung deren Kraft sich so erweitert und emanzipiert, dass sie nicht nur das leibliche Gedächtnis stärkt, sondern damit zugleich mehr und mehr empfänglich wird für die imaginativen Wahrnehmungen der vor der eigenen Biografie liegenden Vergangenheiten.

Die zahlreichen Anregungen, die Steiner zum Geschichtsunterricht gibt, zeigen sämtlich eine große Verwandtschaft mit den Ergebnissen der Erinnerungsforschung. Der Grund dafür ist nun deutlich. Wenn im plastisch-dramatischen Schildern von Geschichte Wille und Gefühl angesprochen werden, so wird der Astralleib des Zuhörers in Aktivität versetzt, und dies initiiert Erinnerungsvorgänge. Indem die plastischen Qualitäten der Erzählung den Ätherleib in Bewegung bringen, ist der Schüler seelisch nicht mehr an den sinnlich beherrschten, physischen Leib gebunden, sondern kann sich nach innen, auf seine geistigen Prozesse umwenden. Es wird der rein seelische Innenraum aufgerufen, die Tätigkeit wird aktiviert, die auf die äußeren Reize mit Empfindungen antwortet. Wenn also Interesse und Gefühle im Zuhörer entstehen, dann ist das der Ausdruck der geistigen und damit überzeitlichen Realität des Astralleibes. Dieser erlebt an den ätherischen Bewegungen die Bilder der Vergangenheit. Sobald ein Gefühl auftritt, ist der Schritt vom sinnlichen Hier und Jetzt zum autonomen Innenraum vollzogen und Er-*innerung* wird angeregt.

Wir waren bereits auf die Entdeckung gestoßen, dass die Geschichte selbst sich ja auch niemals dem gegenständlichen Verstande zeigt, sondern sich in den un- bzw. halbbewussten Schichten der Willensimpulse und Gefühle abspielt. Erinnern gelingt deshalb so gut auf der Grundlage von Gefühlen, weil der Inhalt der Erinnerungen eben in dieser Welt des Fühlens angesiedelt ist. Wir hatten gesehen, dass sich diese Welt mitteilt in unseren Träumen. Es kommt nicht von ungefähr, dass einer der Väter der Erinnerungsforschung – Sigmund Freud – den Traum ins Zentrum seiner wissenschaftlichen Bemühungen gestellt hat. Entscheidend ist nun aber, dass die Wirklichkeit der Geschichte selber sich, wie gezeigt, als Traum darstellt; es sei noch einmal Rudolf Steiner zitiert: «Geschichte wird geträumt. Der große Traum des Werdeganges der Menschheit, das ist Geschichte.»[456]

Es kann also gerade nicht darum gehen, das Gefühlsleben des Erkennenden aus der Geschichtsbetrachtung auszuschließen, denn reale historische Erinnerung, die die gewünschten «Erfahrungstatsachen» liefert, hat im Gefühlsleben ihren Ort, der sich wiederum im Traum äußert. Der Astral- oder «Bilderleib» ist als unser überzeitlicher Seelenleib die Instanz, die mit dem Zusammenhang der Geschichte verbunden ist. Aus ihm fließt die traumbildende Kraft, die uns Bilder vermittelt, welche auf eine tiefere Schicht unseres Lebens hinweisen als die bewussten Vorstellungsbilder des Tagesbewusstseins. Was geschieht aber mit dieser Kraft, wenn sie sich noch weiter mit dem Organismus verbindet als im Traum, das heißt also, wenn sie ins Tagesbewusstsein hineinwirkt? Dann entsteht die Erinnerung, das Gedächtnis: «Der Traum taucht unter in den physischen Leib, wird dadurch in die Ordnung der physischen Welt eingeschaltet und bildet nun die nicht mehr chaotische, sondern die in die physische Welt eingeschaltete Erinnerung, den Inhalt des Gedächtnisses. [...] In dem physischen Leibe wird die Traumeskraft zur Erinnerungs-, zur Gedächtniskraft.»[457] Traum und Erinnerung haben also dieselbe Wurzel, und wenn ich als Pädagoge die «Träume» der Geschichte erzähle, dann bedeutet dies, dass ich bei den jüngeren Kindern zunächst das leibliche Gedächtnis bekräftige und stärke, im Jugendalter dann aber das Erinnern vorbereite, sich allmählich zu erweitern und durchlässig zu machen für die außerleiblichen Erlebnisse, die unmittelbar in die eigentlichen Zusammenhänge des geschichtlichen Lebens hineinführen. Hier liegt auch der Unterschied zur Mnemotechnik und anderen Methoden der *Einprägung* von Erinnerung: Es geht bei der Geschichtserkenntnis und ihrer Didaktik ja nicht um Strategien des Behaltens von Lerninhalten für die Zukunft – also eine «Verleiblichung» des Erlebten –, sondern um ein

Befreien der Erinnerungskraft von ihren körperlichen Bindungen mit dem Ziel der Erfahrung vergangener Geschichte. Es geht nicht um ein «Eintrichtern» mithilfe emotionaler Mittel, sondern um die durch die Gefühle getragene Bewegung durch die Zeit, hin zur Realität einer vergangenen Welt – insofern also nicht um didaktische Nützlichkeit, sondern um Wirklichkeitserkenntnis.

7.4.3 Symbol und Erinnerung

Vor dem Hintergrund des zuletzt entwickelten Verständnisses von Erinnerung erhalten methodisch und menschenkundlich die Märchen und Mythen eine ganz wesentliche Bedeutung. Ihre Bilder geben nicht naturalistisch-abbildhaft die äußere, sinnliche Welt wieder, sondern es sind Bilder, die – ob Götter, Zwerge, Elfen oder Brunnen – eine Wirklichkeit hinter oder über den Sinnen ansprechen und die vor allem in einer Art und Weise *komponiert* sind, die wie die Bildinhalte selbst ganz deutlich eine Traumstruktur aufweisen. Rudolf Steiner macht in diesem Zusammenhang auf den Autor des Buches *Das Rätsel der Sphinx*, Ludwig Laistner, aufmerksam, der Entscheidendes zur Erinnerungsforschung beigetragen habe.[458] Steiner hebt hervor: Das Wertvolle bei Laistners Ansatz bestehe darin, dass er die Mythen gar nicht durch inhaltliche Deutungen, sondern durch die Untersuchung ihrer kompositorischen Struktur aufzuschließen unternahm. In dieser erfasse er die Dramatik, also die kompositorische Gestalt des Traumes, durch den ihm wiederum die Mythen verständlich geworden seien. Deren Bilder sind für Steiner so zusammengefügt, dass man von den Vorstellungen des wachen Alltagsbewusstseins weg und in eine tiefere Realitätsschicht hineingeführt wird, die einen hinweist auf die verborgenen Hintergründe und Wahrheiten des Daseins. In Kap. I. 2. war bereits dargestellt worden, dass die Traumbilder nicht nur wesentlich stärkere Empfindungen vermitteln als gewöhnliche Vorstellungsinhalte, sondern auch das zeitliche Erleben ein ganz anderes wird. Im Traum entstehen Vergangenheits- und Zukunftswahrnehmungen, wie sie sonst nie möglich wären, sodass Steiner an anderer Stelle sogar eine Definition von «Zukunftswissenschaft» aus dem Traum ableitet: Zukunft gehe nie aus der empirischen Wahrnehmung dessen hervor, was gerade vor Augen liegt, sondern «eine zweite Welt von Gesetzen» sei nötig,[459] die unsichtbar sei und erleben ließe, wie die Zukunft wie im Keim anwesend sei: Diese Gesetze habe man früher in Märchen und Mythen erlebt und mit dem Traumleben in Verbindung gebracht.[460] Mythische Bilder sind nicht künstliche oder gar abgehobene Erdichtungen und auch nicht naive Konstruktionen, mit denen früher die Menschen Unerklärliches handhabbar gemacht haben, sondern sie sind die Methode, Wirklichkeit zu vermitteln: Sie erwecken die Erinnerungen, in denen die eigentlichen, geistigen Hintergründe der äußeren, physischen Welt und damit die überzeitlichen Geschichtskräfte erlebbar werden.

Ernst Cassirer hat bereits herausgearbeitet, dass es noch andere, aber keineswegs schlechtere oder untauglichere Formen der geistigen Weltaneignung gibt als die Vorstellungen des rationalen, begrifflichen Denkens. Seine *Philosophie der symbolischen Formen* charakterisiert die Qualitäten des Erkennens, die an den Mythen bzw. Märchen oben beschrieben wurden.[461] Mit seinem Verständnis von «Symbol» berührt er ein Motiv, das immer wieder von der Erinnerungsforschung aufgegriffen wurde. Es war bereits auf die Ansätze von Aby Warburg hingewiesen worden, der sich explizit auf die Symboltheorie von Friedrich Theodor Vischer bezog, um entwickeln zu können, wie das «Kunstbild» den Menschen im Betrachtungsvorgang in Erinnerungsprozesse hineinführt.[462]

Auch Aleida Assmann führt als zentralen «Stabilisator» von Erinnerung das Symbol an. Um ihre Auffassung zu veranschaulichen, referiert sie ausführlich die *Erinnerungen an einen alten Menschen* von dem polnischen Autor Andrzej Szczypiorski.[463] Dieser hatte als junger Messdiener dem Kapuzinerpater Anicet assistiert, welcher als Deutscher in Warschau in der Armenfürsorge und Sozialarbeit aktiv war, sich den Nazi-Behörden gegenüber aus freien Stücken als Pole ausgab und 1941 in den Gaskammern von Auschwitz umkam. Die ursprüngliche Erinnerung des Dichters an diesen Mann war sehr unspektakulär und nüchtern: «ein kleiner, gebeugter alter Mann in ziemlich unsauberem Habit, mit Sandalen an den bloßen Füßen».[464] Nun hat sich im Laufe der Zeit diese Erinnerung immer mehr verwandelt, die Bedeutung dieser unscheinbaren Eindrücke wuchs mehr und mehr, bis Szczypiorski im Alter einen völlig anderen Eindruck von Anicet gewonnen hatte: «Heute ist er für mich eine zentrale, auf jeden Fall eine sehr wichtige Gestalt meines geistigen Abenteuers. [...] Eigentlich könnte man sagen, Pater Anicet sei in meiner Erinnerung, in meinem geistigen Reifeprozess ein gewissermaßen ex post inszenierter Held; er füllt eher eine Lücke der Fantasie als der erlebten Wirklichkeit.» Szczypiorski bezeichnet den erinnerten Anicet insofern «als ein gewisses Symbol, als von meiner Fantasie zum Range des Symbols erhobenes Schicksal. [...] Vielleicht ist es gar nicht wichtig, welche Rolle er 1940 oder 1941 in meinem Leben gespielt hat, sondern allein wichtig, welche Rolle er heute spielt, wer er heute für mich ist und bis zum Ende meiner Tage für mich bleiben wird, dieser alte, gebeugte Mann, von dem ich früher nichts wusste und den ich mir später aus Erinnerungs-Bruchstücken zusammengefügt habe als Symbol meiner eigenen Verwandlung und geistigen Reifung.»[465] Es ist sehr interessant zu verfolgen, wie Szczypiorski hier in der Beschreibung dieser für ihn so wichtigen Gestalt des Paters den Erinnerungsvorgang und die zunehmende Herausbildung symbolischer Bedeutung der Erinnerung ineinander verschränkt und wie eine wesentliche Rolle dabei die Fantasie, der produktive (und nicht nur «quellenkritische») Umgang mit den Bruchstücken sowie das Erleben eines zeitlichen Reifungsprozesses spielen. Diese Faktoren haben wir oben sämtlich als wesentliche Träger des Erinnerns ausgemacht. Der Dichter hat sich nicht empiristisch auf die ersten und damit angeblich faktisch «richtigsten» Erinnerungen fixiert, sondern erlaubt sich das Ernstnehmen der sich verwandelnden Eindrücke, das schöpferische Hervorbringen *neuer* Erinnerungsbilder. Als hierfür verantwortliche Kraft benennt er die Fantasie. Diese hatten wir genau wie die Erinnerung als Kraft des Ätherleibes erkannt, und es war deutlich geworden, wie im aktuellen Akt des Erinnerns der Ätherleib die Erinnerungsvorstellung neu, wenn auch nicht willkürlich produziert. Die hierfür notwendige innerseelische Bewegung könnte sich gar nicht klarer ausdrücken als in der Tatsache, dass Szczypiorski an sich selbst – in seiner Reifung – das Erleben des sich in der Zeit bewegenden und verändernden Seelenlebens erfahren hat. Er selbst unterscheidet Fantasie und Wirklichkeit, faktische Erscheinung und subjektive Bedeutung und spricht von «Inszenierung». Aleida Assmann nimmt seine Eindrücke ein wenig vor seiner eigenen Skepsis in Schutz: «Es wäre wiederum voreilig, diese zum Symbol geronnene Erinnerung schon deshalb als Fiktion und Lüge zu bezeichnen, nur weil sie erklärtermaßen nichts mit der historischen Wahrheit zu tun hat. Die Wichtigkeit dieser ‹durch zwischenzeitlich erworbene Deutungsmuster› aufbereiteten Erinnerungen sollte man nicht unterschätzen. Solche Umdeutung, die, wie das Beispiel zeigt, nicht notwendig mit ‹Umfälschung› gleichzusetzen ist, leistet einen wichtigen Beitrag zur Stabilisierung von Erinnerungen im Aufbau einer persönlichen Identität.»[466] Rudolf Steiner geht in einem Vortrag 1921 direkt auf diese «Umfälschungen» ein: «Man wird auch wohl unterscheiden können zwischen dem, was gegenüber der Erinnerung die berechtigte und zum Künstlerischen hinarbeitende Fantasietätigkeit ist und was das Umfälschen der Erlebnisse ist.» In beiden Fällen aber – in der Fantasietätigkeit und in der Umgestaltung von Erinnerungen – sieht Steiner die produktive Möglichkeit veranlagt, objektive geistige Wahrnehmungen zu entwickeln: «Dieselbe seelische Kraft, die im Erinnern lebt, [wird] in etwas anderes metamorphosiert. Nur muss die Metamorphose so geschehen, dass die ursprüngliche Erinnerungskraft dadurch nicht etwa erst getrieben werde zum Umfälschen, sondern dass diese ursprüngliche Erinnerungskraft dadurch, dass man auch etwas anderes aus ihr zu machen versteht, umso mehr hingetrieben wird zur innerlichen Treue und Wahrhaftigkeit.»[467] Steiner beschreibt hier also auch das Problem, dass durch unsere körperliche Organisation die Erinnerungen subjektiv verzerrt werden, und fordert zum Teil strenger als die zitierten Autoren ihren Wahrheitsgehalt ein. Der Weg zur Verobjektivierung von Erinnerung geschieht für ihn aber nicht durch Hinzuziehung von Mitteln, die außerhalb der eigentlichen Tätigkeit des Erinnerns liegen, sondern durch deren *Metamorphose*, die durch Fantasietätigkeit geleistet wird. In dieser sieht er einen Realitätsgehalt, der die Wahrheit der Erinnerung nicht verschleiert, sondern geradezu garantiert. Die Methode, die der Fantasietätigkeit hier zugrunde liegt, führt uns unmittelbar zu unserem Ausgangspunkt zurück: Steiner empfiehlt ein «Ruhen» auf willkürlich erstellten Inhalten, die er in den zwei vorangehenden Vorträgen bereits erläutert hat: Er spricht hier zunächst von «leicht überschaubaren, selbst gemachten Vorstellungen», die man sich «vor die Seele stellen» solle. Er empfiehlt hierfür «*symbolische* Vorstellungen», weil die am leichtesten zu überschauen seien. Wenn man diese Vorstellungen nun innerlich so anwesend sein lasse wie Erinnerungsvorstellungen, dann ahme man nach, «was im Erinnern geschieht», Bilder würden «dauernd gemacht», bis diese Dauer sich immer weiter ausdehne und sich ein innerer «Muskel» entwickele, durch dessen Kraft Imaginationen entstünden,[468] in denen «die Zeit zum Raum» werde.[469] Die Erweiterung der Erinnerungskraft durch ein Erüben einer sich über sie erhebenden «analogen» Kraft anhand von einem «Dauerndmachen» einer inneren Vorstellung ist ausgesprochen ähnlich den oben schon angeführten Übungen zur Weiterentwicklung des Erinnerns zur Imagination – das Ergebnis ist identisch. Entscheidend ist hier nun, dass der Inhalt, an dem dies geschehen kann, als «Symbol» bezeichnet wird. Warum gelangen Menschen, die versuchen zu beschreiben, wie Erinnerung entstehen kann, immer wieder zum Symbol?

Im Kapitel über den Symbolbegriff Goethes waren die Qualitäten des Symbols bereits eingehend beschrieben worden. Ganz wesentlich ist der Umstand, dass das Symbol einerseits ein sinnlicher Inhalt ist, also den Menschen in seiner diesseitigen, physischen Existenz anspricht, und dass es zugleich diese sinnliche Existenz über sich selbst hinausführt, also dem Menschen sein geistiges Wesen erleben lässt. Diese Merkmale

346

wohnen ihm inne, weil es ein Bild ist und nicht ein abstrakter Begriff, zugleich aber ein Sinn-Bild, also nicht bloß ein gewöhnlicher Vorstellungsinhalt. Ein Bild besteht aus sinnlichen Wahrnehmungsinhalten und spricht damit nicht nur die Ratio, sondern das ganze Empfindungsleben an, als Sinnbild sind diese sinnlichen Inhalte aber so strukturiert, dass an ihnen etwas erlebbar wird, was mehr ist als nur der bloße äußere Eindruck, etwas wie ein Geheimnis, eine verborgene, tiefere Quelle unserer Existenz. Es ist bezeichnend, dass Szczypiorski den symbolischen Charakter seiner Erinnerung damit einführt, dass diese Erinnerung mit zunehmender innerer Reifung immer größere biografische Bedeutung, also Sinnhintergrund, gewonnen hat. Das Symbol ist ein signifikanter Sinnesinhalt, der Zusammenhang und damit Sinn und Zukunft aufscheinen lässt. Wir hatten zugleich erkannt, dass mit einem solchen Symbolverständnis eine bestimmte Anschauung von der Betrachtertätigkeit des Rezipienten einhergeht, der den Ausdrucksgehalt des Symbols nicht in passiver Haltung erfassen kann, sondern nur in aktiver seelischer Tätigkeit überhaupt die Wirklichkeit des Symbols erfährt. Das Sinnbild regt durch seine Struktur den Menschen an, seelisch produktiv zu werden, schöpferische Kräfte freizusetzen, die nach einem «Dahinter», nach Ursprung und Wirklichkeit fragen. All diese Qualitäten sind, wie gezeigt wurde, die Faktoren, die den Erinnerungsprozess anregen: produktive Seelentätigkeit, Gefühl, das Tasten hinter den Schleier der äußerlich-gegenwärtigen Erscheinung usw. Rudolf Steiner hat als Übungsweg zur höheren, imaginativen Erkenntnis in seinen Schriften wiederholt das «Symbolisieren» beschrieben, in dem der Meditierende sich eine symbolische Vorstellung – z.B. das Rosenkreuz – innerlich intensiv vor Augen stellt.[470] Nicht durch den bloßen Inhalt der Bilder (das Kreuz und die Rosen), sondern durch die Art ihrer Zusammenfügung wird der Erkennende vom *Was* zum *Wie* geführt und erlebt schließlich jene seelischen Bewegungen selbst, die seinem Vorstellen zugrunde liegen: die Gebärden seines Ätherleibes, dessen Kräfte eben auch die Quelle seines Erinnerns sind. Unsere Ausgangsbetrachtungen zum

Symbol als Brücke zur symptomatologischen Geschichtserkenntnis und die Untersuchungen zur Erinnerung erweisen sich an dieser Stelle nun als zwei Seiten derselben Tatsache. Es ist insofern ein bemerkenswerter Umstand, dass Rudolf Steiner in dem erwähnten ersten Vortrag über *Okkulte Geschichte* einerseits für die Geschichtserkenntnis den Begriff des «Symbols» einführt und andererseits dann direkt einen karmischen Zusammenhang zwischen einem griechischen Orphiker und der glänzenden und tragischen Gestalt der Hypatia herstellt, der vor seinen Zuhörern 1910 einen geschichtlichen Erinnerungsvorgang initiiert. Seine Vorträge über karmisches Erinnern enthalten, wie wir sehen konnten, immer wieder Hinweise auf das «Symbolisieren» als Übungsweg zur erweiterten Erinnerung, also zur Imagination, und auch in den zitierten Vorträgen über Reinkarnation und Karma und ihre Erkenntnis im Mai 1924 verwendet Steiner einen im direkten Zusammenhang mit Goethes Symbolbegriff stehenden Ausdruck. Nachdem er geschildert hat, wie ihm an den Händen Frank Wedekinds etwas über dessen Schicksal aufgegangen sei, resümiert er: «In unserer Zeit, sagte ich, sind ja mancherlei merkwürdige Persönlichkeiten aufgetreten, die dastehen, ohne dass man den Zusammenhang voll überblicken kann. Da handelt es sich dann darum, gerade bei solchen Persönlichkeiten auf dasjenige hinschauen zu können, was bei ihnen eklatant, bedeutsam ist. Dass einer ein großer Künstler wird zum Beispiel, das ist etwas, was zum kleinsten Teile bedingt zu sein braucht in seinem Karma. Aber *was* er gerade in dieser Kunst treibt, *wie* er in dieser Kunst sich benimmt, das ist etwas, was im Karma besonders bedingt ist. So zum Beispiel Dinge, die, ich möchte sagen, das Leben eigentlich poetisch machen, die enthüllen sich gerade vor einer karmischen Betrachtung.»[471]

Das Leben «poetisch» zu betrachten ist ganz im Sinne Goethes gemeint als Erleben des signifikanten, symbolhaften Ausdrucks einer äußeren Erscheinung, der ihren lebendigen, seelisch-geistigen Hintergrund erfahrbar macht. Die geschichtliche Erscheinung, die diesen poetischen Charakter hat, ist das Symptom. Wenn uns in der historischen

Betrachtung ein Symptom begegnet, dann bemerken wir es daran, dass wir an ihm jene atmosphärischen Qualitäten erleben, die dem Symbol eignen. Der Bildcharakter des Symptoms ist identisch mit den Merkmalen des Symbols, die in der beschriebenen Weise beim Menschen den Erinnerungsvorgang auslösen. Historische Symptomatologie ist Erinnerungswissenschaft. Sie erzählt nicht aufs Neue Märchen und Mythen, sondern praktiziert bewusste Imagination. Pädagogisch wird man in den unteren Klassen tatsächlich Mythen vortragen und sie mit den Schülern ein Stück weit innerlich bewegen, in der Oberstufe wird aber eine Bilderkenntnis eingeübt, die imaginativ-wissenschaftlichen Charakter hat (siehe Teil III).

7.4.4 Der Moment der geschichtlichen Erkenntnis

Von ausschlaggebender Bedeutung für den eigentlichen, letzten Moment der geschichtlichen Erkenntnis sind die Vorgänge *nach* dem Unterricht. Wenn man sich vergegenwärtigt, dass sich im Schlaf Astralleib und Ich des Menschen aus dem physischen Leib und dem Ätherleib herauslösen und sich in dieser Zeit in ihrer geistigen Heimat befinden, die zugleich die Ursachenschicht der historischen Ereignisse ist, so erscheinen die Vorgänge im Unterricht noch einmal in einem ganz eigenen Licht. Gelingt es dem Lehrer tatsächlich, jene Fantasiekräfte im Schüler aufzuwecken, welche die geschichtlichen Bilder in ihren Gebärden «stark», «energisch» und konturiert ausplastizieren, dann haben diese Bilder eine solche Qualität, dass sie mitgenommen werden können in die geistige Welt, dort eingegliedert und im Zusammenhang mit den überzeitlich-geschichtlichen Mächten weiter ausgestaltet werden. In der erwähnten Karmaübung spricht Steiner hinsichtlich dieser geistigen Schicht, in der die in der Erinnerungsübung gewonnenen Bilder ausgestaltet werden, von der «Substanz» des «äußeren Äthers», «der äußere Äther bildet die eigene Substanz dem Bilde ein».[472] Im *Ergänzungs-*

kurs heißt es ähnlich: Astralischer Leib und Ich «sind aber während des Schlafes in einer ganz anderen Umgebung. Sie machen etwas durch, was sie nur während des Schlafes durchmachen, und dasjenige, was Sie dem Kinde beigebracht haben, macht die Sache mit; macht sie mit eben in denjenigen Wirkungen, die in dem astralischen Leib und dem Ich geblieben sind. Sie müssen daran denken, dass Sie dasjenige, was Sie dem Kinde auf dem Umweg durch das Physische beibringen, hineinleiten in den astralischen Leib, in das Ich; und dass Sie dadurch eine Wirkung ausüben auf die Art und Weise, wie das Kind vom Einschlafen bis zum Aufwachen lebt, und dass Ihnen am nächsten Tag das Kind dasjenige mitbringt, was es da zwischen dem Einschlafen und dem Aufwachen durchgemacht hat.»[473] Im Unterricht kommt der Schüler also zu Erlebnissen, die dann in der veränderten, nämlich rein geistigen Umgebung etwas ihr Entsprechendes «mitmachen».

Was heißt diese «Sache» nun konkret auf die geschichtlichen Erlebnisse bezogen? Die in der inneren Tätigkeit im Unterricht gewonnenen Bilder verlassen den gegenwärtigen, auf diese Inkarnation fixierten menschlichen Organismus, fließen ein in das Tableau der wie räumlich nebeneinanderstehenden, aber nicht mehr zeitlich getrennten Weltereignisse, zu denen die eigenen früheren Erdenleben genauso gehören wie andere, nicht mit den persönlichen Erlebnissen verbundenen Vorgänge. Hier geschieht letztlich also die eigentliche, über die momentane Biografie hinausgehende historische Erinnerung, von der der Schüler in seinem gewöhnlichen Tagesbewusstsein im Klassenraum nichts weiß. Die von ihm hervorgebrachten Bilder werden durch diese «Erinnerungen» ergänzt, der gesamte geschichtliche Entwicklungsweg teilt sich ihnen also gestaltend-produktiv mit und gibt dem Schüler die Orientierung und die Anstöße bzw. die Kräfte, die er schon am nächsten Tag wieder braucht. Wenn der Schüler aufwacht und morgens in die Schule kommt, hat er diese Vorgänge vergessen, stattdessen sind in seinem Kopf wie «Fotografien» die äußeren, gedächtnismäßigen Erinnerungen vom Vortag.[474] In diese senken sich unbewusst aber nun bei gelingendem auswertendem

Gespräch – ein sehr sensibler Moment des Unterrichts – jene geistigen Erfahrungen aus der Nacht wie eine Essenz ein und initiieren die geschichtliche Erkenntnis des Schülers.

Sowohl in der Karmaübung als auch in den pädagogischen Vorträgen wird nun beschrieben, wie ein über ein bis drei Nächte verlaufender Prozess stattfindet, in dem im Wechselspiel zwischen Tageserlebnissen, nächtlicher Verarbeitung und morgendlichem Einsenken der Erlebnisse in den leiblichen Organismus die geistigen Erfahrungen sich vom Astralleib über den Ätherleib bis schließlich in den physischen Leib einprägen und die gesamte Konstitution des Menschen bzw. des Schülers gesundend umgestalten.[475]

«Erinnerung» im Geschichtsunterricht ist also ein äußerst komplexer Vorgang. Durch das aktive seelische Nachmodellieren der imaginativen Gebärden geschichtlicher Ereignisse, Strukturen oder Persönlichkeiten vollzieht sich in den unterbewussten Schichten der menschlichen Konstitution im rhythmischen Wechsel von Wachen und Schlafen eine Wahrnehmung der im eigenen Inneren anwesenden Zustände der vergangenen Zeiten. Die historischen Ereignisse gehen nicht verloren, sondern sie sind aufbewahrt in den geistigen Spuren, die sie in der übersinnlichen Welt hinterlassen haben. Die äußeren Erlebnisse mögen vergehen, sie hinterlassen aber im menschlichen Wesen eine Frucht, ein Fähigkeit als Ergebnis, und diese trägt das unvergängliche Ich durch die Zeiten. Es ist insofern geradezu notwendig, von einem universalen historischen «Gedächtnis» zu sprechen, das genauso real ist wie unser autobiografisches Gedächtnis. Rudolf Steiner spricht hier in Anlehnung an einen asiatischen Begriff von der «Akasha-Chronik».[476] Diese «Chronik» ist nicht abstrakt über den Köpfen der Menschen angesiedelt, sondern macht sich täglich und konkret im individuellen Menschen selbst geltend.

7.4.5 Der Angriff auf die Erinnerung.
Die pädagogischen Aufgaben

Es ist eine dringliche Aufgabe der Pädagogik, die Realität des Erinnerns ins wissenschaftliche Bewusstsein zu rücken. Es ist merkwürdig, dass genau in dem Moment, in dem geistesgeschichtlich die Bedeutung der Erinnerung paradigmatisch entdeckt wird, die Kinder und Jugendlichen einem beispiellosen Angriff auf ihre Erinnerungskräfte ausgesetzt sind. Dies geschieht einerseits inhaltlich, indem in Büchern sowie in Filmen massiv auf historische Stoffe wie Troja, die Schlacht bei den Thermopylen, Alexander den Großen u.v.m. oder auf uralte mythologische Bilder aus Keltentum, germanischer Welt, mittelalterlicher Ritterepik usw. zurückgegriffen wird, diese Inhalte dann aber so verzerrt und von den Interessen gegenwärtiger Unterhaltungsindustrie ausgenutzt werden, dass ein junger Mensch heute eigentlich gar nicht anders kann, als die hierbei entstehenden suggestiven und zugleich illusionären Erlebnisse aufzusaugen und mit der Realität zu verwechseln. Hollywood-Schauspieler und historische Persönlichkeit, PC-Spiel und geschichtliche Landschaft, zeitgenössische Vorstellungswelten und Bewusstseinshaltungen vergangener Zeiten vermischen sich so stark, dass Geschichte und Unterhaltungsbild kaum mehr zu unterscheiden sind. Das wäre gar nicht problematisch, wenn von vornherein der fiktionale Charakter des Films oder des Buches ehrlich benannt würde; durch den Zugriff auf Alexander, die Pharaonen, Maria Magdalena etc. wird aber der Anspruch vorgetäuscht, die Geschichte selbst zu meinen, und der ungeübte Zuschauer ist kaum in der Lage, suggeriertes Scheinbild und historische Wahrnehmung auseinanderzuhalten. Erinnerungsprozesse werden auf diese Weise extrem erschwert, weil bei jeder späteren Erwähnung der betreffenden Persönlichkeit oder Situation die illusionären Bilder unserer eigenen Zeit sich in die Vorstellungen hineindrängen und eine produktive historische Fantasie verhindert wird (siehe zu dieser Problematik auch Kap. III.2.4.). Auf den Geschichtslehrer wird immer stärker das Problem zukommen, dass die Schüler seine Themen schon kennen, aber viel «satter», «anschaulicher» und packender, als der Lehrer sie jemals wird darstellen können – nur leider rein illusorisch.

Dieser inhaltliche Angriff auf die Erinnerungsfähigkeit geht allerdings noch viel weiter. Die größte Ausstrahlung und den größten Erfolg haben letztlich nicht die Filme bzw. Bücher, die sich mit historischen Stoffen beschäftigen, sondern die rein mythologischen. Die Sehnsucht nach der Vergangenheit wird hier noch viel tiefer aufgegriffen als im medialen Historiengemälde, denn hier wird instinktsicher genau die in dieser Schrift dargestellte halb bewusste Traumsphäre berührt, in der wir existenziell mit der Geschichte zusammenhängen. Romane bzw. Filme wie *Der Herr der Ringe, Harry Potter, Matrix* oder *Avatar* oszillieren genau wie das Traumbild zwischen Vergangenheit und Zukunft: In der scheinbar so zukünftigen *Matrix*-Trilogie gibt es kultische Massenfeste, die mit Trommelrhythmus, Tanz und Ambiente auf früheste Stammeskulturen zurückführen und zugleich an die New Age-Sehnsüchte der letzten Jahrzehnte erinnern; im Welterfolg *Avatar*, der schon fast jenseits der Erdgeschichte in der Zukunft angesiedelt ist, begegnet uns der Frieden indianischen Gemeinschaftswesens, genauer betrachtet geht der Film evolutiv aber noch weiter zurück: bis zum beneidenswert weisheitsvollen Tier mit Schwanz und Katzenaugen. Der Mensch ist der Zerstörer, dessen höchstes Ziel am Ende ist, seinen Körper abzulegen und selbst zu einem jener vormenschlichen Wesen zu werden. Im Gewande des sympathischcineastischen Unterhaltungserlebnisses wird die emotional sehr starke Botschaft vermittelt: Deine Zukunft ist, zum Tier zu werden. Mehrfach wurden bereits die immensen Widersprüche beschrieben, die in diesem mit extremem technologischem Aufwand betriebenen Hymnus gegen die Technik enthalten sind, in dem Zukunft und Vergangenheit, Friedensbotschaft und berauschende Kriegsbilder durcheinander gemischt werden.[477] Es kann nicht folgenlos bleiben, wenn in jungen Zuschauern oder Lesern sehr starke Vergangenheitserlebnisse mit dem Versprechen von Weisheit und tiefem Geheimnis – also einer wirklich existenziellen Welt – erzeugt werden, die in Wahrheit aber nur Täuschung sind und rein gegenwärtigen Vorstellungen und Zwecken entspringen. Man könnte hier von vorgetäuschten Erinnerungen sprechen. Zukunftsbilder wiederum sind durchsetzt von unverarbeiteten atavistischen Reminiszenzen der Vergangenheit, beides steht unverbunden nebeneinander, sodass auch nie erlebt werden kann, wie Zukunft sinnvoll aus Vergangenheit hervorgehen kann: Die Realität von Wandel und Entwicklung wird ausgeklammert. So muss ein junger Mensch ständig schwanken zwischen Zukunftsablehnung und -faszination sowie Vergangenheitssehnsucht und -überdruss. Die für die Schüler so charakteristische, oben bereits beschriebene melancholische Hinwendung zu den Aborigines oder den Buschmannvölkern, zu Indianerkultur oder ostasiatischer Philosophie und Kampfkunst bleibt genauso unerlöst wie die unreflektierte, die Vergangenheit belächelnde oder ganz ausschaltende Begeisterung für eine perfekte technische Zukunft.

Mindestens so gravierend wie diese inhaltlichen Prozesse sind andere Phänomene, die die Erinnerung in ihrer eigentlichen Tätigkeitsform betreffen. Aleida Assmann hat darauf hingewiesen, dass sich unser heutiges kulturelles Gedächtnis in einer epochalen Krise befindet.[478] Durch die technische Entwicklung, die mit der Erfindung der Schrift einsetzt und mit dem Computer ihren vorläufigen Höhepunkt erreicht, ist das menschliche Gedächtnis in eine völlig neue Lage versetzt: «Gedächtnisumfang und Erinnerungsbedarf sind auseinandergetreten und lassen sich seither nicht mehr in eine einfache Gleichgewichtslage bringen. [...] Buchdruck und neue Medien haben die Speicherkapazität der Schrift ständig erweitert und damit zugleich die Diskrepanz zwischen bewohnten und unbewohnten, verkörperten und ausgelagerten Erinnerungsräumen drastisch verschärft.»[479] Diese neue technische Situation ermöglicht dem Menschen eine ungekannte Ausweitung seines Bewusstseins, er kann sich zeitlich und räumlich weit auseinanderliegende Erfahrungen aneignen, seinen Horizont also sozusagen global ausdehnen und zugleich seine eigene Existenz viel mehr differenzieren und individualisieren, als

354

dies je möglich war. Zugleich entsteht mit dieser Möglichkeit aber ein folgenreicher Effekt: Man spürt, dass es durch die technischen Speichermedien auf das eigene persönliche Gedächtnis und seine spezifische Tätigkeit eigentlich nicht ankommt – irgendwo wird die gesuchte Information festgehalten sein. Ganz unabhängig von mir existiert ein Wissen, das viel reicher und mächtiger als mein persönliches Erinnern ist. In der Schule kann man dieses Phänomen sehr gut beobachten am Umgang mit dem Internet: Für viele Schüler sind Wikipedia und andere Seiten der unhinterfragte Ort der «Wahrheit», auf den man oft völlig unkritisch wie auf eine naturgegebene Autorität zurückgreift. Die eigene produktive Aneignungstätigkeit, zu der auch das Erinnern gehört, wird in ihrem Wert kaum mehr wahrgenommen. Die historische Erschließung z.B. der altägyptischen Kultur, das innere Bilden und Beobachten ihrer Gebärden wird ganz leicht verwechselt mit dem schlichten Vorgang, sich zu «informieren». Die Quantität des im Internet gespeicherten Wissens ist auf den ersten Blick so unendlich, dass man allein schon die Entdeckung von Daten und Wissensinhalten im Netz für einen Erkenntnisvorgang halten kann und völlig vergisst, dass die gefundenen Inhalte wie in allen Zeiten zuvor auch hier erst eines spezifischen Verstehensprozesses bedürfen. Gerade die Anonymität des gewaltigen digitalen Wissens vermittelt sehr leicht den Eindruck von Tiefe und überindividueller «Objektivität», die nicht bezweifelt zu werden braucht – das denkende Ich in seiner ureigensten Erkenntnisleistung scheint wie in den Hintergrund zu treten, was für den Akt der Erinnerung fatale Konsequenzen hat. So schreibt Andreas Neider, durch das Internet werde «das Charakteristikum des Individuellen nun mehr und mehr infrage gestellt. Die Digitalisierung nivelliert nicht nur die Inhalte auf das Niveau der Zahlen Eins und Null, sie führt durch das Internet auch dazu, dass die Autorschaft [und damit auch die Urheberschaft der Erinnerung, A.B.] nivelliert wird. Gerade weil dieses Medium universell verfügbar ist, nivelliert es den individuellen Charakter der Autorschaft.»[480]

Vor dem Hintergrund unserer Betrachtungen zur Bedeutung des Plastischen für das Gelingen von Erinnerung ist aufschlussreich, wie Aleida Assmann in der zitierten Textpassage jenen durch die Digitalisierung erzeugten «Konsistenzwandel» des Erinnerungsraumes charakterisiert: «Mit dem materialen Schreiben waren die Erfahrungen von Tiefe, Hintergrund, Sedimentierung und Schichtung verbunden, die sich vor allem in der Vorstellung eines Latenzgedächtnisses zwischen Absenz und Präsenz verdichtet haben. Unter elektronischen Bedingungen werden sich solche Bilder und Vorstellungen kaum noch aufrechterhalten lassen. Was hier herrscht, ist die Oberfläche, hinter der sich nichts anderes verbirgt als gerechnete Zustände und Schaltungen im Code von 1 und 0.» Die Frage ist insofern nur konsequent: «Ist die digitale Schrift noch ein Gedächtnismedium oder eher ein Medium des Vergessens?»[481] Die zunehmende Fixierung auf die zweidimensionale Fläche statt auf die plastische Kontur, auf den elektronischen Rechenvorgang statt auf die sinnliche Erfahrung von Materialität und die schöpferische Anstrengung der Aneignungstätigkeit – diese Vorgänge sind in ihrer Wirkung auf die Konstitution des Menschen kaum zu unterschätzen. Diese anthropologische Dimension der Gefährdung von Erinnerung hebt Aleida Assmann ebenfalls hervor, indem sie an Shakespeares Hamlet anknüpfend[482] fragt: «Wie lange wird das Gedächtnis noch hausen in unserer Welt der Zerstreuungen?» Der Begriff der «Zerstreuung» trifft die Problematik sehr genau, indem er die konstitutionell wirksame Bewusstseinsverfassung beschreibt, in der wir uns heute im Alltag befinden. So heißt es weiter: «Gegen elektronische Medien und ihre Zerstreuungspotenziale, so ist immer wieder zu lesen, kann sich kein Gedächtnis behaupten»[483] – in den Worten von Siegfried J. Schmidt: «Die Bildkaskaden der audiovisuellen Medien erheben kaum (noch) Anspruch auf aktives Erinnern. Zur Gedächtnispolitik kommerzialisierter Kommunikation gehört es, dass die Bilder auf vergessensintensive Serialität angelegt sind, nicht auf bewertendes Erinnern. Erinnern, das einen Riss im Informationskontinuum voraussetzt, wird unwahrscheinlich und störend.»[484] Aleida Assmann knüpft an diese Phänomene Beobachtungen an, die insbesondere für die Pädagogik von Bedeutung sind. Sie findet die geschilderte Problematik wieder in den Darstellungen Herders, der in seiner *Abhandlung über den Ursprung der Sprache* (1772) bereits die Gefährdung und andererseits positiv die Bedingungen von Erinnerung beschrieben hat: «Der Mensch beweiset Reflexion, wenn die Kraft seiner Seele so frei würket, dass sie in dem ganzen Ozean von Empfindungen, der sie durch alle Sinnen durchrauschet, eine Welle, wenn ich so sagen darf, absondern, sie anhalten, die Aufmerksamkeit auf sie richten, und sich bewusst sein kann, dass sie aufmerke. Er beweiset Reflexion, wenn er aus dem ganzen schwebenden Traum der Bilder, die seine Sinne vorbeistreichen, sich in ein Moment des Wachens sammeln, auf Einem Bilde freiwillig verweilen, es in helle ruhigere Obacht nehmen, und sich Merkmale absondern kann, dass dies der Gegenstand und kein andrer sei.»[485] Man wird bei diesen Worten unmittelbar an die von Rudolf Steiner beschriebenen Übungen erinnert, die durch ein «Ruhen» auf willkürlich erstellten, bildhaften Vorstellungsinhalten[486] zur imaginativen Erkenntnis führen. Herder ist mit seinem Hinweis auf den «ganzen Ozean von Empfindungen, der sie durch alle Sinnen durchrauschet», äußerst aktuell – er beschreibt als allgemein menschliches Phänomen einen Sachverhalt, der heute zu einem flächendeckenden Zivilisationsproblem geworden ist: Die Masse der äußeren, isolierten und insofern «digitalisierten» Eindrücke lenkt das Bewusstsein systematisch davon ab, zu sich selbst zu kommen und die Kraft aufzubringen, sich zu er-*innern*, also aus der Raumeswelt in die unsichtbare, zeitliche Innenwelt der Seele hineinzutasten.

Die Stelle ist aber auch deshalb so wertvoll, weil sie zugleich die «Therapie» dieses Problems zur Sprache bringt: Sie beschreibt die pädagogische Aufgabe, Räume zu schaffen, in denen diese Außeneindrücke «angehalten» werden, aus Freiwilligkeit – also aus der Kraft des eigenen *Willens* – regelrecht meditative Aufmerksamkeit («ruhige Obacht») entsteht, die inneren Bilder stehenbleiben und sich zu einer Erinnerung verdichten. Eine wesentliche Aufgabe des Unterrichts würde also darin bestehen, einen «Schutzraum» zu bilden, und zwar nicht um die Wirklichkeit auszusperren, sondern umgekehrt um sie zu gewinnen. Wenn man sich die erwähnten Filme ansieht, so ist man durch den extrem schnellen Schnitt, der jede «Besonnenheit» (so nennt Herder die beschriebenen Fähigkeiten) unmöglich macht, und natürlich durch die äußerst suggestiven Bildinhalte so stark wie noch nie an die visuelle Außenseite der Wahrnehmung gebunden und wird alles andere als in «seiner Seele frei». Diese Bilder fixieren uns auf das Sehen und verhelfen uns gerade nicht zum «Plastizieren», und insofern ist es besonders zynisch, wenn z.B. in *Avatar* nun mit 3D-Technologie ausgerechnet Raumerlebnisse suggeriert werden: Diese Bilder führen tatsächlich ins Räumliche hinein – inkarnieren also scheinbar –, in Wirklichkeit täuschen sie den Raum aber nur vor, bleiben Fläche, verhindern die Erfahrung des Plastischen und erzeugen damit eine «Scheinkörperlichkeit». Die menschenkundlichen Folgen solcher Inkarnationsillusionen sind gar nicht abzusehen.

Es geht hier nicht um Kulturpessimismus oder Schwarzmalerei. Unser Ausgangspunkt war die Feststellung, dass unsere gegenwärtige Zeit angesetzt hat zu der Entdeckung einer bedeutenden menschlichen Fähigkeit, die bislang kaum entwickelt worden ist, nun aber immer mehr zur Realisierung drängt: der Fähigkeit eines erweiterten geschichtlichen Erinnerns. Sehr ermutigend sind dahingehend solche Phänomene wie die ständig steigende Zahl begeistert aufgenommener Ausstellungen zu vergangenen Menschheitsepochen – ob zur Eiszeit, zu den Germanen oder zum Mittelalter – oder das breite Interesse an historischen und biografischen Darstellungen in Buch und anderen Medien. Entscheidend ist aber: Der eigentliche Schritt zu einem wirklichen Erinnern stellt sich nicht von selbst ein, sondern bedarf der willentlichen, aktiven Übung. Von seinem Gelingen hängt sehr viel ab. Die durch die herkömmliche Wissenschaft zementierte Herablähmung der Erinnerungstätigkeit durch deren Ablenkung auf die «subjektlose», gegenständlich-materielle Wahrnehmung, die unzähligen Varianten, Karl den Großen mit dem «eigenen Onkel», also Vergangenheit, Zukunft und Gegenwart, zu vermischen, die konstitutionell wirksamen medialen Angriffe auf die Kräfte innerer Produktivität – all diese Faktoren tragen nachhaltig zu einer tiefgreifenden Chaotisierung unserer Erinnerungskräfte bei. So ist es eine der bedeutendsten Herausforderungen moderner Pädagogik, die Quellen realen Erinnerns freizulegen.

8. Vergessen

Auf unabsehbare Zeit wird das Verhältnis zwischen Polen und Deutschen durch den Einmarsch der Wehrmacht und den Genozit an den Juden belastet sein. Es ist kaum vorstellbar, dass unter den dunklen Schatten von Auschwitz jemals wieder ein wirklich unbefangenes Miteinander möglich sein wird, aber es gibt noch andere Wunden, die diese Beziehung belasten: So erneuert z.B. die vielbesuchte Gedenkstätte in Tannenberg bzw. (in polnischer Formulierung) Grunwald in Masuren täglich die Erinnerung an die gewaltige Schlacht von 1410, in der Polen und Litauen die Ritter des Deutschordens besiegt haben und die im 19. Jahrhundert maßgeblich den polnischen und litauischen Nationalmythos prägte. Zugleich fand hier aber auch die Schlacht vom August 1914 statt, die Hindenburg für die Deutschen gewann und seinerseits zum Mythos machte.

Eine Bestimmung des Verhältnisses zwischen Tschechien und Deutschland wird von ranghohen Politikern immer wieder abhängig gemacht von der jeweiligen Stellung der Regierung zu den Vertreibungen der Deutschen aus dem Sudetenland und der Beurteilung der «Beneš-Dekrete», die sie moralisch legitimierten.[487] Politische, wirtschaftliche und auch kulturelle Annäherungsversuche bis in ganz regionale, persönliche Ebenen hinunter werden regelmäßig gestört und erschwert – wenn nicht sogar verhindert – durch die Forderung, sich zuerst diesen historischen Vorgängen zu stellen.

Die Zeit des Nationalsozialismus liegt als lähmende Erbschaft auf unserer Gegenwart und erschwert nachhaltig eine fruchtbare Gestaltung politischer Zukunft. 2001 sorgte ein Artikel des Wiener Philosophen Rudolf Burger in der *Europäischen Rundschau* für eine heftige Debatte, die typisch ist für den komplizierten Umgang mit den Erinnerungen an diese Zeit.[488] Der Text war überschrieben mit dem Titel: «Die Irrtümer der

Gedenkpolitik. Ein Plädoyer für das Vergessen.»[489] Er sorgte für Furore, weil Burger darin sehr polemisch eine Gedächtniskultur kritisierte, die «keine analytische Kur mit kathartischer Wirkung, sondern eine politische Erpressungsstrategie mit moralischen Mitteln» sei. Er folgerte, dass «Vergessen nicht nur ein Gebot der Klugheit, sondern auch ein Akt der Redlichkeit, [...] eine Geste der Pietät» sei. Die NS-Zeit sei «real [...] so versunken wie Karthago», die Toten würden «moralisch ausgebeutet».[490] Wochenlang wurde nun erbittert darüber gestritten, ob solch ein Erinnerungsverständnis erlaubt sei.

Weitere Schauplätze wären anzuführen. Äußerst schwierig ist bekanntlich das Verhältnis zwischen Ungarn und Rumänien in Bezug auf Siebenbürgen. Jede Initiative gesellschaftlicher Gestaltung in dieser Region ruft die Frage nach der ungarischen Minderheit auf den Plan. Diese Region ist in ihrer sehr wechselvollen Geschichte gezeichnet vom Schicksal verschiedenster Völker wie den dort im Mittelalter angesiedelten Deutschen, den Roma, den türkischstämmigen Szeklern, den jüdischen Minderheiten und vor allem eben den Rumänen und Ungarn. Die Rumänen sehen es als Selbstverständlichkeit an, dass nach dem 1. Weltkrieg dieser Landesteil ihnen zugeschrieben wurde, da sie hier immer schon den größten Bevölkerungsanteil gestellt hatten. Die ungarische Vorherrschaft im 19. Jahrhundert wird als widerrechtlich aufgefasst. Die Ungarn verweisen demgegenüber auf ihre Ansiedlung bereits unter Stephan I. um 1000 n. Chr., worauf die Rumänen mit dem Hinweis antworten, dass sie (so die offizielle Deutung) als romanisierte Daker hier schon viel früher ansässig waren. Politische Auseinandersetzungen in der Gegenwart bedienen sich so immer wieder unweigerlich der in der historischen Vergangenheit verbürgten Beweislage. Als der nationalistische Bürgermeister von Cluj (Klausenberg), Gheorghe Funar, 1994 seinen Kampf gegen die ca. 80.000 ungarischen Bewohner seiner Stadt (ca. 320.000 Einwohner) vorantreiben wollte, verbot er nicht nur rumänisch-ungarische Aufschriften und ließ Büros von Initiativen der ungarischen Minderheit schließen, sondern das maßgebliche Mittel seiner Aktion war der Rückgriff auf die Geschichte:

361

Am 2. August ließ er eine – unter archäologischen Gesichtspunkten völlig überflüssige – Ausgrabung mitten auf dem zentralen «Platz der Einheit» beginnen. Sie sollte römische Ruinen zum Vorschein bringen und damit die rein rumänischen Anrechte auf diesen Ort belegen.

Erinnerung kann lähmen. Bei einem Fanatiker wie Funar mag dies eher groteske Züge annehmen, in den anderen angeführten Beispielen aber spürt man die tragische Dimension der Übermacht der Vergangenheit. Die kollektiven Empfindungen der Völker sind stark geprägt von den Ereignissen ihrer früheren Geschichte, viele Gesellschaften beziehen geradezu ihre Identität aus solchen historischen Erinnerungen. Man denke z.B. an die Bedeutung des Kosovo für das existenzielle Selbstverständnis der Serben und zugleich an die verhängnisvollen Auswirkungen der unbedingten mythischen und politischen Beanspruchung dieses Ortes. Zu einem tragischen Symbol ist in dieser Hinsicht der Palästina-Konflikt geworden. Dieser fatalistische Zirkel von Gewalt und Gegengewalt verdankt sich maßgeblich der Tatsache, dass beide Parteien beherrscht sind von der Fixierung auf die Untaten der Vergangenheit, jeder zukunftsfähige Dialog scheint unmöglich, weil immer zuerst auf die Schuld des anderen verwiesen wird. Diese Fixierung auf die Erinnerung reicht hier aber bekanntlich noch weiter: Zuletzt wird der gewalttätige Kampf damit begründet, dass das eigene Volk schon seit ältesten Zeiten diesem Boden entstammte und damit ein historisches Anrecht auf ihn habe.

An diesen Konflikten, die hier nur stellvertretend für viele andere angeführt werden, wird deutlich: Erinnerungen können eine zerstörerische Last sein, die eine lebensfähige, vitale Zukunft von Menschen und ihren Gemeinschaften verhindert. Mit anderen Worten: Erinnerung kann krank machen. Mit berechtigter Sorge ließe sich z.B. fragen: Welch ein Europa wird entstehen, wenn es den sich vereinigenden Staaten nicht gelingt, ihr Verhältnis aus einer der Zukunft entstammenden gemeinsamen *Idee* zu bestimmen, sondern wenn dieses Verhältnis geprägt ist von den aus der Vergangenheit gespeisten Emotionen?

Ob bei den traumatisierten Opfern der südamerikanischen Diktaturen, ob im heutigen Verhältnis zwischen Weißen und Schwarzen in Südafrika, in der Leidensgeschichte des polnischen Volkes oder im deutschen Umgang sowohl mit der NS-Zeit als auch mit der DDR-Vergangenheit – überall auf der Welt erneuert sich ständig die Frage: Müsste der Mensch nicht lernen zu vergessen? Besteht nicht im Vergessen die einzige Möglichkeit, sich aus den Konflikten zu befreien und unbefangen auf Lösungen und damit auf die Zukunft zuzugehen? Setzt gesellschaftliches Handeln das Vergessen nicht geradezu voraus?

Mit diesen Fragen wiederholen sich die berühmten Worte Friedrich Nietzsches über den *Nutzen und Nachteil der Historie für das Leben*. Seine leidenschaftliche Analyse des merkwürdigen Doppelgesichtes der Erinnerung nimmt die vielen späteren Debatten um das historische Erinnern hellsichtig vorweg und gilt heute so unvermindert wie vor 140 Jahren. Nietzsche schreibt: «Der Mensch fragt wohl einmal das Tier: Warum redest du mir nicht von deinem Glücke und siehst mich nur an? Das Tier will auch antworten und sagen: Das kommt daher, dass ich immer gleich vergesse, was ich sagen wollte – da vergaß es aber schon diese Antwort und schwieg: sodass der Mensch sich darob verwunderte. Er wundert sich aber auch über sich selbst, das Vergessen nicht lernen zu können und immerfort am Vergangenen zu hängen: mag er noch so weit, noch so schnell laufen, die Kette läuft mit. Es ist ein Wunder: der Augenblick, im Husch da, im Husch vorüber, vorher ein Nichts, kommt doch noch als Gespenst wieder und stört die Ruhe eines späteren Augenblicks. Fortwährend löst sich ein Blatt aus der Rolle der Zeit, fällt heraus, flattert fort – und flattert plötzlich wieder zurück, dem Menschen in den Schoß. Dann sagt der Mensch ‹ich erinnere mich› und beneidet das Tier, welches sofort vergisst und jeden Augenblick wirklich sterben, in Nebel und Nacht zurücksinken und auf immer verlöschen sieht. So lebt das Tier *unhistorisch*. [...] Der Mensch hingegen stemmt sich gegen die große und immer größere Last des Vergangenen: diese drückt ihn nieder oder beugt ihn seitwärts, diese beschwert seinen Gang als eine unsichtbare und dunkle Bürde. [...] Zu allem Handeln gehört Vergessen: wie zum Leben alles

Organischen nicht nur Licht, sondern auch Dunkel gehört. Ein Mensch, der durch und durch nur historisch empfinden wollte, wäre dem ähnlich, der sich des Schlafes zu enthalten gezwungen würde, oder dem Tiere, das nur vom Wiederkäuen und immer wiederholten Wiederkäuen fortleben sollte. Also: es ist möglich, fast ohne Erinnerung zu leben, ja glücklich zu leben, wie das Tier zeigt; es ist aber ganz und gar unmöglich, ohne Vergessen überhaupt zu *leben*. Oder, um mich noch einfacher über mein Thema zu erklären: es gibt einen Grad von Schlaflosigkeit, von Wiederkäuen, von historischem Sinne, bei dem das Lebendige zu Schaden kommt und zuletzt zugrunde geht, sei es nun ein Mensch oder ein Volk oder eine Kultur. [... Das Leben] muss geheilt werden. Es ist sich an vielen Übeln und leidet nicht nur durch die Erinnerung an seine Fesseln – es leidet, was uns hier vornehmlich angeht, an der historischen Krankheit. Das Übermaß von Historie hat die plastische Kraft des Lebens angegriffen. [...] So bedarf die Wissenschaft einer höheren Aufsicht und Überwachung; eine Gesundheitslehre des Lebens stellt sich dicht neben die Wissenschaft.»[491]

Es ist wohl kaum je so vehement auf den Zusammenhang von Leben bzw. Gesundheit und Geschichtserkenntnis hingewiesen worden wie von Friedrich Nietzsche. Solche Erkenntnisfragen sind für Nietzsche keine unverbindlichen Gedankenspiele, sondern ihn interessieren rückhaltlos wie kaum einen anderen Forscher die Konsequenzen wissenschaftlichen Denkens für das reale Leben. Deshalb bemerkt er, was ein permanentes Erinnern im Sinne einer wissenschaftlichen Pflicht zum dokumentarischen Festhalten der Vergangenheit für die Konstitution des Menschen konkret bedeutet. Er sieht, wie menschliches Handeln und Leben einem spontanen, «dunklen» Unbewussten entspringt und jedes bewusste Fixieren von Vorstellungsinhalten den Menschen von dieser Quelle der eigenen Lebenskraft zurückhält – als würde man vom Schlafen abgehalten werden, was bekanntlich in der Regel zum Tode führt. Die oben angeführten historischen Beispiele machen deutlich, dass der Begriff der «Krankheit» nicht metaphorisch zu nehmen ist. Sehr wichtig ist, dass Nietzsche dabei Gesundheit und Schlaf unmittelbar mit dem Vergessen in eins setzt; dies zeigt, dass das Vergessen für ihn kein bloßer Vorstellungsvorgang, sondern ein medizinisches Ereignis ist.

Es wird von der Forschung immer wieder betont und von Nietzsche selbst in seinem Aufsatz auch explizit hervorgehoben, dass seine Motive maßgeblich von Goethe inspiriert sind. Dieser «Meister des Heilschlafes»[492] hat in aphoristischen Aussagen und in vielen seiner Werke den außerordentlichen Wert des Vergessens hervorgehoben. Für Harald Weinrich besaß Goethe einen Begriff von «einem menschlichen, gleichsam hygienischen, jedenfalls aber modernen Vergessen». Er zitiert ihn mit der Äußerung (im Brief vom 15.2.1830 an Zelter), «dass mit jedem Atemzug ein ätherischer Lethestrom unser ganzes Leben durchdringt, sodass wir uns der Freuden nur mäßig, der Leiden kaum erinnern. Diese hohe Gottesgabe habe ich von jeher zu schätzen, zu nützen und zu steigern gewusst.»[493] Es ist ein sehr kurzes, pointiertes Goethesches Diktum, auf das Nietzsche sich wesentlich bezieht: Der Handelnde sei immer gewissenlos.[494] Goethe interessierte, was einen Menschen gesund sein lässt, und er kannte sehr gut die dabei beteiligten, in der Regel übersehenen oder als abgründig vermiedenen Tiefenschichten der nächtlichen, unsichtbaren, aber für ihn immer ganz empirischen Seite des Menschenwesens. Wenn er am Anfang von *Faust II* Ariel die Geister dazu auffordern lässt, Faust «im Tau von Lethes Flut zu baden», so ist damit ein großes Bild entworfen: Die ganze vorherige Existenz soll zurückgestellt werden, damit ein Mensch wieder leben kann, und es folgt tatsächlich nun ein gewaltiger Lebensbogen in einem enorm umfangreichen Handlungsgeschehen, das wie in einer völlig neuen Welt anzusetzen scheint. Goethe knüpft hier an eine uralte Tradition an, die immer schon das Vergessen wesentlich positiver bewertet hat als der moderne Mensch heute. Im alten Indien galt das Nirwana als das höchste Ziel des Lebens, weil die Seele da in ein göttliches Ganzes einging und von aller Erdenlast endgültig befreit war, wozu auch die Auflösung der Erinnerungen gehörte; und der von Goethe selbst angesprochene Lethe war innerhalb der griechischen Mythologie genau jenes Urbild für die Vergessensprozesse, um die es ihm so eindringlich ging: Als einer der Flüsse der Unterwelt führt er das Wasser mit sich, das der Verstorbene zu trinken hatte, wenn er seine Erinnerungen verlieren wollte oder sollte, um wiedergeboren werden zu können. Ein neues Leben konnte nur der führen, der sein früheres vergaß.

Von den frühesten Kulturen über Goethe bis zu Nietzsche spannt sich also ein Bogen der tiefen Wertschätzung des Vergessens, und auch in der Moderne verstummt diese Haltung nie ganz. So schrieb Theodor W. Adorno: «Die Kraft des Lebens, als eine zum Weiterleben, wird dem Vergessen gleichgesetzt. Nur durchs Vergessen hindurch, nicht unverwandelt überlebt irgendetwas. [...] Hoffnung ist nicht die festgehaltene Erinnerung, sondern die Wiederkunft des Vergessenen.»[495] Sogar auf das schwierige Feld der deutschen Vergangenheit wurde diese Perspektive angewandt: «Sind wir in Deutschland denn nicht gerade von dieser historischen Schlaflosigkeit angesichts unserer Geschichte befallen? Und hindert sie uns nicht am ‹Leben› – und das heißt auch: am politischen Handeln?» (H. D. Kittsteiner)[496]

Spätestens an dieser Stelle wird sich Widerspruch regen. Zu Recht ist nach dem Holocaust immer wieder das Gelöbnis erneuert worden, dass diese Ereignisse nie mehr vergessen werden dürfen; jeder Vorschlag, die Geschichte zu vergessen, enthebt die Beteiligten der Verantwortung, redet der Verdrängung das Wort und öffnet jenen «Persilscheinen», die nicht nur nach dem 2. Weltkrieg vielen Schuldigen ausgeschrieben wurden, Tor und Tür. Auch bei Nietzsche stoßen wir auf eine merkwürdig ungeklärte Dimension seiner Anschauungen. Wenn er jene ursächliche, im Dunkeln des Vergessens liegende Schicht des Handelns anspricht, stoßen wir auf Begriffe des «Chaos», der «Leidenschaft», des «Tieres». Er kann nicht beschreiben, wie sich der bewusste Erinnerungsprozess und das Vergessen konstruktiv ergänzen können, ob sie sich ursächlich bedingen, beeinflussen, unterstützen usw. Damit bleibt unklar, ob die unbewussten Lebensprozesse durch die Erkenntnistätigkeit eine Gestaltung erfahren oder ob sie ganz unabhängig von ihnen ein willkürlich-triebhaftes Eigenleben führen und keiner Einsicht zugänglich sind; dann bliebe allerdings das Vergessen immer ein Akt der historischen Verdrängung, und Leben und Wissenschaft müssten sich unversöhnlich gegenüberstehen. Auch Nietzsche betont: «Das Unhistorische und das Historische ist gleichermaßen für die Gesundheit eines Einzelnen, eines Volkes und einer Kultur nötig.»[497] Worin besteht aber genau die Notwendigkeit eines bewussten Erkennens, wenn es nicht doch wieder krank machen soll, und wie kann man ein Vergessen verstehen, das nicht die Vergangenheit auslöscht und dumpfes Triebleben predigt?

Das Verhältnis von Erinnern und Vergessen verlangt, bewusst und vorurteilsfrei angeschaut zu werden. Rudolf Steiner, der Nietzsche in Weimar selber noch begegnet ist und dessen Intentionen in seiner Schrift *Nietzsche – ein Kämpfer gegen seine Zeit* engagiert bekräftigt hat, knüpft in einem Vortrag vom November 1908 unmittelbar an die Thematik von Erinnern und Vergessen an.[498]

Steiner beleuchtet hier den Begriff des Vergessens ähnlich wie Nietzsche von einer positiven Seite her. In der Regel wird das Vergessen als Problem aufgefasst – im Sinne von Verdrängung oder am häufigsten im Sinne einer ärgerlichen Unzulänglichkeit, Verabredungen versäumt zu haben, sich an Namen nicht erinnern oder Wissensinhalte bzw. Erlebnisse nicht mehr abrufen zu können. Vergessen tritt hier immer als Schwäche auf. Um über diesen Begriff hinauszukommen, betrachtet Steiner das Wesen des menschlichen Ätherleibes, der für das Erinnern und insofern auch dessen Ausbleiben verantwortlich ist. Am reinsten kommt das Wesen des Ätherischen in der Pflanze zum Ausdruck, deren Existenz in ständigem Wachstum und ewiger Wiederholung des Gleichen besteht. Ihren Abschluss findet sie in der Blüte, die bereits die Folge astralischer Einwirkung ist (Farbe, Duft, z.T. tierähnliche Formung verweisen eindrücklich auf eine Hinorientierung zum Seelischen). Die Pflanze besteht aus Leben: Die mineralischen Stoffe werden nach einem stets gleich bleibenden Prinzip aufgenommen und zu einer Gestalt geformt. Ganz anders verhält es sich nun beim Menschen. Auch seine Leiblichkeit wird durch ätherische Kräfte organisiert und aufgebaut; bis hinein in die Fortpflanzung

367

erkennen wir das Prinzip, Leben zu schaffen und zu erhalten und immer
wieder in stetem Gleichmaß die eigene Gattung hervorzubringen. Im Unterschied zur Pflanze erschöpft sich beim Menschen hierin aber nicht die
Wirksamkeit des Ätherleibes. Hätte der Mensch einen Ätherleib wie die
Pflanze, wäre seine gesamte Existenz vorbestimmt und würde immer nur
von Wiederholung zu Wiederholung schreiten – es gäbe weder Freiheit
noch Entwicklung. Nun ergibt aber die geschichtliche Wirklichkeit, wie
wir gesehen haben, ein anderes Bild. Während – so Steiners Beispiel –
die Bohne über 1000 Jahre im Wesentlichen ihre Gestalt nicht verändert
hat, sind beim Menschen in derselben Zeit die größten Veränderungen
vor sich gegangen. Die Menschen des Mittelalters waren ganz anders
konstituiert als der heutige Mensch. Während die Gestalt der Pflanze
mit strengster Gesetzmäßigkeit bereits in ihrem Samen festgelegt ist,
beobachten wir beim Menschen eine Seite seiner Leiblichkeit, die darauf angelegt ist, dass sie tatsächlich bis in die äußere Konstitution des
Menschen real eingreift, zugleich aber nicht von der Natur vorgeprägt,
sondern frei ist, neue Eindrücke aufnehmen und ihre Gestalt umwandeln
kann. Man stößt hier auf die Tatsache, dass beim Menschen der Ätherleib
nicht vollständig auf das äußere Wachstum verwendet, also von der Natur verbraucht wird, sondern dass es darüber hinaus noch einen Teil des
Ätherleibes gibt, der frei ist für die Verarbeitung der ständig neu auf den
Menschen einströmenden Eindrücke. So lässt sich ja auch beobachten,
dass beim Kind nach dem Zahnwechsel – also nach dem Abschluss der
eigentlichen Formung der physischen Leiblichkeit (damit ist nicht das
weitere Auswachsen der folgenden Jahre gemeint) – allmählich die Kräfte
des Vorstellens (sehr deutlich am Rechnen, Rätselraten etc. zu sehen) und
Erinnerns auftreten. Wenn man sich einmal zum Erlebnis gebracht hat,
dass Gedanken nicht passive Realitätsabbildungen sind, sondern Tätigkeitsformen (siehe Teil I), wird man an diesem Entwicklungsschritt des
Kindes bemerken können, dass nun dieselben Kräfte für eine andere Aufgabe frei werden, die vorher den physischen Leib aufgebaut haben. Dem
freien Teil unseres Ätherleibes verdanken wir – und dies fasst noch einmal

die Ausführungen des letzten Kapitels zusammen – unsere Erinnerung: «Um Eindrücke zu empfangen, dazu gehört der astralische Leib. Dass Sie diesen Eindruck behalten, dass er nicht wieder verschwindet, dazu ist der Ätherleib notwendig.»⁴⁹⁹ Dieselbe Kraft also, die die äußere Physis aufbaut, greift die durch die physischen Sinne vermittelten und vom Astralleib empfangenen Eindrücke auf und macht sie dauernd.

Hier setzt nun der entscheidende Gesichtspunkt an, von dem aus die ganze Frage nach dem Verhältnis von Erinnern und Vergessen eine Antwort erfährt. Wenn anerkannt ist, dass Vorstellungen ein Glied unseres Bildekräfteorganismus sind, kann deutlich werden, dass sie, auch ohne aktuell im Bewusstsein des Menschen zu sein, eine reale konstitutionelle Wirkung in seinem Organismus entfalten. Vergessene Vorstellungen sind nicht einfach weg, sondern sie führen ihr eigenes Dasein im unbewussten Lebensorganismus des Menschen. Von hier aus gelangt man zu einer maßgeblichen Unterscheidung: Es gilt nun, eine aktuell im Bewusstsein lebende und eine vergessene Vorstellung zu vergleichen. Hier sei die zentrale Stelle in dem erwähnten Vortrag Steiners zitiert: «Also wir fassen ins Auge eine Vorstellung, die wir uns durch einen äußeren Eindruck gebildet haben und die jetzt in unserem Bewusstsein lebt. Dann blicken wir seelisch hin, wie sie nach und nach verschwindet, nach und nach vergessen wird. Aber sie ist da, sie bleibt im ganzen geistigen Organismus. Was tut sie da? Womit beschäftigt sich diese sozusagen vergessene Vorstellung? Sie hat ihr ganz bedeutungsvolles Amt. Sie fängt nämlich erst dann an, in der richtigen Weise an diesem Ihnen geschilderten freien Glied des Ätherleibes zu arbeiten und dieses freie Glied des Ätherleibes für den Menschen brauchbar zu machen, wenn sie vergessen ist. Es ist, als wenn sie erst dann verdaut wäre. Solange sie der Mensch verwendet, um durch sie etwas zu wissen, solange arbeitet sie nicht innerlich an der freien Beweglichkeit, an der Organisation des freien Gliedes des Ätherleibes. In dem Augenblick, wo sie in die Vergessenheit hinuntersinkt, fängt sie an zu arbeiten. Sodass wir sagen können: Es wird in dem freien Gliede des menschlichen Ätherleibes fortwährend gearbeitet, fortwährend an ihm geschafft. Und was ist es, was da schafft? Das sind die vergessenen Vorstellungen. Das ist der große Segen des Vergessens! Solange eine Vorstellung in Ihrem Gedächtnis haftet, solange beziehen Sie diese Vorstellung auf einen Gegenstand. Wenn Sie eine Rose betrachten und die Vorstellung davon im Gedächtnis haben, beziehen Sie die Rosen-Vorstellung auf den äußeren Gegenstand. Dadurch ist die Vorstellung an den äußeren Gegenstand gefesselt und muss zu ihm ihre innere Kraft senden. In dem Augenblick aber, wo die Vorstellung von Ihnen vergessen wird, ist sie innerlich entfesselt. Da fängt sie an, Keimkräfte zu entwickeln, die innerlich an dem Ätherleib des Menschen arbeiten. So haben unsere vergessenen Vorstellungen für uns eine ganz wesentliche Bedeutung. [...] Ein Mensch, der zum Beispiel Eindrücke empfangen könnte und diese Eindrücke ständig in seinem Bewusstsein behalten würde, der könnte sehr leicht dahin kommen, dass das Glied, das sich von den vergessenen Vorstellungen nähren soll, zu wenig von diesen vergessenen Vorstellungen erhielte und wie ein lahmes Glied die Entwicklung stören würde, anstatt sie zu fördern. Da haben Sie zugleich den Grund, warum es schädlich ist, wenn ein Mensch in der Nacht daliegt und, weil er an gewissen Sorgen leidet, die Eindrücke durchaus nicht aus seinem Bewusstsein herausschaffen kann. Würde er sie vergessen können, so würden sie zu wohltätigen Bearbeitern seines Ätherleibes werden. Hier haben Sie handgreiflich den Segen des Vergessens, und hier haben Sie zugleich einen Hinweis auf die Notwendigkeit, dass Sie nicht zwangsmäßig diese oder jene Vorstellung festhalten, sondern vielmehr lernen sollen, dieses oder jenes zu vergessen. Es ist für die innere Gesundheit eines Menschen im höchsten Grade schädlich, wenn er gewisse Dinge durchaus nicht vergessen kann.»[500]

Rudolf Steiner unterscheidet in diesen Äußerungen den bewussten Vorstellungsinhalt und die Vorstellung als solche – eine Unterscheidung, die wir gewöhnlich nicht beachten, weil wir in unserem normalen Wachbewusstsein nur auf die Inhalte des Denkens, nicht auf dessen Tätigkeit ausgerichtet sind. Erinnern wir uns wieder an unser Beispiel des Baumes vor dem Fenster. Die sinnliche Wahrnehmung gibt mir einen Inhalt, der mir durch das Gegenstandserleben waches Selbstbewusstsein ermöglicht. Solange ich aber auf einen sinnlich vermittelten Wahrnehmungsausschnitt des Baumes gerichtet bin, bemerke ich nicht die eigentliche Tätigkeitsform, die mich die Inhalte braun, holzig, rund etc. überhaupt als Baum erfassen lässt. Diese letztere Tätigkeit ist aber die eigentliche Vorstellung. Durch die konkrete Sinneswahrnehmung wird sie gelähmt, weil sie sich auf einen vereinzelten, isolierten Ausschnitt der Wirklichkeit ausrichten muss. Die Ausrichtung auf einen Gegenstand bedeutet also immer einen Abtötungs- und Isolierungsvorgang; etwas dem lebendigen Organismus Fremdes, Störendes ragt in diesen hinein. Insofern ist es für seine Gesundheit von größter Bedeutung, dass sich die Vorstellung vom Gegenstand lösen und damit aus dem Bewusstsein verschwinden, also vergessen werden kann: So erst kann sie vom Organismus bearbeitet und in seine eigenen organisch-beweglichen Lebensprozesse integriert werden. Steiner spricht hier bezeichnenderweise direkt von einer «Verdauung»: Verdauung bedeutet ja nichts anderes als eine wesensfremde Stofflichkeit so umzugestalten, dass sie zu etwas Eigenem werden kann. Wir haben es bei dem Vergessen also mit einem Ernährungsvorgang zu tun. Auch bei einem gewöhnlichen Ernährungsvorgang sprechen wir nicht davon, die jeweilige Speise «verloren» zu haben, sondern wir empfinden, wie wir sie aufgenommen und in eine andere Realitätsform verwandelt haben, nämlich in die Kräfte, die uns leben lassen. Es ist sehr interessant, dass Dante in seiner *Göttlichen Komödie* den Oberlauf des Lethe im Paradies ansiedelt und schildert, wie diejenigen, die wieder ins Paradies, in ihre ursprüngliche, geistige und heile Heimat zurückgelangen wollen, sich zuerst in seinem Wasser waschen müssen. Es gibt viele Erzählungen, die das Vergessen als eine Rückkehr ins Ganze beschreiben[501] und damit zum Ausdruck bringen, dass der Verlust der Vorstellung in Wirklichkeit eine «Heilung» der Isolation, einen Anschluss an die gesundenden Kräfte der ganzheitlichen geistigen Welt ist.

Mit der Anspielung auf die «Verdauung» ist ein Motiv angesprochen, das schon sehr früh in Bezug auf die Erinnerung formuliert wurde.

Augustinus schreibt im 4. Jahrhundert in seinen *Bekenntnissen*: «Das Ge-dächtnis ist gleichsam der Magen der Seele.» Wie beim Wiederkäuen – hier ist wohl die Kuh gemeint – die Speise aus dem Magen, so kämen auch die Erinnerungen aus dem Gedächtnis hervor.[502] Aleida Assmann führt diese Aussage als eines der Beispiele an, die die Erinnerung in ihrem zeitli-chen, prozessualen Aspekt beschreiben und nicht als räumlichen Ort bzw. materiellen Ablauf.[503] Das Vergessen gehört unausgesprochen zu diesem Prozess hinzu, denn es wird das Verschwinden und Wieder-Heraufholen des Erlebnisses betont. Auch Augustinus sieht in Erinnern und Vergessen also einen geradezu ins Unbewusste hineingehenden und es brauchenden Verarbeitungsvorgang, und es ist bezeichnend, dass Aleida Assmann hier von einer «plastisch-produktiven Seite der Erinnerung» spricht und von einem «Stoffwechsel, den der Körper in seiner Regie hat und der ohne Bewusstseinsanteile reibungslos funktioniert».[504] Wieder kommt Nietz-sche zu Wort, der in seiner *Genealogie der Moral* das Vergessen von der «Vergesslichkeit» abgrenzt. Ihr gegenüber sei das Vergessen «ein aktives, im strengsten Sinne positives Hemmungsvermögen, dem es zuzuschrei-ben ist, dass was nur von uns erlebt, erfahren, in uns hineingenommen wird, uns im Zustande der Verdauung (man dürfte ihn ‹Einverseelung› nennen) ebensowenig ins Bewusstsein tritt als der ganze tausendfältige Prozess, mit dem sich unsre leibliche Ernährung, die sogenannte ‹Ein-verleibung› abspielt.»[505] Auch Nietzsche unterstreicht, dass es eine Tat-sache des *Stoffwechselbereichs*, also des unbewussten *Willensbereiches*, ist, dass sich eine Vorstellung als Nahrung entfalten und umwandeln kann. Was bei Augustinus also noch etwas metaphorisch bleibt (die Erinnerung landet nicht im Magen), wird von ihm im Seelenleben verortet. Rudolf Steiner geht hier noch einen Schritt weiter, indem er beschreibt, wie man sich diesen seelischen Verdauungsvorgang nun konkret vorstellen kann.

Steiner unterscheidet Vorstellungen, die benutzt werden, «um durch sie etwas *zu wissen*», von Vorstellungen, die «fortwährend *arbeiten*». Gewöhnlich identifizieren wir Vorstellungen unhinterfragt mit Wissen und sehen hierin auch ihre eigentliche Aufgabe. «Wissen» ist hier in dem Sinne gemeint, dass der Mensch Bewusstsein von etwas hat. Es ist unser Drang zu beobachten, zu analysieren und zu erklären, also der Welt als gegenständlichen Bewusstseinsinhalt zu begegnen, demgegenüber ich wach bin und von mir selber weiß. Wir fühlen uns existenziell unsicher, wenn wir uns selbst im Unbewussten verlieren, wir möchten vollbewusst bei allem «dabei» sein, weil wir uns hierin unserer Identität versichern. In diesem Sinne möchte der Mensch sein ganzes Vorstellungsleben dem Wissen zur Verfügung stellen. Er versäumt dabei zu berücksichtigen, worin der tatsächliche Wert der Vorstellungen liegt: Ihr eigentliches Wesen ist darauf angelegt, als Kraft im menschlichen Organismus zu wirken, also am Ätherleib des Menschen zu arbeiten. Dies setzt voraus, dass sie nicht mehr an die Gegenstandswelt gefesselt sind. Der Mensch muss sie loslassen können, damit sie sich ihrer eigenen geistigen Natur gemäß entfalten können. Erst als vergessene Vorstellungen können sie in der Sphäre des Unbewussten gemäß der Gesetze des lebendigen Organismus statt der mineralisierten Nerven-Sinnes-Prozesse die Eindrücke umarbeiten, insofern also auch die Erlebnisse der Vergangenheit in Zukunftskräfte umwandeln. Diese Vorstellungen gehen nicht verloren, sondern stärken die Existenz des Menschen und bilden die Grundlage für seine Gesundheit und insofern seine Zukunft.

Wir sind damit nun direkt bei der Frage nach dem Umgang mit der Geschichte angelangt. Drückt sich in ihm nicht das elementare Bedürfnis aus, die historischen Geschehnisse zu «verdauen» – also zu verarbeiten, was aus der Vergangenheit und Zukunft immer wieder bedrängend oder bewegend in unser Seelenleben hineinspielt? Man halte Steiners Hinweis auf das Problem, nachts nicht schlafen zu können, weil man die Eindrücke nicht aus dem Bewusstsein schaffen kann, neben die zitierten Äußerungen Nietzsches zur Geschichtswissenschaft. Das gezwungene Festhalten von Vorstellungen erscheint geradezu als Charakteristik dieser Wissenschaft. Es entsteht insofern die Frage, inwieweit die Schwierigkeiten dieser heutigen Geschichtserkenntnis nicht zusammenhängen mit jener Verkennung des Wesens und Wertes einer vergessenen Vorstellung.

Was bedeutet Steiners Unterscheidung von erinnerter und vergessener Vorstellung für die Geschichte? Geschichte, die wir im Bewusstsein haben, die also auf einen Gegenstand gerichtet ist, haben wir in den Inhalten der Empirie. Unser waches, betrachtendes Bewusstsein ist ausgefüllt mit bestimmten Ereignissen, die in den geschichtlichen Dokumenten festgehalten sind. Was bleibt dann aber als eigentliche Vorstellung, wenn diese sich – ihrer wahren Natur gemäß – nicht mehr auf diese Gegenstandswelt beziehen, sondern ihre «innere Kraft» entwickeln soll? Was ist so eine Vorstellung, wenn nicht die Vorstellung eines konkreten Geschehnisses? Vergegenwärtigen wir uns zunächst noch einmal eine Tatsache aus dem Bereich der einzelnen menschlichen Biografie. Hierzu ein Beispiel: Ich habe unter Umständen ein starkes Reiseerlebnis gehabt, vielleicht bin ich zum ersten Mal in die französischen Pyrenäen gekommen. Ich kann mir nun später immer wieder die Einzelheiten dieser Reise ins Gedächtnis rufen: bestimmte Landschaftseindrücke, Dörfer, Kirchen und Burgen, das Wetter, die Unterkunft, das Essen usw. Es besteht darüber hinaus aber auch die Möglichkeit zu beobachten, wie ich mit diesen Einzelsituationen jeweils innerlich umgegangen bin. Ich werde dann vielleicht entdecken, dass ich mich z.B. immer wieder insbesondere für die Lage der Katharer-Burgen interessiert habe und diese mir von Ort zu Ort immer stärker einen bestimmten Blick eröffnet haben. Mir kann daran deutlich werden, dass dieses Interesse und das daraus entspringende intensive Studium das Wichtigste an dieser Reise war und vielleicht sogar insgeheim ihr Grund. Es ist ein Geschehen, das den Erscheinungen wie ein ursächlicher Hintergrund zugrunde liegt. Wenn ich nun aber immer nur auf die Erfahrungen in den Burgen ausgerichtet wäre, auf die jeweiligen Temperaturen, auf die Tageszeit, meine Befindlichkeit usw., würde ich diese eigentliche Ebene überhaupt nicht wahrnehmen. Erst ein Loslassen dieser sinnlichen Wahrnehmungswelt ermöglicht den Blick auf ihre Realität. Diese hinter den Außenwahrnehmungen erlebte Realität ist es, die weiterwirkt und sich in ihrer Eigendynamik nun ganz entfalten kann, während die speziellen Eindrücke vergessen sind. Die «Vorstellung» wäre hier also der sich in der eigenen Wahrnehmung der Burgen manifestierende seelische Hintergrund und Ursprung dieser Anlagen, also das in meiner Erkenntnistätigkeit unvermerkt aufgerufene Wollen und Schicksal der Katharer, das nach der Reise in mir nun weiterleben kann und vielleicht bestimmte biografische Wirkungen erzeugen wird – ganz unabhängig von den einzelnen Inhalten dieser einen Reise. Es gibt viele prominente Beispiele von Persönlichkeiten, deren Reisen ganz unvermutete, weitreichende Nachwirkungen für ihr späteres Leben hervorriefen: Goethes Italienreise wurde bereits erwähnt, man könnte ebenso auf Mendelssohn-Bartholdys Reise zu den Hybriden hinweisen, auf Paul Klees Fahrt mit August Macke nach Tunesien («die Farbe hat mich!») oder auf Che Guevaras Tour durch Argentinien, die in ihm ein nachhaltiges soziales Mitgefühl mit den Leidenden und Armen dieser Welt eröffnet hat.

Übertragen wir dies nun auf die Geschichte. Auch hier soll ein Beispiel den Sachverhalt veranschaulichen. Es ist vielleicht der Fall eingetreten, dass man sich sehr intensiv mit dem Widerstand gegen den Nationalsozialismus beschäftigt hat. Man hat eingehend die Biografien der Geschwister Scholl, Stauffenbergs, von Moltkes u.a. studiert, ebenso die Gegner, gegen die sie angetreten sind. Die im Bewusstsein lebenden Inhalte sind also die Merkmale der nationalsozialistischen Gewaltherrschaft und die konkreten Taten und Charaktere der Mitglieder des Widerstandes. Wie sähe nun aber die betreffende Vorstellung aus, wenn sie sich nicht mehr auf diese äußere Gegenständlichkeit bezieht? Diese Frage möchte ich auf einem Umweg beantworten. Man denke sich, die Vorstellung wäre mit dem gegenständlichen Vorstellungsinhalt identisch. Dann dürfte ich die an den Geschwistern Scholl gewonnenen Erfahrungen immer nur auf äußerlich der Nazi-Zeit entsprechende Situationen beziehen, also z.B. auf einen Neonazi-Aufmarsch. Ich beobachte die Embleme jener früheren Zeit und kann darauf nun meinen Begriff des Widerstandes beziehen. Diesen Vorgang kann man mitunter sehr konkret erleben. Ich hatte einmal die Möglichkeit, an einer öffentlichen Veranstaltung zu der Frage, worin heute Zivilcourage bestehen könne, teilzunehmen. Es handelte sich um einen Kreis sehr gebildeter und engagierter Menschen, zum Teil die Nachkommen früherer Widerstandskämpfer. Die Diskussion mündete sehr schnell in die Frage: Was können wir gegen die Neonazis tun? Einzelne Beispiele mutigen Einschreitens und Protestes wurden erzählt, und immer mehr wurde man sich einig über den Gegner und die Strategien der Reaktion auf ihn. Je einiger man sich wurde, desto unbehaglicher wurde es mir in dieser Situation, denn es drängte sich mir der Gedanke auf: Das Charakteristische der damaligen Zeit war doch, dass die Persönlichkeiten des Widerstandes genau das Gegenteil von dem vertraten, worüber man sich einig war. Ihr Mut bestand ja gerade darin, für etwas einzustehen, das gegen die sichere Einmütigkeit und die kollektiven Denkgewohnheiten der Mitbürger gerichtet war. Es entstand für mich die Frage: Was wäre es denn heute – bei aller unzweifelhaften Notwendigkeit des Einschreitens gegen Neonazis –, was einen ähnlich großen, wirklichen Mut erforderte, und worin bestehen heute die echten, kollektiven, zerstörerischen Meinungszwänge, die wir wieder nicht bemerken? Die Antwort, die sich im selben Moment für mich völlig überraschend einstellte, verschlug mir regelrecht den Atem, und sie kann aufgrund ihrer persönlichen Umstände nur angedeutet werden: Sie bestand in der Verhaltensweise eines mir befreundeten Ehepaares, das erfuhr, dass sein noch nicht geborenes Kind schwerstbehindert zur Welt kommen würde, daraufhin unter massivem Druck von verschiedensten Seiten (auch von Ärzten) dazu aufgefordert wurde abzutreiben und am Ende sich dazu entschlossen hat, das Kind anzunehmen. Im direkten Umfeld hatte diese Entscheidung extreme, zum Teil dramatische Auswirkungen, die hier nicht zu schildern sind. Das Mädchen war von Anfang an ein lebensfroher Mensch und ist heute trotz seiner Behinderung eine Persönlichkeit, die aktiv auf die Schule und alle anderen Herausforderungen zugeht.

Diese sehr spezielle Erfahrung soll hier angeführt werden, um vermitteln zu können, worum es bei jenem «Vergessen» tatsächlich geht. Solange die an der Nazi-Zeit gewonnene Vorstellung von Widerstand auf deren Inhalte fixiert bleibt, kann sie auch nur auf diese bezogen werden. Damit

verhindert man aber ihre Fruchtbarkeit in Bezug auf die reale Lebenswirklichkeit der eigenen Gegenwart. Auch ein Abstrahieren vom Einzelfall und ein begriffliches Verallgemeinern, das dann auf neue Situationen
übertragen wird, muss scheitern, weil solche Begriffe trotz Abstraktion
immer noch auf ihren empirischen Ausgangspunkt bezogen bleiben und
in der Verbindung dieser verschiedenen Zeiten ganz inhaltslos werden
müssen, um für die verschiedenen Fälle gelten zu können. Die Vorstellung
kann sich nur fruchtbar in eine Kraft für das eigene Handeln umwandeln, wenn sie sich vom äußeren historischen Gegenstand loslöst und
als sie selbst in den menschlichen Organismus eintaucht. Dann ist man
später vielleicht dafür sensibilisiert, wenn nicht in Naziuniform, sondern
unter Umständen in einem weißen Arztkittel oder im Universitätshör-
saal ein neuer Rassismus formuliert wird, der ein behindertes Dasein als
«lebensunwert» deklariert. Achte ich nur auf die Embleme der Vergangenheit, fixiere ich mein Bewusstsein auf den äußeren Inhalt des Vorstellens und verfehle die Wirklichkeit der realen «Vorstellung», verkenne
also, dass diese Vorstellung etwas anderes ist als der (scheinbar) identische
Sinnesinhalt. Die wirkliche Vorstellung, die an jener Beschäftigung mit
dem Widerstand entsteht, müsste man also vielmehr als die menschliche
Haltung als solche beschreiben, die man z.B. an den Scholls erleben kann.
Hier liegen bestimmte geistige Qualitäten in der Auseinandersetzung mit
historischen Zerstörungsmächten vor, die losgelöst von der Fesselung an
äußere Daten und abgesunken in den Organismus in diesem sich zu Kräften umbilden und damit unter völlig anderen geschichtlichen Bedingungen ganz neue äußere Formen annehmen können.

In allen Operationen der gewöhnlichen historischen Wissenschaft wird
heute die Vorstellung nur dazu verwendet, «um durch sie etwas zu wissen». Wenn ich aus einem bestimmten historischen Geschehen Schlüsse
ziehe (denn man möchte ja aus der Geschichte «lernen»), um sie auf
spätere Konstellationen mit äußerlich ähnlichen Merkmalen anzuwenden, so erhoffe ich mir davon ein Verständnis der gegenwärtigen Erscheinungen. So wird z.B. der Umsturz eines politischen Systems anhand des

Wissens über den Umsturz eines früheren Systems zu erklären versucht – die Revolutionen in Tunesien, Ägypten und Libyen 2010/2011 z.B. mit den Vorgängen von 1989. Damit nimmt man eine Vorstellung, um eine logisch-systematische Aufklärung über eine andere Tatsache der äußeren Erscheinungswelt zu erlangen. Auf diese ist man ausgerichtet, nicht auf den eigenen Charakter der ursprünglichen Erscheinung selbst, und es ist deutlich, dass dieser Haltung das unterschwellige Bedürfnis zugrunde liegt, das eigene Wachbewusstsein aufrechtzuerhalten: Man möchte den Grund der aktuellen Sinneserscheinung durch eine Erscheinung erklären, die ebenfalls auf der vollbewussten Sinnesebene liegt.

Das Ergebnis dieses Vorganges ist eine mehr oder weniger verschleierte Analogienbildung und das bereits ausführlich dargestellte Kausalitätsdenken. Solange ich daran festhalten möchte, dass meine an der Geschichte gewonnene Vorstellung immer auf äußere empirische Inhalte bezogen sein muss und nur daraus ihren eigenen Inhalt, ihre Realität gewinnt, kann ich die Übertragung von der einen Situation auf die andere nur an sinnlich identischen Erscheinungen vollziehen. So komme ich zwangsläufig dazu, nach Analogien zu suchen und über die Zeiten hinweg aus ihrer Übereinstimmung einen Zusammenhang zu postulieren. Die Diktatur Saddam Husseins z.B. wird dann vor der Folie Hitlers interpretiert, und daraus werden entsprechende logische Handlungskonsequenzen abgeleitet: Hitler musste letztlich militärisch bekämpft werden, also war auch ein Krieg gegen den Irak unabdingbar.

Dass Analogiebildungen methodisch problematisch sind, wird heute zumindest theoretisch zugegeben. Es wurde schon angesprochen: Geschichte wiederholt sich nicht, Analogien sind bei genauerem Hinsehen nicht möglich, weil zu viele Faktoren letztlich doch nicht übereinstimmen. Saddam war zwar ein verbrecherischer Diktator, die Situation im Irak aber eine ganz andere als die in Deutschland, als Hitler daranging, die Welt mit Krieg zu überziehen. Hält man dennoch an der Analogie fest, verdünnt sich diese zu einem ganz vagen und inhaltslosen, für die Erkenntnis und Handlungskonsequenzen völlig unbedeutenden Allgemeinplatz. So leiden einerseits die am Nationalsozialismus gewonnen Erfahrungen, andererseits eine wirkliche Durchdringung und Aufarbeitung der Ereignisse im Irak; die Vorstellungen sind abgelähmt und führen unter Umständen – wie im Falle des Irakkrieges 2003 – zu Handlungen, die nicht wirklich aus der Erkenntnis heraus geboren, sondern abgelöst von dieser ausgeführt werden.

Für das Kausalitätsdenken gilt Ähnliches: Der Versuch, aus der Wirkung des Früheren auf das Spätere einen Zusammenhang herzustellen, ist Ausdruck des Bedürfnisses, die Vorstellung durch die Sinneswahrnehmung abzustützen. Auch hier soll die eine Erscheinung die andere erklären – die Vorstellung ist dazu da, eine Lücke in der empirischen Wahrnehmungswelt zu schließen, die als die eigentliche Realität erlebt wird. Man lässt nicht die Vorstellung für sich stehen, um auf ihr selbst innerlich zu ruhen, weil dann auf Erklärungen aus der «objekiven» sinnlichen Beobachtung verzichtet (es gäbe kein naturwissenschaftliches Ursache-Wirkungs-Verhältnis) und damit das Wachbewusstsein aufgegeben werden müsste. Ganz äußerlich spiegelt sich der Vorgang, Vorstellungen zum Wissen zu verwenden, in der hinlänglich bekannten Neigung gerade der Geschichtswissenschaft und -pädagogik, Wissen zu «speichern» und darin bereits ihren Gegenstand erschöpft zu sehen. Dass mit solch einer quantitativen Überschau historischer Daten über deren Realität noch gar nichts ausgesagt ist, haben die Historiker, wie gesehen, bereits im 19. Jahrhundert festgestellt.

Die Geschichtserkenntnis ist also aufgefordert, zu einem Verständnis davon zu gelangen, was jene Loslösung ihrer Vorstellungen vom Gegenstand für sie konkret bedeutet. Dieser Vorgang kann natürlich nicht meinen, dass auf das Erinnern verzichtet werden soll. Die Ausgangssituation ist ja – vor allem beim Schüler – gewöhnlich die, dass zunächst keine Anschauung von der betreffenden geschichtlichen Zeit besteht und diese also in dem im letzten Kapitel beschriebenen umfassenderen Sinne erinnert werden muss. Es wird nun aber willentlich der Versuch zurückgehalten, den Zusammenhang der während der Erinnerung in unserem

Bewusstsein lebenden Vorstellung mit der gegenwärtigen sinnlichen Außenwelt herzustellen. Man betrachtet die jeweiligen Inhalte aktiv mit äußerster Gewissenhaftigkeit und Intensität, benutzt sie aber nicht für irgendwelche Schlüsse, sondern lässt sie innerlich los und ins Unbewusste absinken. Durch das Wissen um das Wesen unseres Ätherleibes und die verschiedenen beschriebenen, im Unterbewusstsein ablaufenden Prozesse vertraut man darauf, dass die an den bestimmten historischen Eindrücken entwickelten Vorstellungen im menschlichen Organismus weiterwirken und zuletzt in den aktuellen historischen Erkenntnis- und Entscheidungssituationen die Kräfte bereitstellen, die zu den richtigen Einsichten und Handlungen führen.

Es kann also nicht die Rede davon sein, dass eine in dieser Weise praktizierte Geschichtserkenntnis die Vergangenheit verdrängt oder verleugnet und das Erinnern verhindern will, um diese Vergangenheit sozusagen ungeschehen zu machen. Es geht darum, wie tatsächlich ein realer Zusammenhang zwischen Erinnerung und gegenwärtiger Lebenswirklichkeit hergestellt werden kann – und keine Scheingebilde wie Analogien oder empirische Kausalitäten, die gar keine Erinnerungen sind. Dieser Zusammenhang entsteht nur, indem eine wirklich lebendig gemachte Erinnerung durch ein aktives Vergessen (das erst erlernt werden muss und insofern nicht mit dem gewöhnlichen Verständnis von Vergessen verwechselt werden darf) in den Organismus eingehen kann und hier konkrete Erkenntnis- und Willensfähigkeiten wachsen lässt. An die Stelle intellektueller Folgerungen oder Spekulationen tritt eine reale Wirkungsbeziehung, indem Vorstellungen in der Konstitution des Erkennenden eine Veränderung hervorrufen, die in ihm wiederum das Organ für die erkenntnismäßige Einsicht in die in Zukunft angeschauten historischen Erscheinungen eröffnet.

Eberhard Lämmert schreibt in seiner Einleitung zu dem Sammelband *Vom Nutzen des Vergessens* vom Vergessen als «bewusster Übung», die eine «Kunst ist, Raum für die Erinnerung an Wichtiges, an Überlebenswertes zu schaffen. Darum lässt das Vergessen auch das Erinnerte nicht unverwandelt zurück.» Es komme darauf an, dass «der notwendigen Dialektik von Vergessen und Erinnern Beachtung geschenkt bliebe. Vergessen, nach seiner alten Bedeutung ‹aus seinem Besitz verlieren›, ist ein Vorgang, der von der Fähigkeit zum Gedenken, das ihm vorausgeht, abhängig sein muss. Nur so kann das Vergessen auch als ein Vorgang der Bereinigung gedacht werden, der Raum schafft für bewusste und gewichtete Erinnerung.»[506] Es kann sich nicht um ein Entweder-Oder zwischen Erinnern und Vergessen handeln, sondern um eine Ergänzung. Der geschichtliche Erkenntnisprozess offenbart sich als ein rhythmisches Geschehen, in dem sich Erinnern und Vergessen einander abwechseln. Insofern zeigt sich hier der innere Zusammenhang mit dem Wechsel von Schlafen und Wachen. Nicht umsonst kommt Rudolf Steiner in seinen Ausführungen ja explizit auf die Schlafstörungen zu sprechen. Im geschichtlichen Erkennen sich nicht von den sinnlichen Inhalten des empirischen Bewusstseins loslösen zu können entspricht nicht nur metaphorisch einer Schlafstörung, sondern bedeutet ganz real eine Verhinderung des lebensnotwendigen Absinkens der Vorstellungen in die unbewussten «Verdauungsprozesse» des menschlichen Organismus und damit der Kräftebildung. Permanentes Erinnern macht uns krank, weil wir mit den auf die Gegenstandswelt bezogenen Vorstellungen ständig einen abgetöteten Fremdkörper in unseren Ätherleib hineinschieben. Das Vergessen ist demgegenüber ein Einschlafen, das den Menschen beim neuerlichen Aufwachen für die gegenständliche Welt mit neuen Kräften ausgestattet hat. So speist sich auch das Erinnern selber ständig aus einem Vergessen: Wir hatten geschildert, wie Rudolf Steiner Walter Johannes Stein empfahl, die historischen Betrachtungen durch die Nacht mitzunehmen, und wie dieser nächtliche Vergessensmoment auch in die Erinnerungsübungen hineinspielt. Sicherlich kennt der Leser auch solche Situationen, in denen er z.B. verzweifelt versucht, sich an einen Namen zu erinnern, das immer heftigere Grübeln die Erinnerung aber nur noch mehr verdrängt, während ein kurzes Loslassen oft plötzlich die Lösung bringt.

Wir bemerken hier wieder die medizinische Dimension eines solchen

Verständnisses von Erkenntnis. Der Geschichtslehrer kann sich nun – so paradox es auch klingen mag – konkret fragen: Wie kann ich mit meinem Unterricht das Einschlafen fördern? Wir verstehen jetzt: Hierfür ist entscheidend, dass er dem Schüler nicht nur Wissen einprägt und wieder abruft, also nicht mit technischen Mitteln permanent Gedächtnis beansprucht und die sofortige Verfügbarkeit von Wissen als Lernziel anstrebt, sondern dass mit den Wissensinhalten allein noch gar nicht viel erreicht ist. Der Schüler muss die Möglichkeit erhalten, das Wissen zu vergessen und damit zu verdauen. Ein solcher Rhythmus von Erinnern und Vergessen vollzieht sich im Unterricht konkret durch den bereits charakterisierten Umstand, dass sich der Schüler die erlebten Inhalte noch nicht als Ergebnisse willentlich ins Gedächtnis einprägen muss, sondern erst eine Nacht vergeht, bevor er zu Beginn des nächsten Tages jene Inhalte nun erinnert und diese durch die in der Nacht erfolgte unbewusste Verarbeitung nun «auf den Begriff gebracht» und auf die Lebensrealität angewendet werden können. In Teil III wird dargestellt, inwieweit ein solcher rhythmischer Lernvorgang einen «Epochenunterricht» nötig macht, in dem der Schüler mehrere Wochen lang jeden Tag Geschichtsunterricht hat und nicht ein- bis zweimal in der Woche für 45 Minuten mühsam und unter rein intellektueller Anstrengung des Gedächtnisses das Gehörte wieder aufruft und sich möglichst «effektiv» ergebnissichernd die neuen Inhalte einprägt und behält.

Diese gesundheitliche Dimension des Umgangs mit Geschichte reicht sehr weit. Es herrscht kaum ein Bewusstsein davon, wie krankmachend der klassische Vorgang des Historisierens auf den Schüler wirken muss. Es geschieht immer wieder, dass ein einschneidendes, bewegendes geschichtliches Ereignis von den Fachleuten damit beantwortet wird, man dürfe diese Situation natürlich nicht isoliert betrachten, sondern müsse sie in den historischen Kontext einordnen, schon in der Vergangenheit habe es bestimmte Konstellationen gegeben, die das betreffende Phänomen relativierten. Solch eine Haltung wirkt wie Gift, weil sie augenblicklich die Willenskräfte lähmt. Indem ein Ereignis aus der Vergangenheit erklärt wird, wird ihm die Qualität eines aktuellen Impulses genommen, und damit verliert es auch seine Bedeutung für das eigene Willensleben des Betrachters der Geschichte. Die Schüler müssen dann spüren, dass es keinen Anlass für ihre Aktivität gibt, dass ihr Enthusiasmus grundlos ist. Wenn der Lehrer antwortet: «Demonstrieren? Aber das wissen wir doch schon seit '68, wie illusionär das ist», schädigt er die Zukunftskräfte seiner Schüler. Man stelle sich vor, im Unterricht begegneten dem Schüler die umwälzenden Ereignisse von 1989 in Deutschland: der Protest der DDR-Bürger, die Gründung des Neuen Forums, die Montagsdemonstrationen und der Fall der Mauer, und nun würden diese Vorgänge hergeleitet aus den wirtschaftlichen Problemen in der Sowjetunion, den Sackgassen planwirtschaftlicher Ideologie, den daraus resultierenden ökonomischen Sachzwängen, die Gorbatschow allmählich dazu nötigten, sich den Marktmechanismen des Westens zu öffnen, gleichzeitig aus den seit Chruschtschow einsetzenden Lockerungen ehemals stalinistischer Überwachungs- und Herrschaftsstrategien, die zwar z.B. unter Breschnew noch einmal einen gewissen Rückschlag erlitten, dennoch letztlich nicht aufzuhalten waren usw. Die Begeisterung der Schüler für den Mut und den Idealismus jener Menschen, die in der DDR zunächst noch unter großen Gefahren und mit ungewissem Ausgang die Ergebnisse der Kommunalwahlen überprüften, Bürgerinitiativen gründeten, sich in den Kirchen versammelten und schließlich auf die Straßen gingen und dabei nie gewalttätig wurden, müsste ins Leere laufen, weil ihnen diese Taten als bloße Folgeerscheinungen anderer und «eigentlicher», irgendwo in der Vergangenheit liegender Faktoren erscheinen müssten. Statt diese Ereignisse als solche wirken zu lassen, würden sie hier wieder auf einen «Wissenskontext» bezogen und müssten ihre eigenen, umgestaltenden Kräftewirkungen verlieren. Natürlich müssen bei diesem Thema die Vorgänge in der Sowjetunion angeschaut werden, aber ohne dass sie als eine auf der äußeren Erscheinungsebene liegende kausale Erklärung für die Ereignisse in Deutschland benutzt werden. Alle betreffenden Geschehnisse müssen intensiv studiert werden, um sie dann aber jeweils unter Verzicht auf sofortige begriffliche Erklärung wieder «loszulassen», damit auf einer viel tieferen Ebene sich ihr wahrer Zusammenhang herstellen kann.

Das dem Historisieren entgegengestellte «Vergessen» betrifft vorwiegend *Erkenntnis*prozesse. In den Hinweisen auf das tragisch belastete Verhältnis zwischen Palästinensern und Juden, Rumänen und Ungarn, Polen und Deutschen, zwischen Schwarzen und Weißen in Südafrika usw. klang aber bereits an, dass einem solchen Vergessen – also der Notwendigkeit des «Verdauens» bestimmter Erinnerungen – auch ein moralischer, das Handeln betreffender Aspekt innewohnt. Es ist bemerkenswert, dass Rudolf Steiner in jenem erwähnten Vortrag über das Vergessen auch darauf direkt zu sprechen kommt. Unmittelbar im Anschluss an den Hinweis auf die Abhängigkeit des Schlafenkönnens von der Möglichkeit, Tageseindrücke aus dem Bewusstsein «herausschaffen» zu können, führt er aus: «Was wir hier für die alltäglichsten Dinge des Augenblickes sagen können, das hat auch seine Anwendung auf ethisch-moralische Verhältnisse. Etwas, was wir die wohltätige Wirkung eines Charakters nennen können, der nichts nachträgt, beruht wirklich auch darauf. Es zehrt an der Gesundheit eines Menschen, wenn wir nachträgerisch sind. Wenn uns jemand einen Schaden zugefügt hat und wir den Eindruck dessen, was er uns getan hat, in uns aufgenommen haben und immer wieder darauf zurückkommen, sobald wir ihn sehen, dann beziehen wir diese Vorstellung des Schadens auf den Menschen, wir lassen sie dann nach außen strömen. Nehmen wir aber an, wir hätten es dahin gebracht, dem Menschen, der uns einen Schaden zugefügt hat, so die Hand zu drücken, wenn wir ihm wiederbegegnen, als ob nichts geschehen wäre: dann ist das in Wahrheit heilsam.»[507] Steiner verweist hier auf die Tatsache, dass das Nachtragen menschlicher Fehler denselben Ursprung hat wie im Erkenntnisleben der Zwang, Vorstellungen zum «Wissen» zu verwenden: Das Bewusstsein möchte die inneren Prozesse nach außen projizieren, um sich sicher zu fühlen. Steiners Äußerungen provozieren auch hier, man spürt die eminente Zumutung, die mit einem wirklichkeitsgemä-

ßen Umgang mit der Vergangenheit verbunden ist: Wie kann man sich
einem Menschen gegenüber, der sich schuldig gemacht hat, so verhalten,
als ob nichts geschehen wäre? Ist das nicht eine Tatsachen- und Selbstver-
leugnung? Wie kann so etwas als heilsam aufgefasst werden? Nur wenn
man diese Äußerungen aus den oben beschriebenen heraus versteht, löst
sich – für die Erkenntnis – dieser Widerspruch auf; für das Handeln wird
er immer eine ungeheure Herausforderung bleiben, weil er größte moralische Anstrengungen erfordert. Die Kraft dazu kann nur einem Vertrauen
auf die rein geistige, durch keine sinnlich-gegenständlichen Stützen zu
ersetzenden Lebensprozesse entspringen.

Was auf der Erkenntnisebene als Vergessen beschrieben wird, ist auf der
ethisch-moralischen Handlungsebene das Verzeihen. Rudolf Steiner beschreibt in der zitierten Stelle die große Bedeutung des Verzeihens. Auch
das Verzeihen bewirkt aus den oben erwähnten Gründen eine Stärkung
des Ätherleibes, es hat also eine unmittelbare Bedeutung für die Gesundheit des Menschen. Diese Tatsache findet immer wieder in historischen
Beispielen ihre Bestätigung. Eines dieser Beispiele soll hier näher dargestellt werden.[508]

Als am Ende des 2. Weltkrieges die deutschen Konzentrationslager befreit wurden, spielte sich millionenfach und an verschiedensten Orten
der dramatische Kampf um das Überleben der vielfach schon vom Tod
gezeichneten Häftlinge ab. Der Amerikaner George Ritchie, der das hier
gemeinte Beispiel beschrieben hat, gelangte zu dieser Zeit mit einer kleinen Gruppe von Ärzten in ein soeben befreites Lager in der Nähe von
Wuppertal. Er stieß hier auf einen Mann, der ihn im stärksten Maße be-
eindruckte. Es handelte sich um einen polnischen Juden, der ganz anders
aussah als die anderen Häftlinge, die meistens kaum noch gehen konnten:
«Seine Gestalt war aufrecht, seine Augen hell, seine Energie unermüd-
lich.»[509] Er arbeitete täglich fünfzehn bis sechzehn Stunden, um den vom
Tod bedrohten Mithäftlingen zu helfen, zum Teil als Dolmetscher (er
beherrschte sechs Sprachen) bei der Durchsicht des Archivmaterials und
der Feststellung der Personalien der Lebenden und Verstorbenen. Trotz

dieser Anstrengungen «zeigten sich bei ihm keine Anzeichen von Ermüdung. Während wir übrigen uns vor Müdigkeit hängen ließen, schien er an Kraft zu gewinnen. ‹Wir haben Zeit für diesen alten Kameraden›, sagte er. ‹Er hat den ganzen Tag auf uns gewartet.› Sein Mitleid für seine gefangenen Kameraden strahlte aus seinem Gesicht, und zu diesem Glanz kam ich, wenn mich der Mut verlassen wollte.»[510] Ritchie nahm an, dass dieser Häftling wohl sehr spät ins KZ gekommen sei, doch aus dessen Papieren entnahm er eines Tages zu seinem größten Erstaunen, dass er bereits 1939 eingewiesen worden war, also sechs Jahre im KZ gewesen war!

«Noch erstaunlicher war vielleicht, dass jede Gruppe im Camp ihn als ihren Freund betrachtete. Er war derjenige, dem Streitigkeiten zwischen den Insassen zum Schiedsspruch vorgelegt wurden. Erst nachdem ich wochenlang dort gewesen war, erkannte ich, welch eine Rarität dies in einem Gelände war, wo die verschiedensten Nationalitäten von Gefangenen einander fast so sehr hassten, wie sie die Deutschen hassten.»[511] Das Rätsel dieses Menschen löste sich auf, als dieser eines Tages Ritchie von seinem Lebensschicksal erzählte: «‹Wir lebten im jüdischen Sektor von Warschau›, fing er langsam an. Es waren die ersten Worte, mit denen er mir gegenüber von sich selbst sprach. ‹Meine Frau, unsere zwei Töchter und unsere drei kleinen Jungen. Als die Deutschen unsere Straße erreichten, stellten sie jeden an die Wand und eröffneten mit Maschinengewehren das Feuer. Ich bettelte, dass sie mir erlauben würden, mit meiner Familie zu sterben, aber da ich deutsch sprach, steckten sie mich in eine Arbeitsgruppe.› Er unterbrach, vielleicht, weil er wieder seine Frau und seine fünf Kinder vor sich sah. ‹Ich musste mich dann entscheiden›, fuhr er fort, ‹ob ich mich dem Hass den Soldaten gegenüber hingeben wollte, die das getan hatten. Es war eine leichte Entscheidung, wirklich. Ich war Rechtsanwalt. In meiner Praxis hatte ich zu oft gesehen, was der Hass im Sinn und an den Körpern der Menschen auszurichten vermochte. Der Hass hatte gerade sechs Personen getötet, die mir das meiste auf der Welt bedeuteten. Ich entschied mich dafür, dass ich den Rest meines Lebens – mögen es nur wenige Tage oder viele Jahre sein – damit zubringen wollte, jede Person, mit der ich zusammenkam, zu lieben.»[512] An diesem erschütternden Lebensschicksal – und man könnte hier noch weitere beeindruckende Beispiele anführen[513] – wird deutlich, wie sehr die Kraft des Verzeihens letztlich bis in medizinische Tatsachen hinein auf die Konstitution des Menschen wirkt.

Was hier und bei Rudolf Steiner über den einzelnen Menschen gesagt wurde, gilt gleichermaßen für die Geschichte. Es scheint auch für die historischen Kollektive ausgesprochen schwer zu sein, ihre Verletzungen einem geistigen Heilungsprozess überlassen zu können, anstatt immer wieder ihre Vorstellungen an die Vergangenheit zu fesseln, also ihre inneren Entwicklungsprozesse beherrschen zu lassen von den empirisch-materiellen Gewordenheiten – ob dies der serbische Rückgriff auf den Kosovo-Mythos, die zum Teil revanchistischen Begehrlichkeiten der sudetendeutschen oder schlesischen Vertriebenen oder der neuerliche ungarische Nationalismus ist, der den Vertrag von Trianon, bei dem Ungarn zwei Drittel seines Staatsterritoriums verlor, für seine politischen Agitationen instrumentalisiert. Wenn die «Alten» diesen Zwängen unterworfen sind, wie wirkt sich dies auf die jungen Menschen, die Schüler, aus? Das Historisieren lähmt sie, aber auch die Tatsache, dass ihre Lehrer moralisch befangen sind, also die Gegenwart immer im Licht von Fehlern der Vergangenheit sehen, schwächt sie: Sie verhärten in ihrer Empathiefähigkeit und Realitätswahrnehmung, entwickeln einen Widerwillen gegen die lebendigen Antriebskräfte der Geschichte und verlieren ihre Freude an dem Zugehen auf die aktuellen Herausforderungen der historischen Entwicklung (dies kann, wie ich mehrfach erlebt habe, bis in depressive Verzweiflung an der Unzulänglichkeit des Menschen gehen). Ihr eigentliches Zukunftswesen und damit ihre besten Lebenskräfte werden wie zurückgestaucht. Es gibt aber auch das umgekehrte Phänomen, dass Jugendliche so unzufrieden sind, dass jene Fesselung an die Vergangenheit ihnen einen Inhalt für ihre Aggression und die Möglichkeit zu nationalistischem oder rassistischem Hass und radikalen Ausbrüchen im Handeln gibt.

Es geht natürlich nicht darum, den Geschichtsunterricht zu einer mo-

ralischen Lehrveranstaltung zu machen, in der Verzeihen eintrainiert
wird. Es geht vielmehr darum, ob der Schüler an dem Lehrer und seinem
Umgang mit der Geschichte eine bestimmte Haltung erleben kann, an
der er erfährt, was es heißt, auf der Grundlage eines Wissens von der Vergangenheit – nicht einer Verdrängung – das Geschehene zu verarbeiten,
also in sich aufzunehmen, wirken zu lassen und zuletzt in Unbefangen-
heit auf die Zukunft zuzugehen. Erinnerung ist nicht dazu da, Urteile
zu erneuern und zu zementieren. Dann gäbe es kein Fortkommen, keine
Entwicklung – damit wäre das Gegenteil von dem erreicht, was die Aufgabe der Geschichtspädagogik ausmacht. Es ist nicht zu unterschätzen,
welche Wirkung jene Haltung auf den Schüler ausübt, die ihm über Jahre
an seinen Geschichtslehrern begegnet: Wird man die Vernichtung der
Indianer, Vietnam, die Ära Bush und die ungehemmten Finanzspekula-
tionen zu einem dogmatischen Antiamerikanismus benutzen? Werden
die Serben in Zukunft immer mit dem Bild identifiziert werden, das wir
von den Kriegstreibern Milosevic, Karadzic und Mladic gewonnen haben
(wann kommt man auch schon dazu, sich mit den Serben außerhalb der
notwendigen Geschichtskapitel wie den Ursachen des 1. Weltkrieges und
dem Jugoslawienkonflikt zu beschäftigen)? Gerade auch in Deutschland
kennt man das Problem: Ich habe oft erlebt, wie sich gerade die interessierten und verantwortungsbewussten Schüler, die sich intensiv mit dem
Dritten Reich beschäftigt haben, dagegen wehren, für die Fehler ihrer
Großeltern oder Urgroßeltern haftbar gemacht zu werden und sich als
«Deutsche» automatisch schuldig fühlen zu müssen. Wenn Deutschland seine Teilnahme am Irakkrieg verweigert und dafür angegriffen wird,
dass ausgerechnet die einstige Hitler-Diktatur sich jetzt vor der Befreiung
eines Landes von seinem Diktator drücke, oder wenn der australische
Philosoph Peter Singer in seiner *Bioethik* die Tötung behinderter Neuge-
borener damit legitimiert, die Kinder hätten genauso wenig Bewusstsein
von sich selbst wie eine Schnecke, und auf Proteste in deutschen Hörsälen
knapp antwortet, das sei charakteristisch, schon seine deutsch-jüdischen
Eltern habe man einst nicht sprechen lassen und stattdessen im Lager

vernichtet,[514] so sind das nur zwei Beispiele von vielen anderen, an denen immer wieder deutlich wird, wie schwierig es in diesem Lande ist, unbefangen und frei auf die Herausforderungen der Gegenwart zu reagieren.

Um jedes Missverständnis auszuräumen: Es geht hier nicht um jenen fatalen «Schlussstrich» unter die Geschichte, der die Vergangenheit von der Gegenwart abschneiden will, um sich der historischen Verantwortung zu entziehen. Es geht um Erinnerung, zugleich aber auch um die Frage, wie diese gerade für eine Aufarbeitung von Fehlern, Schuld, Verletzungen wirklich fruchtbar zu machen ist. Dient sie nur zum Beweismittel gegen den Gegner, wird sie jede Lösung verhindern. Man muss das Heilmittel kennen, wenn man aufarbeiten will, und insofern ist es notwendig, sich bei dem Erinnern zusammen mit jenem «Absinken» zu beschäftigen, das einen nach dem Erinnerungsvorgang die Bewusstseinsinhalte für einen bestimmten Moment loslassen lässt, sodass die Erlebnisse den inneren Gesundungsprozessen zugeführt werden können und Kräfte erzeugen, die das Problem konstruktiv und vielleicht dann auch erfolgreich bearbeiten.

Es ist bereits gesagt worden: Im Unterrichtsgeschehen ist für diesen Vorgang wesentlich die Haltung des Lehrers verantwortlich. Wenn der Schüler einen Menschen erlebt, der nicht das Wissen benutzt, um die Unvollkommenheit anderer zu beweisen, oder noch grundlegender die Erinnerung regelmäßig zur Bestätigung des Versagens und der Sinnlosigkeit der Geschichte verwendet, sondern der nach gründlicher Betrachtung auch der schmerzlichsten Vorgänge auf die Wirkung dieses Erinnerns vertraut und zugleich bereit ist, immer wieder neu auf einen Menschen oder ein Volk zuzugehen, so erlebt er Zukunft, und das ist für ihn das Entscheidende.

Dieser Blick auf die Haltung des Lehrers muss nicht ausschließen, dass es auch inhaltliche Möglichkeiten gibt, jene Qualität des Verzeihens im Unterricht wirksam werden zu lassen. Gerade wenn man sich die weitreichende Wirkung von Bildern, wie sie in dieser Schrift charakterisiert wurde, vergegenwärtigt, dann kann man nur dankbar sein für einzelne historische Beispiele, in denen Menschen vorgelebt haben, was hier mit «Vergessen» und «Verzeihen» gemeint ist. Ausgesprochen wertvoll ist hier z.B. die Biografie Nelson Mandelas (siehe auch Kap. III.5.). Es ist historisch einzigartig, wie Mandela, der allen Grund zu Hass und Rache gehabt hätte, nach seiner Freilassung nun gerade nicht die massive Wut der Schwarzen auf ihre weißen Unterdrücker geschürt und politisch instrumentalisiert hat, sondern wie er bei der Ernennung zum Präsidenten demonstrativ – aber nicht aus strategischer Berechnung, sondern weil er ihn als Menschen liebgewonnen und ihm verziehen hatte – seinen einstigen Bewacher von Robben Island einlud und bei den Festlichkeiten in der ersten Reihe platzierte, in vorsichtige Verhandlungen mit den Weißen eintrat, in äußerst aufgeladenen, gefährlichen Situationen sowohl die schwarze als auch die weiße Seite stärkte[515] usw. In seinen tatsächlichen Abläufen weniger bekannt, aber ebenfalls geradezu vorbildhaft ist das Zustandekommen der Osloer Verträge von 1993 – der Friedensverträge zwischen Israel und den Palästinensern –, die durch Vermittlung des norwegischen Außenministers Holst zustande kamen und sich einer schwierigen Reihe von inneren Selbstüberwindungen von Beteiligten auf der unteren politischen Ebene bis hin zum Ministerpräsidenten Rabin verdankten.[516] Sie hatten letztlich Erfolg, weil die betreffenden Menschen auf beiden Seiten spürten, dass eine gemeinsame Zukunft möglich war, wenn man die alten Verletzungen und Schuldzuweisungen hinter sich ließ. Es ist tragisch und bestätigt aber unsere Thematik, dass es dann ein junger nationalistischer Fanatiker war, der Rabin für diese Bemühungen umbrachte und damit den schwer errungenen Frieden wieder zunichte machte.

9. Mädchen und Jungen

Es gibt kaum eine Erziehungsfrage, die die gegenwärtige öffentliche Diskussion so stark beschäftigt wie die nach den Unterschieden zwischen Jungen und Mädchen. Brauchen sie eine jeweils eigene Pädagogik? Nachdem die strikte schulische Trennung der Geschlechter im 20. Jahrhundert glücklich überwunden war und mit der Emanzipationsbewegung grundsätzlich die Differenzen zugunsten einer gleichberechtigten Würdigung von Mann und Frau zurückgetreten waren, kehrte noch vor der Jahrtausendwende die Frage nach den Unterschieden plötzlich wieder zurück. Es treten vor allem bei den Jungen zunehmend existenzielle Erziehungsschwierigkeiten auf, die sowohl die Eltern als auch die Erzieher an die Grenzen ihrer pädagogischen Möglichkeiten bringen und ihre erzieherischen Gewohnheiten infrage stellen. Die Leistungen von Mädchen und Jungen sind in ein Missverhältnis geraten, die Jungen scheinen überfordert und in der Schule zunehmend fehl am Platz, Gewalt und Fluchtbewegungen (z.B. in die Computerwelt) nehmen immer mehr zu – der Junge mit seinen Einbrüchen und schulischen Verweigerungen, aber auch das Mädchen in seinen Auseinandersetzungen mit Bulimie, Anorexie, Depressionen etc. wird zum Rätsel. So wird schließlich immer häufiger die Frage aufgeworfen, ob man an der gemeinsamen Erziehung von Mädchen und Jungen festhalten könne oder ob man beiden Geschlechtern nicht erst dann Genüge leiste, wenn man ihre spezifischen Eigenheiten und Voraussetzungen, ihre eigenen Erlebnis- und Lernmöglichkeiten ins Auge fasse.[517] In den USA wird – z.B. in den Fächern Mathematik und Chemie – seit einiger Zeit wieder vermehrt getrennt unterrichtet; die Zahl der betreffenden Schulen ist inzwischen auf mehrere hundert gestiegen.[518] Man erhofft sich, dass sich die Schüler besser konzentrieren und effektiver lernen. Auch in Deutschland häufen sich entsprechende

Beobachtungen und pädagogische Maßnahmen. Die Geschäftsführerin der Landesarbeitsgemeinschaft Mädchenarbeit in Nordrhein-Westfalen, Ulrike Graff, bekräftigte 2006 in einem Artikel in der *taz*, koedukative Pädagogik sei keineswegs immer hilfreich, getrennter Unterricht würde vielmehr dazu beitragen, dass Jungen und Mädchen ihre Vorlieben besser entfalten und Neues probieren, Freiraum für Selbstbestimmung entwickeln könnten.[519] Die Literatur zu dem Thema ist inzwischen kaum mehr zu überblicken, die Aspekte reichen von dem Phänomen der größeren Zahl weiblicher Abiturienten über «Problemkind Junge» bis zum unterschiedlichen Leseverhalten bei Jungen und Mädchen. Charakteristisch sind Titel wie *Jungen – die neuen Verlierer?*, *Kleine Helden in Not* oder *Jungen sind anders, Mädchen auch. Den Blick schärfen für eine geschlechtergerechte Erziehung.*[520]

Nachdem das 20. Jahrhundert also die traditionellen Rollenklischees, welche Mädchen und Jungen schulisch kategorisch trennten, weitgehend überwunden hat, veranlassen uns heute eine Vielzahl von Problemfeldern, einen allzu vereinfachenden, zum Teil wohl auch ideologischen Gleichheitsgedanken wieder zu hinterfragen. Zurück in die alte, reaktionäre Geschlechtertrennung können wir nicht – wie kann also eine Pädagogik aussehen, die hinter ihre modernen Ansprüche nicht zurückfällt und dennoch die spezifischen Besonderheiten männlicher und weiblicher Konstitution beobachtet und ernst nimmt? Noch zu einer Zeit festgefügter Rollenbegriffe, in der erst die ersten Schritte der Koedukation gegangen wurden, äußerte sich Rudolf Steiner in seinem Vortrag über «Die Erziehung des Menschen im Reifealter und die Lebensbedingungen des Lehrers» in Oxford mit den Worten: «Gerade wenn man das recht anstreben will, was mit Recht in der Gegenwart angestrebt wird, und was in der Zukunft kommen muss, die völlige Gleichheit, die Gleichberechtigung der beiden Geschlechter für die Welt, dann muss man einen klaren, unbefangenen Blick haben für die Differenzierung. Nur dadurch kann die Gleichheit realisiert werden, dass man einen klaren, unbefangenen Blick für die Differenzierung hat.»[521] Diese Aufforderung nimmt die pädagogische Entwicklung des 20. Jahrhunderts vorweg. Sie blieb keine Theorie, denn in der 1919 gegründeten Waldorfschule wurden Mädchen und Jungen zusammen unterrichtet, und zugleich war es für Steiner ein zentrales Anliegen, den elementaren Unterschieden zwischen Mädchen und Jungen, ihren spezifischen Veranlagungen und Bedürfnissen gerecht zu werden. In mehreren Vorträgen hat er die leibliche und seelische Konstitution von Jungen und Mädchen differenziert beschrieben, um die Grundlage für eine Oberstufenpädagogik zu schaffen, der es gelingt, die beiden Geschlechter sehr verschieden zu unterrichten. In diesem Zusammenhang hat er sich auch direkt zum Geschichtsunterricht geäußert. Mir ist kaum bekannt, dass in der Geschichtsdidaktik – auch in der anthroposophischen – diese Differenzierung eine wirkliche Rolle gespielt hätte. Insofern sollen Steiners Hinweise vor dem Hintergrund seiner grundsätzlichen Äußerungen zur jugendlichen männlichen und weiblichen Konstitution an dieser Stelle referiert werden.

Der Mediziner Jan Vagedes hat auf einem 2007 in Stuttgart abgehaltenen Kongress mit dem Titel «Brauchen Jungen eine andere Erziehung als Mädchen?» einen an Steiner anknüpfenden menschenkundlichen Vortrag «zur geschlechtsspezifischen Entwicklung von Jungen und Mädchen» gehalten.[522] Anhand einer Phänomenologie der leiblichen Unterschiede zwischen den Geschlechtern gelangt er zu einer grundsätzlichen Charakteristik von Männlich und Weiblich. Er weist darauf hin, dass sich schon in Ei- und Samenzelle eine symptomatische Polarität ausdrückt. Krumme und Gerade stehen sich hier mit völlig gegensätzlichen Qualitäten gegenüber: Die runde Form bildet Innenraum, besitzt in der Kreis- oder Kugelform ein kraftvolles, konzentriertes, aber noch nicht differenziertes Zentrum mit Keimcharakter und strahlt eine Atmosphäre des Weichen und Warmen aus; die Aufrechte wirkt kühler, zugleich aber ausgerichtet und damit stärker mit der Außenwelt verbunden. Auch in den embryonalen Keimanlagen, in der Entwicklung der Genitalien und schließlich in den Körperformen überhaupt drückt sich diese Polarität charakteristisch aus. Ganz am Anfang sind sich die weiblichen und männlichen Geschlechtsorgane noch sehr ähnlich, bis sie sich beim Jungen deutlich polarisieren (das Geschlechtsteil differenziert sich in den Hodensack und den Penis mit den Tendenzen der Schwere und der Aufrichte), beim Mädchen bleiben Klitoris und Schamlippen der ursprünglichen Anlage wesentlich ähnlicher. Beim Jungen treten die Geschlechtsteile nach außen, beim Mädchen bleiben die Gonaden in der warmen Leibeshöhle. Ganz offensichtlich sind die Unterschiede in der äußeren Physiognomie und im Körperbau: Die Gesichtszüge sind bei der Frau feiner und runder, beim Mann haben sie eine kantige und längliche Tendenz, dasselbe gilt für die Schultern. Brustbereich und Beine betonen ebenfalls bei der Frau eindeutig das Kurvige bzw. Weiche, beim Mann die Gerade und das Festere. Vagedes fasst insofern diese Unterschiede dahingehend zusammen, dass er bei der Frau von einer Dominanz der «Innenarchitektur», beim Mann der «Außenarchitektur» spricht.[523] Auch seelisch entdeckt er diese Symptomatik: Karikiert finde sie sich bei den Erwachsenen in Staubsaugen kontra Rasenmähen, häuslicher Orientierung kontra Karrierestreben oder Kirche kontra Konkurrenz. Weniger zugespitzt finden wir diese Polaritäten – nun konkret auf den jungen Menschen bezogen – in solchen Phänomenen wie der großen Bereitschaft bei den Mädchen, sich mit sozialen, psychologischen oder weltanschaulichen, also inneren Fragen zu beschäftigen und sich dabei auch kommunikativ umfassend darüber auszulassen, während den Jungen dies oft unangenehm ist, Einsilbigkeit herrscht und Befriedigung vielmehr bei «sachlicheren» Dingen wie den naturwissenschaftlichen Fächern, Mofareparatur, Computertechnologie, Sport etc. entsteht. Von Mädchen erhält man unter Umständen schon in der 9., spätestens in der 10. Klasse Gedichte oder tiefgründige, ausführliche Aufsätze, bei Jungen muss man nicht selten um Hausaufgaben kämpfen, die mindestens vier Sätze enthalten. Von Mädchen wird man bisweilen mitten auf dem Schulhof auf biografische Konfliktlagen angesprochen, die Jungen muss man vom Fußballspielen abhalten. Peter Singers Schilderungen von einer Klassenfahrt[524] kann ich durch Szenarien noch auf der Abschlussfahrt einer 12. Klasse bestätigen:

Auf dem Zeltplatz ziehen die Jungen aus, um die Gesamtlage zu erkunden, Stromanschluss, Sportmöglichkeiten und nahe Kneipen zu sondieren, die Mädchen bauen die Zelte auf, machen das Feuer und kümmern sich um das Essen.

Das mögen alles Äußerlichkeiten und klischeehafte Vereinseitigungen sein, und natürlich könnte man sofort ausführlich von poetisch begabten, psychologisch interessierten Jungen, sportlichen und technisch versierten Mädchen berichten. Dennoch decken sich eine Vielzahl von medizinischen, psychologischen, soziologischen und historischen Erfahrungen mit diesen grundsätzlichen Tendenzen, auch wenn es für sie immer Ausnahmen geben wird. Gerade wenn man geneigt ist, typisierende Verallgemeinerungen abzulehnen, ist man beizeiten überrascht, wie «passgenau» sich bestimmte Rollenklischees erfüllen. Die pädagogische Situation ist zu ernst, um solche Erfahrungen mit dem Hinweis auf ideologische Vereinfachungen zu ignorieren. Wenn man regelmäßig erlebt, wie Jungen aggressiv, also nach außen gewalttätig werden, weil sie mit sich selbst nicht fertig werden, wie Mädchen durch Magersucht, Ritzungen u.a. Gewalt gegen sich selbst richten, wie die Jungen in PC-Welten abtauchen und Mädchen sich nach außen hin geradezu «präsentieren» und zum Objekt machen, dann realisiert man, dass die beschriebenen Tendenzen mit existenziellen Konsequenzen verbunden sind, die Hilfe verlangen und ein Verständnis des Menschen voraussetzen.

Um ein solches Verständnis sind die erwähnten Darstellungen von Rudolf Steiner bemüht. Es sind vor allem vier Vorträge aus den Jahren 1921 und 1922, in denen er sich dezidiert zu den Unterschieden zwischen Mädchen und Jungen im Reifealter und zu entsprechenden Konsequenzen für die Unterrichtsgestaltung geäußert hat.[525] Für das Mädchen betont er mehrfach, wie mit der Geschlechtsreife zwischen dem zehnten und vierzehnten Lebensjahr der ganze Organismus empfänglich wird für die Kräfte des Kosmos, sodass sich in diesem Alter die physische Leiblichkeit des Mädchens in die übersinnliche Welt hineinlebt. Tatsächlich ereignet sich ja deutlich beobachtbar mit der Menstruation eine direkte Verbin-

dung der weiblichen Konstitution mit den kosmischen Vorgängen – die
«Tage», der Monatszyklus u.a. verweisen auf den engen Zusammenhang
der weiblichen biologischen Rhythmen mit den kosmischen Gegebenheiten, und es ist insbesondere die Blutzirkulation, die Steiner als einen
der maßgeblichen Faktoren dieses Prozesses erwähnt: Der weibliche Organismus «wird durchgeistigt in dieser Zeit. Sodass ihm für diese Zeit bei
Mädchen etwas ganz Besonderes mit der Blutentwickelung gegeben ist.
Die Blutzirkulation steht, man möchte sagen, in diesen Lebensjahren der
ganzen Welt gegenüber. Sie muss sich gewissermaßen an der ganzen Welt,
an dem Universum regulieren. Und Beobachtungen einfach auch mit äußeren Instrumenten, die etwa feststellen würden, wie sich das Verhältnis
zwischen Pulsschlägen und Atemzügen verändert zwischen dem 10. und
14. Jahre, die würden etwas ganz anderes ergeben für die Mädchennatur
als für die Knabennatur.»[526] In diesen Tatsachen bestätigt sich die oben
dargestellte Phänomenologie der weiblichen Organisation, die mit den
Qualitäten des Kurvigen, Runden, der Wärme und Innenraumbildung
auf Eigenschaften hinweist, die etwas zu tun haben mit den sphärischen,
ganzheitlich-harmonischen Gesetzen des Kosmos und der Anwesenheit
eines Übersinnlichen im Physischen. Die Möglichkeit, mit dem Kind ein
geistiges Wesen zu empfangen, in sich zu tragen, es heranwachsen und mit
der Geburt auf diese physische Welt kommen zu lassen, ist natürlich der
deutlichste und und beeindruckendste Ausdruck dieses Sachverhaltes.

Wenn man sich die starke Auswirkung des Zyklus auf die innere Befindlichkeit der Frau vergegenwärtigt, dann fällt es nicht schwer anzuerkennen, dass die geschilderte Charakteristik der weiblichen Konstitution auch
eine wesentliche seelische Dimension hat. So heißt es bei Rudolf Steiner:
«Dem Mädchen [wird] gerade in diesen Jahren [der Geschlechtsreife,
A. B.] die Außenwelt ein Rätsel. Das Mädchen hat aufgenommen etwas
Überirdisches in sich. Es gestaltet sich diese ganze Menschenwesenheit
unbewusst in dem Mädchen. Dann hat man ein Menschenwesen vor
sich mit dem 14., 15. Lebensjahre, das nun vor der Welt erstaunt, das in
der Welt die Rätsel findet, das in der Welt vor allen Dingen die Reali-

sierung von Werten finden möchte.»⁵²⁷ Werte möchte man finden bzw. realisieren, wenn man sehr stark von Idealen, von ethischen Gedanken, geistigen Fragestellungen erfüllt ist – wir haben hier eine Erklärung für die eingangs beschriebene Tendenz des Mädchens, sich über soziale und psychologische Themen zu verständigen. Häufig kann man bei Mädchen auch ein sehr ernsthaftes Engagement beobachten, Konflikte in der Klasse aufzulösen zu helfen, sich um vermeintlich schwächere Mitschüler zu kümmern, soziale Projekte zu initiieren, Praktika im Kindergarten oder in der Heilpädagogik zu absolvieren usw. Ein interessantes Phänomen ist auch die Tatsache, dass bis ins Erwachsenenalter hinein die Mädchen bzw. Frauen eine viel ausgeprägtere Empfänglichkeit für esoterische Themen haben – Ausnahmen immer mitgedacht.

Rudolf Steiner beschreibt diese seelische Komponente noch ausführlicher im Stuttgarter Vortrag vom 16. Juni 1921.⁵²⁸ Er schildert zunächst wieder die leiblichen Prozesse bei der Geschlechtsreife: Er benennt hier noch expliziter den Astralleib als den Schauplatz des Geschehens, der, wie wir weiter vorne gesehen haben, ja ohnehin den Menschen mit dem Kosmos verbindet und insofern beim Mädchen nun besonders stark «nach dem Kosmos hinorganisiert» (Steiner) ist. Wenn der Astralleib innerhalb der weiblichen Konstitution nun frei und sichtbar wird, so bedeutet das, dass er viel differenzierter ausgebildet ist und sich hier in dieser irdischen Existenz beim Mädchen viel stärker diese geistige Herkunft des Menschen äußerlich ausspricht als beim Jungen. So formuliert Steiner: «Das Mädchen [entwickelt sich] zwischen dem 13., 14. und 20., 21. Jahr so, dass sein Ich in einer starken Weise beeinflusst wird von dem, was sich im astralischen Leib gestaltet. Man sieht, wie beim Mädchen das Ich allmählich, man möchte sagen, aufgesogen wird von dem astralischen Leib. [...] Es lebt mehr in den Ätherleib hinein dasjenige, was vom Ich durchdrungener astralischer Leib ist. Es lebt sich sehr stark in den Ätherleib, damit sogar in die ganze Handhabung, in die äußere Beweglichkeit hinein. [...] Natürlich ist das alles etwas radikal und extrem gesprochen, aber gerade so können Sie sich das gut vor teilen. Es ist etwas in diesem Vorgang im Seelisch-Geistigen, das wir mit dem Erröten vergleichen können, mit dem physischen Erröten. Eigentlich ist die ganze Entwicklung in dieser Zeit ein seelisch-geistiges Erröten.»[529] Dieses Erröten, das man wirklich bei Mädchen zum Teil ganz äußerlich, oft aber auch als atmosphärische, innere Ausstrahlung wahrnehmen kann, weist schon die Brücke zur seelischen Dimension dieser Vorgänge. Die starke Wirksamkeit des Astralleibes führt zu einer ausgeprägten Präsenz des Geistigen in der äußeren Leiblichkeit bzw. im Verhalten des Mädchens. Als Lehrer erlebt man fast täglich Situationen, in denen Mädchen jetzt unbedingt – trotz beginnenden Unterrichts – ein zwischenmenschliches Problem zwischen dem und dem aufarbeiten müssen; der Vater eines Mitschülers stirbt, und ein fünfzehnjähriges Mädchen schreibt ein Gedicht, das nur drei Tage später auf der Trauerfeier von der ganzen Klasse als vielleicht tiefgründigster und bewegendster Beitrag rezitiert wird; eine andere Neuntklässlerin hält vor versammeltem Lehrerkollegium ein souveränes, frei vorgetragenes Referat über ihre persönlichen Erfahrungen bei dem Landwirtschaftspraktikum. Sehr vertraut klingen insofern Steiners Worte, auch wenn sie schon achtzig Jahre zurückliegen: «Man bemerkt gerade bei richtigen Mädchennaturen, bei einer richtigen Entwickelung, dass das Mädchen in dieser Zeit in einer gewissen Weise wacker wird, fest wird in seinem Auftreten, die Persönlichkeit betont, sich hinstellt, nicht in sich zurückzieht. Das Naturgemäße ist das franke und freie Hintreten vor die Welt, das sich sogar, wenn es sich mit etwas egoistischen Gefühlen paart, zum Sich-Zeigenwollen in der Welt wird, zum Sich-Zeigenwollen namentlich in Bezug auf den Charakter und in Bezug auf seine ganze Eigenart. [...] Im Extrem artet das dann zur Koketterie und zur Eitelkeit aus, zur Sucht, nicht nur durch sein Seelisches sich zu zeigen, sondern auch durch das, was man äußerlich sich anhängt. Es ist außerordentlich interessant zu beobachten, wie von dem 14., 15. Jahr an gerade das, was dann in trivialem Sinn zur Putzsucht wird, in feinem ästhetischem Sinn beim Mädchen in diesem Lebensalter auftreten kann. Das alles ist durchaus die Folge des besonderen Verhältnisses, in das der astralische Leib mit dem aufgesogenen

Ich zu dem Ätherleib tritt, was dann namentlich so auftritt nach außen: Der Gang wird anders, die Haltung wird anders, der Kopf wird freier gehalten, im Extrem wiederum hochnäsig und so weiter.»[530]

Sucht man nach vergleichbaren einschneidenden Veränderungen in der körperlichen Organisation des Jungen, so stößt man auf das Ereignis des Stimmbruches. Rudolf Steiner geht auf dieses Phänomen ausführlich ein. Er bezeichnet den Stimmbruch als eine «ungeheuer bedeutungsvolle Metamorphose» und führt über diese aus: «Dasjenige, was menschliche Stimme im Allgemeinen ist mit all ihrer Modulation, mit allem, was sie befähigt zum Laut- und Tongestalten, das rührt von dem Allgemein-Menschlichen her, das ist herausgehoben aus dem Geistig-Seelischen, wie es in dem Menschen bis zur Geschlechtsreife hinarbeitet. Dasjenige, was der Mensch an Verwandlung seiner Stimmlage aufbringt, ist etwas ihm von außen, von der Welt Aufgedrängtes, das ist etwas, wodurch er sich mit seinem innersten Wesen in die äußere Welt hineinstellt. Es ist einfach, dass nun beim Kehlkopf nicht nur die Weichteile nach der Anlehnung an die Knochen hinarbeiten, sondern es ist ein leises Verknöchertwerden des Kehlkopfes selber, was da auftritt, und im Grunde genommen dadurch ein Herausgehen des Kehlkopfes aus dem bloßen inneren Menschsein in das Weltsein.»[531] In dem scheinbar so speziellen, in der Regel als notwendige biologische Folgeerscheinung, also als rein körperliches Geschehen hingenommenen Vorgang spricht sich ein viel grundsätzlicherer Zusammenhang aus: Ein seelisches Geschehen «verknöchert», das heißt, es nimmt materielle Gestalt an, und damit wird die Stimme zu einem Schauplatz der äußeren physischen Welt. Die Stimme wird ja – bezeichnenderweise anders als beim Mädchen – auch tiefer: Sie «rutscht» gewissermaßen hinab in die Schwere, also in physische Verhältnisse. Mit jedem gesprochenen Wort realisiert der Junge also nun ein Stück materielle Außenwelt, und wir haben bei der Beschreibung seiner leiblichen Konstitution gesehen, wie auch die Körperformen und die Entwicklung der Geschlechtsorgane diese Tendenz zur Aufnahme physischer Gesetzmäßigkeiten aufweisen. Diese Materialität ist aber nicht

399

ursprünglicher Teil seines seelischen Wesens, und so entsteht im Jungen
nun eine gewaltige Spannung: «Er weiß mit sich selber nichts anzufangen, der Knabe. Er hat ja etwas in sich aufgenommen, das ihm gerade im
14., 15. Lebensjahr anfängt, fremd zu erscheinen. Er kommt in ein Staunen
herein, in ein Kritisieren, Skeptizieren gegenüber sich selbst. Und wer die
Menschennatur versteht, der weiß, dass dieses merkwürdige zweibeinige
Wesen, das auf der Erde herumwandelt und das man Anthropos nennt,
dass dieses für keinen Philosophen jemals ein so großes Rätsel war, als es
oftmals ist für den fünfzehnjährigen Knaben.» Während die Verwandlung der Stimme und das damit einhergehende verwandelte Aufnehmen
der äußeren Welt im Wort ein Vorgang im Nervensystem des Jungen ist
(und damit wieder gegenüber der Veränderung in der weiblichen Blutzirkulation ein sehr gegensätzliches Phänomen), muss nun der unbewusste
Wille des Jungen gegen dieses veränderte Nervensystem «förmlich an-
stürmen».[532] Es entsteht also im Jungen eine Art unverbundene Zweiheit,
ein Auseinanderklaffen von ureigenstem geistigem Wollen und dem «tatsächlich» erscheinenden Subjekt. Die seelischen Konsequenzen werden
von Steiner signifikant geschildert: «Beim Knaben saugt der astralische
Leib das Ich viel weniger ein. Es bleibt das Ich zwar verborgen. Es ist noch
nicht recht wirksam, aber es bleibt doch, ohne dass er stark beeinflusst
wird von dem astralischen Leib, zwischen dem 14., 15. und 20., 21. Jahr bestehen, sodass der Knabe durch dieses Bestehenbleiben des Ich und doch
wieder Nichtselbstständigsein des Ich viel leichter in diesem Lebensalter
ein Duckmäuser wird als das Mädchen. [...] Und bei eigentlich tieferen
Knabennaturen bemerken wir, dass durch dieses besondere Verhältnis des
Ich zum astralischen Leib in diesem Lebensalter etwas auftritt wie oftmals
eine Art Sich-Zurückziehen im Leben. Gewiss, man sucht Freunde, man
sucht Anschluss; aber man hat das Bedürfnis, sich mit ganz besonderen
Gedanken oder Empfindungen in sich etwas zu verkriechen. [...] Beim
Knaben ist das Ich unregsamer, aber es saugt sich nicht auf, und wir haben
es mit einem geistig-seelischen Blasswerden zu tun. [...] Man will das, was
man ist, nicht in die Außenwelt tragen. Man sucht einen Anschluss an die

Außenwelt. Man bewegt sich daher möglichst ungelenk, man lümmelt sich hin; man ist nicht so, wie man ist, man ist eben anders. Das sollte man durchaus berücksichtigen, dass der Knabe in diesem Lebensalter durch seine Besonderheit anders ist, als er ist. Er macht jetzt ganz äußerlich nach. Während das Kind in den ersten sieben Jahren natürlicher Nachahmer ist, macht er es nun dem nach und jenem. Es gefällt ihm ganz besonders, wenn das, was die anderen vormachen, sich besonders geltend macht. Er geht so wie ein anderer Mensch. Er formt an der Rede wie ein anderer Mensch, ist grob wie ein anderer Mensch. Er bemüht sich, fein zu sein wie ein anderer Mensch. Es ist dieses ein Anschlusssuchen an die Welt, was hier besonders während der Lümmel- und Flegelzeit zum Ausdruck kommt. Und es ist im Grunde genommen das Sich-Genieren, sein eigenes Wesen ganz der Welt zu enthüllen, das Sich-Zurückziehen in sich selber, das einen anders erscheinen lässt, als man ist.»[533]

Wer je auch nur ein bisschen mit jugendlichen Jungen zu tun gehabt hat, der kennt die hier von Steiner knapp skizzierte Charakteristik in jeder ihrer Andeutungen, man muss ihr eigentlich gar nichts mehr hinzufügen. Die verschiedenen Rückzugstendenzen von der über den Kopf gezogenen Kapuze über den ausweichenden Blick bis hin zu Bücherlesen, PC-Konsum und dem Versiegen jeder spontanen Kommunikation treten auf irgendeine Weise fast bei jedem Jungen auf und markieren sicherlich eines der wichtigsten Kennzeichen dieses Alters. Symptomatisch sind die Zeilen eines sechzehnjährigen Schülers, auf die ich völlig überraschend bei der Korrektur einer Deutscharbeit gestoßen bin und die mich sehr berührt haben. Die Aufgabe war, den Anfang eines Gedichtes von Eva Strittmatter zu vervollständigen. «Ich mach ein Lied aus Stille / Und aus Septemberlicht» heißt es bei ihr, und der Schüler ergänzte: «Ich sehe zwar die Hülle, / Doch meine Seele nicht. / Sie ist schon lang entflohen, / Rast übers Leben hin, / Sie hatt' sich schnell erhoben, / Ich fragt', wo ist der Sinn? / Ich hatt' ein gutes Leben, / Doch jetzt ist es vorbei, / Ich hoff' auf deinen Segen, / Die Seele bleibt jetzt frei.» ... Bei einem anderen Schüler lautet es metrisch unsicherer, aber inhaltlich ebenfalls beeindruckend: «Ertönt die leise Stimme / Sie singt / Ein wunderschön' Gedicht / Die Menschen hören sie / Heute muss man meiden / Zu zeigen / Wer man wirklich ist.»

Für das «Nachahmen» von kollektiv ernannten Vorbildern, das eigentlich dazu dient, sich selbst zu verbergen, ließen sich natürlich endlos Beispiele aneinanderreihen. Waren es früher einmal James Dean, Mick Jagger oder Björn Borg, sind es heute diverse Rapper, Basketballspieler, der schwarzbemantelte, sonnenbrillenbestückte Keanu Reeves alias Neo u.a., wobei es häufig ja gar nicht die Gestalten selber sind, sondern ihr Stil, bestimmte Moden, Accessoires, Haltungen, die kopiert und zum Teil jahrelang nachgeahmt werden. War es in der Frühpubertät vielleicht wirklich der eine Fußballspieler, ist dies später schon wieder uncool, stattdessen stürzt man sich in die angesagten Arsenale hängender oder zerfetzter Jeans, Pudelmützen, Grußrituale oder Graffiti-Embleme. Wenn man ihn auch wieder nicht äußerlich, also rein physisch, nimmt, ist der Hinweis auf das «Blasswerden» ausgesprochen hilfreich. Ein geistig Wesenhaftes zieht sich aus der Welt der Farben, der vitalen Lebenserscheinungen zurück; es bleibt ein «hölzernes», unbeholfenes Außenwesen übrig, das unansehnlich wirkt, Fehler über Fehler macht, sich schämt und verbergen muss. Wir kennen nun aber auch den Grund: Die sehr stark mit der physischen Außenwelt verbundene Leiblichkeit – und zwar auch der Astralleib – und das Ich des Jungen stehen sich aufgrund ihrer sehr gegensätzlichen Artung so fremd gegenüber, dass sein geistiges Wesen sich zunächst gar nicht in dieser irdischen Hülle wiederfinden kann. Es bleibt eine Kluft, und alles hängt nun davon ab, wie sich diese «Leerstelle» in der Mitte dieses jugendlichen Leibes füllt: Sind es Ersatzbefriedigungen oder gar Ersatz-«Iche», die da aufgesogen werden, oder Erlebnisse, die den Jungen dazu befähigen, sein inneres und sein äußeres Wesen allmählich aus eigener Aktivität zu verbinden?

An dieser Stelle stoßen wir auf die Verantwortung der schulischen Erziehung und im Besonderen auf die Rolle des Geschichtsunterrichts. An einigen Stellen konnte man vielleicht schon bemerken, wie eng sich die menschenkundlichen Phänomene mit den Möglichkeiten der Geschichtserkenntnis berühren. Es wäre nun eine lohnende Unternehmung und eine hilfreiche pädagogische Übung zu versuchen, auf der Grundlage der hier charakterisierten Unterschiede zwischen Mädchen und Jungen selber Vorschläge zu entwerfen, wie ein Geschichtsunterricht jeweils aussehen müsste, der auf die spezifischen Bedürfnisse und Entwicklungssituationen sowohl der Jungen als auch der Mädchen antwortet. Wenn sich die Gestaltung des Unterrichts ganz konkret an den weiblichen und männlichen Eigenheiten orientieren würde: Wie sähe solch ein Unterricht aus?

Rudolf Steiner hat diese Frage erstaunlich präzise beantwortet – worin sich ausdrückt, wie stark er die Dringlichkeit und Bedeutung einer Pädagogik gesehen hat, die gezielt auf die Unterschiede der Geschlechter eingeht. Wenn sich bei den Mädchen jene Hinneigung zum Kosmischen geltend macht und sie angesichts der Diskrepanz zu der ihnen rätselhaften irdischen Welt intensiv nach moralischen Werten fragen, so ist eine Aufgabe des Geschichtsunterrichts schon deutlich vorgezeichnet: Es ist an ihm, in der Fantasietätigkeit der Schülerinnen Bilder anzuregen, die – so Steiner zunächst noch allgemein – das «Durchgöttlichtsein der Welt ausdrücken».[534] Entscheidend ist nun aber, in welchem Sinne dies beim Mädchen gemeint ist. Auch bei dem Jungen kommt alles darauf an, dass er sich menschheitlichen Idealen zuwenden kann, der Weg ist aber ein anderer: Beim Mädchen solle das so geschehen, dass Ideale nicht an der *Gestalt* einer historischen Person erlebbar gemacht werden, sondern in den *Prozessen* des Handelns, in den Taten und Ereignissen. Sobald ich in den Vorgängen bin und nicht in der fertigen äußeren Gestalt, habe ich es mit Motiven zu tun, mit seelischen Reaktionen, Entscheidungen etc., also mit «Erlebnistatsachen».[535] In den «Erlebnissen» erfahren die Mädchen die Wirksamkeit des Ich im Astralischen, das heißt, sie können beobachten, worunter Menschen leiden, welche Ziele sie sich setzen, wie sie zu Ideen kommen und Entschlüsse fassen, und so kann sich ihr eigenes, schon stark in den Astralleib eingezogenes Ich ausrichten, klären und stärken, sodass die sonst leicht ins Äußere ausfließenden Emotionen,

Gedanken, Gespräche oder Aktionen wirklich unter den Einfluss des Ich gelangen und nicht andersherum. Lässt man die Mädchen teilhaben an den Prozessen und damit Innenvorgängen der Geschichte, also z.B. an der Verunsicherung einer Sophie Scholl angesichts der nationalsozialistischen Gewalt, an ihren zunehmenden Fragen, ihrem Wunsch, etwas zu tun, und schließlich ihrem Mitwirken im Widerstand, so erhält ihr reiches Seelenleben Nahrung, hat etwas psychologisch und weltanschaulich Substanzielles zu bewegen, sodass es sich zunehmend an seinem geistigen Ursprung erzieht und nicht mehr an die Leiblichkeit gebunden ist. Der Astralleib kann sich im früher bereits beschriebenen Sinne verwandeln, aus lust- und unlustabhängigen Begierden können z.B. allmählich Motive werden. Würde das Aufsaugen des Ich sonst leicht zur Oberflächlichkeit führen – Steiner spricht hier z.B. von einem «falschen Schöngeist»[536] und weist damit auf eine Veräußerlichung im Ideellen, gar nicht nur im Körperlichen hin –, wird zwar an den Geschehnissen der Geschichte auch ein sinnlicher Genuss ausgelöst (die Gedanken und Verhaltensweisen einer Sophie Scholl «gefallen» und sind nicht einfach nur abstrakt «gut»), aber in diesen sinnlichen Erlebnissen Moralisches und Religiöses erlebt. Andersherum wird nicht über Moral theoretisiert, sondern das Sittliche wird «bis ins Auge getrieben».[537] Es wird angestrebt, «dass das Mädchen einen ästhetischen Genuss hat an dem Sittlichen»,[538] und dies ist insbesondere die Chance des Geschichtsunterrichts, denn er entwickelt keine Gedankensysteme oder ethische Postulate, sondern zeigt, wie in der äußeren, sinnlichen Welt Menschen handeln, denken und fühlen.

Man muss dann nicht mehr über alles psychologisieren, diskutieren oder schwärmen, sondern kann das eigene Empfinden an den Realitäten des geschichtlichen Lebens objektivieren.

Für den Jungen ist etwas anderes wichtig: Wenn bei ihm das Ich dem Astralleib so «fern steht» und die äußere materielle Welt so stark in das Seelenleben hineinragt und er – so Steiner – «mehr zum Irdischen hinneigt»,[539] so geht es da nicht so sehr um gedanklich-psychologische Innenperspektiven, sondern um «Außenarchitektur». Das Ich kann all-

mählich an das Seelenleben herangeführt werden, indem es in der *Gestalt*
einer historischen Person und damit letztlich auch in der eigenen Gestalt
etwas Geistiges erlebt. So empfiehlt Rudolf Steiner den Lehrern: «Es ist
von besonderer Wichtigkeit, dem Knaben das reale Ideal vorzustellen,
irgendeine bildliche Persönlichkeit oder wohl auch eine mythische Figur
oder eine Fantasiefigur, die man mit dem Knaben zusammen ausgestaltet, oder die Elemente zu einer solchen gestaltet.» Der Junge entwickele
das starke Bedürfnis, sich einen Helden zu wählen, «dem er die Wege
zum Olymp hinauf sich nacharbeitet». Insofern stehe der Lehrer vor der
Aufgabe: «Dem Knaben müssen wir mehr die abgerundete menschliche
Gestalt, die Charakterfigur beibringen.»[540] Man kann da einen Cäsar
schildern mit seiner stolzen, aufrechten Haltung, der markanten Nase
und dem scharfen Blick, einen Benjamin Franklin, wie er zur Unterzeich-
nung der Unabhängigkeitserklärung in Versailles im Unterschied zu allen
europäischen Teilnehmern ohne fürstliches Ornat kommt, sondern mit
schlichtem Bürgerrock, offenen langen Haaren und Zylinder durch die
Straßen schreitet, aber auch einen Gandhi, wie er im Schneidersitz und
einfachster Kleidung am Spinnrad sitzt.

Rudolf Steiner musste sich in den zitierten Vorträgen auf knappe, elementare Andeutungen beschränken, da in sehr kurzer Zeit so unendlich
viele Gegenstände zu bearbeiten waren. So dürfen die zitierten Hinweise
natürlich nicht zu eng gehandhabt, sondern müssen in ihrer generellen
Intention verstanden werden. So ist z.B. die Rede vom «realen Ideal» sicherlich nicht nur auf Personen zu beschränken, sondern das in der «Außenarchitektur» sich ausdrückende Geistige kann auch an ihren Werken
erfahren werden, also an einem Schiff, einer technischen Erfindung, einer Burg, Gebäuden, der gewaltigen Menschenmenge einer griechischen
Volksversammlung usw.

Eine bedeutende Vertiefung erfährt die auf Mädchen und Jungen bezogene methodische Differenzierung noch in Steiners jugendpädago-
gischem Vortrag vom 4. Januar 1922. Er knüpft hier seine Äußerungen
zu den Unterschieden der männlichen und weiblichen Konstitution an

weitreichende kulturhistorische Betrachtungen an. Im Rückgriff auf den griechischen Mythos charakterisiert er einen epimetheischen und einen prometheischen Zugang zur Welt und erkennt diesen Gegensatz zugleich in der geschichtlichen Polarität von West und Ost. Über die Frau sagt Steiner: «Die Frau trägt so wie der Mann das voll Menschliche in sich, aber so, dass sie es wie eine Gabe aus dem Außerirdischen ansieht, wie etwas, das im Grunde genommen aus dem Himmlischen herein sich in die Welt ergossen hat. Die Frau sieht die Menschheit so an, dass sie gewissermaßen im Hintergrund ein Bild hat, wenn auch im Unbewussten, nach dem sie die Menschheit formt. Die Frau sieht die Menschheit so an, dass sie dabei vorzugsweise Werturteile zugrunde legt, dass sie abwertet, abschätzt. [...] Die Frau liebt – verzeihen Sie, wenn ich das sage – niemals vollständig bloß einfach den realen Mann, der dasteht im Leben; die Männer sind ja auch gar nicht so, dass man sie, wie sie heute sind, mit einer gesunden Fantasie lieben könnte, sondern es ist immer etwas mehr darinnen, das aus jener Welt heraus ist, die eine Gabe des Himmels ist.»[541] Dann erfolgt die Anspielung auf die welthistorische Entwicklung. Sie ist so bedeutend für das Verständnis nicht nur der Geschichte, sondern auch des Unterschiedes von Frau und Mann, dass sie hier ausführlicher zitiert werden soll: «Viel größer als alle anderen Differenzierungen, viel größer zum Beispiel als die Differenzierung zwischen Europa und Amerika ist die Differenzierung zwischen Europa, Amerika auf der einen Seite und Asien auf der anderen Seite. In Asien hat man doch eben etwas, was in eine uralte weisheitsvolle Kultur zurückweist. Sie ist äußerlich in der Dekadenz, vollständig dekadent, aber sie lebt wie eine Erinnerung, sie wird verehrt wie eine Erinnerung. Sie lebt so, dass im Grunde genommen der Asiate dennoch weder den Europäer noch den Amerikaner in der richtigen Weise verstehen kann. Und wer sich darüber täuscht, der täuscht sich eben über das größte historische Weltgeheimnis der Gegenwart, das insbesondere in der Gegenwart wichtig ist und für die nächste Zeit ganz besonders wichtig werden wird. Im Westen haben wir trotz aller Nuancierungen ein Gleichmäßiges gegenüber dem Osten. Wir haben das Hineinleben in die irdische Zivilisation, diejenige Zivilisation, die vor allen Dingen ihre Vorstellungen von dem hernimmt, was zwischen Geburt und Tod liegt. Der Osten lebt fast gar nicht mit dem, was zwischen Geburt und Tod liegt, nicht im inneren religiösen Leben, nicht im äußeren, mechanischen Zivilisationsleben. Der Westen aber lebt in diesem Leben, das zwischen Geburt und Tod sich abspielt, auch mit seinen religiösen Empfindungen. Der Ostmensch frägt: Warum bin ich denn eigentlich geboren, warum bin ich denn in diese physisch-sinnliche Welt hereingekommen? – Der Westmensch nimmt das Leben in der physisch-sinnlichen Welt mehr oder weniger als Selbstverständlichkeit.»[542] Vor diesem Hintergrund setzt Steiner seine Charakterisierung von Mann und Frau nun fort: «Je weiter man von dem Osten gegen den Westen kommt, desto mehr findet man, wie trotz allen Bewusstseins in der Frau eine Sehnsucht nach dem Inneren des Ostens lebt.»[543] Über den Mann heißt es: «Dem inneren Wesen nach trägt der Mann die Menschheit so in sich, dass er eigentlich das Menschliche immer wie ein Rätsel empfindet, wie etwas, das er nicht ganz durchdringen kann, das an ihn unsägliche Fragen stellt, mit denen er nicht fertig wird. [...] Während also die Frau die Menschheit mehr im Bilde erlebt, erlebt sie der Mann mehr als Wunsch mit einem Rätselcharakter. [...] Der Mann liebt mit Wunsch; die Liebe des Mannes trägt einen ausgesprochenen Wunschcharakter. [...] Er steht ganz in dem äußeren Zivilisationsleben drinnen, das sich zwischen Geburt und Tod abspielt. Aber etwas in ihm will doch noch aus diesem heraus. [...] Unsere ganze äußere Zivilisation hat ja durchaus auch in dieser Beziehung etwas einseitig Männisches. Geschichte, Kulturgeschichte, Anthropologie, alles hat etwas einseitig Männisches. Der Mensch möchte als Abendländer heraus aus der Welt, in der er eigentlich drinnensteckt.»[544]

Einige der oben bereits beschriebenen menschenkundlichen Unterschiede zwischen Mann und Frau werden in diesem Vortrag also auch von der kulturellen Seite her beleuchtet. Es wird dargestellt, wie die konstitutionelle Hinordnung des weiblichen Organismus auf das kosmische Geschehen ihre Entsprechung in einer geistigen Sehnsucht nach einer

Kultur findet, die viel stärker als die westliche Zivilisation auf das Spirituelle ausgerichtet ist, für die die übersinnliche Welt also eine selbstverständliche Realität darstellt, während der Westen den Blick für diese Welt verloren hat und Esoterik als Illusion und Schwärmerei ablehnt. Die Gründe für diese seelische Grundhaltung der Frau liegen wieder in einer ganz anderen Wahrnehmungsart als beim Mann: Die konstitutionelle Verbindung der Frau mit dem Kosmischen führt dazu, dass sie nicht nur das materiell vor Augen Liegende sieht, sondern sie sieht eigentlich durch diese Außenseite hindurch auf eine Realität, die physisch noch gar nicht ist, sondern die werden könnte; sie sieht also mehr ein ideelles, geistiges Bild und nicht den gegenständlichen Ist-Zustand. Der Mann hingegen ist durch seine Konstitution viel stärker gebunden an ein diesseitiges Wahrnehmen, und sein Unbefriedigtsein, das zwangsläufig aus dieser Vereinseitigung erwachsen muss, führt bei ihm bezeichnenderweise nicht zu einer spirituellen Sehnsucht, die mit einer kulturellen Suchbewegung sogar einen – wenn auch unbewussten – Inhalt hat, sondern bei ihm entsteht der «Wunsch», also ein wesentlich körpergebundenerer Drang.

Die Stelle spricht eigentlich für sich, auch wenn man hier nun wieder viele Beispiele und Indizien anführen könnte, die diese Unterscheidungen bestätigen: Die oft beschriebene Tendenz der Frau, den Mann immer noch erziehen zu wollen, der bereits erwähnte Umstand der bei Frauen wesentlich häufiger anzutreffenden Affinität zur Esoterik, der stark männlich geprägte Technizismus der westlichen Welt und zugleich die New Age-Bewegung, die sich mit Yoga, Buddhismus, Thai Chi, Feng Shui u.a. unübersehbar für Asien interessiert, die Philosophiegeschichte, die einen schrittweisen Abschied von Platons Ideenlehre bis zur materialistischen Theorie vollzieht und am Ende bei den Gedanken als neurobiologischen Tatsachen anlangt, der Vorwurf asiatischer Gelehrter und Politiker, der Westen interessiere sich nur für das selbstsüchtige Ego – die kulturelle Perspektive hilft, die menschenkundlichen Unterschiede zwischen Mann und Frau noch mehr zu verstehen. Wesentlich ist hier aber auch der Umstand, dass uns mit einer solchen Charakteristik von Männlich und Weiblich bewusst werden kann, dass wir so erst unsere eigene Geschichtsauffassung selbst begreifen: Wenn wir uns über die spezifisch männliche Tingierung unserer historischen Erkenntnis klar werden, realisieren wir, vor welcher Aufgabe die Geschichtserkenntnis und -pädagogik heute steht. Es geht bei dem Thema also gar nicht nur um eine didaktische Maßnahme für den Schüler, sondern es geht wieder um uns selbst, um unsere eigenen Haltungen, Anschauungen und Handlungsgewohnheiten.

Rudolf Steiner spricht diese Aufgabe dann auch explizit aus und beschließt seinen Vortrag über das Jugendalter und die geschlechtliche Differenzierung bezeichnenderweise mit einem Beispiel aus dem Geschichtsunterricht. Weil diese Passage wieder sehr komprimiert ist und zugleich unsere Thematik im Ganzen zusammenfasst, sei sie vollständig zitiert: «Unsere Geschichtsdarstellungen, die uns einzig und allein für das geschlechtsreife Alter zur Verfügung stehen, sind aber durchaus männischer Natur, wie wenn sie bloß von Epimetheus dargestellt worden wären. Dafür bringen zum Beispiel die Mädchen, die geschlechtsreif geworden sind, gar kein Verständnis entgegen. Den Jungen wird es etwas langweilig, aber es ist noch eher mit ihnen auszukommen mit dem Epimetheischen, mit demjenigen, was vorzugsweise mit dem Urteilen, mit dem unmittelbar Feststellbaren sich befasst. Es gibt auch eine prometheusartige Darstellung der Geschichte, wo nicht nur dasjenige gezeigt wird, was geschehen ist, sondern wo dasjenige, was von Ideen in der Gegenwart dasteht, in seiner Metamorphose aus Vorangegangenem gezeigt wird, aber so gezeigt wird, wie Impulse da waren, um die Gegenwart weiterzuführen, wie die Gegenwart wieder weitergeführt wird durch Impulse. Dieses Wirken eines Prometheus-Elementes in der Geschichte, das ist dasjenige, was das Frauenelement besonders anzieht. Es würde durchaus einseitig werden, wenn man die Geschichte in einer Frauenschule in einer prometheusartigen Weise, für die Männer in einer epimetheusartigen Weise darstellen wollte. Die Männer würden ganz in die Vergangenheit zurückfließen und da noch mehr erstarren, als sie es heute sind. Die Mädchen in den Mädchenschulen würden gerade bei den für sie geeigneten Geschichtsdarstellungen gewissermaßen der Zukunft nur entgegenfliegen wollen. Sie würden überall die Impulse empfinden, die durchaus ihrem Verständnisse besonders naheliegen. Aber wir gewinnen ein richtiges Wirken für das soziale Zusammenleben nur dann, wenn wir eben zu dem, was wir heute fast einzig und allein zur Verfügung haben, zu der epimetheusartigen Geschichte die von Prometheus geschriebene hinzufügen. Dann, wenn beide Elemente in der Geschichtsdarstellung wirken, werden wir tatsächlich für das geschlechtsreife Alter geschichtliche Darstellungen haben beziehungsweise solche zustande bringen, wenn uns die entsprechende Aufgabe zugefallen ist.»[545]

Es ist bemerkenswert, dass Rudolf Steiner die polaren Tendenzen, mit denen man mit Geschichte umgehen kann, hier nicht einfach begrifflich erklärt, sondern dass er diese Pole geradezu personifiziert, wenn auch natürlich mythisch und nicht «realhistorisch». Er hebt damit die Tatsache hervor, dass die beschriebenen Haltungen keine zufälligen, situations- und zeitabhängigen Positionen sind, sondern zwei prinzipielle welthistorische Wirksamkeiten, die als zwei «Brüder», also als wesensmäßig miteinander verbundene Pole schon mindestens zweieinhalbtausend Jahre den Zugang des Menschen zur Wirklichkeit prägen. Es handelt sich hier für Steiner offensichtlich um zwei Tendenzen, die als prinzipielle historische Impulse der Weltgeschichte zugrunde liegen. «Prometheus» lässt sich übersetzen als «der Vorausdenkende». Er hat die Gabe, die Zukunft zu sehen und durch die materielle Außenseite der Dinge hindurchzusehen: Indem er das Feuer in einem Strohhalm vor Zeus verbirgt, um es diesem stehlen zu können, zeigt er, dass er Außen und Innen unterscheiden kann und ein Bewusstsein von verborgenen Innenwelten hat. Er sieht aber nicht nur Zukunft, er schafft sie auch. Er ist der Schöpfer des Menschen, den er aus Ton geformt hat, wird schließlich auch sein Lehrmeister, ist insofern also der Kulturstifter der Menschheit. Bei Epimetheus ist es andersherum: Den Inhalt der Büchse, die ihm geschenkt wird, kennt er im Unterschied zu Prometheus, der ihn vorausschauend warnt, nicht. Er hängt also von der sinnlichen Außenseite der Dinge ab und heißt der

«Nachherbedenkende»: Sein Denken folgt erst auf die äußere Wahrnehmung, es reagiert und ist auch nicht schöpferisch. Auch der Inhalt der Büchse ist bezeichnend: Es sind bis auf die Ausnahme der Hoffnung alles Gaben, die Krankheit, Leiden, Tod schaffen – hier ist deutlich die physische Realität des vergänglichen Körpers angesprochen. Diese Brüder verkörpern also konkrete menschliche Eigenschaften: auf der einen Seite ein hellsichtiges Denken, das im Geistigen beheimatet ist und die Kraft und Fantasie hat, Zukunft zu gestalten, auf der anderen Seite der an die irdische Sinneswelt gebundene Verstand, der immer nur *nach*-denkt, aber nicht schöpferisch ist. Genau auf diese Eigenschaften beziehen sich die Äußerungen Steiners: Der eine menschliche Pol interessiert sich für die wirkenden, also in die Zukunft gerichteten Impulse und ist mit der ideellen, geistigen Dimension des Daseins verbunden, der andere Pol erfasst das Bestehende, Fertige, also die «Fakten», die mit dem gewöhnlichen gegenständlichen Denken festgestellt werden können – er ist also auf die Vergangenheit ausgerichtet. Diese Haltung hat die Tendenz, in die Erstarrung zu führen, weil sie nur das Abgeschlossene, Feste und nicht das Werdende, die produktiven Kräfte der Welt erfassen kann.

Aus den bisherigen Darstellungen ist evident, warum diese Haltungen des Prometheischen und des Epimetheischen Frau und Mann zugeordnet werden können. Wenn am Ende eines Vortrages über die Differenzierung der Geschlechter im Übergang in das Jugendalter ein Beispiel aus dem Geschichtsunterricht gegeben wird, kann der Appell an die Lehrer deutlicher nicht sein. Es ist ein wesentlicher Auftrag des Geschichtsunterrichts, den Jungen zu helfen, von der Vergangenheit loszukommen und aus dem trockenen Faktizismus in die lebendigen Kräfte der Geschichte hineinzufinden, und den Mädchen zu helfen, sich zu «erden» und in der Gegenwart dieser sinnlichen Welt anzukommen. Damit ist ganz eindeutig die medizinische Dimension des Unterrichts hervorgehoben: Es geht nicht um bloßes Wissen; dieses ist nur *ein* Faktor innerhalb der leiblichen Ausbildung. Vielmehr geht es darum, ob ein Mensch richtig in seinem Körper ankommt, also ob sich sein geistiges Wesen mit dieser sinnlichen, irdischen Leiblichkeit verbinden kann oder ob es in Distanz zu ihm bleiben muss – und andersherum: ob er im Körper «versinkt» und erstarrt oder ob er in ihm sein geistiges Wesen, sein höheres Ich und damit seine eigentlichen Zielsetzungen, also seine Zukunft, ergreifen kann. Es geht nicht um Sympathien für die eine oder die andere Seite, sondern darum, was der Schüler braucht, um ein gesunder Mensch zu werden. Da ist es für die Jungen eben wichtig, dass sie einerseits nicht ganz von ihrer Eigenart entfremdet werden, sondern der Lehrer ihnen durchaus immer wieder durch klare Daten, systematische Bestandsaufnahmen der vergangenen Ereignisse Halt gibt, dass sie andererseits aber dazu angeleitet werden, die inneren Antriebe eines Benedikt von Nursia, die Motive der Paulskirche oder die ideellen Auslöser der deutschen Revolution von 1918/19 wahrzunehmen. Die Mädchen müssen ebenfalls solche Ideen in der Geschichte finden können, zugleich müssen sie aber auch dazu herausgefordert werden, durch präzise Beobachtung der Faktenlage ihre philosophischen Gedanken an die Tatsächlichkeit der äußeren Sachlage anzubinden. Geschlechtsspezifische Geschichtspädagogik meint also nicht eine schematische und künstliche Trennung von Unterrichtsabläufen, in denen zwei Tage nur für die Jungen und zwei für die Mädchen unterrichtet wird, sondern es geht darum, dass der Lehrer sich von Tag von Tag fragt: Wo willst du die Schüler an das «Feuer» einer historische Idee heranführen und sie die bewegten Dramen ihrer Geburtsstunde und ihrer Verwirklichung bzw. ihres Scheiterns mitvollziehen lassen, und wo müssen einmal wieder Details recherchiert, Informationen festgehalten, Begriffe geklärt werden? An dem einen Tag kann das verzweifelte Ringen um ein Gelingen der Revolutionsmaßnahmen in Paris dargestellt, am nächsten Tag die «außenarchitektonische» Gestalt eines Napoleon inmitten des revolutionären Chaos geschildert werden. Vielleicht kann man sogar in derselben Stunde den einen Schwerpunkt auf die Erscheinung einer Person legen und anschließend den anderen auf den Konflikt, in den diese Person biografisch hineingerät, bis sie zu einer existenziellen Entscheidung gelangt. An die Darstellung eines äußeren Bildes einer Persönlichkeit kann sich anhand einer ausgeteilten Textquelle der Blick in die Innenperspektive dieser Figur anschließen. Wesentlich ist nur, dass überhaupt in die kompositorische Gestaltung des Unterrichts der Gesichtspunkt der beiden Geschlechter bewusst einbezogen wird. Das ist ein sehr anspruchsvolles (und deshalb wohl auch so oft vernachlässigtes) Unterfangen, aber gerade in den Schwierigkeiten scheint die entscheidende Herausforderung und geradezu der Sinn der Auseinandersetzung der Geschlechter zu liegen. Die ersten einleitenden Worte Steiners in seinem Oxforder Vortrag über die Erziehung im Reifealter zielen explizit auf die mit der Geschlechtsreife auftretende Problematik und die schwierige Situation des Pädagogen: «Da ergeben sich für den Erzieher, der seine Verantwortlichkeit fühlt, große Schwierigkeiten. Und insbesondere in einer Schule oder Erziehungsanstalt, in welcher aus dem Wesen des Menschen erzogen wird, treten diese Erscheinungen ganz besonders zutage.» An dieser Stelle würden heute viele Didaktiker, wenn sie die Phänomene nicht einfach ignorieren wollten, fortführen: Also lasst uns Mädchen und Jungen ganz oder partiell trennen. Bei Steiner heißt es allerdings gleich im nächsten Satz: «Aber es kann sich dabei nicht darum handeln, durch irgendwelche unnatürlichen Erziehungsmaßnahmen diese Schwierigkeiten zurückzudrängen. Denn, drängt man sie für dieses Lebensalter zurück, dann ergeben sie sich im späteren Leben im maskierten Zustande in aller möglicher Weise. Es ist viel besser, wenn man mit klaren Augen den Schwierigkeiten, die entstehen, entgegenschaut und wenn man sich dazu anschickt, sie auch in der richtigen Weise als etwas, was im Menschenleben da sein muss, zu behandeln.»[546] Das komplizierte Miteinander von Jungen und Mädchen ist gewollt – es zu umgehen würde heißen, einer der wichtigsten historischen Entwicklungsaufgaben auszuweichen. Dass sich ein vormals Ganzheitliches, eine glückliche Harmonie durch Entgegensetzung auflöst, ist schmerzhaft, aber nicht umsonst. Was in der Geschlechtsreife geschieht, entspricht im Individuellen dem, was die Menschheit im Großen vollzieht: «Was tritt denn eigentlich mit der Geschlechtsreife im Menschen auf? Bisher war ihm die Menschheit so gegeben, dass er sie nachahmen konnte, dass er unter ihrer Autorität stehen konnte. Sie wirkte von außen in ihn herein. [...] Die Menschheit als Ganzes wirkte vom Ganzen in ihn herein. Zunächst indem er sie nachahmte, dann indem er unter ihrer Autorität stand. Jetzt, nachdem er selber den Weg zur Menschheit gefunden hat, nachdem die Menschheit nicht mehr auf ihn zu wirken braucht in der Weise, wie das früher der Fall war, jetzt tritt Empfindung, Gefühl für das Allgemein-Menschliche in sein Inneres herein, und dieses ist das Gegenstück dazu, dass der Mensch fortpflanzungsfähig wird. Er ist in der Lage, Menschen aus sich hervorzubringen im physischen Sinne; geistig-seelisch kommt er in die Lage, in sich die ganze Menschheit zu erleben. In diesem Erleben der ganzen Menschheit, da tritt nun stark die Differenzierung nach Mann und Frau auf. Diese Differenzierung nach Mann und Frau tritt so auf, dass nur durch eine vollständige Verständigung durch das soziale Leben selber, durch die Realität des Austausches, auch im Seelisch-Geistigen, zwischen Mann und Frau die volle Menschheit auf der Erde sich verwirklichen kann.»⁵⁴⁷

Was in Hegels Dialektik rein gedanklich bleibt, wird von Steiner in den konkreten menschlichen Lebensvorgängen beschrieben. Das Kind weist zwar äußerlich die Geschlechtsmerkmale auf, die Jungen und Mädchen unterscheiden, und auch im Verhalten mag es manche Unterschiede geben, und dennoch treten vor der Pubertät die spezifischen seelischen Gegensätzlichkeiten noch gar nicht wirklich auf. Jungen können bis in Freundschaftsbeziehungen, Interessen und sogar Frisuren oder Kleidung noch sehr mädchenhaft sein. Andersherum gilt dasselbe. Eigentlich ist das Kind noch in erster Linie Kind, ein «allgemein menschliches Wesen»,⁵⁴⁸ viele Aspekte seines Lebens sind noch gar nicht abhängig von der Geschlechtszugehörigkeit. Zugleich ist es aber auch noch nicht ganz bei sich angekommen, es ist noch nicht autonom, sondern wird von der Autorität der Erwachsenen geführt. Dies alles gilt historisch auch für die frühen Urkulturen, wo es noch wenig Differenzierung gibt, wo der Einzelne in der Ganzheit der Gruppe aufgeht, darin sehr harmonisch lebt, aber noch keine Autonomie besitzt. Wenn im Kulturellen dann die Individualisierung einsetzt und in der Biografie sich die Geschlechterdifferenzierung geltend macht, tritt der Konflikt der Vereinzelung, Vereinseitigung, Einsamkeit, Disharmonie auf, zugleich entsteht aber die Möglichkeit zum Selbstbewusstsein und zur Freiheit. Der Sündenfall des Alten Testaments und viele Mythen der alten Welt erzählen von diesem schmerzhaften Moment der Ent-*zweiung*, in der Schuld, Distanz, Bewusstsein der Nacktheit entstehen, in denen der Mensch sich zum ersten Mal seiner selbst gewahr wird. Indem der Mensch in Mann und Frau auseinanderfällt, ist es ihm aufgegeben, im Finden des Anderen selbst wieder eine Ganzheit des Menschlichen herzustellen. Diese Ganzheit hängt also nun von ihm, von seiner Aktivität ab, und insofern entsteht der Augenblick der historisch-biografischen Freiheit – der Weg des Heranwachsenden zum emanzipierten, selbstständigen Wesen führt über die Differenzierung. Jetzt entsteht überhaupt erst ein bewusstes Verhältnis zum Mitmenschen. Steiner verweist auf die nun entstehenden Knaben- und Mädchenfreundschaften, die es vorher so noch gar nicht gab und die «bezeugen, dass überhaupt die Entwickelung der Liebekraft, der Kraft zur Neigung für den Nebenmenschen in einer bewussteren Weise in die menschliche Entwickelung eintritt».[549] Insofern kann es nicht darum gehen, Jungen und Mädchen zu trennen, sie müssen sich gegenseitig wahrnehmen und in die Lage kommen können, sich zu ergänzen. Prometheus und Epimetheus sind Brüder – es kommt nur darauf an, sie in ein richtiges Verhältnis zu setzen, damit beide wirksam werden können und den Menschen in seiner Ganzheitlichkeit befördern. Der jugendliche Astralleib ist selbst Ausdruck jener «Teilung»; die Überwindung der Einseitigkeit durch ein verbindendes Ausgleichen und Ergänzen von Männlich und Weiblich kann also nur aus der Instanz des Ich geschehen. Dieses ist selbst nicht geschlechtlich. Wenn der Lehrer die Schülerinnen und Schüler also durch einen sensiblen Wechsel von prometheischer und epimetheischer Geschichtsbetrachtung die jeweilige Seite in sich aktivieren lässt, so spricht er sie in dieser höheren Instanz an und ermöglicht ihnen, selbstbewusst und autonom in der Liebe zu dem «Anderen» sein geistiges, ganzheitliches Wesen zu entwickeln. Es kann eine Wohltat sein, wenn man nicht immer nur in die eine Seite hineingepresst wird. Ich erinnere mich noch gut an einen Schüler, der bei der Behandlung der Ackerbau- und Viehzuchtkultur so unzufrieden war, dass er es nicht mehr aushielt und mich ansprach. Wir hatten bei dem Versuch, die Wertschätzung des Erdbodens, der Pflege von Kulturpflanzen und der innigen Nähe zur Kuh innerlich nachzuvollziehen, für ihn den Bogen deutlich überspannt. Am nächsten Tag warf ich das Ruder radikal herum und erzählte von Reitervölkern wie den Hunnen und Mongolen, die über lange Zeiträume auf ihren Zügen nach Europa regelmäßig die Bauernkulturen zerstört haben. Ich legte einen gewissen Schwerpunkt auf die kriegerische Gestalt dieser Menschen und die Erscheinung ihres Heeres. Am Ende des Unterrichts kam genau jener sonst immer sehr kritische und gelangweilte Schüler zu mir nach vorne und sagte: «Also, das war doch jetzt eine echt gute Stunde ...»

10. Altersstufen

Wenn sich der Lehrer in seiner Unterrichtsgestaltung von der konkreten menschenkundlichen Situation des Schülers leiten lassen will und darum weiß, dass die Wahrnehmung des historischen Gegenstandes durch den Schüler entscheidend von dessen eigener produktiven Fantasietätigkeit abhängt, so wird er sich natürlich sehr stark für die charakteristischen Unterschiede zwischen den einzelnen Jahrgangsstufen interessieren. Über die Inhalte und Methoden eines Geschichtsunterrichts lässt sich gar nicht allgemein reden, sondern sie ergeben sich immer aus den spezifischen Gegebenheiten des jeweiligen Alters. Für eine Pädagogik, die ihre Ziele nicht danach definiert, welche Schülerleistungen die Gesellschaft für ihr Funktionieren braucht, sondern die sich andersherum danach ausrichtet, welche schulischen Inhalte der Entwicklung des Kindes bzw. Jugendlichen dienen, entsteht die interessante Frage, welchen historischen Inhalt welcher Schüler für seine Biografie braucht. Da wird man auf Temperamentslagen der betreffenden Klasse, auf ihre ganz spezifischen Eigenheiten und Erfahrungen, vor allem aber auf die altersspezifische Verfassung der Schüler schauen. In der Pubertät wird man die Schüler bestimmt nicht mit dem Mönchtum konfrontieren, in der 12. Klasse nicht mehr einen Kolumbus auf seinem Schiff nach Amerika verfolgen.

In Teil III wird an konkreten Beispielen ein Eindruck gegeben von dem jeweiligen jahrgangsspezifischen Umgang mit der Geschichte in den Klassen 9–12. Hier soll nur mit einigen charakteristischen Strichen ein grundsätzliches Bild von den Unterschieden zwischen den betreffenden Altersstufen gezeichnet werden. Es existieren hierzu bereits einige einschlägige Darstellungen,[550] sodass an dieser Stelle jene Ansätze eher referiert als durch erneute Untersuchungen ergänzt werden sollen.

Albert Schmelzer berichtet in seinem Buch *Wer Revolutionen machen will ... Zum Geschichtsunterricht der 9. Klasse an Waldorfschulen* von einer Schülerbefragung über den Moment ihres morgendlichen Aufwachens. Schmelzer hatte die Ausführungen Rudolf Steiners über das Jugendalter als Vorgang des Erwachens in dem mehrfach zitierten Vortrag vom 16. Juni 1921 aufgegriffen, dieses Motiv einmal ganz wörtlich genommen und Neuntklässler befragt, wie sie morgens eigentlich aufwachen. Die Ergebnisse waren sehr charakteristisch: «Die ersten Empfindungen beim Erwachen erscheinen als Schwanken zwischen Tag und Traum. Noch ist die Außenwelt weit entfernt und wird aus einer Perspektive der ‹Überschau› heraus wahrgenommen. Eine Schülerin schreibt: ‹Das Geräusch des Weckers, das mich aus dem Schlaf reißt, erweckt in mir die Dinge, die ich am Abend davor für diesen neuen Tag vorgenommen habe. Diese Gedanken sind jedoch schnell wieder vom Traum verdrängt, der mich zurück in den Schlaf reißt. So ist die Zeit des Aufwachens ein ständiger Kampf zwischen Traumwelt und Realität.› Doch unausweichlich rücken die Anforderungen der Außenwelt – oft in Gestalt der weckenden Mutter – näher; gerade für ‹Morgenmuffel› stellt sich auf der zweiten Stufe des Erwachens ein Zurückschrecken vor der Welt ein. Ein cholerischer Junge notiert: ‹Das Erste, was ich beim Aufwachen wahrnehme, ist die Stimme meiner Mutter, die mir sagt, dass ich aufstehen soll. Dann höre ich, wie sie den Rollladen hochzieht, und ich bin im Moment immer etwas aggressiv, kann aber noch keine Kraft für Widerspruch aufbringen. Manchmal sage ich dann: ‹Lass mich doch in Ruhe!› oder Ähnliches. Doch das ist mir dann gar nicht richtig bewusst. Es kam auch schon vor, dass ich später beim Frühstück oft gar nicht mehr wusste, dass ich denjenigen, der mich geweckt hat, ziemlich beschimpft habe.› So stark das Wehren gegen das Erwachen gelegentlich auch sein mag, es wird im Normalfall überwunden, irgendwann sind wir wirklich aufgestanden. Ein Mädchen stellt diesen Willensimpuls als ein Geschehen dar, das nicht ohne Dramatik verläuft: ‹Jetzt fange ich an zu denken: Ich komm aus diesem Bett nicht raus! Ich will nicht raus! Sechs nach sechs! Es ist warm und dunkel, ich weiß, dass es da draußen kalt und hell ist. Neun nach sechs. Mist, ich muss jetzt raus, sonst habe ich wieder zu wenig Zeit im Bad. Endlich bin ich draußen und mache das Licht an.› Sind wir eigentlich wach, wenn das Licht angezündet und das Bett verlassen ist? Sicherlich nicht immer. Erst wenn Überraschendes uns aus den eingefahrenen Bahnen gewohnheitsmäßigen Tuns reißt, erwachen wir zu einer bewussten Urteilsbildung und Weltgestaltung. Über vier Stufen, so zeigt die Betrachtung, verläuft der Prozess des Erwachens: von der Erinnerung an Träume über das Zurückschrecken vor der Außenwelt hin zum Ergreifen des Leibes und zum sinnvollen Handeln.» Albert Schmelzer knüpft an diese Beobachtungen die Frage an: «Könnte es sein, [...] dass diese vier Stufen auch im Jugendalter durchlaufen werden, könnte es sein, dass von ihnen ein Licht auf den Lehrplan der Oberstufe fällt?»[551] Es stellt sich schnell heraus, dass ein solcher Vergleich keineswegs eine künstliche Analogiebildung ist, sondern erstaunlich präzise die Entwicklung des Jugendlichen trifft und zu einem sehr wertvollen Okular auf die Inhalte des Unterrichts werden kann. Man kann noch so viel einwenden gegen eine typisierende Festlegung von altersspezifischen Merkmalen, die durch die Akzeleration, durch unterschiedliche Sozialisationsbedingungen relativiert würden usw., und dennoch ist es immer wieder ein nicht zu leugnendes, erstaunliches Phänomen, wie präzise bei allen Ausnahmen die ganz konkrete, tägliche pädagogische Praxis diese Beobachtungen bestätigt. Das Unterrichten in einer 9. Klasse ist ganz anders als in der 10. Klasse, und es kann einen immer wieder sehr berühren, wie sich in der 11. Klasse tatsächlich wieder ein neuer Schritt vollzogen hat, in dem plötzlich etwas wie zur Blüte kommt, was in den Jahren zuvor verborgen war. Schmelzer schreibt über die 9. Klasse: «Bei aller Turbulenz schafft die Unmittelbarkeit, Offenheit und Begeisterungsfähigkeit der Schülerinnen und Schüler oft eine Atmosphäre, die als vom Glanz des Idealischen durchstrahlt erscheint. [...] Ein Blick auf den Geschichtsunterricht bestätigt die idealische Tendenz im Lehrplan der 9. Klasse. Im Gegensatz zur 8. Klasse, in der die Geschichte der industriellen Revolution mit ihren sozialen und ökologischen Auswirkungen bis hin zur Gegenwart zu behandeln ist, geht es nun um die ‹leitenden Ideen› der Neuzeit: um den Kampf um Freiheit, Gleichheit und Brüderlichkeit. [...] Die Schülerinnen und Schüler werden ermutigt, ihre Träume, Sehnsüchte und Ideale ernst zu nehmen, die Behandlung historischer Gestalten gibt eine Stütze für das eigene Seelische, das anfänglich mit Begriffen durchdrungen und durch eine moralische Urteilskraft durchlichtet wird. Das Motto ‹Erinnere dich an deine Impulse!› erscheint als Leitmotiv der 9. Klasse. Völlig anders der Grundduktus der 10. Klasse. Als Lehrer gewinnt man meist deutlich den Eindruck, dass sich die Schülerinnen und Schüler erheblich verändert haben, dass sie leiblich in die Schwere gefallen, seelisch aber höchst sensibel und empfindlich geworden sind. Immer stärker wird die Einsamkeit erlebt.» Eine melancholische Grundstimmung «durchzieht manchmal ganze Klassen, die Atmosphäre eines Zurückschreckens vor der Welt breitet sich aus. Es erscheint in diesem Zusammenhang bemerkenswert, dass Rudolf Steiner eindringlich darauf hingewiesen hat, dass sich der gesamte Unterrichtsstil im Übergang zur 10. Klasse wandeln muss, will man in diesem schwierigen Lebensalter einen Zugang zu den Schülern finden. Entsprechend anders klingen die Angaben für den Lehrplan. In der Geschichte etwa sollen die frühen Kulturen der Menschheit in Beziehung zu ihren geologischen Voraussetzungen behandelt werden. ‹Also die Ausgangspunkte nehmen von den Klimaten, von den Zonen, von den Erdformationen, und darauf die Geschichte gründen. Abhängigkeit von Gebirgen und Ebenen, wie ein Volk sich verändert, wenn es vom Gebirge ins Tal herabsteigt.› [...] Der leitende Gesichtspunkt dabei ist die Fragestellung, wie Völker sich mit den ‹materiellen› Bedingungen der Außenwelt schöpferisch-gesetzmäßig auseinandergesetzt haben. [...] In einem Alter, das durch ein gewisses Zurückschrecken vor der Außenwelt gekennzeichnet ist, werden die Schülerinnen und Schüler zu der Erkenntnis geführt, dass die Welt gesetzmäßig geordnet ist und dass sie folglich eine gedankliche Beziehung zu ihr aufnehmen können. Die Aufforderung ‹Erkenne die Gesetze der Welt!› erscheint als Grundmotiv der 10. Klasse; das kausale Urteilsvermögen kann hier schwerpunktmäßig erübt werden. Wiederum anders stellt sich die menschenkundliche Situation und auch die Orientierung des Lehrplanes in einer 11. Klasse dar. Die anfänglichen Stürme der Geschlechtsreife sind überwunden. Erste individuelle Lebensentwürfe werden sichtbar, tiefere Partnerschaften begründet.» Im Deutschunterricht wird Wolframs *Parzival* behandelt, und es kommen explizit Motive der individuellen Entwicklung, der Suche nach dem innersten Geheimnis der eigenen Persönlichkeit etc. zur Sprache. In der Geschichte ist dann «die innere Entsprechung für die Suche des Parzival zu finden. Aus dem Wirbel der Begegnung der römischen Welt, des entstehenden Christentums und der germanischen Völker entsteht im Mittelalter ein intensives Fragen nach dem Wesen des Christlichen, ein Ringen, das unterschiedlichste Antworten hervorgetrieben hat. Wie verschieden sind die Lebensentwürfe der Dominikaner und Franziskaner, der Templer und Katharer! Mit diesen Bewegungen treten dem Jugendlichen Lebensentwürfe entgegen, die ihn zur Klärung seiner eigenen Sinngebung und Lebensorientierung einladen. Eine existenzielle Urteilskraft ist gefordert. Das Motto ‹Suche dein eigenes Lebensmotiv!› steht über dem Deutsch- und Geschichtsunterricht der 11. Klasse. Die 12. Klasse stellt den Abschluss der eigentlichen Waldorfschulzeit dar. Sowohl im Geschichts- wie im Deutsch-Lehrplan gibt das Wort vom ‹Überblick› den Schlüssel zum Erfassen des Grundanliegens dieser Stufe. In der Geschichte wird die Aufmerksamkeit auf den Wandel epochaler Mentalitäten gelenkt. Wie hat sich in der historischen Entwicklung die Einstellung zum Tod, das Verhältnis zur Natur, die Sozialgestalt verändert? Indem man solchen und ähnlichen Fragen nachgeht, wird einerseits der bewusstseinsgeschichtliche Ort der Gegenwart erfasst, andererseits können Perspektiven der Zukunft erahnt werden. […] Der Satz ‹Wache auf zu prophetischem Urteil und bewusster Weltgestaltung!› umreißt das Anliegen der 12. Klasse.»[552]

Diese Charakterisierung des Aufwachprozesses zwischen dem vierzehnten und dem achtzehnten Lebensjahr lässt sich sehr gut ergänzen durch einen kurzen Artikel von Mona Doosry mit dem Titel «‹Den Göttern gleich ich ...> – oder nicht? Das Drama des dritten Jahrsiebts».[553] Dieser Artikel ist für unseren Zusammenhang auch deshalb so erhellend, weil er vornehmlich auf das im jeweiligen Alter vorherrschende Verhältnis zur *Zeit* blickt. Die Entwicklung der Jugendlichen drückt sich gerade «in einem Lebensgefühl aus, das sich zwischen Vergangenheit und Zukunft bewegt, zwischen dem, was sie bisher geworden sind, und dem, was sie werden wollen». Zwischen diesen Ausrichtungen ist nun die Verfassung der jeweiligen Altersstufe auszumachen: «Blicken wir zunächst auf das, was uns in einer neunten Klasse entgegenkommt. Die Jugendlichen sind nicht nur den skizzierten seelischen Regungen ausgeliefert, sie zeigen auch eine große Empfänglichkeit für Ideale. Viele Schüler merken im alltäglichen Getriebe des Unterrichts plötzlich auf, wenn von Freiheit, Menschenwürde oder Gerechtigkeit die Rede ist; sie bewerten das Handeln der Erwachsenen nach absoluten moralischen Maßstäben. [...] Einer in ihren Augen ungerechten Maßnahme des Lehrers begegnen die Jugendlichen mit Empörung oder Protest, manchmal aber auch mit Humor. Diese unmittelbar erlebbare Kraft der Ideale hängt nach Steiner mit dem vorgeburtlichen Dasein des Menschen zusammen: Der Jugendliche sei zwar noch nicht in der Lage, die äußere Welt in einer objektiven Weise zu beobachten. Aber er trete der Welt mit Idealismus entgegen, mit ‹Hoffnung für das Leben›, auch wenn dieses Leben in Widerspruch mit der Realität stehe. Steiner sieht in diesen Jugendidealen Erinnerungen aus früheren Leben aufblitzen. In der zehnten Klasse sieht sich die jugendliche Seele bewusster in das Spannungsfeld von Vergangenheit und Zukunft hineingestellt. Alte Freundschaften zerbrechen, die Kindheitskräfte tragen nicht mehr, und die bis dahin zur Verfügung stehenden Fertigkeiten und Fähigkeiten reichen nicht mehr aus. Das Neue und ganz Eigene wird zwar erahnt, ist aber nicht wirklich greifbar. [...] Innerer Rückzug und radikale Abwehr herkömmlicher Werte, Einsamkeitserlebnisse und seelische Krisen bis hin zu Selbstmordgedanken können Folgen dieses Lebensgefühls sein, die allerdings bewältigt werden, wenn der Faden zur Welt der Ideale noch nicht gerissen ist. Auffällig ist, dass die eigene seelische Situation stärker reflektiert wird als bisher.» Mona Doosry kommt an dieser Stelle auf die Heranbildung eines neuen Organs zu sprechen, das wir in einem früheren Kapitel als eine neue Herzbildung beschrieben hatten und in das sich nun alle Ideen, Absichten und Handlungen des Jugendlichen neu einschreiben und seine Zukunft bilden. So heißt es bei Mona Doosry weiter: «In der jugendlichen Seele mag sich dies als Ahnung äußern, dass von nun an das eigene Schicksal beginnt, die eigenen Handlungen von Bedeutung für die Welt, die Mitmenschen, die eigene Biografie sein werden.» Bei einer bloßen Ahnung bleibt es aber nicht: «Ein rätselhafter, fast unmerklicher Entwicklungsschritt vollzieht sich in der elften Klasse. Die Jugendlichen wirken gefestigt, angekommen. Ihre Urteilstätigkeit sucht nach Objektivität, kritischer Auseinandersetzung und differenzierter Verinnerlichung. Fragen an die Welt, an die eigene Biografie können bewusster, gereifter formuliert werden, wobei die häufig zitierte Frage nach dem ‹Woher› und ‹Wohin› der eigenen Individualität im Zentrum steht: Was kann ich, was möchte ich, wohin führt mein Lebensweg?» In der 12. Klasse gehe es nun darum, noch stärker die eigene Selbstständigkeit zu entfalten und mit der zugleich freilassenden und doch unterstützenden Hilfe des Erwachsenen z.B. eine Jahresarbeit zu einem selbst gewählten Thema zu erstellen, die oft prägend für den weiteren Lebensweg ist. In diese Zeit spiele maßgeblich der «Mondknoten» hinein – die Wiederholung der bei der Geburt vorherrschenden Sternenkonstellation –, in dem die eigenen Lebensintentionen sich deutlich bemerkbar machen können und in dem sich insofern noch einmal in ganz besonderem Maße Vergangenheit und Zukunft verdichten. Auf der Grundlage dieser Schilderungen resümiert die Autorin nun: So «ergibt sich, dass die jugendliche Seele zunächst von den Kräften ihrer vorgeburtlichen Vergangenheit beflügelt wird und der Zukunft mit Erwartungen und Hoffnungen begegnet; dass sie in einer nächsten Entwicklungsphase erfährt, wie das Alte stirbt, das Neue sich aber noch nicht abzeichnet. Verbunden damit erlebt sie die Notwendigkeit, das Leben künftig aus eigenen Kräften heraus zu bestimmen und zu führen. Dies verdichtet sich in den folgenden Jahren zu der

Ahnung, dass die Zukunft aus den Impulsen einer geistigen Vergangenheit heraus gestaltet werden kann.»[554]

Auf diese sich in ihrem Zeitverhältnis ausdrückenden Entwicklungsstufen des Jugendalters antwortet der Geschichtsunterricht. In der 9. Klasse geht es noch gar nicht um einen zusammenhänglichen, begrifflichen Überblick über größere historische Bögen, sondern um das momenthafte Erlebnis der eigenen geistigen Herkunft im punktuellen historischen Ereignis (den Biografien und revolutionären Umbrüchen der Neuzeit); in der 10. Klasse, in der die Verbindung zur Vergangenheit fast ganz verloren zu gehen scheint, setzt der Unterricht zunächst ganz an den sinnlich-gegenwärtigen, nämlich klimatisch-geografischen, also fast «unzeitlichsten» Gegenständen an und geht in die äußerste Distanz zur subjektiven Gegenwart in die fernste Vergangenheit zurück (Altsteinzeit), um die Herkunft des Menschen von dort gedanklich sukzessive über Persien, Ägypten/Mesopotamien und Griechenland herzuleiten; in der 11. Klasse schaut der Schüler viel weniger auf die äußere Chronologie als vielmehr auf die hinter der dokumentarischen Welt stehenden, selber unzeitlichen inneren Impulse der Geschichte, aus denen das Nacheinander der Zeit erst entsteht (inhaltlich passt dazu insofern sehr gut die Behandlung der Entstehungsmomente von Christentum und Islam, die Verinnerlichung des geschichtlichen Lebens in den Klöstern, die Formierung Europas etc.); und in der 12. Klasse wird nun nicht nur der Quellort der Zeit empfindungsmäßig «aufgespürt», sondern im Sinne von Wagners «Zum Raum wird hier die Zeit» das Ganze dieser geschichtlichen Hintergrundprozesse tableauhaft als Gestalt angeschaut, die den Sinn menschheitlicher Entwicklung und die Aufgaben für die Zukunft zumindest anfänglich wahrnehmen lässt.

Sehr wichtig ist es, hierbei zu berücksichtigen, dass sich mit der Pubertät das seelische Leben des Jugendlichen in zwei verschiedene Schauplätze trennt. Indem für einige Jahre (ungefähr zwischen dem dreizehnten und sechzehnten Lebensjahr) die Befreiung des Astralleibes, der sich jetzt zunehmend aus seiner rein geistigen Quelle ernährt und formt (siehe die früheren Kapitel zur Zeit der Geschlechtsreife), einhergeht mit einem starken Erleben der eigenen physischen, leibgebundenen Existenz, entsteht ein Parallelvorgang äußerlich-körperlicher und verborgener, innerer Entwicklung. Deshalb unterscheidet Manfred von Mackensen ab der 7. Klasse zwei verschiedene Vorgänge der jugendlichen Urteilsbildung, die erst in der 11. Klasse wieder zueinander finden: «äußeres Urteil» und «umhülltes (inneres) Urteil».[555] Man kann tatsächlich erleben, wie z.b. die Neuntklässler sich auf der einen Seite sehr idealistisch äußern oder engagieren können und fast im selben Moment ihre ganze Intelligenz darauf verwenden, wie sie an eine Zigarette oder an Schokoaufstrich herankommen. Der Verstand wird am Naheliegenden, am praktischen Sachverhalt erprobt. Zehntklässler können radikal jede sentimentale Seelenregung abschmettern und auf sachliche Erklärung insistieren (Mythen sind Erklärungsmodelle, Charakter vererbt etc.), zugleich können sie die tiefgründigsten, intimsten Gedichte schreiben. Sie können hochdifferenzierte Konfliktszenarien in Literatur oder auch direktem sozialem Umfeld erörtern und nur einen Augenblick später einen Mitschüler durch ein kaltes Urteil bis ins Mark verletzen.

Die auf die vordergründigen Zwecke ausgerichteten Regungen des Fünfzehnjährigen widersprechen also genauso wenig den beschriebenen idealistischen Gedanken und Antrieben wie die verstandesmäßige Nüchternheit und Distanz des Sechzehnjährigen seiner großen innerseelischen Sensibilität. Manfred von Mackensen spricht beim Neuntklässler von einer Parallelität von «pragmatischem» und «idealistischem» Urteil, beim Zehntklässler vom «rationellen» und vom «animistischen» (auf das innere Seelenleben bezogene) Urteil. Dieser Blick auf einen doppelten Vorgang in der Entwicklung des jugendlichen Urteilsvermögens hilft dann auch dabei, den Unterricht und seinen Inhalt richtig einzuschätzen. Die ideelle Tendenz der Geschichtsbetrachtung in der 9. Klasse wird man dann nicht mit Philosophie verwechseln und abstrakte Theorien bilden. Man wird wissen, dass der Gegenstand, an dem sich jene ideellen Erlebnisse entzünden können, sehr überschaubar und «handgreiflich» sein muss und für einfache Verstandesoperationen evident – wie dies z.B. an einer einzelnen Biografie möglich ist oder an einem Ereignis wie der Eroberung und Plünderung Tenochtitlans, wo an dem konkreten Bild der Insel, der Häuser, an dem Verhalten der Spanier und der Azteken sofort begriffliche Einsichten in das damalige und das heutige Leben entstehen können. Es gibt einige Darstellungen, die nur den einen Aspekt des Urteilsvermögens oder den anderen betonen. Gerade für das *Wie* des Unterrichts ist es aber nötig, beide Seiten zusammenzubringen, sonst wird es schnell geschehen, dass man eine 9. Klasse entweder ideell-philosophisch überfordert oder durch eine Anpassung an den «pragmatischen» Charakter ihrer vordergründigen Außenseite unterfordert, indem man ihr tiefes Bedürfnis nach Spiritualität übersieht. In einer 10. Klasse kann man als Deutschlehrer in der Poetik-Epoche mit den Schülern in der Innerlichkeit der Literatur versinken, ohne die Sachlichkeit der sprachlichen Gesetze zu erfassen, oder man kann in der wissenschaftlichen Distanz verharren, ohne die Brücke zum seelischen Innenleben des Schülers zu schaffen. Man kann mit Wilhelm Rauthe tatsächlich bei der 9. Klasse von einer «praktischen Urteilskraft» sprechen[556] oder mit Heinrich Schirmer das Bedürfnis dieses Alters nach äußeren Fakten, Daten und Details betonen und dies als «Blick nach außen» bezeichnen.[557] Im Hinblick auf die 10. Klasse spricht Rudolf Steiner von einem Schritt von der «Kenntnis» zur «Erkenntnis»,[558] und Schirmers Überschrift «Der Blick nach innen» trifft diesen Gesichtspunkt – ebenso wie Rauthes Begriff der «theoretischen Urteilskraft»: Es geht hier um das Erfassen von Realitäten, die nicht mehr von außen kommen, sondern nur in der Seele wahrgenommen werden können, und das sind Gesetze. Neben diese Beschreibungen müssen aber immer die Gesichtspunkte des Parallelvorganges gestellt werden, wie es in diesem Kapitel z.B. durch den Hinweis auf die Darstellungen von Albert Schmelzer, Mona Doosry und Manfred von Mackensen geschehen ist.

Allen Ansätzen ist gemein, dass sie für die 11. und 12. Klasse eine Wandlung und Klärung beschreiben, in der Getrenntes wieder zusammenkommt und eine neue, gereifte Stufe der Urteilsfähigkeit in Erscheinung tritt. Die Fähigkeit eines Siebzehnjährigen (11. Klasse), hinter der materiellen Außenseite des eigenen Wesens oder der umgebenden Welt aus eigener seelischer Kraft die inneren Lebensmotive, historischen Impulse oder verborgenen, durch ein «Einfühlen» zu erkennenden Weltgesetzmäßigkeiten bzw. -ursprünge aufzuspüren, bezeichnet Wilhelm Rauthe als «beseelte», Manfred von Mackensen als «individuelle» Urteilskraft. Heinrich Schirmer überschreibt diese Erkenntnissituation als «Augenblick», weil hier das Gesetz *im* Einzelmoment erfasst wird, die äußere Erscheinung zum bildhaften Ausdruck wird und immer wieder in antithetischen Gedankenfiguren (in der Geschichte wird bezeichnenderweise das Mittelalter behandelt) das Gleichgewicht, der «wunderbare Mittelzustand» (Fontane) gesucht wird, den ja auch dieses Alter darstellt. Für die zwölfte Klasse wird übereinstimmend die Gleichzeitigkeit von ganz individuellem Standpunkt und «Überblick» hervorgehoben, wie sie auch in der Behandlung des Individualisten und zugleich Universalmenschen Faust zum Ausdruck kommt. So wird dann von der «individuellen Urteilskraft» (Wilhelm Rauthe) oder vom «philosophischen» Urteil (Manfred von Mackensen) gesprochen – die jeweiligen Begründungen decken sich mit den Schilderungen Schmelzers und Doosrys. Gerade die unterschiedlichen Benennungen zeigen aber, dass es nicht darum gehen kann, die altersspezifischen Eigenheiten in schematische Begriffe zu pressen. Wenn hier trotzdem Stufen jugendlicher Entwicklung beschrieben und auch begrifflich unterschieden wurden, so sollte dies im charakterisierenden Sinne geschehen: Die verschiedenen Beobachtungen und Differenzierungen können den Pädagogen aufmerksam machen auf die menschenkundlichen Vorgänge in diesem Alter, ohne deren Kenntnis die Gestaltung von Geschichtsunterricht abstrakt bleiben müsste.

11. Zusammenfassung

11.1 Wie entsteht Gesundheit? Salutogenese und ihre Ergänzung

In den vorangegangenen Kapiteln ist in Grundzügen eine Geschichtspädagogik skizziert worden, die den Unterricht nicht auf Wissensvermittlung reduzieren möchte, sondern sich für seine konkrete Wirkung auf das Leben des Schülers interessiert – und zwar bis in die leiblichen Vorgänge hinein. Viel länger schon als in der Pädagogik rückt in der Medizin der Zusammenhang von seelisch-geistiger Verfassung und körperlicher Gesundheit ins Bewusstsein der Menschen – über die traditionelle psychosomatische Forschung hinaus. Eine viel diskutierte Richtung hat hier zunehmend an Bedeutung gewonnen: die Salutogenese. Sie hat einen entscheidenden Anstoß durch die Untersuchung ehemaliger KZ-Häftlinge erfahren. Der amerikanische Medizinsoziologe Aaron Antonovsky (1923–1994),[559] der 1960 nach Israel emigriert war, untersuchte dort zehn Jahre später die Unterschiede, mit denen Frauen ihre Menopause verarbeiteten. Dabei stieß er auf eine Beobachtung, die eigentlich gar nicht zu seinem engeren Untersuchungsgegenstand gehörte: Aus einem ihm selbst nicht mehr ganz deutlichen Grund sollten die Frauen bei einer Befragung zu ihrem Gesundheitszustand auch angeben, ob sie Häftling in einem Konzentrationslager gewesen seien. Hieraus ergab sich der Befund, dass ein verblüffend hoher Anteil von Frauen, die tatsächlich dieses Schicksal durchlitten hatten, sich einer ausgesprochen guten Gesundheit erfreuten. Antonovsky erlebte diese Tatsache als ein Wunder. Er schreibt selber: «Dies war für mich die dramatische Erfahrung, die mich bewusst auf den Weg brachte, das zu formulieren, was ich später als das salutogenetische Modell bezeichnet habe.»[560] Antonovsky, für den auch das Werk Viktor E. Frankls zu einer wesentlichen Inspiration wurde, begann nun,

428

systematisch den Zusammenhang von Lebenseinstellung und Gesundheit zu erforschen. Er befragte eine Vielzahl von Personen einerseits nach biografischen Ereignissen und inneren Einstellungen, andererseits nach ihrem gesundheitlichen Befinden. Die Ergebnisse zeigten eindeutig, dass dieses Befinden von den seelisch-geistigen Haltungen dieser Personen abhängig war. In einem nächsten Schritt arbeitete Antonovsky heraus, was die Gemeinsamkeiten und damit die wesentlichen Faktoren waren, welche die Gesundheit des Menschen so nachhaltig beeinflussen. Er entdeckte hier drei wesentliche Komponenten: Überschaubarkeit (die Möglichkeit, die Welt verstehen und überraschende Situationen einordnen zu können), Handhabbarkeit (die Fähigkeit, mit Erfahrungen handelnd umgehen und Herausforderungen erfolgreich annehmen zu können) und Sinnhaftigkeit (die Möglichkeit, das Leben emotional als sinnvoll empfinden und das Gefühl haben zu können, dass die vom Leben gestellten Anforderungen es wert sind, sich für sie einzusetzen).[561] Diese Komponenten zusammen bilden ein tiefgreifendes Gefühl des Vertrauens in das Leben, das «Kohärenzgefühl» («sence of coherence»), dem sich die Gesundheit des Menschen maßgeblich verdankt. «Kohärenz» heißt «Zusammenhang», sodass Antonovsky explizit als Grund für Gesundheit das Erlebnis von Zusammenhang benennt. Mit seinen Ergebnissen provozierte er eine bedeutende Blickwendung: Die Salutogenese schaut nicht nur wie die konventionelle Medizin auf die Krankheitssymptome und deren Ursachen, sondern sie schaut umgekehrt auf die Gründe für die Gesundheit und versucht zu beschreiben, was geschehen muss, dass der Mensch gar nicht erst krank wird. Antonovsky schildert Faktoren, die für unser Thema sehr wichtig sind: das Erlebnis der Sinnhaftigkeit der menschheitlichen Entwicklung und der eigenen Orientierung darin; die Erfahrung, selbst ein Glied eines umfassenden Zusammenhanges zu sein; die Möglichkeit, diesen erkenntnismäßig erfassen zu können; und die Motivation und das Vertrauen, diesen Zusammenhang und das eigene Leben aktiv aus eigener Bevollmächtigung gestalten zu können.

Die Salutogenese deckt auf, dass diese Faktoren seelisch-geistiger und nicht körperlicher Natur sind. Antonovskys Beobachtungen werden aber erst voll verständlich vor dem Hintergrund der in den letzten Kapiteln dargestellten Gesichtspunkte. Erst von dort her wird einsichtig, wie dieser Zusammenhang von Geist und physischer Leiblichkeit konkret aufzufassen ist. Die in dieser Schrift vorgenommene Schilderung der Wirksamkeit der verschiedenen Wesensglieder sowie der Natur des imaginativen Erkennens bilden hierfür eine Grundlage. Es ist beschrieben worden, wie der Umgang mit der Geschichte im Jugendlichen wesentliche Kräfte aufweckt, die er gerade in jenem krisenhaften Moment braucht, in dem die aus der Vergangenheit kommenden Stützen nicht mehr tragen. Indem sich die Schüler erinnern, gelangen sie in ein neues Verhältnis zur Zeit, emanzipieren zunehmend ihren Astralleib und dringen in die Sphäre ein, die hinter der räumlich-zeitlichen Außenseite des Lebens verborgen ist. Sie begegnen hier ihren eigensten überzeitlichen Impulsen und entwickeln die Willenskräfte, die sie für die Bewältigung ihrer Lebensaufgaben brauchen. Diese «Verinnerlichung» durch die Erfahrungen an der Geschichte führt zu religiösen Erlebnissen, die für den Astralleib oder Glaubensleib eine unverzichtbare Nahrung darstellen. Bleibt der junge Mensch an die Außenseite des Lebens gebunden, muss sein Astralleib «austrocknen» bzw. «verdorren». Vielleicht schon jetzt, auf jeden Fall aber im späteren Leben wird dieser Mensch ängstlich, weiß mit diesem Leben nichts anzufangen, wird von Sorgen gequält und einsam. Durch das Miterleben der Wirksamkeit von Idealen in der Menschheitsgeschichte erfährt das Willensleben demgegenüber eine wesentliche Stärkung. Dieses Miterleben bewirkt eine regelrechte Skelettbildung im Astralischen, die das Seelenleben des Jugendlichen ordnet, klärt und kräftigt. Eine fehlende Anbindung an die eigenen geistigen Ursprünge führt zur Kraft- und Orientierungslosigkeit, der Mensch wird durch das mangelnde Erlebnis einer Richtung in seinem Leben unsicher.

Offen bleibt bei Antonovsky auch die Frage, woraus konkret das gesundheitsbildende Zusammenhangs- und Sinnerlebnis entsteht: aus Ideologie, konventionellem Glauben, wahrer Erkenntnis? Wie kommt

die Letztere zustande? Ist ein aus Ideologie entstandenes Harmoniege-
fühl auf Dauer wirklich gesundend? Bei den von Antonovsky befragten
Häftlingen wird es schwierig sein, dies zurückzuverfolgen, weil die Prozesse, die diese Menschen im KZ durchgemacht haben, so extrem und
existenziell waren, dass es gründlichster Untersuchung bedürfte, um entscheiden zu können, ob z.B. eine tiefere Sinnhaftigkeits- oder Ganzheitserfahrung aus einer mitgebrachten konfessionellen Religiosität, kommu-
nistischer Weltanschauung u.a. oder aus Grenzerfahrungen hervorging,
die diese «Stützen» gerade hinter sich ließen und eine viel elementarere
Schicht von spirituellen Quellen offenlegte. In der KZ-Literatur gibt es
durchaus solche Beispiele.[562] Unabhängig von solchen Fallstudien kann
man aber versuchen, aufgrund menschenkundlicher Beobachtungen und
einer Untersuchung der inneren Erkenntnisprozesse des Menschen zu
einer Antwort auf diese Frage zu gelangen.

In der vorliegenden Arbeit wurde dies in Bezug auf die Möglichkeiten
des Geschichtsunterrichts versucht. Es wurde ein Erkenntnisweg beschrieben, auf dem der Lehrer mit den Schülern zusammen in dem bloßen Nebeneinander der äußeren Fakten beginnt, die imaginative Gebärdensprache der Geschichte zu entdecken. Gelingt dies, so vermittelt sich ihnen
unmittelbar eine Richtung in diesem menschheitlichen Geschehen. Sie
erleben einen Zusammenhang, der nicht verstandesmäßig konstruiert ist,
sondern den sie als ein Verhältnis realer menschenkundlicher Zustände in
sich selbst auffinden. Sie erleben nicht äußere Kausalitäten, sondern eine
Entwicklung, einen inneren Weg der Menschheit – und diese Orientie-
rungskräfte befeuern den Willen. Die Masse der äußeren, aus der Vergangenheit stammenden und damit zunächst eher belastenden historischen
Relikte verwandelt sich in die Erfahrung der Wirksamkeit der Zeitgeister.
Indem im Mitvollziehen der geschichtlichen Gebärden im jungen Menschen die der Geschichte zugrunde liegenden Tätigkeiten aufgerufen werden, werden sein eigenes Wollen und das Wollen der Zeitgeister eins. Damit ereignet sich etwas, was Rudolf Steiner als das höchste Ziel beschreibt,
das ein zukünftiger Geschichtsunterricht anstreben kann: «Was Inhalt

431

des öffentlichen Unterrichts werden muss, das ist das, was den Menschen zusammenbindet mit dem Werden der Zeit, und damit mit den Impulsen vor allem des Zeitgeistes, des entsprechenden Wesens aus der Hierarchie der Archai. [...] Und man wird wissen: Man gehört seinem Zeitalter so an, dass durch einen hindurchströmen die Impulse dieses bestehenden Zeitalters. Die Kinder schon werden es in der Zukunft lernen, wie sie Blumen benennen, wie sie Sterne benennen lernen [...], so werden sie lernen, die wirklich geistigen Impulse des Zeitalters aufzunehmen.»[563]

An dieser Stelle ist nun deutlich, dass es hier nicht um subjektiv herbeigesehnte, ideologisch konstruierte oder konventionell geglaubte Ganzheiten geht, sondern dass diese Ganzheit die Frucht von beschreibbaren Erkenntnisvorgängen ist, durch die sich der Mensch in einem objektiven Weltzusammenhang erlebt – und das stärkt ihn ungemein. In dem Zusammenklang des eigenen Seelenlebens mit den großen Impulsen der Zeit geschieht etwas für den Menschen ungeheuer Wichtiges: das Erleben von Sinn. Jetzt fühlt sich der Mensch – und dies gilt besonders stark für den Heranwachsenden – nicht mehr als isoliertes Einzelwesen, sondern er spürt, dass seine Antriebe in einem Zusammenhang stehen und damit berechtigter Ausdruck der Wirklichkeit der Welt sind, also wahr und gut und keineswegs zufällig und verzichtbar. Dieses Erlebnis der Sinnhaftigkeit des eigenen Wollens und der äußeren Welt hat eine fundamentale Bedeutung für die menschliche Gesundheit. Viktor E. Frankl, auf den bereits hingewiesen wurde, hebt in seinem umfangreichen Werk immer wieder diesen Zusammenhang hervor. So heißt es an einer Stelle: «Es war nicht zuletzt die Lehre, die ich aus Auschwitz und Dachau mit nach Hause nehmen konnte: dass diejenigen noch am ehesten fähig waren, sogar noch solche Grenzsituationen zu überleben, die ausgerichtet waren auf die Zukunft, auf eine Aufgabe, die auf sie wartete, auf einen Sinn, den sie erfüllen wollten.»[564] Frankl beschreibt mit seinen Worten genau diejenigen Erfahrungen, die dem Menschen in der Begegnung mit dem Zeitgeist zuteil werden: Zukunft, Aufgabe, Sinn. Es gibt wohl kaum einen Menschen, der nicht auf einzelne Momente in seinem Leben verweisen kann, in denen er einmal erfahren konnte, welche Kräfte es in ihm ausgelöst hat, einen Sinn in seinem Tun oder in einer Situation zu erfahren und einer echten Aufgabe nachzugehen. Dennoch wird diese Sinnerfahrung durch unsere materialistische Konstitution heute weitgehend verschüttet und muss erst bewusst errungen werden. So ist es kein Zufall, dass solche von Frankl dargestellten Einsichten gerade häufig von Menschen durchlebt und bezeugt werden, die existenzielle Grenzerfahrungen durchleiden mussten wie z.B. in den Konzentrationslagern.

Die Auswirkung des Ineinsfallens des eigenen Wollens und eines ganzheitlichen geistigen Zusammenhanges auf die Gesundheit ist von Rudolf Steiner u.a. in dem Vortrag «Gesundheitsfragen im Lichte der Geisteswissenschaft»[565] explizit dargelegt worden. Er schildert hier exemplarisch die Erfahrungen mit einer bestimmten Form der Farbtherapie, die im Unterschied zur rein technischen Bestrahlung mit Licht den Patienten in einen mit einer bestimmten Farbe angestrichenen Raum führt und diese Farbe seelisch auf ihn wirken lässt. Die guten Ergebnisse dieser Therapieform bis ins Medizinische hinein belegen für Steiner die Tatsache, dass der astralische Leib «der eigentliche Bildner des Physischen und Ätherischen ist». So gelangt er zu der Feststellung: «Das Physische ist nur eine Verdichtung des Geistigen, und das Geistige kann wieder zurückwirken auf das Physische, wenn es in der richtigen Weise durchwirkt und durchlebt wird.»[566] Diese «richtige Weise» besteht in der imaginativen Verlebendigung der geistigen Tätigkeit, wie sie in dieser Arbeit anhand der Geschichtserkenntnis dargestellt wurde. So heißt es bei Steiner weiter: «Man muss (das Geistige) durch Mitproduktion des Geistigen und Seelischen erleben. Zum Geistigen braucht man produktive Kräfte. [...] Die Sache ist so, dass alle diejenigen Vorstellungen, die wir bloß von der äußeren sinnlichen Wirklichkeit abstrahieren, die sozusagen nur Abbilder sind dessen, was man mit Augen sieht, mit Ohren hört, mit Händen betastet, welche nicht beruhen auf der inneren Mittätigkeit der Seele beim Schaffen von Bildern, alle diese Abstraktionen, alle treu an der Wirklichkeit der äußeren Sinne haftenden Vorstellungen haben keine inneren Bildekräfte. Daher bleibt die Seele tot; sie rufen die Seele nicht auf, ihre innerlich schlummernden Kräfte in Tätigkeit zu bringen und damit den Organismus in das richtige Fahrwasser seiner Tätigkeit zu bringen.»[567] So sei mit einem (gerade für unsere Frage nach dem Umgang mit der Geschichte sehr maßgeblichen) Missverständnis aufzuräumen: «So leicht es ist, zu sagen: Mit Weltanschauung könnt ihr einen Menschen nicht füttern – so ist es doch auch wahr, dass von der Weltanschauung die Gesundheit des Menschen abhängt. Für die heutige Menschheit ist das ein Paradoxon, für die Zukunft eine Selbstverständlichkeit.»[568] Mit «Weltanschauung» ist keine Ideologie gemeint, sondern eben eine reale Wahrnehmung der geistigen Zusammenhänge der Wirklichkeit. Für unseren geschichtspädagogischen Hintergrund sind nun die folgenden Worte von ausschlaggebender Bedeutung: «Wer in ungeordneten und verkehrten Vorstellungen lebt, der weiß auch nicht, wie er sich in geheimnisvoller Weise voll pumpt mit den Ursachen der Zerstörung seines Organismus. Daher stehen die Geisteswissenschaftler auf dem Standpunkte, dass durch das, was die Geisteswissenschaft [hiermit ist die Anthroposophie gemeint, A.B.] über die übersinnliche Welt geltend macht – über jene Welt, die wir nicht mit unseren Sinnen erkennen, sondern in stiller Weise innerlich wachrufen müssen –, wir unsere Seele innerlich so regsam machen, dass ihre Tätigkeit in Einklang steht mit der geistigen Welt, aus der heraus unser ganzer Organismus geschaffen worden ist. Daher wird unser Organismus nicht durch kleinliche Mittel zur Gesundung gebracht, sondern die Geisteswissenschaft selbst ist das große Heilmittel zur Gesundung.»[569] Natürlich kann es nicht darum gehen, die Schüler in anthroposophischer Geisteswissenschaft zu unterrichten, aber die Betrachtung von Geschichte hat die Möglichkeit, die hier charakterisierten inneren Vorgänge im Schüler konkret anzuregen. Mit dem «Einklang» der seelischen Tätigkeit mit der geistigen Welt ist unmittelbar angesprochen, was Steiner im Hinblick auf den Geschichtsunterricht mit dem «Zusammenbinden» des Menschen «mit dem Werden der Zeit, und damit mit den Impulsen vor allem des Zeitgeistes» meint. Das – ob bewusste oder halb bewusste – Erleben des Zusammenfallens der eigenen Antriebe mit den geistigen Zeitimpulsen kann im Schüler eine tiefe Befriedigung und Begeisterung hervorrufen. Es ist die Nahrung für eine Sehnsucht, die auch in dem bereits geschilderten Enthusiasmus der jungen Scholls zum Ausdruck kommt, als sie sich anfänglich so stark von der HJ mitreißen ließen. Hier soll noch einmal Inge Scholl zu Wort kommen: «War es nicht großartig, mit jenen jungen Menschen plötzlich etwas Gemeinsames und Verbindendes zu haben, denen man sonst vielleicht nie nähergekommen wäre? [...] Wir hörten, dass wir für eine große Sache leben sollten. Wir wurden ernst genommen, in einer merkwürdigen Weise ernst genommen, und das gab uns einen besonderen Auftrieb. Wir glaubten, Mitglieder einer großen, wohlgegliederten Organisation zu sein, die alle umfasste und jeden würdigte, vom zehnjährigen Jungen bis zum erwachsenen Mann. Wir fühlten uns beteiligt an einem Prozess, an einer Bewegung.»[570] Ganz ähnlich Melita Maschmann: «In diesem Alter findet man sein Leben, das aus Schularbeiten, Familienspaziergängen und Geburtstagseinladungen besteht, kümmerlich und beschämend arm an Bedeutung. Niemand traut einem zu, dass man sich für mehr interessiert als für diese Lächerlichkeiten. Niemand sagt: Du wirst für Wesentlicheres gebraucht, komm! [...] Wenn ich den Gründen nachforsche, die es mir verlockend machten, in die Hitler-Jugend einzutreten, so stoße ich auch auf diesen: Ich wollte aus meinem kindlichen, engen Leben heraus und wollte mich an etwas binden, das groß und wesentlich war. Dieses Verlangen teilte ich mit unzähligen Altersgenossen.»[571] Man kann kaum besser, als Melita Maschmann und Inge Scholl es hier tun, jene im Jugendalter erwachende Suche nach den eigenen geistigen Zielsetzungen beschreiben, nach der eigenen Aufgabe im Ganzen eines sinnhaften, zielvollen Weltgeschehens. Es ist symptomatisch, dass solche Erlebnisse besonders deutlich in einem historischen Moment aufgetreten sind, in dem weltgeschichtlich die Menschen ein sehr großer Drang nach weltanschaulichen Bewegungen, eschatologischen Motiven, Kulten und charismatisch-religiösen Führern erfasst hatte. Diese Ereignisse erscheinen wie eine direkte, allerdings materialisierte und damit ins Gegenteil verzerrte Spiegelung von dem, was als geistige Herausforderung angestanden hätte und oben als Verbindung mit dem Zeitgeist beschrieben wurde. Die Scholls, Melita Maschmann und unzählige andere junge Menschen konnten wegen eben dieser tiefer liegenden, völlig berechtigten Sehnsucht verführt werden, und es wäre sehr wichtig, darüber nachzudenken, wo diese Verführung heute stattfindet. Dieser Irreleitung kann jedenfalls nur begegnet werden, indem jener charakterisierte innere Drang nicht in das Materielle herabgezogen (bei der HJ drückte sich dies z.B. in der Vergötterung eines Menschen, in Nationalismus, Militarismus, Rassismus, sozialdarwinistische «Körperertüchtigung» u.a. aus), sondern als rein geistiges Geschehen realisiert wird – durch jene innere Begegnung mit den geistigen Entwicklungsimpulsen der Geschichte.

Imaginative Geschichtsbetrachtung führt zu Ganzheitserfahrungen, die den Organismus des Schülers aufbauen. Dies schafft Gesundheit, und zwar nicht nur auf der seelischen Ebene. Am Beispiel des von George Ritchie beschriebenen Schicksals jenes bei Wuppertal befreiten polnischen KZ-Häftlings konnte deutlich werden, wie die seelische Haltung dieses außergewöhnlichen Menschen bis in den körperlichen Zustand von Gang, Muskeln, Haut usw. hineinwirkte. Das astralische Geschehen ist ausschlaggebend für die körperliche Verfassung, oder um mit dem oben angeführten Zitat Rudolf Steiners zu sprechen: Der astralische Leib ist der Bildner des Physischen und Ätherischen. Wir haben gesehen, wie der an der Geschichte entflammte Enthusiasmus beim jungen Menschen bis in die Herzregion und die Blutwärme hineinwirkt und in diesem Vorgang seine Verbindung mit seiner Leiblichkeit unterstützt wird – wesentlich angeregt durch den Rhythmus von Wachen und Schlafen.

Für Rudolf Steiner war gerade diese Verbindung das entscheidende Thema der Pädagogik. So heißt es im *Ergänzungskurs*: «Heute haben wir auf der einen Seite abstrakte Wissenschaften, Geschichte, Geografie, sogar Physik und so weiter. Das alles wird ungeheuer abstrakt betätigt. Man eignet sich Begriffe an. Auf der anderen Seite haben wir die Lehre vom Menschen, Anatomie, Physiologie. Da lernen wir eigentlich den Menschen so kennen, wie wenn seine Organe aus Leder geschnitten wären und dann ineinandergefügt wären, wirklich wie aus Leder geschnitten, denn es ist nicht viel Unterschied zwischen der anatomischen Beschreibung vom Menschen und einem Gebilde, das aus Leder geschnitten ist. Man beschreibt den Menschen nicht in seiner Geistigkeit, sondern einfach der Körperlichkeit nach. Sie könnten aber die Pioniere sein und Sie werden das der Pädagogik und Didaktik zugute bringen, auf der einen Seite zu entnehmen aus den abstrakten Betrachtungen dasjenige, was heute ganz unlebendig abstrakt an die Menschen herangebracht wird, und auf der anderen Seite gegenüber demjenigen, was in dieser derb materiellen Weise herangebracht wird. Sie könnten beides lehren, aber es nur lehren, um es lebendig zu verbinden, um es ineinander zu weben. Sie könnten Geschichte lehren, um Anatomie zu beleben, und Sie könnten Anatomie lehren, um Geschichte zu beleben. Sie könnten zum Beispiel bei der Funktion der Leber lernen, wie Sie die Geschichte des späteren Ägypten zu behandeln haben, denn die Nuance, die besondere Darstellungsnuance, ich möchte sagen, das Aroma, das man auszugießen hat über das Spätere der ägyptischen Geschichte, das eignet man sich an, wenn man die Funktion der Leber im Organismus betrachtet. Man bekommt denselben Eindruck im Ganzen. So könnten Sie diese Dinge ineinanderfügen.»[572] Mit diesen Worten umreißt Steiner den Horizont und die enorme Herausforderung, die sich für eine zukünftige Pädagogik eröffnen. Dies gilt auch für die Geschichtspädagogik. Es ist vielleicht kein Zufall, dass Steiner sein Beispiel ausgerechnet dem Bereich der Geschichte entnimmt. Seine Aufforderung, in der Vorbereitung auf die Darstellung der ägyptischen Geschichte sich mit der Leber zu beschäftigen, ist eine offenkundige Provokation (eine ähnliche Stelle könnte man für die Niere angeben[573]). Sie macht deutlich, was durch einen Geschichtsunterricht in Zukunft zu leisten sein wird. Den Zusammenhang zwischen der geschichtlichen Entwicklung und den leiblichen Organen des Menschen konkret anschaulich zu machen halte ich insofern für eine der wichtigsten Forschungsaufgaben im Bereich der Pädagogik.

437

Der dritte salutogenetische Faktor neben der Sinn- und Ganzheitserfahrung und der Überschau- bzw. Verstehbarkeit ist die Frage, inwieweit der Mensch erleben kann, dass sein Handeln sich lohnt, dass er also in seinem Tun in der Wirklichkeit real etwas bewirkt. Es gibt kaum etwas, was die innere und äußere Gesundheit stärker angreift als die Erfahrung, dass meine Intentionen nicht wahrgenommen werden und meine Initiativen ins Leere laufen, zu nichts führen, unnütz waren. Es entsteht ein Gefühl der Ohnmacht, Resignation und Schwäche, das gerade Jugendliche kennen, wenn sie z.B. aussprechen, man könne «ja doch nichts tun». Die Welt gestalten zu können hat zutiefst etwas mit der Würde des Menschen zu tun, weil sich hieran entscheidet, ob er nur ein Objekt in einer auch ohne ihn fertigen Welt ist oder ob die Welt auf sein Ich angewiesen und dieses insofern frei ist.

Gerade die Geschichte enthält viele Beispiele von Gestaltungen, die in der Menschheit ganz real und mit den weitreichendsten positiven Folgen etwas bewirkt haben – von der Züchtung kultivierter Pflanzen über die Gründung der Demokratie bis zu Mandelas Freiheitskampf in Südafrika. Aber nicht nur die Unterrichts*inhalte*, sondern auch das Schulleben als solches sollte Gelegenheiten schaffen, dass Schüler erleben können, wie ihre Initiativen und ihr Handeln zu realen Ergebnissen führen – und insofern der Geschichtsunterricht nicht eine rhetorische, schöngeistige Scheinveranstaltung ist, sondern durch das Verhalten der Lehrer unmittelbar gedeckt ist. Soziales Engagement, schulische Anliegen wie Politik-AG, Schülerzeitung, Projekttage u.a. sollten eingeübt und durch konkrete Umsetzungen auch sichtbar beantwortet werden. Auch hier geht es sehr stark um Fragen der inneren Haltung: Ein Geschichtslehrer, der vor den gesellschaftlichen Zwängen und dem Gegenwind der äußeren Verhältnisse zurückweicht und ein resigniertes Nischendasein führt, wird die Glaubwürdigkeit seines Unterrichts untergraben und zugleich seine Schüler schwächen.

Bei diesem Aspekt der «Handhabbarkeit» (Antonovsky) wendet sich nun der Blick von der Gesundheit des Menschen auf deren Folgen für

438

die Gesellschaft. Wir haben an früherer Stelle schon thematisiert, dass gerade dann, wenn der Mensch in der Erkenntnis am meisten zu sich gekommen ist und sein Handeln seinen innersten und eigensten Intuitionen entspringt, faszinierenderweise in diesem Augenblick auch immer am meisten Welt in ihm ist, also sein Tun und Denken mit objektiven Zusammenhängen eins geworden sind und diese fruchtbar gestalten. Ich werde gesund, wenn mein Handeln sinnvoll ist und Erfolg hat, andersherum «profitiert» die mich umgebende Welt am meisten von mir, wenn ich gesund bin. Wenn wir also in richtiger Weise den Schüler pädagogisch bei seiner persönlichen Entwicklung unterstützen, wird das auch weitreichende Konsequenzen für das Gelingen des gesellschaftlichen Ganzen haben.

Wenn ein Schüler über Jahre im Geschichtsunterricht mitvollzogen hat, was gesellschaftlicher Wandel ist, dass die Dinge nie bleiben, wie sie sind, sondern in Krisen geraten, sich durch neue Ideen und Impulse völlig verändern und eine neue Gestalt annehmen, wird er später als Unternehmer vielleicht durch die Fähigkeit zu prozessualem Denken Marktbewegungen wahrnehmen, die Notwendigkeit zur Umgestaltung erkennen, den Mut und die Kreativität zu Innovationen aufbringen. Andersherum weiß ein in einem solchen Denken geschulter Mensch auch, dass die pure Gewinnmaximierung ohne Rücksicht auf soziale und ökologische Faktoren ebenfalls den Gesetzmäßigkeiten und Notwendigkeiten gesellschaftlicher Entwicklung zuwiderlaufen wird. Nicht aus frommem Altruismus, sondern aus der sachlichen Einsicht in den Wandel auch der eigenen Lebensverhältnisse wird Verantwortung entstehen für das Schicksal der menschlichen Gemeinschaft.

Kollegien auf verschiedensten Arbeitsfeldern könnten bei einer entsprechenden inneren Ausbildung z.B. die Momente der gemeinsamen Stagnation bewusster aufgreifen, die immer an einem bestimmten Punkt langjähriger erfolgreicher Zusammenarbeit eintreten muss. Anstatt an den Konflikten zu zerbrechen, würde man vielleicht den Augenblick wahrnehmen, wo eine Entwicklungsdynamik zu Ende gekommen ist und bewusst nach neuen Quellen gesucht werden müsste, aus denen eine Art innerer Neubegründung gelingen könnte.

Wenn die Schüler lernen, «wie sie Blumen benennen [...] die wirklich geistigen Impulse des Zeitalters aufzunehmen», wird ein Mediziner, der heute ständig im Spannungsfeld zwischen moderner technischer Machbarkeit und vergangenheitsbezogenen, meist ostasiatischen Alternativen steht, zwischen genetischer Embryonenforschung und Yoga, Chemie und Handauflegen ein Gespür dafür bekommen, was wirklich modern ist – wie er sich z.B. zum Thema des Impfens verhält. Ein Erzieher wird beobachten können, wie eine antiautoritäre Bewegung die Bühne der Pädagogik betritt, später dann ein *Lob der Disziplin* (Bernhard Bueb), das gemeinsam mit einer Reihe anderer Schriften wieder das Prinzip der Autorität einfordert, und er wird vielleicht ein Gefühl dafür haben, was die ihm anvertrauten Kinder jetzt von ihm möchten. Ein Jurist oder Politiker wird unter Umständen bemerken, an welcher Stelle die Gesetzeslage beginnt sich zu verselbstständigen und mit einer Verrechtlichung auch der kleinsten Lebensbereiche in das spontane und freie Leben der Bürger einzugreifen, und er wird dabei vielleicht die Wirkungen Roms bemerken und Fantasie entwickeln, wie ein modernes Rechtsleben in Zukunft aussehen könnte.

Es lassen sich keine rezeptartigen Folgewirkungen von Geschichtsunterricht garantieren, weil jeder Schüler den Unterricht anders in sich verarbeitet. Der grundsätzliche Charakter der Umwandlung der an der Geschichte gemachten Erfahrungen in spätere Handlungsdispositionen kann an solchen Beispielen vielleicht aber ein Stück weit deutlich werden. Nicht vergessen werden darf, dass damit natürlich nie Lernvorgänge im Sinne kognitiver Schlüsse, moralischer Lehren etc. gemeint sind – damit wären wir wieder hinter unsere historische Erkenntnisauffasung zurückgefallen und hätten den Gegenstand der Geschichte verloren. Geschichtliches Lernen geht durch die Nacht und damit durch das Vergessen. Insofern sei an dieser Stelle eine kurze Geschichte angeführt:[574]

«Abu Nuwas bat Khalaf um die Erlaubnis, Gedichte zu schreiben, und

Khalaf sagte: ‹Ich verbiete dir, ein Gedicht zu schreiben, bevor du nicht tausend Stücke alter Poesie auswendig gelernt hast, darunter Gesänge, Oden und Gelegneheitsverse.› So ging denn Abu Nuwas fort; nach einer langen Zeit kehrte er zurück und sagte: ‹Ich habe es gemacht.› ‹Dann sage sie auf!› befahl Khalaf. Abu Nuwas begann und trug im Verlaufe von mehreren Tagen die ganze Masse der Verse vor. Dann bat er erneut um die Erlaubnis, Gedichte zu schreiben. Khalaf erwiderte: ‹Ich verbiete es dir, bevor du nicht die tausend Verse so vollständig vergessen hast, als hättest du sie nie gelernt.› ‹Das ist zu schwierig›, erwiderte Abu Nuwas. ‹Ich habe habe sie zu sorgfältig auswendig gelernt.› ‹Ich verbiete dir, Gedichte zu schreiben, bevor du sie nicht vergessen hast›, wiederholte Khalaf. Da ging Abu Nuwas in ein Kloster und verweilte dort eine Zeit lang in Einsamkeit, bis er die Verse vergessen hatte. Er kehrte zurück zu Khalaf und sagte: ‹Ich habe sie so vollständig vergessen, als hätte ich sie niemals auswendig gelernt.› Da sagte Khalaf: ‹Nun darfst du dichten.›»

Auf das «Erlernen» von Geschichte übertragen hieße das: Wir müssen die Geschichte in größtem Umfange und mit engagierter Genauigkeit kennenlernen – um sie dann wieder zu vergessen. Dieses Vergessen ist aber nicht der Endzweck des Geschehens. Vielmehr ist das vorherige Wissen nun innerer Besitz geworden, umgewandelt zur Fähigkeit, zu einem wirksamen Teil des eigenen Wesens, das dementsprechend nun *handeln* kann. Was in der Erzählung das eigene Dichten ist, ist in geschichtlicher Hinsicht das historisch befähigte praktische Tun. Es geht schon um inhaltliche Erkenntnis der Geschichte, um ein Wissen davon, wie z.B. die drei Ideale der Französischen Revolution und der Impuls der Sozialen Dreigliederung zu verstehen sind oder worin sich die Bewusstseins- von der Verstandesseele unterscheidet. Diese Erkenntnis ist aber das Resultat eines Vorgangs, in dem meine Vorstellungen durch Schlaf und Vergessen «herabgesunken» sind, um sich zuletzt zu lebendigen Begriffen umzuwandeln, die wieder bewusst, aber nun mit dem Willen verbunden sind. Bloßes Wissen und Reflektieren ist im besten Sinne zu einem moralischen Instinkt geworden, der mich an dem alltäglichsten Platz, an den

mich das Schicksal gestellt hat, nach den geistigen, aber nun ganz indivi-
dualisierten Zeitimpulsen handeln lässt: Der Kunde im Supermarkt fragt
vielleicht plötzlich nach den Bedingungen für den Preis einer Milch, der
Journalist schreibt doch den Artikel über die Situation im Rathaus, eine
junge Frau entschließt sich, Biologie zu studieren, um das Leben zu verstehen, eine Katholikin heiratet trotz familiärer Widerstände einen türki-
schen Moslem usw. Selbst diese Beispiele von ins Handeln hineinwirkenden Zeitimpulsen sind schon verhältnismäßig inhaltlich. So weit muss
man gar nicht gehen. Wenn ein junger Mensch wiederholt und innerlich
wirklich aktiv erfahren konnte, wie sich in der Geschichte immer wieder
eine fertige Welt in ein Werden auflöste, die Macht des Faktischen oft
durch bestimmte Persönlichkeiten mit einem Mal durchbrochen wurde
und Errungenschaften hervorgebracht wurden, die unser Leben heute bis
in den selbstverständlichen Alltag hinein täglich prägen, dann gewinnt
er ein tiefes und nachhaltiges Vertrauen in sein eigenes schöpferisches
Wesen und Handeln überhaupt. Das ist vielleicht das Wertvollste, was ein
junger Mensch erleben kann: Es kommt auf mich an.

11.2 Gestaltung oder Gewalt?
Der Jugendliche und seine inneren Bilder

Eine der wichtigsten Äußerungen, die es von Rudolf Steiner über die
menschenkundliche Situation des Heranwachsenden überhaupt gibt, bezieht sich direkt auf verborgene Vorgänge, die sich im Unterbewusstsein
vollziehen. Im Vortrag vom 11. September 1920 stellt Steiner zunächst dar,
wie mit Beginn des 20. Jahrhunderts eine entscheidende Wandlung in der
Konstitution des Menschen eingetreten sei.[575] Er verweist auf die Tatsache, dass sich in den drei bis vier Jahrhunderten zuvor ein Denken geltend gemacht habe, das vollständig in die Abstraktion führte, damit der
Mensch sein Selbstbewusstsein entwickeln konnte. Diese Vorstellungs-
kräfte waren «bildlos», enthielten in sich selbst also keinen lebendigen

Weltinhalt mehr und machten es insofern dem Menschen möglich, sich von der träumerischen Einbindung in die Lebenskräfte der ihn umgebenden Welt zu emanzipieren und sich im eigenen Denken ganz auf sich selbst zu stellen. Man denke hier an das mechanische Weltbild der Astronomie, an die technisierte Schrift, die zugleich aber eine ungeheure Befreiung der öffentlichen Urteils- und Meinungsbildung ermöglichte, oder an die Philosophie, die spätestens mit Descartes ganz beim «Ich bin» angelangt ist, für die nun aber der Bezug zur Welt zum Problem geworden ist. Seit dem 20. Jahrhundert hat sich das Verhältnis des Menschen zum Geistigen aber grundlegend verändert: War sein Vorstellungsleben bisher gebunden an die materielle, gewordene Welt, die im gegenständlichen Denken nur abstrahierend *nach*-gedacht werden konnte, so ist es nun frei geworden und befähigt, in schöpferischer Produktivität eine neue Verbindung zum Übersinnlichen zu entwickeln. Auch diese Tatsache findet ihren Ausdruck in den kulturgeschichtlichen Umbrüchen zu Beginn des 20. Jahrhunderts: Die «Moderne» ist nichts anderes als eine in Literatur, Malerei, Musik, Architektur, genauso aber in der Physik, Pädagogik, in sozialen Bewegungen (z.B. in der Jugendbewegung) sich vollziehende Öffnung für spirituelle und weltanschauliche Fragen, die einen epochalen, historischen Neuanfang bewirken sollten.

Dies bildet nun den geschichtlichen Hintergrund für die konstitutionelle Verfassung schon beim Kind. So führt Steiner weiter aus: «Und jetzt beginnt – und darinnen liegt vielfach der Grund für das Stürmische unserer Zeit –, jetzt beginnt die Zeit, in welcher die Seelen aus der geistigen Welt, indem sie durch die Empfängnis und durch die Geburt zum irdischen Leben heruntersteigen, sich Bilder mitbringen. [...] Was da tief drinnen sitzt in der Kinderseele, das sind die in der geistigen Welt empfangenen Imaginationen. Die wollen heraus.»[576] Das Kind tritt sein Leben also heute von Anfang an schon mit bestimmten verborgenen Kräften an, die es aus der geistigen Welt empfangen hat, und das Entscheidende ist, dass diese Kräfte verlangen, «erlöst» zu werden, also sich betätigen und damit verwirklichen können. Das Schicksal des Heranwachsenden hängt maßgeblich davon ab, ob dies gelingt: Werden diese in der Seele sitzenden Kräfte nicht «heraufgeholt», so müssen sie ihn – so Steiner wörtlich – «zersprengen»! «Und was ist die Folge? Verloren gehen diese Kräfte nicht; sie breiten sich aus, sie gewinnen Dasein, sie treten doch in die Gedanken, in die Gefühle, in die Willensimpulse hinein. Und was entstehen daraus für Menschen? Rebellen, Revolutionäre, unzufriedene Menschen, die nicht wissen, was sie wollen, weil sie etwas wollen, was mit keinem sozialen Organismus vereinbar ist. [...] Wenn heute die Welt revoltiert, da ist es der Himmel, der revoltiert, das heißt der Himmel, der zurückgehalten wird in den Seelen der Menschen und der dann nicht in seiner eigenen Gestalt, sondern in seinem Gegenteile zum Vorschein kommt, der in Kampf und Blut zum Vorschein kommt statt in Imaginationen.»[577] Man kann Rainer Patzlaff nur zustimmen, wenn er diese Alternative – Imagination oder Kampf und Blut – als «Schlüssel für unsere Gegenwart» bezeichnet.[578] «Kampf und Blut» haben nach Steiners Tod historisch eine brutale Konkretion erfahren, in verwandelter Form treten uns aber gerade heute eine Fülle von Erscheinungen entgegen, die auf die frappierende Aktualität des geschilderten Zusammenhangs hindeuten. Fassungslos schaut unsere Gegenwart auf das Phänomen der Jugendgewalt, die mit exzessiven Überfällen, Quälereien bis hin zur Folter und mit Amoklauf nie gekannte Ausmaße angenommen hat.[579] Kaum einer der Täter hat seine Motive so klar und bewusst ausdrücken können wie Sebastian Bosse, der 2006 in Emsdetten in seine Schule eindrang, vier Schüler und den Hausmeister anschoss und sich selbst tötete. Es gibt von ihm eine Fülle von Aufzeichnungen, in denen seine Tat schon deutlich vorgezeichnet war. Vor dem Hintergrund unserer Thematik ist es ausgesprochen symptomatisch, wenn er schreibt (wiedergegeben in der – auch orthografischen – Originalfassung): «Wehe irgendso ein Sackgesicht von Geistlichem reisst sein Maul auf meiner Beerdigung auf! ES GIBT KEINEN SCHEISS GOTT Aber wie ist die Welt entstanden ... Ich dachte immer das sich irgendwann mal 2 Stoffe, oder mehr, vermischt haben und dann ganz langsam das eine aus dem anderen entstanden ist. Aber ich hab absolut keinen Schimmer wo zum Geier diese 2 Stoffe hergekommen sein sollen!»[580] Es ist durchaus eine Frage des Weltbildes, ob ein junger Mensch in seinem inneren Betätigungsdrang reale Nahrung erhält oder unbefriedigt gelassen und ausgehungert wird, sodass seine Kräfte sich andere Kanäle suchen müssen. Sebastian Bosses Äußerungen sind unzweideutig: «Ich war der Konsumgeilheit verfallen, habe danach gestrebt, Freunde zu bekommen, Menschen, die dich nicht als Person, sondern als Statussymbol sehen. Aber dann bin ich aufgewacht! Ich erkannte, dass die Welt, wie sie mir erschien, nicht existiert, dass sie eine Illusion war, die hauptsächlich von den Medien erzeugt wurde. Ich merkte mehr und mehr, in was für einer Welt ich mich befand. Eine Welt, in der Geld alles regiert, selbst in der Schule ging es nur darum. [...] Ich kann ein Haus bauen, Kinder bekommen und was weiß ich nicht alles. Aber wozu? [...] Was hat denn das Leben bitte für einen Sinn? Keinen! [...] Ihr habt diese Schlacht begonnen, nicht ich. Meine Handlungen sind ein Resultat eurer Welt, eine Welt, die mich nicht lassen will, wie ich bin. [...] Diese Rache wird so brutal und rücksichtslos ausgeführt werden, dass euch das Blut in den Adern gefriert. Bevor ich gehe, werde ich euch einen Denkzettel verpassen, damit mich nie wieder ein Mensch vergisst. [...] Ein Großteil meiner Rache wird sich auf das Lehrpersonal richten, denn das sind Menschen, die gegen meinen Willen in mein Leben eingegriffen haben und geholfen haben, mich dahin zu stellen, wo ich jetzt stehe; Auf dem Schlachtfeld. Diese Lehrer befinden sich so gut wie alle noch auf dieser verdammten Schule. Das Leben, wie es heute täglich stattfindet, ist wohl das Armseligste, was die Welt zu bieten hat! S.A.A.R.T. -Schule, Ausbildung, Arbeit, Rente, Tod. Das ist der Lebenslauf eines ‹normalen› Menschen heutzutage. Aber was ist eigentlich normal? [...] S.A.A.R.T. beginnt mit dem 6. Lebensjahr, hier in Deutschland, mit der Einschulung. Das Kind begibt sich auf seine persönliche Sozialisationsstrecke und wird in den darauffolgenden Jahren gezwungen sich der Allgemeinheit anzupassen.»[581]

445

Wenn Rudolf Steiner – wie oben zitiert – weltanschauliche Haltungen für Gesundheit verantwortlich sieht, so wird man bei solchen Sätzen doch sehr nachdenklich.

Es fällt auf, dass in sehr vielen Fällen extremer Gewalttätigkeit bei Jugendlichen die Täter auf die Frage nach den Gründen für ihre Exzesse völlig ratlos sind und auf vakuumartige Momente der Langeweile verweisen; gerichtliche und psychologische Untersuchungen über die Phase vor der Tat bestätigen dies. Es gibt kaum etwas Trostloseres als die Schilderungen über den Lebensalltag von Tim Kretschmer, den Amokläufer von Winnenden. In einer wohlhabenden, an Sterilität aber kaum zu überbietenden Lebensumgebung fiel Tim letztlich nichts anderes ein, als sich mit dem Computer, mit Armwrestling und Waffen zu beschäftigen. Die Atmosphäre im Schützenverein schildert ein «Spiegel»-Artikel: «80 Euro kostet die Familienmitgliedschaft im Sportschützenverein Leutenbach e.V., das rot-weiße Vereinswappen mit der Zielscheibe kann man zum Aufnähen beim Vereinsvorsitzenden bestellen. Der Schießstanddienst ist nach Kalenderwochen eingeteilt, ein Pott Wintertee kostet 1,70 Euro, die Wirtin zapft schon mittags manches Pils. In der Vereinsgaststätte, wo schwere Holzteller mit Auerhähnen an der Wand hängen und kalter Rauch in der Luft liegt, erzählt sie dann von ‹diesem schmalen, hübschen jungen Mann›, der seinen Vater mal auf eine Cola hierher begleitet habe. Der Vater sei ein mäßiger Schütze, er habe leidenschaftlich Waffen gesammelt und den Verein unterstützt: ‹Wenn der Verein was brauchte, hat der Kretschmer es bezahlt!› Am Vatertag etwa wurde auf dem ‹Grundstückle› der Kretschmers gegrillt.»[582] Aus dem immer lieben Tim wurde ein die Herrrschaft über Leben und Tod genießender Mörder, und Sebastian Bosse sagt in seinem Abschiedsvideo: «Ich war kein Mensch. Ich war göttlich.» Auch in vielen der folterähnlichen Quälereien ist unbegrenzte Macht ein wesentliches Erlebnis.

Auf die große Gefahr der Langeweile hat Rudolf Steiner mehrfach hingewiesen – insbesondere im Zusammenhang mit den schulischen Erlebnissen des Kindes bzw. Jugendlichen. Er hat nicht nur gesundheitliche

Folgen bis hin zur erst viel später auftretenden Migräne oder zur Diabetes beschrieben,[583] sondern auch dargestellt, was im Verhalten junger Menschen geschieht, wenn sie sich innerlich nicht interessieren können. In dem Vortrag über die «Erziehungsfragen im Reifealter» (21.6.1922) formuliert er: «Es ist notwendig, wenn das Kind in das geschlechtsreife Lebensalter kommt, dass in ihm erweckt wird ein bis zu einem gewissen Grade außerordentlich großes Interesse für die Außenwelt. Es muss durch die Art des Unterrichtes und der Erziehung die Außenwelt mit ihrer Gesetzmäßigkeit sehen, mit ihrem Verlaufe, mit ihren Ursachen und Wirkungen, mit ihren Absichten und Zielen. [...] Es muss das alles so an die Jugend herangebracht werden, dass es in der jugendlichen Seele fortwährend noch nachklingt, dass in der jugendlichen Seele Rätsel entstehen über die Natur, über Kosmos und Welt, über die menschliche Natur im Allgemeinen, über geschichtliche Fragen und so weiter. Rätsel müssen über die Welt und ihre Erscheinungen in der jugendlichen Seele entstehen. Denn wenn diese Rätsel über die Welt und ihre Erscheinungen nicht in der jugendlichen Seele entstehen, dann wandeln sich, weil die Kräfte dazu da sind, diese Kräfte; sie werden ja frei in der Seele mit dem Freiwerden des Astralleibes für dieses Auffassen von Rätseln. Wenn diese Kräfte frei werden, und es gelingt nicht, das intensivste Interesse zu erwecken für die Rätsel der Welt, dann verwandeln sich diese Kräfte in dasjenige, in das sie sich bei der heutigen Jugend meist verwandeln; sie verwandeln sich nach zwei Richtungen hin in Instinktartiges: erstens in Machtkitzel und zweitens in Erotik.»[584]

Die Unterernährung der schöpferischen Tätigkeit des jungen Menschen – und davon betroffen sind insbesondere auch die für die Geschichte so wichtigen gestalterischen Willenskräfte – führt also unweigerlich zu einem Stau seiner inneren Antriebe, und diese müssen sich auf irgendeine Weise Bahn brechen. Die erwähnten Beispiele der Gewaltkriminalität von Prügeleien bis hin zum Amoklauf sind nur ein Symptom dieses Geschehens, es gibt vielfältige andere Nuancen, die in verschiedenste Verhaltensweisen im oft aggressionsbesetzten Alltag hineinspielen können. Steiner spricht von «Rebellen» und «Revolutionären»; auch vereinseitigte Auflehnung, Hass gegen die Autorität der Herrschenden können Ausdruck einer vernachlässigten Fantasietätigkeit sein, die sich dann in die fundamentalistischen Denkzwänge einer Ideologie hinein verhärtet.

Bei sehr vielen der Gewaltdelikte waren alle Beteiligten völlig überrascht von den Ereignissen; man hätte das von dem betreffenden jungen Menschen gar nicht erwartet. Immer wieder fällt jenes fassungslose «Warum?», ganz oft werden gar keine Gründe für die Tat gefunden. Bereits diese Tatsache könnte uns darauf aufmerksam machen, dass sich im Seelenleben des Jugendlichen heute Prozesse abspielen, von denen wir gar nichts wissen, obwohl sie von größter Wichtigkeit sind. Die Erwachsenengeneration hat offensichtlich versäumt, die entscheidenden Ereignisse im seelischen Innern des Jugendlichen wahrnehmen zu lernen. Ich möchte es zuspitzen: Die Frage nach der Realität des Geistigen ist heute kein Gegenstand behaglich-bürgerlicher Diskussionen mehr, sondern eine Frage auf Leben und Tod. Auf unsere diesbezügliche Verantwortung verweisen immer wieder die Angehörigen der Opfer, die verlangen, dass die Geschehnisse zu gesellschaftlichen Konsequenzen, zu einem grundlegenden Aufwachen gegenüber unseren Kindern und unserer Pädagogik führen. Übrigens gilt dieses Aufwachen nicht nur für unsere Aufmerksamkeit gegenüber den Jungen, die meistens die Gewalttäter sind, sondern auch gegenüber den Mädchen. Wir stoßen hier wieder auf die Unterschiedlichkeit weiblicher und männlicher Adoleszens: Die mitunter tödliche Dimension der jugendlichen Gewaltproblematik nimmt bei Mädchen einen fast konträren Ausdruck an: Die Gewalt richtet sich nicht nach außen, sondern gegen das Subjekt selbst. Die vielen Beispiele oft lebensgefährlicher Erkrankung an Bulimie oder Anorexie sind jedem bekannt; ich kenne kaum eine Schulklasse mehr, in der nicht mindestens ein Mädchen mit dieser Problematik zu kämpfen hat.

Ein genaues Hinschauen auf die beschriebenen Symptome könnte jedenfalls den Pädagogen sensibel dafür machen, dass in den Kindern und

Jugendlichen ganz im Unbewussten lebensentscheidende Veranlagungen vorliegen, die nicht aus ihrer äußeren Umgebung oder ihrem Erbstrom stammen und die – man möchte fast sagen: verzweifelt – danach rufen, erkannt und befördert zu werden. Die Schilderungen Steiners deuten auf diese Veranlagungen, ihren Hintergrund und ihre Natur hin. Um der Aufgabe, sie pädagogisch aufzugreifen, gerecht werden zu können, gilt es näher zu verstehen, was mit jenen aus der geistigen Welt mitgebrachten Bildern gemeint sein kann und wie es konkret möglich ist, sie aus dem unbewussten Seelenleben des Schülers heraufzuholen.

In Steiners Ausführungen findet sich eine wichtige Formulierung, die nur in einer kleinen, aber wesentlichen Korrektur besteht: Er spricht hier über «diejenigen Bilder, oder besser gesagt, die *Kräfte der verbildlichenden Darstellung* [Hvhbg. A.B.], die empfangen worden sind vor der Geburt».[585] In diesen Einschub drängt sich der ganze Zusammenhang, der in der vorliegenden Schrift über die Wirklichkeit des Bildes entwickelt wurde. Steiner korrigiert sich, weil er weiß, dass mit der Erwähnung des «Bildes» sofort Missverständnisse entstehen müssen. Was wir uns gewöhnlich unter einem Bild vorstellen, ist hier gar nicht gemeint. Es handelt sich nicht um bestimmte Bild*inhalte*, denen wir wie einem fertigen Gegenstand gegenüberstehen, nicht um Vorstellungsbilder, die wie ein Spiegel die gegebene – ob sinnliche oder geistige – Welt abbilden. Rudolf Steiner setzt vielmehr «Bild» und «Kräfte der verbildlichenden Darstellung» in eins und deutet damit auf den Bewegungscharakter der Imagination. Wie in Teil I dargelegt, haben wir es bei den Imaginationen überhaupt nicht mehr mit einer von uns losgelösten inhaltlichen Gegenständlichkeit zu tun, sondern mit Gebärden – also Tätigkeiten. Wir dürfen uns bei den von den Kindern mitgebrachten Bildern also keine Vorstellungen denken, die nur noch «abgerufen» zu werden bräuchten, sondern diese Bilder sind ein Teil des Lebensorganismus des Kindes – wieder nicht materiell gedacht, sondern als gestaltende Kraft, die darauf wartet, sich betätigen und entfalten zu können (tragisch ist, dass dem Jugendlichen heute ja tatsächlich eine unendliche Fülle von Bildern verabreicht wird, dass diese aber gerade nicht aus diesen Gestaltungskräften bestehen, sondern aus dem genauen Gegenteil: Es sind in erster Linie Kino- und Computerbilder, die den Konsumenten überwältigen und lähmen, aber nicht zur inneren Produktivität anregen).

In der *Geheimwissenschaft im Umriss* unterscheidet Rudolf Steiner drei verschiedene Arten von Bildern. Diese Unterscheidung leitet er aus dem oben bereits dargestellten Gefüge der Wesensglieder her, wie es sich besonders in Bezug auf den Schlaf offenbart. Er schildert den bereits dargestellten Vorgang der Herauslösung von Astralleib und Ich aus physischem Leib und Ätherleib während des Schlafes. Dann fährt er fort: «Der Ätherleib ist der Bildner, der Architekt des physischen Leibes. Er kann aber nur im richtigen Sinne bilden, wenn er die Anregung zu der Art, wie er zu bilden hat, von dem Astralleibe erhält. In diesem sind die *Vorbilder*, nach denen der Ätherleib dem physischen Leibe seine Gestalt gibt. Während des Wachens ist nun der Astralleib nicht mit diesen Vorbildern für den physischen Leib erfüllt oder wenigstens nur bis zu einem bestimmten Grade. Denn während des Wachens setzt die Seele ihre eigenen Bilder an die Stelle dieser Vorbilder. Wenn der Mensch die Sinne auf seine Umgebung richtet, so bildet er sich eben durch die Wahrnehmung in seinen Vorstellungen Bilder, welche die Abbilder der ihn umgebenden Welt sind.»[586] Steiner verweist hier also auf Bilder, die sozusagen aus der entgegengesetzten Richtung kommen als die an der Sinneswahrnehmung gewonnenen gegenständlichen Nachbilder (hier «Abbilder» genannt) unseres gewöhnlichen Bewusstseins. Er nennt sie «*Vorbilder*», weil sie nicht etwas abspiegeln, was als fertige Realität schon besteht, sondern weil sie andersherum der Ursprung der Realität sind, also ihr vorangehen. Bezeichnenderweise charakterisiert er sie als «Anregung zu der Art», wie der Ätherleib zu bilden hat – es wird also wieder darauf hingewiesen, dass es bei diesen Bildern nicht um bloße Inhalte, sondern um «Regungen», also Tätigkeiten, geht.

Von großer Bedeutung für das Verhältnis des Pädagogen zu dem jungen Menschen ist, dass er um diesen geistigen Ursprung der im Heranwachsenden lebenden Imaginationen weiß. Dieses Wissen öffnet seinen Blick für das in den äußeren Hüllen zum Teil noch verborgene geistige Wesen des Jugendlichen und insofern auch dafür, dass in dessen unbewusstem Seelenleben nicht bloß biologische Triebe arbeiten, sondern geistige Lebensimpulse zur Entwicklung drängen. Wie kommt es aber dazu, dass jene Bilder in den einzelnen Menschen «hineingelegt» werden? Worin besteht jener vorgeburtliche Ursprung, aus dem sie hervorgehen?

Nach seinem Tod durchschreitet der Mensch verschiedene «Regionen» der geistigen Welt, in denen mit ihm selber bestimmte Veränderungen vor sich gehen. Nach und nach legt er alles ab, was ihn noch an die Erde und seine letzte Inkarnation bindet, bis er schließlich in eine Phase gelangt, in der sich sein zukünftiges Leben vorbereitet. Aus den Erfahrungen der bisherigen Verkörperungen formen sich die Zielsetzungen für die nächste, aber: An dieser Formung ist nicht nur der Mensch selbst beteiligt, sie ist vielmehr eingebettet in die Impulse der höheren geistigen Wesenheiten. In der *Theosophie* heißt es: Der Mensch «lebt in dem Walten der Absichten, welche für diese Verkörperungen bestehen und die er in sein eigenes Selbst eingliedert. Er blickt auf seine eigene Vergangenheit zurück, und er fühlt, dass alles, was er in derselben erlebt hat, in die Absichten, die er in Zukunft zu verwirklichen hat, aufgenommen wird. Eine Art Gedächtnis für seine früheren Lebensläufe und der prophetische Vorblick für seine späteren blitzen auf. [...] Als ein Glied der göttlichen Weltordnung kann sich das Selbst fühlen. Die Schranken und Gesetze des irdischen Lebens berühren es nicht in seiner innersten Wesenheit. Die Kraft zu allem, was es vollführt, kommt ihm aus der geistigen Welt. Die geistige Welt aber ist eine Einheit. Wer in ihr lebt, weiß, wie das Ewige an der Vergangenheit geschaffen hat, und er kann von dem Ewigen aus die Richtung für die Zukunft bestimmen. Der Blick über die Vergangenheit weitet sich zu einem vollkommenen. Ein Mensch, der diese Stufe erreicht hat, gibt sich selbst Ziele, die er in einer nächsten Verkörperung ausführen soll. Vom ‹Geisterland› aus beeinflusst er seine Zukunft, sodass sie im Sinne des Wahren und Geistigen verläuft. Der Mensch befindet sich während des Zwischenzustandes zwischen zwei Verkörperungen in Gegenwart aller derjenigen erhabenen Wesen, vor deren Blicken die göttliche Weisheit unverhüllt ausgebreitet liegt. Denn er hat die Stufe erklommen, auf der er sie verstehen kann.» In dieser Region der geistigen Welt «wird der Mensch in allen seinen Handlungen dasjenige vollbringen, was dem *wahren Wesen der Welt* am angemessensten ist. Denn er kann nicht nach dem suchen, was ihm frommt, sondern einzig nach dem, was geschehen soll nach dem richtigen Gang der Weltordnung.»[587] Hier ist also deutlich ausgesprochen, dass der Mensch sich selbst seine Ziele für sein zukünftiges Leben setzt, dass dies zugleich aber nicht völlig willkürlich geschieht, sondern aus dem inneren Erleben der über den Einzelnen hinausweisenden, weisheitsvollen Weltzusammenhänge. Das eigene Wollen wird impulsiert von den Intentionen der geistigen Welt. An diesem Zusammenklang muss der Einzelne ja auch zutiefst interessiert sein, denn seine Entwicklung vollzieht sich nie isoliert, sondern ist immer abhängig vom kollektiven Schicksal und den Leistungen seiner nächsten Umgebung, seines Volkes und seiner Zeit.

Wenn der Mensch einer neuen Verkörperung entgegengeht, so bilden die höheren Wesen der geistigen Welt Schritt für Schritt seine neuen leiblichen Hüllen. Wenn dabei nun jene geistigen Zielsetzungen dem Menschen mitgegeben werden sollen, so müssen sie als orientierende «Richtkräfte» dieser Leiblichkeit eingegliedert werden: Dies geschieht durch die «Vorbilder», die in dem Astralleib als Gestalter der ätherischen und darüber zuletzt der physischen Kräfte hineingeformt werden. Hier wird es nun notwendig, wieder von «Inhalten» zu sprechen. Auch, wenn es sich bei den Vorbildern nicht um abbildlich-gegenständliche Inhalte handelt, sondern um geistige Willenskräfte, so sind diese natürlich nicht beliebig: Sie haben eine spezifische Gestalt und Richtung. Ein in diesem Sinne aufzufassender «Inhalt» wurde bereits angesprochen: Es ist der aus der weltgeschichtlichen Entwicklung heraus notwendige Impuls, den Menschen zu befähigen, nach seinem Hindurchgehen durch das am bildlosen Denken gewonnene Selbstbewusstsein nun wieder zu einem unmittelbaren Verhältnis zu den realen Wesen der geistigen Welt im Sinne eines modernen Hellsehens zu gelangen. Noch detaillierter erfahren wir von diesen Inhalten, wenn wir genauer ins Auge fassen, wie das Schaffen der höheren Hierarchien an den bildlichen Einprägungen in den menschlichen Astralleib im Konkreten aussieht. Wir stoßen hierbei wieder auf die große Bedeutung des Schlafes.

Es würde der Natur der menschlichen Lebensprozesse widersprechen, wollte man sich vorstellen, dass die vorgeburtliche Formung der zukünftigen Zielsetzungen ein einmaliger, abgeschlossener Akt sei und das Leben nur die bloße Ausführung dieser Formung, sodass die höheren Geister daran gar nicht mehr weiter beteiligt wären. Vielmehr ist es so, dass den Zielsetzungen nun ständig sich wandelnde irdische Gegebenheiten entgegenkommen, auf die die ursprünglichen Impulse zu antworten haben. Dies geschieht auch faktisch: durch den Schlaf. So heißt es bei Steiner: «Während des Schlafzustandes geschieht in der menschlichen Entwicklung alles dasjenige, was geistige höhere Wesen mit der Menschenseele vornehmen, um den Menschen zu einer Gesamtentwicklung innerhalb des irdischen Daseins zu bringen.»[588] Durch den Schlaf verarbeiten wir geistig unsere Tageserlebnisse und beziehen sie immer wieder auf die Anstöße der geistigen Welt. Indem Astralleib und Ich jede Nacht in ihre ursprüngliche geistige Heimat zurückkehren, bringen sie ihre Erfahrungen in die Welt mit, in der sie vorgeburtlich von den Engeln die Vorbilder eingeprägt bekommen haben. Diese erhalten also die Möglichkeit, ihre Arbeit im Sinne der ursprünglichen Intentionen fortzusetzen und dabei auf den Wandel der konkreten Verhältnisse zu antworten.

Diese Arbeit wird in einem der Vorträge Rudolf Steiners so konkret beschrieben und mit solch umfassenden gesellschaftlichen und historischen Perspektiven verbunden, dass er eine herausragende Stellung im gesamten Vortragswerk Steiners einnimmt. Es handelt sich um den Vortrag «Was tut der Engel in unserem Astralleib?», gehalten am 9. Oktober 1918 in Zürich.[589] Das Anliegen Steiners in dieser Darstellung ist, an einem sehr konkreten Beispiel anschaulich zu machen, wie die höheren geistigen Wesen und der Mensch zusammenwirken und welche Aufgaben sich daraus für den Menschen ergeben. Zu diesem Zweck konzentriert er den Blick auf die dem Menschen am nächsten stehende Hierarchie der Engel. Es wird zunächst die Tätigkeit der Engel beschrieben, und hierbei stößt man wieder auf die Tatsache, dass die Engel im Astralleib des Menschen «Bilder formen». Gemäß des gebärdenhaften Kraftcharakters dieser Bilder sind sie nicht als bleibende «Abbilder» zu verstehen, sondern sie «entstehen und vergehen». Entscheidend ist ihre Wirksamkeit: Ohne sie «gäbe es keine Entwicklung der Menschheit in die Zukunft hinein», die den Intentionen der noch über den Engeln stehenden Wesen entspräche. Aus den Bildern wird also «später die umgestaltete Menschheit, die Wirklichkeit». Ganz ähnlich wie in der bereits zitierten Passage aus der *Geheimwissenschaft* über die «Vorbilder» heißt es dann: «Und zwar so werden sie geformt, dass *in der Art, wie diese Bilder entstehen* [Hvhbg. A.B.], gewissermaßen Kräfte für die zukünftige Entwickelung der Menschheit liegen.»[590]

Nachdem also hier noch einmal charakterisiert ist, welcher Art die vom Engel im menschlichen Astralleib geformten Bilder sind, kommt Rudolf Steiner nun auf die «Inhalte» dieser Bilder zu sprechen: Die Engel haben «bei dieser ihrer Arbeit eine ganz bestimmte Absicht für die künftige soziale Gestaltung des Menschenlebens auf Erden». Diese Absicht wird im Folgenden näher charakterisiert. Die weltgeschichtlichen Intentionen sehr hoher geistiger Wesen vermittelnd, veranlagen die Engel im Menschen die Impulse zu drei zukünftigen menschlichen Lebenszuständen: 1. Niemand soll mehr «Ruhe haben [...] im Genusse von Glück, wenn andere neben ihm unglücklich sind». 2. Jeder soll «in jedem Menschen ein verborgenes Göttliches sehen», ihn also nicht bloß als chemisches Wesen, sondern als «Ebenbild der Gottheit» wahrnehmen und damit eine freie, alle Konventionen hinter sich lassende Religiosität entwickeln. 3. Die Menschen sollen die Möglichkeit haben, «durch das Denken über den Abgrund hinweg zum Erleben im Geistigen zu kommen».[591]

Es kann einen sehr berühren, wenn man realisiert, dass Steiner mit diesen «Vorbildern» die Ideale der Brüderlichkeit, Freiheit und Gleichheit

benennt – als die elementaren Impulse für die Zukunft. Zugleich erhalten
die Ideale aber einen ganz neuen bzw. konkreten Inhalt: «Brüderlichkeit
für die Leiber», «Religionsfreiheit für die Seele», «Geisteswissenschaft
für den Geist».[592] Man bemerkt sehr schnell die gedankliche Herausforderung, die von diesen Formulierungen ausgeht: Wenn die Freiheit sich auf
die Religion bezieht, gehört die Geisteswissenschaft dann in den Bereich
der Gleichheit? Der Leser ist aufgefordert zu einer vertieften Durchdringung der drei Ideale, die ein modernes Verständnis der Dreigliedrigkeit
der menschlichen Natur nach Leib, Seele und Geist voraussetzt. Rudolf
Steiner reißt mit seinen Ausführungen einen gewaltigen Horizont auf, indem er den Zuhörern bzw. Lesern schildert, wie in jedem Menschen heute
die Ideale der Freiheit, Gleichheit und Brüderlichkeit veranlagt sind und
dass diese Veranlagung von der Wirksamkeit der Engel im menschlichen
Astralleib herrührt. Diese Wirksamkeit vollzieht sich «in dem schlafenden Menschen. Man findet sie in den Schlafzuständen der Menschen vom
Einschlafen bis zum Aufwachen» – ebenso aber auch in den «wachenden Schlafzuständen»,[593] also in der unbewussten Willenssphäre. Man
muss sich nur einmal vergegenwärtigen, welche Problemstellungen immer wieder im Hintergrund der Ereignisse der letzten 100 Jahre sichtbar
werden, ob im Zerstörungsfeldzug des Rassismus, im Kampf zwischen
Kapitalismus und Sozialismus im Kalten Krieg, in der Armutskatastro-
phe Afrikas, in der Ambivalenz von marktwirtschaftlichem Wandel und
Umgang mit den Menschenrechten in China, im islamistischen Reli-
gionsfanatismus – immer wieder haben wir es mit Verzerrungen der drei
großen Ideale zu tun: mit einem rassisch aufgefassten Verständnis der
Brüderlichkeit der Leiber, einer falsch verstandenen Gleichheit im Sozialismus, einem entfesselten Egoismus beim wirtschaftlichen Liberalis-
mus unter der großen Überschrift der Freiheit. Aber auch die positiven
Beispiele von Martin Luther King über Amnesty International bis hin
zum Gründer der Kleinkrediten-Bank Grameen in Bangladesh und Frie-
densnobelpreisträger Mohammad Yunus haben direkt etwas mit den geschilderten Idealen zu tun. Das gilt natürlich nicht nur für die großen

Vorgänge auf der öffentlichen historischen Bühne: Auch die von jedem einzelnen Menschen gefassten Zielsetzungen werden – ob im Betreiben eines Schuhladens, beim Richter oder beim Lehrer, der sich fragt, wer die Inhalte seines Unterrichts bestimmt – auf irgendeine Weise immer mit diesen großen Impulsen zu tun haben und diese auf unendlich vielfältige Weise individualisieren. Die Ausführungen Steiners über das Wirken der Engel im Astralleib und über die aus der geistigen Welt mitgebrachten Bilder gehören also zusammen.

Die hier geschilderten Tatsachen werfen natürlich ein völlig neues Licht auf die Bedeutung des Geschichtsunterrichts und auf die Anforderungen, die an ihn zu stellen sind. Sie machen endgültig deutlich, dass es gilt, sich von der Vorstellung zu verabschieden, der Lehrer brächte dem Schüler Geschichte bei. In Wirklichkeit trägt der Schüler die Geschichte bereits in sich, sein Innenleben ist die Geschichte selbst, und insofern lehrt der Lehrer die Geschichte nicht, sondern er *befördert* sie. Die Ausführungen über die Erinnerungsprozesse des Schülers erfahren hier eine weitere Beleuchtung durch die Einsicht in die Tatsache der Engelwirksamkeit in diesen Prozessen. Ein solcher Hintergrund bestätigt, dass es ein Missverständnis ist, der Lehrer lege die Inhalte der Geschichte in die Schüler hinein, vielmehr ist es seine Aufgabe, sie so anzuregen, dass die in ihnen lebende Geschichte in der richtigen Weise an die Oberfläche tritt und wirksam werden kann. Die Französische Revolution hört damit auf, Wissensstoff zu sein, sie wird stattdessen zum Bild, in dem der Schüler sich selbst erkennt. Damit kann sie zum Zündfunken für seine eigene Entwicklung werden.

Dies verlangt aber einen Unterricht, der sich auf ein Bewusstsein von diesen Umständen gründet und tatsächlich mit den Geschichtsinhalten so umgeht, dass sie nicht mehr der bloßen Stoffvermittlung dienen, sondern der Aktivierung der im Schüler veranlagten produktiven Kräfte. Es ist bemerkenswert, wie sehr die beiden angeführten Hinweise Steiners – die Schilderung der aus dem Vorgeburtlichen mitgebrachten Imaginationen und die Ausführungen zur Tätigkeit des Engels im Astralleib –

gerade in diesem Punkt übereinstimmen. In beiden Fällen wird auf die in der Sphäre des Unbewussten angesiedelten Bilder aufmerksam gemacht und auf die konkrete (urbildhafte) Wirklichkeit dieser Bilder verwiesen, und vor allem wird mit äußerst drastischer Eindringlichkeit unterstrichen, dass alles darauf ankommt, diese Bilder aus ihrer unbewussten Potenzialität zu erlösen und sie durch Erweckung der «verbildlichenden» Tätigkeit ins Bewusstsein zu heben.

Hier liegt nun die ganze Dramatik des Unterrichtsgeschehens. Sie besteht in der entscheidenden Frage: Worauf treffen die imaginativen, also lebendig-kraftenden Bilder im Schüler, wenn er vor den Lehrer tritt? Treffen sie ebenfalls auf Imaginationen oder auf bloße «Abbilder», also auf die toten Spiegelbilder des gewöhnlichen, gegenständlichen Vorstellungslebens? In der erwähnten Passage bei Rudolf Steiner heißt es im Anschluss an die zitierten Sätze: «Was da tief drinnen sitzt in der Kinderseele, das sind die in der geistigen Welt empfangenen Imaginationen. Die wollen herauf. Und wenn der Lehrer oder der Erzieher sich richtig zum Kinde verhält, bringt er ihm Bilder entgegen.» Dadurch «zucken herauf aus dem kindlichen Gemüte» die inneren, vorgeburtlich empfangenen Bilder.[594] Insofern kommt alles darauf an, welcher Art die Bilder sind, die der Lehrer dem Schüler entgegenbringt. Weiß er nicht um die Realität einer höheren geistigen Bildlichkeit, die im Schüler als reines Kräftepotenzial veranlagt ist, sondern nur um die gewöhnlichen Abbilder, so trifft Lebendiges auf Totes – Kräfte, die Nahrung verlangen, prallen an einer starren Außenfläche ab, die nichts mit ihrem Wesen zu tun hat. Bei den Schülern tritt etwas ein, was Albert Schmelzer als «die tiefe Enttäuschung an einer allzu abstrakten Welt, in der sie nur auf Scheinerlebnisse treffen», bezeichnet hat.[595] Die konkreten Folgen sind heute allgegenwärtig und sollten endlich als dringende Mahnung an die Erwachsenenwelt ernst genommen werden: Das müssen nicht nur «Kampf und Blut», Macht und Erotik oder Selbstzerstörung sein; Sorge bereiten sollten auch die vielen Strategien des stillen Rückzugs, ob in Computerwelten, pragmatische Anpassung, resignierte Privatwelten, Depression,

Krankheit oder Ängstlichkeit. Weiß der Lehrer, was Fantasie ist? Sieht er, wen er in diesem Schüler vor sich hat? Berühren seine Bilder die Zukunftsbilder des Jugendlichen? Unter dieser Perspektive wird der Unterricht zu etwas, was man nicht anders bezeichnen kann als ein heiliges Geschehen – vielleicht im Sinne Martin Bubers: «Durch die Berührung jedes Du rührt ein Hauch des ewigen Lebens uns an.»[596]

Teil III: Der Unterricht. «Alles wirkliche Leben ist Begegnung»[597]

Die bisherigen Ausführungen möchten einen Beitrag leisten zu einer Einsicht in die Wirklichkeit von Geschichte einerseits und andererseits zu einem Verständnis des Wesens des heranwachsenden Menschen. Dies geschieht aus der Überzeugung, dass pädagogisches Handeln weniger aus didaktischen Strategien oder «Mitteln» erwächst als vielmehr aus einer unmittelbaren Berührung mit der konkreten Entwicklungssituation des Schülers und zugleich aus einer Begegnung mit der Welt – hier der Geschichte –, die so geartet ist, dass der Schüler in ihr den eigenen Bezug zu seiner Zeit wiederentdecken kann.

Bereits in der *Allgemeinen Menschenkunde*, also in den ersten Vorträgen zur Waldorfpädagogik im Gründungsmoment der Stuttgarter Schule, hat Rudolf Steiner genau diesen Aspekt deutlich betont: Den neunten Vortrag leitet er mit den Worten ein: «Wenn Sie selbst ein gut entwickeltes, von Ihrem Willen und Ihrem Gemüt durchzogenes Wissen haben vom Wesen des werdenden Menschen, dann werden Sie auch gut unterrichten und gut erziehen. Sie werden auf die einzelnen Gebiete durch einen pädagogischen Instinkt, der in Ihnen erwachen wird, dasjenige anwenden, was sich Ihnen aus diesem willentlichen Wissen vom werdenden Kinde ergibt. Aber es muss dieses Wissen eben auch ein ganz reales sein, das heißt auf wirklicher Erkenntnis der Tatsachenwelt beruhen.»[598] Mit dem Hinweis auf den «Instinkt» hebt Steiner unmissverständlich hervor, dass gute Pädagogik nicht aus einer planerischen, rationalen Konstruktion von Unterricht hervorgeht, die ihre Leitlinien aus rein methodischen, für sich bestehenden Konzepten nimmt, sondern auch mit dem Unbewussten, der Nachtseite und damit der Willenssphäre des Menschen arbeitet. Solange der Lehrer seine didaktischen Prinzipien beim Unterrichten im Kopf hat, wird zwischen ihn und den Schüler immer ein Drittes treten, das weder mit der Lebenswirklichkeit des Schülers noch mit dem Lehrer und auch nicht mit dem unterrichteten Sachgegenstand unmittelbar etwas zu tun hat, und damit wird Unterricht zu einer künstlichen Veranstaltung, die dem Schüler eher schadet als hilft. «Methoden» können immer nur aus dem entspringen, was ihr eigentliches Ziel ist – und das sind ausschließlich der Schüler und die Welt. Insofern ist es nötig, dass der Lehrer sein Tun verinnerlicht, also ganz zu einem Teil seines eigenen Wesens und Handelns macht. Damit ist nicht gemeint, dass Didaktik zu einer reflexhaften Routine wird – diese hat zwar auch instinkthafte Züge, speist sich aber nicht aus der verstehenden Begegnung mit dem Schüler. Vielmehr setzt ein solches aus dem Willen entspringende Tun eine intensive Beschäftigung mit dem Menschen voraus, das sich dann hinabsenken kann in die Verarbeitung im Unbewussten des Lehrers. Steiner schildert diesen Vorgang ein Jahr nach der *Allgemeinen Menschenkunde*, um den Kollegen diese Grundlagen ihrer Pädagogik noch einmal bewusst zu machen: «Sehen Sie, wenn Sie zum Beispiel ein Butterbrot essen, so haben Sie es zunächst mit einem bewussten Vorgang zu tun; aber was dann weiter geschieht, wenn das Butterbrot den komplizierten Verdauungsprozess durchmacht, so ist das etwas, worauf Sie nicht viel wirken können; aber dieser Prozess geht vor sich, und Ihr allgemeines Leben hängt damit stark zusammen. Wenn Sie nun Menschenkunde studieren, wie wir es getan haben, so erleben Sie das zunächst bewusst; meditieren Sie nachher darüber, so geht ein innerer geistig-seelischer Verdauungsprozess in Ihnen vor sich, und der macht Sie zum Erzieher und Unterrichter. Geradeso, wie Sie der Stoffwechsel zum sonst lebenden Menschen macht, so macht Sie dieses meditierende Verdauen einer wahren Menschenkunde zum Erzieher. Sie stehen eben einfach dem Kinde als Erzieher ganz anders gegenüber, wenn Sie das durchgemacht haben, was eben erst folgt aus einer wirklichen anthroposophischen Menschenkunde. Das, was wird aus uns, was in uns wirkt, wodurch wir Erzieher werden, das geht im meditierenden Erarbeiten einer solchen Menschenkunde vor sich. Und solche Betrachtungen wie die heutigen, wenn wir sie immer wieder und wieder in uns erwecken, wenn wir auch nur 5 Minuten am Tage darauf zurückkommen, sie bringen alles innere Seelenleben in Bewegung. Wir werden innerlich so gedanken- und empfindungsfruchtbare Menschen, dass alles nur so aus uns herausprudelt. Abends meditieren Sie über Menschenkunde, und morgens quillt Ihnen heraus: Ja, mit dem Hans Müller musst du jetzt dies oder jenes machen – oder: Bei diesem Mädchen fehlt es an dem und dem und so weiter. Kurz, Sie wissen, was Sie für den speziellen Fall anwenden müssen.»[599] Wenige Tage vorher formuliert er ganz ähnlich, Pädagogik baue sich nicht «auf abstrakte Erziehungsgrundsätze» auf: «Wenn wir uns einlassen können als Lehrer auf dieses Wesen des werdenden Menschen, so sprosst uns aus der Erkenntnis dieses Wesens des werdenden Menschen schon auf, wie wir verfahren sollen. Wir müssen in dieser Beziehung als Lehrer zu Künstlern werden. So wie der Künstler ganz unmöglich ein Ästhetikbuch in die Hand nehmen kann, um nach den Grundsätzen des Ästhetikers zu malen oder zu bildhauern, so sollte der Lehrer ganz unmöglich eine von jenen pädagogischen Anleitungen gebrauchen, um zu unterrichten. Was der Lehrer aber braucht, ist ein wirkliches Einsehen desjenigen, was der Mensch denn eigentlich ist; was er wird, indem er sich durch die Kindheit hindurch entwickelt.»[600]

Die vorliegende Schrift versteht sich also nicht so, dass nach allgemeinen Erwägungen nun die Praxis beschrieben wird. Einerseits sind ohnehin in die bisherigen Kapitel eine Vielzahl konkreter Hinweise und Beispiele zur pädagogischen «Anwendung» eingeflossen, die hier nun vorausgesetzt werden müssen, andererseits bilden die geschichtlichen sowie die menschenkundlichen Darstellungen den Boden, der für die folgenden Ausführungen zum Unterricht eine unverzichtbare Grundlage schafft. Es geht in diesem Kapitel darum, aus den bisherigen Betrachtungen bestimmte Konsequenzen zu ziehen, diese noch genauer zu beschreiben und einzelne wesentliche Aspekte des Geschichtsunterrichts ausführlicher zur Anschauung zu bringen.

1. Die Architektur des Unterrichts

Man stelle sich vor, nach einer dramatischen, aufwühlenden Theaterauf-
führung öffnete sich plötzlich der Vorhang noch einmal und der Regisseur
träte heraus, um dem Publikum zu verkünden, dass man nun gemeinsam
das Stück interpretieren und nach der Intention des Autors fragen wolle.
Wie würde das Publikum wohl regieren?

Was hier völlig absurd anmutet, geschieht in den Schulen tagtäglich und
stündlich, und man kann eigentlich nur darüber staunen, dass die Schüler
nicht schon längst so reagieren, wie es das Theaterpublikum im Falle der
geschilderten Situation garantiert getan hätte. In der Pädagogik gelten
solche Situationen als Selbstverständlichkeit: Ein Erlebnis wird erzeugt,
und sofort erfolgt die begriffliche Auswertung, weil bereits nach ca. 35
Minuten die Ergebnisse gesichert werden müssen. Kaum ist ein Erlebnis
da, muss es erklärt, verstanden und festgehalten werden. Die Wirkung
liegt eigentlich auf der Hand, und dennoch nimmt bis heute kaum jemand Anstoß daran. In unserer kopfbetonten Zeit stellt jener Moment
der ersten spontanen, mit den ganzen Sinnen erlebten Begegnung mit dem
Gegenstand vielleicht das gefährdetste Glied des pädagogischen Prozesses
dar. Um ihm gerecht zu werden und seine eigentliche Bedeutung und
Wirkung entfalten zu können, muss seine Stellung im Unterrichtsganzen
verstanden und sein Verhältnis zu den anderen Phasen des Unterrichtsgeschehens bestimmt werden. Wir stoßen hier auf dessen Dreigliedrigkeit,
wie sie bereits im Kapitel über Schlafen und Wachen anfänglich charakterisiert wurde.

Das Geschehen, das der Schüler während der Nacht durchlebt, ist, wie
gesehen, sowohl für die Pädagogik als auch für den Umgang mit der Geschichte überhaupt von ausschlaggebender Bedeutung. Aus der Polarität von Tagesbewusstsein und Nachtbewusstsein sowie von Kopfmensch

und tätigem Willensmenschen bestimmt sich seine Entwicklung. Von ihrem Verhältnis hängt das Gelingen seiner Inkarnation ebenso ab wie das Wirksamwerden der geistigen Impulse im irdischen Schicksal der Menschheitsgeschichte. Der Unterricht hat die Aufgabe, die Grundlagen zu schaffen, dass sich dieses Verhältnis zu einem Atemrhythmus entwickeln kann, in dem Geist und physische Natur sich durchdringen, verbinden und Gesundheit entsteht. Die Pädagogik antwortet auf diese Anforderung mit jener Dreigliedrigkeit des Unterrichts. Nacht- und Tagseite des Menschen können nur zur Geltung kommen, wenn sie auch im Lernprozess des Schülers erkannt werden. Der Schüler muss zunächst die Möglichkeit erhalten, bevor er schon deuten, verstehen, erklären soll, sich mit seinem ganzen Wesen mit dem betrachteten Gegenstand zu verbinden. Der Unterricht schafft den einzigartigen Moment, in dem den Schüler für einen Augenblick ein neues, unbekanntes Stück Weltwirklichkeit berührt. Hier ist noch nicht die distanzierende, sich über das Erlebnis stellende Reflexion am Platze, sondern es geht darum, Aufmerksamkeit zu wecken, und diese ist Ausdruck der Willenstätigkeit. Der Schüler schließt sich hier aktiv mit der Welt zusammen, er ist für einen geheimnisvollen, intensiven Moment ein Teil von ihr bzw. die Welt wird ein Teil von seinem eigenen, ihr entgegengebrachten Schatz von Lebenserfahrungen. Insofern bezeichnet Rudolf Steiner – die traditionelle Logik auf den Kopf stellend – diesen ersten, begegnungshaften Augenblick des Lernprozesses als «Schluss» (im Sinne von «Anschließen», «Zusammenschließen» oder auch «Erschließen»),[601] während der «Begriff» die erst durch das Hindurchgehen durch die Nacht möglich gewordene reflektierende Erkenntnis meint, die jetzt nicht mehr zerstört, sondern produktiv wirkt. Dazwischen (und damit am Ende des Unterrichts) ereignet sich eine mittlere oder vermittelnde Phase, in der der Schüler nach dem ersten starken Wahrnehmungserlebnis (das ihn ein Stück weit ja überwältigt, weil er etwas in sich aufnimmt, was nicht er selbst ist) «ausatmen» kann; das heißt, er kann nun mit seiner Subjektivität antworten, indem er nachfragt, Meinungen formuliert, mit dem Lehrer einen bestimmten Aspekt

465

noch einmal anschaut und diskutiert oder den aufgenommenen Inhalt charakterisiert. Steiner nennt diesen Vorgang «Urteil».

«Schluss», «Urteil» und «Begriff» bezeichnen also keine additiven, nebeneinanderstehenden Unterrichtsmethoden, sondern sie stehen in Beziehung zu den verschiedenen Gliedern der menschlichen Organisation und bilden insofern in ihrer Abfolge einen ganzheitlichen, medizinisch-organischen Zusammenhang. Die Gliederung des Unterrichts entspricht mit diesem Zusammenhang der leiblichen Konstitution des Menschen, die sich in Nerven-Sinnes-System, rhythmisches System (mit Herz- und Lungensystem die fühlende Mitte, der Brustbereich des Menschen) und Stoffwechsel-Gliedmaßen-System gliedert. Seelisch findet sich diese Gliederung in Denken, Fühlen und Wollen wieder. Der Schüler bringt in den Unterricht seine Lebenserfahrung, seine in der Vergangenheit gebildeten und im Unbewussten fortwirkenden Prägungen mit, und der «Schluss» – ob in Form eines Experiments, einer Erzählung oder anderer Vorgänge – bringt diese Erfahrungen nun zusammen mit der Wahrnehmung der Welt, sodass sich der betreffende Gegenstand in die Lebenserfahrung des Schülers «hineinstellt». Che Guevara ist für den Schüler in diesem Begegnungsmoment kein isoliertes, zu pädagogischen Zwecken herausgegriffenes wissenschaftliches Problem, sondern seine Wahrnehmung «schließt sich an das vorherige Leben an».[602] Der Schüler bringt in seinem eigenen Willensleben die Grundlagen mit, durch die er sich mit der Welt zusammenschließen kann, d.h. durch die das ihm begegnende Neue ein Teil von ihm selbst werden kann. Subjekt und Gegenstand müssen nicht in Distanz zueinander verharren, ich kann etwas von Che Guevara in mir finden.

Obwohl der Schluss in der Chronologie des Erkenntnisvorganges am Anfang steht, bildet er im Unterrichtsablauf doch den zweiten, mittleren Teil, den eigentlichen Kern bzw. den «Quellort»[603] des Unterrichts. Die in ihm gewonnenen Erfahrungen steigen nun langsam im Organismus des Menschen in Richtung Kopf und damit Bewusstsein auf. Im Atmen und auch im Fühlen nehme ich einerseits die Außenwelt tief in mich auf, aber ich antworte in einem ersten Schritt schon auf sie: Ich atme aus. Im Brustbereich vollzieht sich ein ständiges, rhythmisch wechselndes Aufnehmen und Abgeben, sodass der Schüler in dieser Unterrichtsphase die Gelegenheit erhalten muss, sich ungehindert zwischen den Polen zu bewegen: zwischen Sympathie und Antipathie, Hinwendung und Abgrenzung, Zustimmung und Ablehnung. Wie eine Waage zwei Seiten ausbalanciert, werden Gesichtspunkte oder Beobachtungen verglichen, abgewogen und gewichtet. Wertungen werden vollzogen und wieder aufgelöst. Die Wahrnehmungen des «Schlusses» senken sich also in das Subjekt ein, sind aber immer noch ein Teil der unbekannten, nur spontan und halb bewusst zu fassenden Außenwelt. Oder andersherum: Im Urteil verbinde ich mich mit der Außenwelt, gebe mich aber nicht auf, sondern positioniere mich und erhalte mich in meiner Subjektivität.

Den «Begriff» bilden die Schüler erst am nächsten Tag, nachdem sie durch den Schlaf den Gegenstand ganz losgelassen haben. Dies wird nur verständlich vor dem Hintergrund der in den ersten Kapiteln dieser Schrift dargestellten Gesichtspunkte zum Wesen des Begriffes. Wenn man ihn im traditionell-nominalistischen Sinne als ein vom Intellekt konstruierten Gedanken versteht, der seine Realität nur im Vorstellungsleben des Subjekts hat, dann ist diese «Verzögerung» der Begriffsbildung unverständlich. Ganz anders stellt sich die Sache aber dar, wenn man den Begriff als eine zwar im Menschen sich aktualisierende, dessen Gedankentätigkeit aber führende und damit als Weltgesetzmäßigkeit existierende Realität erkennt. Jost Schieren fasst die Position Rudolf Steiners in den Satz zusammen: «Das Denken findet nicht im Kopf des Menschen, sondern in den Dingen statt.»[604] Wie eine Uhr nur existiert, weil ihr die Gedanken des Uhrmachers zugrunde liegen, so sind auch die anderen Inhalte der Welt nicht denkbar ohne die in ihnen liegenden ursächlichen Gedanken, derer wir in unserem Erkennen teilhaftig werden können.[605] Wie wir gesehen haben, kann auch der Konstruktivismus an dieser Tatsache nichts ändern. Indem der Schüler mit seinen Vorstellungen die ersten Erfahrungen wieder loslässt, kann sich sein Gedankenleben von den Bindungen an die noch vereinseitigten, gegenständlichen Wahrnehmungen freimachen und den ihnen zugrunde liegenden Ideen in der geistigen Welt begegnen. Der am Morgen gewonnene Begriff enthält damit Wirklichkeit und ist nicht doch nur eine Konstruktion. Jetzt ist der Lernvorgang ganz im Bewusstsein angekommen, nach dem Durchgang durch die menschliche Organisation ist er aber zugleich Lebensvorgang. Was als begriffliches Ergebnis sonst statisch-inhaltliches Wissen wäre, ist nun eine seelische Kraft, die immer wieder neu den Prozess hervorrufen kann, der die Einsicht in die Gesetzmäßigkeiten der Welt initiiert. Eine additive Aneinanderreihung von Darstellungs- und Ergebnisabschnitten wird zu einer der Natur des Menschen entsprechenden Einheit aufeinanderfolgender Tage.

Ablauf des Hauptunterrichts	1. Tag	2. Tag	3. Tag
Begriff		3.	3.
Schluss	1.	1.	1.
Urteil	2.	2.	2.

1.1 Die Erzählung

Dem «Schluss» als jenem besonders gefährdeten Augenblick von Pädagogik soll zunächst unsere Aufmerksamkeit gelten, zumal von ihm aus sich letztlich der ganze Unterricht entfaltet: Ein Begreifen kann nur dort stattfinden, wo ein Erlebnis war. Eine wertvolle Darstellung dieses Augenblickes findet sich in einem Aufsatz von Peter Guttenhöfer. Sie lässt dasjenige, was hier mit «Schluss» gemeint ist, sehr anschaulich werden: «Das, was wir, den Sturz der in langen Zeiten eingeübten Syllogistik in uns freudig erleidend, von nun an ‹Schluss› nennen werden, ohne dass dieser neu geborene Begriff von dem Schatten der alten ‹conclusio› befleckt werde – der Schluss steht in der Mitte des Hauptunterrichts. Etwas Neues aus dem Stoffgebiet der Epoche wird dargestellt, in unterschiedlichster Weise: ein physikalisches Experiment wird durchgeführt, eine historische Miniatur erzählt, eine botanische Zeichnung betrachtet, ein neuer Aufgabentyp aus der Trigonometrie wird vorgestellt oder ein literarischer Text gelesen usw. Der Lehrer ist tätig, die Schüler nehmen wahr, nehmen auf, schweigen, schreiben nicht mit und nichts auf, sind ganz Sinnesorgan. Jetzt herrscht reine Willenstätigkeit des Schülers, er ist dem Erscheinenden ausgesetzt vor allem Verstehen. Keine Frage wird gestattet. Die Welt stößt ihn an, er lässt sich berühren, wird selbst ganz ‹Welt› und nicht nur Zuschauer in der Welt, vergisst sich, ist ganz und gar ‹in› der Sache (interesse). […] Kann es einen solchen Moment in der Praxis der Schule wirklich geben? Ist nicht jede pädagogische Aktivität auf den diskursiven Symbolismus des wissenschaftsorientierten theoretischen Erkennens eingeschränkt und grenzt damit notgedrungen ‹das Leben› aus der Schule aus, wie tatsächlich fast alle Schüler der Welt, die älter als zwölf Jahre sind, empfinden? Das Konzept vom ‹Schluss› als dem Augenblick des ästhetischen Zustands (*Schiller* 1793/94, 20. und 21. Brief), in dem Welt und Mensch einander unverhüllt gegenüberstehen, bedeutet ja, dass gerade im Zentrum des Unterrichts ‹das Leben› den Schüler am innigsten berührt, viel stärker und reiner als im gewöhnlichen

Dasein. Dieses bietet sich überwiegend als für triviale Zwecke versimpelt und rational nutzbar gemacht oder durch Begehrlichkeiten aller Art entstellt dar und offenbart sich selten ungetrübt. Eigentlich geht der Alltagsmensch mit für den Sinn der Dinge umnebelten Sinnen seines Wegs, ja mehr noch, er kennt nicht einmal die Namen der Pflanzen, die vor seiner Haustüre wachsen. So wäre denn diese Mitte des Hauptunterrichts immer wieder ein besonderer ‹Raum›, in dem das Wesen eines Dings sich zeigen möge: die silbrig-glänzende Perle des geschmolzenen Zinns, eine Quittenblüte, die Erzählung von der Seeschlacht bei Salamis oder der plötzlich aufleuchtende Zusammenhang zwischen dem Pentagramm und dem goldenen Schnitt.»[606]

Die Physik und die Chemie haben das Experiment, die Biologie hat die vor Augen liegende Welt der Pflanzen, Tiere und Menschen, die Kunst die sinnlich unmittelbar erfahrbaren Materialien, Formen und Farben – die Geschichte ist aber gar nicht da, ihre Realität besteht aus Zeit und muss insofern, soll der Schüler ihr begegnen können, erst vom Lehrer aktuell hervorgebracht werden: Sie muss erzählt werden. Die Erzählung entspricht am unmittelbarsten der Natur des «Schlusses». Sie ist der Boden, aus dem alle Prozesse des Erinnerns und des Durchdringens von Geschichte erwachsen, und das wichtigste Organ, durch das sich Schüler und Lehrer im Erlebnis ihres Gegenstandes begegnen können (auch Objekte, Text- bzw. Bildquellen können unter bestimmten Bedingungen diese Aufgabe erfüllen, auf sie wird später noch eingegangen). Vor dem Hintergrund unserer Betrachtungen zu den medizinischen und psychologischen Auswirkungen des Geschichtsunterrichts sowie zu der Wirksamkeit bildschaffender Kräfte kann man dem Fazit Rolf Schörkens über die fundamentale pädagogische Bedeutung der Erzählung nur zustimmen: «Das Hauptproblem des Unterrichtens an allen Schulformen und in fast allen Altersstufen und Fächern bilden heute die Dauerunruhe und die Konzentrationsunwilligkeit oder gar -unfähigkeit. Hier liegt die Ursache dafür, dass das pädagogische Geschäft so unerfreulich und der Lehrerberuf so anstrengend geworden ist. Offenkundig ist bei dieser Verhaltensänderung ganzer Schülerpopulationen neben vielen anderen Faktoren auch eine Art Unterernährung der imaginativen Kräfte im Spiel. In einer unruhigen Schulklasse kann ein Lehrer, der gut erzählen kann, verblüffend rasch Ruhe und Aufmerksamkeit schaffen. Er braucht eigentlich nur anzufangen, und nach dem zweiten oder dritten Satz kann man eine Stecknadel fallen hören. Es ist, als ob die Schüler ausgedörrt danach seien, zuzuhören und [...] ihre eigene Vorstellungskraft spielen lassen zu können.»[607]

1.1.1 Die Genese der Geschichtserzählung im 20. Jahrhundert

Wenn hier der Erzählung eine solch zentrale Stellung im Geschichtsunterricht zuerkannt wird, so geschieht dies vor dem Hintergrund der didaktischen Diskussion der letzten Jahrzehnte. Die Erzählung war im Geschichtsunterricht lange ein verpöntes Instrumentarium. Insofern gilt es zu begründen, warum ihre Wertschätzung nicht Ausdruck einer Tradierung längst veralteter Methoden ist, sondern umgekehrt eine Bestätigung sehr aktueller Tendenzen, die seit einiger Zeit die Erzählung als die angemessene Form geschichtlicher Aneignung wiederentdecken.

In den 70er-Jahren war die Erzählung stark in Verruf geraten, als autoritäres Herrschaftsinstrument die Schüler zu unselbstständigen, indoktrinierten Menschen heranzuziehen.[608] Man kritisierte die Frontalsituation – einer redet und alle hören zu – sowie die Tatsache, dass der Lehrer durch die Erzählung den Schülern ein geschlossenes Geschichtsbild suggeriere, das in Wirklichkeit das Konstrukt seiner eigenen, persönlichen und politisch vorgefärbten Auffassung sei (hingewiesen wurde dabei z.B. auf die Überbetonung einzelner zu «Helden» stilisierter Personen, auf eine unerlaubte bruchlose Linearität der Ereignisse, die Fixierung auf eine einzelne, reduzierte Perspektive u.a.). Man kann diese Positionen aus der historischen Situation – den weltanschaulichen Folgen des '68er-Umbruches – erklären und relativieren, aber dennoch sind hier natürlich tatsächliche Probleme erkannt worden. Die Geschichtserzählung war in der ersten Jahrhunderthälfte und bis weit in die 60er-Jahre hinein nur zu oft in einem heute kaum mehr vorstellbaren Maße missbraucht worden für einen moralisierenden Gesinnungsunterricht, mit dem man immer auch nationalistische, religiöse oder ideologische Zwecke verband. Durch Mittel, die nicht wirklich aus der unbefangenen Betrachtung der Geschichte selbst kamen, wurde versucht, die Erzählung spannend und fesselnd zu machen und zu etwas zu nutzen, was in einem früheren Kapitel bereits als eine Verführung und Pervertierung des jugendlichen Enthusiasmusses beschrieben wurde und nicht mit wirklichem Idealismus verwechselt werden darf. So kam es bekanntlich gerade dem Geschichtsunterricht zu, Vaterlandsliebe und Kriegsbegeisterung zu wecken. Aber auch jenseits ideologischer Voreinstellungen haftete der Geschichtserzählung oft ein bestimmter Stil an, der mit einem gewissen Pathos ganz unhinterfragt eine naive Identifikation mit den Ereignissen voraussetzte bzw. stiften wollte (in allen älteren populären, volkspädagogischen Geschichtsbüchern ist das anzutreffen). Es haftet diesen Darstellungen ein Erzählduktus an, mit dem der Erzählende etwas «will», sodass aus ihnen eher seine eigene Subjektivität spricht als die Geschichte. Parallel dazu gab es natürlich die aus der Wissenschaft kommende, sich streng objektiv gebärende Darstellung reiner Fakten, die wiederum von einer anderen Seite her ihren Gegenstand verfehlte. Insofern war es konsequent, dass eines Tages die Geschichtserzählung einer grundlegenden Kritik unterworfen wurde.

Die Sackgasse, in die man mit den neuen Positionen in den 70er-Jahren hineingeriet, zeigte sich dann aber symptomatisch an den Erfahrungen mit einer programmatischen Schulbuchkonzeption, die auf die veränderten didaktischen Auffassungen antworten sollte. Heinz Dieter Schmid hatte 1974 mit der Reihe *Fragen an die Geschichte* ein Buch geschaffen, das fast vollständig auf erzählende Darstellungen verzichtete und stattdessen – und zwar auch schon für die 9. Klasse – eine Fülle von Text- und Bildquellen enthielt, an denen sich die Schüler in selbstständiger Arbeit ein Bild der betreffenden historischen Situation erstellen sollten. Dieses Modell gilt heute als gescheitert. Schon rein von der eigenen argumentativen Logik her ist dieser Ansatz in sich widersprüchlich: Auch eine solche Quellensammlung stellte bereits eine dezidierte Auswahl und damit wertende Entscheidung über Wichtig und Unwichtig dar und gab – unterstützt durch die Aufgaben- und Fragestellungen – eine Blickrichtung vor. Vor allem aber wurde deutlich, dass solch eine Reduzierung des Geschichtsunterrichts auf die Quellenarbeit eine völlige Überforderung der Schüler bedeutete. Quellen stellen für sich immer Ausschnitte dar, die ohne einen anschaulichen Zusammenhang und greifbaren Hintergrund sehr abstrakt bleiben und den Schüler desorientieren. Es werden von diesem bereits analytische und interpretatorische Operationen verlangt, die er ohne ein vorangegangenes, spontanes Einleben in das zu betrachtende Geschehen gar nicht leisten kann. Die Folgen sind quälende Langeweile, das Gefühl der Überforderung, fehlende Lust, sich zu engagieren – also gerade das Gegenteil von Selbstständigkeit. Aus vielen Schilderungen und eigenen Erfahrungen als Schüler (ich war genau in jenen Jahren Gymnasiast) kenne ich dieses Erlebnis, dass die Geschichte unter solchen Bedingungen zu einer grauen, unendlich weit vom Schüler weggerückten «Masse» wird. Man vergleiche die unmittelbare Erfahrung von gegenwärtigen Ereignissen mit dem Erlebnis an einem kopierten Quellentext, und man realisiert den ungeheuren Abstand zwischen geschichtlichem Leben und Quellenstudium. Mit diesen Methoden war sozusagen der Gipfelpunkt des intellektualistischen Pols der Pädagogik erreicht.

Seit den 80er-Jahren setzte schließlich eine Wiederentdeckung der Erzählung ein, schon ablesbar an der Entwicklung der Schulbücher, die zuletzt zunehmend den Eigenwert des Narrativen erkannten, sodass schließlich mit der Reihe *Historia* (Schöningh) sogar ein Buch erschien, das jedes Kapitel zunächst mit einer sehr anschaulichen, oft persönlichen Erzählung begann. Die konkreten pädagogischen Erfahrungen, aber auch die Entwicklung in der Geschichtstheorie brachten hier ein entscheidendes Umdenken.[609] Mit den Arbeiten von Hayden White, Jörn Rüsen oder Joachim Rohlfes rückte philosophisch, historisch und pädagogisch zunehmend die Tatsache ins Blickfeld, dass die Erzählung nicht bloß als

ein Nebenschauplatz der Geschichtserkenntnis im Sinne einer reinen
Darstellungsfrage angesehen werden kann, sondern dass sich das Bewusstsein von Geschichte überhaupt in der Form der Erzählung realisiert.
So bezeichnet Jörn Rüsen das Erzählen als den «für das menschliche Geschichtsbewusstsein maßgeblichen geistigen Vorgang». Erst durch Erzählen konstituiere sich «menschliches Bewusstsein als Geschichtsbewusstsein und zugleich Geschichte als Inhalt dieses Bewusstseins. [...] Erzählen
ist eine lebensnotwendige kulturelle Leistung, es ist eine elementare und
allgemeine Sprachhandlung, durch die Zeiterfahrungen gedeutet, d.h. auf
oberste Gesichtspunkte der bewussten Organisation der menschlichen
Lebenspraxis bezogen werden.»[610] Schon Homer oder auch die ersten
«eigentlichen» Historiker wie Herodot und Thukydides hatten erzählt,
und in allen frühen Kulturen stellt das Erzählen die eigentliche Form
des Erinnerns dar. Ein maßgebliches Kriterium des Geschichtlichen sind
(in der Regel einmalige) Handlungen, Entscheidungen, Personen – und
eben nicht nur Strukturen. Es ist sehr bemerkenswert, wie der ursprünglich dem Annales-Kreis verpflichtete Historiker Emanuel Le Roy Ladurie
diese Erfahrung anhand seiner eigenen Arbeit beschreibt: «Mich interessierten vor allem die großen Variablen, die möglicherweise dauerhafte
Wandlungen und jahrhundertelange Bewegungen verursachen konnten
[...] Und hinter diesen [...] abstrakten, aber keineswegs starren Kategorien erblickte ich am Ziel eines langen Marsches die Menschen selbst, die
Bauern des Languedoc und ihre Gesellschaftsgruppen. Begonnen hatte
ich zu Anfang damit, Hektare und Grundbucheinheiten zusammenzu-
zählen; am Ende meiner Suche gelangte ich dahin, lebendige Menschen
handeln, kämpfen und denken zu sehen.»[611] Menschliche Handlungen
– und vor allem die in ihnen wirkende Realität des *Zeitlichen* – konstitu-
ieren auch die Erzählung. Sie kann also nicht als geschichtsverfälschen-
des Manipulationsorgan, sondern umgekehrt als die der Wirklichkeit des
Geschichtlichen angemessene Aneignungsform gelten.

Aus einem ganz neuen methodologischen Bewusstsein heraus ist man
also wieder auf die Erzählung zurückgekommen, und auf seiner Grund-

lage gilt es zu beschreiben, welche Aufgaben einer Geschichtserzählung zukommen und wie sie aussehen könnte. Das über ein Jahrhundert sich regelmäßig wiederholende Ausschwingen des Pendels von dem einen erzähltheoretischen Pol zum anderen, in dem sich rationale Reflexion auf der einen Seite und Forderung nach handlungs- und menschengemäßer Lebendigkeit auf der anderen wechselseitig kritisiert und abgelöst haben, erfährt mit den menschenkundlichen Begriffen Rudolf Steiners seine historische Begründung: Die Geschichte der Geschichtserzählung ist selbst ein deutlicher Ausdruck der Polarität von Denken und Empfinden bzw. Handeln, Kopf- und Willenspol des Menschen, wie wir sie oben beschrieben haben. Damit zeigt sich aber auch, dass mit Steiners Ansatz der Unterricht nicht wieder «zurückfällt» in ein vormodernes Erzählverständnis, sondern dass die Erzählung hier vielmehr ihrer eigentlichen Möglichkeit und Bestimmung zugeführt wird.

Wir haben gesehen, dass es in der Geschichte keine allgemeinen Gesetze geben kann. Das menschliche Individuum verwirklicht sich, indem es in die Zeitlichkeit tritt und sich entwickelt. Dieser in der Zeit sich vollziehende Prozess von Wachstum, Krise, Veränderung (man denke an die Dynamik einer Revolution), Brüchen, Wandel und dem Bleibenden im Wandel kann nur in der Erzählung erfasst und vom Schüler erfahren werden. Sie kann anschauliche, individuelle Lebensrealitäten vermitteln statt abstrakte Allgemeinbegriffe, weil sie immer einen sinnlich-individuellen Inhalt hat (z.B. nie von «dem» mittelalterlichen Menschen, sondern von bestimmten Persönlichkeiten in einer ganz konkreten Lebenssituation sprechen kann). Die Erzählung ermöglicht also erst die lebensvolle Begegnung des Schülers mit dem Puls der Geschichte, sie «erscheint» für ihn. Soll die Erzählung diese Aufgabe erfüllen, darf sie selber nicht schon begrifflich verallgemeinernde Elemente beinhalten, denn sonst fällt der Schüler aus der geschichtlichen Realitätserfahrung heraus, und die Begegnung wird abgetötet. Dies bedeutet, dass der Lehrer keine vorweggenommenen Oberbegriffe einschiebt («um uns die Reformation deutlich zu machen, schauen wir uns einmal die Biografie Martin Luthers an»), die z.B. die dargestellte Persönlichkeit zum bloßen Exempel für einen «eigentlichen» Gegenstand reduzieren würde, oder Methodenreflexionen vorschaltet («da gibt's natürlich auch ganz verschiedene Auffassungsweisen, aber jetzt hören wir mal ...»); dass er nicht Definitionen an den Anfang stellt, die dann erst mit Anschaulichkeit «angereichert» werden (zuerst wird geklärt, was Imperialismus ist, dann wird die Kolonisation Afrikas besprochen); dass er sich streng eigener Kommentare enthält («Stalin war so unmenschlich, dass ...») – die Inhalte sollen für sich sprechen und nicht schon wieder durch Kategorisierungen zurückgestaut werden. Ist man erst einmal auf die eigenen unbewussten begrifflichen «Einmischungen» aufmerksam geworden, bemerkt man, wie viele Möglichkeiten einer solchen begrifflichen Herablähmung es gibt und welcher bewussten Anstrengung es von Seiten des Lehrers bedarf, sie aus der Erzählung herauszuhalten und den Inhalt zu einem wirklichen Erfahrungsgegenstand zu machen. Um mit den Schülern im besten Sinne den Weg von der Anschauung zum Begriff und nicht andersherum zu gehen, müssen wir selber uns erst unserer wissenschaftlichen Intellektualisierung bewusst werden und in einem regelrecht künstlerischen Übungsprozess die Fähigkeit aneignen, eine Erscheinung sinnlich real werden zu lassen. Durch die Verwissenschaftlichung des modernen Bewusstseins ist uns das Erzählen fast abhanden gekommen – für den Lehrer müsste es heute zum Grundbestandteil seiner Ausbildung gehören.

Die Aufwertung der Geschichtserzählung verarbeitete die Kritik der 70er-Jahre gleichzeitig aber auch dahingehend, dass der Gesinnungsunterricht, der die Schüler zu unreflektierter, naiver Begeisterung mitreißen und damit bestimmte suggestive Zwecke verfolgen wollte, überwunden wurde. Es ist deutlich, dass die Erzählung nicht bei dem bloßen Erleben stehen bleiben darf, sondern durch Reflexion, Auswertung, eigenständiges Urteilen (z.B. durch den Blick aus einer anderen Perspektive) ergänzt werden muss. Die Problematik des begrifflichen Pols des Unterrichts kann nicht zu einem Zurück in alte Formen der Suggestion führen. Diese Forderung nach einem reflektierenden Teil des Unterrichts wie auch umge-

476

kehrt nach dem beschriebenen Vorgang des willentlichen Zurückhaltens des Begrifflichen in der Erzählung bestätigen auch hier wiederum unmittelbar die Notwendigkeit des «Epochenunterrichts». Die geschilderte Dreigliedrigkeit ermöglicht das Zurückstellen des begrifflichen Anteils sowie dessen volle Würdigung gleichermaßen in einer Weise, wie sie sonst nur schwerlich möglich ist. Wenn ich als Lehrer weiß, dass ich direkt am nächsten Tag wieder auf meine Erzählung zu sprechen kommen kann, muss ich mich nicht mehr gezwungen fühlen, noch in dieser Stunde alle Erlebnisse in einen Begriff zu pressen. Außerdem kann ich mit viel größerer Konsequenz und Sachgemäßheit eine wirkliche Erzählung ausarbeiten, als wenn ich noch in denselben 45 Minuten, in denen ich erzähle, bereits reflektieren und urteilen muss, weil erst einige Tage später – und auch wieder nur für 45 Minuten – an das Dargestellte angeknüpft werden kann. Die Erzählung erfährt eine bedeutende, endlich ihre Möglichkeiten realisierende Aufwertung, ebenso aber die Auswertung: Am nächsten Morgen kann man dieselbe Situation aus einer anderen Perspektive anschauen, diskutieren über die behandelte Person und insofern unter Umständen die gestrige Position korrigieren, man kann werten oder einen Begriff finden für die betrachteten Phänomene. Der Suggestionsverdacht ist hinfällig, die Schüler sind im Gegenteil ausführlich dazu angeregt worden, selbstständige Urteile zu entwickeln.

Die hier an der Erzählung aufgezeigte Entwicklung der Geschichtsdidaktik im 20. Jahrhundert mit ihrem Pendelschlag zwischen Erlebnis und Reflexion bestätigt die menschenkundlichen Darstellungen Rudolf Steiners. Sie zeigt, dass der Unterricht beiden Polen des Menschen gerecht werden und sich in diesem Sinne den «Lebensbedingungen» (so Steiner) anpassen muss.[612] So kommt es der Erzählung zu, den «ganzen Menschen» anzusprechen,[613] also eben nicht nur den Kopf – sondern vor allem den Willensmenschen. Was heißt dies über die angesprochenen Merkmale hinaus konkret? Nicht um sich bloße Techniken anzueignen, sondern um eine innere Sensibilität für die Qualitäten des Erzählens zu gewinnen, ist es hilfreich, auf bestimmte Aspekte bewusst zu achten.

477

1.1.2 Die Quelle des Erzählens

Jeder elementare Erzählvorgang ist Ausdruck des Bedürfnisses, einem anderen Menschen mitzuteilen, was einen innerlich bewegt – ob die Kinder am Mittagstisch von der Schule berichten, der Freund vom Kinofilm gestern Abend oder die Kollegin von ihrer letzten Reise. Man spricht, weil man von dem Gegenstand oder Erlebnis erfüllt ist, zugleich aber auch, weil dort ein anderer Mensch ist, der einem zuhört. Würde ich mich gleichzeitig an Kommunikationstechniken orientieren, müsste mein Bericht sofort an Spontaneität und Lebendigkeit verlieren und bekäme etwas Künstliches, weil er nicht mehr der Sache und mir selber – also der realen Lebenssituation – entspringen würde. Dies gilt auch für die Erzählung im Unterricht: Sobald der Lehrer an bestimmte didaktische Strategien denkt, während er erzählt, an methodische Kriterien oder auch an inhaltliche Vorgaben, die lehrplanmäßig erfüllt werden müssen, ist jenes der Lebenswirklichkeit entspringende Erzählen gestört. Das zwischen den Anwesenden sich ereignende Geschehen wird zu einer Konstruktion, und die Schüler spüren es mehr oder weniger bewusst, dass sie sich in einer Scheinsituation befinden und das Leben woanders stattfindet.

Wirkliches Erzählen speist sich aus zwei Quellen: der Aufmerksamkeit des Zuhörers und dem Erlebnis des Erzählenden. Der Lehrer muss eine Erfahrung gemacht haben, die sich mitzuteilen lohnt und die nicht durch indirekte, stellvertretende Medien vermittelt werden kann. Ebenso prägen aber auch der Blick, die Haltung, die Mimik, das ganze Wesen des Schülers die Art, wie er im Augenblick spricht. Für das Sprechen ist es nicht gleichgültig, wer angesprochen wird: Mit meinem Freund spreche ich ganz anders als mit einem Fremden; bis in die Intonation unterscheidet sich eine Unterhaltung mit einem siebenjährigen Mädchen von der mit einem fünfzehnjährigen; mitten in Schwarzafrika stocken die Worte, die man gerade über die wirtschaftlichen Probleme in Deutschland aussprechen wollte und die einem dort so leicht über die Lippen kamen. Das Wesen des Gegenübers ist bis in seine Art des Zuhörens hinein Mitgestalter meiner Worte. Es kann dem Lehrer also weniger um abstrakte Regeln des Formulierens gehen als um eine Wahrnehmung der Individualität und der spezifischen menschenkundlichen Situation dieses Gegenübers. Von hier aus wird er bestimmte sprachliche Konsequenzen bemerken und verinnerlichen. Man vergisst im Unterrichtsgeschehen sehr leicht, dass es hier um ein *dialogisches* Ereignis geht – zu oft definiert sich der Lehrer doch als der Wissende, der seiner beruflichen Pflicht nachkommt, die Schüler zu belehren. Dialog misslingt sehr oft, weil zu wenig der andere Mensch wahrgenommen wurde. Das kann verschiedene Gründe haben. Der erzählende Lehrer kann zu sehr gefangen sein in seinen didaktischen Konzepten bzw. in den Anforderungen seines Faktenwissens, oder er ist so begeistert von seinem Stoff und hört sich selbst so gern reden, dass er den konkreten Schüler und damit die reale Dialogsituation vergisst. Das heißt aber, dass der Lehrer während des Erzählens eigentlich ständig wahrnehmen muss. Dies geht nur, wenn er einerseits eine regelrecht habitualisierte, nicht planbare Aufmerksamkeit für den Schüler entwickelt haben muss – dies geschieht durch eine intensive, ernsthaft interessierte Beschäftigung mit den Schülern bereits vor dem Unterricht, ob über Tage bzw. längere Zeit hinweg oder in einem Moment bewusster Besinnung abends zuvor bzw. am Morgen. Andererseits muss er seinen «Stoff» so verinnerlicht haben, dass er für ihn nicht mehr eine außerhalb seiner selbst existierende Realität ist, die es es «aufzusagen» gilt, sondern ein Bestandteil seines eigenen Lebens, der nach Mitteilung drängt. Solch eine Verinnerlichung gelingt nur, wenn der Lehrer die beschriebenen inneren Merkmale des Erzählvorganges in sich selbst entdeckt und nicht als äußere «Strategien» (z.B. im Sinne rhetorischer «Taktiken») handwerklich anlernt. Schülerwahrnehmung und stoffliche Verinnerlichung müssen über die Nächte ineinander verschmelzen, um im konkreten Unterrichtsmoment dann zu dem oben beschrieben «Instinkt» des Lehrers zu werden.

Dem Erzählen liegt ein Impuls zugrunde, der sich nicht äußerlich herbeiführen lässt. Man könnte hier natürlich einwenden, dass der Anlass zum Erzählen im Geschichtsunterricht doch durch die ganz handgreifliche Notwendigkeit vorgegeben ist, dass dem Schüler jeden Tag eine ganz bestimmte Menge des historischen Stoffes beigebracht werden muss. So berechtigt dieser Einwand ist, so wenig trifft er zugleich den eigentlichen Sachverhalt. Tatsächlich ist es nicht die private Angelegenheit des Lehrers, wann er sich gerade zum Erzählen gedrängt fühlt und wann ihm die nötigen Inspirationen kommen, die seine Darstellungen ermöglichen. Er muss sich Tag für Tag vor die Schüler stellen und dann auch etwas mitzuteilen haben. Dies ändert zugleich aber nichts an der Tatsache, dass die Erzählung anders ausfallen wird, je nachdem, ob er sich nur von dieser äußeren Notwendigkeit motivieren lässt oder ob er jedes Mal aufs Neue vor die Klasse tritt, weil er aus sich heraus etwas mitzuteilen hat. Es stellt sich also die Frage, wie sich der Lehrer für die Inhalte der Geschichte so empfänglich macht, dass aus ihrem Erlebnis selbst und dem Bezug zu den Schülern der reale Drang entsteht, sie mitzuteilen.

Man kann diesen Vorgang durchaus mit einem künstlerischen Prozess vergleichen. Kein wirklicher Dichter hat je ein Werk verfasst, indem er ein Regelwerk des Dichtens benutzt hat. Zwar erfindet ein Historiker seine Darstellungsinhalte nicht, aber auch er gelangt nur zu den richtigen Worten, zu dem richtigen Ton, wenn er sie aus unmittelbarer Betroffenheit, aus der Empfängnis eigenster innerer Einsichten hervorgehen lässt – und damit stoßen wir wieder auf jenen geheimnisvollen Moment des Dranges zum Wort, der sich in seiner schöpferischen Qualität nicht durch äußere Mittel erzeugen lässt. Der Dichter kann nur schreiben, wenn er von einer genuinen Inspiration erfüllt ist, und dasselbe gilt für den erzählenden Lehrer. Zitieren wir noch einmal Theodor Mommsen: «Der Schlag aber, der tausend Verbindungen schlägt, der Blick in die Individualität der Menschen und der Völker spotten in ihrer hohen Genialität allen Lehrens und Lernens. Der Geschichtsschreiber gehört vielleicht mehr zu den Künstlern als zu den Gelehrten.»[614]

Der Lehrer gelangt zu jener unmittelbaren Betroffenheit, die ihn zum Erzählen drängt, nur, wenn die von ihm dargestellten Inhalte einer eigenen Erkenntnis entspringen. In dieser Erkenntnis liegt – neben der Begegnung mit dem Schüler – die eigentliche Quelle des Erzählens. Damit erweist sich aber als unverzichtbare Voraussetzung für das Erzählen die Symptomatologie, denn in ihr kommt es zu einer wirklichen Erfahrung der geschichtlichen Wirklichkeit und zu einer Erkenntnis, in der das Seelenleben des Historikers nicht mehr vom Betrachtungsgegenstand getrennt ist. Durch sie gelangt er zu jenen Erlebnissen, die ihn so betreffen, dass er sie lebendig an die Schüler vermitteln will und kann. Ein Lehrer, der keine eigene Anschauung von seinen Darstellungsinhalten hat, sondern sie selber als wissenschaftlich autorisierte Wahrheiten aus den Büchern übernehmen muss, wird letztlich nicht erzählen können, so gekonnt und unter Umständen sogar mitreißend er auch alle rhetorischen Mittel beherrscht.

Vor diesem zentralen Sachverhalt der Bedeutung der Erkenntnis für das Erzählen bleibt selbst solch eine wichtige Arbeit wie die Schrift von Rolf Schörken über die *Historische Imagination und Geschichtsdidaktik* stehen. Obwohl Schörken so engagiert und überzeugend der Erzählung das Wort redet, weicht er vor den eigentlichen Konsequenzen seiner Argumentation dann doch zurück. Wenn man die Erzählung endlich aus dem Widerspruch zwischen Suggestion und objektiver Tatsachenfeststellung befreien und ihr eine wesentliche Aufgabe jenseits einer bloß rhetorischen «Verpackung» eigentlich «harter», «realer» Fakten zuschreiben möchte, so geht dies, wie gezeigt wurde, nur, indem erkannt wird, dass die Struktur der Erzählung die Wirklichkeit der Geschichte selber ist und nicht nur Produkt einer rein didaktischen Darstellungsnotwendigkeit. Erzählen ist keine bloße Darstellungsfrage, sondern in ihm wird Geschichte erst wirklich. Dies setzt allerdings voraus, dass ich tatsächlich auch den Anspruch habe, das Erzählen aus einer realen Erkenntnis der Geschichte hervorgehen zu lassen. Hier stößt man nun aber auch bei Schörken auf das klassische «Ignorabimus», jenes erkenntnisfatalistische «Wir werden nicht wissen» des 19. Jahrhunderts. So schreibt er: «Auch ein kritischer Geschichtsunterricht hat keineswegs die Fähigkeit [...], unmittelbar zur Geschichte selbst vorzustoßen.

481

Diese Fähigkeit gibt es nicht und nirgendwo. Auch Rekonstruktion ist Konstruktion».[615] Und etwas später: «Historische Erzählungen erwecken, auch wenn sie dies nicht beabsichtigen, im Schüler leicht die illusionäre Erkenntnis, so und nicht anders sei es gewesen. Die historische Wirklichkeit erscheint dann als etwas, das identisch mit dem Erzählten ist.»[616] Genau hieraus leitet sich aber doch die Berechtigung des Erzählens ab! Wenn vorausgesetzt wird, dass die Geschichte selbst in ihrer Realität nie zu erfassen und Erkenntnis letztlich nur Konstruktion (und damit gerade nicht Erkenntnis) ist, muss die Erzählung zwangsläufig zur Fiktion oder wieder zu einem didaktischen Scheingebilde werden. Mag der Lehrer noch so gut erzählen und der Unterricht sich noch so sehr von der trocken-langweiligen Faktenhuberei unterscheiden – der Schüler wird letztlich empfinden: Das ist nicht die Realität, das hat mit meinem Leben nichts zu tun. Wenn der Erkenntnis nicht die Erfassung von Wirklichkeit zugetraut wird, bekommt die Sprache ein merkwürdiges, abgehobenes Eigenleben. So schreibt auch Schörken bezeichnenderweise der Erzählung dann Leistungen zu, die eigentlich der Erkenntnis zugerechnet werden müssten. Die Geschichte sei nur «ein unübersichtliches dynamisches Kräftespiel ohne Anfang und Schluss». Anstatt daraus die notwendige Konsequenz zu ziehen und die Erkenntnis sowie Vermittlung historischer Zusammenhänge aufzugeben, wird nun nach der Erzählung gegriffen: Durch eine eigentlich in der Geschichte nicht auffindbare plot-Struktur würde es die Erzählung ermöglichen, «die unermessliche Komplexität der Geschichte zu bewältigen. [...] Ohne vereinfachende Muster würde das Geflecht der Handlungsstränge zum Labyrinth.»[617] Was nur durch einen symptomatologischen Erkenntnisprozess geschehen kann – in einzelnen, wenigen Sachverhalten einen das Labyrinth ordnenden Zusammenhang (und nicht Muster) zu erfassen –, soll hier durch die Erzählung «konstruiert» werden.

Was hier vielleicht theoretisch klingen mag, hat in der Praxis die konkretesten Auswirkungen. Es geschieht sehr schnell, dass die erzählende Darstellung dem Lehrer zu einer «Verpackung» wird, sei es, weil er das

Formulieren so liebt und nicht merkt, wie sich das Sprachliche von der Sache trennt und verselbstständigt, sei es, weil die Sache für ihn etwas Abgelöstes, Fertiges bzw. Unerreichbares und Vergebliches ist. Die Worte des Lehrers, ihr Ton und ihre Stimmung werden vom Schüler als etwas Unwirkliches erlebt, etwas, was Problem des Lehrers ist, aber nicht die Realität. Damit entsteht ein gewisser Überdruss, sich dies immer wieder anhören zu müssen. Andersherum kann auch eine äußerliche «Fesselung» eintreten, die den Schüler bannt, letztlich aber nur an der Oberfläche berührt und in seinen tieferen Wesensschichten eine problematische Leere hinterlässt, weil er nicht der wirklichen Welt begegnet ist, sondern ein flüchtiges Unterhaltungserlebnis genossen hat.

Es wird zunehmend eine fatale Schere auf die Geschichtspädagogik zukommen, eine Polarisierung von verdrießlicher Lebensferne und Spaß. Geschichtsdarstellung wird zu einer Domäne der Unterhaltungsindustrie werden, während gleichzeitig ein Trupp von antikonstruktivistischen «Objektivisten» an Ranke festhalten, Empirie einfordern und die Menschheit langweilen wird. Man wird sich zunehmend zu entscheiden haben zwischen Film und Quellenarbeit, 3D-Simulation und abstrakten Vorstellungshülsen, Outdoor-Events und Staub, und die eigentlich ästhetische Aufgabe der Geschichtserzählung, Erkenntnis und Erlebnis miteinander zu versöhnen und zu einer realen *Erfahrung* historischer *Wirklichkeit* zu vermitteln, wird sehr leicht übersehen werden.

Die praktischen Konsequenzen dieser Thematik zeigen sich nicht nur in den spektakuläreren Phänomenen wie der Rolle bestimmter Medien – schon zu meiner Schulzeit begann die Gepflogenheit vieler Lehrer, über die gesamte Unterrichtsstunde hinweg Filme zu zeigen –, sie werden von Rudolf Steiner auch an scheinbar nebensächlichen Details verdeutlicht. Nach bestimmten Erfahrungen beim Hospitieren in der Stuttgarter Waldorfschule weist er die Kollegen darauf hin, es gehe eigentlich nicht an, dass der Geschichtslehrer seine Darstellungen von einem fertigen Konzept ablese: «Keine Unterrichtsstunde sollte erteilt werden, die nicht vorher vom Lehrer im Geiste voll erlebt worden ist. [...] Etwas Schreckliches ist es, Lehrer, die noch zu kämpfen haben mit dem Lehrstoff, mit einem Buche vor den Bänken der Schüler herumgehen zu sehen! Wer das furchtbar Unpädagogische dieser Sache nicht empfindet, der weiß eben nicht, was alles unbewusst in den Kinderseelen vor sich geht, und wie dieses Unbewusste eine ungeheure Rolle spielt. Geschichte mit einem Notizbuch in der Schule vorzubringen, das ruft, nicht im Oberbewusstsein, aber im Unterbewusstsein, bei den Kindern ein ganz bestimmtes Urteil hervor. Das ist ein intellektualistisches Urteil, ein Urteil, das auch nicht bewusst wird, aber das in dem Organismus des Menschen tief drinnen sitzt: ‹Warum sollte denn ich das alles wissen? Der weiß es doch auch nicht, oder die weiß es doch auch nicht, die muss es erst ablesen; das kann ich ja später einmal auch tun, ich brauche es nicht erst zu lernen.› Das ist nicht ein in der Form dem Kinde zum Bewusstsein kommendes Urteil, aber die anderen Urteile sind viel wichtiger, die unbewusst im Gemüt und Gefühl drunten sitzen. [...] Gerade beim geschichtlichen Unterricht ist es notwendig, dass er [...] aus dem Menschen unmittelbar hervorquillt, dass nichts Abstraktes wirkt, sondern der Lehrer als Mensch wirke.»[618]

Die erkenntnismäßige Verbindung des Erzählenden mit der Geschichte hat eine bedeutende Auswirkung: Sein Gefühlsleben ist an der Darstellung beteiligt. Indem die imaginative Erkenntnis die Trennung von Subjekt und betrachtetem Gegenstand aufhebt, sind die gedanklichen Einsichten immer mit lebendigen Gefühlen, mit dem Herzen verbunden. Gerade diese gefühlsmäßigen Nuancen, die in der Erzählung mitschwingen, sind von größter Wichtigkeit. Sie sind es, die den Schüler empfänglich für die geschichtliche Vergangenheit machen. Es wurde bereits der Zusammenhang von Erinnerung und Gefühlsleben dargestellt. Oft ist der Ausgangspunkt für die Möglichkeit des Erinnerns, dass zunächst ein bestimmter Gefühlseindruck entsteht, der schließlich die Vergangenheit wachruft. Das Gefühlsleben schließt die Vergangenheit auf und führt den Schüler zur Geschichte. Rolf Schörken verkennt diese Tatsache, wenn er vom Historiker fordert, «möglichst von seinen Gefühlen abzusehen»[619] – er muss sie nur klären und selber zu einem Erkenntnisorgan machen. Andererseits knüpft Schörken bei seinem Versuch, die Bedeutung der Geschichtserzählung zu begründen, bemerkenswerterweise an die Erkenntnisse der Rezeptionsästhetik an, die maßgeblich von dem Literaturwissenschaftler Roman Ingarden, einem Schüler Husserls, impulsiert ist. Wolfgang Iser hat in seiner Untersuchung *Der Akt des Lesens. Theorie ästhetischer Wirkung*[620] darauf aufmerksam gemacht, dass wesentliche Prozesse bei der Aufnahme des Erzählten unterhalb der Bewusstseinsschwelle ablaufen. Schörken referiert diese Beobachtungen: «Im Akte der lesenden (oder hörenden) Rezeption verwandeln wir eine Fülle von optischen oder akustischen Signalen in lebendige Gestalten, sinnhafte Gebilde, in Handlungsräume und Wirklichkeiten, in die wir eintreten und an denen wir in bestimmter Weise teilnehmen.»[621] Diese Verwandlungen werden nicht vom Verstand willentlich erzeugt, sondern vollziehen sich in einem Bereich, der sich der gewöhnlichen Beobachtung entzieht. Im Gegenteil: Besonders dort, wo äußere, voll bewusste Vorstellungsinhalte ausbleiben, entfaltet sich diese Tätigkeit am lebendigsten. Roman Ingarden hat in seinem epochalen Werk *Das literarische Kunstwerk* 1931 ausführlich dargelegt, wie es gerade die Lücken, die «Unbestimmtheits-» bzw. Leerstellen in einem Text sind, welche die Imaginationskraft des Rezipienten besonders stark aktivieren. Es sind also die Räume *zwischen* den Inhalten, die für die wesentlichen inneren Prozesse im Zuhörer mitverantwortlich sind.

Erinnern wir uns nun an unsere Beobachtungen zur Realität der Geschichte. Wir träumen Geschichte, ihre Inhalte steigen in unser Bewusstsein hoch aus einer Schicht des Unbewussten, die wir mit unserem Verstand nicht beherrschen. Rudolf Steiner hat deutlich gemacht, dass dies in unserem Seelenleben genau der Region des Fühlens entspricht. Die Gefühle lassen sich zwar beobachten, ihre Herkunft, die Vorgänge, aus denen sie entstehen, liegen aber unterhalb der Schwelle unseres Bewusstseins. Fühlen und das Aufbauen von geschichtlichen Vorstellungsbildern während der Erzählung stammen aus der gleichen Quelle. So liegt das Entscheidende bei der Erzählung in den Gefühlsnuancen, die in und zwischen den Worten des Lehrers anklingen, sie sind die Hefe, die beim Schüler die Bilder der Geschichte aufsteigen lassen. Das heißt aber auch, dass diese Bilder sich nicht nur aus unseren Darstellungsinhalten speisen, sondern dass an diesen aus viel tieferen Schichten Erfahrungen aufgerufen werden, welche sie erst auffüllen. Was der Schüler sieht, entstammt nicht nur der Fantasie des Lehrers, sondern auch den im Unbewussten lebenden Erfahrungshintergründen des Schülers. Wir haben gesehen, dass im Unbewussten unsere karmischen Erfahrungen weiterleben, ebenso die Erlebnisse aus der Nacht. Wenn dem Lehrer es wirklich gelingt, durch seine gefühlsmäßige Beteiligung das Fühlen seiner Schüler zu erreichen, bringen diese unbewusst aus diesen Erfahrungen – in Synthese mit den äußeren Anstößen – ihre Wahrnehmungen, und das heißt nichts anderes als ihre Erinnerungen, hervor.

Wenn ich also darangehe, durch mein Erzählen den Schüler zu einer Begegnung mit der Geschichte zu führen, muss ich berücksichtigen, dass dieser seine Wahrnehmungen beim Zuhören aus viel tieferen Untergründen aufbaut, als ich vermute, wenn ich diesen Vorgang als bloße Übermittlung identischer, fertiger Informationen «von Kopf zu Kopf» auffasse. Er hört ja nur meine augenblicklichen Worte, sieht den Klassenraum und die Menschen darin, soll aber Landschaften sehen, die er noch nicht kennt, Persönlichkeiten, die längst verstorben sind, Häuser, Tempel usw. Alles hängt also davon ab, dass die Art meiner Darstellung in dem Schüler Prozesse auslöst, die ihn aus den tieferen Schichten seiner *Fantasie* heraus so produktiv werden lässt, dass es – jetzt im erweiterten Sinne – zum Erinnern kommt und die Vorstellungsbilder von innen her mit den äußeren Sinnesgegebenheiten zusammen aufgebaut werden. Steiner hatte ja immer wieder betont, dass der Erinnerungsvorgang genauso stattfindet: Es werden keine fertig abgespeicherten Bilder abgerufen, sondern durch innere Tätigkeit wird die Erinnerung neu erzeugt. Vergegenwärtigen wir uns noch einmal das von Rolf Schörken mit seinen Studenten zusammen durchgeführte Experiment: Die inhaltliche Detailfülle bei Herodot verhinderte geradezu ein Bild von der Schlacht bei den Thermopylen!

Die visuell-inhaltliche Quantität der Erzählmotive drängt jene produktive, bildschaffende Fantasiekraft regelrecht zurück, es ist vielmehr das knappe, also mit der Lücke arbeitende «Modellieren», das zugleich aber «stramm», d.h. «mit charakteristischen, starken Linien ganz plastisch» die Bilder ausarbeitet, das die wirklichen historischen Vorstellungen heraufruft. Plastizität, Kontur – das sind die Eigenschaften einer Erzählung, die Realität erzeugen. Um diesen Sachverhalt noch einmal verständlich machen zu können, sei hier ein – allerdings visuelles – Beispiel angeführt. Der Leser möge bitte diese beiden Darstellungen eines Pferdes – das eine ist eine steinzeitliche Höhlenmalerei, das andere entstammt «Grzimeks Tierleben» – auf sich wirken lassen:

Höhlenmalerei, Altamira (aus: Herbert Kühn, *Die Felsbilder Europas*, Stuttgart 1952, S. 49)

Welches der beiden Bilder trifft Ihrer Meinung nach am besten, was ein Pferd ist?

Diese Frage ist zugegebenermaßen ein wenig rhetorisch, denn man wird gleich richtig vermuten, dass es mir angesichts der vorangegangenen Ausführungen besonders um das steinzeitliche Bild geht. Dennoch ist ein ehrlicher Vergleich sehr hilfreich. Das Grzimeksche Pferd ist viel richtiger: So sieht ein Pferd aus. Es besitzt präzise Details, die auch einem Foto von einem realen Pferd entnommen sein könnten, Augen, Ohren, Haare, Musterung des Fells, Beine, Hufen – alles entspricht der bekannten Realität. Aber *ist* es auch ein Pferd?

Das andere Pferd verstößt radikal gegen alle faktische Wahrheit: Es fehlen fast alle biologischen Merkmale, die einen hier von einem Tier sprechen lassen könnten, der Rücken ist zudem offen, die Beine zu kurz, der Bauch zu dick usw. Und dennoch werden mit Sicherheit nicht wenige Leser antworten, dass merkwürdigerweise dieses Pferd viel mehr Pferd sei als das andere. Warum? Wir haben bei dieser Darstellung keine visuell-gegenständliche Wahrheit, aber eine innere, charakteristische Wahrheit, die vielleicht mehr über das Wesen des Pferdes aussagt als die Grzimeksche. Die Darstellung in «Grzimeks Tierleben» ist nach unserer Begrifflichkeit ein «Abbild», d.h. ein der sinnlich-gegenständlichen Wahrnehmung entnommenes Bild, von dem man sofort spürt, dass es stimmt, aber nur in der Hinsicht, dass seine *körperliche* Existenz erfasst wird. Bei dem steinzeitlichen Bild wird diese körperliche Wahrheit verletzt, zugleich aber eine Wahrnehmung hervorgerufen, die uns ungeheuer viel von der wesensmäßigen Eigenart eines Pferdes mitteilt – wir erleben weniger die fotografische Außenseite als vielmehr die Eigenschaften, die ein Pferd tatsächlich ausmachen: Bewegung, Schwung, sympathische «Sanftheit» etc. Man könnte es detailliert biologisch begründen, inwieweit das Pferd tatsächlich in seiner ganzen Konstitution auf *Bewegung* hin angelegt ist – von den Augen über den Brustkorb bis zu den Beinen. Bewegung ist *das* Charakteristikum des Pferdes – und genau dies wird bei Grzimek überhaupt nicht erfasst: Wir haben hier trotz des Anhebens des einen Beines ein wie zur Salzsäule erstarrtes Bild, und das liegt eben an der Tatsache, dass hier physische Außenseite festgehalten wird – und die Physis selbst bewegt sich nicht. Dem steinzeitlichen Bild geht es um etwas ganz anderes: Es geht hier um einen *Ausdruck* des Wesens des Pferdes, und das ist eine seelische Realität. Diese kann ich offensichtlich aber nicht durch physische Abbildhaftigkeit erfassen, sondern die sinnlichen Inhalte müssen so verändert werden, dass an ihnen das Charakteristische der Sache erfahrbar wird. Dies geschieht hier durch die Reduzierung des Bildes auf wenige Linien. Die einfache Linie des Bauches erzeugt Spannung, sie und auch die Kopflinien sind zugleich rund und weich und vermitteln einen warmen, sympathischen Ausdruck. Die Linien geben nicht wieder, sondern erzeugen eine Gebärde, die bei uns eine innere Bewegung auslöst, die dem Wesen des Pferdes entspricht. In diesem Sinne ist diese Darstellung ein «Sinnbild», ein «Symbol».

Es wäre abwegig, davon zu sprechen, dass eines der beiden Bilder nicht stimmt. Das Grzimeksche «Abbild» trifft ja einen Aspekt des Pferdes sehr gut: seine tatsächliche Physis. Die Höhlenmalerei macht nur bewusst, dass es noch eine ganz andere Dimension von Stimmigkeit und Wirklichkeit gibt, als man in der Regel gewahr wird. Das Mittel, mit dem uns dieses Bild das Pferd nahebringt, ist die Kontur. Es ist nicht die inhaltliche und abbildhafte Quantität des Details, sondern die ausgesprochen

489

reduzierte, aber sehr starke Linie, die den sinnlichen Anstoß gibt, eine innere Vorstellung zu bilden. Es ist faszinierend zu erleben, wie dieses Weniger in Wirklichkeit ein Mehr ist. Die Stärke dieses Wenigen ist die Bestimmtheit der Linie und das Charakteristische ihrer Gebärde: Sie erzeugt beim Betrachter real Bewegung und, weil sie sich nicht in zu viele Nebenwege verliert: Kraft. Wir haben hier die Qualitäten des Plastischen, die darin bestehen, eine Tätigkeit und Kraft zu provozieren, die eine räumlich-architektonische Gestalt aufbauen. Es lohnt sich, sich einmal regelrecht meditativ in die beiden Bilder hineinzubegeben, sich darin aufzuhalten und die innere Wirkung zu beobachten. Man erlebt bei dem steinzeitlichen Bild schließlich seelische Qualitäten von großem, differenziertem Reichtum, und zugleich realisiert man den abgrundtiefen Unterschied zwischen den beiden Zugängen zur Welt, obwohl hier nur Druckerschwärze auf weißem Blatt vorliegt, fern von jedem realen Pferd!

Diese Erlebnisse lassen sich auch auf die Sprache beziehen. Die Herausforderung besteht darin, die beschriebenen Qualitäten des Plastischen auch im rein Erzählerischen zu verwirklichen – obwohl es hier keinerlei visuelle Möglichkeiten mehr gibt. Was ist also das Plastische beim Wort? Diese Frage betrifft ein Stück weit bereits das eigene Sprechen selbst, also die lautliche Gestaltung der Sprache: Ist mein Sprechen ungenau, «vernuschelt»? Verschlucke ich Wortteile wie z.B. die Endungen? Oder sind meine Worte klar, akzentuiert, die Laute gegriffen etc.? Es kann auch sein, dass trotz guter Formulierungen die Stimmlage so gleich bleibend monoton ist, dass man an den Inhalten überhaupt nichts erleben kann. Auch der Satzbau ist davon betroffen. Ein Satzanfang wie: «Es gab da einen großen Einschnitt, als er siebzehn war», bewirkt das Gegenteil von dem, was inhaltlich ausgesagt wird: Der Einschnitt wird gar nicht erlebt, weil er sprachlich durch die grammatikalische Inhaltlosigkeit «Es gab da» nicht real erzeugt wird. Ist mein Satzbau umständlich, verschachtelt, enthält er viele Füllwörter, ist er in die Länge gezogen, oder sind die Sätze klar umrissen, übersichtlich und konzentriert? Kraft geht von Worten aus, die nicht «drumherum» reden, sondern direkt und rückhaltlos auf die Sache zugehen, also nicht steckenbleiben, ausweichen oder sich verlieren. Diese Qualität der Konzentration gilt auch für die Wortwahl: Finde ich die Ausdrücke, die den Sachverhalt unmittelbar treffen? Plastizität hat nicht nur räumlich etwas mit Tiefendimension zu tun: Es ist sehr entscheidend, ob die Darstellung durch einen umgangssprachlichen Duktus immer wieder an der Oberfläche, in der Alltäglichkeit haften bleibt (man erlebt erstaunlich oft, dass Sätze formuliert werden wie «Dutschke war ein interessanter Typ», «das war eine ziemlich stressige Situation für ihn», «dann ging das los», oder subtiler schon einzelne Wendungen wie «Frust» statt «Verzweiflung», «verrückt» statt «visionär» oder «Masse» statt «die fünftausend Frauen»). Wir haben an dem Beispiel aus Storms *Schimmelreiter* gesehen, wie ein einzelner, markanter Hinweis auf ein zentrales Merkmal eine viel stärkere Wirkung auslösen kann als eine längere Beschreibung von Details, wenn er wirklich in die Tiefe des Wesentlichen geht: Wenn die junge Elke Volkerts beschrieben wird mit ihrem «bräunlichen schmalen Antlitz und den dunklen Brauen, die über den trotzigen Augen und der schmalen Nase ineinanderliefen», dann ist mit diesen wenigen Strichen wesentlich stärker charakterisiert, wer dieser Mensch ist, als wenn Storm ausführlich die Einzelheiten seines Aussehens und Lebens aufgelistet hätte. Gerade aus den Augen spricht uns oft unmittelbar das Wesen eines Menschen an.

Es ist auch hier also wieder keine Frage didaktischer (Sprech-)Technik, sondern die genannten Qualitäten sind letztlich Ausfluss *inhaltlicher* Einsichten, also einer inneren Verbindung mit der Substanz des Gegenstandes, aus der die richtigen Worte – bei aller Notwendigkeit sprachlicher Übung – hervorgehen. Kontur und Plastizität setzen die Reduzierung auf das Wesentliche voraus – dafür muss ich aber wissen, was das Wesentliche ist. Unsere Pferdedarstellungen zeigen, dass dieses Herausarbeiten des Wesentlichen einerseits eine Frage der Reduzierung, des Verständnisses des «Weniger» ist, dass zu diesem Wesentlichen aber auch das *Charakteristische* gehört: Die Intensität der Begegnung mit dem Gegenstand hängt entscheidend davon ab, ob dessen geistige *Gebärde* getroffen wird. Wir sind damit wieder bei dem Ausgangspunkt dieser Schrift angelangt: bei dem Begriff des *Symptoms.*

Dem Symptom mit seinem symbolischen Charakter wohnt an sich schon die Qualität der konzentrierten Reduktion inne: Im Anschluss an Goethe hatten wir gesehen, dass eine geschichtliche Situation, der wirklich symptomatische Eigenschaften zukommen, die betreffenden Ereignisse «ins Enge zieht», also in einem verdichteten und prägnanten Vorgang auf ihre tieferen, ursächlichen Zusammenhänge verweist – oder besser: dass diese in ihm sogar zur Erscheinung kommen. Das Verständnis dessen, was ein Symptom ist, ermöglicht erst ein exemplarisches Vorgehen, in dem eben nicht erst alle Fakten abgearbeitet werden müssen, um einen historischen Gegenstand darzustellen, sondern in dem an einzelnen Geschehnissen der ganze Bogen der behandelten geschichtlichen Epoche sichtbar gemacht werden kann (zur Qualität des «Exemplarischen» siehe Kap. III.4.). Je symptomatischer das Ereignis, desto markanter und stärker ist sein Ausdruck. Sowohl von Rudolf Steiner als auch von seinen Zeitgenossen und der späteren Erinnerungsforschung wurde die Bedeutung des Symbols für den Prozess des Erinnerns beschrieben. Das Symbol zeichnet es aus, dass es die Inhalte der sinnlichen Wahrnehmung so strukturiert, dass sie den Menschen zu etwas Urbildhaftem oder «Archetypischem» führt, das seiner äußeren, alltäglichen Existenz wie eine tiefere, ursächliche, d.h. also letztlich ursprüngliche Herkunft seines Daseins zugrunde liegt. Es führt durch die Sinneswelt hindurch zu ihrem geistigen Hintergrund. Gerade das Bild mit seinen «ins Enge gezogenen» empirischen Inhalten führt zur historischen Wirklichkeitsbegegnung – die plastische Konzentration ist also nicht als unterrichtsökonomischer Kunstgriff zu verstehen, sondern als notwendiger Weg zur Geschichte. Malte Schuchhardt hat in seinem Aufsatz «Anregungen zum Erzählstil des Lehrers im dritten Jahrsiebt»[622] hervorgehoben, dass es insbesondere solche bildhaften, prägnanten und bezeichnenden Situationen sind, die den Inhalt abgeben, an dem die Schüler sich am nächsten Tag begrifflich üben können:[623] Die Beschaffenheit der aufgenommenen Wahrnehmungen muss so substanziell und symptomatisch sein, dass man an ihr in der gemeinsamen deutenden Auswertung am nächsten Morgen in die weitesten Erkenntniszusammenhänge hineinkommen kann.

Dies sei an einem Beispiel verdeutlicht. Albert Schmelzer bringt in seinem Aufsatz «Schritte zu einem vertieften Geschichtsverständnis»[624] u.a. die tieferen Zusammenhänge zwischen unserer Gegenwart und dem 1. Weltkrieg zur Sprache. Er schildert, wie 1995 das bosnische Städtchen Srebrenica von serbischen Truppen eingeschlossen wurde und wie hilflos das kleine holländische UNO-Kontingent dort war, von dem nicht nur 30 Soldaten gefangen genommen wurden, sondern das schließlich mit ansehen musste, wie sich 40.000 Zivilisten verzweifelt auf die Flucht begaben und die wehrfähigen Männer sich in die Wälder schlugen. In dieser Situation bestellt der serbische General Mladic die UNO-Offiziere in ein Hotelzimmer, «in dem ein lebendes Schwein, an den Beinen aufgehängt, von der Decke baumelt. Auf einen Wink tritt ein serbischer Soldat vor und schneidet ihm mit einem Messer die Kehle durch. Während das Blut spritzt, sagt Mladic zu den Blauhelmen: ‹Genau das werden wir mit den Muslimen machen.› Dann drückt er dem Befehlshaber der UNO-Soldaten ein Glas in die Hand, ein Filmteam ist zur Stelle und hält fest, wie Mladic und der Repräsentant der UNO einander zuprosten.»[625] Es beginnt nun das größte Massaker seit Ende des 2. Weltkrieges in Europa, eine Orgie entfesselter Gewalt mit Tausenden von Toten. Von diesen Ereignissen aus blickt Albert Schmelzer nun zurück auf die Vorgänge am Ende des 1. Weltkrieges. Im Zuge der Vorbereitungen der Friedensverhandlungen und der Neuordnung Europas formuliert der amerikanische Präsident Wilson die Idee vom «Selbstbestimmungsrecht der Völker»: Jedes Volk habe das Recht auf seinen eigenen Staat. Schmelzer fährt dann fort: «Es gilt nun, diese Idee für den Balkan, auf dem ja verschiedenste ethnische Gruppen – Deutsche, Österreicher, Ungarn, Slowenen, Kroaten, Serben, Tschechen – zusammenleben, umzusetzen. Damit ist eine kleine Gruppe von Verwaltungsfachleuten, Juristen und Geografen, die sogenannte ‹inquiry›, beauftragt worden, sie hat von dem New Yorker Büro der Amerikanischen Geografischen Gesellschaft aus die neuen Grenzen aufgrund von Statistiken über die Bevölkerungsverteilung geplant. Die von dieser Gruppe gezeichneten Karten dienen nun als Grundlage für die Vorverhandlungen. Dabei kommt es zu einer der schlagendsten Momentaufnahmen des 20. Jahrhunderts; sie ist brieflich von einem Teilnehmer übermittelt worden: ‹Wir gingen in den Nebenraum, dessen Boden leer war, und Wilson breitete eine große Landkarte (in unserem Büro entstanden) auf dem Fußboden aus und ging hinunter auf Hände und Füße, um uns zu zeigen, was darauf verändert worden war. Die meisten von uns waren auch auf allen vieren. Ich war in der ersten Reihe und spürte, dass jemand mich drängte. Ich wendete mich ärgerlich um und sah, dass es Orlando (der italienische Premier) war. Auf allen vieren, wie ein Bär zur Landkarte kriechend.› Das Ergebnis dieser Beratung ist bekannt: die Bildung der Nationalstaaten Österreich, Ungarn, der Tschechoslowakei, Rumänien, Bulgarien und Jugoslawien.»[626]

Diese beiden kurzen Szenen sagen in ihrer Gegenüberstellung über den Balkan-Konflikt und die weltpolitischen Hintergründe des 20. Jahrhunderts mehr aus als seitenlange Schilderungen der diplomatischen Verflechtungen, Kriegsereignisse usw. Wir sehen, wie 1995 an einer sensiblen historischen Schnittstelle brutalste Gewalt, Hass, entfesselte Willenskräfte zum Ausbruch kommen und wie eben diese Ereignisse in einem Zusammenhang stehen mit politischen Weichenstellungen zu Beginn des 20. Jahrhunderts. Diese Weichenstellungen zeigen einen ganz bestimmten Charakter. Albert Schmelzer schreibt: «Da gab es Wissenschaftler, die Grenzen zogen für Staaten, deren Bevölkerung sie nur aus Statistiken kannten, da waren Politiker, die Programme umsetzten, deren Folgen sie nicht zu tragen hatten. Bildhaft gesprochen: Es wurde ein Gehirn installiert, welches als Schaltzentrale für den sozialen Organismus dienen sollte; die Folgen waren verheerend.»[627] Plastisch-konturierte Gebärden gibt es nicht nur in der bildenden Kunst, sondern die geschichtlichen Ereignisse selbst können eine solche Bildgestalt annehmen: Der Stoß mit dem Messer in das lebende Schwein und der Strom des Blutes – Politi-

494

ker, die sich am Schreibtisch ausgedachte Ländergrenzen auf allen vieren kriechend von oben anschauen: Da hat man zwei äußerst konzentrierte Gesten, die schlagartig eine allgemein menschliche Realität sichtbar machen: die zur Einseitigkeit verhärtete Polarität von Kopf und Wille. Im historischen Gesamtverlauf des 20. Jahrhunderts erkennen wir eine Tendenz, die wir bereits bei der ganz aktuellen Situation heutiger Jugendlicher beschrieben haben: Wenn der Kopf in eine extreme Vereinseitigung hineingeführt wird, muss das Willensleben sich zuletzt andere Kanäle suchen, um sich ausleben zu können – es entsteht Gewalt. Anhand von Julia Hill und zuletzt Paulus umreißt Albert Schmelzer dann wieder sehr prägnant die Wege, die der Mensch beschreiten kann, um ein schöpferisches, konstruktives Gleichgewicht zu erringen, anstatt in solche zerstörerische Einseitigkeiten hineinzugleiten.

Fassen wir zusammen: Die Quelle des Erzählens ist der Lehrer. Nicht eine gesellschaftliche Notwendigkeit, die sich in Lehrplanvorgaben niederschlägt, nicht eine wissenschaftliche Wahrheit, die unabhängig vom individuellen Menschen Darstellung verlangt, sondern das persönliche Erkenntniserlebnis des Pädagogen und das Verhältnis zu den konkreten Schülern, die ihm anvertraut sind, bilden den Ursprung der geschichtlichen Erzählung. Die Rolle des Lehrers besteht gerade nicht darin, sich zurückzuziehen, um den Schüler «frei» zu lassen. Es geht ganz im Gegenteil darum, diese Rolle zu steigern: Ob er die Quellen auswählt, die inhaltlichen Akzente setzt, Deutungen anregt – es ist immer der Lehrer, der die historische Wahrnehmung der Schüler anleitet, er kann seiner historischen und pädagogischen Verantwortung gar nicht entgehen, und insofern muss er statt auszuweichen umgekehrt seine Aufgabe annehmen und den Mut aufbringen, sich selbst zu der Instanz zu entwickeln, durch die die Geschichte in ihrer vollen und lebendigen Wirklichkeit spricht. Gerade dies erfordert ja ein großes Maß an Selbstlosigkeit, Selbstprüfung und Schulung und fordert dem Lehrer größere Anstrengung ab als ein resignatives Stehenbleiben bei dem eigenen Sosein. Diese Wertschätzung der Lehrerrolle darf nicht missverstanden werden. Rudolf Steiner hat

495

als maßgebliche Aufgabe für den Lehrer hervorgehoben, dass er seinen «Persönlichkeitsgeist» zu überwinden habe:[628] Die Steigerung der Lehrerindividualität bedeutet nicht, die persönlichen Eigenheiten, Temperamentsnuancen, Meinungen oder sonstige Privatismen zu kultivieren und das eigene Ego zu ernähren, sondern gerade diese Eigenschaften zu überwinden und die eigene Individualität mit den Weltzusammenhängen so zu verbinden, dass das Ich zum Ausdrucksorgan der objektiven Wirklichkeit wird. Die Kunst macht es vor: Es ist immer wieder ein geheimnisvolles Phänomen, wie sich gerade in den individuellsten, unverwechselbaren Kunstschöpfungen unzählige Menschen über Zeiten und Räume hinweg ausgesprochen fühlen. Wer kennt nicht diesen Moment: Das bin ja ich! Darum geht es bei der Erzählung: Die Schüler erleben einen Menschen und zugleich, wie im Moment seines Sprechens die Darstellung *entsteht*, wie also die Geschichte real aus dem Lehrer hervorgeht. Damit ist Geschichte kein Abstraktum mehr, sondern sie geschieht *jetzt*!

Wie versetzt sich der Lehrer in die Lage, dass er selber tatsächlich zu einer solchen lebendigen Quelle der Begegnung mit Geschichte wird? Wenn wir festgestellt haben, dass dies aus der höchst eigenen Einsicht in die geschichtlichen Zusammenhänge resultiert, die in ihm den Enthusiasmus zur Mitteilung erweckt, so setzt dies allerdings noch einen letzten, ursprünglichen Moment voraus: die *Frage*. Nur wenn der Lehrer selbst Fragen hat, wird sein Zugang zur Geschichte befeuert sein von der Kraft der Erkenntnissuche. Seine Einsichten werden damit nicht aus Übernahmen fertiger (und damit historisch realitätsleerer), ihn selbst eigentlich gar nichts angehender Wissensinhalte bestehen, sondern aus eigenen geistigen Begegnungen mit den geschichtsschaffenden Zeitimpulsen. Wenn einer Erzählung eine echte Frage zugrunde liegt, wird der Zuhörer den suchenden Weg zu den Wahrheiten der Geschichte innerlich mitbeschreiten können und die Wirklichkeit des geschichtlichen Gegenstandes erleben. Die von Roman Ingarden beschriebenen «Unbestimmtheitsstellen» erhalten in Bezug auf den Unterricht noch eine viel weitere Dimension: Die bildschaffende Erkenntnistätigkeit erhält vor allem dadurch ihre

496

Nahrung, dass die Darstellung des Lehrers nicht den gesamten Gegenstand mit Antworten besetzt, die keinerlei produktive Suchbewegungen mehr zulassen, sondern dass sie zwischen allen ihren Worten und Sätzen durchhören lässt: Hier ist ein Rätsel, eine Offenheit, die zu lösen sich anzustrengen lohnt. Das Gegenmittel zur Langeweile mit ihren verhängnisvollen Folgen ist das Rätsel. Es hat für den Unterricht weitreichende Konsequenzen, wenn an ihm erlebbar ist, dass ihm vom Anfang bis zum Ende eine existenzielle, aber ungelöste Frage zugrunde liegt. Wir haben bereits in Teil I gesehen, dass solche Rätsel nicht künstlich gesucht werden oder in den Unterricht eingebaut werden müssen, sondern jedem historischen Gegenstand grundsätzlich schon innewohnen. Die Geschichte führt uns an unzählige Erkenntnisgrenzen, die der Ausgangspunkt wirklicher historischer Wahrnehmung werden können. Diese Grenzsituationen gilt es wach und sensibel aufzugreifen und nicht zu verdrängen, sodass jede Unterrichtsstunde letztlich davon zehren wird, dass in ihr an irgendeiner Stelle plötzlich ein Staunen entstehen kann über ein unbegreifliches Phänomen. Dieses Staunen tritt immer dann ein, wenn ein bestehendes Urteil nicht mit einem neuen Eindruck fertig wird – das bedeutet aber, dass für einen Moment die Zukunft in die Gegenwart hineinragt, denn das Urteilen haben wir aus der Vergangenheit mitgebracht. Hier wird also kurz der aus dem umgekehrten Zeitstrom stammende Astralleib des Schülers freigesetzt und durch einen Augenblick interessierter Weltbegegnung ernährt.[629] Solche Rätselmomente können aber nur entstehen, wenn der Lehrer in seiner Erzählung selber das Geheimnis der dargestellten Ereignisse empfindet – er muss selbst also imstande sein, sein Urteilen fallen zu lassen, sich dem schreckhaften Augenblick des Nichts, der Erklärungslosigkeit auszusetzen und daran seine Erkenntnistätigkeit entwickeln zu wollen. Rudolf Steiner spricht hier von «Prüfungen der Seele» – und die sind sicherlich wesentlich produktiver als manche Prüfungen des Wissens. Legt der Lehrer solche Prozesse seinem Unterricht zugrunde, so wird seine ganze Erzählung durchdrungen sein von dieser Atmosphäre des erkenntnisweckenden Rätsels. Meines Erachtens ist dies

497

nichts anderes, als was Steiner als jene «Wunder» anspricht, auf die man achten soll, wenn man sich sensibel machen möchte für die Wirksamkeit der Engel in unserem Astralleib. Die scheinbar kleinen und leicht zu übersehenden Situationen am Tag, wo etwas plötzlich anders verlaufen ist, als es geplant war, wo etwas für einen kurzen Moment die gewohnte Ursache-Wirkungs-Abfolge durchbrochen hat, die finden sich auch in der Geschichte wieder. Mit einem entsprechend geschulten Blick kann der Lehrer in den Ereignissen jene kausal nicht herleitbaren Merkwürdigkeiten entdecken und wird mit diesem Blick auch die Ereignisse behandeln. Das bedeutet natürlich nicht, dass er jede Erzählung mit einem Rätsel beenden und den Schülern mitteilen wird, dass er selber das alles auch nicht verstehe und auf der Suche sei (vermittelt werden soll nicht Erkenntnispessimismus, sondern das Vertrauen, auf Fragen Antworten zu finden). Es geht um eine Schilderung von Geschichte, in der die Vorgänge so erzählt werden, dass der Schüler an ihnen Fragen entwickeln, staunend das Unbegreifliche entdecken kann und dadurch in eine produktive, bildschaffende Fantasietätigkeit hineinkommt. Für den Lehrer kann es zu einem methodischen Prinzip werden, dass er sich vor jeder Stunde innerlich fragt, wo heute in seinem Unterricht jenes kurze «Wunder» aufblitzen wird – ob dies der stundenlange Dauerlauf des Buschmannjägers durch die mörderische Wüste ist, der Verlauf der Punischen Kriege, der Bau einer gotischen Kathedrale, die Lebenswende eines Franz von Assisi oder der unbegreifliche Verzicht eines KZ-Insassen auf sein Brot zugunsten eines Mitgefangenen. Das an früherer Stelle geschilderte Herauspräparieren der Erkenntnisgrenze an der Neolithischen Revolution ist deshalb so wichtig, weil mit dem zunehmenden Erlebnis der versagenden Erklärungen für den Schritt zur Sesshaftwerdung nicht einfach eine Leere entsteht, sondern die Wirklichkeit dieses Ereignisses sich gerade andersherum immer stärker und beeindruckender mitteilt. Das intensive Erleben des Rätsels ist selber bereits die Wahrnehmung der Revolution, und mit ihm ist viel mehr erreicht als mit vielen weiteren Einzelheiten oder Thesen. Wie wir auch bei der Betrachtung des steinzeitlichen Pfer-

498

des nicht bewusst realisieren, dass wir mit unserem Urteilen angesichts der gegenständlich völlig unrichtigen und unvollständigen Darstellung kurz provoziert werden, dieses Urteilen zurückhalten und schließlich viel mehr auf die innere Geste der Linien schauen, so sind auch jene Rätselmomente nicht immer bewusst reflektierte, systematisch ausgewertete Unterrichtsphasen. Sie sind der motivierende, anregende Grund der Aufmerksamkeit für die geschichtlichen Gebärden, das Einstiegstor in die Erinnerung – für den zuhörenden Schüler wie für den erzählenden Lehrer.

1.1.3 Qualitäten einer Geschichtserzählung

In der Einleitung zu der zitierten Studie über *Historische Imagination* stellt Rolf Schörken angesichts vieler Erfahrungen mit Schülern und Studenten fest: «Offenbar hat das Verstehen historischer Sachverhalte – auch – etwas damit zu tun, dass man sie sich vorstellen, d.h. dass man sich ein inneres Bild von ihnen machen kann.» [630] Schörken spricht damit deutlich aus, dass man den Prozess des Erkennens nicht nur als logische Verstandesoperation auffassen darf, sondern dass noch ganz andere seelische Bereiche an ihm beteiligt sind, als sich dies der traditionelle Wissenschaftsbetrieb gewöhnlich denkt. Bildhaftes Vorstellen ist nicht nur ein Mittel zur Motivation, zur emotionalen Ergänzung des Lernprozesses, sondern eine Bedingung des *Verstehens*. Der «ganze Mensch» wird «gepackt» – so Rudolf Steiner –, wenn der Schüler angeregt wird, räumlich und zeitlich vorzustellen. Der Raum ist die Wirklichkeit des Physischen, und wenn das Vorstellen wirklich ganz in ihn hineingeht, werden im Inneren die Kräfte aufgerufen, die die jeweiligen irdischen Verhältnisse hervorgerufen haben. Erst wenn der Schüler wirklich den Atlantik, das Schiff des Kolumbus und die räumlich-zeitlichen Dimensionen seiner Entdeckungsfahrt vor Augen hat, entsteht für ihn ein Eindruck von der Realität und der Bedeutung der Entdeckung Amerikas. Indem er im Vorstellen ganz in die äußerste, sinnliche Peripherie seines Innenlebens getrieben

499

wird – jetzt immer im plastischen, nicht im quantitativ-optischen Sinne –, wird er willentlich aktiv und umfasst nicht nur mit seinen intellektuellen Gedanken das Geschehen. Wenn der Lehrer von der Eroberung Tenochtitlans erzählt, so reicht es nicht, von der Niederwerfung des «Zentrums dieser indianischen Welt mit seinen religiös-kultischen Stätten wie Pyramiden und Tempeln» zu erzählen, denn «Zentrum» oder «religiöse Stätten» sind reine Abstrakta. Vielmehr muss hier wirklich der in der Sonne glänzende, weite See inmitten der steilen, zum Teil schneebedeckten Berge zu sehen sein und mitten darin die nur durch schmale Stege mit den Ufern verbundene, von schwimmenden Gärten umgebene Stadt, in deren Mitte sich die rötlichen Stufenpyramiden erhoben mit ihren Ornamenten aus Schlangen- oder Adlermotiven. So erst kann für den Schüler nicht nur eine Anschauung, sondern ein Begriff von dem Geheimnis, dem Glanz und dem spezifischen Charakter der Kultur entstehen, die von den Europäern dann zerstört wurde, und es kann erlebt werden, was diese Zerstörung geschichtlich überhaupt bedeutete. Man beobachte sich einmal dabei, wenn man folgende Passage aus einem Geschichtsbuch für die 7. Klasse liest: «In der Tat gab es allein in der Millionenstadt Rom genug zu tun. Mietskasernen, primitive Kanalisation, unzureichende medizinische Versorgung, die wiederkehrenden Tiberüberschwemmungen und Straßenkriminalität gehörten zu den Schattenseiten des ‹Mittelpunktes der Welt›. Augustus erreichte mit Bauverordnungen, mit der Unterteilung des Stadtgebietes in Verwaltungsbezirke und der Errichtung von Feuerwehr- und Polizeistationen erste Verbesserungen.»[631] Was kann sich ein Siebtklässler unter «Millionenstadt», «Mietskasernen», «primitiver Kanalisation», «Straßenkriminalität», «Bauverordungen» oder «Verwaltungsbezirke» konkret vorstellen? Man kann hier unmittelbar nachempfinden, wie das Vorstellungsleben des Schülers und mit ihm seine Emotionen und seine Willenskräfte allein gelassen werden und ins Leere laufen, Langeweile und unterschwelliger Betätigungsdrang entstehen. Für den Lehrer, der dies vermeiden will, kann es eine gute Übung sein, solche Passagen für sich selber in wirkliche Erzählung umzuwandeln.

Voraussetzung für ein sinnlich-räumliches Vorstellen ist z.b., dass man in ausgewählte Bildeinzelheiten hineingeht, wie z.b. die Zigarettenschachtel, die ein deutscher Soldat am Heiligabend 1914 mitten zwischen den Frontlinien seinem englischen «Gegner» schenkt, bevor er mit vielen anderen Soldaten beider Seiten gemeinsam Weihnachtslieder singt – ein zeichenhaftes Gegenbild zu den zerstörerischen, nationalistischen Kräften jener Zeit.

Wir merken heute oft gar nicht, wie stark wir in Abstraktionen leben: Ohne dass es einem bewusst wäre, verwendet man Fünfzehnjährigen gegenüber Formulierungen wie «er fühlte sich integriert», «es hatte sich langsam eine soziale Stabilität eingestellt» oder «sie führten intensive Dialoge». Statt von der «liebevollen Art des Vaters» zu sprechen kann man besser eine Situation schildern, in der diese Liebe konkret zum Ausdruck kommt; anstatt festzustellen: «Er hat dann sein Hauptwerk geschrieben: *Wie man ein Kind liebt*» kann man schildern, wie er noch nach der anstrengenden Arbeit mit den Kindern nachts seine letzten Kräfte aufbrachte, um das Buch zu schreiben, das für ihn wichtig war wie kein zweites mehr, und wie er darin den Menschen versucht hat nahezubringen, wie einem das Allerwichtigste gelingen kann: Kinder zu lieben.

An die Stelle von Allgemeinbegriffen sollten individualisierte Vorgänge oder Persönlichkeiten treten: Anstatt nur von «den Germanen» und «der Völkerwanderung» zu sprechen, sollte z.B. von den Vandalen erzählt werden, wie sie aus ihrer nördlichen Heimat mit Tieren, Wagen, Familien durch Frankreich und Spanien ziehend bis nach Gibraltar gelangten, zum ersten Mal in ihrer Geschichte spontan Schiffe bauten, um die Meeresenge zu überqueren, dann an der Nordküste Afrikas bis ins heutige Tunesien zu ziehen und von dort aus dann über das Mittelmeer einen Eroberungsfeldzug gegen Rom zu unternehmen. Die Bedeutung Delphis für die gesamte griechische Geschichte wird erst anschaulich, wenn man nicht nur von einer «Orakelstätte» spricht, sondern seine verborgene und doch zugängliche Lage hoch oben in den Bergen unter

einer steilen, hoch aufragenden Felswand beschreibt und die Beschaffenheit dieses Ortes im Unterschied z.B. zu Olympia herausarbeitet.[632]
Es ist ein bemerkenswertes Phänomen, dass der innere Aufbau einer räumlichen Vorstellung eines zeitlichen Vorganges bedarf. Wenn in dem inneren Abschreiten einer Distanz Raum entsteht, dann setzt das voraus, dass ich seelisch ein Nacheinander von Einzelmomenten durchlaufe – und das ist Zeit. Für die Erzählung heißt das, dass ich räumliche Plastizität oft gerade durch starke Momente zeitlicher Staffelung, durch Steigerung etc. erzeuge. Mich hat z.B. bei der ersten Lektüre von Rilkes *Cornet* eine Szene sehr beeindruckt, in der der junge Soldat seiner Truppe begegnet. Da heißt es nicht: «Zum ersten Mal sah er das große Heer mit seinen vielen Soldaten» o.Ä., sondern Rilke schreibt: «Einmal, am Morgen, ist ein Reiter da, und dann ein zweiter, vier, zehn. Ganz in Eisen, groß. Dann tausend dahinter: Das Heer.» Jetzt erlebt man wirklich auch die räumliche Wucht von solch einem Soldatentross und gewinnt eine Vorstellung von seiner Gewalt. Ganz ähnlich könnte man über die Perserkriege erzählen: «Da sahen sie im Osten ein weißes Segel auftauchen, dann fünfzig, hundert – der ganze Horizont war bedeckt mit Schiffen der persischen Flotte.» Vielleicht vermittelt solch eine Passage räumlich mehr als der Hinweis auf die Zahl von über 20.000 Mann.

Hans Ebeling hat bereits in den 6oer-Jahren darauf hingewiesen, wie wichtig es sei, im Erzählen Zustände in Handlungen umzusetzen.[633] Wir sind hiermit nun ganz bei der zeitlichen Dimension der Erzählung angelangt. Es sind zum Teil kleinste Details, die in ihrer Summierung eine große Wirkung haben: An die Stelle des Hinweises, dass es von Ulrike Meinhof eine Sendung über Fabrikarbeiter im Radio gegeben habe, kann ein einziger Satz treten, dass sie in die Fabriken gegangen sei, um dort mit Arbeitern am Fließband zu sprechen. Hierher gehört auch die Umformulierung von viel zu häufig verwendeten Substantiven in Verben – derselbe Inhalt wirkt sich beim Zuhörer ganz anders aus (siehe das Beispiel oben zu dem Unterschied von «Hauptwerk» und die Umwandlung in einen Vorgang, der erlebbar macht, was solch ein Begriff eigentlich bedeutet). Was hier oft nur als Nuance erscheinen mag, hat bei der Häufigkeit der Fälle doch Konsequenzen für die Ausstrahlung des betreffenden Gegenstandes, die nicht unterschätzt werden dürfen (dass sich diese Kriterien von der Mittelstufe bis zur 12. Klasse wandeln und man dem Achtzehnjährigen z.B. bei dem Thema der Industrialisierung nicht mehr erzählt, wie der Vater so spät nach Hause kam und das Töchterchen vom Kohlenstaub hustete, versteht sich von selbst und wird an späterer Stelle noch thematisiert).

Ebeling gibt das Beispiel, dass sich ein «trockener» Vertragsabschluss durch die Beratungen und Beschlüsse, die ihm vorausgingen, anschaulich machen ließe. Dieses sehr gute Beispiel macht deutlich, dass solche darstellerischen «Mittel» nicht nur rhetorischer Art bleiben müssen, sondern aus entwicklungspsychologischen Motiven hervorgehen: Ein gewordenes, abgestorbenes Produkt des historischen Vorgangs wird in seinen Entstehungsprozess umgewandelt und der Schüler an diesem Prozess beteiligt. So vollzieht sich jene bedeutende «Verinnerlichung», und es entsteht das Erlebnis der geschichtlichen sowie der ganz eigenen schöpferischen Gestaltungskräfte. Anstatt die ägyptischen Pyramiden nur als fertige Bauwerke in ihrer äußeren Form anzuschauen und über ihre Funktion zu reflektieren, lässt sich durch einen Nachvollzug des Bauvorganges sehr viel über ihr Rätsel und ihren Sinn erfahren, sodass zuletzt der eigentliche Handlungsimpuls, der den Pharao angetrieben hat, erahnbar wird. Wenn man dann noch diese Bauwerke mit den ihnen direkt vorangehenden winzigen Lehmhütten der ägyptischen Bauern vergleicht, stellt sich unmittelbar der starke Eindruck jenes «Weltwunders» und zugleich eines gewaltigen Zeitimpulses ein.

Damit betreten wir bei der Frage nach den zeitlichen Qualitäten des Erzählens eine ganz andere Ebene als die der bloßen Veranschaulichung. Auch wenn ich im Sinne Ebelings vor allem konkrete Handlungsabläufe erzähle, kann ich absolut statisch bleiben und unter Umständen gar kein Zeiterleben vermitteln, weil ich ganz traditionell Ereignisgeschichte betreibe und diese Ereignisse genauso resultathaft an der Oberfläche bleiben und ihre ursächlichen Hintergründe verbergen wie Zustände. Auch ein handelnder Karl der Große kann wie mein Onkel auftreten. Um wirklich die scheinbar fertige Welt faktischer Gegebenheit aufzulösen und ins Zeitliche zu überführen, wäre z.b. in einem ersten Schritt darauf zu achten, dass man nicht nur Taten schildert, sondern auch die Entscheidungssituationen, aus denen sie hervorgegangen sind (hieran vermittelt sich die Offenheit der geschichtlichen Prozesse). Man sollte die Dynamik eines Umbruchs spürbar werden lassen, in dem etwas Neues nach außen drängt, oder auch die Auseinandersetzungen um solche Umbrüche. Durch das Miterleben einer solchen Dynamik, die sich z.b. durch eine zum Ausbruch drängende Beschleunigung, durch ein bremsendes Zurückstauen, eine abrupte Veränderung ausdrückt, wird die Statik des Physischen durchbrochen, und der Schüler spürt etwas von den Kräften der Zeit. Auch die Abfolge biografischer Entwicklungsstadien (Kindheit, Erwachsensein, Alter, Tod; verschiedene «Pubertäten», Wechsel des Menschenumkreises usw.) kann hierzu wesentlich beitragen. Gemeint ist nicht ein bloßes Nacheinander chronologischer Etappen. Wir hatten gesehen, dass es durch die Natur des Astralleibes nun gerade darauf ankommt, in ein freies Erleben des Zeitlichen als solchem zu gelangen, und dass eine Grundlage hierfür die Umkehrung des Zeitstromes darstellt. Hierin liegt eine der wichtigsten Aufgaben der Erzählung und ein zentraler Aspekt des zeitlichen Vorstellens. Konkret auf die Erzählung bezogen kann eine solche Rückwärtswendung entstehen, indem der Lehrer z.B. bei einer Biografie mit der Schilderung des Todes der betreffenden Persönlichkeit beginnt und nun erst an den Anfang des Lebenslaufes geht. So gewinnt das ganze Leben vom Ende, vom Tode her eine Beleuchtung und unter Umständen erst seine eigentliche Bedeutsamkeit, die im bloßen Nacheinander eventuell gar nicht sichtbar würde. Es wurde schon hingewiesen auf das Schicksal des schwedischen UNO-Generalsekretärs Dag Hammarskjöld, dessen Flugzeug, das sich auf dem Weg zu einer wichtigen Mission befand (eine sehr aussichtsreiche Friedensvermittlung im Kongo, die wahrscheinlich die bis heute andauernden katastrophalen Kriegszustände in dieser Region mit Millionen von Opfern bis heute verhindert hätte), abgeschossen wurde. Beginnt die Erzählung mit diesem Ereignis, so richtet sich die Aufmerksamkeit der Schüler vom Ende her sofort auf den Verlauf und die Intentionen eines solchen Lebens, das gegen die handfesten wirtschaftlichen und politischen Interessen fast aller Großmächte jener Zeit vollständig dem Kampf für die Belange der Schwarzen in Afrika und überhaupt für Frieden und Gerechtigkeit weltweit gewidmet war. Die Anwesenheit der Zukunft in der Gegenwart ist für den Schüler hier unmittelbar zu erleben.

Vergangenheit, Gegenwart und Zukunft «nach inneren Gesichtspunkten» zu gruppieren, wie es Rudolf Steiner für die Pädagogik des Jugendalters fordert, kann auch bedeuten, durch Träume oder Ahnungen (für beides gibt es in der Geschichte viele Beispiele) in die Zukunft vorzugreifen und diese in den gegenwärtigen Moment hereinzuholen. Eine Erzählung lässt sich auch zyklisch aufbauen, indem sie immer wieder an einen Punkt zurückkehrt (ohne, dass sie allerdings an Klarheit und Überschaubarkeit verlieren darf). Man denke hier z.B. an eine historische Gestalt, die vor einer Entscheidung von größter geschichtlicher Tragweite steht: Dies kann für den Lehrer Anlass sein, in verschiedene Ereignis- und Motivfolgen nacheinander zurückzuschauen, die nun in einem Moment gleichzeitig zwei oder mehr konkurrierende historische Möglichkeiten aufwerfen (die Verschwörer des «20. Juli» z.B. waren bekanntlich lange hin und hergerissen von dem Konflikt zwischen militärischem Loyalitätsgefühl und einem moralischen Gewissen, das über diesen Ehrbegriff noch hinausging; hier könnte man auf die militärischen Karrieren und die oft adlige Herkunft zurückblicken und dann auf bestimmte, zum lebensgefährlichen Widerstand herausfordernde Erlebnisse mit dem Nationalsozialismus eingehen, um dann wieder zurückzukommen zu der Auseinandersetzung: Ist ein Attentat zu legitimieren?). Solche inneren Zeitumkehrungen können aber auch ganz andere Formen annehmen. Es wurde bereits darauf hingewiesen, wie schon das Erlebnis einer fehlenden Antwort auf ein rätselhaftes Ereignis die Kausalität von Früher und Später durchbrechen und das gewöhnliche Zeiterleben aufheben kann.

Unabhängig von der Gestaltung der Erzählung können auch im gesamten Epochenaufbau solche rücklaufenden Prozesse berücksichtigt werden. So ist es denkbar, in der ersten Woche der Epoche mit einer 12. Klasse einen Kreis von Geschehnissen in der Gegenwart zu bearbeiten, um dann die Frage nach den Gründen zu stellen und von hier aus schrittweise in die Vergangenheit zurückzugehen.

Die wichtigste und alles entscheidende Frage ist aber: Gelingt es, einen realen zeitlichen Abstand zwischen Gegenwart und dem vergangenen Lebenszustand erfahrbar zu machen? Dies ist das eigentliche Ziel jenes Verinnerlichungsvorgangs und die Voraussetzung von Erinnerung. Wird eine historische Erscheinung in ihrer Andersartigkeit erfasst und anerkannt oder durch unseren vorgefertigten Horizont unbemerkt mit Gegenwart aufgefüllt? Erst wenn wir diese Andersartigkeit erfassen, können wir das Zeitliche erleben und damit dem Gegenstand der Geschichte begegnen. Wir haben bereits eine Reihe schillernder Beispiele eines gravierenden Missverständnisses von historischer Anschaulichkeit angeführt: Steinzeitgeschwister, Lockenfrisur, diktatorische Pharaonen u.v.m. Anschauung von Vergangenheit vollzieht sich offensichtlich nicht durch Nivellierung des Abstandes, sondern im Gegenteil durch seine Hervorhebung. Auch hier stoßen wir wieder auf das Phänomen, dass anschauliches Wahrnehmen bei der Geschichte ganz leicht zu verwechseln ist mit der sinnlichen Nähe meiner gewöhnlichen und bekannten Umgebung. Zwar muss ich tatsächlich zunächst mein aktuelles Sinnesleben ganz stark aufrufen, um leiblich an mir selber spüren zu können, dass ich hier etwas erfahre, was ich sonst *nicht* kenne. Es ist wie bei Leonardo, Lochner oder Rembrandt: Die Farben stammen aus dem 16. oder 17. Jahrhundert, die Inhalte zeigen uns eher Italien, Köln oder andere regionale Landschaften, Häuser und Kleider. Aufgerufen wurde bei den Zeitgenossen ihre sinnliche Existenz um 1600 – *an* diesen Sinneserlebnissen entzündeten sich durch die Komposition aber Erfahrungen, die noch ganz unbekannt waren und den Menschen wegführten aus Holland und hinführten zu einer Erinnerung an das Menschheitsereignis in Bethlehem. Um hier noch einmal an das Beispiel Steiners anzuknüpfen: Wenn ich meine eigenen Farbwahrnehmungen anschaue und erlebe, was Blau ist, und dann davon höre, dass die Griechen diese Wahrnehmung nicht hatten und Blau nicht kannten, komme ich zu einer fast leiblichen Berührung mit der griechischen Zeit und erfahre sofort den riesigen Abstand zu ihr. Vergangenheitswahrnehmung ist paradox: Ich brauche die Nähe, um den Abstand zu erfahren, und durch den Abstand kommt mir die andere Zeit erst nahe. Die Forderung, der Lehrer müsse immer auch eine skeptische Distanz gegenüber der Vergangenheit vermitteln, weil sonst eine falsche und naive Identifikation mit ihr entstünde und ihre Fremdheit nicht erlebt werden könne, greift ins Leere, weil der Lehrer und mit ihm die Schüler gerade durch die Distanz die Fremdheit des Anderen gar nicht erfassen, sondern immer in den vertrauten Gewohnheiten des gegenwärtigen Selbst bleiben. Die zeitliche und kulturelle Entfernung entsteht erst durch Identifikation – indem ich jene Zeit möglichst intensiv an mir selbst erlebe –, und andererseits kann die innere Distanz auch gar nicht das letzte Ziel der geschichtlichen Betrachtung bleiben, weil wir dann die Eigenart des Anderen nie würdigen können, da wir sie gar nicht kennen. Dennoch ist die eigentliche Forderung nach Vermittlung des historischen Abstandes tatsächlich von großer Bedeutung: In dem Moment, in dem dieser Abstand und mit ihm das Zeitliche als solches erfahren wird, werden der historische Gegenstand und meine eigene Situation schon nicht mehr als getrennte Objekte erlebt, sondern als Etappen eines ihnen beiden zugrunde liegenden Weges.

Für die Erzählung ist es also wichtig, dass sie Erscheinungen schildert, durch die der Schüler an jenen Abstand besonders stark anstoßen und den *seelischen Wandel* erleben kann – darin besteht die Zeiterfahrung, auf die es ankommt. So kann z.B. die Schilderung einer Buschmann-Jagd in der Kalahariwüste, bei der in einem Umkreis von siebzig Meilen vergrabene, mit Wasser gefüllte Straußeneier in der scheinbar unterschiedslosesten Gegend spielend leicht wiedergefunden werden, bei den Schülern größtes Erstaunen auslösen. Die Reaktion der Buschmänner auf dieses Staunen, das natürlich auch ihre europäischen Begleiter – hier ist es Laurens van der Post – in dieser und anderen sich regelmäßig wiederholenden Situationen befiel, kann Anlass zu weitreichenden Reflexionen und Erkenntnissen sein: «Sie lachten über meine Ahnungslosigkeit mit dem herrlichen Lachen des Buschmanns, das geradewegs aus dem Bauch kommt, ein Lachen, wie man es bei zivilisierten Menschen niemals hört. Wüsste ich denn nicht, riefen sie, als der Ausbruch der Fröhlichkeit abflaute, dass kein Baum, keine Strecke Sandes und kein Busch einander gleich seien?»[634] Der Schüler erkennt schlagartig, wie sehr sich die Wahrnehmung des Menschen im Laufe der Jahrtausende verändert hat und wie stark die frühesten Menschen mit der Natur verbunden waren und bewusstseinsmäßig in ihr aufgingen, während der moderne Mensch mit dem Gewinn seines Selbstbewusstseins ein Stück weit die Wahrnehmungswelt verloren hat. Bei den Germanen kann der Merseburger Zauberspruch erstaunen, der zeigt, wie Menschen damals wirklich darauf vertrauten, dass ein magischer Spruch ein gebrochenes Pferdebein heilen könne. Ebenso kann ein starker Eindruck vom mittelalterlichen Menschen durch die Schilderung ausgelöst werden, dass ein bloßer Schwur über den Reliquien und der Bibel ausreichte, Sicherheit über die Erfüllung eines Lehensvertrages zu gewinnen. Ein Stück Land nur einem mündlichen Schwur anzuvertrauen heißt, absolut selbstverständlich von dem wachenden Auge Gottes auszugehen. Die Religiosität des Mittelalters ist hier unmittelbar greifbar. Immer geht es bei der Behandlung solcher Situationen darum, die sofort erlebbare Provokation unseres eigenen Weltbildes auszuhalten (und nicht selten auch dem hartnäckigen Erklärungsdrang der Schüler standzuhalten) und nicht durch unsere modernen Denkmuster zu relativieren oder wegzudiskutieren (der Zauberspruch sei eine bloße Wunschvorstellung gewesen, der schwörende Vasall habe nur Angst vor der militärischen Macht seines Lehensherren gehabt usw.).

Einen weiteren Faktor, der ganz wesentlich darüber entscheidet, ob durch die Erzählung der Schüler wirklich als ganzer Mensch angesprochen wird, kann man sich vergegenwärtigen, indem man sich versuchshalber einmal vorstellt, man würde nur die emotionale Seite der Geschichte darstellen. Wie wäre es für den Schüler, wenn man ihm nur von dem Hass der Arbeiter auf den Fabrikbesitzer erzählen würde, von dessen Geringschätzung gegenüber den Arbeitern, von der Trauer einer Mutter über den Unfall ihres Kindes an der Maschine, der Eifersucht der Ehefrau des Unternehmers auf dessen heimliche Liebschaft, von den Minderwertigkeitsgefühlen des Sohnes aufgrund seiner Unfähigkeit, die elterlichen Erwartungen zu erfüllen usw.? Oder wie wäre es, wenn man ohne jede Handlung nur solche Tatsachen wie die Straßen des Dorfes, das Aussehen der Häuser, die Anzahl der Bewohner, ihre Hautfarbe, Statur usw. schildern würde? Oder in direktem Gegensatz dazu: Wie wäre es, wenn man nur von den Ideen, Motiven oder Visionen einer Zeit hören würde? Es wird sehr schnell deutlich: Man kommt sofort in eine Einseitigkeit hinein, in der ein ganzer Teil des eigenen Wesens bis zur Unerträglichkeit brach liegen würde, während ein anderer sich fast schon krankhaft verselbstständigen müsste. Das menschliche Dasein konstituiert sich aus den vier Wesensgliedern, die auch in einem Bezug zur geschichtlichen Wirklichkeit stehen. Möchte man den Schüler in der Ganzheit seiner Kräfte ansprechen, so gilt es also darauf zu achten, ob beim Erzählen diese vier Wirklichkeitsbereiche auch gleichmäßig zur Geltung kommen. Auf der physischen Ebene geht es um geografische Verhältnisse des Ortes (um den die Wüste durchschneidenden, lebensspendenden Nil; die vielgestaltige Berg-, Küsten- und Inselwelt Griechenlands; die Weite und Gewalt der Landschaft Nordamerikas usw.) und ihren konkreten Einfluss auf die Menschen, um das Klima, ebenso aber auch um die körperlichen Eigenheiten der jeweiligen Völker, Gemeinschaften oder Individuen. Unter diesen Gegebenheiten wird aber auch gehandelt. Bewegungen, Veränderungen, die Dynamik der Ereignisse haben bereits etwas mit der ätherischen Schicht der Wirklichkeit zu tun. Die psychischen Vorgänge der Geschichte wie Freiheitsdrang, kollektive Ängste, Hass der Völker untereinander, Neid zwischen Gesellschaftsschichten, egoistisches Machtstreben, Friedenssehnsucht usw. sind Ausdruck des Astralischen, und die geistigen Einschläge in die Geschichte, die Inspirationen in Form von Träumen, individuellen Entwürfen oder persönlich empfundenen «Aufträgen» berühren besonders die Sphäre des Ich. Alle vier Ebenen sind eminent am Entstehen von Geschichte beteiligt.[635]

Fernand Braudel hat in seinem großen Werk über *Das Mittelmeer und die mediterrane Welt in der Epoche Philipps II.* (1949) die berühmte Unterscheidung zwischen drei grundsätzlichen historisch-strukturellen Zeitebenen vorgenommen: Er beschreibt die unbewegte, ewig gleiche Welt des geografischen Milieus, der äußeren, natürlichen Umgebung des Menschen; die «longue durée» mit ihren sich bereits verändernden, aber immer noch langsamen Rhythmen der großen Strukturen des politischen und sozialen Lebens von Staat, Gesellschaft und Kultur; die am schnellsten sich wandelnde «histoire événementielle» mit den individuellen, politischen und militärischen Handlungen des Menschen. Die Bedeutung dieser Unterscheidung liegt darin, dass der Blick frei wird auf die tieferen Untergründe der wellenartigen, äußeren Ereignisgeschichte und dass man ganz im Sinne unseres Anliegens Geschichte in ihrer zeitlichen Gestalt bewusster wahrnimmt. Nun sind jene tieferen Fundamente, die Braudel für die Geschichte beschreibt, durch ihre Bindung an die geografischen Verhältnisse natürlich immer noch Beschreibung materieller Außenwelt und nicht zu verwechseln mit den Untergründen von Handlungsursachen. Hilfreicher ist Braudels Charakterisierung der Zeitebenen, weil sie auf verschiedene Daseinsformen menschlicher Existenz aufmerksam macht. Geschichtsschreibung und Menschenkunde ergänzen sich hier und beleuchten sich gegenseitig: Mit einem Verständnis von physischer, ätherischer, astralischer Leiblichkeit und Ich wird einsichtig, dass mit Braudel und der «Annales»-Schule im 20. Jahrhundert ein Stück weit der Mensch in den historischen Blick gerückt ist.

Es lohnt sich für den Lehrer übrigens auch, bewusst darauf zu achten, in welches Temperament er vielleicht mit einer gewissen Tendenz sein Erzählen taucht: Die Geschichte besteht nicht nur aus Krisen, aber auch nicht nur aus Ausbrüchen des begeisterten Veränderungswillens oder aus freudigen Sternstunden, auch nicht nur aus generationsüberdauernden, sich über Jahrhunderte allmählich entfaltenden, Völker und Weltregionen umspannenden Entwicklungsströmen. Und: Komme ich beim Erzählen immer wieder ins rein Gedankliche hinein, schildere ich nur Handlungen, oder stelle ich eher mit einer gewissen Vorliebe die inneren, emotionalen Zustände der Menschen dar?

Die pädagogischen Möglichkeiten, die für den Lehrer bestehen, wenn er auf solche Aspekte achtet, wurden in Bezug auf Mädchen und Jungen bereits dargestellt. Dieselbe Bedeutung kommt ihnen aber zu im Hinblick auf die Temperamentsveranlagung einer ganzen Klasse, auf den Umgang mit einer speziellen, aktuellen Situation oder auf die Fragen, die Suche oder Schwierigkeit eines einzelnen Schülers. Der spezifische Duktus einer Erzählung kann dem einen – vielleicht verträumten – Schüler helfen, stärker in seine Leiblichkeit hineinzukommen, dem anderen, Fantasie zu entwickeln, sich stärker zu interessieren, ein Stück weit einmal aus sich herauszukommen und sich für die Welt zu begeistern. Die angeführten Merkmale einer Erzählung sind nie prinzipiell zu nehmen und schematisch anzuwenden; zu welchem Aspekt oder welcher Tendenz man bei der jeweiligen Erzählung findet, muss immer von den speziellen Gegebenheiten der Situation, der Klasse, des Alters und natürlich auch des Gegenstandes abhängen. Die ästhetische Gestalt der Erzählung ist keine bloß didaktische Darstellungsfrage, sondern muss immer Ausdruck der Sache selber sein – zu der der Schüler aber dazugehört. Die Französische Revolution wähle ich als Unterrichtsstoff für die Fünfzehnjährigen aus, weil die Revolutionen der inneren Situation der Schüler in diesem tumultarischen Alter des Um- und Aufbruches, der Kritik genauso wie der idealistischen Begeisterung unmittelbar entgegenkommen (das Thema in Geografie: Erdbeben und Vulkane!). Zugleich werde ich die Ereignisse aber so darstellen, dass sie in ihrem eigenen Charakter, ihren tieferen Zusammenhängen zur Erscheinung kommen, denn nur an diesen objektiven Merkmalen der Ereignisse kann sich das Innere der Schüler real klären und entwickeln.

1.2 Die Mitte

Wie auch die Mitte des Menschen am wenigsten abgegrenzt ist und das Fühlen viel weniger eigene Kontur hat als die gegensätzlichen Pole Kopf und Beine, Denken und Wollen, so ist der eigentliche mittlere Teil des Unterrichts, der rein stundentechnisch seinen Abschluss bildet, am wenigsten fest zu umreißen und seiner Form und dem Inhalt nach zu bestimmen. Er kann rein zeitlich fünf Minuten, genauso aber auch eine halbe Stunde dauern, die Arbeitsformen können je nach Unterrichtssituation sehr verschieden sein – diese Phase bestimmt sich eben nicht aus sich heraus, sondern sie ergibt sich aus dem spezifischen Verhältnis der anderen beiden Abschnitte in dem betreffenden Moment zueinander. Seine Bedeutung liegt darin, dass der Schüler nach der Überwältigung durch das Erlebnis während der Erzählung quasi ausatmend sich selbst in seiner ganzen Subjektivität zu dem Erlebten in ein Verhältnis setzen kann. Er muss die Gelegenheit haben, zu reagieren und zu antworten, vor der Begriffsbildung, die seine Subjektivität wieder aufhebt, zunächst einmal das Erfahrene zu betasten und zu befühlen, seine Eindrücke aussprechen zu können, also zu einem ersten Bewusstsein über das Gehörte zu gelangen und sich schrittweise einem Verstehen anzunähern. Indem ich *mein* Verhältnis zu dem Gegenstand zur Geltung kommen lasse, mache ich ihn mir bereits ein Stück weit zu eigen und durchdringe ihn – ohne ihn wirklich schon verstehen zu müssen.

Deshalb spricht Rudolf Steiner hinsichtlich dieser Unterrichtsphase von der Tätigkeit des Charakterisierens: Wenn ich charakterisiere, beschreibe ich nicht bloß, ich erkläre aber auch nicht, d.h. ich suche keine abschließenden Begriffe. Wenn ich Eigenschaften wie « stolz », « hell », « langsam », « gefährlich » usw. schildere, bewege ich mich schon in einem Qualitativen, und dieses vermittelt sich mir durch ein seelisches Auswerten der sinnlichen Eindrücke. Wir haben es hier tatsächlich mit dem spezifischen Moment des Seelischen zu tun: Wir haben nicht die Objektivität der materiellen Gegenständlichkeit der empirischen Wahrnehmung, aber auch noch nicht die objektive Wahrheit des überindividuellen Zusammenhanges, sondern unsere geistige Tätigkeit in der Berührung mit der äußeren, physischen Welt. Im Charakterisieren bewege ich mich schon gedanklich ein Stück weit in das Innere einer Sache oder eines Menschen hinein und erfahre etwas von dessen Wesen, aber es bleibt alles im empfindungsmäßigen Erleben, in der innerlichen Teilnahme an jenem Wesen. Wenn ich vom Charakter eines Menschen spreche, dann meine ich ja etwas, was den äußeren Merkmalen oder Verhaltensweisen bereits zugrunde liegt und sie miteinander verbindet. Dieses innere Wesen spiegelt sich in meinem Seelenleben, ich frage aber noch nicht: «Wie ist dieser Charakter entstanden?», «Was drückt sich in seinem Auftreten aus?», «Warum begegnet er mir gerade jetzt?» usw. Bei der Wahrnehmung von Eigenschaften geht es um das Erleben des «Wie», nicht nur um das «Was». Für die Erfahrung eines «Wie» brauche ich mein Fühlen, das bei dem rein konstatierenden «Was» noch gar nicht nötig ist. Es geht aber auch noch nicht um das «Warum», das die analysierende Erklärung aufruft. Auch die Sprache macht diese Unterscheidungen. Die Aussage «Cäsar ist stolz» enthält etwas anderes als «Der stolze Cäsar». «Cäsar ist stolz» bringt grammatikalisch das Verhältnis des sprechenden Subjekts zu der Sache zum Ausdruck: Das Wörtchen «ist» ist das Resultat meiner urteilenden Zuschreibung einer Eigenschaft. «Der stolze Cäsar» hingegen ist bereits die Feststellung einer für sich stehenden Realität oder Tatsache, eigentlich schon wieder mehr eine Erfahrung als eine auswertende, subjektive Tätigkeit, jetzt aber nicht mehr die ursprüngliche erste Wahrnehmung, sondern die durch den Begriff (die Erkenntnis des Wesenszuges des Stolzes) hindurchgegangene unmittelbare Begegnung mit der Persönlichkeit Cäsars.

Dementsprechend gestaltet sich dann auch diese mittlere Unterrichtsphase:

Jetzt können z.B. all die Fragen gestellt werden, die sich den Schülern während der Erzählung aufgedrängt haben. Es ist wichtig, das Erzählen nicht unterbrechen zu lassen, denn oft beantworten sich die Nachfragen zwei Sätze später durch die Darstellung selbst und waren ohnehin mehr

Ausdruck ungeduldiger Neugier. Manchmal ist es auch nur ängstliches Festhaltenwollen, das zu einer Frage führt, und die tiefer gehenden Fragen können gut auch nach der Erzählung gestellt werden. Wenn man als Lehrer immer auf die Unterbrechungen eingeht, kann kein Erzählfluss entstehen und das innere Bild baut sich nicht auf, das für das Erlebnis des historischen Gegenstandes so wichtig ist. In der anschließenden Phase aber ist das alles möglich, und wenn der Schüler mit der Zeit darauf vertrauen kann, dass ein solcher Moment auch kommt, dann wird er sein Bedürfnis nach geäußerter Reaktion bis hierhin aufsparen können: Jetzt kann man die innere Aufmerksamkeit oder Anspannung ein bisschen loslassen und zu einem spontaneren Dialog übergehen, man kann noch einmal Informationen, Begriffe, Zahlen und Namen an die Tafel schreiben, sachliche Nachfragen beantworten oder die Gelegenheit geben, dass sich die grundlegenderen Fragen aussprechen können. Dabei ist es wichtig, dass der Lehrer die Bedeutung der Fragen wahrnimmt und diese entsprechend aufgreift, zugleich aber die Wachheit hat, sie nicht jetzt schon zu beantworten. Solche Fragen wie «Wieso konnten die durch Gold so blind werden?» führen ins Zentrum der historischen Zusammenhänge, würden aber gleich schon eine erklärende Begriffsbildung provozieren und damit den Erkenntnisprozess ablähmen. Hier könnte man, nachdem man betont hätte, dass dies tatsächlich eine sehr gute Frage sei und wir sie unbedingt beantworten müssen, ein bis zwei spontane Antworten zulassen, diese aber mit Fragezeichen versehen, um dann den Prozess abzubrechen, die Frage aufschreiben zu lassen oder nur an der Tafel kurz sichtbar zu machen – unter Umständen reicht auch schon die Ankündigung, dass sie morgen direkt am Anfang dann richtig beantwortet wird –, um dann zur nächsten Frage überzugehen. In höheren Klassen kann man die Schüler auch schon bewusster formulieren und zusammentragen lassen, was ihnen denn aufgefallen sei an den gerade gehörten historischen Abläufen (man kann hier die in den Ereignissen enthaltenen Rätsel bereits sensibel herausarbeiten) und welche Fragen man jetzt stellen könnte, um diese Phänomene zu verstehen. Solche Fragen können dann als Hausaufgabe bearbeitet werden oder die Grundlage für das Gespräch am nächsten Tag bilden.

Je nach dargestelltem Gegenstand kann es auch sein, dass erst einmal nicht Fragen im Zentrum stehen, sondern sich das deutliche Bedürfnis artikuliert, Meinungen loszuwerden und zu diskutieren. Solange in der Diskussion nicht schon Erklärungen, Definitionen, Ergebnisse angesteuert werden, sondern wirklich die subjektiven Empfindungen und Auffassungen zum Zuge kommen, ist so ein Gespräch an dieser Stelle unter Umständen sehr hilfreich und seelisch notwendig. Man kann von einer solchen Diskussion dann überleiten zu einem nächsten Schritt: Jetzt schauen wir uns das noch einmal näher an – um dann an Texten oder Bildern die Eindrücke noch einmal zu vertiefen. Hier findet nun die Quellenarbeit ihren angemessenen Platz: Sie bietet sehr gut die Möglichkeit, das behandelte Ereignis oder die historische Gestalt in einem bestimmten Ausschnitt noch ein wenig mehr und in Eigenarbeit anzuschauen. Hier steht die Quelle in einem Erlebniszusammenhang und muss nicht selbst die erste unmittelbare Begegnung mit dem Gegenstand leisten, sondern kann vielmehr die geschichtliche Erfahrung noch vertiefen. Die Quelle darf nicht zu lang oder zu komplex sein, damit nicht doch wieder eine verfrühte analytische Abstraktionstätigkeit einsetzt, sondern wirklich noch einmal ein weiteres lebendiges, nun aber auf anderem Wege gewonnenes Erlebnis den geschichtlichen Inhalt beleuchtet. Die Beschwerdebriefe an Ludwig XVI. kurz vor der Revolution in kurzen, beispielhaften Ausschnitten kennenzulernen führt die Schüler intensiv an die Ungerechtigkeit jener Zeiten heran, ein Bericht von der ersten Begegnung mit einer Eisenbahn kann die ganze Ambivalenz moderner Technik auf eine konkrete Alltagssituation fokussieren, oder die kritische Stellungnahme Rosa Luxemburgs zu Lenins Niederschlagung des Kronstädter Aufstands lässt die Schüler ein und dasselbe Ereignis von zwei gegensätzlichen Standpunkten anschauen. Die Quelle ermöglicht, dass anhand einer ins Detail geführten Eigenarbeit der Schüler sich wieder «ins Verhältnis» setzt zu dem historischen Gegenstand, indem er nicht nur eine «Nahaufnahme» der

Geschichte hervorbringt, sondern außerdem in der Tätigkeit des Lesens oder Betrachtens sowie Auswertens der Urheber seiner eigenen historischen Wahrnehmung wird, also seine «Mitarbeit» an der Entdeckung des historischen Phänomens erlebt. Hilfreich kann hier auch eine Gruppenarbeit sein, in der sich jeder aussprechen, Ergebnisse erarbeiten und diese präsentieren kann. Die Aufgabenstellungen müssen auch hier wieder so sein, dass sie nicht schon die eigentlichen Ursachen, Hintergründe, Transfers verlangen, sondern eher dazu anregen, sich betrachtend und anfänglich reflektierend in den behandelten Erscheinungen zu bewegen. (Die Frage «Wie wird auf diesem Bild der Ballhausschwur dargestellt?» muss noch nicht übergeleitet werden in eine Erklärung: «Warum hat der Maler diesen Augenblick so sehr mit Licht, Wind und Verbrüderung in Verbindung gebracht?») Manchmal sind solche Arbeitsprozesse aber gar nicht nötig, sondern ein «Charakterisieren» kann auch schlicht darin bestehen, mit den Schülern im Unterrichtsgespräch zusammen erste Qualitäten jenes Ereignisses oder die Eigenschaften dieser Persönlichkeit ungezwungen zusammenzutragen. Jeder Druck der Analyse, des gedanklichen Ergebnisses, der inhaltlichen Vollständigkeit usw. fehlt hier; hier wird betrachtet, abgewogen, ergänzt, innere Beobachtungen werden ausgetauscht, denen spontan widersprochen werden darf u.v.m.

Eine andere Arbeitsform erlangt in dieser Unterrichtsphase einen wesentlichen Stellenwert. Es handelt sich um kreative Aufgabenstellungen, in denen sich die Fantasie des Schülers betätigen kann. Um verständlich machen zu können, was hier gemeint ist, möchte ich an dieser Stelle ein Dokument über die ersten Versuche des Geschichtsunterrichts an der Waldorfschule Uhlandshöhe noch zur Zeit Steiners zitieren. Obwohl es von unschätzbarem Wert ist, ist es so gut wie unbekannt, weil es Teil einer privaten autobiografischen Niederschrift eines ehemaligen Waldorfschülers ist, die nie publiziert worden ist.[636] Bei dem Schüler handelt es sich um den späteren Bildhauer Siegfried Pütz. Er schildert, wie er als temperamentvoller Jugendlicher sehr kompromisslos gewesen sei, es seinen Erziehern nicht immer leicht gemacht und gerade auch im Künstlerischen unerbittlich auf seiner Position bestanden habe. Er war damals sehr eingenommen vom Expressionismus und «in einem extremistischen und bizarren ‹Futurismus› festgefahren. Manchmal war es wohl auch eine gewisse Opposition, aus der ich mich in ‹meine Art› noch hineinsteigerte. Wahrscheinlich bereitete diese ‹Sturheit› im Malen den Lehrern berechtigterweise gewissen Kummer.» Hier setzt nun die erwähnte Stelle ein: «Das hielt wohl bis zum Ende der 10. Klasse an, und hier waren wir wieder einmal bei Walter Johannes Stein im Geschichtsunterricht beim Malen, als Rudolf Steiner hereinkam. Da dieser hie und da in einen Unterricht kam, waren wir seine Besuche ‹gewöhnt›, und so setzten wir nach der Begrüßung unsere Arbeit unbekümmert fort. Ich hatte mir, da es um ein auf Napoleon bezogenes ‹Charakter›-Thema ging, eine besonders ‹wilde› und bizarre Sache angelegt und war ganz in der Durchführung dieser Dinge versunken, als ich aufblickte und sah, dass sowohl Rudolf Steiner als auch Stein mich anblickten. Darauf kam Rudolf Steiner unmittelbar an meinen Platz herüber, sah sich mein Produkt nachdenklich an und fragte, welches Thema ich darstellen wolle. Er hörte sich das an und sagte dann lächelnd, dass das dafür doch noch ‹viel zu zahm› sei. Dann nahm er den Pinsel, löste alle von mir vorgenommenen Starrheiten und das Bizarre auf und verwandelte das Ganze in Kürze zu einem derart Kraftvollen, Wogenden und Drohenden, dass ich trotz Zusehens zuerst fast nicht begriff, wie das möglich war. Aber es schlug unmittelbar in mich ein, dass man nur aus dieser Lebendigkeit und nicht in der bis dahin versuchten Art das wirklich ausdrücken kann, was einen bewegt. Natürlich sagte ich mir das damals nicht in diesen Gedankengängen. Aber mit diesem Erlebnis, das mich bis ins Innerste erregte, war mir eine neue Welt aufgegangen und das vorher Festgefahrene war für immer vorbei. Und wenn ich heute zurückschaue, stand ich eigentlich erst nach diesem, im äußeren Umfang so unscheinbaren Erlebnis wirklich in der von der Waldorfschule ermöglichten und befruchteten Entwicklung.» [637]

Schon der erste Satz ist sehr interessant: Man befand sich im Geschichtsunterricht «wieder einmal beim Malen». Nicht nur bei den

«Kleinen» in den unteren Klassen, sondern auch bei den Sechzehnjährigen der 10. Klasse in der Oberstufe wird gemalt – und zwar nicht nur in
den spezifisch künstlerischen Fächern, sondern in einem so wissenschaftlichen Fach wie Geschichte! Stein scheint dies offensichtlich als regelmäßige Arbeitsform praktiziert zu haben. Dann ist die Rede von einem
«Charakter-Thema»; hier klingt unmittelbar das «Charakterisieren»
am Ende des Unterrichts im Anschluss an die Erzählung an. Wenn die
Aufgabe auf «Napoleon bezogen» war und dann das Ergebnis als etwas
«Kraftvolles» und zugleich «Drohendes» beschrieben wird, muss es
Stein darum gegangen sein, die charakterlichen Eigenschaften des großen
Franzosen mit den Schülern näher in Augenschein zu nehmen. Dies geschieht hier nicht mit Worten im Gespräch, sondern malerisch. Bei einer
solchen Aufgabe ist ganz deutlich, dass nicht gedanklich analysiert und
beurteilt werden sollte, sondern eine Tätigkeit aufgerufen wurde, die ein
Stück weit selber produktiv Napoleon nacherschafft. Der Schüler kann
dies nur leisten, wenn er sich gefühlsmäßig in diese Persönlichkeit hineinversetzt, ihre seelische Gebärdensprache mitvollzieht (hier werden Kraft,
Bewegung und Drohung genannt) und in ihren Wesenszügen qualitativ
lebt. Die Fantasie bildet noch nicht den Begriff, aber sie bereitet den Weg
dorthin. Die Eigenschaften und Handlungen von Napoleon haben die
Schüler gründlich kennengelernt, und wenn sie nun Farben und Formen
finden sollen, die diesem Wesen entsprechen, so hilft bloßes Wissen, also
ein passives und distanziertes, rein konstatierendes Festhalten von Fakten, nicht weiter, sondern ich muss hier schon einen Schritt weitergehen
und die Aktivität aufbringen, innerlich abzuspüren, wie solche Handlungen wie ein Staatsstreich, eine Selbstkrönung, ein Feldzug bis nach
Russland auf mich wirken. Welche Farbe hat solch ein Herrscherwille?
Welche Linienführung und Farbe würde ich einem Charakter geben, der
in kühler, aber perfekter Ordnung den ganzen Staat von oben bis in die
letzten Winkel Frankreichs zentralistisch durchorganisieren will? Erst in
der eigenen Produktivität rufe ich in mir selber die Eigenschaften auf,
die Napoleon charakterisieren und mir allmählich sein Wesen und seine

historische Bedeutung bewusst machen. Sehr wichtig ist dabei, dass Walter Johannes Stein Napoleon nicht gegenständlich «abmalen», sondern letztlich «abstrakt» darstellen ließ: Nicht die ergebnishafte, physische Außenseite interessierte ihn hier, sondern die inneren Gesten des Themas, und diese vermitteln sich nicht durch den Inhalt, sondern durch die Form, d.h. durch die realen, sinnlichen Qualitäten von Farbe und Linie. Stein praktiziert mit seinen künstlerischen Übungen genau jenen imaginativen Bildbegriff, wie er in dieser Schrift dargestellt wurde. Das fantasiegeleitete, seelisch-produktive Beobachten der historischen Gebärden verbindet die Schüler mit der lebendigen Realität der Geschichte. Siegfried Pütz schildert dann ja auch, wie tief ihn vor allem der von Rudolf Steiner noch verbesserte künstlerische Ausdruck «bis ins Innerste erregte» und in ihm eine Welt eröffnete, und es kann einen vor diesem Hintergrund dann schon sehr berühren, dass dieser Schüler später mit der Fachhochschule Ottersberg eine der wichtigsten Kunsthochschulen in Deutschland gegründet und gerade im Sinne des hier beschriebenen Erlebnisses versucht hat, junge Menschen in das Wesen des Künstlerischen hineinzuführen. Es war zwar das Kunsterlebnis, das ihn hier so traf, und er wurde deshalb kein Historiker, und dennoch drängt sich die Frage auf, ob es ein purer Zufall war, dass diese auch im späteren Leben wohl recht temperamentvolle Persönlichkeit dieses biografisch so wichtige Schlüsselerlebnis ausgerechnet an Napoleon gewonnen hat.

Wörtlicher, als dies jedenfalls durch eine solche Fantasieübung geschieht, kann jenes der Phase des «Urteils» entsprechende fühlende Tasten, das sich in ein subjektives Verhältnis zu dem Gegenstand setzt und ihn sich innerlich zu eigen macht, kaum umgesetzt werden. Welch ein Unterschied zu dem Zwang, am Ende des Unterrichts noch analytisch die Erlebnisse auswerten und ein Ergebnis formulieren zu müssen! Jeder, der schon einmal gemalt, plastiziert, musiziert oder auch gedichtet hat, kennt die Freude und die belebende Kraft des künstlerischen Ausdrucks – die Auseinandersetzung mit dem betreffenden Thema oder Gegenstand wird hier zu einem schöpferischen Prozess, der einen sympathisch in die

Welt hineinführt, Interesse und Begeisterung für sie weckt und nicht Distanz erzeugt (an späterer Stelle werden noch weitere Beispiele solcher kreativen Aufgabenstellungen am Ende des Unterrichts beschrieben). Wesentlich ist zugleich aber, dass es bei dieser Aneignungsphase nicht bleibt: Es bleibt nicht bei dem spontanen Erlebnis und dem subjektiven Leben in ihm; die Aufgabe besteht in unserer Zeit darin, die innerlich angeregten, seelischen Gebärden ins Bewusstsein zu heben, sodass der Schüler nicht nur wahrnimmt und befühlt, sondern auch versteht – am nächsten Tag, wenn der Schlaf seine Arbeit getan hat.

1.3 Das morgendliche Gespräch: Der Augenblick der Erkenntnis

Die Signatur unserer menschlichen Existenz, die Aufgabenstellung und das Drama unseres Daseins sind geprägt von seinem Auseinanderfallen in zwei Seiten, zwischen denen sich unser Leben in permanenter Spannung entwickelt: Sinnlichkeit und Vernunft, Wahrnehmung und Begriff, Welt- und Selbsterleben. Seitdem wir vom Baum der Erkenntnis gekostet haben, sind wir nicht mehr selbstverloren-schlafendes Glied eines harmonischen, einheitlichen Ganzen, sondern wir sind aufgewacht zum Bewusstsein und gleichzeitig ein Stück weit herausgefallen aus der Ganzheit der Welt. Rudolf Steiner fasst dies nüchtern und kurz in die Feststellung zusammen: «Bei denkenden Wesen stößt dem Außendinge gegenüber der Begriff auf.»[638] Das Denken hat sich im Laufe der Geschichte immer mehr von diesen «Außendingen» emanzipiert, bis der Mensch sich fast vollständig isolierte und nun die Not empfindet, wie er mit seiner Ratio wieder in die Welt hineinkommt. Der 27 Jahre junge Steiner beschreibt in seinem *Credo. Der Einzelne und das All* die «Sehnsucht» des Menschen «nach der Idee» – also nach einer Überwindung der Einzelheit und einem Zurückfinden zum Geist, das ihn wieder eins sein lässt mit der Welt.[639]

Die große und schwierige Herausforderung besteht also heute darin, diesen existenziellen Vorgang der Erkenntnis zu bewältigen, in dem Erleben und Verstehen, Wahrnehmung und Begriff wieder zusammengeführt werden, sodass der Mensch seine Einsamkeit überwinden kann und seine Gedanken ihn in die Wirklichkeit hineinführen und nicht Natur, Mitmenschen und letztlich ihn selbst zerstören. Insofern kommt dem Unterricht, der solche Erkenntnisprozesse ja schon mit dem jungen Menschen erüben will, eine enorme zivilisatorische Bedeutung zu. Welche Qualität von Begriffsbildung erlebt der Schüler aber über die Jahre hinweg? Hat sich ihm Begriffsbildung als ertötender Mechanismus eingraviert, sodass er in Zukunft selbst nur so denken kann und auch leiblich entsprechende Folgen davontragen wird? Wird er eine Abneigung gegen Erkenntnisprozesse behalten? Der Unterricht ist von dem geschilderten Zivilisationsproblem genauso betroffen wie alles andere auch, und es wird alles davon abhängen, dass hier – an diesem so zentralen Ort – die entscheidende Umwendung gelingt und der Heranwachsende als Schatz seiner Schulzeit ein instinktives Vertrauen in Erkenntnis und das Vermögen mitnehmen wird, diese auch produktiv zu vollziehen. Es kommt also nicht nur auf die Erzählung bzw. die wie auch immer geartete Wahrnehmung von Geschichte an: Ein ebenso anspruchsvolles Geschehen ist der gedanklichauswertende Teil, den Rudolf Steiner «Begriff» nennt. Hier erübt der Schüler eine Kultur der Erkenntnis, die ihm eine wertvolle Begegnung mit dem Element des Gedanklichen als solchem ermöglicht.

Der Begriff ist ein Ereignis, nur ein ganz anderes als das Wahrnehmungserlebnis der Erzählung. Es kann eine überwältigende Erfahrung sein, wenn man erlebt, dass der Begriff gar nicht etwas Künstliches, zur fertigen, «realen Welt» Hinzugefügtes sein muss, sondern durch ihn in Wirklichkeit die sprachlosen Einzeleindrücke mit einem Schlag Ordnung, Gestalt und damit Leben annehmen können. Kaum ist der Begriff je so gewürdigt worden wie in der *Philosophie der Freiheit* Steiners: «Mit welchem Rechte erklärt ihr die Welt für fertig, ohne das Denken? Bringt nicht mit der gleichen Notwendigkeit die Welt das Denken im

Kopfe des Menschen hervor, wie die Blüte an der Pflanze? Pflanzet ein
Samenkorn in den Boden. Es treibt Wurzeln und Stengel. Es entfaltet
sich zu Blättern und Blüten. Stellet die Pflanze euch selbst gegenüber.
Sie verbindet sich in eurer Seele mit einem bestimmten Begriffe. Warum
gehört dieser Begriff weniger zur ganzen Pflanze als Blatt und Blüte?
Ihr saget: die Blätter und Blüten sind ohne ein wahrnehmendes Objekt
da; der Begriff erscheint erst, wenn sich der Mensch der Pflanze gegenüberstellt. Ganz wohl. Aber auch Blüten und Blätter entstehen an der
Pflanze nur, wenn Erde da ist, in die der Keim gelegt werden kann,
wenn Licht und Luft da sind, in denen sich Blätter und Blüten entfalten
können. Gerade so entsteht der Begriff der Pflanze, wenn ein denkendes
Bewusstsein an die Pflanze herantritt.»[640] Manchmal kann man erleben,
wie Schüler selbst bemerken, dass sie das Denken kennenlernen – wie
sie feststellen, dass sie bisher noch nie solche Fragen gestellt haben,
dass es eine große Entdeckung sein kann, plötzlich einen Sachverhalt
zu durchschauen, dass es eine Souveränität des originellen, freien, überraschenden und zugleich tiefgründigen Verstehens gibt, das einen die
Dinge in einem völlig neuen Licht erscheinen lässt usw. Das Erleben von
Evidenz, die Lösung, die Idee, die schlagartig eine Perspektive eröffnet
– das sind Erfahrungsmomente, die biografisch von großer Bedeutung
sein können. Die Leistung des Begriffes besteht darin, den durch den
Anstoß an die Welt entstandenen Prozess der Beunruhigung, Bewegung und schöpferischen «Chaotisierung» des seelischen Innenlebens
wieder zu einer Befestigung, zur Ruhe und Sicherheit zu bringen. In
der Erkenntnis muss der Schüler erleben können, dass seine Gedankentätigkeit mit den Zusammenhängen der Welt übereinstimmt, dass die
von ihm gefundenen Gesetze stimmen. Er erlebt in sich die Ordnung
der Außenwelt und kann sich damit in dieser tatsächlich beheimatet
fühlen. In seinen *Grundlinien einer Erkenntnistheorie der Goetheschen
Weltanschauung* charakterisiert Steiner die Bestimmung des Erkennens:
Sie «besteht darinnen, der unabgeschlossenen Erfahrung durch das Enthüllen ihres Kernes ihren Abschluss zu geben».[641] Dieser beruhigende

Abschluss entsteht dadurch, dass der Erkennende in den Inhalten seiner Erfahrungen – in unserem Falle also in den geschichtlichen Erlebnissen – als «Kern» die Idee findet. Das Befriedigende, das dabei erlebt werden kann, ist, dass in der äußeren Welt Gedanken enthalten sind und dass meine Gedanken reale Welt enthalten.

Damit kommen wir wieder zurück zu den im Kapitel über Wachen und Schlafen charakterisierten anthropologischen Tatsachen. Den hier beschriebenen Erkenntnisvorgängen liegt immer zugleich eine medizinisch-menschenkundliche Realität zugrunde. Wir erinnern uns, dass der Schüler die im Unterricht gewonnenen historischen Erlebnisse in der Nacht in die geistige Welt mitnimmt, wo sie in die wahren, wesenhaften Zusammenhänge der geschichtlichen Realität hineingestellt und verarbeitet werden und wie zugleich aber in den physischen und ätherischen Prozessen im schlafenden Körper jene äußeren «Fotografien» weiterwirken, bis am nächsten Morgen im Unterricht dann der Schüler unbewusst im Aufwachen von Ich und Astralleib in den unteren beiden Wesensgliedern beide Prozesse ineinanderfügt. Sein diesseitiges physisches Wesen empfängt eine Idee, und in diesem Moment ist der junge Mensch für einen Augenblick ein «ganzes» Wesen, geistige und irdische Existenz werden eine Einheit und befördern damit Inkarnation – wie eben im Erkenntnismoment Wahrnehmung und Begriff zusammenfallen und Wirklichkeit entstehen lassen. Rudolf Steiner spricht in seinen ersten Lehrervorträgen genau diesen Zusammenhang an, wenn er betont: «Was wir als Begriff ausbilden, das steigt hinunter bis in die tiefste Tiefe des Menschenwesens, geistig betrachtet, steigt hinunter bis in die schlafende Seele. Der Begriff steigt hinunter bis in die schlafende Seele, und dies ist die Seele, die fortwährend am Leibe arbeitet.»[642]

Damit ist aber schon angedeutet, wodurch sich jene Erkenntnisprozesse auszeichnen, die tatsächlich die beschriebene Vereinigung von Erfahrung und Gedanke und letztlich den Moment von Wirklichkeit und Inkarnation gelingen lassen: Die Vorstellungen, die der Schüler bildet, müssen die Chance erhalten, sich von der sinnlichen Außenwelt loszulösen, in die realen Lebensvorgänge der Welt einzutauchen und ihren Inhalt aus der nächtlichen Sphäre tatsächlicher geistiger Zusammenhänge zu empfangen. Wenn dann der Schüler morgens wieder über denselben Wahrnehmungsinhalt nachdenkt, verbindet sich sein bewusstes äußeres Vorstellen mit dem als Essenz aus dem Schlaf mitgebrachten, unbewussten geistigen Gehalt des am gestrigen Erlebnis gebildeten Gedankens, und es entsteht bei entsprechender innerer Aktivität der Begriff. Damit hat der Begriff aber eine entscheidende Qualität: Er ist lebendig. Er ist aus einem Lebensprozess hervorgegangen, indem er aus der Bindung an die materielle Vorstellung befreit wurde und den im Unbewussten wirkenden Lebenskräften überlassen wurde, die ihn «bearbeitet» haben, und er wird insofern die Eigenschaft haben, dass sein Inhalt nicht auf die äußeren Sinnesinhalte fixiert ist, sondern aus jener geistigen «Essenz» besteht, die ganz unabhängig von äußeren Gegebenheiten ihre Realität behält und im Lebenszusammenhang weiterwirkt, weil sie ja selber Leben ist. Sie kann also wachsen, sich verwandeln, andere Gestalten annehmen und dennoch als Gewinn dem Menschen sein Leben lang erhalten bleiben. Das Gegenbild dazu ist die Definition: Wenn der Schüler auf der Grundlage seiner gegenständlichen Vorstellung festlegen soll, was «die Renaissance ist», so wird diese Erklärung immer an den materiellen Sinnesinhalt gebunden und schematisch bleiben, und damit ist der so gewonnene Begriff abgestorben. Der Schüler wird ihn nur wie einen toten, unveränderlichen Gegenstand technisch seinem Gedächtnis einprägen können, er wird aber nicht weiterwirken und später neue Sichtweisen, Einsichten etc. veranlassen können.

Schon das *Zurückhalten* des begrifflichen Verstehens in den beiden vorangehenden Abschnitten des Unterrichts ist eine erste und bedeutende Leistung eines lebendigen Erkennens. Dies ist aber trotzdem nur eine Voraussetzung für die weiteren Schritte, der Unterricht darf nicht bei dem bloßen Erlebnis stehenbleiben, sondern muss dem Bedürfnis nach emanzipiertem Urteil und damit Bewusstsein gerecht werden. Der Weg von der unmittelbaren Begegnung mit dem Gegenstand bis zum lebendigen Begriff geht, wie wir gesehen haben, über das Charakterisieren. In den Vorgang des Charakterisierens schließt Rudolf Steiner die Bemühung ein, verschiedene Inhalte «aufeinander [zu] beziehen»:[643] Man solle Tintenfisch, Maus und Mensch nicht nur dann behandeln, wenn sie jeweils für sich irgendwann in der entsprechenden Lerneinheit an die Reihe kämen, sondern schon zwischendurch direkt nebeneinanderstellen, vergleichen und daran zu Erfahrungen kommen, die sich gegenseitig beleuchten und viel reicher und nachhaltiger sind als die Definition eines Tintenfisches.

Wir gehen hier zu einer Tätigkeit über, die am Ende des Unterrichts in der Phase des «Urteilens» beginnt, vor allem aber am nächsten Tag im auswertenden Gespräch dann ganz zur Entfaltung kommt. Im Gespräch werden Beobachtungen, Eindrücke, nun aber auch Erklärungen, Meinungen, Urteile gemeinsam bewegt, hier werden nicht nur Fragen gestellt, sondern auch Antworten versucht, grundsätzliche Ideen formuliert und diskutiert. Auch dieses Übungsfeld wird erst durch den Epochenunterricht in seiner ganzen Möglichkeit und Qualität gewürdigt: Wenn ein Gespräch, das nach Erkenntnis strebt, wirklich ein Gespräch sein soll, dann muss es Zeit bekommen; die ihm eigene, notwendige Dynamik muss sich entfalten können, sonst bleibt es eine künstliche Veranstaltung, die ihre gelenkte, zweckgesteuerte Absicht sofort verrät. Ein Gespräch definiert sich ja geradezu dadurch, dass es ein doppelseitiger Prozess ist, also ein Vorgang, der nicht von einer Seite vorgegeben ist. Das verlangt Offenheit und Zeit. Wer einmal auf ein Gespräch zurückgeblickt hat, das wirklich wesentlich war und zu inneren Durchbrüchen, Einsichten, Erkenntnissen usw. geführt hat, der weiß, dass eine Stunde da überhaupt nichts ist. Was sollen da also die letzten zehn bis fünfzehn Minuten in einer Unterrichtsstunde erbringen? Gespräch muss da eine Illusion bleiben. Der Anfang einer fast zweistündigen Unterrichtseinheit ist demgegenüber ein Geschenk an die Zeit und an jeden realen Erkenntnisprozess. Hier wird die Begegnung zwischen Menschen in dem Bemühen um gemeinsame Ideenfindung zu einer ernst gemeinten Suche, zu einem Abenteuer und zugleich verantwortlichen Ringen um Weltverständnis bzw.

um Lösungen zur Bewältigung der von der Welt aufgegebenen Herausforderungen. Gedanken werden hier wichtig.

Zugleich wird schnell deutlich, dass dieses morgendliche Gespräch, das vielleicht eine halbe Stunde, sehr leicht aber auch wesentlich länger dauert, ein hoch sensibler Vorgang ist. Es ist der Augenblick, in dem die Schüler – zum Teil noch müde und noch gar nicht richtig «da» – in der Schule ankommen, von den Eindrücken in Bus oder U-Bahn, auf dem Fahrrad oder Fußweg eingenommen sind, sich mit ihren Mitschülern über die gestrigen Erlebnisse austauschen, um dann in einen konzentrierten Lernprozess der Reflexion, Deutung und Urteilsbildung einzutreten ... Da braucht es Zwischenstationen und Hilfestellungen wie die Rezitation (das willentliche Ergreifen von Sprache ist an dieser Stelle äußerst wertvoll, es kann in unserem Zusammenhang aber nicht eigens thematisiert werden), vielleicht einen ersten Austausch über die aktuellen politischen oder gesellschaftlichen Ereignisse des heutigen oder letzten Tages. Nun tritt aber ein Moment ein, den der Lehrer sehr aufmerksam wahrnehmen und gestalten sollte: Nach diesen ersten Schritten des Ankommens wenden sich die Schüler nun dem gestrigen Unterrichtsgeschehen zu, und nun ereignet sich der Augenblick der Öffnung. Im ersten Bewegen der tags zuvor behandelten Inhalte entsteht Empfänglichkeit: Jetzt kann die Essenz der nächtlichen Verarbeitung jener Inhalte in die gegenwärtige Gedankenbildung eintreten, Ideen, Einfälle, Fragen können plötzlich aufblitzen und das geistige Wesen des Schülers momenthaft ganz im Hier und Jetzt «ankommen». Das geschieht meistens nicht einfach von selbst, sondern der Lehrer muss diesen Augenblick anregen. Es erfolgt kaum durch eine routinierte Aufforderung: «Jetzt holt mal eure Hausaufgaben raus», auch nicht durch ein angsterzeugendes Abprüfen von Gewusstem oder anderen Maßnahmen. Vielmehr kann der Lehrer zunächst ein sehr prägnantes Zitat vorlesen, ein aktuelles Ereignis schildern, mit einer These provozieren o.Ä. – so wärmt sich der Schüler mit dem Gegenstand an, wird wach, entwickelt Interesse und wird aktiv. In einer 9. Klasse kann es durchaus noch Befriedigung erzeugen, einige Inhalte vom letzten Tag noch einmal wiederholen zu lassen, also durchaus technisch in Erinnerung zu rufen; wichtig ist hierbei aber tatsächlich, dass dies aus einer Fragestimmung heraus geschieht – also aus einem Moment des interessierten Wissenwollens und nicht aus einem autoritativen oder gewohnheitsmäßigen Mechanismus heraus. Sobald dieser Vorgang zu einer didaktischen «Motivationsphase» wird, verliert die Gesprächssituation ihre Wahrhaftigkeit, Aktualität und Empfänglichkeit – dem Lehrer muss jenes Zitat oder jenes Bild selbst ein Anliegen sein, es muss Ausdruck einer realen Frage sein, sonst kann nicht die nötige produktive Tätigkeit entstehen, die real jene Gebärden bildet, die den Boden für das «Hinabsenken» des Begriffes in die Vorstellungen bereiten. Ist jetzt eine solche angeregte Gesprächsatmosphäre entstanden, kann auch der Vortrag einer oder mehrerer Hausaufgaben (Vorsicht: Zu langes Vorlesen kann diese gedankliche Produktivität wieder zum Einschlafen bringen!) wertvoll und am rechten Platze sein.

Nun zeigt es sich, ob der Lehrer einen Begriff von «Symptom» hat, denn die Fragen, auf die es nun ankommt, entzünden sich nur an einem überschaubaren, sehr prägnanten und bildstarken Beispiel, das sinnlich-konkret und tiefgründig zugleich ist – an dem anschaulichen Einzelfall also zu größten allgemein menschlichen Zusammenhängen hinführt. Die Erzählung des letzten Tages muss solche Bilder enthalten, damit man später dann an sie anknüpfen kann. Ich habe immer wieder erlebt, wie solche konzentrierten, bezeichnenden Bilder wie Samenkörner für gewaltige und bedeutende Gespräche gewirkt haben: Der vorgezeigte und den Schülern in die Hand gegebene Faustkeil erweckt Betrachtungen über das Verhältnis von Mensch und Natur, über die menschliche Hand, die Entstehung der ersten eigenständigen Gedanken (ein Werkzeug fügt der Außenwelt etwas hinzu); die Schilderung eines jungen Mannes, der ins Kloster eintritt und ein Schweigegelöbnis ablegt, provoziert Reflexionen über das eigene Reden, den Wert der Stille und Kontemplation, aber auch über das schwierige Verhältnis von Autorität und Freiheit, Demut und Unterwerfung, Glauben und Erkenntnis; die Erfindung der Guillotine und die

Frage, warum man diese wohl gebaut hat, erzeugt ein umfassendes Gespräch über moderne Tötungstechniken und die aktuelle Problematik des Auseinanderfallens von Handlung und Empfindung (unter Umständen beleuchtet durch Zitate aus der *Antiquiertheit des Menschen* von Günther Anders); der kurze Zeitungsartikel über die Tasse Kaffee, die insgesamt 140 Liter Wasser benötigt, wirft mit einem Schlag die Thematik der Globalisierung auf und eröffnet den Blick auf die weltweiten Zusammenhänge modernen Wirtschaftens. Wichtig ist dabei, dass die Fragen immer zu dem ganz konkreten historischen Phänomen zurückkehren, denn es muss erlebt werden können, dass Geschichte nicht aus allgemeinen, philosophischen Wahrheiten besteht, sondern sich im einzelnen menschlichen Schicksal die grundsätzlichen existenziellen Lebensfragen individualisieren, ich selber also mit den betrachteten geschichtlichen Vorgängen auch zusammenhänge. Die vom Lehrer ins Gespräch eingebrachten Anschauungsinhalte sind wie Kerne eines geistigen Zusammenhangsgeflechts, das sich immer mehr erweitert, je aktiver und gründlicher die gedanklichen Betrachtungen sich entwickeln. Der Schüler kann an solchen «Symptomen» erleben, wie sein eigenes Denken immer mehr in die Tiefe führt und sich dadurch Hintergründe erschließen, die er bislang gar nicht erahnt hatte, die aber erst die eigentliche Wirklichkeit sichtbar machen.

Jetzt werden Fragen gestellt wie: «*Warum* ist es zu dieser Revolution gekommen?» oder «*Was ist* denn eigentlich in Wirklichkeit Gleichheit?», «Ist die EU eine Chance oder eine Gefahr für Europa?» Urteile werden gebildet, die nun aber aus der behandelten Sache begründet sein müssen und nicht mehr nur Meinungen sind; Beziehungen werden hergestellt, die dem Denken abverlangen, über die Einzelheit hinauszugehen und Zusammenhänge herzustellen («Haben wir solch eine Situation nicht schon einmal gehabt?», «Was ist denn das Gemeinsame zwischen den Vorgängen in Berlin und Prag?»). Um die gedankliche Fantasie anzuregen, ist es hilfreich, einmal ganz an die eigene Lebenssituation heranzugehen und ein sehr vertrautes, konkretes Beispiel aus dem eigenen Alltag anzusprechen, um eine Idee davon zu erwecken, worum es damals eigentlich ging: «Wo haben Sie denn schon einmal erlebt, dass Anstrengung gar nicht nur etwas Lästiges und Ärgerliches war, sondern letztlich eine Herausforderung, an der Sie erst so richtig gewachsen sind?» (zum Verständnis der Sesshaftwerdung); «Wo haben Sie es erlebt, dass eine gemeinsame Anstrengung eine Gruppe zusammenschweißt und ihr geradezu eine Identität und Sinn gibt?» (Bau der Pyramiden in Ägypten); «Was passiert mit einem, wenn man sich quälend langweilt?» oder «Was ist das größte Problem für einen Arbeitslosen, ist das nur das Geld?» (beides zum Nationalsozialismus: die von Inge Scholl und anderen beschriebene Sehnsucht der Jugendlichen, ernst genommen zu werden, ein Ziel zu haben und Betätigung zu finden; die Problematik der Massenarbeitslosigkeit als Boden für Hitlers Aufstieg). Hier geht es wieder nicht um simplifizierende Veranschaulichung durch Ineinssetzung von Vergangenheit und alltäglicher Gegenwart, sondern um das Auffinden der historischen Gebärde im eigenen Menschsein. Solche Reflexionen sind insofern auch nicht als bloße Gedankenanregung gemeint, sondern sollen die Erkenntnis befördern, wie die Geschichte mit der eigenen Gegenwart zusammenhängt. Gerade der Wechsel von der großen historischen Ereigniskette zu der ganz detaillierten, kleinen Gegebenheit meines Alltagslebens und von dort wieder zurück zum geschichtlichen Prozess vermittelt die Anwesenheit des historischen Zusammenhangs in den Momenten des eigenen, heutigen Handelns.

Vor dem Hintergrund dieser Tatsachen wird Platons Charakterisierung des Sokrates als «Hebamme des Denkens» sehr nachvollziehbar und erhält eine tiefe Wahrheit: Der Pädagoge hat tatsächlich diese große Aufgabe, die der viel augenscheinlicheren und «handfesteren» Tätigkeit der Hebamme letztlich in nichts nachsteht. Diese Gedankengeburten sind zwar scheinbar unsichtbar und damit schwebend und leicht, in Wirklichkeit ist die geistige Hebammenkunst aber nicht minder anstrengend, schmerzlich, dramatisch – und: beglückend! In einem gewissen Sinne ist sie vielleicht sogar schwerer, denn es gibt nichts anzufassen – alles geschieht hier nur durch Worte, die die Gedanken ergreifen und ihnen ans Tageslicht helfen müssen. Tritt solch ein Moment der Erkenntnis dann ein, fällt eine Idee sozusagen vom «Himmel», so kann man solche Augenblicke tatsächlich mit einer Geburt vergleichen: Ein gelingendes Gespräch kann etwas haben von einem Pfingstereignis, in dem Menschen verschiedener Sprachen, also Verständnisweisen, Auffassungen etc. mit einem Male wie vereint sind in einer gemeinsamen Idee, die momenthaft alle Beteiligten ausgefüllt und verstehend verbunden hat.

Sokrates übte seine Hebammentätigkeit im Gespräch aus; darin spricht sich urbildhaft dessen ungeheurer Wert, seine Bedeutung für die gesamte Existenz des Menschen aus. Goethe hat dies unübertroffen in seinem *Märchen* ausgedrückt: «Was ist herrlicher als Gold? Das Licht. Was ist erquicklicher als das Licht? Das Gespräch.» Im Gespräch vereinigt sich der Mensch, gibt sich an den Anderen ab, nimmt ihn zugleich in sich hinein und wird dabei selber ein anderer – es entsteht zwischen den Sprechenden etwas Neues, Höheres, das eine bisher ungekannte Wirklichkeit zur Erscheinung bringt: eine Idee, eine Erkenntnis, ein Entschluss oder anderen. Sozial, erkenntnismäßig, biografisch, gesellschaftlich-lebenspraktisch kann es kaum wertvollere Momente geben als jene Begegnungen, die sich zwischen den Schülern im Zuhören, Aussprechen, Mitdenken und Gedankenbilden ereignen. Bei Sokrates bzw. Platon hatte das Gespräch nun allerdings noch etwas Methodisches, fast Schematisches, wo der eine den anderen systematisch anführte und schrittweise zur stringenten Logik antrieb, prüfte, manchmal wie in einer Art Wettkampf herausforderte oder gar vorführte, sodass diese Gespräche ja zum Teil auch regelrecht gefürchtet waren. Der Anlass zu einem solchen Gespräch war nicht ein soziales Interesse an dem Anderen, das Bedürfnis gegenseitigen Austausches o.Ä., sondern es ging um ein regelhaftes Beweisen der Wahrheit – diese stand über dem Menschen und war dem, der sie noch nicht verstanden hatte, unwiderlegbar vor Augen zu stellen. Diese Gesprächsführung gehört einer anderen, noch autoritativ gestützten Zeit an. Heute geht es um ganz andere Qualitäten, in denen der eigenständige Mensch weniger «mathematisch» als künstlerisch im freien, spontanen Dialog dem anderen begegnet. Dieser Prozess ist tatsächlich eine Kunst. Ein Gesprächsverlauf lässt sich nicht äußerlich planen oder berechnen, er ist oft gekennzeichnet von unerwarteten Wendungen, sodass hier die Fähigkeit gefordert ist, sich nicht an einem fertigen Konzept oder Regelwerk festzuhalten, sondern sensibel auf die sich ergebenden Situationen zu reagieren und diese zu gestalten – insofern in einem ganz anderen Sinne als im mathematischen zu «ordnen». Es bedarf einerseits der Kraft und Disziplin, das Gespräch anzuleiten und zu Ergebnissen zu führen, andererseits des Mutes, die ursprüngliche «Linie» zeitweilig zu verlassen und den spontanen Reaktionen und Äußerungen der Schüler Raum zu geben, Unerwartetes oder auch Unvollkommenes sich aussprechen zu lassen, wichtigen, sich aktuell entwickelnden Gedanken nachzugehen, Sprech- bzw. Denkpausen zuzulassen und auf den entscheidenden «Einfall» zu warten, plötzliche, neue Fragen zu formulieren usw. Es sind zwei polare Bewegungen, die der Lehrer ständig ausführen muss: Einerseits muss er die Sache und die Notwendigkeit eines gestalteten Erkenntnisvorgangs vor sich haben, andererseits Interesse an den einzelnen Menschen haben, die jetzt, in diesem Augenblick, vielleicht zum ersten Mal über diese Frage nachdenken, diese spezielle Meinung mitbringen, in dieser heutigen Verfassung sind etc. Er muss einerseits formen und andererseits wahrnehmen, ordnend eingreifen und sich ganz dem Geschehen überlassen, Vorbereitetes bedenken und auf das Geschenk eines unausdenklichen, völlig neuen Erkenntnismomentes vertrauen, der sich durch einen Schüler originär formuliert. Er muss lehren und lernen zugleich.

Vielleicht hat man es schon bemerkt: Wir sprechen immer wieder von Schillers Begriff des Künstlerischen in seinen *Ästhetischen Briefen*, wir beschreiben ständig die schwebende, immer wieder neu herzustellende Betätigung des «Spieltriebes», der zwischen «Formtrieb» und «Stofftrieb» vermittelnd, sie steigernd und über sich hinausführend den ästhetischen Zustand gestaltet, in dem Ordnung verlebendigt, Leben geordnet wird und Freiheit entsteht. Der Schüler fühlt sich nicht überformt und dem historischen Wissen unterworfen, er verbleibt aber auch nicht nur in seinen Meinungen, sondern wird angeleitet zu einem produktiven Erkenntnisvorgang, der ihn biografisch weiterführt. Wenn der Lehrer direkt und rückhaltlos auf seine Äußerung eingeht, sich auch die nächste anhört und dann plötzlich wieder zur ursprünglichen Linie zurückfindet, kann der Schüler die Kraft gedanklicher Gestaltung erleben, zugleich aber auch das ehrliche und zutiefst menschliche Interesse an dem Gegenüber. Man empfindet vielleicht sogar Dankbarkeit für den Eingriff in das Chaos, wenn der Lehrer die Geistesgegenwart hat, die fünfte Meinungsäußerung nun nicht mehr zuzulassen, sondern kompromisslos für Ruhe zu sorgen und den Stand der Diskussion zusammenzufassen. Genauso dankbar wird er aber sein, wenn er plötzlich erlebt, wie der Lehrer seine eigene (des Schülers), gestern zaghaft und leise vorgebrachte Überlegung oder Frage wörtlich zitiert, aufgreift und in den Mittelpunkt der Auseinandersetzung stellt, die Gedanken der Schüler an die Tafel schreibt oder einfach noch einmal nachfragt, ob er ihn, den Schüler, richtig verstanden habe.

Das Künstlerische ist nicht nur eine Frage der erzählerischen Komposition oder der Fantasieübung in der Phase des «Urteils», sondern es erstreckt sich auf alle drei Ebenen des Unterrichts. Mit Schillers Ästhetik versteht man sehr gut, was in dem morgendlichen Gespräch stattfindet. Das Gleichgewicht zwischen Formung und interessiert-wahrnehmender Hinwendung zum Schüler und zur spontanen Gesprächssituation herzustellen ist ein künstlerischer Vorgang, der zwar eine Ordnung gestaltet, aber immer neu aus dem Moment heraus und damit lebendig. Dieser Vorgang ist sehr anspruchsvoll, denn dem Lehrer wird viel abverlangt: Er muss gedanklich die verschiedensten Äußerungen verstehen, also die geistigen Inhalte beherrschen, er muss ein Ziel im Auge haben und dennoch das Wagnis aufbringen, sich scheinbar zunächst ganz von ihm wegzubewegen. Er muss steuern und insofern die Kraft zum anstrengenden Durchgreifen haben, er muss sich unter Umständen auf sehr unpopuläre Weise zum «Prellbock» für die gesammelte Wucht aller gegen den Lehrer gerichteten Meinungen machen (manchmal sind Fragestellungen so anspruchsvoll, dass tatsächlich erst einmal alle einer Meinung sind und der Lehrer provozieren muss, nicht um seine Meinung durchzusetzen, sondern um ein Nachdenken zu erzeugen – oft missverstanden als sture Lehrerideologie), andererseits muss er ungemein aufmerksam sein für die unscheinbarsten gedanklichen oder sprachlichen Regungen eines Schülers; oft kann ein Aufleuchten der Augen oder ein Sich-Aufrichten auf dem Stuhl verraten, dass in einem Schüler eine Erkenntnis aufgeblitzt ist. Standfestigkeit und Zuwendung, Überblick und Spiel mit der alltäglichen Einzelheit, Ernst und Humor müssen einander abwechseln und selber in ein Gespräch treten. Bei sich zu sein und zugleich beim Andern – das ist die große Herausforderung für den Pädagogen im Gespräch.

Die Aufgabe ist anspruchsvoll: Es erfordert Erfahrung, sich nicht völlig in der Diskussion zu verlieren, nach Abarbeitung der präzise ausformulierten Fragen plötzlich nicht mehr zu wissen, was man jetzt noch besprechen soll usw. Ein Lehrer, der eine existenzielle Verantwortung gegenüber diesen Prozessen verspürt, wird an dieser Stelle den Wert des eigenen inneren Übens bemerken. Es gibt unterschiedliche Wege, sich hier konkret zu schulen. Zentral ist bezüglich der hier angesprochenen Fähigkeiten eine der von Rudolf Steiner beschriebenen, die Erkenntnisschulung begleitenden moralischen «Nebenübungen»: die Übung der *Konzentration*, bei der man für fünf Minuten versucht, die eigenen Gedanken nur auf einen Inhalt zu richten (z.B. auf die Frage, wie ein Löffel hergestellt wird).[644] Auch die Tagesrückschau ist hier wieder sehr wertvoll, weil diese eine solche Kraft der willentlichen Gedankenführung erfordert, dass man dann in ganz alltäglichen Situationen ein ausgeprägtes Bewusstsein für die Stringenz eines Gespräches, einer Gedankenreihung etc. bekommt. Diese Übungen helfen einem, jene «Linie» des Gespräches zu gestalten, zu halten und seine Turbulenzen zu meistern. Ein ganz anderes Üben ist nötig, wenn man ein wirkliches Interesse für die einzelne Äußerung, ein Wahrnehmen des Schülers entwickeln möchte. Hier ist grundlegend für die gesamte Frage nach dem Verhältnis zum Schüler, wenn es einem gelingt, sich vor dem Einschlafen oder morgens vor der Schule einzelne

Schüler innerlich noch einmal vor Augen zu stellen. Man erinnert sich dabei nicht nur an einzelne wichtige Unterrichtssituationen, die unter Umständen ganz leicht untergegangen wären, sondern vor allem verbindet man sich dabei grundsätzlich so stark mit dem Schüler, dass jeder Kontakt zu ihm dadurch eine Steigerung erfährt. In seiner Schrift *Wie erlangt man Erkenntnisse höherer Welten?* schildert Steiner eine sehr bedeutende, für den esoterischen Schulungsweg überhaupt maßgebliche Übung, in der es darum geht, sich selbst ganz von außen anzuschauen, also sich in einer bereits erlebten Situation wie einen Beteiligten zu sehen, der man gar nicht ist.[645] Dies stärkt die Fähigkeit, von sich selbst loszukommen und sich wahrnehmend mit dem Umkreis zu verbinden. Die Beiträge der Schüler in ihrer oft erstaunlichen Tiefe und Originalität aufgreifen, verstehen und im Gespräch fruchtbar machen zu können – also dem gerecht zu werden, was als das ganz Neue, unter Umständen noch nie Gedachte von den Schülern als Fähigkeit mitgebracht wird – setzt wiederum geistige Regsamkeit, Beweglichkeit und einen weiten gedanklichen Horizont voraus, den man insbesondere natürlich durch das Studium substanzieller Schriften, durch kontinuierlichen gedanklichen Austausch und durch geistige Forschung – mag sie sich in einem noch so bescheidenen Rahmen abspielen – ausbildet und stärkt.

Es zeigt sich hier, dass es letztlich um zentrale Bestandteile des geistigen Schulungsweges geht. Nicht aus Gründen ideologischer Vorlieben, sondern aus den sachlichen Herausforderungen des konkreten Unterrichtsgeschehens heraus wird immer wieder die Notwendigkeit spiritueller Ausbildung deutlich. Die Schüler suchen im Lehrer den Menschen – Mensch ist man aber nicht einfach von selbst (das kann man gerade als Lehrer sehr unmissverständlich erleben), sondern man steht hier natürlich vor einer ständigen, nie abgeschlossenen Entwicklungsherausforderung. Es handelt sich hier weniger um strategische «Methoden» als vielmehr um ein persönliches Üben – ob in der Ausbildung künstlerischer Fähigkeiten, im Wahrnehmen eines anderen Menschen, in Konzentration oder Geistesgegenwart.

534

Bei dieser Darstellung der Qualitäten eines Unterrichtsgesprächs kann sich sofort ein Einwand erheben: Wie soll ein Dialog wirklich spontan und ungeplant sein können, wenn der Lehrer doch zugleich ein Ziel verfolgt, Erkenntnisrichtungen vor sich hat oder gar Lernergebnisse ansteuert? Ist das nicht letztlich doch ein künstlicher Vorgang, der immer ein Stück weit vom Lehrer vorgegeben wird, sodass die Rede von der künstlerischen Offenheit nicht ganz ehrlich ist? Tatsächlich wird von Schülern des öfteren der Vorwurf erhoben, dass der Lehrer ja doch genau wisse, was «rauskommen» soll. Wir berühren hier eine sehr subtile und wichtige Frage, die nur sehr differenziert zu beantworten ist. Es kann in der Tat eine tiefe Enttäuschung für den Schüler sein, wenn er spürt, dass die Frage des Lehrers nur vorgetäuscht war, dass in Wirklichkeit doch gar nicht die eigene Erkenntnis gewünscht und gesellschaftlich gefragt ist, sondern über meinen Kopf hinweg die Welt schon fertiggestellt wird. Damit ist eine wirkliche Empfänglichkeit für die geistige Ideenwelt schon gar nicht mehr möglich. Es muss jene Offenheit also ganz real sein, sonst ist das gesamte Unterfangen zum Scheitern verurteilt. Andererseits wäre es nicht ehrlich, wenn man nicht zugeben würde, dass der Lehrer natürlich vorbereitet ist, ein Ziel vor Augen hat, selber schon zu Erkenntnissen gekommen ist – das wird auch von den Schülern geradezu erwartet, denn das ist ja seine Aufgabe, seinen Erkenntnisvorsprung pädagogisch zur Verfügung zu stellen. Unvorbereitete Gespräche aus dem Nichts heraus können qualvoll und destruktiv sein und unter Umständen einer noch größeren Ideologie entspringen wie vorgegebene Ergebnisse.

Wir stoßen hier auf einen scheinbar unlösbaren Widerspruch, der sich nur überwinden lässt, wenn man zu einem vertieften Begriff von «Vorbereitung», «Vorgabe» etc. gelangt. Man kommt an dieser Stelle nur weiter mit einem Wissen um die bereits charakterisierten Qualitäten des schöpferischen Vergessens. Lässt der Lehrer sich von einer festen, abgeschlossenen Vorstellung leiten, die er sich gebildet hat und die nun permanent sein Bewusstsein ausfüllt, wird genau jene Unterwerfung und Verletzung des Schülers eintreten und es wird sich keine aktuelle Erkenntnis aus dem Moment heraus ereignen können. Eine fehlende Vorbereitung wird aber gar nicht erst die Möglichkeit geben, mit Schülern zu solchen Erkenntnissituationen hinzulangen, zu bemerken, wie wichtig gerade diese spontane Äußerung ist oder wie aufmerksam man diesen einen Gedankenfaden verfolgen sollte etc., weil gar keine Kriterien existieren, nach denen man solche Momente *wahrnehmen* könnte. Es muss eine intensive Gedankenarbeit vom Lehrer vorausgegangen sein, damit er im inhaltlichen Zusammenhang lebt und sich darin bewegen kann. Wenn er dann aber vor die Schüler tritt, dann muss er alles Vorgewusste «vergessen», alles Vorgedachte – wie Steiner fordert – «an der Garderobe abgeben» und auf die unbewusste Wirksamkeit der gedanklichen Vorbereitung vertrauend sich der Wahrnehmung und dem Moment hingeben. Natürlich wird man die ersten Fragen, das Zitat usw. kennen, dann aber kommt alles darauf an, Organ für das aktuelle Geschehen zu werden. Es ist also natürlich schon so, dass der Lehrer einen Begriff von der historischen Thematik hat, dass er das symptomatische Bild zu deuten weiß. Das zwingt er dem Schüler aber nicht als Ergebnis auf, sondern benutzt es als den Boden, auf dem der Schüler seinen eigenen Erkenntnisweg gehen kann. Das geht so weit, dass er damit rechnet und sich sogar darauf freut, dass seine Erkenntnis durch das Gespräch eine Modifikation erfährt, sich tatsächlich korrigiert oder verwandelt.

Das Ziel ist also gar nicht eine schon vorher fertige Wahrheit, sondern die im gemeinsamen Bemühen sich ereignende *individualisierte* Erkenntnis. Der Lehrer nimmt eine in seinem zum Teil unbewussten Innenleben wirkende Vorstellung in den Unterricht mit und achtet darauf, wie sich auf dieser Grundlage nun bei den Schülern eigene Begriffe bilden können. Das kann ganz verschieden aussehen: Es kann sich im Widerspruch die Kraft zu einer Erkenntnis bilden, eine Anregung kann im Mitvollzug zu einer Idee führen, einem Schüler fällt ein Beispiel ein, das noch gar keiner kannte, mit einem Schlag aber alles beleuchtet. Manchmal ist sogar penetrante Hartnäckigkeit des Lehrers vonnöten, um aus einer kollektiven Denkgewohnheit herauszukommen oder um deutlich zu machen, dass die richtige Frage noch gar nicht gestellt ist. Das wird aber von Schülern – und das muss man sich ebenfalls ehrlich eingestehen – natürlich sehr leicht missverstanden als vorgefasste Lehrermeinung. Dies unterscheiden zu können und darauf zu vertrauen, dass der Schüler später erlebt, dass hier doch eine ganz andere Intention vorlag und die Betonhaftigkeit des Lehrers eine regelrechte Hilfestellung war, gehört zu den Notwendigkeiten des Lehrerberufes. Natürlich muss sich der Lehrer prüfen: Ist das jetzt notwendige Standfestigkeit oder doch eine feste Vorstellung? Eine solche Selbstprüfung setzt ein hohes Maß an Ehrlichkeit und Aufmerksamkeit für die eigene Vorstellungstätigkeit voraus, die wiederum ein sehr aktives und beobachtendes Verhältnis zum eigenen Denken nötig machen.

Darüber hinaus gilt es immer wieder Formen zu finden, durch die die Äußerung, der Gedanke, das Ergebnis des Schülers unmissverständlich gewürdigt wird, damit er wirklich erleben und darauf vertrauen kann, dass es auf seine Einsicht ankommt und nicht die Erwachsenen ohnehin alles schon beschlossen haben: Man kann die Schüler auffordern, für den Hausaufgabenaufsatz eigene Überschriften vorzuschlagen, die am nächsten Tag an die Tafel geschrieben werden, um gemeinsam eine als die beste auszuwählen und in das eigene Heft zu übernehmen; besonders gute Aufsätze habe ich auch schon kopiert und an alle verteilt; die Frage eines einzelnen Schülers wird zur Grundlage des weiteren Gesprächs gemacht; eine Diskussion wird geführt, auf deren Grundlage jeder seine eigene, begründete Meinung formuliert; wenn man einen besonderen Bezug eines Schülers zu einem bestimmten Thema bemerkt, gibt man ihm ein spontanes Kurzreferat darüber u.v.m.

Es ist auch hier wieder deutlich: Diese Vorgänge sind künstlerische Prozesse. Wenn ein Künstler vorher schon weiß, was herauskommen wird, wird er gar nicht erst anfangen, wenn er aber gar keine Zielrichtung, keinen irgendwie gerichteten Gestaltungsimpuls hat, wird auch nichts entstehen. Etwas zu haben und etwas ganz Neues eintreten zu lassen – diese beiden Aspekte widersprechen sich nicht. Es muss einen «Besitz» geben, damit dieser selbst sich wieder zurücknehmen, verwandeln oder steigern kann. Es geht nicht darum, ob der Lehrer ein historisches Urteil hat oder nicht, sondern ob er dieses Urteil dem Schüler als fertiges, dem Gedächtnis einzuprägendes Produkt entgegenbringt oder ob er Bedingungen herstellt, dass der Schüler selbst zu einem historischen Urteil kommen kann. Wenn dann tatsächlich der Schüler zu einer ähnlichen Einsicht wie der Lehrer gelangt, dann liegt das nicht an einem autoritativen Wahrheitsmonopol des Erwachsenen, sondern an der Wahrheit der Sache. Das Erleben des Übereinstimmens von Erkenntnis zwischen mehreren frei zu ihrem Urteil gelangenden Menschen kann dann ein sehr beglückender Moment sein, in dem Einzelne sich in einem über sie hinausgehenden Zusammenhang als Gemeinschaft finden.

Damit der begriffliche Prozess wirklich beruhigen kann und zu einem Abschluss führt, gehört zu ihm nun auch ein äußeres «Festhalten» der Ergebnisse, das jetzt die Schüler sehr befriedigen kann – ob in Form eines Diktates, des Abschreibens einiger Sätze von der Tafel, einer kurzen Gruppenarbeit, in der die Schüler selbst versuchen, etwas auf «den Punkt» zu bringen oder anderes. Freude kann auch ein Vorgang bereiten, der sich z.B. bei der Behandlung der ersten großen Geschichtsepochen der Menschheit (Neolithikum, Jungsteinzeit, Ägypten/Mesopotamien, Griechenland) in der 10. Klasse als Abschluss einer ganzen Unterrichtseinheit anbietet. Man gibt den Schülern die Aufgabe, zu diesen vier großen Epochen selber Namen zu finden, außerdem einen charakteristischen Satz über sie und ein bildhaftes oder gegenständliches Symbol (z.B. Faustkeil, Pflug oder Grenzstein, Pyramide, griechische Säule). Mehrere Vorschläge werden an die Tafel geschrieben und verglichen, was zu sehr interessanten, tiefgründigen Reflexionen über die Eigenheit oder gar Bestimmung der einzelnen Epoche führen kann. Fragt man dann noch danach, welche Eindrücke sich ergeben, wenn man diese vier historischen Phasen einmal hintereinander als zusammenhängenden Ablauf anschaut, entstehen unter Umständen ausgesprochen wertvolle Betrachtungen über die Geschichte als menschheitlichen Entwicklungsprozess.

Ein Kunstgriff des fast zweistündigen «Hauptunterrichts» ist es, dass die Stunde nun – nach den begrifflichen Ergebnissen – nicht endet, sondern etwas Neues kommt. Der Schüler erfährt unterschwellig die Wertschätzung des ersten sinnlichen Erlebnisses. Der Begriff wird ihm nicht als wichtigstes und einziges Ziel dargestellt, sondern er darf sich am spontanen Wahrnehmen erfreuen, das zum Menschen und seiner Erkenntnis wie die andere Seite der Medaille dazugehört.

2. Was ist «Anschaulichkeit»?
Bild – Illustration – Gegenbild

2.1 Der «iconic turn»: Die Visualisierung der Weltaneignung

Unsere Zeit erlebt eine beispiellose Revolution der menschlichen Wahrnehmungsprozesse. Durch die technische Entwicklung des 19. und 20. Jahrhunderts wurde es in einem nicht gekannten Maße möglich, Bilder zu reproduzieren und massenhaft verfügbar zu machen. Mit der Fotografie konnten wesentlich schneller und in unendlich gesteigerter Quantität Bilder produziert werden, die zudem die unwiderstehliche Eigenschaft hatten, unmittelbare Wirklichkeit abzubilden und anschaulich zu machen. Durch den Film hat sich dieser Prozess noch gesteigert, weil nun auch die Bewegung «festgehalten» werden konnte. Die Digitalisierung der Medien hat schließlich das Bild vom Handy bis zum PC allgegenwärtig und permanent verfügbar gemacht, sodass wir heute von einer grenzenlosen Bilderflut umgeben sind, die Günther Anders schon vor über einem halben Jahrhundert als «Ikonomanie» bezeichnet hat.[646] Unsere Weltwahrnehmung hat sich damit extrem visualisiert, es sind optische Bilder, die unser alltägliches Vorstellungsleben ausfüllen – bis in das wissenschaftliche Denken hinein, das z.B. in den Naturwissenschaften immer stärker Verstehensprozesse auf visuelle Modelle abstützt. Das letzte Jahrhundert hat einen *iconic turn* (auch *visual, visualistic* oder *pictorial turn*) vollzogen, der von der Zeitung über das Urlaubsfoto bis zum PC-Spiel keinen Lebensbereich auslässt. Diese radikale kulturelle Entwicklung steht aber historisch nicht isoliert da. Sie ist letztlich Höhepunkt einer geistesgeschichtlichen Revolution, die mit dem Beginn der Neuzeit eingesetzt hat. Man kann sehr gut verfolgen: Bei den frühesten Menschheitskulturen, z.B. den Aborigines, war das Hören die wesentliche Inspirationsquelle (die Götter hatten in ihren träumenden Liedern die Welt erschaffen), bei den Griechen wurde der «Seher» – man denke an Theiresias im *Ödipus* – genauso wie auch ein Homer als blind dargestellt, und im ganzen Mittelalter finden wir das Bild der Taube, das z.B. den Evangelisten ins Ohr fliegt, um ihn zu inspirieren. Der Raum *hinter* dem Menschen war der entscheidende – beeindruckend manifestiert in der Pharaonenstatue des Chefren, hinter dessen Kopf der Horusfalke platziert ist. Mit der Entwicklung der Zentralperspektive, der Fernrohre und des naturwissenschaftlichen Experiments hat sich das Wahrnehmen umgewendet auf die vor Augen liegende Welt; die visuelle Erfahrung ist zum Ausgangspunkt der Realitätsempfindung geworden. Was wir sehen, ist objektiv und sicher. Die Industrielle Revolution hat durch Chemie und Elektrizität dieser Entwicklung dann eine Technik eingefügt, die schließlich den grenzenlosen Siegeszug des fotografischen Abbildes und zuletzt der digitalen Bilderzeugung möglich gemacht hat.

Die Konsequenzen dieses *iconic turn* lassen sich bis in die Zeitschriftenlandschaft hinein verfolgen: Die Texte treten immer mehr zurück, an ihre Stelle treten Bilder. Offensichtlich überanstrengt uns der bloße Text heute, während das Bild unmittelbar einlädt, Aufmerksamkeit weckt, Emotionen berührt. Das Wort allein genügt nicht mehr, es bedarf zunehmend der bildlichen Begleitung. Bezeichnend ist in dieser Hinsicht auch die Tatsache, dass Vorträge heute fast grundsätzlich von optischen Präsentationen begleitet werden, und zwar bis in die Abschlussprüfungen der Schulen hinein. Man schreibt dem Gedanken also dann Evidenz und Überzeugungskraft zu, wenn er durch bildhafte Anschaulichkeit autorisiert ist, oder noch elementarer: Interesse und Motivation, einen Gedanken überhaupt aufzunehmen, hängen nicht unwesentlich vom visuellen Reiz ab.

Die Konstitution unseres Bewusstseins hat sich damit grundlegend verändert: Wort und Gedanke werden instinktiv immer stärker als abstrakt erlebt, Realität vermittelt sich durch das Bild (so war es z.B. immer mehr der fotografische Beweis, der Faktizität schuf, bis man mit der digitalen

Bildgenerierung über die abgebildete, «reale» Welt nun gänzlich unsicher wurde und das konstruierte Bild selbst die Stelle der «Wirklichkeit» einnahm). Mit dieser vehementen Bindung an den optischen Reiz als Inhalt von Erfahrung geht einher, dass der Mensch allmählich das Vertrauen in die eigene produktive Gedankentätigkeit und Fantasie verliert; zugleich lässt er sich leicht hineinziehen in illusionäre Kino- und PC-Welten, die ihn völlig mit visuellen Bildräumen umgeben. Die Auswirkungen dieser Entwicklung auf die Erinnerungsfähigkeit wurde an früherer Stelle bereits beschrieben.

Nicht um einem ängstlichen oder nostalgischen Kulturpessimismus das Wort zu reden, sollen diese Phänomene geschildert werden, sondern um den veränderten Umgang mit der Geschichte zu verstehen. Wer die Schulgeschichtsbücher von *Menschen in ihrer Zeit* (Klett 1972) über *ANNO* (Westermann 1995) bis hin zu *Expedition Geschichte* (Diesterweg 2003) vergleicht, kann den Weg vom Text zum Bild in Reinkultur verfolgen. Auch die Gestaltung historischer Ausstellungen hat einen sehr signifikanten Wandel vollzogen, in dessen Verlauf man immer mehr weggekommen ist von der biederen, streng sachlichen Aufbereitung von Fakten und Material und übergegangen ist zum kreativen, zum Teil fast bühnenartigen Aufbau von anschaulichen Erlebnisparcours. Auf die Konjunktur der Computeranimationen wurde bereits ebenso hingewiesen wie auf die Filmindustrie, die von der Eiszeit über Alexander bis zu Stalingrad und Ruanda alle Etappen der Geschichte für das Kino verfügbar gemacht hat. Eine nicht unwesentliche Facette stellen dabei historische TV-Dokumentationen dar, die seit einer Reihe von Jahren das «trockene» Faktenmaterial durch Spielszenen ergänzen, um die Geschichte anschaulich und lebendig zu machen. Vergegenwärtigt man sich außerdem die Flut der Computerspiele, die uns auf verschiedenste Art mit mittelalterlichen Szenarien, Nazi-Zeit oder Terroristenkrieg bedienen, dann ist deutlich, wie umfassend heute die geschichtliche Wahrnehmung auch ganz im Alltag vom visuellen Bild geprägt ist. Davon ganz unabhängig hat auch die Geschichtswissenschaft den *iconic turn* mitvollzogen, auch wenn sie erst sehr spät auf den Wandel reagiert hat. Auf dem Historikertag von 1982 wurde zum ersten Mal die Frage gestellt: «Wo bleibt die Bildquelle?», und kennzeichnend für die dann einsetzende Wende ist die Tatsache, dass 24 Jahre später das Gesamtthema des Historikertages in Konstanz *GeschichtsBilder* lautete.[647] 2007 Inzwischen gibt es eine Vielzahl von Publikationen zur «visual history».[648] Zuletzt hat diese Entwicklung dann – wie an dem Beispiel der Schulbücher bereits angedeutet – ihren Niederschlag in der Geschichtsdidaktik gefunden.

Die Vereinseitigung und die Gefahren, die mit diesen Entwicklungen verbunden sind, wurden in dem Kapitel über die Chaotisierung der Erinnerungskraft bereits dargestellt. Ein an die visuelle Fläche bzw. optisch-räumliche Gegenstandswahrnehmung gebundenes Bewusstsein wird daran gehindert, mit jener plastischen Kraft der historischen Imagination zu einer Erfahrung des Geschichtlichen bzw. von Zeit überhaupt zu gelangen. Eine solche kritische Zeitdiagnose erfasst aber nur die Hälfte des historischen Sachverhaltes. Die problematischen Konsequenzen der beschriebenen Entwicklung sind *eine* Antwort auf den geschichtlichen Wandel, die eintreten muss, wenn dieser Wandel in seiner eigentlichen Stoßrichtung nicht wirklich bewusst erfasst wird. Der *iconic turn* kann als Ausdruck eines wertvollen, geradezu notwendigen geistesgeschichtlichen Aufbruches gelesen werden, der auf ganz neue, zukünftige Fähigkeiten hinweist, die sich gesellschaftlich nun Bahn brechen. Wenn das Bedürfnis auftritt, das abstrakte Gedankenleben mit Bildern zu verbinden, wenn in Ausstellungen nicht bloß Wissen vermittelt werden soll, sondern die Besucher sich auch emotional oder sogar handelnd die Themen zu eigen machen können, wenn ein Siegeszug der fiktiven Bearbeitung von Geschichte die Medien durchläuft, so ist das der unmissverständliche Hinweis darauf, dass unsere Zeit mal mehr, mal weniger bewusst das Unzureichende der empiristischen Geschichtswahrnehmung erlebt und instinktiv nach neuen Erkenntniswegen sucht. Der *iconic turn* ist nichts anderes als der nach außen gesetzte, materialisierte Umbruch zur imaginativen Erkenntnis – die verborgenen, inneren «Kräfte der verbildlichenden Darstellung» werden zivilisatorisch wirksam. Ein lebendiges Indiz für diese Tatsache ist die Entwicklung der modernen Kunst. Das 20. Jahrhundert hat nicht nur den *iconic turn* gebracht, sondern zugleich die Emanzipation von der Gegenständlichkeit des Bildes. Die sogenannte «Abstraktion» hat die Wahrnehmung von der Fixierung auf die *Inhalte* der Vorstellung befreit; von Kandinsky über Rothko bis zu unzähligen Ansätzen der Gegenwartskunst hat die Malerei – um nur sie hier zu nennen – den Betrachter in die Lage versetzt, die Bildlichkeit als solche, die in der anschauenden *Tätigkeit* sich mitteilenden gestischen Qualitäten zu beobachten und zu erleben. Die Gebärdensprache von Farbe, Form und Material ist Inhalt des Bewusstseins geworden. Die große zeitgenössische Begeisterung für den Blauen Reiter, für Picasso oder Yves Klein kann sich nicht an den Inhalten entzünden, denn die gibt es kaum, sondern an dem Bilderlebnis als solchem, d.h. an der Freude an den durch Farbe und Linie erzeugten inneren Bewegungen, und damit am imaginativen Anschauen.

So treten dann auch Künstler auf, die in ihrem Interesse an der Geschichte den malerischen, plastischen oder dichterischen Ausdruck suchen. Die Werke von Anselm Kiefer, Gerhard Richter (z.B. die 1988 entstandene Gruppe von fünfzehn Bildwerken mit dem Titel *18. Oktober 1977* über die Mitglieder der RAF) u.a. oder auch eine Aktion wie die Reichstagsverhüllung von Christo, die nicht nur eine äußerst lebendige historische Debatte im Deutschen Bundestag angefacht, sondern auch bei vielen Menschen ein gesteigertes Wahrnehmen dieses bedeutenden Ortes geweckt hat, stehen unübersehbar und selbstbewusst als geschichtsmethodische Alternative neben der etablierten Wissenschaft und eröffnen einen völlig anderen, oft wesentlich tiefgreifenderen und existenzielleren Zugang zur historischen Erinnerung.

Wir müssen uns als Pädagogen mit der Tatsache auseinandersetzen, dass junge Menschen heute mit imaginativen Fähigkeiten heranwachsen, für die wir aus den bisherigen historischen Erfahrungen gar keine Begriffe haben. Auf verschiedensten Wegen äußert sich heute ein neues bildhaftes Denken, auch wenn es sich nicht immer seiner selbst bewusst ist und immer wieder Missverständnissen oder Ungeschicklichkeiten unterworfen ist. Es ist beeindruckend, wie ernsthaft sich junge Menschen z.B. mit Fotografie auseinandersetzen und nach bildnerischem Ausdruck suchen und wie reif zum Teil ihre Ergebnisse sind. Mit großer kompositorischer Sicherheit und Originalität werden Filme gedreht, eine fast unübersehbare Zahl von Theatergruppen bringen engagierte und fantasievolle Inszenierungen und Improvisationen auf die Bühne, Zeitschriften werden schnell und sicher auf höchstem gestalterischem Niveau konzipiert und produziert, auf Poetryslam-Veranstaltungen stellen sich Jugendliche vor mehreren hundert Zuhörern mit eigenen Texten dem Wettbewerb, andere entwickeln über Jahre hoch komplexe Graffitis oder am PC professionelle Websites (auch die Selbstentwürfe im Internet-Dialog gehören hierher). Stiller und verborgener entstehen Gedichte, Erzählungen, Malereien oder Zeichnungen, die einem nur manchmal zögernd anvertraut werden, oft aber von erstaunlicher Sicherheit und Tiefe sind. Graffiti, Rap, Computer- oder Zeitschriftenlayout sind oft klaren Schablonen unterworfen und nicht immer so originär, wie die Protagonisten das manchmal für sich in Anspruch nehmen, und dennoch sind sie Ausdruck eines rückhaltlosen kreativen Gestaltungswillens, der sich erfinderisch und hartnäckig seine Wege sucht. Man muss allerdings nicht nur auf die produktive Seite dieses Bildvermögens schauen – ebenso wichtig ist die Tatsache, dass junge Menschen heute mit einer sehr starken *Empfänglichkeit* gerade auf die besonders bildgesättigten Bücher, Filme oder Computerszenarien reagieren und es für viele kaum etwas Befriedigenderes gibt, als sich in den mythischen Welten von *Harry Potter, Der Herr der Ringe* oder *World of Warcraft* zu bewegen.

Sabine Wettig unternimmt es in ihrer Schrift *Imagination im Erkenntnisprozess. Chancen und Herausforderungen im Zeitalter der Bildmedien*[649], den Blick auf die problematischen Auswirkungen der technischen Medien umzuwenden auf die Frage, inwieweit gerade durch den aktuellen Umgang mit diesen Medien ganz neue, konstruktive Fähigkeiten entstehen. Eine wesentliche Rolle spielt dabei für sie die Wirkung der durch die technische Bildflut – vor allem im Film – ausgelöste «Beschleunigung der mentalen Bildaufnahme», die vor langer Zeit schon Walter Benjamin beschrieb.[650] Mit der Schnelligkeit und Menge der äußeren Eindrücke sind diese kaum mehr zu verarbeiten, was einerseits dazu führt, dass der Mensch von diesen Eindrücken Abstand nimmt und eine Art «Unschärfe» bzw. Zerstreuung entsteht, was andererseits aber eine neue Qualität des Wahrnehmens provoziert, die nicht mehr so stark auf Bedeutungsaussagen zusteuert und Sinnzusammenhänge verlangt, sondern dem Imaginären den Raum für die eigene Produktivität freigibt. Wenn die Zeitkontinuität des Gedächtnisses durchbrochen wird und dem Bewusstsein nicht mehr überschaubare Ganzheiten angeboten werden, so kann sich – bei entsprechender willentlicher Aktivität – die Aufmerksamkeit der Wahrnehmung «nun vorwiegend auf die Gegenwart, den beliebigen Moment, den Augenblick» richten, was eine «Intensivierung in gesteigerter Geistesgegenwart» zur Folge haben kann.[651] Sabine Wettig spricht hier von einer «Vergrößerung der Gegenwart».[652] Die isolierte Einzelheit wird zu einer ausdrucksvollen Wirklichkeit für sich. Meiner Beobachtung nach verfügen Jugendliche heute tatsächlich trotz jenes ebenfalls nicht zu leugnenden Abgelenktseins über solch eine Gelassenheit gegenüber der Masse an Bildeindrücken und über die Fähigkeit, dann plötzlich ganz konzentriert und tiefgründig auf einen Moment, einen Eindruck zuzugehen und ihn produktiv in große Zusammenhänge zu stellen. Würde sich diese gegenwärtige Entwicklung bestätigen, so käme sie unmittelbar den Bemühungen um eine historische Symptomatologie entgegen. Die Wertschätzung des Momentes, der zum Ausdruck wird, die Emanzipation von der Chronologie mit der Möglichkeit, durch ein freies Bewegen in Vergangenheit, Gegenwart und Zukunft die Zeit selbst zu erfahren, das kreative Leben im Bild – all diese Dispositionen fordern geradezu dazu auf, mit der imaginativen Erkenntnis wissenschaftlich und pädagogisch Ernst zu machen.

Die imaginativen Veranlagungen des jungen Menschen bzw. unserer Zeit überhaupt warten darauf, wahrgenommen und aufgegriffen zu werden. Der Geschichtsunterricht muss auf diese Entwicklung antworten: Es gilt zu realisieren, dass bildhafte Erkenntnis nicht unwissenschaftlich ist, sondern im Gegenteil eine aus der Sache – nämlich der Realität von Geschichte – notwendig entstehende Zeitforderung. Das Denken und Wahrnehmen des heutigen Menschen ist bereits bildhaft und verlangt Nahrung. Zugleich zeigen die beschriebenen kulturgeschichtlichen Phänomene aber auch, dass verstanden werden muss, worin diese Nahrung überhaupt besteht, also was tatsächlich als ein Bild aufgefasst werden kann. Hier herrschen elementare Unsicherheiten: Ein großes Missverständnis liegt darin, dass Bildhaftigkeit identifiziert wird mit visueller Anschaulichkeit. Es wurde beschrieben, wie die starke Bindung an das optische Detail die imaginative Erinnerungstätigkeit geradezu verhindert und sich Scheinbilder an die Stelle von historischen Vorstellungsbildern setzen, wie Roman und Film Vergangenheit, Gegenwart und Zukunft zum Teil so durcheinandermischen, dass das Geschichtsbewusstsein eines jungen Menschen nachhaltig desorientiert wird usw. Markus Bernhardt hat in seinem Aufsatz «Verführung durch Anschaulichkeit» herausgearbeitet, wie illustrative Bilder den Schüler häufig eher irritieren als zu einer geschichtlichen Vorstellung führen.[653] Schon mit dem Titel weist er darauf hin, dass das häufig erhobene Postulat der «Anschaulichkeit» sehr missverstanden werden kann. Er moniert ein oft nur sehr gering ausgebildetes Methodenbewusstsein im Umgang mit dem Bild: Zu wenig werde über die reale Wirkung, also über die tatsächlichen (körperlichen und psychischen) Rezeptionsprozesse, beim Schüler reflektiert; die in den Schulgeschichtsbüchern verwendeten Bilder seien oft unverständlich, die Reaktion des Schülers auf ein Bild sei nicht nur ein rational-analytischer Vorgang, sondern der ganze Schüler sei wie bei einem natürlichen Betrachtungsvorgang mit seinen Emotionen, Erfahrungen, Sehgewohnheiten und seiner Motivation an diesem Prozess beteiligt. Bernhardt fordert, den Faktor der «individuellen Kreativität» des Schülers in den pädagogischen Bildbegriff zu integrieren. Auch sein Aufsatz bezieht sich in der Auseinandersetzung mit der Frage nach der Anschaulichkeit aber auf das visuelle Bild. Die Dimension der Bildhaftigkeit reicht viel weiter. Solange inneres und visuelles Bild zu wenig unterschieden werden, bleibt die Begegnung mit der Geschichte gefährdet. Der Ruf oder die Sehnsucht nach dem Bild ist eine unbedingte Zeitnotwendigkeit, ihre Verwirklichung erfordert aber eine Erkenntnis, die die Realität des Bildes überhaupt erst erfasst.

2.2 Bild und missverstandene Bilder

Beide hier abgedruckten Bilder (S. 549 und 550) bilden die Auftaktseite zu einem Schulbuchkapitel über die Krise der 20er- und frühen 30er-Jahre. Es lohnt sich, diese Bilder auf sich wirken zu lassen und sich ihre Unterschiede zu vergegenwärtigen. Beide sollen an die damalige Zeit heranführen – gelingt ihnen das in gleichem Maße? Man wird sich wohl schnell eingestehen, dass die Bilder und ihre Wirkung verschiedener kaum sein könnten. Das Foto von der belebten Straße in Berlin ist interessant und vermittelt einige Eindrücke über Architektur, Verkehr, Kleidung und Arbeitsleben; ahnt man hier aber etwas von der existenziellen Krise dieser Zeit, von den zum Teil unterschwelligen Ängsten, den sich anbahnenden politischen Katastrophen, den bedrängenden Großstadterlebnissen, die in vielen Dokumenten jener Jahre explizit formuliert wurden? Es wird sicherlich kaum einen Betrachter geben, der an diesem Bild mehr erlebt als eine verhältnismäßig belanglose, wohlgeordnete und fast gelassene Alltagsatmosphäre, die keinen Anlass gibt, sich über irgendetwas Sorgen zu machen. Ganz anders das Gemälde des Grafikers und Malers Hans Grundig. In seinem fast expressionistischen Duktus verletzt es geradezu die sachliche «Richtigkeit»: Die Proportionen stimmen nicht ganz; obwohl eine recht große Straße dargestellt wird, sieht man nicht ein einziges Auto, Motorrad oder Fahrrad; auch das Gewitter ist so faktisch wohl kaum zu beobachten. Trotzdem teilt sich dem Betrachter unmittelbar

Hans Grundig, Wetterleuchten über der Vorstadt (1933)

Foto: Berlin, Linkstraße, 1928, in: *Geschichte und Geschehen*, Bd. 4, Stuttgart 1997, S. 54f.

eine ausgesprochen dichte, signifikante Atmosphäre mit, die tief hineinführt in die historische (und nicht vordergründig-politische) Situation
des Jahres 1933. Die einzigen Menschen auf diesem Bild sind die beiden
verlorenen, bedrückten oder vielleicht sogar ängstlichen Mädchen im
Vordergrund, ansonsten erstreckt sich hinter und neben ihnen eine trost-
lose Leere, eingetaucht in ein giftiges, kaltes Grün und von oben niederge-
drückt von den dunklen Wolken und scharfen Blitzen, die eine Stimmung
existenzieller Bedrohung auslösen. Die Straße verliert sich ins Nichts, der
eine Baum steht in einem solchen Widerspruch zu der sonstigen Szenerie,
dass durch diesen Kontrast gerade die Naturfeindlichkeit und Zerstörung und damit die Hoffnungslosigkeit dieser Lebensumgebung erlebbar

wird. Die Häuser sind steril und anonym, auch hinter den ausdruckslosen Fenstern vermutet man keine Menschen. Die im Hintergrund angedeuteten Schornsteine ergänzen den Eindruck noch durch Assoziationen der maschinellen, menschenunwürdigen Arbeitswelt. So entsteht für den Betrachter schließlich die äußerst bedrängende Wahrnehmung der Einsamkeit und Kälte der modernen, industrialisierten Großstadt und darüber hinaus überhaupt einer grundsätzlichen zerstörerischen Leere und Sinnlosigkeit moderner menschlicher Existenz – oder zumindest ihrer unheilvollen Bedrohung, die den damaligen Jahren essenziell zugrunde lag und die kommenden Ereignisse «wetterleuchtend» vorwegnahm.

Die Fotografie ist also «stimmig», sie erreicht aber bei Weitem nicht eine solche Qualität von Begegnung mit geschichtlicher Realität wie Grundigs Gemälde, das wie in eine verborgene, hinter der historischen Oberflächenschicht liegende «Wahrheit» hineinführt. Wir werden an diesem Vergleich aufmerksam für den Unterschied zwischen Illustration und Bild. Dasjenige, was wir gewöhnlich als Bild bezeichnen, ist nicht von selbst auch wirklich ein Bild: Nach dem Verständnis der vorliegenden Schrift wird auch eine visuelle Darstellung erst dann zum Bild, wenn es die imaginative Qualität des «Symbols» besitzt und zum Symptom wird. An Grundigs Gemälde kann man die Gesten erleben, die den ursächlichen Untergründen, dem inneren Gehalt der historischen Vorgänge entsprechen. Das Foto hingegen ist zwar anschaulich, führt aber nicht zur Anschauung: Es enthält sinnliche Inhalte, verrät aber nichts über deren Zusammenhang – es wird nicht zum Ausdruck, sondern verbleibt an der unverbindlichen Oberfläche. Um der Aufnahme von der Linkstraße erkenntnismäßig etwas abgewinnen zu können, muss man den Zusammenhang eigentlich schon kennen, ihre Details bleiben für sich letztlich weitgehend stumm. Die Illustration setzt den Begriff voraus; sie liefert einige sinnliche Reize zu einer Sache, die eigentlich schon gedacht wurde. Ein wirkliches Bild ist die sinnliche Grundlage, an welcher der Gedanke erst entsteht: Es ist selbst die Sache, indem seine Gestalt das Denken dazu führt, den dargestellten Inhalt seinem Wesen entsprechend zu bilden. Schon Goethe machte sich über die «Bildgenverfertiger zur Chronik» lustig,[654] die gar keinen Begriff für den Zusammenhang von Geschichte haben, sondern nur durch die zeitliche Aneinanderreihung eine Ordnung in die Einzelheiten bringen und die das hierbei entstehende erkenntnismäßige Mangelerlebnis durch Hinzufügung von sinnlichen Anschauungsangeboten regelrecht verbergen. Ein künstlerisches Bild zeichnet sich nicht durch die Quantität von Sinnlichkeit aus, sondern durch deren Komposition, an der ein Zusammenhang erfahrbar wird – und da geht es oft sogar um die *Zurücknahme* von sinnlichen Inhalten und nicht um die Ausdehnung. Die Masse an Fotos, Zeichnungen oder Grafiken in den Geschichtsbüchern lenkt oft geradezu ab von den eigentlichen Zusammenhängen der Historie, anstatt diese sichtbar zu machen.

Die Geschichtsdidaktik hat dieses Problem der sinnlichen Gegenwart des Bildes schon vor längerer Zeit erkannt. Man hat bemerkt, dass bei aller Suche nach unmittelbarer, sinnlicher Begegnung mit der historischen Vergangenheit sich das materielle Bild zwar sofort didaktisch anbietet, dass andererseits die visuelle Wahrnehmung aber natürlich zunächst nur den gegenwärtigen Moment und nicht die Vergangenheit erfasst und durch ihre sinnliche Realität geradezu das Gegenteil von Erinnerung ist. Das visuelle Bild ist eine «Momentaufnahme» und kennt kein Vorher und Nachher; es ist insofern «gefrorene Vergangenheit» und «an sich unhistorisch».[655] Um im Geschichtsunterricht also die Schüler anhand eines äußeren, visuellen Bildes an die Vergangenheit heranführen zu können, muss dieses Bild Qualitäten besitzen, die diesen Widerspruch von sinnlicher Gegenwart und historischem Inhalt auflösen und reale Erinnerungsprozesse initiieren. Sehr anregend hierzu ist die Darstellung Christoph Hamanns zur *Visual History*. Hamann arbeitet heraus, wie bestimmte Fotos (z.B. der Landeanflug auf den Flugplatz Berlin-Tempelhof 1948 von Henry Ries oder S. Muchas Foto vom Torhaus Auschwitz-Birkenau) durch ihre bildhaften Qualitäten zu kulturellen Gedächtnisträgern wurden, und untersucht die Gründe dafür. Dabei stößt er auf die Tatsache, dass die betreffenden Bilder sich jeweils durch eine bestimmte Struktur auszeichnen, der eine «mnemische Energie» (er greift hier eine Formulierung von Jan Assmann auf[656]) innewohne. Nicht der bloße Bekanntheitsgrad des Bildes führe zu einer solchen Wirkung, sondern seine «auffällige Komposition». Mit diesem Motiv berührt Hamann genau jene strukturelle Wirklichkeit des Bildes, die nicht im sinnlichen Inhalt, sondern in dessen Zusammenstellung ausdruckshafte Signifikanz erlangt, die in eine tiefere, nämlich zeitliche Schicht hineinführt, die nicht an der visuellen Oberfläche liegt. Er kommt ganz in die Nähe des Goetheschen Bildbegriffes, wenn er bei den betreffenden Darstellungen von «Schlüsselbildern» spricht. Mit diesem Begriff hebt er einerseits den aufschließenden Charakter solcher Bilder hervor, der die sinnliche Erscheinung zum Anlass werden lässt, durch die Außenseite der Fakten hindurch zu Wesentlichem und Ursächlichem vorzudringen, andererseits betont er mit ihm die Qualität des verdichteten Exemplarischen, in dem sich zeichenhaft ein tieferer bzw. weiterer Zusammenhang kundtut. Hier findet man unmittelbar die Merkmale des «Symptoms» angesprochen. Bemerkenswert ist, dass Hamann die *Energie*, die den Erinnerungsprozess anregt, an der Symbolhaftigkeit des Bildes festmacht. Damit signalisiert er, dass das Bild nicht als visuelle Abbildung, sondern als *Kraft* verstanden werden muss, und diese erschließt sich nur aus der konkreten Tätigkeit des Betrachters. Hamann kritisiert, dass diese spezifisch ästhetische Dimension des Bildes weitgehend unbeachtet bleibt.[657] «Anders als die Arbeiten der Geschichtswissenschaftler und des Medienwissenschaftlers hat [seine Arbeit, A.B.] sich den Bildern selbst zugewendet», und um die Wirklichkeit des Bildes verstehen zu können, ist für ihn die Beschäftigung mit dem Rezeptionsvorgang unverzichtbar: «Alle Überlegungen nahezu aller [...] Autoren widmen sich im Kern der historischen Bildung, allen gemeinsam aber ist, dass dieses Geschichtslernen an und mit Bildern als ein weitgehend subjektloser Vorgang beschrieben wird. Die Konzentration auf das Verhältnis zwischen Abbild und Abgebildetem vernachlässigt den (kommunikativen, pädagogischen) Zusammenhang zwischen Abbild/Bild und den Rezipienten. Schülerinnen und Schüler kommen, wenn überhaupt, in erster Linie als Quelle von Fehlleistungen vor. Sie sind diejenigen, deren Versuche der Rekontextualisierung historischer Bildquellen geprägt sind von subjektiven Projektionen jenseits von Triftigkeiten.»[658] Was ein Bild ist und welche Bedeutung ihm im Geschichtsunterricht zukommt, ist für Hamann also verbunden mit der inneren, produktiven Tätigkeit des Schülers; dessen Individualität wird hier wirklich ernst genommen!

Es ist sehr ernüchternd, wenn man einmal bei einer Durchsicht von Schulgeschichtsbüchern bewusst auf die von Hamann angesprochene «Energie» achtet: In den allermeisten Fällen wird man feststellen: Auf dieses Bild hätte man eigentlich verzichten können, es liefert einige sinnliche Reize zu dem begrifflichen Inhalt, lässt diesen selbst aber gar nicht zum Bild werden. Die Herausgeber der Schulbücher wissen, dass der Text in seiner Abstraktion und in der Inhaltslosigkeit der Faktenreihung unzulänglich ist,[659] und suchen das Bild als das Mittel, das der Geschichte Leben einhauchen soll. In Wirklichkeit bleibt die Realität des dargestellten historischen Gegenstandes dabei meistens trotzdem abstrakt, weil die Eigenschaften des Bildes gar nicht so sind, dass durch sie die den geschichtlichen Gesten entsprechende imaginative Tätigkeit initiiert wird. Charakteristisch ist z.B. ein Bildvorschlag von Hans-Dieter Schmid für den Grundschulunterricht (siehe S. 555).

Man lasse dieses Bild länger auf sich wirken und frage sich dann einmal, was es im Sinne Hamanns bei dem Schüler konkret auslösen mag.

Der bereits zitierte Markus Bernhardt, der diese Abbildung in seinem Artikel über die «Verführung durch Anschaulichkeit» bespricht, kommt zu einem sehr kritischen Urteil. Symptomatisch ist dabei aber, woran er sich letztlich stößt: Er weist Schmid eine inhaltlich falsche Interpretation nach (die Zahl der Schüler hat nicht ihren Grund in der Schulpflicht, die Schmid als historische Neuerung im Unterricht herausarbeiten möchte), an der er kenntlich macht, dass Anschaulichkeit nicht automatisch zum Verstehen führt. Damit beschränkt sich Bernhardt aber ganz auf die inhaltliche Ebene. Das eigentlich Naheliegende und für die Wirkung auf

Holzschnitt von 1592 aus der Sammlung W. L. Schreiber, Potsdam.

den Schüler wirklich Wichtige wird gar nicht thematisiert: Ganz abgesehen von der Frage, welche Position man zu einem Geschichtsunterricht
in der 3. und 4. Klasse einnimmt, wird man zugeben müssen, dass das
Schwarz-Weiß, die Unübersichtlichkeit, die inhaltlichen Unklarheiten
(für einen Schüler ist es alles andere als selbstverständlich, ob hier zwei
Lehrer in einer Klasse oder zwei zeitlich verschiedene Szenarien dargestellt werden), der Schematismus und die negative Atmosphäre (durch
die Rute und die Schläge) die Wahrnehmung des Bildes entscheidend
prägen. Der Schüler ist hier weit entfernt davon, eine lebendige, realitäts-
gesättigte und nicht nur abstoßende Vorstellung vom 16. Jahrhundert und
dem Alltag eines damaligen Schülers bilden zu können. Der tatsächliche

555

Eindruck wird ein graues, befremdliches und unangenehmes Nebelgebilde sein, das ganz sicher kaum etwas zu tun hat mit der Lebenswirklichkeit des betrachtenden Schülers – ein uninteressantes Etwas aus einem alten Buch, das man ganz schnell wieder vergisst. Hans-Dieter Schmid wollte mit dem Bild eine Beziehung zum eigenen Alltag des heutigen Schülers herstellen, und natürlich wird die Beobachtung, wie selbstverständlich damals mit Prügelstrafe umgegangen worden ist, einen Gedanken auslösen. Ein solcher Erkenntnisgewinn steht aber in keiner Relation zu der konkreten, ärmlichen Wirkung des Bildes; die Anschauung bleibt unanschaulich, und zwar in einem viel größeren Maße, als auch Markus Bernhardt dies reflektiert.

Es soll an dieser Stelle noch einmal an einem Bildvergleich verdeutlicht werden, worin sich Illustration und Bild unterscheiden (siehe S. 557). Er hat die Darstellung der Hitler-Jugend zum Thema.

Das linke Bild bewirkt natürlich insofern bereits «Anschaulichkeit», als dass es das Foto einer konkreten damaligen Situation ist und eine größere Unmittelbarkeit als ein Text schafft. Was ist an dem Bild letztlich aber zu erfahren? Es lässt sich beobachten, dass die drei Jungen uniformiert sind, sodass hier etwas über den militärischen Charakter der HJ deutlich wird. Hierzu gehört auch die Aufstellung in einer Reihe, an der andeutungsweise die Individualitätsfeindlichkeit dieser Situation nachempfunden werden kann. Darüber hinaus kann man auf die massive Präsenz der Fahnen eingehen, die ja immer ein enthusiastisches «Hochhalten» idealischer Ziele bedeuten und sich in diesem Zusammenhang als vom nationalsozialistischen Reichsadler «besetzt» zeigen. Hier enden aber schon die Erkenntnismöglichkeiten. Man erfährt nichts über die inneren Erlebnisse der Jungen, die in dieser Situation entstehen (auch der Text des Buches enthält keine Quellen, die hierüber Auskunft geben); ihr Gesichtsausdruck ist neutral. Sie haben die Fahnen nicht in den Händen, sodass auch hinsichtlich der damit verbundenen Haltung (Stolz, Ehrfurcht, Überheblichkeit, Begeisterung o. Ä.) keine Beobachtungen möglich sind. Der Zusammenhang zwi-

Links: Fahnenwache der Hitlerjugend, aus: *bsv Geschichte, Bd. 4 N: Das 20. Jahrhundert,* München [2]1987, S. 92; rechts: NS-Propagandaplakat (California Digital Library)

schen Fahnen und Jungen bleibt also völlig offen. Auch der Verlust des Individuellen, die Massenhaftigkeit, in die der Jugendliche gezwungen wurde, kommt anhand der angesprochenen «Reihe» nur sehr schwach zum Ausdruck. Viel aussagekräftiger hätte hier z. B. eines jener vielen Bilder von Massenaufmärschen der HJ wirken können. Vor allem aber wird aus dem Foto nichts über Sinn und Zweck, also den Hintergrund der Situation, deutlich. Über die sich eigentlich mit der HJ verbinden-den Zusammenhänge kann der Betrachter aus dem Foto nichts erfahren. Die abgebildete Situation muss dem Schüler insofern so fremd bleiben, dass er selbst nicht in jene innere Tätigkeit versetzt werden kann, die ihm ein Einleben in jenen historischen Moment ermöglicht. Er wird sich kaum vorstellen können, wieso Jugendliche seines Alters sich da-mals überhaupt für so etwas haben gewinnen lassen.

Es handelt sich hier also um einen zufälligen Teilausschnitt einer Ganzheit, der diese selbst nicht sichtbar zu machen vermag.

Bei dem rechts abgebildeten Plakat handelt es sich um ein propagandistisches Bild, die äußeren Realitäten der HJ können insofern mit ihm nur bedingt beschrieben werden. Dafür vermittelt es aber weitreichende Zusammenhänge, die auch die tatsächliche seelische Lage vieler damaliger Jugendlicher betreffen und darüber hinaus vor allem das ganze Prinzip der HJ verdeutlichen.

Von ausgesprochener Aussagekraft ist die Haltung des Jungen. Sowohl seine Schultern als auch sein Blick sind schräg nach oben in eine weite, höhere Ferne gerichtet. Die ganze seelische Bewegung des «Aufschauens» zu einem Höheren und des Ergriffenwerdens von ihm ist hier festgehalten. Wenn der Lehrer es vermag, in einem vorbereitenden Gespräch die eigene innere Stimmung dieses Alters, den Jugendidealismus, gegenwärtig werden zu lassen, so kann schlagartig in diesem Bild der exakte Ausdruck dieser jugendlichen Verfassung erkannt werden!

In diesem Moment werden nun die weiteren Elemente des Bildes wichtig. Wie ist das Gesicht Hitlers platziert? Welche Wirkung geht von ihm aus? Sofort wird deutlich, dass durch die ungeheure Größe, die Stellung hinter dem Kopf des Jungen sowie die Tatsache, dass der Junge und Hitler in dieselbe Richtung blicken, dem Betrachter der Eindruck von Hitler als einer Art «höherem Ich» suggeriert wird, das als eigentliche, höhere Macht das eigene Bewusstsein besetzt und lenkt. Durch die Lichteffekte wird zudem der Junge so dargestellt, dass er mit dem Licht schaut, während Hitler selbst das Licht ist. In dieser Bildgestaltung manifestiert sich also die ganze Ideologie und die Absichten der HJ bzw. des Nationalsozialismus überhaupt: Die politische Führungsgestalt wird identifiziert mit einem höheren, allmächtigen Wesen, das sich an die Stelle des individuellen Ich setzt und es – mit Hindeutung auf ein übermenschliches Ziel – beherrscht und nutzbar macht. Insbesondere die jugendliche Seele ist dafür geeignet, weil ihr aufwärtsstrebender, hingebungsvoller Idealismus zum vollkommenen Gefäß dieser Macht geformt werden kann.

Nun können noch die Schriftzeilen hinzugenommen werden, die fast schon keiner Kommentierung mehr bedürfen: «Jugend dient dem Führer. Alle Zehnjährigen in die HJ». Dieser Aufruf sowie ein weiteres Bilddetail – die Uniform des Jungen – beinhalten den ganzen Weg von der unschuldigen Begeisterung für neue Ideale über das bewusstseinsmäßige Eingenommenwerden durch die fremde Macht bis hin zu den konkreten Folgen (Militarismus).

Im Unterschied zum ersten Foto wird eine fast unausschöpfliche, in das Zentrum des gesamten Themas treffende Ganzheit anschaubar, die an eigenen Erfahrungen der Schüler ansetzen kann und ihnen Qualitäten des historischen Gegenstandes vermittelt. Die Sehnsucht jener Zeit nach Idealen, die besondere Empfänglichkeit dafür in der Jugend, der Führerkult, die nationalsozialistische Auffassung vom Individuum, die konkrete politische Absicht der HJ, der Militarismus – alle diese Aspekte können sich hier allein durch das Mitvollziehen der Bildgestaltung vermitteln.

Das erste Foto liefert Informationen: Es zeigt uns einige Details der äußeren Erscheinung und des «Programmes» der HJ. Es vervollständigt also das sinnliche Abbild. Keine Auskünfte erhalten wir allerdings an ihm über die Hintergründe der Organisation, über die Ursachen, warum die Jungen dort überhaupt so aufgereiht stehen, warum sie uniformiert sind usw. Es wird nicht zum Ausdruck, der in Zusammenhänge hineinführt. Ganz anders das Plakat: Beobachtet man, wie Text, Aufbau, Lichtregie auf einen selbst wirken, so wird seine äußere Erscheinung zum Schlüssel für die historischen Ereignisse; man begegnet essenziell den Kräften, aus denen diese Ereignisse hervorgegangen sind. Es teilt sich mit, was die HJ wollte, welche Zerstörungskräfte sich in ihr geltend machten, aber auch welche gesellschaftlichen Sehnsüchte sie sich zunutze machte. Wir kommen an die Wurzeln des Entstehungsmomentes des Nationalsozialismus heran und zugleich an die innerseelischen Vorgänge junger Menschen, sodass die Bedeutung jener Ereignisse für unser heutiges Handeln erlebbar wird. Damit ist im Sinne unserer früheren Betrachtungen das Abbild zum Sinnbild geworden, zur äußeren Erscheinung, an der die ihm zugrunde liegenden geistigen Zusammenhänge erfahrbar werden, zuletzt also zum Bild in seiner tiefsten Bedeutung hinführen: zum Vorbild, d.h. zu den ursächlichen geistigen Impulsen der Geschichte.

Es kann durchaus sinnvoll sein, die abbildhafte, illustrative Seite der geschichtlichen Betrachtung zu pflegen, um eine gründliche faktische Basis für die weiterführenden Erkenntnisschritte zu gewinnen. Nur muss man sich immer bewusst sein, dass damit noch nicht die eigentliche Realität und Bestimmung des Bildes erfasst ist. Immer wieder kann man beobachten, wie die Historiker oder Geschichtspädagogen an dieser Schwelle vom Abbild zum Bild, von der Illustration zum Symptom stehenbleiben. Selbst Christoph Hamann, der mit seinem Begriff des Schlüsselbildes sehr weit kommt, explizit die Dimension des Ästhetischen in die historische Betrachtung einführt und über die oft so unreflektierten didaktischen Methoden wesentlich hinauskommt, spart den letzten Schritt zu einer imaginativen Geschichtserkenntnis aus: Er interessiert sich hinsichtlich jener «mnemischen Energie» des Schlüsselbildes in erster Linie dafür, durch welche Eigenschaften sich ein Bild in das kollektive Gedächtnis einer Gesellschaft einschreibt und kanonisch wird, nicht aber für die Frage, inwieweit es «die Sache» selbst tatsächlich ist. Der hier gemeinte Bildbegriff geht weiter: Er fragt weniger danach, wie die Gesellschaft ein gemeinsames Vergangenheitsbild konstruiert, sondern wodurch uns ein Bild die geschichtliche Wirklichkeit wahrnehmen lässt.

Ein letztes Beispiel soll dies noch einmal veranschaulichen.

Repins Gemälde «Die Wolgatreidler» stellt eine der wichtigsten Bildquellen zur Geschichte Russlands dar. Die Schüler haben sich von ihm nach meinen bisherigen Erfahrungen immer sehr unvermittelt und intensiv ansprechen lassen und sich mit ihm engagiert und ideenreich auseinandergesetzt. Dies liegt zum einen sicherlich an den inhaltlichen Motiven, die eine ganze Gruppe von leidenden, durch die Riemen wie gefesselt wirkenden und an ihre äußersten Grenzen getriebenen Menschen darstellen, vor allem ist es aber die Komposition, die eine sehr dichte Atmosphäre schafft, welche den Betrachter tief in die Situation Russlands

Ilja Repin, Wolgatreidler, 1872–1873, Ausschnitt (Russisches Museum, St. Petersburg)

im 19. Jahrhundert hineinführt. Die dunkle, massive Gruppe kontrastiert hart mit dem gleißenden Licht, von dem eine geradezu feindselige Hitze ausgeht, die das menschliche Seelenleben noch stärker in einen abgegrenzten Innenraum zurückstaucht, als dies schon durch die dunkle Einheit in der linken Bildhälfte geschieht. Eine entscheidende Wirkung zeigt sich in der Form der Gruppe: Am rechten Ende ist sie am schmalsten, während sie zum linken Bildrand hin immer breiter, kräftiger und massiger wird. Dadurch bekommt die ganze Form eine Bewegungstendenz nach links, die den Eindruck eines Weges sowie der Schwere und Wucht des Ziehens erzeugt.

Ganz wesentlich für das Bild ist natürlich die sehr prägnante Herausarbeitung der charakteristischen Haltungen, Gesten und der Mimik der Treidler. Ganz rechts sehen wir einen Mann, der eigentlich keinen Kopf mehr hat: Dieser ist so weit auf die Brust herabgesunken, dass man ihn bei der frontalen Ansicht seines Körpers zunächst gar nicht erfasst. Die

561

Aufrechte, die durch den erhobenen Kopf zum Ausdruck kommt, ist verloren gegangen; man erlebt einen gebrochenen, willenlosen Menschen,
der sich aufgegeben hat. Sein großer, kräftiger Nachbar schaut ihn fast
zornig an, ihn sieht man im scharfen Profil und sehr aufrecht, sodass sich
der Eindruck eines empörten, selbstbewussten Wissens um die Gefahr
fahrlässiger Resignation mitteilt. Jede einzelne Figur verkörpert eine
ganze Lebenshaltung: Der vierte Burlake von links ist der Einzige, der
den Betrachter direkt anschaut. Sein Blick und seine Mimik sind voller
Hass. Zugleich ist er körperlich sehr kräftig und stemmt sich aus der Tiefe mit größter Gewalt in den Riemen. Die Schüler sind sich hier immer
ganz einig: Wenn man den loslassen würde, würde das für den Betrachter
nicht gut ausgehen ... In ihm haben wir den unterdrückten Menschen,
der voller Hass auf den Unterdrücker und mit gesammelter Energie seiner Wut auf den gewalttätigen Ausbruch wartet. Ganz anders wiederum
sein Leidensgenosse links hinter ihm: Er ist zwar nicht so erschöpft und
niedergebeugt wie die letzte, hinterste Gestalt, dennoch strahlt auch er
eine gewisse Form von – fast ein bisschen unheimlicher – Resignation
aus. Schmal und aufrecht – er markiert den höchsten Punkt der ganzen
Gruppe – verrichtet er seine Arbeit, aber er wirkt wie abwesend: Sein
Gesicht liegt im Schatten, Pfeife rauchend verschafft er sich während der
Entwürdigung und Qual einen Genuss. Dies ist ein Mensch, der sich ab-
gefunden und in seine eigene Welt zurückgezogen hat; er funktioniert,
hat aber keinen Kontakt mehr mit seiner menschlichen Umgebung.

Die zentrale Figur – die fast in der Mitte des Bildes platziert ist – ist
natürlich der junge Mann, der hell und selbstbewusst auch in der Gruppe
die Mitte bildet und sich von ihr gleichzeitig deutlich absetzt. Alles an
ihm ist anders: sein Alter, seine Kleidung, Haltung und Blick. Die leicht
zurückgebogene Haltung vermittelt Spannung und damit Kraft; die Arbeit als solche scheint gar nicht wichtig für ihn zu sein. Sein rechter Arm
und seine Hand gehen nicht nur zum Riemen und deuten einen Akt künf-
tiger Befreiung an, sondern sie berühren auch die Gegend um das Herz,
sodass diese Gestik viel von der Qualität der Besinnung, von Selbstwahr-

nehmung, innerer Mitte usw. ausstrahlt. Keiner der Männer hat ein solch
helles Gesicht wie er, der Kopf ist aufrecht, nach vorne ganz frei, der Blick
wach, entschlossen und von einer widersprechenden Aufmerksamkeit gegenüber dem Pfeifenraucher erfüllt, den er über die Gruppe hinweg anschaut. Durch die Formsprache, mit der Repin diesen jungen Mann charakterisiert, vollzieht der Betrachter also mehrere plastische Gebärden der
freien, aufbegehrenden Kraft, die gepaart ist mit gedanklicher Klarheit,
Bewusstheit und Herz, mit Licht und Wärme. Die Position in der Gruppe hebt seine Freiheit und Verantwortung hervor, seine Beziehungen zu
dem Pfeifenraucher und zugleich zu dem älteren, priesterlich anmuten-
den Mann hinter ihm, der sich förmlich an ihn anlehnt, vermitteln den
Eindruck einer geistigen Instanz, die die Selbstaufgabe nicht akzeptiert,
sondern Veränderung fordert und gleichzeitig sozial mitempfindend sich
dem Mitmenschen helfend zur Verfügung stellt.

Repin hat damit die Essenz der Geschichte Russlands im 19. Jahrhunderts ins Bild gebracht. Das Leid des «schwarzen Volkes», seine Knechtschaft unter dem autoritären Regime des Zaren und der Ausbeutung
durch die Grundbesitzer, die verschiedenen Wege der Reaktion darauf
– von völliger Selbstaufgabe über resignierten Rückzug bis zum blan-
ken Hass –, zugleich aber auch die Ankündigung eines revolutionären
Umbruchs und der Überwindung der gesellschaftlichen Ohnmacht werden an diesem Bild charakteristisch erlebbar. Eine herausragende Leistung des Bildes besteht darin, dass es zu einer Erfahrung von Zeit und
geschichtlichem Werden führt: Die Jugend und die noch kurz vor dem
Abstreifen des Riemens angesetzte Gestik der hellen, mittleren Figur erzeugt im Kontrast zu den anderen, von der Vergangenheit gezeichneten
und älteren Burlaken eine intensive Wahrnehmung einer momenthaften
Gegenwart, die unmittelbar in Zukunft übergeht und eine ganz neue
Welt schaffen wird – obwohl das Bild selbst als sinnlicher Gegenstand
natürlich rein gegenwärtig ist. Damit hat Repin die Wirklichkeitsschicht
erfasst, die wir als unbewusst-traumhafte Quelle geschichtlicher Impulse und Entwicklung erkannt haben. Mit seiner Bildgestaltung bringt

er genau jene im 19. Jahrhundert in Russland schwelende, gärende, sich vorbereitende Umwälzung aller Verhältnisse zum Erlebnis, das Schicksal eines Volkes, das zwischen Leid und immer drängenderen revolutionären Zukunftsentwürfen schwankt, zwischen der ständig wiederholten Frage «Was tun?», den Ideenbildungen der Intelligenzia und schließlich den radikalen Aktionen wie die Attentate auf den Zaren. Wir erleben ein aus der Dunkelheit geborenes Licht, ein aus dem Kollektiv sich heraus-lösendes, die Zukunft verkörperndes Individuum. Die junge Gestalt in der Mitte erscheint wie die Zukunft Russlands, und es ist sehr wichtig, dass hier noch überhaupt kein ideologischer Schematismus betrieben wird im Sinne der späteren sozialistisch-messianischen Heldenästhetik: Dieser junge Mann ist recht schmal und kein Ideal an Muskelkraft, sein Äußeres ist eher etwas «abgerissen», seine Stärke liegt in den in Gestik, Mimik, Helligkeit und Position sich ausdrückenden inneren Qualitäten wie Mut, Wachheit, Sensibilität, seelische Wärme und Gedanke. Er ist äu-ßerlich ein Antiheld, innerlich aber die lichtvolle Idee, der geistige Keim einer neuen, brüderlichen Ära Russlands. Diese Qualitäten sind so allge-mein menschlich, dass sie über die Zukunft geschichtlicher Entwicklung überhaupt etwas aussagen. Man mag einwenden, dass Repin diese Phase russischer Historie idealisiert und ein zweckgeleitetes Russlandbild kon-struiert. Dies verkennt aber den an diesem Bild erlebbaren Duktus der unpolitischen Herausarbeitung von Urbildern menschlicher Haltung; natürlich steckt in diesem Bild auch eine politische Aussage, diese tritt aber nicht als Zweck oder parteiische Absicht auf, sondern erscheint nur verbunden mit der eigentlichen Charakterisierung einer den Menschen an sich betreffenden historischen Entwicklung. Ein Kunstwerk ist immer das Ergebnis persönlicher Deutung und Formung. Deshalb muss es aber nicht subjektiv, unwahr oder manipulativ sein: Der Künstler kann sich zum Organ der lebensweltlichen Realitäten machen, und seine individu-elle Gestaltung kann zum Ausdruck dieser Realitäten werden – ganz im Sinne der bereits zitierten Formulierung Klees: Kunst «macht sichtbar», die Konstruktion bringt eine Wirklichkeit zur Erscheinung.

564

Es ist also nicht das informative zeitgeschichtliche Kolorit, das Repins Gemälde zum Bild macht, sondern die kompositorische Form, die reduzierte und zugleich charakteristische Gebärdensprache (zu der die Geometrie der Gruppe genauso gehört wie die Gestik der Figuren oder der Umgang mit Hell und Dunkel), welche bei dem Betrachter seelische Bewegungen auslöst, die in eins fallen mit den impulsierenden «gestae» der russischen Geschichte. Die historische Wahrnehmung ist hierbei also nicht visuell bzw. gegenständlich vorstellend, sondern das Bild im Sinne der Imagination besteht in der seelischen Anschauung der oben beschriebenen, geistig nachgeschaffenen Qualitäten dieser Epoche russischer Geschichte. Der Künstler hat uns hier die Arbeit ein Stück weit schon abgenommen, in der Oberflächenschicht der äußeren Fakten das Bild zu erkennen, und es ist sicherlich kein Zufall, dass wir in unseren Beispielen visueller, materieller Bilder immer wieder auf Gemälde stoßen. Solch ein optisches Dokument ist eben lange noch nicht von selbst schon ein wirkliches Bild, das historische «Anschauung» vermittelt. Geschichte als empirische Erfahrung ist nicht sinnlich, und insofern hat es seinen Grund, dass wir unseren Ausgangspunkt bei der Erzählung genommen haben, die mit ihren spezifischen Qualitäten jene inneren Bilder anregt, an denen sich das Erinnern entzündet. Unter Umständen kann auch hier einmal am Anfang der «Schluss»-Phase und noch vor der Erzählung die Betrachtung eines sehr signifikanten Bildes, das Anschauen und Betasten eines Gegenstandes oder die Wahrnehmung einer Landschaft bzw. eines Ortes stehen; die imaginative, geistige Geschichtswahrnehmung wird ohne das erzählende Wort aber nur selten auskommen. Dass auch in der sprachlichen Darstellung eklatante Missverständnisse von «Anschaulichkeit» auftreten, wurde bereits an einigen Beispielen von Schilderungen steinzeitlicher oder antiker Geschichte auseinandergelegt, in denen alle Unterschiede zwischen dem 21. Jahrhundert und der Vergangenheit verwischt werden und man die Vergangenheit verliert, anstatt sie zu erfahren. Auch bei der Auswahl von Textquellen kann man im oben dargelegten Sinne Bild mit Illustration verwechseln. Das Wort ist dennoch nicht

zu ersetzen. Der Akt des bildschaffenden Zuhörens befördert die erinnernde Bewegung in der Zeit, und diese Bewegung erzeugt dasjenige, was
hier mit Bild gemeint ist – und dies kann unter Umständen die gestische
Gestalt einer ganzen historischen Epoche sein. Wenn diese inneren Bilder
im «Schluss» angelegt wurden, kann dann im zweiten Abschnitt des Unterrichts eine Bildquelle sehr fruchtbar eingesetzt werden. Die Wahrnehmung der historischen Zeitgestalt, die selber nicht sinnlich ist und von
dem die optischen «Zerstreuungen» (Herder) nur ablenken würden, ist
vom Schüler vollzogen worden, und nun kann eine Bildbetrachtung die
imaginative Anschauung noch vertiefen – wenn das Bild nicht eine Illustration ist, sondern selbst in jene bereits in der Erzählung betretene innere
Beobachtungsschicht hineinreicht. Leitgesichtspunkt muss auch hier wie
bei der Erzählung sein: Bei der Frage nach der Bildhaftigkeit geht es nicht
um die Darstellung; es gibt nicht einen schon existierenden historischen
Gegenstand, den man jetzt nur noch didaktisch aufbereiten und darbieten muss, sondern dieser Gegenstand ist erst als Bild real, Bildhaftigkeit
ist nötig, weil sonst die Geschichte keine Wirklichkeit annimmt. Die
Konkurrenz von Anschaulichkeit und (womöglich prüfungsrelevanten)
Anforderungen eines wissenschaftlichen Begreifens und «realen» Faktenwissens ist insofern eine Scheinalternative, weil es diese vermeintliche
Realität ohne bildhafte Anschauung gar nicht gibt.

Der Geschichtspädagoge hat sich also immer wieder mit zwei gegensätzlichen Abwegen auseinanderzusetzen: Einerseits erzeugen empirische
Denkgewohnheiten oder der Druck gesellschaftlicher Zwänge («faktische Realitäten» wie z.B. Prüfungsanforderungen) eine Geringschätzung
bzw. reduzierte Interpretation des Bildes, andererseits führt das oft uneingestandene Mangelerlebnis gegenüber einem inhaltlosen und langweiligen Unterricht dazu, auf eine – wie oben bereits skizziert – unterhaltende,
veranschaulichende Auffrischung von Geschichtsdarstellung zuzugreifen.
In einer solchen «Veranschaulichung» droht sich allerdings die Fiktion
zu verselbstständigen: Künstlerische Fantasie tritt nicht wie z.B. bei Repin als Herausarbeitung einer tieferen historischen Realität auf, sondern

sie wird zum Selbstzweck, durch welchen ein Genuss der Gegenwart, aber nicht eine lebendige historische Wahrnehmung entsteht. Dies muss nicht durch die erwähnten Beispiele filmischer oder romanhafter Darstellung oder fotografischer Illustration geschehen; schon eine zu starke Metaphorik in der Erzählung oder ein unreflektiertes Nacherzählen mythischer Inhalte ohne Brücke zur empirischen Erfahrungswelt bewirken eine solche Verselbstständigung. Inhaltlose Objektivität und selbstbezogener Genuss treten als Alternative sofort auf, wenn die Geschichtserkenntnis nicht zu einem wirklichen Bildbegriff vorgedrungen ist.

2.3 Anmerkungen zum Film

In der ganzen Frage nach dem bildhaften bzw. lebendigen Unterricht kommt dem Film noch einmal eine herausragende Sonderstellung zu: Seine Bilder bewegen sich, die Leinwand bzw. der Bildschirm nimmt den Betrachter viel stärker ein als ein Foto oder eine geschriebene Seite im Buch – wie kein anderes Medium beherrscht uns der Film, erweckt Emotionen und fesselt uns; hier spüren wir Lebendigkeit und Realität der Anschauung. Es ist insofern nur konsequent, wenn es oft die Kino- oder Fernsehfilme sind, die gesellschaftlich große Erregungen erzeugen, Massen von Menschen erreichen und mit historischen Themen beschäftigen und die viele Lehrer oft einsetzen, um den Unterricht interessant und spannend zu machen – bis hin zur «Belohnung» für vorher erbrachte Anstrengungen. Ich habe so gut wie nie erlebt, dass Schüler Unlust gezeigt hätten, wenn man ihnen einen Film angekündigt hat: Vielmehr stellt sich in der Regel wohl bei den meisten Menschen beim Anschauen eines Filmes sofort ein wohliges Gefühl anstrengungsloser Erlebnisse ein, die einen garantiert berühren, bewegen oder sogar mitreißen werden – Motivationsprobleme gibt es da nicht.

Der Film kommt mit technischen Mitteln jener intensivierten, wirklichkeitsgesättigten Imagination sehr nahe. Genau darin liegt aber auch sein Problem. Nirgendwo werden wir mit so viel Bildern bedient wie im Film, aber nirgendwo sind mit Bildern solche Illusionen verbunden. Indem durch die maschinelle Reihung von Einzelbildern bzw. durch digitale Elektronik der Eindruck beweglicher Realität erzeugt wird, entsteht für den Zuschauer das Erlebnis lebendiger Wirklichkeit. Die eigene aktive Tätigkeit, aus der die Verlebendigung des fragmentarischen, abgelähmten Datenmaterials hervorgeht, wird uns abgenommen. Die in vielen Geschichtsdidaktiken beschriebenen inhaltlichen Manipulationsvorgänge beim Film (von Propagandafilmen über Werbung bis hin zur unbeabsichtigten Ausschnitthaftigkeit sachlicher Dokumentarfilme) sowie der ungenaue Umgang mit Fakten z.B. in Historienfilmen sind hierbei nicht das Entscheidende: Noch grundsätzlicher und folgenschwerer ist die bereits vor diesen inhaltlichen Aspekten ansetzende Frage, was physiologisch im Moment des Erlebnisses von Filmbildern geschieht und wie sich das Filmbild zur Wirklichkeit verhält. Es ist oftmals beschrieben und inzwischen in unzähligen empirischen Studien belegt worden, dass das Betrachten von Filmbildern die Tätigkeit des Zuschauers bis in seine Muskeln hinein massiv herablähmt.[660] Die physikalische Einwirkung auf das Auge fixiert dieses auf einen Bruchteil seiner gewöhnlichen Aktivität. Wir haben an anderer Stelle bereits beschrieben, wie eng seelische und körperliche Vorgänge z.B. beim Hören einer Erzählung miteinander verbunden sind. Die Herablähmung körperlicher Aktivität wirkt sich auf den Willen aus, der wiederum die Grundlage für ein produktives Vorstellungsleben ist. Nicht nur die Augen werden beim Film fixiert, auch das Vorstellungsleben schläft ein. Angesichts unserer starken Erlebnisse beim Film meinen wir zu wachen, in Wirklichkeit ist ein wesentlicher Teil unseres Seelenlebens aber passiv – er lässt sich von Bildern ausfüllen, bringt sie selbst aber nicht hervor. Walter Benjamin hat 1935 in seiner Schrift *Das Kunstwerk im Zeitalter seiner technischen Reproduzierbarkeit* bereits in den Kindheitstagen des Films dieses Phänomen beschrieben und zitiert einen charakteristischen Ausspruch George Duhamels: «Ich kann schon nicht mehr denken, was ich denken will. Die beweglichen Bilder haben sich an den Platz meiner Gedanken gesetzt.»[661] Während die Vorstellungstätigkeit erlahmt, werden unsere Gefühle merkwürdig intensiviert – bis hin zu solchen Momenten, in denen man sehr plötzlich und heftig bis zu den Tränen gerührt wird, während man im Alltag zu solchen Emotionen vielleicht überhaupt nicht neigt. Im Film können sich die Emotionen geradezu verselbstständigen, obwohl man selbst kaum etwas dafür getan hat. Man verlässt das Kino unter Umständen sehr bewegt, um später festzustellen, dass diese Stimmungen sehr schnell wieder nachgelassen haben.

Eine Schülerin, die am Ende ihrer Schulzeit eine «Jahresarbeit» anzufertigen hatte, wählte den Film zu ihrem Thema. Sie begründete dies damit, dass sie schon immer eine große Leidenschaft für den Film gehabt habe (sie filmte auch selbst und produzierte zuletzt für diese Arbeit einen eigenen Film), eines Tages aber bemerkt habe, wie schnell sich nach einem Kinobesuch bei ihr selbst starke Erlebnisse verflüchtigt hätten, während z.b. ihre Theatererlebnisse viel länger und intensiver nachgewirkt hätten. Sie hat in ihrer Arbeit dann u.a. untersucht, welche inneren Eindrücke ein Filmbild und welche das Hören einer erzählten Szene bei dem Zuschauer bzw. Zuhörer hinterlässt. Während ihres Vortrages hat sie mit dem Publikum ein solches Experiment wiederholt: Sie las einerseits eine kurze literarische Schilderung einer Blumenwiese vor und zeigte dann einen Ausschnitt aus einem Spielfilm, in dem ebenfalls genau eine solche Wiese gezeigt wird. Das Ergebnis war frappierend: Die wenigen, eigentlich gar nicht besonders poetischen Sätze der Erzählung hinterließen ein ungleich stärkeres Vorstellungsbild als die Filmsequenz, die innere Fantasietätigkeit war wesentlich produktiver als das Anschauen der Filmbilder.

Auch das Lesen eines Buches ist auf den ersten Blick eine rein virtuelle Angelegenheit: Auch hier hat man eine zweidimensionale Fläche – die aufgeschlagene Seite aus Papier –, und die trotzdem entstehende räumliche Vorstellungswelt ist das Produkt der «Einbildungskraft», wie es zu Goethes Zeiten hieß. Der Illusionscharakter des Films besteht aber darin, dass von dieser produktiven Beteiligung des Betrachters abgelenkt wird: Man vergisst beim Film völlig, dass die Bilder auf einer Fläche erzeugt werden, hinter der nichts ist. Im Unterschied zum Lesen wird ein optisch-akustischer Vorgang erzeugt, der die Wahrnehmung von Sinneseindrücken vortäuscht und damit «reale Wirklichkeit» suggeriert. Man erlebt – aber was? Die genauere Beobachtung zeigt, dass diese Bilder sich unter Umständen für lange Zeit ins optische Gedächtnis eingravieren und weitere Vorstellungsbildungen beeinflussen können, die intensivere Wahrnehmung und damit das stärkere Wirklichkeitserleben aber von der Fantasietätigkeit ausgeht. Beim Film meint man, man sähe die Sache, sie ist es aber gar nicht – obwohl sie so aussieht wie «im realen Leben».

Das Problem, auf das wir hier stoßen, ist in seiner Tragweite kaum zu überschätzen. Der Film beeinflusst die Menschen global in unvergleichlichem Maße, und er setzt genau dort an, wo die tiefsten und wichtigsten Bedürfnisse des gegenwärtigen Menschen sich geltend machen: in der Suche nach Bildern, die den historischen Schritt vom gegenständlichen, als tot empfundenen Denken zur Imagination ermöglichen. Insofern ist es für den Geschichtslehrer eine ernste Frage, wie er mit dem Film umgeht; man macht sich selten bewusst, welche Verantwortung man mit der eigenen Einstellung zum Bild übernimmt. Als einer der ganz wenigen Geschichtspädagogen, die diese existenziellen Konsequenzen des eigenen Bildbegriffes erkannt haben, beschreibt Rolf Schörken die Wirkung von Filmbildern auf den Schüler. Nachdem er auf die Studien zum Fernsehkonsum gegenüber der Lesetätigkeit des Schülers hingewiesen hat, resümiert er: «Das kreative Vermögen unserer Imagination, das insbesondere im Lese- (oder Zuhör-)Akt und seinen besonderen Rezeptionsbedingungen wurzelt, wird bei dem Anschauen von bewegten Bildern nicht herausgefordert. Die fertigen Bilder machen die innere Vorstellung überflüssig, Vorstellungsbilder werden nicht mehr abgerufen. Individuelle Kräfte aber, seien sie körperlicher oder geistiger Art, die in der Jugend über lange Zeit hinweg nicht gefordert werden, werden nicht voll ausgebildet. Das Ergebnis sind bestenfalls fantasielose Pragmatiker.»[662] Es wäre verhängnisvoll, wenn ich mir als Pädagoge eingestehen müsste, die körperlichen und geistigen Kräfte eines jungen Menschen nicht bemerkt und gefördert zu haben, sondern dass ich sie letztlich habe verkümmern lassen. Die Verwendung von «fertigen Bildern» macht Schörken aber gerade dafür verantwortlich. Wichtig ist sein Hinweis auf den fantasielosen Pragmatismus: Es wirkt sich für eine Gesellschaft fatal aus, wenn ihre Mitglieder nicht die Kraft haben, über das, was als fertige Gegebenheiten vor Augen liegt, hinauszukommen und schöpferische Vorstellungen zu entwerfen, die die anstehenden Zukunftsaufgaben bewältigen. Bemerkenswert ist auch die scheinbar beiläufige Formulierung «bestenfalls»: Damit gibt Schörken implizit zu erkennen, dass er noch tragischere Konsequenzen jener «fertigen Bilder» für möglich hält. Hier klingt an, was wir oben bereits als leibliche oder psychische Krankheitsbilder bis hin zu aggressiver Gewalt beschrieben haben. Die Frage nach unserem Bildbegriff ist keine private, unverbindliche Angelegenheit, sondern von unmittelbarer medizinischer, sozialer und politischer Relevanz.

Es kann sehr zu denken geben, dass insbesondere in den Auseinandersetzungen um den Umgang mit der Zeit des Nationalsozialismus immer wieder die Grenzen bildlicher Darstellung zum Thema wurden: Lässt sich der Holocaust darstellen? Ist nicht jeder Versuch, diese Vorgänge abzubilden, zum Scheitern verurteilt und letztlich sogar pietätlos? Wie kaum ein anderes historisches Ereignis konfrontiert uns die Gewaltherrschaft der Nazis und die abgründige Dimension der Vernichtung und Entmenschlichung mit den Fragen nach dem Sinn der Geschichte, der Natur des Menschen, den Untergründen, aus denen historische Wirklichkeit entsteht. Insofern ist es sehr bedeutend, dass gerade hier die Möglichkeiten und das Wesen des Bildes hinterfragt werden. Exemplarisch für diese Auseinandersetzung ist ein Aufsatz des ehemaligen KZ-Häftlings und Literaturnobelpreisträgers Imre Kertész mit dem Titel «Wem gehört Auschwitz?», veröffentlicht in dem essayistischen Band *Eine Gedankenlänge Stille, während das Erschießungskommando neu lädt*.[663] Kertész äußert sich in diesem Text sehr kritisch über den Spielfilm *Schindlers Liste* von Steven Spielberg, in dem er einen verfehlten Begriff von Authentizität erlebt. Er schreibt: «Der Überlebende sieht ohnmächtig zu, wie man ihn um seine einzige Habe bringt: um die authentischen Erlebnisse. Ich weiß, viele stimmen mir nicht zu, wenn ich Spielbergs Film ‹Schindlers Liste› Kitsch nenne. Man sagt, Spielberg habe der Sache einen großen Dienst erwiesen, da sein Film Millionen in die Kinos lockte, darunter viele von denen, die dem Thema Holocaust sonst uninteressiert gegenüberstanden. Das mag stimmen. Doch warum soll ich als Überlebender des Holocaust und im Besitz weiterer Erfahrungen des Terrors mich darüber freuen, dass immer mehr Menschen diese Erfahrungen auf der Leinwand sehen – und zwar *verfälscht*? Es ist offenbar, dass der Amerikaner Spielberg, der übrigens in der Zeit des Krieges noch nicht auf der Welt war, keine Ahnung hat – und haben kann – von der authentischen Realität eines nazistischen Konzentrationslagers; warum quält er sich dann aber damit ab, diese ihm unbekannte Welt so auf die Leinwand zu bringen, dass sie in jedem Detail authentisch erscheine? [...] Ich halte aber jede Darstellung für Kitsch, die nicht die weitreichenden ethischen Konsequenzen von Auschwitz impliziert.»[664] Wenn ein Überlebender und unmittelbarer Zeuge der KZ-Wirklichkeit eine solche Kritik formuliert, so hat dies Gewicht. Der Vorwurf wiegt schwer: Kertész hält es für unmoralisch, Authentizität vorzuspiegeln, wo es sie gar nicht geben kann. Gerade das perfekt abgebildete Detail ist in Wirklichkeit das Gegenteil von dem, was es vorgibt zu sein, es ist Illusion. Kertész ist selber Künstler und weiß um den Unterschied von faktischer und ästhetischer Wahrheit; man kann ihm sicherlich nicht vorwerfen, er erwarte eine «korrekte» Darstellung im Sinne historischer «Richtigkeit». Die Verfälschung besteht für ihn gerade darin, solch eine Richtigkeit zu behaupten, ohne sie je einlösen zu können. Spielberg zeigt uns präzise die optische Erscheinung der KZ-Häftlinge und ihres Leides, erzeugt damit den Eindruck, den Gegenstand real vor sich zu haben, und verhindert in Wirklichkeit die äußerst anspruchsvolle Anstrengung einer fast unmöglichen inneren Hervorbringung von Vorstellungsbildern, die den tatsächlichen Vorgängen in den Lagern nahekommen. Die Unaufrichtigkeit und fehlende wirkliche Authentizität dieses Filmprojektes bestätigt sich auch darin, dass Spielberg während der ihn angeblich emotional vollständig einnehmenden Dreharbeiten in Polen gleichzeitig immer wieder in den Schneideraum verschwand, um seinen Dinosaurierfilm *Jurassic Park* zu schneiden. Wie ernst kann ein Regisseur seine künstlerische Arbeit am Holocaust nehmen, wenn er gleichzeitig hollywoodtaugliche Dinosaurierbilder bearbeitet?

Die bei Kertész zu spürende Empörung über die Verstellung von Wirklichkeit durch die perfekte visuelle Abbildung findet sich mit derselben Frage nach der Möglichkeit filmischer Darstellung des Holocaust in Jurek Beckers Roman *Bronsteins Kinder* wieder. Hans Bronstein, der junge Protagonist des Romans, dessen jüdischer Vater KZ-Häftling war, besucht seine Freundin, die Schauspielerin Martha, bei den Dreharbeiten zu einem Film über den Nationalsozialismus. Er betritt das Filmatelier und entdeckt Martha in einer kleinen Gruppe, «auf ihrer Brust prangte ein Judenstern. [...] Neben mir hockte ein junger Mann, mit geschlossenen Augen, und sonnte sich; auch er hatte einen Judenstern aufgenäht, sein Gesicht war dick geschminkt. Ich betrachtete es ausgiebig und fand, dass es dem Vorurteil von jüdischem Aussehen entsprach. Sofort war mir das gesamte Unternehmen zuwider. [...] Warum mussten Juden im Film von echten Juden dargestellt werden? Als Martha diese Rolle angeboten worden war, hätte sie antworten müssen: Nur wenn auch die SS-Männer echte SS-Männer sind. [...] ‹Der Stern steht dir gut›, sagte ich. ‹Wirklich.›»[665] In der Ironie dieser Begrüßung entlädt sich der ganze Unwillen des Protagonisten und durch ihn sicherlich auch Jurek Beckers. Gegenstand der Kritik ist das Verständnis von Echtheit, das in den Dreharbeiten zum Ausdruck kommt: Optisch soll eine Identität von Bild und dargestelltem Inhalt – dem Judentum – garantiert werden, und darin erlebt Hans eine Lüge. Ihm als Juden erscheint solch eine Authentizität geradezu als Verletzung der historischen Wirklichkeit und damit als moralisch fragwürdig – wieder stoßen wir also auf das Phänomen, dass die visuelle «Stimmigkeit» des Filmbildes als Verhinderung einer wirklichen Annäherung an die historische Realität empfunden wird.

Ich selber erinnere mich noch gut an mein Erstaunen, als ich den Schauspieler Bruno Ganz in dem Film *Der Untergang* als Adolf Hitler sah. Dieses Unterfangen, den Diktator bis ins kleinste sprachliche, gestische und mimische Detail zu kopieren, erschien mir sofort als hilfloses Missverständnis, denn mit dem ersten Blick von Ganz in die Kamera sah man Augen, die warm und menschlich waren und ein vollkommen anderes Wesen hinter ihnen verrieten als Adolf Hitler. Zeitgenossen, die Hitler persönlich begegnet sind, beschreiben einerseits sein ungeheures Charisma, zugleich aber auch den unheimlichen Eindruck, dass hinter seinen kalten, grauen Augen überhaupt keine Persönlichkeit anzutreffen war ... Wie will man einen solch ausgesprochen signifikanten und bedeutenden Sachverhalt schauspielerisch wiederholen? Er ist aber für die ganze Wahrnehmung der historischen Realität im Bunker absolut wesentlich.

Bisher haben wir nur über Filmbeispiele gesprochen, die das 20. Jahrhundert betreffen. Hier wäre das filmische Bemühen um «reale» Bilder noch vergleichsweise einfach, weil immerhin die dargestellten Menschen fast noch unsere Zeitgenossen sind. Viel schwieriger wird die Problematik aber, wenn wir in Zeiten zurückgehen, in denen die Menschen ganz anders waren als wir. Ein heutiger Schauspieler kann seine moderne körperliche und mentale Verfassung nicht verbergen und einen Griechen abgeben, der sich dankbar vom Orakel von Delphi eine Antwort auf seine Lebensfragen abholt. Diese Tatsache war dem russischen Filmemacher Andrej Tarkowskij sehr bewusst, der in seinen Filmen einen ganz anderen Weg suchte, als im abbildhaften Sinne Wirklichkeit vorzutäuschen. Obwohl sein Film *Andrej Rubljow* inhaltlich noch gerade an der Schwelle zur neuzeitlichen Geschichte angesiedelt ist und man es insofern immerhin noch annäherungsweise mit Menschen unserer historischen Großepoche zu tun hat (der Maler Rubljow starb im Januar 1430), war Tarkowskij klar, dass jede naive, naturalistische Rekonstruktion jener Zeit vergeblich ist. So schreibt er in seiner filmästhetischen Schrift *Die versiegelte Zeit*: «Die Handlung des Films spielt im 15. Jahrhundert, und es war eine schrecklich schwierige Sache, sich vorzustellen, ‹wie das alles damals so war›. Man musste auf alle möglichen Quellen zurückgreifen, auf schriftliche Zeugnisse, Architektur und Ikonografie. Wären wir nun den Weg einer Rekonstruktion der malerischen Traditionen, der malerischen Welt jener Zeiten gegangen, dann wäre dabei eine stilisiert-konventionelle altrussische Wirklichkeit herausgekommen. [...] Doch das bedeutet, zielbewusst dem Film den Garaus machen ... Deshalb war es eines der Ziele unserer Arbeit, die reale Welt des 15. Jahrhunderts für den heutigen Zuschauer so zu rekonstruieren, dass er weder in den Kostümen noch in der Sprechweise, im Milieu oder in der Architektur altertümliche, museale Exotik verspüren konnte. Um hier nun zu einer unmittelbar beobachteten Wahrheit, zu einer sozusagen ‹physiologischen› Wahrheit vorstoßen zu können, musste ein Weg jenseits archäologischer und ethnografischer Wahrheit eingeschlagen werden. [...] Wie intensiv wir uns auch auf ein Quellenstudium einlassen mögen, das 15. Jahrhundert können wir einfach nicht in einem buchstäblichen Sinne rekonstruieren. Schließlich empfinden wir es ja auch ganz anders als die Menschen, die damals lebten. [...] Im Drehbuch gab es folgende Episode: Ein Bauer fertigte sich Flügel an, kletterte auf eine Kathedrale, sprang von dort hinunter und zerschellte auf dem Boden. Wir ‹rekonstruierten› diese Episode, indem wir uns den psychologischen Kern dieser Episode vergegenwärtigten: Offensichtlich gab es da einen solchen Menschen, der sein ganzes Leben lang vom Fliegen träumte. Wie konnte sich dies nun in der Wirklichkeit abgespielt haben? Menschen rannten ihm nach, er musste sich beeilen, und dann sprang er. Was konnte dieser Mensch sehen und fühlen, als er zum ersten Mal in seinem Leben flog? Gar nichts konnte er sehen. Er fiel einfach zu Boden und zerschellte dort. Spüren konnte er bestenfalls seinen unerwarteten und schrecklichen Fall. Das Pathos des Fliegens und dessen Symbolik waren dahin, da der Sinn hier ausgesprochen unvermittelt und hinsichtlich bereits gewohnter Assoziationen primär, elementär ist. Auf der Leinwand durfte also lediglich ein einfacher, verschmutzter Bauer auftauchen. Danach sein Sturz, das Aufschlagen auf dem Erdboden, sein Tod. [...] Lange suchten wir nach einer Möglichkeit, das plastische Symbol aufzuheben, auf dem diese Episode basiert. Dabei kamen wir darauf, dass das Übel gerade in den Flügeln steckt. Um nun vom Ikarus-Komplex dieser Episode wegzukommen, erdachten wir einen Ballon, einen unansehnlichen, der aus Häuten, Fetzen und Stricken gefertigt wurde.»[666]

Diese Passage sollte hier ausführlich zitiert werden, weil sie helfen kann, die Perspektive auf den Film umzuwenden und seinen eigentlichen Möglichkeiten gerecht zu werden, auch wenn eine solche Sichtweise quer zu den üblichen Rezeptionsgewohnheiten steht. Man missversteht offensichtlich den Film, wenn man von ihm die unmittelbare Abbildung von historischer Wirklichkeit erwartet. Das Filmbild, das uns durch fotografisch nachgestellte Spielszenen die identische Wiedergabe der Vergangenheit vorspielt, die der Zuschauer passiv aufnimmt, verstellt die Geschichte, anstatt sie erfahrbar zu machen. Anders verhält sich die Sache allerdings, wenn der Film zu seiner eigenen – künstlichen – Wirklichkeit steht und seine Bilder nach seinen eigenen Gesetzen «konstruiert», sodass der Zuschauer gar nicht auf die Idee kommen kann, eine äußere «Realität» abgebildet zu bekommen. Anstatt eine reale historische Figur nachzustellen, kann eine rein fiktive Spielhandlung unter Umständen eine Atmosphäre erzeugen, die tatsächlich die Essenz der jeweiligen historischen Situation trifft. Wenn dem Zuschauer nicht suggeriert wird, dass er die Geschichte passiv-visuell aufnehmen kann, sondern durch die Verweigerung fotografischer Abbildhaftigkeit seine produktive Vorstellungstätigkeit provoziert wird, die aus den Filmbildern erst selber etwas machen muss, um sie zu verstehen, kann er vielleicht in eine Wahrnehmung anderer, unbekannter menschlicher Zustände hineinkommen.

Der Spielfilm *Lichter* von dem deutschen Regisseur Hans-Christian Schmid erzählt parallel mehrere ganz alltägliche Episoden im Grenzbereich zwischen Ost und West in Frankfurt/Oder. Wir sehen eine Gruppe illegaler Einwanderer aus der Ukraine, die betrogen werden und einfach auf polnischer statt auf deutscher Seite im Wald abgesetzt werden; einen polnischen Vater, der seiner Tochter kein Kommunionkleid bezahlen kann und schließlich zum Helfer der betrogenen und hilflosen Gruppe und damit unversehens kriminell wird; eine deutsche Grenzbeamtin, die mit der Not eines der aufgegriffenen Einwanderer mitleidet, ihm hilft und damit ihre Beziehung riskiert, um schließlich von dem Einwanderer beklaut zu werden; einen völlig überforderten deutschen Mann, der mit einem Matratzengeschäft Geld machen will und kläglich scheitert. Die Handlung ist fiktiv; je mehr sich die Fäden aber mischen, desto stärker entsteht die Wahrnehmung einer unmenschlichen, tragischen Grenze, die nicht nur Staaten trennt, sondern Menschen. Je intensiver sich die Spielhandlung mitteilt, desto mehr hört der Film auf, fiktiv zu sein. Das Bild, das entsteht, löst sich ab vom speziellen fotografischen Inhalt (Matratzen, Wald, Fluss, Kommunion etc.) und entwickelt sich allmählich in der inneren Anschauung des Zuschauers. Die Wirklichkeit einer historischen Tatsache wird erfahrbar, die unsere Zeit entscheidend prägt: Die Zementierung einer neuen Teilung der globalen Menschheit zwischen Ost und West.

Man könnte weitere Filme anführen, die durch eine Spielhandlung jene geschichtliche Bildgestalt erzeugen – man denke etwa an Bernhard Wickis *Die Brücke*, die in symbolhafter Konzentration in den Erlebnissen einer winzigen Menschengruppe das Gesicht einer ganzen Zeit zum Ausdruck bringt. Eine andere Möglichkeit filmischer Bewältigung von Geschichte sind halb dokumentarische Filme wie *Black Box BRD* von Andres Veiel, *Herr Zwilling und Frau Zuckermann* von Volker Koepp oder *Die verriegelte Zeit* von Sibylle Schönemann. In diesen Filmen wird durch Interviews, historisches Filmmaterial, Landschaftsaufnahmen und Aufnahmen von Originalschauplätzen wie Friedhöfe, Gefängnisse, die Deutsche Bank in Frankfurt etc. fotografische Abbildlichkeit geschaffen, andererseits erzeugen sie durch Komposition, Zeitstruktur, Einsatz von Musik, Brechung von informativen Passagen durch poetisierende Nahaufnahmen u.a. eine ganz eigene ästhetische Wirklichkeit, die erst in dieser Gestalt den Gehalt des Filmes ausmachen. Andres Veiel z.B. stellt ohne äußerlich-kausale Verbindungen zwei Biografien nebeneinander, wie sie gegensätzlicher kaum sein könnten: den jungen RAF-Terroristen Wolfgang Grams und den Chef der Deutschen Bank, Alfred Herrhausen.

577

Bei aller Ferne gibt es doch Berührungspunkte: Beide werden getötet, bei beiden liegt diesem Tod letztlich die eigene idealistische Überzeugung zugrunde, und in der extremen Gegensätzlichkeit scheint so etwas wie eine Polarität auf, die einen Zusammenhang schafft und nicht als unverbundenes Nebeneinander stehen bleibt. Der Zuschauer wird sehr aktiv, weil er die Bezüge zwischen den beiden Biografien selbst herstellen muss und allmählich ein inneres historisches Gesicht der BRD in sich entstehen lässt. Das «Bild» entsteht in dem Dazwischen: Nicht der einzelne szenische Bildinhalt vermittelt den Gegenstand des Filmes, sondern die Bewegung zwischen den beiden Biografien.

Ganz unabhängig vom Umgang mit den filmischen Versuchen bewusster Darstellung von Geschichte ist natürlich der Einsatz von Filmbildern im Unterricht zu betrachten, die im Sinne Droysens «Überreste» sind, also gar nicht als Geschichtsdarstellung gemeint waren, sondern selber Zeitdokumente sind, die wie Werkzeuge, Ruinen, Kleidungsstücke oder Quellentexte als Material empirischer Beobachtung dienen. Wochenschaufilme, Werbung der 50er-Jahre, Fernsehnachrichten, Handyaufnahmen oder auch Spielfilme können Aufschluss geben über die Zeit, in der sie entstanden, und haben ihren Platz im Unterricht wie die Verwendung von anderem Quellenmaterial auch.

An den zuletzt angeführten Filmbeispielen ist vielleicht deutlich geworden, dass der in der vorliegenden Schrift charakterisierte Bildbegriff auch auf den Film angewandt werden kann. Ein Verständnis des imaginativen Bildes schafft die Grundlage, die Verantwortung im Umgang mit dem Film zu erkennen, seine Macht sowie die an ihn geknüpften weitreichenden Missverständnisse zu realisieren, zugleich aber auch die Möglichkeiten seiner Verwendung im Unterricht einschätzen zu können. Es gibt Filme, die durchaus nicht «fertige Bilder» liefern, sondern den Zuschauer durch ihre Komposition gedanklich und emotional in eine produktive Tätigkeit versetzen und so an historische Wirklichkeit heranführen. Die prinzipielle Frage nach der körperlichen und psychischen Wirkung der technisch erzeugten Bildbewegung und der im Anschauen vergessenen Illusion der zweidimensionalen Fläche sowie nach dem Unterschied z.B. zur Nachwirkung eines Theatererlebnisses bleibt damit noch nicht wirklich gelöst. Der Film kann ästhetisch ein sehr hohes Niveau und eine Ernsthaftigkeit erreichen, die allen anderen künstlerischen Medien in nichts nachsteht – trotzdem bleibt diese merkwürdige Leerstelle der Herablähmung körperlicher und auch geistiger Aktivität, zu der sich auch große Filmkünstler wie der zitierte Tarkowskij so gut wie nicht äußern. Das Wesen des Films und seine zivilisatorische Bedeutung scheint mir letztlich noch kaum reflektiert zu sein, und die hier zuletzt angeführten Fragen nehmen nichts von der Qualität und Stärke vieler Regieleistungen: Das Projekt Film ist ein sehr junges Kind, und es gilt, dieses Medium in Zukunft noch viel mehr zu verstehen. Die genannten Fragen können hier also nicht wirklich beantwortet werden, das Anliegen dieses Kapitels war vielmehr, die Problemstellung des Verhältnisses von Filmbild und Geschichtserkenntnis zu umreißen.

2.4 Gegenbilder

Die Beschäftigung mit dem Wesen und der pädagogischen Bedeutung bildhafter Erkenntnis wirft notwendig die Frage nach der Verantwortung des Pädagogen auf, und es ist sicherlich kein Zufall, dass dies hier besonders im Blick auf das bildmächtige und massenwirksame Medium des Filmes geschieht. Wenn es die Bilder sind, nach denen sich junge Menschen heute so stark sehnen, weil sie durch sie seelisch und darüber schließlich auch körperlich ernährt werden, so lässt es einen nicht kalt, wenn man nicht nur das Problem bemerkt, dass solche imaginativen Bilder nicht gefunden werden, sondern dass es etwas gibt, das geradezu darauf angelegt ist, solche Bilder zu zerstören: Es gibt nicht nur herabgelähmte oder fehlende Bilder, sondern es gibt Gegenbilder. Wir sprechen damit ein Thema an, das in der öffentlichen Diskussion weitgehend ausgespart wird und tatsächlich auch nicht leicht diskutierbar ist, weil man sich hierbei sehr schnell dem Vorwurf einer unsachlichen, weltanschaulichen Realitätsferne aussetzt.

Wenn man aber über längere Zeit hin verfolgt, welche Bilder durch die Medien in die Gesellschaft einfließen, kann einem zuletzt eine merkwürdige Signatur auffallen.

1989 kam die Hollywoodproduktion *Batman* in die Kinos, mit Jack Nicholson als «Joker», der als Gangster im Kampf in ein Säurebecken stürzt und nach einer langen Operation zwar gerettet wird, aber mit einem zu einem Grinsen verzerrten Gesicht weiterleben muss. Sein Hass ist so maßlos, dass er nicht nur in einem Restaurant mit einem Säurespray wertvolle Malereien zerstört und sich selber als den Schöpfer eines «Gesamtkunstwerkes» ausruft, sondern dieses «Kunstwerk» einmünden lässt in eine martialische Vernichtungsaktion, in der in einer Nacht auf einer gewaltigen Parade Giftgas versprüht werden soll, um die ganze Stadt auszulöschen. Im letzten Moment erscheint aber am Himmel das gewaltige Bild einer riesigen Fledermaus: Batman tritt zum Endkampf mit Joker an, siegt nach einem dramatischen Duell in einem Glockenturm, und am Ende schaut man voller Erleichterung und Sympathie auf zu der Rettergestalt, die dunkel hoch oben auf einem Gebäude steht, ihr Cape weht wie die Flügel einer Fledermaus im Wind.

Zehn Jahre später wurde einer der größten Erfolge der Filmgeschichte fertiggestellt, der insbesondere Jugendliche derartig fasziniert, dass sie sich selbst und ihre Empfindungen in seinen Bildern ausgesprochen fühlen wie in kaum einem anderen Film oder Buch. Ich bin als Lehrer von meinen Schülern in den Jahren mehrfach aufgefordert worden, *Matrix* anzuschauen, wenn ich wissen wolle, was in ihnen vorgehe. Dieser Film verbindet bekanntlich von der griechischen Mythologie über Gralsmotive bis hin zu Inhalten fernöstlicher Religion alle nur erdenklichen Symbole und lässt sie einmünden in den Endkampf des Helden «Neo», der sich mit deutlichen Anspielungen auf Christus gegen das Böse stellt und die bedrohte Menschheit erlösen soll. Die moderne und souveräne Bezugnahme auf die grenzenlose Welt der Computertechnologie, die sehr komplexe philosophische Unterlegung der Handlung, die Thematisierung so gut wie aller gegenwärtigen Zeitfragen (Zerstörungskraft der Technik, Was ist Wirklichkeit?, Spiritualität u.v.m.) erschaffen in dieser Trilogie einen Kosmos, in den man vollständig abtauchen kann. Eines der Schlüsselmotive ist der Moment der Einweihung, in dem Neo ein elektronischer Anschluss in eine Öffnung in seinem Nacken hineingebohrt wird, bis er schließlich aufwacht und in einem ganz unräumlichen, völlig weißen «Zimmer» Bilder von der wahren Wirklichkeit sieht: Diese ist schwarz, kaputt, brutal, der Mensch wird von insektenhaften Riesenmaschinen beherrscht, gezüchtet, ausgesaugt und als Energielieferant genutzt. Die gewohnte Welt ist eine Täuschung, eine computererzeugte Matrix, die den Menschen blind macht für seine Existenz in einem der Millionen von Zuchtbecken, in dem er von den Maschinen angezapft wird. Durch diesen Einweihungsvorgang wacht Neo langsam zu seiner Aufgabe auf und tritt den Kampf mit dem Gegner an: Während seine Mitstreiter gigantische Waffenarsenale auffahren, um die Roboterarmeen abzuwehren, ist es gleichzeitig sein einsamer, aber perfekt geschulter asiatischer und schusswaffenunterstützter Nahkampf in elegantem schwarzem Mantel, der den Feind zerstören soll.

Nur kurze Zeit später erscheint Steven Spielbergs Produktion *Artificial Intelligence* (A.I.) in den Kinos (2001), in der ebenfalls eine Zukunftswelt gezeigt wird, in der Maschinen sich zunehmend verselbstständigen. Es gibt bereits sehr ausgereifte Roboter, die sich kaum mehr vom Menschen unterscheiden lassen, die aber einen gravierenden Mangel haben: Sie sind immer noch gefühllos und beeinträchtigen insofern die Illusion, einem menschlichen Wesen zu begegnen. Nun entwickelt aber eine erfolgreiche Firma einen ganz neuen Robotertyp, bei dem durch eine einmalige «Prägung» der Maschine das Entscheidende eingehaucht wird, das noch fehlte: die Liebe. Der Prototyp ist der elfjährige «Junge» David, den ein junges Ehepaar als Ersatz für seinen verunglückten Sohn übernimmt. Mit David wird nun eine Maschine geschaffen, die zu emotionalen Bindungen, zur Liebe fähig ist und damit dem Menschen in einer

Weise nutzen kann, wie dies noch nie der Fall war. Nun wacht allerdings der ins Koma versetzte eigentliche Sohn wieder auf (man hatte ihn eingefroren, bis die technische Entwicklung die medizinischen Möglichkeiten geschaffen haben würde, ihn behandeln und retten zu können), der aber wesentlich unsympathischer als David ist, den man bereits ganz ins Herz geschlossen und dessen maschinelle Herkunft man vergessen hat. In einer unglücklichen Situation verletzt David seinen «Bruder», und es ist klar, dass er nun zerstört werden muss. Die Mutter bringt dies aber nicht über sich, setzt ihn in einem Wald aus, und nun beginnt die tragische Odyssee Davids. Er wird eines Nachts von Roboterjägern gefangen und zu einem Schauspiel – dem «Fleisch-Fest» – gebracht, das unmittelbar an die römischen Kampfspiele erinnert: Zur großen Begeisterung und Befriedigung der menschlichen Zuschauer werden mit Kanonen und anderen «Foltermaschinen» ausgediente Roboter in der Arena verschrottet. David wird gerettet, sehnt sich unendlich nach der Liebe seiner Mutter und erhofft sich von einer «Blauen Fee», die er aus der Geschichte Pinocchios kennt und der er – so meint er – in in einer blauen Figur aus einem Vergnügungspark begegnet, die Erlösung. Durch eine Klimakatastrophe geht die Menschheit unter, David steckt unter Wasser in einem Fahrzeug, überlebt 2000 Jahre, bis schließlich Außerirdische ihn entdecken und in seinen «Erinnerungen» abgespeicherte Bilder von der ausgestorbenen Menschheit finden. Sie ermöglichen es David, noch einmal seine «Mutter» zu sehen, indem sie mithilfe eines DNA-Restes (von einer Locke, die David bei sich trägt) wiederbelebt wird, aber nur für einen Tag: Danach muss sie endgültig sterben. So kommt es zu der abschließenden Szene, in der sich Davids sehnlichster Wunsch erfüllt und er in den Armen seiner Mutter von dieser hört, dass sie ihn immer geliebt habe.

Ein ganz anderer Film erregte 2004 weltweit die Gemüter: die *Passion Christi* von Mel Gibson. Gibson stellt mit einem extremen visuellen Realismus die letzten zwölf Stunden vor der Kreuzigung des Jesus Christus dar und breitet in endlosen Sequenzen die Gewalt aus, die bei der Geißelung, auf dem Kreuzweg und bei der Hinrichtung Christus zugefügt wurde. Es ging ihm um absolute Authentizität: Man sollte mit allen Fasern das Leiden des Gekreuzigten miterleben, sogar die Sprache ist nicht Englisch, sondern Latein, Hebräisch und Aramäisch, ursprünglich wollte Gibson sogar auf die Synchronisierung verzichten. Während die Evangelien sehr sparsam mit der direkten Darstellung des physischen Leidensweges umgehen, wird hier jedes körperliche Detail des Geschehens als visuelle Totalerscheinung dem Bewusstsein des Zuschauers eingegraben; Fleisch, Blut, Knochen besetzen wohl unauslöschlich die Vorstellungen von Gottes Sohn, der gestorben und auferstanden ist, um den Menschen die Befreiung von dem Zwang der Sinnesgebundenheit zu ermöglichen, damit sie sich als geistige Wesen wiedergewinnen können. Szenen aus dem Actiongenre, Zeitlupe, grausame Zusatzsequenzen wie das Aushacken des Auges eines der Schächer durch einen Raben sorgen für eine kinotaugliche Suggestion, durch die man von den Bildern nicht wegkommt.

Auch in der 2007 produzierten dritten Folge von *Spider-Man* geht es direkt um religiöse Themen. Durch den Einschlag eines Meteoriten in Manhatten gelangt eine zerstörerische schwarze, organische Substanz auf die Erde und verbindet sich mit dem Kostüm von Spider-Man. Es entsteht ein zusätzliches Kostüm, das nicht nur schwarz ist, sondern Spider-Man noch größere Kräfte verleiht – allerdings verbunden mit der Tatsache, dass es seinen Träger zunehmend egoistischer und rachsüchtiger macht. Er bootet einen Konkurrenten aus, verletzt aus Eifersucht seine Geliebte und wird immer mehr beherrscht von der Macht und Aggressivität dieser neuen «Haut». Nach schweren inneren und äußeren Kämpfen, in denen er vor allem in einem Kirchturm massiv geschwächt wird, legt er das Kostüm ab. In einem Moment großer Erleichterung und Freude über die moralische Selbstbesinnung vollzieht er den geradezu feierlichen Akt, seinen Koffer mit dem ursprünglichen Gewand vorzunehmen, um dieses dann langsam und fast zeremoniell hervorzuholen, bis schließlich die Kamera vollständig auf das Symbol ausgerichtet ist, das auf der Brust des Kostüms prangt: Die gesamte Kinoleinwand wird komplett ausgefüllt mit dem Bild der schwarzen Spinne. Sie ist es, die der Zuschauer voller

Sympathie, Erleichterung und Dank wiederentdeckt. Schließlich besiegt Spider-Man im Endkampf, der wiederum im Kirchturm stattfindet, seinen Konkurrenten, der mittlerweile zum neuen «Wirt» der schwarzen Haut geworden ist und sich in ein brutales Monster verwandelt hat.

2010 kam schließlich der bereits erwähnte Cameron-Film in die Kinos, der alle bisherigen Einspielrekorde gebrochen hat: *Avatar*. Die Menschen kommen hier vom Himmel auf einen fernen Planeten herab – allerdings als tödliche Kampfmaschine und nur zu dem Zweck, ihn erbarmungslos auszubeuten. Auf dem Planeten leben bereits sehr beeindruckende Wesen, die einerseits an Menschen, andererseits an Katzen erinnern. Sie leben ein Dasein in sozialer Harmonie, Einklang mit der Natur und ursprünglicher Spiritualität. Einer der menschlichen Soldaten ist ein querschnittsgelähmter «Krüppel», der den blauen Körper der «Na'vis» phasenweise bewohnen kann und darin eine unsägliche Befreiung erlebt und der sich ausgerechnet in die Tochter des Häuptlings verliebt. Er lernt nicht nur die Lebensformen dieser «Na'vis» kennen, sondern wird zum Teil einer gewaltigen Massenmeditation, in der sich durch die wie elektrische Stecker in den Boden gesteckten Schwänze eine göttliche Energie auf alle Beteiligten überträgt und an deren Ende sich der Soldat vollständig in ein Na'vi verwandelt. Vorher kommt es zu einer gewaltigen Schlacht, die im letzten Moment die nun fast raubtierhaft auftretenden Einwohner gegen die Menschen gewinnen.

Neben diese Beispiele kann man einen sehr erfolgreichen Bestseller-Roman stellen, der ähnliche Eigenschaften aufweist wie die erwähnten Filme: *Sakrileg* von Dan Brown. Der 2003 veröffentlichte Roman ist eigentlich ein Krimi, der allerdings zugleich von der Geschichte des Grals und letztlich von Jesus Christus und seinem Weiterwirken in der Menschheitsgeschichte erzählt. Auch hier konnte man die große Faszination der Schüler erleben, die begeistert waren, endlich die *wahren* Hintergründe des Christentums zu erfahren: Dan Brown beansprucht für seine Darstellung, dass sie die lange unterdrückten und verschwiegenen Fakten über den wirklichen Jesus und den Gral aufdecken. Immer wieder betont er, «Tausende» von Fachleuten seien sich darüber einig, dass Jesus und Maria Magdalena ein Kind gezeugt hätten und die genetische Linie der Nachkommen sich über die Merowinger bis ins heutige Frankreich fortgesetzt habe und dass dabei ein französischer Geheimbund (dem Größen wie Leonardo, Newton, Boticelli oder Victor Hugo angehörten) eine zentrale Rolle spiele, dessen spirituelle Praxis in schauerlichen sexualmagischen Riten bestehe.

Hollywoodproduktionen wie *Batman*, *Spider-Man*, *A.I.*, *Matrix* oder *Avatar* scheinen mit der realen Geschichte und ihrem Unterricht nicht viel zu tun haben. Bedenken wir aber, dass die Geschichte von uns geträumt wird und sich in Bildern mitteilt, so erscheinen diese Filme doch in einem etwas anderen Licht. Sie enthalten letztlich allesamt ein dezidiertes Geschichtsbild: eine düstere, zerstörte Zukunft, in der der Mensch zu einem Endkampf gegen das Böse antritt oder in der er auf eine märchenhafte, harmonische Welt trifft, die den ersten Anfängen der Menschheit entspricht. Durch den erzählerischen Charakter der Bilder werden die Tiefenschichten der menschlichen Psyche mitsamt ihren weit gespannten Entwicklungsprozessen aufgerufen, die vielen dezidiert religiösen Anspielungen berühren den Kern existenzieller menschlicher Sinnfragen, und es ist bezeichnend, dass diese Bilder allesamt die Zukunft des Menschen ansprechen. Sie sind also nicht vordergründig Geschichtsfilme, zielen in Wirklichkeit aber in einem viel tieferen Sinne auf den verborgenen, jedoch realen Strom des geschichtlichen Lebens. Die anderen erwähnten Beispiele – die *Passion Christi* und *Sakrileg* – sprechen mit einem Zentralgeschehen der Welthistorie die Geschichte direkt an.

In allen Beispielen begegnet ein auffälliges Phänomen: Sie kehren Bilder in das Gegenteil dessen um, was eigentlich in seinem Inhalt liegt. In *Batman* wird – für einen Hollywoodfilm ausgesprochen überraschend – mit dem «Gesamtkunstwerk» eines der aktuellsten und produktivsten Motive moderner Kulturgeschichte angesprochen, aber einem brutalen Killer zugeschrieben; das Lachen ist die Maske des Bösen. Andersherum tritt das «Gute», der Retter, als schwarze Fledermaus auf, mit dem sich der Zuschauer vollständig identifiziert. Mindestens so stark ist auch die Identifikation mit der schwarzen Spinne, wenn Spider-Man sie wieder zu seiner «Haut» macht und damit wieder er selbst ist und zu seiner moralischen Größe zurückfindet. In Spielbergs *A.I.* gewinnt man eine Maschine lieb wie ein eigenes Kind; der menschliche, seelenbegabte Sohn erscheint als unsympathisch und abstoßend, der seelenlose Roboter als liebendes Wesen. Der Unterschied von Mensch und Maschine verwischt immer mehr, und die letzten, mit sanfter Klaviermusik unterlegten und weichgezeichneten Bilder von der im warmen Licht ihren David liebenden Mutter wirken so stark, dass ein Kind (und ich bin sicher, ein Erwachsener unbewusst auch) den Kinosaal nicht ohne die Sehnsucht verlassen kann: Ich möchte ein Roboter sein. Für Filme wie *Terminator*, *I Robot* u.a. könnte man Ähnliches zeigen. Was meint ein Satz, der als allerletzte Äußerung des Films über Davids Zukunft aussagt: «Und zum ersten Mal kam er an den Ort, wo die Träume geboren werden»? Hat sich der Roboter in ein seelisches Wesen verwandelt? Wahrheitsgemäß müsste man doch sagen: Und schließlich ging die Maschine kaputt.

Immer wieder werden hoch spirituelle Inhalte aufgerufen, um sie unbemerkt in ihr direktes Gegenteil zu verkehren: In *A.I.* tritt der Chef der «Fleischfeste» – im englischen Original eigentlich «Flesh-fair» und insofern eher «Fleisch-Messe» – in die Arena, ruft den Menschen zu: «Seht her. Ein Roboterchen, ein Blechspielzeug, eine Puppe, die lebt. Natürlich wissen wir alle, wofür sie den gebaut haben – um sich in eure Herzen einzuschleichen und um eure Kinder zu ersetzen. Dies ist die letzte einer ganzen Reihe von Verletzungen der Menschenwürde, Zeugnis eines großen Planes zur Ausmusterung von Gottes Kindern», und dann werden ihm mit einer winzigen Ausnahme exakt die Worte des Neuen Testamentes in den Mund gelegt: «Wer unter euch ohne Simulator ist, werfe den ersten Stein»! Dieser Mann wird ausgesprochen unsympathisch dargestellt, obwohl er es ist, der hier eigentlich die Wahrheit ausspricht – David soll ja wirklich ein Kind ersetzen, und zwar ein ausgesprochen unangenehmes. Schließlich fallen jene Worte des Christus, die zu den tiefsten Formulierungen menschlicher und göttlicher Liebe gehören – ausgesprochen aber von einem Widerling, sodass man geradezu dankbar ist, dass genau das passiert, was Christus gerade nicht wollte: Es werden Gegenstände geworfen, es geht nicht um innere Schuld, sondern um die Bestrafung des Bösewichts. Warum fügt Spielberg solch eine Szene in die Handlung ein? Unterhaltungstechnisch hätte man auf solch philosophische Anspielungen, die ohnehin in der Kürze kaum ins Bewusstsein dringen, problemlos verzichten können. Warum muss einer der wichtigsten Sätze der Bibel zitiert und zugleich aber zu einem Ausspruch eines Unmenschen gemacht werden, den man dann doch gerne bewerfen darf?

«Neo» erhält in *Matrix* eine Einweihung, um die Wirklichkeit – die Herrschaft der Maschine – zu erkennen und sich von ihr zu befreien; der Vorgang wird aber hergestellt auf technisch-elektronischem Wege, in Abhängigkeit also von maschineller Kraft. In *Avatar* vollzieht sich die Meditation, durch die sich die Navis mit den Energieströmen der Göttin ihres Planeten verbinden, durch das Hineinstecken ihres Schwanzes in den Boden, das ein glühbirnenähnliches Licht erzeugt – hier hat man unweigerlich das Bild des Steckers vor Augen, der an den Stromkreis angeschlossen wird. Mel Gibson erzählt von Christi Tod und Auferstehung, bewirkt in erster Linie aber vor allem eine radikale Fesselung des Bewusstseins des Zuschauers an die visuelle Wahrnehmung; er wird an seinen Körper gebunden und nicht in die Lage versetzt, sein geistiges (Auferstehungs-)Wesen zu erfassen. Goethe hat in *Wilhelm Meisters Wanderjahren* ästhetisch gefordert, dass man die Passion Christi eigentlich nur in den seltensten Momenten den Menschen sinnlich vor Augen stellen solle, um der Intimität und dem Geheimnis des Geistigen und damit dessen eigentlicher Realität gerecht zu werden;[667] hier geschieht das Gegenteil: Das Kino macht das Ereignis zu einem körperlich-optischen Vorgang, den man passiv konsumiert und nicht durch innere Erkenntnisarbeit aktiv erringt – obwohl es um nichts Geringeres als um eine Begegnung mit dem Christus geht. Dan Brown erzählt von Christus und dem Gral und macht daraus eine sexuelle Aktion, die letztlich dazu dient, einen Bluts- und damit Machtzusammenhang zu erhalten. Die geistige Liebe wird zum Geschlechtsakt, die Nachfolge Christi zu einer Vererbungstatsache, die Suche nach dem Gral, die seit den ersten mittelalterlichen Darstellungen immer als eine *Aufhebung* von Zeit und Raum charakterisiert worden war, zu einer kriminalistischen Denksportaufgabe, in der man es immer mit Döschen, Orten und Pistolen zu tun hat – also immer mit Raum. Dementsprechend wird gebetsmühlenartig die dokumentarische Geschichtsforschung bemüht – «renommierte», «anerkannte Fachleute», die in «fünfzig Titeln» «weltweit einhellig» bestätigen können, dass die «erdrückende historische Beweislage» von «Tausenden von Quellen» Browns Darstellungen belegen. In Wirklichkeit sind es zwei Fernsehjournalisten, von denen Brown abgeschrieben hat und die die abenteuerlichsten, durch keine einzige Quelle zu beweisenden Behauptungen in die Welt gesetzt haben. Eine Reihe von «faktischen» Aussagen des Romans sind schlichtweg Lügen sowie Sachfehler.

Die Konsequenz solcher Umkehrungen ist zuletzt eine Verwirrung moralischer Werte: Neo tritt als christusähnlicher Retter auf und führt seinen Kampf mit der Faust und mit Waffen («Was brauchst du? Waffen, eine Menge Waffen!») und nicht mit Nächstenliebe; die Na'vis werden im Endkampf zu Raubtieren, mit denen man sich vollständig identifiziert; der wirkliche Junge wird kalt ignoriert, der Roboter soll geliebt werden; Gene, Macht und Sex sind die Essenz einer wahren Christlichkeit usw. Die gegenwärtigen Sehnsüchte nach einer spirituellen, wahren und friedlichen Welt werden durch diese Bilder scheinbar erfüllt, in Wirklichkeit sind sie Instrumente gerade jener Mechanismen, die diese Krise hervorbringen und Spiritualität bzw. Frieden zersetzen. In einem Artikel in der «Spiegel»-Ausgabe Nr. 9/2010 mit dem Titel «Menschliche Drohnen» hat sich der Kulturwissenschaftler Klaus Theweleit Luft gemacht, indem er Camerons *Avatar* scharf kritisiert: «Gelockt wird die ‹gläubige› Menschheit im Rahmen einer Erzählung, in der das Technische das Böse ist und das naiv-urweltlich-religiös Tierisch-Menschliche das Gute. [...] Nur: Eben jenem Technologiewahn, den ‹Avatar› bekämpft, verdankt der Film seine ganze Bilderwelt. Vielleicht liegt gerade darin das Geheimnis seines Welterfolgs. Kein einziges dieser Bilder der Schlacht gegen das Böse, gegen die Technologie, wäre möglich ohne die ausgefuchsteste Computertechnologie, die die Welt kennt. [...] De facto steckt Cameron die gesamte moderne Kriegselektronik in ‹Avatar› ins Gewand von Greenpeace. [...] Das potenziell Tötende selbst tritt uns entgegen in Gestalt betender, blau gefärbter Naturmenschen aus dem All, die Frieden für ihren Planeten fordern. In der Psychoanalyse Anna Freuds gibt es für das, wozu ‹Avatar› das Publikum anleitet, einen Begriff: Identifikation mit dem Aggressor. Das Aggressionspotenzial dieser Technologien wird im neuen Naturmenschen unkenntlich gemacht und in Gestalt der Medusen, die in Camerons 3-D-Verfahren in den Zuschauerraum hineinschweben, in uns hineingesenkt. Offenbar sind wir, die kinogehende Menschheit, bereit, unserer Ersetzung durch technologische Wesen zuzustimmen. Dieser heftig ersehnte ‹neue Mensch› darf nur nicht mehr in der Utopie des Roboters vor uns treten – dieses metallische Maschinenwesen ist historisch negativ besetzt. Das technische Wesen muss als Teil einer Urwelt erscheinen. In ‹Avatar› sind das die Na'vi, galaktische Urmenschen, computergeneriert zwar, in 3-D mit Pfeil und Bogen, aber fest im Glauben an eine Große Muttergöttin. Die neuen Technologien müssen dafür nur ihre bisherige Gestalt wechseln, die Raketen, Panzer, die bombenwerfenden Kriegsgeräte und Schnellfeuergewehre verlassen, in der sie heute noch zu Hause sind. Der neue Mensch, wenn ganz und gar computerdurchdrungen bis ins nanotechnologisch neustrukturierte Fleisch, wird den Krieg nicht mehr nötig haben. [...] ‹Avatar› will uns physisch elektronisieren. Genau das, wofür dieser Begriff in der Sprache der Programmierer erfunden wurde: Avatar ist dort der elektronische Doppelgänger, die Maske einer Menschfigur.»[668]

Wenn man auf die charakterisierten Phänomene hinweist, wird einem oft erwidert, das seien doch nur Bilder, letztlich gehe es um Unterhaltung, und kaum einer mache sich Gedanken über solche Dinge. Genau diese Tatsache ist aber das Problem: Der Zuschauer wird von sehr starken

Bildern überwältigt, die einerseits tiefste Schichten seiner Biografie und des geschichtlichen Lebens berühren, andererseits aber überhaupt keine Chance bieten, sich wirklich mit ihnen auseinanderzusetzen und sie zu verarbeiten. So wird kontinuierlich auf das Unterbewusstsein eingewirkt, und zugleich hat der Zuschauer das Gefühl, dass das eigentlich alles gar nicht wirklich so gemeint, sondern ein Stück gelungene Unterhaltung sei. Wer würde schon wirklich die Gruppenmeditation der «Na'vis» wörtlich nehmen und sich fragen, wie er so etwas Wunderbares praktisch nun auch machen kann, oder wer würde den Kampf gegen die computererzeugte Scheinwelt Matrix aufnehmen oder sich nach Mel Gibsons Film mit Fragen des Christentums beschäftigen? Für das Bewusstsein des Zuschauers wird damit tatsächlich das Bild zu einem unverbindlichen bloßen Fantasiegebilde, das mit den Lebensrealitäten eigentlich nichts zu tun hat; in seinem Unterbewusstsein wirkt es aber weiter und stiftet dort Verunsicherung und Verwirrung. Man merkt gar nicht, dass diese Pfeil und Bogen tragenden Wesen eigentlich Tiere sind, dass man sich mit einer schwarz-düsteren, bedrohlichen Riesenfledermaus hingebungsvoll identifiziert, sich für eine schwarze Spinne erwärmt, einer Maschine gegenüber restloses Mitleid und innigste Liebe empfindet und eigentlich selber gerne eine wäre, dass man mit einem rassistischen Christentum mitfiebert und brutalste Endkämpfe genießt. In unzähligen Computerspielen werden Zwerge, Feen, Druiden, Orakel als Identifikationsfiguren angeboten und damit ein tiefes Bildbedürfnis bedient; die tatsächliche Gestalt dieser Wesen ist aber in fast allen Fällen extrem schematisiert, einseitig muskelbzw. körperbetont, charakterlich und psychologisch eindimensional und nicht selten dümmlich und gewalttätig. Man erkennt die Figuren in dieser Ausstattung oft kaum mehr wieder, sie werden aufgerufen, um vertilgt zu werden. Auch hier hört man von den Schülern oft, dass sie natürlich nie auf die Idee kämen, dass es hier wirklich um Druiden oder dergleichen gehe, letztlich sei das alles doch nur ein gutes Spiel und insofern Spaß.

Die Wirksamkeit imaginativer Bilder wird viel nachhaltiger zerstört, wenn junge Menschen nicht nur erleben, dass ihnen Bilder fehlen, son-

dern wenn sie beschenkt werden mit dem, wonach sie sich sehnen, wenn
dieses Geschenk aber unbemerkt das Gegenteil von dem ist, was die eigentliche Richtung der Sehnsucht war. Wir stehen als Pädagogen inmitten einer zivilisatorischen Auseinandersetzung um das Bild, und darin
liegt unsere immense Verantwortung begründet. Unsere pädagogischen
Entscheidungen sind kein neutrales Geschehen, sondern bilden Weichenstellungen, ob für einen Menschen die schöpferischen Gestaltungskräfte seines geistigen Wesens zugänglich werden oder ob er dieses Wesens als Illusion, Schwärmerei und unzeitgemäßen Idealismus verachtet
bzw. einfach schlichtweg übersieht, weil es verstellt ist. Wenn Schüler
keine Bilder erleben können, die echte imaginative Qualität besitzen,
dann werden Dan Browns Gralslegenden, die Spinnen, Fledermäuse und
Roboter Hollywoods und die Avatare der Computerwelt den inneren,
seelischen Schauplatz des Kindes und Jugendlichen besetzen – das Bild
wird das Bild verdrängen. Man könnte einwenden, dass die Euphorie nach
einem der großen Kino- oder Bestsellerereignisse doch am Ende wieder
abebbt und keiner mehr an all diese Wesen und Szenarien denkt. Das ist
richtig, man unterschätzt dabei aber die Wirkung einer in regelmäßigen
Abständen erfolgenden Wiederholung der beschriebenen Motive in anderem Gewand: Wenn ich als junger Mensch immer wieder Endkämpfe
als Abschluss einer Spielhandlung und als Lösung der emotional massiv
durchlebten Dramen gezeigt bekomme, immer wieder Maschinen sehe,
die mit menschlichen Eigenschaften ausgestattet werden, Religion, die
gar keine ist usw., müssen sich solche Leitbilder und Verwechslungen in
das Unterbewusste einsenken und zu Denk- und Gefühlsgewohnheiten
führen, die nicht folgenlos bleiben können. Es geht hier nicht um Pa-
nikmache und hysterische Schwarzmalerei, sondern um eine Beschreibung sachlicher Vorgänge, die man als Lehrer kennen muss, damit man
weiß, was die Voraussetzungen des eigenen Unterrichts sind. Die Schüler
warten die weltanschaulichen Regungen ihrer Lehrer nicht ab: Sie gehen ins Kino, besuchen Gothic-Festivals, verschlingen Vampir- und Wer-
wolfromane, hören Marylin Manson oder kaufen sich Computerspiele.

Darauf trifft der Lehrer, ob er will oder nicht. Der Geschichtspädagoge könnte sich, wenn er selber einen Zugang zum imaginativen Bildcharakter des geschichtlichen Ereignisses hat, z.B. fragen, warum die Scholls und ihre Freunde ihre Widerstandsgruppe «Weiße Rose» genannt haben und nicht «Schwarze Spinne». Im «realen Leben» hat man oft sehr genau gewusst, dass sich in Bildern Wirklichkeit manifestiert, und zwar viel tiefer und realer, als es die Historiker in der Regel bemerken. Es sind natürlich nicht nur die Symbole im engeren Sinne – wie im Beispiel der «Weißen Rose» –, in denen der Schüler Bilder erlebt, sondern die Wirklichkeit selber kann bei entsprechender Erkenntnishaltung zum geheimnisvollen, mitunter «magischen» Bild werden. Der Schüler muss dieses Geheimnis dann nicht mehr in künstlichen Welten suchen, sondern kann sie in der ihn umgebenden Welt finden. Die Wirklichkeit hält Bilder bereit, die ihn nicht belügen und korrumpieren, sondern die ihn zu sich selbst und seiner gesunden Entwicklung führen. Die Geschichte wird für ihn dann auch nicht das Bild einer bloßen Katastrophe abgeben, die schließlich einen gewaltsamen Endkampf nötig macht oder andersherum zum resignativen Rückzug auffordert, sondern er wird sie als ein Geschehen erkennen können, das schöpferisch gestaltbar ist und Sinn enthält.

2.5 Die Ausbildung der historischen Fantasie

Wenn nicht der Mangel an imaginativen Bildern oder andersherum die Vielzahl an wirksamen Gegenbildern die «Kräfte der verbildlichenden Darstellung» im jungen Menschen versiegen lassen sollen, ist es eine entscheidende Aufgabe des Unterrichts, im Schüler Tätigkeiten anzuregen, die bildschaffend sind. Dies geschieht – wie ausführlich dargestellt – vor allem durch die imaginative Qualität der Erzählung, in der der Lehrer seine Darstellung so gestaltet, dass die historischen Erscheinungen tatsächlich in ihrer bildhaften Ausdrucksqualität erlebt und erkenntnismäßig verarbeitet werden können. Es ist deutlich geworden, wie die Plastizität des erzählten Bildes beim Schüler eine «unterschwellige» Produktivität auslösen kann, die aus den verborgenen Erinnerungsschichten des Unterbewusstseins erst den historischen Gegenstand und seine Wahrnehmung aufbaut. Nun besteht aber in jener Unterrichtsphase, die Rudolf Steiner «Urteilen» nennt, die Möglichkeit, diese Erlebnisse zu vertiefen und durch Übungen den Schüler zu einem eigenen produktiven Verhältnis ihnen gegenüber anzuregen: Ob am Ende des Hauptunterrichts, in den Hausaufgaben, in Referaten – der Schüler erhält Aufgaben, die ihn selbst Bilder hervorbringen lassen und zunehmend in die Lage versetzen, bei der nächsten Erzählung ein noch sensibleres Organ für die Bilder zu entwickeln.

Diese Art von Aufgaben möchte ich Fantasieübungen nennen, denn es ist explizit die Fantasie, die hier ihrem ganz eigenen Wesen gemäß ihre pädagogische Bestimmung erhält. Der Schüler kann in seinem Alter natürlich noch nicht die höhere Erkenntnisstufe der Imagination ausbilden, die ja schon für Erwachsene eine gewaltige Herausforderung bedeutet. Ihm stehen aber die Kräfte der Fantasie zur Verfügung. Mit dieser Perspektive stoßen wir nun auf einen sehr wesentlichen Sachverhalt. An anderer Stelle habe ich bereits gründlicher ausgeführt, inwiefern die Fantasietätigkeit des Menschen derselben Quelle entspringt wie die Imagination. Sie unterscheidet sich nur darin von der Imagination, dass sie an die Leiblichkeit des Menschen gebunden bleibt.[669] Sie ist sozusagen die Statthalterin der Imagination innerhalb des gewöhnlichen Bewusstseins. In der Fähigkeit, frei Bilder zu entwickeln, nicht von den gewöhnlichen Vorstellungsinhalten abhängig zu sein, sondern nach inneren Ahnungen Bildinhalte zu entwerfen, drückt sich die Fähigkeit des Menschen aus, eine Welt hinter den Sinnestatsachen wahrzunehmen. Darin muss keine Willkür im Sinne beliebiger, realitätsferner «Fantasterei» liegen: Wer sich je schon einmal künstlerisch betätigt hat, weiß, dass er eine Farbe, eine Linie oder ein Wort keineswegs willkürlich setzt, sondern dass er wie durch eine verborgene innere Stimme angehalten wird, dieses oder jenes zu tun. Man «erfindet» nicht einfach etwas, sondern setzt sich beobachtend mit einer Sache auseinander: Man hat bereits andere Farben und Formen auf dem Blatt, lässt bestimmte Worte auf sich wirken, vertieft sich in einen gedanklichen Gegenstand usw. Die Richtung, aus der dann aber die Antwort kommt, ist nicht das schon fertig Vorliegende, sondern jene unsichtbare Quelle der Gestaltung, die geistig der äußeren Wirklichkeit zugrunde liegt – in unserem Falle die eigentlichen produktiven Kräfte der Geschichte. Es handelt sich also um eine Fantasie, die den inneren Notwendigkeiten der Sache entspringt, sich also aus der Unsichtbarkeit und zugleich aus dem objektiven Gegenstand nährt. Goethe hat mit seinem Begriff der «exakten sinnlichen Fantasie» auf diese Tatsache angespielt:[670] Die Fantasie erfindet nicht einen zusätzlichen, abgehobenen Gegenstand, sondern sie führt in die Sache hinein und macht sie sichtbar, und zwar viel mehr als das äußere Abbild.

Vor diesem Hintergrund erhält nun die geschichtliche Fantasieübung ihre besondere pädagogische Bedeutung. Es war bereits geschildert worden, wie Walter Johannes Stein seinen Schülern die Aufgabe gegeben hatte, eine «Charakterstudie» Napoleons zu malen. Wenn der Schüler hier nach den richtigen Farben und Formen suchte, dann hat er das sicherlich nicht völlig willkürlich getan, sondern sich in Erinnerung gerufen, was er über Napoleon erfahren hat, wie das auf ihn gewirkt hat etc. Zugleich hat er aber nicht eine Abbildung des Feldherren abgemalt, sondern sein ganz eigenes Bild gefunden. Stein hat ihn insofern dazu angeregt, im produktiven Nacherschaffen ein Stück weit selbst Napoleon zu werden, seine «Gebärden» in der produktiven Tätigkeit aufzufinden. Dieses fantasiegeleitete Nachschaffen kann sehr wertvolle Wirkungen haben. Plötzlich *entdeckt* der Schüler das «Typische» an einem Napoleon oder Cäsar, er hat Freude daran, wie sich ihm solch eine Figur manchmal schlagartig erschließt – ohne schon Begriffe dafür finden zu müssen.

Um die beiden Phasen der Französischen Revolution (die erste, bürgerliche und die zweite, radikale unter der Herrschaft der Jakobiner) erlebbar machen zu können, kann man z.B. zuerst von Mirabeau, am nächsten

Tag dann von Robespierre erzählen, in derselben Stunde die beiden noch vergleichen und in einer Hausaufgabe malen lassen. Man kann noch während des Vergleiches fragen, welche Farbe die Schüler den beiden jeweils zuordnen würden. Alternativ zum Malen könnte man die Schüler auch auffordern zu beschreiben, wie wohl das Zimmer eines Mirabeau und eines Robespierre aussehen würde – ruhig unter Verwendung modernen Mobiliars; die Ergebnisse sind oft nicht nur sehr erheiternd, sondern faszinierend präzise und treffsicher in der psychologischen Einschätzung der Charaktere und des Wesentlichen der historischen Situation.

Nachdem man die Arbeitsbedingungen in einer fernöstlichen Freihandelszone beschrieben hat, kann ein fiktiver Tagebucheintrag einer jungen Arbeiterin dem Schüler noch einmal sehr helfen, sich diese historische Realität zu eigen zu machen. Ich habe schon von Schülern selbst formulierte Briefe eines Frontsoldaten im 1. Weltkrieg gelesen, die so genau die Verhältnisse trafen, dass man sie in eine tatsächliche historische Briefsammlung hätte aufnehmen können.

Der Geschichtslehrer Dietrich Esterl hat mir einmal geschildert, wie er die Schüler einer 12. Klasse in die Geschichte Chinas eingeführt hat. Es ging ihm darum, mit dem Blick auf andere Kulturen den gängigen Eurozentrismus zu verlassen und die völlig andere Bewusstseinsverfassung eines chinesischen Menschen zum Erlebnis zu bringen. Zu diesem Zweck beschäftigte er sich mit seinen Schülern mit charakteristischen Sprachphänomenen, an denen sehr plastisch erfahrbar wird, wie sehr sich westliche und asiatische Menschen unterscheiden. Im Vorfeld wurde im Blick auf das Latein z.B. die Frage gestellt, was sich dadurch verändert, dass das Verb erst ganz am Ende des Satzes angeführt wird und nicht gleich an zweiter Stelle – es wird erst das ganze Spektrum der Satzinhalte «eingesammelt», bis durch das Verb der Sinngehalt endgültig sichtbar wird. So durchschreitet der Sprecher erst eine Vielzahl von Gegenständen oder Aspekten, bevor er diese einem Gedanken unterordnet und vielleicht nicht mehr wahrnimmt. Wesentlich fremder ist uns Europäer die chinesische Satzstruktur. Hier gibt es nämlich vorwiegend nur den Wort-

595

stamm, aber keine grammatikalischen Differenzierungen wie Deklination, Konjugation u.a., das heißt, wie auch auf ostasiatischen Bildern gibt es ein reduziertes Konzentrat, um das herum viel Platz ist. Wir haben einen Stamm, z.B. das «Lob», und dies füllt wie ein Bild nun den Sprachinhalt aus. Die vielen möglichen Beziehungen, die dieses Bild zu anderen Inhalten, zum Sprecher und Empfänger eingeht, sind von den letzteren selber herzustellen; die Konnotationen sind viel weniger festgelegt, sondern bleiben ausgesprochen unbestimmt. Nun werden die Schüler aufgefordert, auf diese Weise einmal eine Aussage im Deutschen zu formulieren und innerlich zu beobachten, wie das ist, wenn man ständig in für sich stehenden Bildern spricht, ohne Zuhilfenahme grammatikalischer Verbindungen oder Spezifikationen. An die Stelle eines Satzes wie «Der Einbruch des Herbstes kündigt sich eindrucksvoll durch die farbigen Wälder, die kühle Frische und die morgendlichen Nebel an» würde vielleicht treten: «Frische des Morgens, das Gelb – der Ahorn – das Rot: der Essigbaum, Nebelschwaden ziehen, Sonnenstrahl darin. Der Herbst: ein herber Ruf.» Auch wenn das natürlich noch lange kein chinesischer Satz ist, wird doch eine Tendenz an ihm erlebbar, die sofort vermittelt, dass man mit solch einem Sprechen eine ganz andere Welt betritt. Nun erfolgt der nächste Schritt: Man nimmt mit den Schülern das *Kommunistische Manifest* von Karl Marx vor und beauftragt sie, die ersten Sätze in einen chinesischen Sprachduktus zu übersetzen! Wie erscheint diese an Hegel geschulte, abstrakte Form im Bewusstsein eines Chinesen? Man hätte vielleicht vorher von den historischen Bewegungen in China erzählt, die aktiv Karl Marx aufgegriffen haben, und nun wird aber sofort klar: Marx in China wird etwas vollständig anderes als in Europa. Es reicht nicht, nur das inhaltliche Aufgreifen Marxscher Gedanken in China festzustellen, sondern man muss sich hineinversetzen in den realen innermenschlichen Vorgang, der eintritt, wenn ein Asiate solche Gedanken rezipiert. Erst auf einem solchen Wege gelangt man zu einer Ahnung, was der Kommunismus z.B. in China faktisch war bzw. ist.

Dieses Beispiel macht noch einmal den Unterschied deutlich zwischen

willkürlich-»fantastischer» Vorstellungsbildung (siehe Nisirs «Einführung» der Viehzucht oder Faustas Löckchen aus Kap. II.7.2) und der hier
gemeinten exakten Fantasie: Es geht nicht nur um eine Form «beleben-
der» didaktischer Maßnahmen, sondern um einen Weg, eine bildschaffende Tätigkeit anzuleiten, die in die tatsächlichen historischen Ursachen
hineinführen, aus denen die Ereignisse hervorgehen. So werden die betreffenden Versuche – ob kurze schriftliche Skizze am Ende des Unterrichts,
Zeichnung, zu Hause angefertigter Brief, gründliche Schilderung eines
Ägypters, der den ersten Tag erlebt, an dem der Nil wieder steigt, oder
ein «Referat», in dem ein Schüler *als* Luther der versammelten Menge
erklärt, warum er seine Auffassungen und Schriften nicht wieder zurücknehmen kann – nicht zum Spiel, sondern es ist allen Beteiligten bewusst,
dass es sich hier um Übungen handelt und natürlich Luther kein T-Shirt
aus dem 21. Jahrhundert trug oder Robespierre kein Neonlicht unter der
Decke hatte. Übung und historisches Faktum werden sich nicht vermischen. Und dennoch werden sie eine Freude erzeugen, in den Fakten das
Geheimnis, den Hintergrund zu entdecken und die menschlichen Wahrheiten an sich selbst zu erleben, die der Geschichte zugrunde liegen. So
wird der Schüler erleben, dass diese Übungen nicht Einfällen des Lehrers,
sondern ernster historischer Realität entspringen und dass seine Fantasie
nicht Spielerei, sondern ein Erkenntnisorgan ist. Man wird in der Klasse
ja dann auch die Ergebnisse vergleichen und fragen: Ist Napoleon hier
nicht etwas zu dick? Entsteht «Kraft» nicht aus anderen Faktoren als aus
einem kräftigen Körperumfang? Woher entsteht sie denn dann? Letztlich
geht es immer darum, die «res gestae», die Gesten der Geschichte, und
damit ihre geistige Wirklichkeit zu erfassen. Die tiefere Bedeutung, die
hier der Fantasietätigkeit zukommt, hat Peter Handke einmal auf beeindruckende Weise in einem Interview zusammengefasst: «Die Fantasie ist
in der allgemeinen Meinung etwas Krauses, etwas Zupfgeigenhanselhaf-
tes. [...] Fantasie ist aber, wenn der Fluss, den ich fließen sehe, eben richtig
fließt, wenn das Baumblatt, das ich sehe, wirklich ein Baumblatt wird und
es die Farbe bringt. Es ist ein Erwärmen der Dinge, die vor einem sind,

das ist Fantasie. [...] Ich kann mir vorstellen, jemand schreibt eine Geschichte von der Farbe Grau, und die ist so schön, die Geschichte, dass die Farbe Grau, auch wenn sie immer verschwindet oder wenn sie als etwas Widerwärtiges, wie sie in der üblichen Meinung gesehen wird, auftritt, eben nicht widerwärtig ist, sondern dass sie das Gleichgewicht herbringt, dass die Farbe zu schwingen anfängt, das ist doch alles, setzen Sie für die Farbe Grau einen Grashalm oder einen Igel oder ein Volk – es kommt aufs Gleiche heraus.»[671]

3. Handlungsorientierung

Einige der zuletzt beschriebenen Übungen erinnern an eine pädagogische Richtung, die eine der wesentlichsten Alternativen zur konventionellen Auffassung vom schulischen Lernen darstellt: an die Idee vom «handlungsorientierten Unterricht». Diesem Konzept liegt die Auffassung zugrunde, dass Lernen durch Handeln geschieht, nicht durch bloß kognitive Anstrengung – dass Schule also mehr als Wissensvermittlung ist, sondern ein Lebensort sein muss, an dem im Tun die Schüler die Welt kennenlernen, intensive Erlebnisse gewinnen und ihre Persönlichkeit über das Fach hinaus ausbilden können. Im praktischen Handeln werden die Sinne angesprochen, Emotionen geweckt, der Schüler wird ganzheitlich gefördert, was letztlich auch eine Auswirkung auf seine Verstehensleistungen hat. Wer jemals versucht hat, einen Faustkeil herzustellen, wird sicherlich nie mehr die Bewunderung für diese perfekten Steinwerkzeuge vergessen und einen vertieften Erkenntniszugang zur Altsteinzeit gewinnen, wer selber einmal auf den Hohen Meißner gestiegen ist, wird die Jugendbewegung vielleicht nachhaltiger verstehen, als wenn er nur über sie gelesen hätte.

Der «handlungsorientierte Unterricht» verdankt sich Motiven, die bereits in der Reformpädagogik zu Beginn des 20. Jahrhunderts formuliert wurden und Ende der 70er- und in den 80er-Jahren wiederentdeckt und weiterentwickelt wurden.[672] Das Ziel war immer eine Verlebendigung des Unterrichts und ein Ernstnehmen der Individualität des Schülers, die sich eben nicht nur darin erschöpft, ein Auffangbehälter für das Wissen zu sein, das die Gesellschaft ihm zum Zwecke ihrer Interessen durch den schulischen «Nürnberger Trichter» einflößt. Es wurde die Notwendigkeit erkannt, «einen vielseitigen Umgang der Lernenden mit dem Lerngegenstand zu schaffen, die emotionale und die pragmatische Dimension von Lernen nicht als Additum zu verstehen»,[673] sondern als eigene, unverzichtbare Grundlage pädagogischer Prozesse. Die gesellschaftlichen Realitäten bestätigen diesen Ansatz. Frauke Stübig weist in einer Studie auf «das bislang nicht gekannte Ausmaß und Tempo des technologisch-ökonomischen Wandels [hin], der sich in alle Bereiche von Gesellschaft und Kultur hinein auswirkt und der schließlich ausmacht, dass Schülerinnen und Schüler in der Schule dazu befähigt werden sollen und müssen, das Lernen zu lernen, damit sie der Anforderung des lebenslangen Lernens gerecht werden können.»[674] Schule hat heute vor allem die Aufgabe, auf das Unbekannte und nicht auf fertig umrissene, bekannte Verhältnisse vorzubereiten. Auch die Forschungen im Anschluss an PISA und andere aktuelle Untersuchungen zur Unterrichtsqualität ergeben, dass Pädagogik ohne Handlungsorientierung eigentlich nicht mehr auskommt.[675] Bemerkenswert sind auch die Konsequenzen, die Gisela Mayer, die Mutter einer jungen Lehrerin, die bei dem Amoklauf von Winnenden getötet wurde, und Autorin des Buches *Die Kälte darf nicht siegen*[676] angesichts der Zeitsituation beschreibt. Sie sieht insbesondere die Schule in der Verantwortung und fordert: «Die Schule muss als Lebensraum verstanden werden. Kinder müssen das Leben lernen, nicht nur Mathematik oder Deutsch. [...] So lernen die Jugendlichen echte Verantwortung und Empathie, die lernt man ja nicht aus Büchern, sondern durch persönlichen Einsatz, zum Beispiel in einem Altersheim.»[677] Für den Geschichtsunterricht beschreibt Bärbel Völkel die Wege, die solch eine handlungsorientierte Pädagogik beschreiten könnte. Sie schildert die Notwendigkeit eines Unterrichts, «der sich durch Eigenaktivität und Selbstständigkeit der Schülerinnen und Schüler auszeichnet» – dies biete «die Chance, Schülerinteressen und Fachinteressen miteinander zu verknüpfen in der Hoffnung, Geschichte nachhaltig zu lehren und zu lernen».[678] Als Beispiele einer entsprechenden Umsetzung im Unterricht führt sie eine Fülle von Vorschlägen vom Rollenspiel über Bildcollagen bis hin zum Modellbau an.

So sehr diese Ansätze überzeugen, so deutlich zeigen sich aber auch erhebliche Missverständnisse. Ich werde wohl nie vergessen, wie ich im Rahmen meines Referendariats in der 9. Klasse eines Gymnasiums hospitierte und die – eigentlich erfahrene – Lehrerin nun Handlungsorientierung demonstrieren wollte. Thema war die Französische Revolution, der pädagogische Einfall: Die Fünfzehnjährigen sollten mit rotem, blauem und weißem Papier die französische Nationalflagge basteln. Hier war Aktivität intendiert, aber ohne auch nur ansatzweise sich zu fragen, wie diese spezielle Handlung zu dem betreffenden Alter passt und welchen realen Erkenntnisgewinn sie überhaupt erbringen würde. Die Schüler mussten diesen Vorgang als ausgedachten Einfall erleben, der mit ihren Realitäten und auch mit der Sache eigentlich nichts zu tun hatte – Didaktik hatte sich verselbstständigt, Handlung geriet zum inhaltslosen Aktionismus. Insofern trifft Frauke Stübig in ihrem Aufsatz «Wider einen verkürzten Handlungsbegriff» die Sachlage auf den Punkt: «Handeln um des Handelns willen macht zwar Spaß, eröffnet aber nicht notwendigerweise einen Zugang zum Gegenstand.»[679] «Handlungsorientierung» geht an ihren eigentlichen Intentionen vorbei, wenn ihr nicht ein Verständnis davon zugrunde liegt, was Handlung im Unterricht überhaupt ist. Frauke Stübig beruft sich auf Ulrich Mayer, der in diesem Zusammenhang bereits zu bedenken gegeben hatte, dass es in der Geschichte gar keine Primärerfahrungen mit dem Gegenstand geben könne und die Aufgabe des Unterrichts insofern nicht direkte Begegnung, sondern Rekonstruktion sei. Daran anknüpfend resümiert sie: «Solche Rekonstruktionsleistungen sind aber durch direktes Tun nicht zu erzielen.» Insofern schließt sie sich Gerhard Wöll an, der ein ganz anderes Handeln für den Geschichtsunterricht beschreibt: «über Verständigungsprozesse koordinierte Aktivitäten der Lernenden», also ein «kommunikatives Handeln».[680] An dieser Wendung bemerkt man das ganze Dilemma der Diskussion. Die pädagogischen Erfahrungen der letzten Jahrzehnte führen zu einer spontanen Einsicht in die Notwendigkeit eines den ganzen Menschen einbeziehenden, handelnden Lernens; schnell entstehen aber Fragen daran, wie «Handeln» eigentlich aufzufassen sei, und am Ende verliert man unbemerkt die ursprüngliche Intention wieder aus den Augen. Mit der «Lösung» eines «kommunikativen Handelns» bemerken Frauke Stübig und Gerhard Wöll gar nicht, dass das Problem nur auf eine andere Ebene verlagert wird: Durch Kommunikation wird der historische Gegenstand auch nicht gegenwärtiger, wenn man davon ausgeht, dass historische Primärerfahrungen gar nicht möglich sind, und die vorgeschlagenen «Diskussionen» sind keineswegs weniger kopflastig als die gewöhnlichen Reflexionen im Unterricht.

Auch bei Bärbel Völkel begegnet trotz ihres sehr progressiven Ansatzes zuletzt ein ungeklärter Dualismus von Handeln und Denken. Wenn sie betont, dass «im Mittelpunkt eines handlungsorientierten Geschichtsunterrichts nicht Aktionen, sondern Denkprozesse über Geschichte zu stehen» hätten,[681] so wird am Ende doch wieder dem Handeln sein Erkenntnischarakter und dem Denken sein Tätigkeitsaspekt abgesprochen, Tun und Vorstellen treten in Opposition, und natürlich bleibt als das Wichtigere nicht die «Aktion», sondern das Denken. Es ist kein Zufall, dass bei der Nennung der didaktischen Funktion mit einer leichten Ausnahme nur kognitive Ziele angeführt werden, so z.B. die Aktivierung bzw. Sicherung von Wissen, Problematisierung eines Sachverhaltes, Meinungsbildung, Begründung von Positionen, Beschaffung von Informationen.[682] Einerseits wird «Spaß» angestrebt, andererseits geht es darum, «Inhalte nachhaltig in den Köpfen von Schülerinnen und Schülern zu verankern», das Ziel schulischer Bildung bestehe darin, Hilfen beim Aufbau «klar gegliederter kognitiver Strukturen zu geben».[683] Sinnliche Erfahrung und Handeln werden nicht als eigenständige Erkenntnisorgane, sondern letztlich als Mittel zum Zweck betrachtet, und der ist klar definiert: «Die Stunde schließt mit einer Reflexion über das Erkannte und Erlebte. [...] Die Qualität einer Stunde bemisst sich nicht nach der Aktivität der Lernenden, sondern nach dem Lernzuwachs, der durch diese Aktivität erreicht werden kann.»[684]

Dementsprechend unbefriedigend bleiben dann die praktischen Vorschläge: Als Möglichkeit einer Annäherung an die Bauernkriege des

16. Jahrhunderts schildert Bärbel Völkel die Erstellung eines Fotoromans. Man kann sich vorstellen, wie viel Spaß es macht, Szenen zu stellen und sich gegenseitig zu fotografieren. Was wird man aber sehen? Menschen des 21. Jahrhunderts (die Abbildung im Praxisteil zeigt jeans- und turnschuhbekleidete Jungen und Mädchen mit einer gebastelten Fahne vor schulischer 70er-Jahre-Klinkerwand mit Sprechblasen wie «Wir unterstützen euch!» oder «Jetzt zeigen wir's denen mal»[685]). Erinnern wir uns an die Betrachtungen zum fotografischen Bild und zum Filmbild bzw. überhaupt zu den Möglichkeiten visueller Abbildung von Geschichte: Wie sollen Fotos die reale Atmosphäre der Lutherzeit, der damaligen Menschen, ihrer Mentalität und Zustände einfangen, wenn der optische Eindruck immer an die Gegebenheiten der Jetzt-Zeit gebunden sein wird? Der Fotoroman erzeugt Spaß und Kreativität – aber ohne Zusammenhang mit der historischen Wirklichkeit. Didaktik und Gegenstand, Erlebnis und Erkenntnis sind getrennt, und letztlich wird es nicht die Geschichte selber sein, an der die Freude der Wahrnehmung, also einer realen Begegnung, entsteht. Kann man wirklich hoffen, dass ein Ausflug in den Wald bei Bad Driburg zu dem Platz der ehemaligen, von Karl dem Großen 772 gefällten Irminsul-Eiche und das szenische Spiel dort, das Sachsen und Franken imitieren soll, dazu führt, dass die Schüler nachempfinden können, «wie es den Menschen damals in dieser Situation ergangen sein mag»?[686] An anderer Stelle schlägt Bärbel Völkel Kreuzworträtsel vor, um den Umgang mit Texten «spannend, abwechslungsreich, anspruchsvoll und schülerorientiert» zu machen.[687] Zum Wesen eines Kreuzworträtsels gehört es, dass man genau weiß, dass es eine Antwort bereits gibt und dass mindestens einer diese Antwort definitiv schon kennt: der Lehrer. Nicht das geschichtliche Ereignis wird zum Auslöser des Rätsels, sondern die didaktische, lerntechnische Konstruktion des Lehrers. Das reale Handeln ist in beiden Fällen ein völlig anderes: Das geschichtliche Rätsel löst im Schüler existenzielle Fragen aus, die sich erst durch das Leben nach und nach beantworten lassen; es entsteht also eine Tätigkeit intensiver innerer Erkenntnissuche und produktiver Fan-

tasie. Beim Kreuzworträtsel geht es keinem Menschen um Lebensfragen, seine Tätigkeit besteht in einem rein intellektuellen Knobeln und Aufrufen von Wissen, um den vorgegebenen Gedanken des Rätselerfinders herauszubekommen, seine Vorgabe also sozusagen zu erfüllen. Auch ein Lückentext oder ein Text- bzw. Bilderpuzzle – weitere Vorschläge von Völkel – konfrontieren den Schüler bereits mit einem fertigen Gedanken oder einer fertigen Bildvorstellung. Seine Aufgabe ist nur noch, auf dieselben Begriffe zu kommen, die in den Vorgaben enthalten sind, die Realität oder «Wahrheit» liegt als fertige Vorstellung bereits vor. Der Schüler wiederholt also die Einsichten des Lehrers und gelangt nicht zu eigenen Erkenntnisprozessen. Kreativität und Produktivität fungieren auch hier also wieder als Auslöser für eine ganz äußerliche, vordergründige Freude am «Spiel», in Wirklichkeit handelt der Schüler aber gar nicht, sondern bleibt mit Ausnahme seiner rein kognitiven Kombinationstätigkeit innerlich passiv. Eine produktive Fantasie, in der die Kreativität darin besteht, die bewegte Gebärdensprache der Geschichte durch ein inneres Tun hervorzubringen, ist hier gar kein Thema. Ein Kreuzworträtsel oder ein Puzzle hemmt Fantasie und fördert sie nicht, weil es gar keinen Anlass gibt, Fantasie zu entwickeln: Das Ergebnis ist ja schon fertig.

Diese Beispiele sollten hier deshalb etwas ausführlicher dargestellt werden, weil an ihnen deutlich werden kann, wie viel von einer Einsicht in das Wesen des verlebendigten, imaginativen Denkens abhängt. Es kann schon sehr berühren, wie ärmlich – dies ist nicht polemisch gemeint – der Begriff von Selbsttätigkeit und die aus ihm hervorgehende pädagogische Praxis werden kann, wenn ihnen kein entsprechendes Verständnis vom menschlichen Erkennen zugrunde liegt. Puzzle, Buchstabenbingo oder Lückentexte als kreative Handlung aufzufassen offenbart ein bedrückend reduziertes Menschenbild, und es wird noch einmal deutlich, welche gesellschaftliche Aufgabe mit einer Erweiterung des geschichtlichen Erkennens verbunden ist.

Ein Begriff von «Handlung», der auf die Aneignung von Geschichte in Wissenschaft und Unterricht anwendbar ist, ergibt sich offenkundig nur, wenn man das Handeln in der Erkenntnistätigkeit entdeckt. Solange Handlung durch äußere Aktivitäten dem Erkennen als etwas Zusätzliches hinzugefügt wird, müssen zwangsläufig jene Sackgassen entstehen, für die man noch viele Beispiele anführen könnte, die letztlich aber immer in ein Auseinanderfallen von «Leben» und «Sachgegenstand», «Spaß» und «Fakten», «Aktion» und «Lernen» einmünden werden. Es wird dabei auch immer ein merkwürdiger, widersprüchlicher und zugleich auch ein wenig entwürdigender Moment auftreten, wenn nach all dem Spaß am Ende der Unterrichtseinheit dann die Klausur geschrieben oder auch auf andere Art der Lernerfolg abgeprüft wird. Erst die imaginative Erkenntnis überwindet diese Dualität. Es sei hier noch einmal ein früheres Zitat Rudolf Steiners angeführt, der sich geradezu abmüht bei dem Versuch, seinen Zuhören verständlich zu machen, was es heißt, für den Tatcharakter des eigenen Vorstellens wach zu werden und die Realität eines ‹morphologischen›, also gestalthaften Denkens zu erkennen: Nicht das gegenständlich-passive Denken finde zum Begriff, er sei vielmehr ein «innerliches Rege- und Tätigsein». Dann heißt es: «Man ist versucht, wenn man unseren heutigen Zeitgenossen so etwas erklären will, ich möchte sagen, schon herumzuspringen. Man möchte am liebsten herumspringen, damit man zeigen kann, wie ein wahrer Begriff sich unterscheidet von dem schläfrigen Haben der Vorstellung. Am liebsten möchte man, um die Menschen einmal ein wenig in Bewegung zu bringen, dies furchtbar träge Vorstellungsvermögen von heute in Regsamkeit bringen, möchte den Begriffen überall nachspringen, möchte sich der Unterscheidung hingeben zwischen der gewöhnlichen Vorstellung und dem, wo man wirklich herum muss um den Mittelpunkt.»[688]

Wir hatten bereits darauf hingewiesen, dass die gehirnphysiologische Forschung zeigt: Schon das Zuhören ist ein sehr aktiver Vorgang, in dem bis in Blutzirkulation und Muskelkontraktion hinein der Mensch ausgesprochen tätig ist. Es gilt, von dem Missverständnis Abschied zu nehmen, Tätigkeit sei Aktion, frontale Unterrichtssituationen wie das Zuhören bei einer Erzählung seien etwas Passives, Einseitiges und rein Kognitives. Es liegt an der Erzählung und ihrer imaginativen Qualität, ob ein Schüler aktiv wird und der Geschichte begegnen kann. Gerade weil der historische Gegenstand nicht sinnlich vor Augen liegt, kommt der «produktiven Einbildungskraft» eine entscheidende Rolle zu. Die plastische Kontur in ihrer charakteristischen Prägnanz erweckt beim Hören einer Erzählung eine Fantasietätigkeit, die so aktiv ist, dass sie zu realen historischen Erinnerungen führt. Mayers Diktum, geschichtliche «Primärerfahrungen» seien für den Schüler grundsätzlich unmöglich, gilt nicht mehr für ein *inneres* Handeln, das in dem Schüler unmittelbare Begegnungen mit der verborgenen Schicht der historischen Wirklichkeit hervorruft.

Vor dem Hintergrund eines solchen Begriffes von «Handeln», Aktivität und Lebendigkeit kann man nun danach fragen, ob es äußere, sinnliche Tätigkeiten gibt, die solch eine erkenntnisleitende Einbildungskraft fördern, weil sie im Schüler Bewegungen anregen, die ihm helfen, dieselbe Beweglichkeit dann innerlich hervorzubringen. Solche Tätigkeiten ersetzen jene imaginative Erkenntnisarbeit nicht, geben gar nicht erst vor, den historischen Gegenstand abzubilden, sondern haben lediglich die Aufgabe, die Fantasiekräfte so zu stärken, dass der Schüler innerlich in die seelische Schicht des Geschichtlichen hineinkommen kann. Nicht um Rezepte anzuführen, sondern um die Möglichkeiten solcher Übungen zu verdeutlichen, sollen hier einzelne Beispiele beschrieben werden; die individuelle Gestalt der historischen Gesten erfordert ohnehin die verschiedensten situationsbedingten, immer am realen Gegenstand orientierten Lösungen.

Vergegenwärtigt man sich, über welch lange, für uns heute kaum vorstellbare Zeiträume hinweg den Mittelpunkt des gesamten (vor-)menschlichen Daseins der Faustkeil bildete, so ist es sehr hilfreich, nicht nur in zwei Sätzen die drei bis vier Stadien der altsteinzeitlichen Werkzeuge aufzulisten (die wenigen Begriffe sind sehr schnell aufgesagt), sondern möglichst aufmerksam die Schritt- und Gestaltfolge der Faustkeile aktiv mitzuvollziehen. Die über eine Million Jahre sich vollziehende Abfolge dieser ersten Artefakte der Geschichte von den kugeligen «Sphäroiden»

606

über «Chopper», Protofaustkeil, klassischen Faustkeil bis zu den äußerst differenzierten Spezialwerkzeugen ist selber ausgesprochen signifikant und offenbart einen historischen Entwicklungsweg.[689] Diesen erlebt der Schüler aber nur, wenn er diese Schritte nicht nur gedanklich zur Kenntnis nimmt, sondern in Ruhe produktiv selber ein Stück weit hervorbringt. So kann es z.B. sehr hilfreich sein, mit den Schülern die plastische Gestalt eines Faustkeils nachzumodellieren – mindestens zeichnerisch, noch besser aber plastisch mit Ton. Man kann mit einer reinen Kugel anfangen, dann in einem nächsten Schritt eine erste Kante oder Spitze hineinformen, um schließlich zu der eigentlichen Gestalt des Faustkeils zu gelangen. Die haptische Erfahrung seiner Form kann zu einer Ahnung führen, was sich im Menschen durch das Erleben eines solchen «Werkzeuges» verändert hat, wenn er nicht mehr «richtungslose» Steine wie die Kugelgestalt des Sphäroids in der Hand hielt, sondern mit dem dreidimensional-kugeligen Griff, dem Übergang in die Fläche und deren Zulaufen in den konzentrierten Punkt immer wieder ein spezifisches, nämlich zielgerichtetes räumliches Erlebnis hatte. Es ist ja bekannt, dass in der Altsteinzeit an manchen Orten in absolut unnötig großen Mengen Faustkeile hergestellt wurden und manche so groß waren, dass sie gar nicht als Werkzeug gemeint sein konnten.[690] Vieles spricht dafür, dass es den menschlichen Vorfahren zunächst nur um diese plastische Erfahrung als solche ging, die eine Grundlage für Raumbewusstsein und innere Ausrichtung bildeten. Mit der Schaffung des klassischen Faustkeils in der beschriebenen Form beschleunigte sich die Geschichte dann auch sehr deutlich. Man kann mit den Schülern an ihre Erfahrungen im Produzieren solcher Formen übrigens sehr fruchtbare Reflexionen über Zeiterfahrung, Wirkung von Zielen im Leben, Konzentration (auch *Pünkt*-lichkeit!) u.a. anknüpfen.

Mit einer 10. Klasse habe ich entsprechend der Situation dieser Altersstufe ein Archäologiepraktikum durchgeführt: Wir erhielten die Möglichkeit, eine Woche lang an den Ausgrabungen eines neusteinzeitlichen Langhauses in Thüringen teilzunehmen, bei denen die Schüler tatsächlich kleine Schmuck- und Nutzgegenstände zutage beförderten und die dunklen Erdverfärbungen freilegten, die auf verrottetes Holz hinwiesen. Da diese dunklen Stellen in der Form und Größe eines Balkenquerschnittes im regelmäßigen Abstand wiederkehrten, entstand allmählich das Bild einer lang gestreckten Architektur, die auf eine Behausung von Ackerbauern hinwies. Ein besonderer Aspekt unserer Arbeit bestand darin, dass uns mehrere Säcke verbrannter Erde gegeben wurden, die wir auf Tischen ausbreiteten, um in den festen Erdklumpen ganz ungewöhnliche «Schätze» zu heben: uraltes Korn, das vor mehreren tausend Jahren sich so erhitzt haben muss, dass es konserviert und bis heute erhalten geblieben ist. Ziel dieser Unternehmung war es, durch den Prozess des archäologischen Entdeckens die Schüler erleben zu lassen, wie sich aus einzelnen Beobachtungen langsam eine Vorstellung davon bildet, wie das Leben der damaligen Menschen ausgesehen haben mag. Ein Stück Feld lässt zunächst überhaupt nichts ahnen von der Anwesenheit der Vergangenheit an diesem Ort; mit den ersten Fundstücken und Flächenbeobachtungen kommen plötzlich erste unbekannte Gegenstände ans Licht, die ungewohnte Einzeleindrücke vermitteln und bereits eine verborgene Welt aufdämmern lassen; dann werden diese Eindrücke immer mehr, und schließlich erlaubt es die Vielzahl der Beobachtungen, dass sich allmählich ein umfassendes Vorstellungsbild herstellt, welches das Leben einer vergangenen Zeit zutage treten lässt. Der Schüler vollzieht im praktischen Handeln und an einem sinnlich zugänglichen Ort einen Prozess, der im Äußeren eine Erfahrung davon entstehen lässt, was später die willentlich geführte innere Erinnerungstätigkeit leistet. Ein solches Praktikum kann eine Begeisterung dafür wecken, bisher verborgene Welten zu entdecken und ans Tageslicht zu heben, und es kann eine Voraussetzung schaffen, dass ein solcher Vorgang später so verinnerlicht wird, dass dieses Heraufholen von unsichtbar Vergangenem in der historischen Erinnerung gelingt.

Eine wertvolle Anregung zur handlungsorientierten Praxis im Unterricht findet sich in einem für das «Marburger Lehrkunstensemble» verfassten Aufsatz von Peter Guttenhöfer über die «Griechische Plastik im Kunstunterricht der 9. Klasse einer Waldorfschule in Kassel».[691]

Das Thema entstammt hier zwar der Kunstgeschichte, die von Guttenhöfer beschriebene Übung lässt sich aber sehr gut auch in der 10. Klasse
in Geschichte umsetzen. Es geht um die Stellung bzw. die Fähigkeiten
des Pharao im alten Ägypten und um einen möglichen Weg, sich diesem
faszinierenden und zugleich anspruchsvollen Gegenstand anzunähern.
Ganz ähnlich wie in unserem Kapitel über die Verwendung von Bildern
beschreibt Guttenhöfer das Problem einer rein visuellen Annäherung an
den Gegenstand und sieht die Notwendigkeit «einer Anstrengung, die
die eigenen Leiberfahrungen zum Untersuchungsobjekt macht und die
über die Vermittlung des Sehens angeregt werden können». Es gehe um
ein «Einfühlen», dem ein Arbeitsprozess vorausgehe, in dem durch die
Einbeziehung verschiedenster Sinnesfelder der «eigene Leib zum Un-
tersuchungslabor» gemacht werde.[692] Im Falle der Ägypten-Thematik
schaue man zunächst ein Foto von der berühmten Dioritfigur des Königs
Chefren aus dem Taltempel an (ca. 2700 v. Chr.), um dann mit den Schülern zu beobachten, welche Wahrnehmungen sich dabei einstellen. Die
Schilderungen Guttenhöfers sind so lebendig und zugleich charakteristisch, dass sie hier im Ganzen wiedergegeben werden sollen: «Wie atmet
der? Lange Überraschungspause. Erste Antwort: Überhaupt nicht. Ein
Vorwitziger: Der ist doch aus Stein! – Ein anderer: Er hält den Atem an. –
Wo hat er den Atem angehalten? – Nachdem er eingeatmet hat. – Tief? –
Ja, sehr tief. – Woran sieht man das? – Der Brustkorb ist zu mächtig. Die
Schultern sind hochgezogen. Der ist überhaupt total angespannt. Er sitzt
ganz steif da. – Wie sind die Augen? Jetzt erfolgt eine Debatte darüber, ob
der Blick des Pharaos etwas Gegenständliches im Raum erfasst oder ob er
‹träumt› oder durch den vor ihm Stehenden hindurchsieht, überheblich,
abgehoben, kindlich oder herrschaftlich etc. Kann man denn gut fixieren, wenn man mit vollen Lungen den Atem anhält? – Keine Ahnung.
Komische Frage. Mal probieren. Einige probieren es. Klar, geht gut. Nee,
wenn ich ausgeatmet habe, sehe ich klarer. Neue Debatte. Die Erfahrung
am eigenen Organismus rückt in den Vordergrund. Wenn man so sitzt
wie der, kann man überhaupt nicht richtig sehen. Ach was. Doch, die

geballte Faust zeigt es auch: Der ist mit was anderem beschäftigt. Womit? Der Vorschlag, jeder möge sich auf seinem Stuhl hinsetzen wie der König und eine Weile so verharren, wird wohlwollend befolgt. Stühlerücken. Der Lehrer versucht auch, pharaonisch zu thronen. Nach einigen Augenblicken mehrere kräftige Seufzer, Lockerungsübungen. Unangenehmer Druck in den Augen, der einem das Blicken ‹benimmt›, wird von allen festgestellt. Nicht so doll, nur ganz fein! Ihr dürft keinen roten Kopf kriegen. Es wird noch einmal zarter versucht. Die Faust ist nicht ‹geballt›, sondern geschlossen. Aha! Wie sind die Ohren? – Riesig. Abstehend. – Woher kommt das? – Wie bitte? Die Frage verstehe ich nicht. – Versucht noch einmal hineinzuschlüpfen, konzentriert euch aufs Einatmen, ganz sanft, dann anhalten. Was wird aus den Ohren? – Jetzt wird es sehr still in der Klasse. Alle ‹hören›. Einer flüstert: Es fühlt sich so an, als ob sie größer würden! Man wird richtig ein bisschen nach hinten oben geschoben. So präzise Beobachtungen werden gemacht. Und was ist da hinten oben? Dieser Falke. Jetzt können wir darüber sprechen, wie das Hören des Chephren sein Sehen übersteigt und wie dieses gesteigerte Hören mit dem Horus-Falken zusammenhängt, dessen göttliche Weisung der Pharao von hinten oben empfängt.»[693]

Es ist deutlich, wie hier der Einsatz des ganzen Körpers Verstehensprozesse bewirkt: Der Schüler vollzieht an und in sich selbst die Haltungen, die sich in der Sitzstatue ausdrücken, und realisiert damit ein Stück weit, was ein Pharao damals war und worin die Unterschiede zur eigenen Existenz und Zeit liegen. Mit Zehntklässlern könnte man diese Erfahrungen begrifflich noch etwas weiter auswerten, also z.B. darüber nachdenken, worin der Unterschied zwischen Hören und Sehen besteht, von wo aus der Mensch eigentlich seine Aufrichtekraft hernimmt usw. Es würde sich dabei anbieten, den Pharao zunächst nur von vorne zu zeigen und für eine Profilwahrnehmung einen anderen Pharao auszuwählen – wenn man die verschiedenen Beobachtungen über die Haltungen und Kräftewirkungen, über den Hinterbereich des Kopfes etc. macht, kann dann das Foto von dem Horus hinter und an dem Kopf des Chephren ein ungeheures Erlebnis sein: Der Anblick kann «einschlagen» als eine echte Offenbarung, in der in einem Moment plötzlich der ganze Zusammenhang zwischen Denken und Aufrechte, Idee und Lebenskraft, göttlicher und menschlicher Welt in einem einzigen Bild aufleuchtet. Es können sich an solch ein Erlebnis bedeutende Gespräche über die Qualitäten des Denkens anknüpfen, die sich in dem Bild eines von vorne gar nicht zu sehenden, den Augen also verborgenen Falken mit seinen direkt am Kopf anliegenden Flügeln ausdrücken.

Ein ganz anderes Medium handelnder Aneignung von Geschichte ist die Zeichnung. Behandelt man z.B. den Übergang von Ägypten nach Griechenland, so kann es sehr hilfreich sein, die Schüler die Geografie dieser beiden Kulturen abzeichnen zu lassen. Im Zeichnen geht hier die Gestalt Ägyptens und Griechenlands durch die eigene Hand, man schafft ihre Charakteristik leiblich nach und kann so vielleicht viel intensiver die Wesensart dieser Kulturen beobachten: in Ägypten die geradezu hierarchische Abhängigkeit der gesamten Kultur von der einen Lebensquelle, in Griechenland die unendliche Vielzahl von kleinen Einzelgebilden und damit die Individualisierung gesellschaftlichen Lebens. Sind diese Eindrücke einmal veranlagt, können gedanklich die verschiedensten Aspekte der beiden Kulturen folgerichtig entwickelt werden.

Zur neueren Geschichte wurden bereits im Kapitel über die Ausbildung historischer Fantasie mit den Übungen zur Französischen Revolution, mit schriftlichen Aufgaben wie Brief oder Tagebuch oder mit der Wanderung auf den Hohen Meißner Beispiele gegeben. Die Bedeutung der Wahrnehmung eines Ortes für den historischen Erinnerungsvorgang – nicht zu verwechseln mit den erwähnten Rollenspielen als Franken im Wald – ist kaum zu überschätzen und wurde immer wieder eigens thematisiert.[694] Es würde den Rahmen dieser Darstellung sprengen, wenn man auf diesen Aspekt näher eingehen wollte. Es ist aber natürlich leicht nachvollziehbar, dass die unmittelbare Wahrnehmung eines Ortes besonders dazu geeignet ist, die Geschehnisse und auch die Atmosphäre in sich lebendig werden zu lassen, die in einer früheren Zeit hier einmal anwesend waren. Es sind oft ganz feine Nuancen, die aus der Lage, den klimatischen Verhältnissen, dem Licht oder einer architektonischen Gegebenheit sprechen und einen so stark berühren können, dass man aus der bloß räumlichen in eine zeitliche Wahrnehmung hineinkommt und zu inneren Bildern gelangt, die mit einer früheren Zeit etwas zu tun haben. Die Ausmaße einer megalithischen Steinsetzung, die als Foto nur gedanklich zur Kenntnis genommen würden, die beherrschende Lage einer mittelalterlichen Burg, die Einbettung einer Zisterzienser-Abtei in ein verborgenes Tal inmitten der Natur, Fabriktor und Maschinenhalle in der Völklinger Hütte, der Rest eines Stacheldrahtzaunes in der KZ-Gedenkstätte, die Nicolaikirche in Leipzig – das sind alles Eindrücke, die einen durch ihren verdichteten Charakter in eine intensive Erinnerungsstimmung versetzen können und in der sinnlichen Berührung mit dem Gegenstand eine ganze Welt eröffnen, die hinter seiner Erscheinung steht.

Auch das szenische Spiel enthält bedeutende Möglichkeiten, Geschichte zu erfahren. Hier wird der Schüler mit seinem ganzen Körper, mit Gestik, Mimik und Sprache zum Medium historischer Gebärde. Dadurch wird der Prozess des geschichtlichen Nachschaffens sehr existenziell – zu achten ist allerdings auch hier auf den Zusammenhang dieser Tätigkeit mit der inneren Vorstellungsbildung: Man kann im Klassenraum Vergangenheit spielen, und dennoch führt die Anwesenheit von Tafel, Waschbecken, Schrank dazu, dass die Anverwandlung doch künstlich bleibt und innere Bilder völlig in der Gegenwart steckenbleiben. Um einen echten imaginativen Erkenntnisvorgang anregen zu können, muss solch ein Spiel sehr gut vorbereitet werden und die Schritte immer auf ihre tatsächliche geschichtliche Bildqualität befragt werden. Unter Umständen muss ein echter Bühnenraum beansprucht werden, in dem eine durchkomponierte Handlung und gründlich einstudierte Charaktere zu Bildern führen, die diesen Namen auch verdienen. Ich habe zusammen mit einer Theater-AG einmal ein Stück zu 1968 verfasst und aufgeführt, in dem eine Spielhandlung in Verbindung mit Musik-, Film- und Fotomaterialien so verdichtet werden sollte, dass die Atmosphäre, sozusagen der «Puls» jenes bedeutenden historischen Augenblickes erlebt werden konnte. Dies war aber bereits eine aufwendige und anspruchsvolle Inszenierungsarbeit, die den Schülern eine engagierte und nachhaltige Auseinandersetzung mit dem Thema abverlangte. Die «Entdeckungsreise» in jene bewegten Jahre war allerdings dann wirklich äußerst spannend und anregend, weil zunehmend jeder Schüler eigene Materialien, Lese- und Gesprächserlebnisse, Ideen und Eindrücke mitbrachte und sich plötzlich Gespräche über Drogen und Spiritualität, politische Gewalt, den Unterschied zwischen uns und den '68ern, den Sinn von Protest etc. entzündeten, die im gewöhnlichen Unterrichtszusammenhang nur schwer möglich sind.

Der Ansatz eines handlungsorientierten Unterrichts ist ein wertvoller Beitrag in der Auseinandersetzung um eine Pädagogik, die den Schüler die lebendige Wirklichkeit von Geschichte erfahren lassen und die hierbei entstehenden biografischen Entwicklungsschritte befördern möchte. Dass das Handeln eine unverzichtbare Größe für den Prozess des Lernens darstellt, ist ein Befund, hinter den Pädagogik nicht mehr zurück kann. So stößt man im schulischen Alltag auch auf viele Versuche, diesen Ansatz im Unterricht umzusetzen. Zugleich haben sich allerdings bis in praktische Maßnahmen hinein zum Teil unfreiwillige Missverständnisse und Widersprüche gezeigt, die dadurch entstehen, dass noch zu wenig der Handlungscharakter des Erkenntnisvorgangs selbst, also der Tätigkeitsaspekt des Denkens, erfasst worden ist, sodass sich oft Tun und Erkennen unverbunden gegenüberstehen. Die imaginative Geschichtserkenntnis löst diesen Widerspruch auf, indem sie in den Blick rückt, wie ein bildhaftes Anschauen von Geschichte selber bereits Handlung ist. Tatsächliche «Aktionen» und Erkenntnisvorgänge müssen sich dann auch gar nicht mehr ausschließen, die Frage ist nur, welcher Vorgang regt konkret welche Tätigkeit beim Schüler an. Frauke Stübig weist überzeugend darauf hin, dass die «Patt-Situation» zwischen abstrakt-begrifflichem und handlungsorientiertem Lernen eigentlich nicht das letzte Wort sein müsste, sondern vielmehr die beiden Ansätze als «Pendelschläge» (Kurt Reusser) innerhalb des einen Unterrichts aufgefasst werden könnten, die zwischen sich eine «Balance» herstellen.[695] Die Konsequenz eines solchen Gedankens wäre dann eine Architektur des Hauptunterrichts, wie sie in diesem Kapitel beschrieben wurde, die also Reflexion und übendes Handeln nicht gegenseitig ausschließt, sondern an ihren richtigen menschenkundlichen und unterrichtshygienischen Platz stellt.

4. «Wie wähle ich aus?»
Das Prinzip des Exemplarischen

Zu den größten Nöten eines Geschichtslehrers gehört der Kampf mit der Fülle des Stoffes. Die Zeit, welche ihm zur Darstellung der vielen unverzichtbaren historischen Ereignisse zur Verfügung steht, ist begrenzt, und dennoch kann er seinen inhaltlichen Anspruch nicht aufgeben. Regelmäßig geschieht es, dass der Lehrer nicht «durchgekommen», sondern am Ende wieder in der Mitte des 20. Jahrhunderts steckengeblieben ist (Mitte der 90er musste in Baden-Württemberg sogar ein Ministerialerlass die Gymnasialdirektoren dazu anhalten, durch Kontrolle der Klassenbücher sicherzustellen, dass ihre Geschichtslehrer auch wirklich bis zu den vorgeschriebenen Lehrplaneinheiten vordrangen). Seine Arbeit ist immer begleitet von einem schlechten Gewissen, seinem Gegenstand nicht gerecht zu werden, weil er entweder zu gehetzt durch die «Fakten» eilt, der Schüler sich mit diesen nicht richtig verbinden kann und alles abstrakt und uninteressant bleibt oder dass er so viel «Stoff» weglassen muss, dass ihm grundlegendes historisches Wissen übersprungen zu sein scheint. Woher weiß er, was er weglassen darf, ohne die geschichtliche Wahrheit zu verletzen – was sind die Kriterien, nach denen er auswählen darf?

Hinter diesem Dilemma stehen ganz grundsätzliche Fragen: Was ist und wie umfasse ich einen historischen Zusammenhang? Welche Rolle spielt der «Stoff» für die Ganzheit eines geschichtlichen Phänomens? Was sind die Voraussetzungen dafür, dass ein Schüler sich erkenntnismäßig produktiv in ein historisches Ereignis vertiefen kann? Aus diesen Fragen ist bereits nach dem 2. Weltkrieg ein pädagogisches Motiv hervorgegangen, das dem Anliegen dieser Schrift sehr verwandt ist und enge Berührungen mit einer symptomatologischen Erkenntnis von Geschichte aufweist: das «exemplarische» Unterrichten.

Schon vor mehr als einem halben Jahrhundert klagte Wolfgang Lautemann über die Tatsache, dass dem Geschichtsunterricht pro Woche nur zwei Schulstunden eingeräumt würden.[696] Das sich hieraus für den Lehrer ergebende Dilemma fasst er in die Worte zusammen: «Wie man sich auch einzurichten trachtet, der zur Verfügung stehende Platz verhält sich zum Stoff etwa so wie manche moderne Wohnung zu den Möbeln des Bewohners, wenn sie noch aus früheren Tagen stammen: die Möbel sind größer als das Zimmer.»[697] Ähnlich beengt kann sich übrigens auch der Waldorflehrer fühlen, der zwar nicht an die 45-minütige Unterrichtsstunde gebunden ist, sondern in Epochen unterrichtet, der aber trotzdem immer auch von der Beschränktheit der ihm zur Verfügung stehenden Zeit bedrängt wird. Der Geschichtslehrer steht vor einem vermeintlich festgefügten, bereits fertig gegebenen Ganzen – der historischen Chronologie, die aufgrund ihrer «Tatsächlichkeit» verlangt, lückenlos dem Schüler übermittelt zu werden. Er sieht sich einer fast unüberschaubaren Menge von Fakten gegenüber, von denen er den Eindruck hat, dass sie unbedingt behandelt werden *müssen*, während zugleich die Zeit hierfür aber gar nicht ausreichen kann. Das Ergebnis ist die «Stoffhuberei», eine Hetze durch die Fakten, in der der bloße Wissensstoff sich völlig verselbstständigt. Es ist bezeichnend, dass schon 1923 Herman Nohl im Hinblick auf den Geschichtsunterricht vom «Schmerzenskind der Didaktik» spricht.[698]

Für ein pädagogisches Gelingen des Geschichtsunterrichtes ist also die Frage nach der Auswahl des Stoffes sowie nach der durch sie möglichen Veranschaulichung von Geschichte von zentraler Bedeutung. Der Anspruch der Vollständigkeit ist illusionär. Damit entsteht aber die Frage, wie es gelingen kann, an wenigen *einzelnen* Gegenständen eine Ganzheit der Geschichte bzw. der jeweiligen Epoche erfahrbar zu machen. Wie muss ein historischer Gegenstand beschaffen sein, dass er ein Allgemeines, das über seine zufällige Einzelerscheinung hinausweist, zu vermitteln vermag? Was zunächst ein rein didaktisches Problem der Unterrichtsorganisation zu sein scheint, führt schließlich zu tiefgreifenden erkenntnistheoretischen Fragen, ohne die offensichtlich auch die Praxis des Unterrichts nicht zu bewältigen ist und die insofern bereits in Teil I dieser Schrift als wesentliches Anliegen formuliert wurden.

Der Geschichtslehrer, dem die beschriebene Not zusetzt, sollte wissen, dass er mit ihr keineswegs allein ist, sondern hinter ihm eine lange Tradition intensiver Auseinandersetzung mit der Problematik steht. Es ist bemerkenswert, wie grundsätzlich und ernsthaft bereits vor über einem halben Jahrhundert maßgebliche Repräsentanten des damaligen Geisteslebens den Kern unseres Erziehungsverständnisses befragt haben und zu welchen Antworten sie gekommen sind – ein geistesgeschichtliches Ereignis, von dem heute kaum jemand mehr etwas weiß. 1951 hatten sich in Tübingen namhafte Vertreter der höheren Schulen und Hochschulen zusammengefunden, um sich über die Bildungssituation der Zeit und unseres Landes auseinanderzusetzen.[699] Anlass war ein verstärktes Unbehagen über die Verdrängung geistigen Lebens aus der Bildung durch eine sich immer weiter ausbreitende Anhäufung und Tradierung bloßen Wissensstoffes, also durch ein unproduktives, nur auf Gedächtnisübung angelegtes Bildungsverständnis. In einer Resolution, die unter anderem von Wilhelm Flitner, Eduard Spranger und Carl Friedrich von Weizsäcker unterschrieben wurde, forderte man eine «Erneuerung der Schulen». An die Stelle bloßer stofflicher Fülle sollte die «Durchdringung des Wesentlichen» treten.[700] Explizit auf die Geschichte gewandt skizzierte der Historiker Hermann Heimpel das Verfahren eines «paradigmatischen Lernens und Lehrens»: Eine Vertiefung in einzelne Stellen der Geschichte solle zu «einer echten Begegnung mit der geschichtlichen Welt» führen, die auch zu einem Verständnis anderer historischer Epochen befähigen würde. Diese bräuchten insofern auch nicht alle studiert zu werden. Heimpel begründete die Möglichkeit zu einem solchen Vorgehen mit der Tatsache, «dass im Einzelnen das Allgemeine enthalten und auffindbar» sei: «mundus in gutta».[701] Als ein Beispiel beschrieb Heimpel die Darstellung der mittelalterlichen Geschichte anhand von zwölf wesentlichen Biografien von Theoderich bis Jeanne d'Arc: Anhand einzelner Persönlichkeiten erschließe sich die Epoche als Ganze.

Zur gleichen Zeit veröffentlichte Martin Wagenschein, der als der eigentliche Begründer des «exemplarischen Prinzips» gelten kann, seine ersten Schriften zu einer erneuerten Pädagogik. Er legte die Schwächen des Bildungswesens offen und charakterisierte Möglichkeiten eines ganz neuen Unterrichtens. So heißt es: «Wenn wir anstelle dieses flüchtigen Vielerlei an *einer* Stelle bleiben und uns eingraben, dann beginnt eine Art des Lernens und Lehrens, die wir alle kennen und doch den Kindern nicht gönnen. Die Kinder selbst kennen sie sehr wohl, und wir beneiden sie darum: vor der Schulzeit, und auch noch neben ihr, das: Sich-in-eine-Sache-Versenken. Das halten wir oft für ‹Spiel›. Aber, dass so die eigentliche Arbeit einsetzt, das vergessen wir, obwohl jeder geistige Arbeiter weiß, dass er nur so arbeiten kann.»[702] Erst Selbsttätigkeit schafft für Wagenschein wirkliche Bildung: «Untätiges Hinnehmen ist fruchtlos; [der Schüler] müsste es ergreifen, und vorher müsste es ihn ergriffen haben.»[703] Ähnlich wie Heimpel schreibt er an anderer Stelle: «Je tiefer man sich eindringlich und inständig in die Klärung eines geeigneten Einzelproblems eines Faches versenkt, desto mehr gewinnt man von selbst das Ganze des Faches.»[704]

Diese Anstöße bewirkten in weiten pädagogischen Kreisen eine wirkliche Auseinandersetzung und Neuorientierung. Insbesondere in der Geschichtsdidaktik entbrannte um das «Exemplarische Lehren» als neues pädagogisches Prinzip «die lebhafteste Debatte der vergangenen Jahrzehnte»,[705] die sich in einer kaum noch überschaubaren Literatur niederschlug. Bis in die Lehrerausbildung hinein machte sich ihre Wirkung geltend.[706] Mit der Vertiefung wirklicher Verstehensprozesse durch Konzentration auf Einzelnes, mit der Verstärkung emotionaler Beteiligung durch die intensivere Verbindung mit dem Gegenstand oder überhaupt schon mit dem Bewusstsein für die Tatsache, dass aus einer bloß quantitativen Häufung von Faktischem nie eine Ganzheit zu erfassen ist, wurden

Motive freigelegt, deren Richtigkeit und Bedeutung nur zu offensichtlich war.

Als die gründlichsten und reflektiertesten Vertreter des exemplarischen Lehrens im Geschichtsunterricht sind Konrad Barthel und Ernst Wilmanns hervorzuheben.[707] Barthel untersuchte, wodurch eine Einzelheit zu einem wirklichen «Exempel» wird. Ausschlaggebend war für ihn die Unterscheidung zwischen einem bloß «interessanten Ausschnitt» des Ganzen und einem Einzelnen, das das Ganze «repräsentiert».[708] Im ersten Fall handelt es sich um eine zufällige Teilansicht, deren Verständnis die Kenntnis eines Allgemeinen bzw. weiterer Ausschnitte voraussetzt, also von ihm abhängig ist, statt aus sich selbst zu sprechen und das Allgemeine überhaupt erst anschaubar zu machen. Im zweiten Fall hingegen ist die Einzelheit bereits so beschaffen, dass sie von sich aus «welthaltig» bzw. «bedeutend» ist. Wodurch sie diese Eigenschaften erlangt, wurde von Barthel allerdings nicht weiter ausgeführt. Etwas ausführlicher ist hier Ernst Wilmanns, der von einer «strukturellen Übereinstimmung» zwischen einer «untergeordneten und einer übergeordneten» Ganzheit spricht.[709] Als repräsentativ können danach also solche Gegenstände gelten, die zwar quantitativ nicht die gesamten Aspekte einer Epoche widerspiegeln, aber im Kleinen dieselben *Verhältnisse* aufweisen, wie die Aspekte im Großen zueinander einnehmen. Nicht so sehr in äußerlichen Ähnlichkeiten ist also jenes Gemeinsame aufzusuchen als vielmehr «in der Gleichheit des bewegenden Ursprungs».[710] Der innere Gestaltungsvorgang, aus dem die äußeren Erscheinungen hervorgehen – das «Wirken der Kräfte, die das Geschehene in seinem Kern bewegten»[711] – ist also der Vergleichspunkt zwischen Einzelnem und Ganzem. So kann z.B. eine bestimmte Handlungsweise eines Menschen in einer ganz bestimmten Lebenssituation charakteristisch für sein Handeln und Wesen überhaupt sein. Die auszuwählenden Stoffe sind nach dieser Unterscheidung «wesentliche» Stoffe, denn sie «bringen die innere Gesetzlichkeit zur Anschauung, nach welcher die Dinge geschahen».[712] Sie bilden weniger Stufen, auf denen durch Verbindung mit weiteren Einzelheiten das Ganze langsam aufgebaut wird, als vielmehr einen «Spiegel», der in sich das Ganze auf einen Punkt zusammenzieht.[713] In diesem Sinne spricht H. Heimpel auch von Gegenständen, «die einen vorausgegangenen und einen fortgehenden Geschichtszusammenhang symbolisch verdichten»,[714] und auch Kurt Fina verwendet den Begriff des «Symbolcharakters»[715] bzw. des «Symbolisch-Gleichnishaften».[716] Fast fünfzig Jahre nach Steiners Äußerungen über den symbolischen Charakter bestimmter historischer Ereignisse begegnet diese Perspektive in der Geschichtsdidaktik also wörtlich wieder. Die geschichtspädagogischen Problemstellungen führen offensichtlich mit einer gewissen Notwendigkeit zu der Einsicht in die sinnbildliche Natur des historischen Faktums.

Es dürfte bereits deutlich geworden sein, dass das «exemplarische Lehren» nicht zu verwechseln ist mit dem gängigen Topos des «Mutes zur Lücke». Die sich hinter dieser Redewendung verbergende Vorstellungsweise begreift das Exemplarische nur quantitativ: Rein äußerliche Gründe der Zeitbeschränkung im Unterricht zwingen zum Kompromiss der Auswahl, die aber tatsächlich eine «Lücke» reißt – der positive Eigenwert des ausgewählten Gegenstandes wird nicht in den Blick genommen. Kurt Fina spricht deshalb hier von einer «bloßen Stoffdidaktik»,[717] der er Barthels Begriff der «konstruktiven Stoffbeschränkung» gegenüberstellt,[718] die von vornherein jene «symbolischen» Gegenstände aufsucht, die im Unterschied zur bloßen Wissensvermittlung qualitativ gesteigerte Erfahrungen an der Geschichte ermöglichen. Martin Wagenschein hatte bereits 1956 geschrieben: «Das exemplarische Lehren ist kein aus Resignation eröffneter Notausgang, es ist die Zurückbesinnung auf das, was das Lehren schon immer nur sein konnte.»[719]

Wie für die vorliegende Schrift so spielt auch für die Vertreter des «exemplarischen Lehrens» die Verfassung des Schülers eine wesentliche Rolle beim Auffinden des historischen «Symbols».[720] So schreibt Wilmanns, der Stoff müsse dem Schüler helfen, «die in seinem Wesen angelegte Gestalt zur Vollendung ihrer Möglichkeiten zu entwickeln».[721] Der Unterricht solle insofern «Geschichte nicht als antiquarisches Wissen von längst abgeschlossenen Geschehnissen darbieten, sondern als eine Macht, die den Schüler höchst persönlich angeht».[722] Der Pädagoge richtet seine Aufmerksamkeit im Aufsuchen des «Wesentlichen» also gar nicht nur auf den Sachinhalt, sondern sein Blick gilt immer auch der Frage: Was ist wesentlich für den *Schüler*? Ein vom erkennenden Subjekt losgelöstes «objektives» Wesentliche gibt es für ihn nicht, sondern erst das Zusammenkommen von Stoff und Rezipienten ergibt das exemplarisch Bedeutende.

So ist es für Wilmanns z.B. ein Anliegen der Geschichtspädagogik, gerade solche historischen Ereignisse in den Blick zu nehmen, die als offene Situationen erfahren werden können. «Alle vertiefte historische Betrachtung verweist auf das zuletzt immer alogische Moment der Entscheidung.»[723] Wenn Cäsar den Rubikon überschreitet, so ist das ein Ergebnis eines Willensimpulses, den der große Feldherr in einer zunächst offenen Entscheidungssituation schließlich gefasst hat. Vor solche Momente führt die Geschichte den Schüler immer wieder, sodass sich an ihnen seine eigene Willenskultur und insofern auch sein Gespür für das aktive Aufgreifen von Lebensaufgaben entwickeln kann. Er erfährt an der Geschichte, dass es auf seine eigene, individuelle Initiative ankommt.[724] Damit dieses eminent wichtige Erziehungsziel verwirklicht werden könne, müsse sichtbar gemacht werden, wie einen die Geschichte ständig vor ungelöste Rätsel und Spannungssituationen führe.

Direkt damit verbunden ist eine weitere Kategorie des Exemplarischen: der Zusammenhang des Gegenstandes mit der Gegenwart des Schülers.[725] Erst wenn der Stoff so gewählt ist, dass er diese Verbindung erkennbar werden lässt, kann sich Geschichte bildend auf den Schüler auswirken, denn nur so wird er als Mensch mit der Ganzheit seiner Kräfte angesprochen. Wenn er den historischen Inhalt auf sich selbst beziehen kann, wird in ihm nicht nur der Intellekt, sondern auch Fantasie, Gefühl und Wille angeregt.[726] Wie beim handlungsorientierten Unterricht so zeigt sich auch hier, dass dieses Ernstnehmen der konkreten Lebensvorgänge des Schülers im alltäglichen Prozess des Lernens eine unmittelbare Konsequenz hat, die Martin Wagenschein prägnant zusammenfasst: «Exemplarischer Unterricht ist mit dem Hackwerk der 45-Minuten-Proportionen ganz unverträglich, er strebt nach dem Epochenunterricht. Tag für Tag, mindestens zwei Stunden dasselbe Thema: Das gräbt sich ein in die Herzen der Schüler und Lehrer und arbeitet dort, Tag und Nacht.»[727]

So naheliegend diese Ansätze erscheinen und so verwandt sie mit den in dieser Schrift entwickelten Gesichtspunkten sind, so deutlich muss man aber auch feststellen, dass sich das «exemplarische Prinzip» als maßgebliches pädagogisches Leitmotiv nicht durchsetzen konnte. Der Kern der Kritik, die diese Didaktik von Anfang an traf, bestand in dem Vorwurf, sie übertrage in unzulässiger Weise naturwissenschaftliche Kategorien auf die Geschichte,[728] und tatsächlich liegt hier ihr eigentliches Problem begründet. Eine Geschichtsbetrachtung, die sich mit der Behandlung exemplarischer Momente der Geschichte begnügt, muss sich mit der Frage konfrontiert sehen, ob sie nicht ein über den Einzelphänomenen stehendes Gesetz voraussetzt, das an austauschbaren, also letztlich beliebigen Erscheinungen veranschaulicht werden kann. Liegt diesem Verständnis nicht eine Anschauung von Gesetz und Fall zugrunde, wie sie eigentlich aus der Naturwissenschaft stammt, die für sich existierende, allgemeine Gesetze konstatiert, für die die Einzelfälle nur «Belege» sind? Solch ein Verhältnis zwischen Allgemeinem und Individuellem kann für die Geschichte aber nicht gelten, da hier nicht die direkten Kausalitäten der Natur herrschen, sondern jede auf das Individuum eindringende Gegebenheit erst durch seine Verarbeitung durch das menschliche Bewusstsein zu einem «Faktum», einem historischen Geschehen gemacht wird. Nicht ein allgemeines geschichtliches Gesetz bestimmt das Individuum, sondern dieses schafft erst die Geschichte.

In dem Bemühen, zu einem «Ganzen» der Geschichte, d. h. also zu einem Zusammenhänglichen zu gelangen, übergehen die Vertreter der exemplarischen Didaktik dieses Moment des Individuellen in der Geschichte, obwohl paradoxerweise gerade sie das Einzelphänomen in seine Rechte rücken wollen. Obwohl z.B. Kurt Fina ausdrücklich als Zielpunkt der Geschichtsbetrachtung die einzigartige, unverwechselbare Individualität anspricht und jenes «Falldenken» ablehnt,[729] beschreibt er wenige Sätze später das Ergebnis des exemplarischen Verfahrens als ein Erfassen des gemeinsamen *Typus*, dem die Menschen seiner Auffassung nach angehören.[730] Er sucht z.B. nach allen Diktatoren und Tyrannen «gemeinsamen Zügen, die uns dazu berechtigen, sie alle begrifflich-sprachlich zu subsumieren».[731] Damit abstrahiert er von der individuellen Erscheinung, und übrig bleiben allgemeine Merkmale von Struktur, Sitte, Verfassungen, Brauchtum. Der Einzelfall ist nun tatsächlich austauschbar: Stalin steht für die Diktatur, das Niltal für die Hochkultur, Alarichs Goten genauso wie die slawische Völkerwanderung und die Heimatvertriebenen nach 1945 für den Begriff «Wanderung».[732] Welchen Wirklichkeitsgehalt hat aber der Begriff der «Wanderung», wenn ihm so völlig verschiedene Phänomene wie die Goten und die heimatlosen Menschen des Jahres 1945 subsumiert werden? Was ist vor allem mit einem solchen Begriff für die Anschauung der Goten gewonnen? An anderer Stelle formuliert Fina als solche «Typen» sogar Allgemeinsprüche wie «Wer einmal lügt, dem glaubt man nicht» oder «Hochmut kommt vor dem Fall».[733] Er relativiert den «Ewigkeitswert» solcher «Menschheitserfahrungen» zwar ein wenig, indem er ihnen leichte Veränderungen zugesteht, sodass er nicht von «Identität», sondern «Ähnlichkeit» spricht, trotzdem bleibt zu fragen, was mit solchen Begriffen als «Typen» gewonnen ist, wenn sich die Welt zwischen einer Sentenz des Tacitus und unserer volksmundlichen Wiederholung dieses Satzes wohl doch ein wenig verändert hat.

Auch Konrad Barthel beschreibt das Erfassen des «Typus» explizit «als vorzüglichen Weg zur Erfassung gerade der Individualität»: Das Unverwechselbare der historischen Individualität werde erst im *Verhältnis* zu typischen Verhaltensweisen sichtbar.[734] Dies würde aber bedeuten, dass das exemplarische Verfahren nur jene Schicht des «Typischen» erfassen kann, die *selbst* noch nicht das eigentlich Geschichtliche ausmacht, während für dieses selbst offensichtlich noch ein anderer methodischer

Schritt nötig ist. Wie das exemplarische Verfahren diesen leisten will, bleibt unklar.

Bleiben die theoretischen Ausführungen widersprüchlich, so sind es vor allem immer wieder die tatsächlichen Anwendungsbeispiele, die deutlich machen, wie das exemplarische Vorgehen konkret verstanden wurde. Barthel gibt als einen mustergültigen Fall exemplarischen Unterrichts ein Beispiel Wolfgang Lautemanns an. Dieser hatte bereits 1955 auf die Möglichkeiten des Exemplarischen hingewiesen und dabei die Behandlung des Mittelalters vorgeführt.[735] Die eigentliche Zeit des Mittelalters sieht er durch die Thematisierung des Investiturstreites erfasst. Einen solchen Gegenstand begreift er als «erklärenden Mittelpunkt»:[736] Von einem einzelnen Punkt aus soll in die verschiedensten Richtungen der Vergangenheit und der nachfolgenden Zeiten hinein das «Netz historischer Beziehungen»[737] und damit das Wesen der mittelalterlichen Epoche sichtbar gemacht werden. Dies bedeutet konkret, dass nicht nur die engeren Ereignisse des Investiturstreites betrachtet werden, sondern von ihm ausgehend die Kreuzzüge, die Geschichte des Papsttums, das römische Kaisertum, Byzanz, innerdeutsche Verhältnisse, die Entstehung der Stadt und «alle Schwierigkeiten der Verfassungsgeschichte».[738]

Wie bei Finas Beispielen kann man sich auch hier nicht eines gewissen Unbehagens darüber erwehren, wie mit der Verschiedenartigkeit der historischen Erscheinungen umgegangen wird. Lautemann bekräftigt zwar den individualisierenden sowie genetischen Charakter seines Vorgehens: Gerade das Ausgehen von *einer* Papstgestalt motiviere zu einem Fragen nach der ganzen Reihe seiner Vorgänger, oder die Frage nach der politischen Stellung des Kaisers bewirke die Betrachtung der ganzen Reichsgeschichte. Was erlaubt es aber, alle diese Phänomene nur in Bezug auf *einen* Gesichtspunkt zu betrachten, der selbst ja keineswegs übergeordneter Natur ist, sondern auf der Erscheinungsebene der Geschichte liegt (also ein Phänomen neben anderen ist)? Indem z.B. an den Kreuzzügen nur das betrachtet wird, was sich auf den Investiturstreit bezieht, müssen zwangsläufig ganz wesentliche Momente des Themas in den Hintergrund treten. Damit erstarrt die Geschichte zu einzelnen, völlig statischen Punkten mit Modellfallcharakter – ihr genetisches Wesen geht insofern verloren. Bezeichnend ist die Aussage Lautemanns: «Hier aber treten alle Gesichtspunkte miteinander in Beziehung, indem sie im Investiturstreit sich treffen und von ihm aus weiterführen. Die parallel laufenden Züge der Betrachtung, die nicht ohne weiteres ihre inneren Bezogenheiten erkennen lassen, dienen hier alle einem Ziel.»[739] Mit diesen Worten wird direkt ausgesagt, dass jenes «Netz historischer Beziehungen» erst durch die Ausrichtung auf einen bestimmten Gesichtspunkt *hergestellt* wird, womit fraglich wird, ob ein solches Netz wirklich dem «Wesen der Geschichte» entspricht,[740] also ob die historischen Erscheinungen tatsächlich auf das hin betrachtet werden, was in ihnen selbst liegt.

Zuletzt münden die an sich richtigen Beobachtungen der Vertreter eines «exemplarischen Lehrens» also doch wieder in ein Denken ein, das die Geschichte mit naturwissenschaftlichen Kategorien erfassen will und dadurch ihre Wirklichkeit verfehlt. So kommt es dann gerade in der konkreten Unterrichtsgestaltung zu schematischen Einseitigkeiten, von denen eine lebendige und zugleich sachgemäße Pädagogik unwillkürlich Abstand nehmen muss.

Das Motiv des exemplarischen Lehrens erhält seinen Sinn erst durch die Symptomatologie. Erst wenn ich ein Wissen um die hinter den Sinnen liegende, verborgene Realität des geschichtlichen Zusammenhanges habe, kann ich verstehen, inwieweit die einzelne Erscheinung zu einem aufschlussreichen «Symbol» für eine historische Ganzheit werden kann. Wie man auch beim Menschen in einzelnen Situationen seinem Wesen begegnen kann und nicht nur einem «Ausschnitt», von dem man schließend verallgemeinern muss, so begegne ich auch in der Geschichte in einer einzelnen Erscheinung der Wirklichkeit des historischen Gegenstandes. Ich kann eine Ganzheit wahrnehmen, auch wenn sie nicht als summarische Quantität auftritt, weil diese Ganzheit sich quantitativ gar nicht mitteilt, sondern als eine Berührung mit seelischen Kräften und Impulsen. Der Zusammenhang ist dann nicht mehr ein *über* den Erscheinungen stehendes Gesetz, sondern ein *in* den Erscheinungen wirkendes lebendiges Wesen. Insofern sind diese Erscheinungen dann auch nicht «Exempel», sondern unverwechselbare Äußerungen dieses lebendigen, geistigen Hintergrundes.

Es ist also gegen die Sache, vollständig sein zu wollen – der Anspruch, einen Zusammenhang zu erfassen, bleibt aber bestehen, denn nur in diesem hat die Geschichte ihre Wirklichkeit. Das Auffinden einer symptomatischen Einzelheit unterliegt insofern einem hohen Anspruch und verlangt methodisches Verständnis. Als ein erstes Kriterium, nach dem ich ein historisches Ereignis zum Gegenstand meines Unterrichts mache, hat sich seine *Ausdrucksqualität* erwiesen. Habe ich mich im imaginativen Beobachten der Gebärdensprache eines Ereignisses geübt, bemerke ich, ob in ihm ein menschlicher Zusammenhang aufscheint. Wenn ich die historische Literatur studiere und mir einen Überblick über die betreffenden geschichtlichen Vorgänge verschafft habe, werde ich wahrnehmen, an welchen Stellen mir ein signifikantes «Signal» entgegenkommt und mich ein Ereignis als eine symbolisch verdichtete Figur anspricht, die mir die Charakteristik eines historischen Sachverhalts, vielleicht sogar einer ganzen Epoche aufschließt. Ich kann dann sicher sein, dass sich meine Auswahl rechtfertigen lässt, wenn ich in ihrer zusammengezogenen Geste das Wesentliche einer geschichtlichen Situation entdecke, also die inneren Ursachen für einen Entwicklungsschritt und dessen Eigenschaften wahrnehme. Ich muss auf meine seelischen Beobachtungen vertrauen, sodass der historische Gegenstand für einen kurzen Moment ganz meiner Subjektivität anheimgegeben zu sein scheint. Dieser Moment verlangt Mut, ohne «Netz und doppelten Boden» zur eigenen Deutung und Schwerpunktsetzung zu stehen. Es wird sich zuletzt aber eine neue Sicherheit einstellen, weil ich an meinen inneren Beobachtungen immer mehr wahrnehmen lerne, inwieweit ihre Gestalt mir die vielen vorliegenden «Tatsachen» aufzuschließen hilft oder nicht. Meine seelische Beobachtung wird zum Schauplatz, auf dem sich die Zusammenhänge objektiv aussprechen: Es teilt sich mir mit, ob das innere Bild, das ich habe, so mit deren Wirklichkeit zusammenhängt, dass die Ereignisse zu sprechen beginnen, verständlich werden und mir in ihren Gründen zugänglich werden – so wie mir eben ein Mirabeau die erste Phase der Französischen Revolution und zugleich mein Freiheitsbedürfnis aufschließt und Robespierre die zweite Phase und mein Gleichheitsbedürfnis.

Im Gegensatz zu einem Vorgehen, das z.B. die germanische Völkerwanderung genauso behandelt wie die Vertriebenen von 1945, um zum Begriff der «Wanderung» zu gelangen – das also vom Phänomen weg zum Gesetz fortschreiten will –, müsste wirkliches exemplarisches Unterrichten darin bestehen, die individuelle Erscheinung gerade als Zielpunkt, als Gipfelpunkt der Betrachtung aufzusuchen. Ob eine bestimmte Tat, ein Charakter oder ein Wort: die ausgewählten Gegenstände bringen den Zusammenhang in einer Weise zur Anschauung, wie sie sonst nirgendwo erkennbar werden könnte.

Eine einzelne «Fallstudie» wiederum negiert die Bedeutung einzelner unverzichtbarer historischer Erscheinungen. In der Geschichte hängt die in die Erscheinung tretende «Tatsache» von der jeweiligen Realisierung des Individuums ab. Nicht jede Erscheinung offenbart also Ganzheiten, sondern es gibt sprechendere und weniger bedeutungshaltige «Fakten». Es kann nicht eine empirische Erscheinung als Fallbeispiel stellvertretend für alle anderen Erscheinungen stehen, sondern in ihr konstituiert sich auf einmalige Weise der an sich verborgene Zusammenhang.

Genauso wichtig wie die Vertiefung in ein einzelnes Phänomen ist die Beziehung verschiedener exemplarischer Gegenstände untereinander. Der Zusammenhang ist zwar – wie wir betont haben – bereits in einem einzelnen Symptom als Ganzheit anwesend, und dennoch differenziert er sich natürlich und wird noch sichtbarer, wenn noch weitere Symptome hinzukommen. Aus der Beziehung zwischen den Erscheinungen – insbesondere in ihrer zeitlichen Abfolge und damit in ihrem genetischen Zusammenhang – spricht die Entwicklungsgestalt, der Weg der Geschichte. An die Stelle einer zu starken Ausdehnung eines einzelnen exemplarischen Inhaltes muss also eine bewegliche «Komposition» eher kleinerer exemplarischer Gesichtspunkte treten, die je nach Gegenstand vollständig andere Formen annehmen kann.

Die *Komposition* ist ein weiteres wesentliches Kriterium für den Prozess der Auswahl. Auch die Abfolge großer historischer Epochen hat ihre Gebärde, und diese gilt es zu Beginn der Vorbereitungen auf eine Unterrichtseinheit sich innerlich vor Augen zu führen. Wenn ich von der gesamten Figur des behandelten zeitlichen Bogens ein imaginatives Bild gewonnen habe (ein Beispiel für solch ein Bild findet sich in Kap. I.3), kann ich beurteilen, in welchen exemplarischen Ereignissen der historische Zusammenhang symptomatisch zur Erscheinung kommt. Mein Unterricht wird dann außerdem nicht eine Addition verschiedener Themen sein, die nur durch die Chronologie oder eine äußere Systematik geordnet und zusammengehalten werden, sondern er wird selbst eine Bildgestalt haben, Ausdruck werden und damit die geschichtlichen Empfindungen der Schüler anregen und beleben. Wenn eine Epoche in der 9. Klasse über die Geschichte der Neuzeit z.B. mit einem Vergleich der Weltkarte aus dem mittelalterlichen Kloster Ebstorf und einer modernen Karte beginnt und deutlich wird, wie falsch die ältere Karte ist, wie sie zugleich aber den ganzen Erdkörper als Christus und damit als göttliches Wesen darstellt, wenn daraufhin verfolgt wird, wie mit Cortez, Pizarro und ihren Zeitgenossen diese Karte korrigiert wird und gleichzeitig der Christus aus ihr verschwindet und die Erde zum Steinbruch, zum Rohstofflager für die egoistischen Interessen der Menschen wird, und wenn ganz am Ende der Epoche dann an Biografien wie der «Baumfrau» Julia Hill, an den Schilderungen von Astronauten oder an Gründungen wie Greenpeace ein ganz neues globales Verantwortungsgefühl für die Erde als Lebewesen beobachtet werden kann, dann kann plötzlich eine echte Entwicklungsfigur entdeckt werden, die das Ende der betrachteten Zeit mit dem Anfang verbindet und gleichzeitig eine Wandlung erleben lässt. Als Lehrer mit den Schülern solch ein Gesamtbild erarbeitet zu haben ist für diese viel wichtiger als die bloßen Wissensinhalte. So gibt Rudolf Steiner den Lehrern als entscheidende Orientierungshilfe für ihren Geschichtsunter-

richt die Worte mit auf den Weg: «Keinen Überblick bekommen zu haben, das ist unter Umständen ein bleibender Verlust für das Leben. Denn
einen rechten Überblick bekommt man nur unter der Anleitung einer
lebendigen Persönlichkeit. Einzelheiten aufnehmen kann man auch aus
einem Buche.»[741]

Ein großes Wort, gelassen ausgesprochen – mit seiner kurzen Äußerung
fasst Steiner mehrere der hier behandelten Gesichtspunkte zusammen.
Es ist die Ganzheit, auf die es in der Geschichtserkenntnis ankommt,
aber die setzt sich nicht aus summarischem Wissen zusammen. Einzelne
exemplarische Gegenstände reichen aus, weil sich der Zusammenhang im
Menschen herstellt. Nicht die Lerninhalte selber, sondern die menschliche Persönlichkeit ist die Quelle der Geschichtserkenntnis. Ihre seelische,
schöpferische Tätigkeit stiftet die Wirklichkeit des historischen Datums.
Das müssen die Schüler erleben können. Wissen steht im Buch, das allein
ist aber noch gar nicht Geschichte, sondern die geht aus mir hervor.

5. Unterrichtsbeispiele aus der Oberstufe

Die Geschichtsdarstellung des Lehrers ist der Ausdruck seiner symptomatologischen und menschenkundlichen Bemühungen – historische Erkenntnis und die Wahrnehmung des Schülers fließen in ihr zusammen. Insofern soll am Ende dieser Schrift das geschichtliche Bild selbst stehen. An ausgewählten Beispielen soll noch einmal ein Eindruck vermittelt werden, wie eine Darstellung aussehen könnte, die bildhaft ist und auf die Entwicklung des jungen Menschen einzugehen versucht.

Die Qualität des geschichtlichen «Bildes» wird sich von Altersstufe zu Altersstufe ändern. Ein Neuntklässler wäre damit überfordert, wie ein Achtzehnjähriger weit auseinanderliegende Inhalte aus einem Überblick zusammenzuschauen, während ein Zwölftklässler innerlich wohl unproduktiv bleiben müßte, wenn die Darstellung ihn durch zu viele Sinnesinhalte äußerlich «bedienen» würde. Anhand einzelner Unterrichtsbeispiele aus den Klassen 9 – 12 soll nun versucht werden, diese Wandlung in der Konstitution der Schüler und damit zugleich auch in dem notwendigen Bildcharakter der Geschichtsbetrachtung zu umreißen. Es geht hier nicht um irgendeine inhaltliche Festlegung auf Lehrplaninhalte und auch nicht um dogmatische Abgrenzungen zwischen den Altersstufen – eine Biografie z.B. kann immer einen richtigen Platz im Unterricht der höheren Klassen haben, und dennoch scheint sie für die 9. Klasse eine sehr spezifische Aufgabe zu erfüllen. Es geht hier in erster Linie darum, mit den Beispielen eine Atmosphäre zu charakterisieren, die der Bildhaftigkeit in den Jahrgangsstufen jeweils innewohnen könnte.

5.1 Geschichte im menschlichen Lebenslauf – 9. Klasse

Ein Neuntklässler macht seine ersten Schritte im Bereich der eigenständigen Urteilsbildung, seine Gedanken sind noch recht spontanen Assoziationen unterworfen und lassen sich oft von unmittelbaren Wahrnehmungseindrücken leiten. Zugleich beeindruckt an diesem Alter ein unverstellter Idealismus, der aus einer Ehrlichkeit und Wahrheitsliebe, einer Begeisterung für ideelle Themen oder auch einfach nur aus einer geschärften Kritik gegenüber den Fehlern der Erwachsenenwelt sprechen kann. Aus diesen beiden Umständen heraus scheint mir das Biografische gerade dem Neuntklässler sehr entgegenzukommen. Die geschichtlichen Ereignisse sind noch gebündelt und geordnet in der überschaubaren Einheit eines menschlichen Lebenslaufes, zugleich erlebt man an diesem Menschen aber die Wirksamkeit großer, menschheitlicher Impulse und Zusammenhänge.

Über die einem Fünfzehnjährigen sehr entgegenkommende Behandlung der zentralen Revolutionsereignisse der Neuzeit hinaus lassen sich ergänzend auch von einer anderen Seite her die Ideale von Freiheit, Brüderlichkeit und Gleichheit in den Blick nehmen: durch eine Beschäftigung mit den sozialen Krisenherden der Welt. Ich mache immer wieder die Erfahrung, dass die Schüler heute ein ungeheuer starkes Verhältnis zu dem tragischen Schicksal des afrikanischen Kontinents haben. Insofern lohnt sich hier eine vor allem an Einzelschicksalen sich orientierende Darstellung des Kolonialismus, um dann auf das Afrika des 20. und 21. Jahrhunderts zu sprechen zu kommen. Dies kann geschehen an der herausragenden Biografie Nelson Mandelas. Man würde zunächst vielleicht den Lebensalltag der Schwarzen unter dem Apartheidsregime schildern, um dann darzustellen, wie unter diesen Verhältnissen der junge Nelson aufwächst, wie er schließlich Anwalt wird und so das ganze Elend der Unterdrückung an seinen Mandanten erlebt, wie er in den Widerstand geht und ohne Rücksicht auf seine Person die verschiedensten Protestaktionen organisiert, mehrmals verhaftet wird, bis er schließlich 1962 endgültig zu lebenslanger Haft verurteilt und in das berüchtigte Gefängnis auf Robben Island überführt wird. Ausgesprochen begeisternd für einen jungen Menschen kann nun sein, wie Mandela die vielen Jahre seiner sehr harten Gefängniszeit meistert – wie er sich geistige Arbeit verordnet, um sich selbst innerlich halten zu können, wie er anderen Menschen Mut macht und wie sozial er vor allem auch auf seine eigenen Wächter und Unterdrücker zugeht. Schließlich würde man schildern, wie durch den Wandel der weltpolitischen Lage Südafrika sich immer mehr isoliert, in große wirtschaftliche Nöte gerät, bis die Regierung sich entschließt, in einem symbolischen Akt Mandela unter der Auflage, ins Ausland zu gehen und jedem politischen Widerstand abzuschwören, zu entlassen, um so vor allem den internationalen Kreditgebern demokratische «Besserung» zu signalisieren. Aber: Mandela selbst lehnt diesen Handel ab. Obwohl sich seine Gefangenschaft damit auf unbestimmte Zeit verlängert, hält er an seinem Ziel fest: der Befreiung seines Volkes. Hier gelangen wir nun zu jenem ganz knappen Erzählbeispiel, um das es mir geht. 22 Jahre ist Mandela nun schon inhaftiert, getrennt von den vielen Menschen, die er liebt, bedrängt von unwürdigsten, leidvollen Lebensbedingungen, seit 1980 hat es bereits 47 geheime Unterredungen über die Bedingungen einer Freilassung gegeben, alle ergebnislos, und da kommt es zu folgender Szene: Wieder einmal wird Mandela von seinem Gefängnis mit einem Auto zu Verhandlungen nach Kapstadt gefahren. Plötzlich hält sein Fahrer und Bewacher am Straßenrand vor einem Laden, weil er Durst hat und sich eine Cola kaufen möchte. Er verlässt tatsächlich gedankenlos das Auto – offensichtlich durch die Routine der vielen Fahrten völlig vergessend, dass er den Staatsgefangenen Nr. 1 zu bewachen hat – und verschwindet im Laden. Seine Autotür ist nicht verschlossen. Sofort durchzuckt es Mandela: Er bräuchte nur die Tür zu öffnen, aus dem Wagen zu springen, um dann im Trubel der Großstadt unterzutauchen! Er wäre frei, nach 22 Jahren Gefangenschaft könnte er durch einen winzigen Schritt in ein neues Leben eintreten. Was geht in Mandela in dieser Situation vor? Rückblickend schildert er: «Ich saß allein da. In den ersten paar Augenblicken dachte ich nicht an meine Situation, doch als die Sekunden vergingen, wurde ich immer erregter. Zum ersten Mal seit 22 Jahren war ich draußen in der Welt und unbewacht. Ich hatte die Vision, die Tür zu öffnen, hinauszuspringen und dann zu rennen und zu rennen [...]. Doch dann beherrschte ich mich.»[742] Er bleibt sitzen, der Fahrer kommt zurück, wird wohl etwas stutzen und erschrecken und bringt Mandela wieder ins Gefängnis zurück, in das dieser dann weitere fünf Jahre eingesperrt ist.

An einer solchen Szene wird meines Erachtens unmittelbar deutlich, was in der Geschichte ein Symptom bzw. ein Bild ist. Wir begegnen einem faktischen, d.h. sinnlich-realen Vorgang, der sehr komprimiert ist. Der Innenraum des Autos und die offene Tür entsprechen – wie in einem Brennspiegel zusammengezogen – den Gefängnismauern mit der realen Möglichkeit, sie zu verlassen. Die jahrelange Spannung zwischen Gefangenschaft und Ausblick auf die Freiheit verdichtet sich in diesen kurzen Moment. Kausal ist dieser Augenblick eigentlich unbedeutend, trotzdem erleben wir an ihm einen Gestus, der auf einen äußerst umfassenden und tiefgründigen Zusammenhang verweist. Wenn man die Schüler fragt, warum Mandela denn nicht einfach ausgestiegen und weggerannt sei, erhält man immer eine ähnliche Antwort: Weil er dann seine eigentliche Idee verraten hätte. Wer hätte nicht für solch eine Flucht nach 22 Jahren Gefangenschaft größtes Verständnis? Und dennoch wäre Mandelas Kampf um die Freiheit Südafrikas sofort gefärbt gewesen von dem Wunsch, sich auch persönlich zu retten. Sein hartnäckiger und selbstloser Verzicht auf persönliche Freiheit zugunsten der Zukunft seines ganzen Landes hätte unweigerlich seinen Sinn und seine Wirkung verloren. Die Schüler erleben hier, wie ein Mensch um ein Ideal ringt und wie dieses durch ihn selbst schließlich zur Realität wird. Sie können zu einer wertvollen, universellen Einsicht in die Natur des Freiheitsideals überhaupt gelangen: Sie erfahren, dass es weit hinausreicht über die eigene persönliche Befindlichkeit und eine Kraft der Begeisterung entzündet, die dem Menschen den Dienst am Schicksal eines ganzen Volkes viel wichtiger werden lässt als das persönliche Ergehen. Zugleich erfahren sie aber auch, dass es ganz aus einem selbst aufsteigt, einem individuellen Entscheidungsmoment anheimgegeben ist und zuletzt nur durch mich verwirklicht werden kann. In diesem Entscheidungsmoment im Auto begegnen sie ein Stück weit der Individualität Nelson Mandelas und in ihr zugleich den eigenen, gegenwärtigen Impulsen. Durch die (natürlich noch abzuschließende) biografische Betrachtung können sich die Schüler noch an Mandela «anlehnen», erleben zugleich aber einen umfassenden Zusammenhang.

5.2 Ursachen erleben – 10. Klasse

Nach vielen Jahren wiederholter Begegnung mit den Sechzehnjährigen der 10. Klassen bestätigt sich für mich, wie existenziell die inneren Einschnitte in diesem Lebensalter sind. Auf sehr verschiedene Weise und doch verblüffend «gesetzmäßig» treten Distanzierungsvorgänge ein, ziehen sich die Schüler in sich zurück, verschließen sich, werden seltsam spröde oder geraten in heftige Krisen usw. So setzt der Geschichtsunterricht völlig richtig an, wenn er ganz von der äußeren Welt der materiellen Gegebenheiten wie Geografie, Klima oder auch physische Fundstücken her die historischen Entwicklungsschritte des Menschen rekonstruiert und erklärt. Die Objektivität, die in diesen gegenständlichen, außengerichteten Betrachtungen liegt, lässt den Schüler von sich loskommen, in der ihn umgebenden Welt gültige Gesetzmäßigkeiten erfassen und hilft ihm damit, in dieser Welt eine Sinnhaftigkeit zu erleben und eine Brücke zu schlagen zwischen Subjekt und Objekt, Innen- und Außenwelt. Diesem fast «archäologischen» Charakter des Zehntklassunterrichts kommt das folgende Beispiel entgegen. Es thematisiert den Umschwung von der Jäger- und Sammlerkultur zur Sesshaftwerdung. Ein ethnologisches Forschungsteam hat in den 70er-Jahren die Anordnung von «Hütten» (was nichts anderes bedeutet als ein paar Äste, die mit Gras bedeckt sind) und Feuerstellen der !Kung – einem noch sehr traditionell lebenden Buschmannstamm im Nordwesten der Kalahariwüste – kartiert und wenige

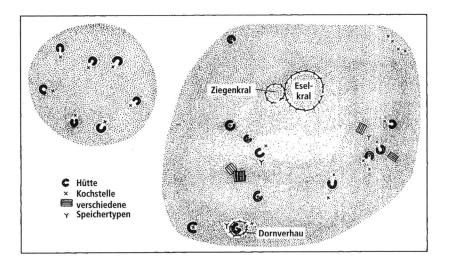

John E. Yellen: Die !Kung der Kalahari – Wandel archaischer Lebensformen, in: *Spektrum der Wissenschaft* 6/1990, S. 92

Jahre später denselben Stamm noch einmal aufgesucht und wieder seine Wohnstruktur festgehalten.[743]

Der Unterschied ist frappierend und deutet auf eine fundamentale Umwälzung im Lebensgefüge der !Kung hin: Die «Hütten» sind nicht nur mehr geworden, sondern ihre Lage hat sich verändert (die annähernde Kreisform ist auseinandergefallen, die Hütten liegen weiter auseinander und sind ganz verschieden ausgerichtet), zum Teil sind die Feuerstellen in die Hütten hineingenommen worden, die Eingänge sind weitgehend vor Einblick geschützt, eine Hütte ist jetzt sogar umzäunt, außerdem gibt es nun – zum Teil private – Vorratsspeicher. Der Zeichnung nicht zu entnehmen ist die Tatsache, dass die Hütten selbst sich verändert haben: Sie sind nun mit stabileren Lehmwänden gebaut.

Nun könnte man diese Zeichnungen mit dem Hinweis auf eine Begegnung der !Kung mit benachbarten Bantus schnell – durch die einleuchtende Erklärung einer Nachahmung der fortgeschritteneren Lebensformen – beiseite legen und wäre damit aus dem Bild wieder herausgefallen.

Denn es wäre damit gar nicht beantwortet, warum für die !Kung denn das Leben der Bantu so nachahmenswert war, dass sie ihre uralten Kulturformen aufgegeben haben. Wir haben bereits gesehen, wie Forschungen in Afrika zutage gebracht haben, dass die Jäger und Sammler viel besser gelebt haben als die Bauern bzw. Viehzüchter. Man spricht hier regelrecht von einer «Überflussgesellschaft», und tatsächlich führten die Buschmannstämme bis ins 20. Jahrhundert hinein auch ein sehr heiteres, «entspanntes» Dasein. Warum also dieser Schritt? Diese Frage lässt sich nur beantworten, wenn man *qualitativ* die beiden Zustände vergleicht, also die Gestik, die Haltungen vergleicht, die aus diesen beiden Bildern sprechen. Da fällt am stärksten natürlich sofort die Individualisierung des Lebensalltages auf. Es gibt plötzlich Abgrenzung, Besitz oder das Hineinnehmen der Feuerstelle in die eigene Hütte. Mit dem Besitz individualisiert sich das Bedürfnisleben. Und: Wenn es vorher ganz normal war, dass jedem direkt das Leben des anderen vor Augen lag und die Menschen tatsächlich auch unbekleidet waren, so wird dies jetzt nicht mehr gewollt, und der Schüler entdeckt hier vielleicht, welch wichtiger Schritt von einer bestimmten Kulturstufe erst in die Geschichte hineingebracht wurde: Eine Intimsphäre, Scham, das Verbergen meines Privatesten, das für uns heute unverzichtbar ist, wird als Entwicklungsschritt erfahrbar. Zudem drückt sich in der großen Differenzierung der Hüttenlage eine persönlichere Ausrichtung, eine Zielhaftigkeit des eigenen Inneren aus. Im Kreis erlebt man im Zentrum eine Kraftquelle, die aber sehr stark von der Ganzheit der Gruppe ausgeht. Diese Kraftquelle liegt später dann viel mehr im Einzelnen. Solche Beobachtungen können Anlass sein, sich der Kreisformen in Tänzen, ältesten «Bauformen» u.a. zu vergegenwärtigen und darin das Element der mitreißenden Gruppe, der Ganzheit und Harmonie zu erfassen. Im Vergleich mit der späteren «Alternative» ist aber auch zu fragen, wie frei der Mensch in solchen Momenten eigentlich ist. So entsteht zuletzt vielleicht ein wesentlich realeres Verständnis der Gründe für die jungsteinzeitliche Revolution, als wenn man die äußerlichen und lange schon widerlegten Theorien der Klimaveränderung oder

Überbevölkerung heranziehen müsste. Denn der Schüler erlebt die Evidenz des Entwicklungsschrittes *bei sich selbst* und kann damit in Bezug auf jenen historischen Umbruch ein wirkliches Kausalitätsgefühl entwickeln. Es kann hier etwas sehr Wichtiges entstehen: Das Erlebnis der Geschichte als sinnhafter Prozess.

5.3 Grenzerfahrungen im Anblick der Polarität – 11. Klasse

Das zentrale Motiv der 11. Klasse bildet die Geschichte des Christentums. Hier wird man (anschließend an die Themen zur vorchristlichen Zeit) vielleicht mit der Biografie des Paulus beginnen und nach einer Schilderung des Urchristentums auf die Entstehung der römischen Kirche und den Weg des Christentums zur Staatsreligion mit allen damit verbundenen Konsequenzen eingehen, bis sich zuletzt die Fragen ergeben, die unterschwellig meiner Erfahrung nach viele Schüler heute beschäftigen: Was ist aus dem ursprünglichen Impuls des Christentums geworden? Ist die Kirche *das* Christentum? Gab es denn überhaupt keine Alternativen? An dieser Stelle entsteht eine suchende Haltung, die dazu berechtigt, eine wesentliche Tatsache in den Blick zu nehmen: Überdeckt von dem exoterischen, monolithischen Christentum der Kirchen gibt es so etwas wie verborgene Strömungen, die über Jahrhunderte die Menschen geprägt und ganz andere Formen des Christentums gelebt haben.

Inmitten von Wind, Regen, Nebel, durchbrechenden Sonnenstrahlen, Regenbogen, schlagartig aufreißendem blauem Himmel und genauso plötzlich wieder sich verdichtenden, mitunter pechschwarzen Wolkenbänken, umgeben von unüberschaubar vielen Seen, weiten grünen Grasflächen, dunklen Bergen und zerfurchten Küstenabbrüchen, an denen die Gischt der Meeresbrandung zerstäubt, lebten in Schottland bzw. Irland Menschen, die in diese Landschaft hinein tonnenschwere Steine setzten, auf eine für uns heute sehr rätselhafte Weise angeordnet, bei näherem Hinsehen aber immer einen Zusammenhang bildend mit dem Gang der

Sonne, der Sterne oder bestimmten anderen Gegebenheiten der äußeren Natur. Es gab kein zentralisiertes, festes Königreich, der Zusammenhalt unter diesen Menschen – den Kelten – wurde vielmehr von den Druiden (von dru-id = der sehr Weise, der besonders Sehende) gestiftet, die Priester, Berater, Seher, Richter, Heiler, Naturkundler, Astrologen zugleich waren und auch die Aufgabe hatten, als Lehrer die Jugend zu erziehen.[744] Wenn ein Mensch zu einem solchen Druiden ausgebildet werden sollte, so wurden mit ihm Verrichtungen vorgenommen, wie es sie z.b. auf den Hebriden an der Westküste des heutigen Schottland gab. Hier liegt mitten im Meer die schwarze Basaltinsel Staffa, auf der sich die dunkle «Fingalshöhle» befindet, in welche die oft tosende Brandung hineinschlägt. Der Auserwählte wurde auf einem kleinen, offenen Boot festgebunden und in die Höhle hineingeschoben, wo er steuerlos drei Tage und Nächte in der Finsternis auf den Wellen auf und nieder trieb. Überlebte er diese lebensgefährliche Prüfung, war er zu seinem Priesterdienst befähigt.

Man kann mit den Schülern sehr gut den Versuch unternehmen, zunächst in der Fantasie ein Christentum zu entwerfen, das sich auf einem solchen landschaftlichen und kulturellen Boden entfaltet. Die Ergebnisse decken sich oft erstaunlich präzise mit den tatsächlichen Eigenschaften des iro-schottischen Christentums, die dann im Unterricht behandelt werden: selbstverwaltete Klöster, überhaupt eine Betonung des Individuellen (hiervon zeugen u.a. die Missionsreisen, in denen in der Volkssprache gepredigt und eigenständiges Nachdenken angeregt wurde, sowie philosophische Positionen wie die Äußerung von Johannes Scotus Eriugena: «Wenn Gott frei ist und der Mensch sein Ebenbild sein soll, so gehört es zur göttlichen Weisheit, den Menschen als freies Wesen geschaffen zu haben»), aus dem starken Erleben permanent sich wandelnder Verhältnisse heraus eine spirituelle Beweglichkeit und Toleranz, ein harmonischer Übergang der vorchristlichen in die christliche Kultur, ein Erleben des Geistigen in der äußeren Natur, den Elementen Wasser, Erde, Luft und Licht.

Eine andere Strömung begegnet uns in Benedikt, dem Gründer des ersten großen Ordens der römisch-katholischen Kirche. Abgestoßen von der veräußerlichten Zivilisation, mit der er in Rom konfrontiert wurde, zog er sich zu einem meditativen Leben in eine Höhle in den Sabiner Bergen zurück. Inspiriert wurde er hierzu von seinem Vorbild, dem Hl. Antonius (251/52–356 n. Chr.), dem ein ähnliches Schicksal widerfahren war: Antonius lebte als Sohn wohlhabender Christen in der spätrömischen Provinz Ägypten und zog sich mit zwanzig Jahren in die Wüste zurück, um einsam in einem dunklen Pharaonengrab als Eremit zu leben. Nur wenige Jahrzehnte nach seinem Tod gab es bereits über 5000 Einsiedler in Ägypten, die seinem Beispiel folgten.

Das Bild, das hier mit den Schülern aufgebaut wird, erschöpft sich nun nicht mehr in der linearen Abfolge einer Biografie, auch nicht in der äußeren Ordnung materiell vorliegender Erscheinungen wie Hüttenformation, Ernährungsweise, Werkzeuge, Kleidung etc., sondern besteht aus einer Polarität grundsätzlicher menschlicher Haltungen. Nicht die jeweilige Seite für sich ist das Entscheidende, sondern ihr Verhältnis zueinander. Damit geht es für die Schüler darum, eine Realität in den Blick zu bekommen, die *zwischen* zwei äußeren Erscheinungen liegt. Im Keltentum und dem sich aus ihm entwickelnden Christentum erleben wir den einen Pol im Menschen, der sich wahrnehmend der äußeren Welt zuwendet, sich der Vielfalt und dem ewigen Wechsel der Sinneseindrücke hingibt und in der Natur sich selber findet. Bei Antonius und Benedikt bemerken wir die entgegengesetzte Seite im Menschen, die sich nach innen wendet und im eigenen Seelenleben das Daseinsfundament findet. Die sinnliche Außenwelt wird in der extremen Stille und Dunkelheit des Pharaonengrabes ausgelöscht, und die Seele kann sich nur halten, wenn sie rein geistig in sich die Quelle des Lebens erfasst. Man kann die Schüler das Experiment machen lassen, sich sowohl in die Fingalshöhle mitsamt dem lebensgefährlichen Wellengang und dem Brandungsgetöse als auch in das Pharaonengrab hineinzuversetzen, die dabei entstehenden Erlebnisse festzuhalten und sie zu vergleichen. Sie werden einen großen Gegensatz bemerken: auf der einen Seite die Wucht der Bewegung und das extreme Einswerden mit den Elementen, auf der anderen Seite die Bedrängnis der schweigenden Finsternis und Einsamkeit, die einen auf sich selbst zurückwirft. Hier wird man zu Begriffen der Selbsterkenntnis, der Konzentration und letztlich Meditation gelangen und an historischen Beispielen der Isolations- und Dunkelhaft in totalitären Regimen die Dramen der inneren Auseinandersetzung betrachten können, die nicht selten zu tiefgreifenden spirituellen Erlebnissen geführt haben. In der Gegenüberstellung und dem wiederholten inneren Vergleichen dieser beiden Pole, entsteht das eigentliche Bild und mit ihm zuletzt der eigentliche historische «Gegenstand»: die menschliche Seele, die ihre Mitte, ihren Weg durch eine Vereinigung der Gegensätze zu finden versucht. Von dieser Suche kündet das ganze Mittelalter, in dem der Mensch seine Stellung zu finden hatte zwischen Papst und Kaiser, Ost und West, irdischer und religiöser Welt. Es ist das Mittel-Alter – eine Zeit, die im ständigen Spannungsverhältnis zwischen dem Erbe der Antike und den herannahenden, gewaltigen Umbrüchen der Neuzeit stand.

Im Vergleich polarer Erscheinungen ein Drittes, selbst Unsichtbares zu erleben bedeutet für die seelische Entwicklung der Schüler eine Verinnerlichung, die auch durch die Betrachtung der Einzelvorgänge bereits angeregt wird: Immer geht es in den Ereignissen um seelische Suchbewegungen, Grenzerfahrungen, die in verborgene Schichten der Welt- und Selbstwahrnehmung vordringen.

5.4 Der Gesamtzusammenhang als Bild – 12. Klasse

In der 12. Klasse kann sich dann ein letzter, wesentlicher Schritt vollziehen: Nachdem er ein Stück weit zu sich selbst erwacht ist, erfasst der Schüler nun bewusst den ganzen Umkreis der ihn umgebenden Welt. Er erkennt Gesamtzusammenhänge, verschafft sich Überblick und zuletzt Orientierung für sein Handeln. In der Biologie wird die Evolution behandelt, in der Eurythmie der Tierkreis, in Deutsch der Universalmensch

Faust, und so wird schließlich auch die ganze Weltgeschichte in den Blick genommen. Das muss nicht heißen, dass man grundsätzlich wieder in der Altsteinzeit ansetzt, der Ausgangspunkt sollte das Hier und Jetzt sein, wie es sich aber nur aus dem Ganzen der Geschichte erklären lässt.

«Bild» wird hier also wieder eine eigene, neue Gestalt annehmen. Einen Eindruck davon kann vielleicht das Beispiel einer Unterrichtseinheit geben, die auf eine ganz bestimmte Art und Weise aufgebaut war. Es handelt sich um eine «Epoche» an der Waldorfschule. In der ersten Woche – um die es mir hier vor allem geht – habe ich zunächst fünf verschiedene aktuelle Brennpunkte gegenwärtiger Geschichte dargestellt. Den Einstieg in die Themen bildete immer eine Schilderung gegenwärtiger Ereignisse. Dann erfolgte jeweils eine historische Skizze.

Der Palästina-Konflikt. Ende des 19. Jahrhunderts erfahren Juden weltweit massive Angriffe bis hin zum offenen Antisemitismus. Allein aus Russland emigrieren deshalb 2,5 Mill. Menschen in die USA. Der in Wien lebende, jüdische Journalist Theodor Herzl ruft im Zuge dieser Ereignisse dazu auf, einen «Judenstaat» zu gründen, in dem die Juden endlich sicher und in Frieden leben können. Ort dieses jüdischen Nationalstaates soll die angestammte Heimat des Judentums sein: Palästina. Diese nun ständig anwachsende Bewegung des «Zionismus» erhält 1917 eine offizielle Hilfe durch die englische Regierung in Person des Außenministers Balfour, der in einer Erklärung verspricht, eine jüdische Staatsgründung zu unterstützen. Dieser Vorgang vollzieht sich vor dem Hintergrund des 1. Weltkrieges: Das Osmanische Reich geht erkennbar seinem Ende entgegen, eine Neuordnung des Nahen Ostens steht bevor, und tatsächlich erhält England vom Völkerbund das Mandat über die in Palästina lebenden Völker. Die Herrschaft der Nationalsozialisten in Deutschland führt schließlich zu einer zweiten gewaltigen Einwanderungswelle. In dem nun entbrennenden Bürgerkrieg wehrt sich eine militante palästinensische Nationalbewegung gegen die Verteilung des Landes unter den Juden. Die Briten geben in dem unbeherrschbaren (und teuren) Chaos schließlich ihr Mandat an die UNO ab. Die Generalversammlung stimmt für eine Teilung in einen jüdischen und einen arabischen Staat, die von den Arabern aber abgelehnt wird. Beide Seiten berufen sich mit demselben Argument auf ihr angestammtes Recht: Dies sei *ihr* Boden schon seit Anbeginn. Dennoch kommt es 1948 zur Gründung des Staates Israel; 1,2 Mill. Araber erhalten 11.600 qkm Land, 600.000 jüdische Bewohner 15.100 qkm. Einen Tag später greifen die fünf benachbarten arabischen Staaten Israel militärisch an, dieses kann sich mit westlicher Unterstützung aber behaupten. Am Ende verlassen 750.000 arabische Flüchtlinge das Land. Die weiteren – oft militärischen – Auseinandersetzungen (v.a. der Sechstagekrieg) würden in der Darstellung noch knapp umrissen werden.

«Die Skalpelle lagen bereit» – die Gründung Pakistans. In Indien deutet sich im Zuge der Widerstandsaktionen Gandhis in den 20er- und 30er-Jahren bereits der Rückzug der Engländer an. Die 100 Millionen Moslems haben Angst, zur benachteiligten Minderheit zu werden, wenn die hinduistische Religion die zukünftige Politik bestimmt. Gespräche zwischen Gandhi und dem Präsidenten der Moslem-Liga, Mohammed Ali Jinnah, scheitern, denn Jinnah fordert in monotoner Hartnäckigkeit einen selbstständigen Staat Pakistan (ein Viertel des indischen Territoriums). Gandhi hält dies für undurchführbar und ungerecht, denn: In Assam z.B. leben 3,5 Mill. Moslems und 6,7 Mill. Nicht-Moslems! In Pandschab und Bengalen halten sich beide ungefähr die Waage. Insgesamt würden in einem Staat Pakistan 50 Mill. Moslems über 47 Mill. Hindus und Sikhs herrschen. Obwohl Jinnah eigentlich gar nicht religiös ist (er isst Schweinefleisch, geht selten in die Moschee, heiratet ein andersgläubiges Mädchen), pocht er auf zwei getrennte *Religionsstaaten.* In Gesprächen mit dem englischen Premierminister Attlee droht er: entweder Pakistan oder Bürgerkrieg. Als England für spätestens Juni 1948 den Rückzug anordnet, versucht Gandhi noch einmal eine Einigung mit Jinnah. Er versucht ihm deutlich zu machen: Wenn Assam, Bengalen und Pandschab an Pakistan fallen würden, müssten diese Provinzen in sich wiederum geteilt werden, da sie sehr große nicht-moslemische Regionen einschließen. Nach erstem Entsetzen

stimmt Jinnah zu. Ein ganz wesentlicher Faktor für die sich verfestigende Entwicklung zur Aufspaltung besteht in der Haltung Englands. Die Briten stellen die Teilung immer wieder als unvermeidlich hin und begründen dies damit, dass man Jinnah nicht mit Gewalt von seinem Vorhaben abhalten könne. Damit entsteht eine folgenschwere Alternative, welche die Betroffenen ständig vor ein unentrinnbares Entweder-Oder stellt: entweder englische Herrschaft oder Teilung. So kommt es schließlich 1947 zur Abspaltung Pakistans und 1949 zur Gründung einer selbstständigen Republik Indien. Die Folgen der Teilung sind katastrophal: 15 Mill. Flüchtlinge (in beide Richtungen) mit Seuchen und Leichenbergen an den Straßen, gewalttätige Zusammenstöße mit 200.000 Toten, Läden werden geplündert, Kornfelder zertreten, sodass eine Hungerepidemie ausbricht. Dem Land entstehen riesige wirtschaftliche Verluste, und bis heute besteht eine erbarmungslose religiös-nationale Bitterkeit zwischen Moslems und Hindus. Pakistan (das Wort ist eine Konstruktion aus den Anfangsbuchstaben der beteiligten Provinzen und der Endsilbe von Belutschistan) braucht neun Jahre zur Konstruktion einer Verfassung. Es besteht aus zwei Teilen, die 1500 km auseinanderliegen und kulturell völlig verschieden sind. So sagt sich Ost-Pakistan später auch vom Westteil los und gründet den eigenen Staat Bangladesch. Heute ist Pakistan eine maßgebliche Plattform des islamistischen Terrorismus – die fundamentalen Entwurzelungen im Zuge seiner Gründung haben zusammen mit den riesigen Flüchtlingsströmen aus Afghanistan (nach dem Einmarsch der Sowjets und später nach der Machtergreifung der Taliban) ein Heer unwürdig dahinvegetierender, arbeits- und damit perspektivloser, hungernder und frierender Heimatloser geschaffen, für die oft die Gewalt als der einzige Ausweg aus ihrer traurigen Existenz erscheint.

Der islamische Fundamentalismus. Die Entstehung des Islamismus lässt sich nachvollziehen durch eine Betrachtung der Revolution von 1979 im Iran. Der Iran umfasste ursprünglich ein wesentlich größeres Territorium als das heutige Staatsgebilde. 1907 wird das Land unter Federführung der Kolonialmächte England und Russland in eine britische und eine russische Einflusssphäre und eine neutrale Zone zerteilt und steht vor allem wegen der Erdölvorkommen unter starker britischer «Beobachtung». Während des 1. Weltkrieges besetzen russische, britische und türkische Truppen den offiziell neutralen Iran, England erhält das Mandat über den Irak, dessen Grenzen es willkürlich nach Westen vorschiebt, um sich das – eigentlich kurdische – erdölreiche Mosul zu sichern. Syrien geht an Frankreich.

Als im Iran die britische Oil-Company verstaatlicht werden soll, greifen die USA ein und setzen den zwischenzeitlich aus dem Lande vertriebenen Schah Pahlewi ein. Dieser versucht 1963 in einer «Weißen Revolution» westliche Lebensstandards (Bildung, Gleichberechtigung der Frau, Industrialisierung) einzuführen. Seine überstürzte wirtschaftliche Planung führt dazu, dass viel zu wenige Fachkräfte zur Verfügung stehen. Während die vielen Einheimischen, die ihre bäuerliche Lebensweise aufgeben und in die Städte ziehen, letztlich nur einfache Hilfsarbeiten ausführen können, müssen für die anspruchvolleren Tätigkeiten westliche Fachleute angeworben werden. So erlebt die iranische Bevölkerung nicht nur eine elementare Entwurzelung durch die Aufgabe ihrer ursprünglichen Lebensformen und zugleich die Überflutung der eigenen Kultur durch westliche Zivilisation und Technik sowie eine zunehmende Verelendung in den Städten, sondern auch eine tiefgreifende Demütigung gegenüber dem «fähigeren» Westen. Diesem Westen merkt man seine egoistischen Interessen unmittelbar an und sieht ihn vereint mit dem eigenen Herrscher, der das Land ausbeutet und unterdrückt. Hier setzen nun die Ajathollas an, vor allem Khomeini, der von seinem Exil in Paris aus auf Tonbandkassetten zur Revolution aufruft. Er kritisiert die gesamte westliche Zivilisation – auch den kommunistischen «Ostblock» – als materialistisch: Zugunsten eines äußeren Fortschritts opfere der Westen die moralischen Tugenden, den seelischen Fortschritt und führe die Menschheit in eine zerstörerische Dekadenz. Im Februar 1979 gelingt ihm in wenigen Tagen der Sturz des Schahs, und er gründet eine «Islamische Republik».

Kolonialismus in Afrika am Beispiel Nigerias. Der bevölkerungsreichste Staat Afrikas ist zugleich einer der zerrissensten und verelendetsten. Die Hauptstadt Lagos gilt mit ihren unkontrollierbaren Verbrechen und den unzählbaren Toten jeden Tag als die härteste und gefährlichste Stadt der Welt. Nigeria verkörpert all jene typischen Eigenschaften, die so vielen Ländern Schwarzafrikas anhaften und die die große Tragik dieses vergewaltigten Kontinentes zum Ausdruck bringen: Armut und zugleich Ausbeutung, Bürgerkriege, Verwahrlosung, Perspektivlosigkeit. Der entscheidende Einschnitt, der diesen Entwicklungen zugrunde liegt, ereignet sich im Jahre 1886, als Nigeria britische Kolonie wird. Bis 1903 werden sämtliche der 434 Völker unterworfen. In den 40er- und 50er-Jahren fordern die Parteien und Gewerkschaften immer vehementer die Unabhängigkeit, in die das Land 1960 tatsächlich entlassen wird, weil England die Kolonie finanziell nicht mehr halten kann. Es wird ein Mehrparteiensystem eingeführt, und Nigeria hat den Ruf einer funktionierenden Demokratie mit Vorbildcharakter für ganz Afrika. Dann kommt das böse Erwachen: Wenige Jahre später brechen blutige Bürgerkriege mit Putsch und Gegenputsch und Zehntausenden von Toten aus, «Nigeria» entpuppt sich als Konstrukt in den Köpfen ausländischer Politiker. Es zeigt sich, dass das Land tief gespalten ist. Dieser «Staat» ist in Wirklichkeit das Konglomerat einer unübersehbaren Zahl von Familien, Dörfern und Clans ohne jeden Begriff von irgendeiner übergeordneten nationalen Identität und ohne demokratische Erfahrung, die sich in der extrem kurzen Zeit nach der Selbstständigkeit nie wirklich einüben ließ. Alte Stammesstrukturen brechen wieder auf, die selber aber durch die tiefgreifenden Veränderungen ausgehöhlt sind und den Boden für gewalttätige Machtkämpfe abgeben. Da die Engländer vor allem natürlich die Küste wirtschaftlich und kulturell mit äußerster Schnelligkeit umgewandelt hatten, während das Hinterland im Norden fast unberührt geblieben war, zerfällt das Land zudem in Nord und Süd, und es entsteht ein blutiger und andauernder Krieg zwischen den christlichen Ibo im Süden und den nördlichen Haussa. Nach entsetzlichen Pogromen an den

Ibo spalten diese die erdölreiche Ostregion ab und erklären sie 1967 zur unabhängigen «Republik Biafra». Dies lässt den Bürgerkrieg erst vollständig eskalieren, sodass es am Ende zu 2 Mill. Todesopfern und einer der schlimmsten Hungerkatastrophen Afrikas kommt. Biafra muss 1970 kapitulieren. Seitdem wechseln in Nigeria ruhigere Phasen und von Militärputschen geprägte Krisen einander ab. Die Erdölförderung im Delta des Nigers kommt allein dem Profit einer ganz kleinen korrupten Elite zugute; neben einer unvorstellbaren Zerstörung der Umwelt in dieser Region führen gewalttätige Überfälle auf die Angestellten der Ölfirmen und auf die Bohranlagen, im Hinterland aber auch terroristische Angriffe auf die Zivilbevölkerung zu einer permanenten Anwesenheit des Todes. In Lagos treibt die Masse von bald 20 Millionen Einwohnern mit ständigen Ausfällen der Strom- und Wasserversorgung, 70 Prozent Arbeitslosigkeit, einer unkontrollierbaren, oft extrem brutalen Kriminalität und überall am Straßenrand herumliegenden Leichen zwischen Gewalt, Resignation, Überlebenskampf zerstörerisch hin und her.

Opfer eines Weltgegensatzes – Vietnam und Korea. Auch für Indochina wird das 19. Jahrhundert zu einer tragischen, folgenschweren Schicksalszeit: Vietnam, Kambodscha und Laos werden bis 1887 französische Kolonien, der 2. Weltkrieg ruft die Japaner auf den Plan, die Vietnam besetzen, und als diese sich als Kriegsverlierer wieder zurückziehen müssen, entsteht ein Machtvakuum, in das der Kommunist Ho Chi Minh vorstößt. Damit beginnt ein Kampf, der so zerstörerisch ist wie wohl kaum eine Auseinandersetzung in der Weltpolitik nach 1945: der Krieg um Südvietnam. Zuerst wollen die Franzosen ihre Macht zurück, werden aber von den Vietminh besiegt und ziehen 1954 ihre Truppen ab. Sofort schalten sich die Briten und die USA in die Situation ein, der Süden darf gemäß der «Domino-Theorie» nicht in die Hände der Kommunisten fallen. Vietnam wird geteilt: Als Grenzlinie wird der 17. Breitengrad festgelegt, im Süden wird ein von Amerika unterstütztes Militärregime errichtet. Als sich hier eine kommunistische Befreiungsbewegung (Vietcong) bildet, hinter der ein Großteil der Bevölkerung steht, greifen die USA im Juni

1964 mit Bombardements direkt ein. Damit wird ein Krieg entfesselt, der am Ende 3,3 Mill. Opfer fordert. Seine Details brauchen an dieser Stelle nicht beschrieben zu werden. – Auf ähnliche Vorgänge stößt man in Korea. Nach der Kapitulation Japans im September 1945 stehen sich auf der Insel sofort die Großmächte des Kalten Krieges – die USA und die Sowjetunion – gegenüber. Es gibt keinen anderen Weg, als die Insel zu teilen; diesmal ist es der 38. Breitengrad, der die Grenzlinie vorgibt. Während im Norden die Kommunisten herrschen und die «Demokratische Volksrepublik Korea» ausrufen, installiert sich im Süden ein von Großgrundbesitzern und Militär gestütztes autoritäres Regime, das mit massiver Unterstützung der USA demokratische Wahlen durchführt und die «Republik Korea» gründet. Beide Seiten beanspruchen die jeweils andere Hälfte, und als die nördlichen Truppen im Juni 1950 die Grenze überschreiten und der Westen diesen Vorgang als Agitation Moskaus interpretiert, kommt es zum Krieg, der 2 Mill. Menschen das Leben kostet und die Welt fast an die Grenze eines Atomkrieges führt, bis zuletzt der 38. Breitengrad erneut als definitive Grenze gegenseitig anerkannt wird. Diese Grenze besteht bis heute.

Jeder der fünf Symptomkomplexe würde für sich zunächst ein Stück weit ausgewertet, um ihn dann in einem größeren, zusammenfassenden Arbeitsschritt eingehend mit den anderen zu vergleichen. Es fallen signifikante Gemeinsamkeiten ins Auge: Die blutigen, weltpolitisch folgenschweren Konflikte zerstören die gewachsenen, in sich gegründeten Gesellschaftsstrukturen. Immer begegnet einem dabei das Bild der *Zersplitterung*: Völker werden auseinandergerissen, Stämme oder Ethnien gegeneinandergetrieben, Landschaften zerteilt usw. – am Ende stehen brutale Grenzziehungen, für die in Bezug auf die Gründung Pakistans einmal ein prägnantes Bild gefunden wurde: «Die Skalpelle der politischen Trennung waren schon bereitgelegt.»[745] Die Charakterisierung dieser Ereignisse führt zu der Frage, woraus jenes Zerteilen entstehen konnte. Da fällt auf, dass man immer auf Vorgänge vor allem des 19. Jahrhunderts gestoßen wird: Antisemitismus, Imperialismus, Kolonialismus sind die treibenden Kräfte, die später die betreffenden Konflikte zu verantworten haben. Und: Es ist Europa und später Amerika, von denen diese Katastrophen ausgehen. Europäische Mächte erobern fremde Kulturen oder gewinnen machtpolitischen Einfluss auf sie. Die ursprünglichen Lebensformen werden vernichtet oder extrem überfremdet, sodass beim späteren Rückzug eine elementare Entwurzelung und damit eine kulturelle Leere entsteht, in die dann die verschiedensten destruktiven Kräfte hineinschießen können. Hass, Machtkämpfe, Fundamentalismus füllen das Vakuum. Welche Ursachen liegen diesem Antlitz des 19. Jahrhunderts zugrunde? Im Antisemitismus begegnet uns die Fixierung auf das physische «Erbmaterial», im Kolonialismus ein egoistisches Streben nach Ausbeutung und Sicherung von Machtressourcen – immer haben wir es also mit materialistischen Antriebskräften zu tun. Dieser Materialismus zeigt sich vor allem im Denken: Antisemitismus und Rassismus sind ebenso Ausdruck eines auf die Physis fixierten Vorstellungslebens wie das sozialdarwinistische Prinzip des unablässigen «Kampfes ums Dasein». Es ist bezeichnend, welche Folgen aus diesem Denken resultieren: Im Iran fällt die Schnelligkeit gesellschaftlicher Umwälzungen, eine verhängnisvoll verfrühte Technisierung der Lebensverhältnisse auf (die von den Betroffenen als «Verwestlichung» kritisiert wird), in den anderen Beispielen begegnen abstrakte Grenzziehungen (z.B. der Breitengrad als willkürliche Festlegung einer Grenze) oder ein völlig ausgedachtes Konstrukt wie «Pakistan». Ohne dass man den Schülern gegenüber den Begriff «Bewusstseinsseele» aussprechen müsste, werden Eigenschaften des gegenwärtigen Denkens erfahrbar: Es führt in den Tod hinein, zerspaltet (das «Messer im Kopf»), verliert die Wirklichkeit und ist in den sozialen Konsequenzen von verheerender Zerstörungskraft.

Aus weit auseinanderliegenden Ereignissen schauen die Schüler also in der 12. Klasse synthetisch eine innere Grundgebärde moderner historischer Antriebskräfte zusammen, und diese Gebärde ist das «Bild». Der inneren Beobachtung zeigen sich die beschriebenen Gesten des Spaltens, des Vakuums durch die Aushöhlung des vormals instinktiv Lebendigen, des wirklichkeitsentleerten Konstruierens und eben des europäisch-amerikanischen Materialismus als Wurzel dieser Antriebskräfte. Es geht also nicht um Anschaulichkeit durch eine sinnliche Fülle der Phänomene, sondern um die Tätigkeit dieser Zusammenschau und damit um eine Erfahrung dessen, was Gesamtzusammenhang ist.

Im weiteren Verlauf der Epoche würde es schließlich darum gehen, die Hintergründe dieses abendländischen, neuzeitlichen Denkens zu verstehen, dieses Verständnis dann wiederum – unter Umständen in Gruppenarbeit – auf andere Beispiele moderner Geschichte anzuwenden (z.B. Bosnien-Krieg, das Schicksal der Kurden, Umweltproblematik, Medien als «vierte Macht») und in einer zweiten Epoche – vielleicht in einer thematischen Auseinandersetzung mit dem «Bösen» in der Geschichte – zuletzt Fantasie zu entwickeln, wie sich die historisch zwangsläufig auftretenden Todesprozesse in ihrer eigentlichen Aufgabe erfassen und damit schließlich positiv verwandeln lassen. Damit mag am Ende der Schulzeit ein Empfinden dafür entstehen, welche Bedeutung der bildhaften Erkenntnis für unsere gegenwärtigen Zivilisationsaufgaben zukommt.

Schluss:
Der lernende Schüler und die Selbsterziehung des Lehrers. Der Wegcharakter der Geschichtserkenntnis

Die Zeitschrift *Focus* zitiert in ihrer Ausgabe «Klasse Lehrer! Was Pädagogen heute wirklich leisten müssen» (Nr. 41/11) den Professor für Schulpädagogik an der Universität Münster, Christian Fischer, mit den Worten, ein Lehrer sei heute «nicht mehr nur Wissensvermittler», «er sollte Mentor und Lernberater sein. Einer, der die Begabungen der Schüler erkennt und bereit ist, selbst lebenslang zu lernen.»[746] Andere Pädagogen fordern: «Nur wenn wir zu allen Schülern eine Beziehung aufbauen, kann Lernen gelingen» oder: «Die Schüler müssen einen Bezug zu ihrem Leben entdecken, sonst schalten sie ab.»[747] Was bis vor Kurzem noch als esoterische Extravaganzen schrulliger Reformpädagogen belächelt wurde, erweist sich zunehmend als Realität und damit als notwendige gesellschaftliche Perspektive. Immer mehr Zeitgenossen bemerken, dass Pädagogik ein viel tiefgründigeres und existenzielleres Geschehen ist als bisher gedacht. Sie entdecken zunehmend eine gleichsam «unterirdische» Verbindung zwischen Erzieher und Kind bzw. Jugendlichem, die mit den gewöhnlichen Lernbegriffen gar nicht erfasst wird. Der Schüler lernt an der Lebenshaltung des Lehrers, an seiner Selbsterziehung.

In der vorliegenden Schrift wurden eine Reihe von Wegen beschrieben, auf denen der Lehrer seine eigene Erkenntnis von Geschichte und ihre pädagogische Vermittlung praktisch erüben kann. Diese Wege müssen naturgemäß sehr verschieden sein, denn jeder Pädagoge findet sein ganz eigenes, individuelles Verhältnis zur Geschichte und zu den Schülern. Insofern sollte hier nicht eine systematische Anleitung zu jenen Übungen gegeben, sondern eine Beschreibung dieser unterschiedlichen Wege unternommen werden, die jedem Leser erlauben, sich in seinem Anliegen unterstützen zu lassen. Die Übungen des Tagesrücklaufes und der Erinnerungsschulung heben auf die Ausbildung der Zeitwahrnehmung ab und stärken die imaginativen Kräfte des Menschen, die es ihm ermöglichen, zunehmend zu geistigen Bildvorstellungen der Geschichte zu gelangen. Sie befördern ein anderes Übungsfeld, das durch künstlerische Betrachtung jenes seelische Beobachten ausbildet, durch das sich die Gebärden der Geschichte mitteilen. Die Kunst ist das große Schulungsgebiet des Geschichtsforschers, der auf das «Symbolum» oder Symptom stößt und es als Ausdruck wahrnimmt. Die sinnliche Erscheinungswelt ruft bei geübter Aufmerksamkeit jene «poetischen Stimmungen» hervor, in denen sich die tieferen Zusammenhänge der Geschichte auszusprechen beginnen. Das heißt aber auch, dass Schulung bereits mit dem intensiven Studium der geschichtlichen Phänomene einsetzt. Es wurden Wege beschrieben, wie sich dabei ein «morphologisches Denken» entwickeln kann, angestoßen von einem bewussten Ernstnehmen der Grenzerfahrungen des Erkennens, die sich an den historischen Beobachtungen notwendig einstellen werden. Der Umgang mit den Rätseln, der Antwortlosigkeit den Erscheinungen gegenüber sowie der Einbezug der nächtlichen Prozesse in diese Erkenntnisvorgänge, die bis zu einer Wahrnehmung der Wirksamkeit von Engelwesen gehen kann, stellt eine meditative Praxis dar, in der der Lehrer sich in die tatsächliche, zunächst aber verborgene Realitätsschicht des historischen Lebens vertieft und die ihm schließlich hilft, sich z.B. am Vortag vor einer Geschichtsstunde praktisch schulend auf eine qualitätvolle Erzählung vorzubereiten.

Mit seinen Vorträgen zur *Meditativ erarbeiteten Menschenkunde* eröffnet Rudolf Steiner den Blick auf diese tiefere Verbindung zur pädagogischen Wirklichkeit und zu den Schülern. Er empfiehlt darin eine kleine, bescheidene Übung, die aber eine große Wirkung zeigen kann: Nachdem man sich mit menschenkundlichen Darstellungen und Gedanken beschäftigt habe, komme man im Laufe des Tages nur für fünf Minuten darauf zurück und bewege diese Gedanken innerlich; dieser Vorgang führe zu einer Art geistigen «Verdauung», die einen dann am nächsten Tag richtig handeln lasse.[748] «Meditation» heißt hier nichts anderes, als das, was man weiß, mit Andacht zu verbinden – es geht um eine aktive seelische Verbindung mit den Inhalten meiner Gedanken.[749] Dieser meditative Charakter der pädagogischen Tätigkeit erstreckt sich bis in die Stoffauswahl hinein, die für viele Geschichtslehrer, wie wir gesehen haben, eine Schlüsselfrage ihrer Berufsausübung ist. Rudolf Steiner schildert an einer Stelle seines Vortragswerkes die mögliche Vorbereitung des Lehrers auf seinen Unterricht und berührt dabei gerade die wesentlichsten Aspekte unseres Themas: «Nehmen Sie einmal an, man will irgendetwas in der Schule mit dem Kinde durchnehmen, das für das Kind dann einen bleibenden Besitz des Lebens bedeuten soll. Nun, ich will jetzt etwas herausgreifen, was auch im gewöhnlichen Unterrichtsplan liegt, und zwar etwas aus dem Geschichtlichen. Man nehme einmal an, man wolle mit den Kindern das Zeitalter der Königin Elisabeth durchnehmen mit allem, was dazugehört und was gewöhnlich im Zusammenhang mit diesem Zeitalter an die Kinder herangebracht wird. Sie werden zugeben, dass man das so tun kann, dass man in den historischen Stunden durch ein halbes Jahr hindurch die Einzelheiten dieses Zeitalters der Elisabeth bespricht. Man kann es aber auch noch anders machen. Man kann es so machen, dass man zunächst als Lehrer in einer wohlgeordneten Vorbereitung sich ein feines Gefühl von den Tatsachen aneignet, die für dieses Zeitalter in Betracht kommen. Da haben die einen ein gewisses Schwergewicht; kennt man sie, lässt man sie auf die Seele wirken, dann prägen sie sich in leichter Weise der Seele ein, und die anderen Tatsachen kommen dann wie von selbst dazu. Und man kann unter Umständen, wenn man wirklich mit einer freien Beherrschung als Lehrer diesen Stoff in die Schule hineinträgt, es ist nicht einmal übertrieben, in drei, vier Stunden nicht nur dasjenige an die Kinder heranbringen, was man sonst in einem halben Jahr an die Kinder heranbringt, sondern man kann es sogar besser heranbringen, sodass die Kinder dann davon für das ganze Leben einen bleibenden Eindruck haben.»[750] Die Lebensrelevanz des Geschichtsunterrichts entsteht also nicht durch die Quantität des Wissens, sondern durch das «Gewicht», das die Tatsachen durch den Unterricht bekommen. Dieses Gewicht erhalten sie durch den inneren Prozess, den der Lehrer bei seiner Vorbereitung durchmacht. Es geht dabei um die in dieser Schrift dargestellte Entwicklung eines «feinen Gefühls», und dieses Gefühl vermittelt dem Lehrer, welche Tatsachen «in Betracht kommen». Wir finden hier also unmittelbar die Ausbildung des «poetischen» Fühlens beschrieben, das die symptomatische Signifikanz eines Ereignisses wahrnehmbar macht. Dann wird die Dimension eines unsichtbaren, durch den Willen hindurchgehenden unbewussten Verarbeitens beschrieben: Man möge die Tatsachen «auf die Seele wirken» lassen – und am Ende ergibt sich aus den objektiven Beobachtungsinhalten eine Antwort: «Wie von selbst» gruppieren sich nun die Erscheinungen zu einem historischen Bild. Das Seelenleben des Lehrers und die objektiven Tatsachen hängen also miteinander zusammen! Die Folge dieser Prozesse ist, dass man die Geschichte dem Schüler nicht nur in kürzerer Zeit nahebringt, sondern sie «sogar besser» an ihn heranbringt – und zwar so, dass sie «einen bleibenden Eindruck für das ganze Leben» hinterlässt.

Bei allen geschilderten Übungen und auch an den anderen verschiedentlich dargestellten Wegen – ob bei der Betrachtung der eigenen Biografie und dem Umgang mit dem Traumleben, einer medizinischen Bildgestaltung, Fantasieübungen oder den Anregungen zur Schulung des Erzählens – dürfte deutlich geworden sein, dass sie sämtlich die Eigenschaft haben, niemals abgeschlossen zu sein. Es ist ein Kennzeichen konkreter Ausbildung geistiger Erkenntnisorgane (sowohl geschichtlicher als auch menschenkundlicher) sowie pädagogischer Fähigkeiten, dass sie sich erweitern, wachsen und sich ständig vertiefen. Damit ist klar, dass dem Lehrer keinerlei privilegiert-elitärer, übergeordneter Rang zukommt; er hat dem Schüler gegenüber keinen Besitzstand zu wahren, denn beide sind gemeinsam auf einem Lernweg. Das verbindet sie in einer ganz tiefen, schicksalsmäßigen Schicht. Sie sind vereint in ihrem Zusammenwirken bei dem Versuch, sich miteinander zu entwickeln. Der Lehrer hilft dem

Schüler durch seinen Erfahrungsvorsprung, zugleich fordert ihn der Schüler aber heraus, ebenfalls täglich zu lernen: Menschenkenntnis will immer wieder – bei jedem neuen Schüler, der dem Lehrer begegnet – geübt werden, ebenfalls verlangt jede gemeinsame Auseinandersetzung mit der Geschichte vom Lehrer eine ständig erneuerte und erweiterte historische Einsicht. Das muss der Schüler spüren. Er muss erleben können, dass sein Lehrer selber aus aktuellen historischen Einsichten schöpft, denn dann überträgt sich auf ihn die Erfahrung, das die eigene Erkenntnistätigkeit die Quelle seiner Begegnung mit der Geschichte ist. Wir hatten gesehen, dass Geschichtserkenntnis kein passiv-beobachtender Vorgang ist, sondern das Seelenleben selber Organ und Schauplatz der historischen Anschauung ist. Das muss sich dem Schüler – und mag dies noch so unbewusst geschehen – mitteilen. Er wird etwas davon spüren, dass sein Lehrer als Erkenntnissuchender seine Existenz einsetzt. Oft werde ich von Seminaristen gefragt, wie man denn ein Symptom finde – natürlich weist man da auf die beschriebenen imaginativen Übungen, auf die Ausbildung des eigenen Denkens hin, zu dem auch ein aktives Nachvollziehen bereits bewährter anthroposophischer Geschichtsliteratur gehört: Letztlich sind dies aber alles Vorbereitungen auf das Nachspüren und halb instinktive Praktizieren von Lebensvorgängen. An dieser Stelle kann ich immer wieder nur darauf hinweisen, wie wertvoll es ist, seine eigene Biografie zu einem bewussten «Hörorgan» für die Geschichte zu machen: Man sollte den plötzlichen, manchmal gar nicht recht erklärbaren Drang zu einer Reise in eine bestimmte Weltgegend genauso ernst nehmen wie die Entdeckung einer kleinen Zeitungsnotiz (manchmal kommt man Jahre später wieder darauf zurück), die wie zufällige Verwicklung in ein politisches Geschehen (z.B. einer Demonstration) oder eine Begegnung mit einem israelischen Juden im Zug, der einen fragt, warum man eigentlich gerade dieses (die Nazi-Zeit thematisierende) Buch lese. Das Leben stößt einen auf die Symptome – vorausgesetzt, man bereitet das Leben entsprechend darauf vor. Ein aktives, spirituelles Erkenntnisleben senkt sich in die unbewussten Schichten unseres Daseins ein und macht unser Leben selbst zu einem Erkenntnisweg. Das kann für die Konzeption meiner Geschichtsstunden konkret bedeuten, dass ich z.B. durch die einzelne Frage eines Schülers, durch den atmosphärischen Duktus einer ganzen Klasse oder durch ein aktuelles politisches Ereignis plötzlich zu der Idee einer Unterrichtsgestaltung gelange – unter Umständen über Wochen hinweg –, in der ich als Lehrer selbst erst auf bestimmte, vielleicht für mich ganz neue historische Phänomene stoße, die mein Geschichtsbild maßgeblich erweitern können.

Geschichte ist nicht das, wofür sie gewöhnlich gehalten wird: fertige Vergangenheit. Sie ist nicht ein abgeschlossener Beobachtungsgegenstand, sondern ihr Gegenstand ist das sich in der Zeit entwickelnde Seelenleben des Menschen, sie ist immer aktuell in seinen Gedanken, seinen Empfindungen und Handlungen anwesend. Das hat eine fast erschreckende Konsequenz: Jedes «intellektuell-gemütliche» (Steiner),[751] aus der Distanz heraus erfolgende und damit unverbindliche Reflektieren über Geschichte verfehlt diese. Geschichte erkennen heißt zugleich, Geschichte zu schaffen: Wenn ich sie wahrnehme, indem ich sie produktiv hervorbringe, fällt die alte Dualität von Erkennen und Handeln weg. Geschichtsunterricht ist nicht für das Wissen da, sondern für die Gestaltung von Gegenwart und Zukunft. Der Schüler erlebt in einem solchen Unterricht, dass seine Betrachtungen unmittelbar verknüpft sind mit seinen Wünschen, Hoffnungen, Perspektiven. Er spürt, dass er selber der Gegenstand des Unterrichts und damit die Zukunft ist, also dass die Geschichte gerade mit ihm entsteht. Insofern ist der Lehrer mit seinen Schülern immer ein aktiver Mitgestalter seiner Zeit – was ganz im Praktischen schon darin seinen Ausdruck finden kann, dass der Schüler seinen Lehrer nicht als Befehlsempfänger direktorialer Erlasse erlebt, sondern als voll verantwortliches Mitglied eines republikanisch verfassten, selbstverwalteten Kollegiums. Es ist ein Widerspruch, der sich bis in die Realität der Lernprozesse hinein auswirken muss, wenn ein Lehrer über Freiheit spricht, ohne für sie zu kämpfen.

Das Ereignis, das im Geschichtsunterricht eintreten kann, ist das Aufblitzen der Zeitimpulse. Schüler und Lehrer begegnen sich in der

Erkenntnis einer gemeinsamen Aufgabe, die über ihnen steht und sie in ihren Bemühungen verbindet. Von dem Gelingen dieser Erkenntnismomente hängt viel ab: Die geschichtlichen Herausforderungen unserer Gegenwart sind immens, der Ruf nach einer menschenwürdigen Wirtschaftsordnung, das Bedürfnis nach einer Demokratie, die diesen Namen verdient und sich durch wahre Bürgerbeteiligung auszeichnet, das Ringen um einen zukunftsfähigen Umgang mit unserem Planeten signalisieren, wie brisant die Auseinandersetzungen um unsere Zukunft sind – die Hinführung des Schülers an die Geschichte steht unter dem Zeichen einer großen Verantwortung. Der Begriff von Geschichtserkenntnis und -vermittlung ist keine akademische oder fachdidaktische Spezialfrage, sondern entscheidet über unsere Zukunft.

Anmerkungen

1 Ludwig Wittgenstein, *Tractatus logico-philosophicus* 6,5.

2 Rudolf Steiner, Vortrag vom 20.7.1924, in: GA 217a, Dornach 1981, S. 183.

3 Imre Kertész, *Roman eines Schicksallosen*, Reinbek bei Hamburg 2002, S. 127.

4 Jacques Lusseyran, *Das wiedergefundene Licht. Die Lebensgeschichte eines Blinden im französischen Widerstand*, München 1996, S. 113f. u. S. 120-125.

5 Aus einer Ergänzung zu einer Hausaufgabe, die der Schüler nach dem Wechsel in meine Klasse unaufgefordert angefügt hat.

6 Zit. in Albert Schmelzer, *Aktuelles Mittelalter. Zum Geschichtsunterricht der 11. Klasse an Waldorfschulen*, Stuttgart 2003, S. 10.

7 Rudolf Steiner, Vortrag vom 14.3.1918, in: GA 67, Dornach 1992, S. 196 f.

8 Karl König, zit. in Henning Köhler, *Jugend im Zwiespalt. Eine Psychologie der Pubertät für Eltern und Erzieher*, Stuttgart 1999.

9 Joanne K. Rowling, *Harry Potter und die Kammer des Schreckens*, Hamburg 1999, S. 155 f.

10 Leopold von Ranke, siehe Einleitung zum Wintersemester 1831/32, in: *Werke und Nachlass*, München/Wien 1965-1975, Bd. 4, S. 77-80.

11 Theodor Mommsen, *Reden und Aufsätze*, Berlin 1905, S. 10.

12 Karl Schlögel, Vortrag vom 1.11.2002 in Frankfurt/M. im Rahmen der Römerberggespräche.

13 Friedrich Nietzsche, Unzeitgemäße Betrachtungen. Zweites Stück: Vom Nutzen und Nachteil der Historie für das Leben. In: *Werke in drei Bänden. Erster Band*, München 1960, S. 219.

14 Michel Foucault, Nietzsche, die Genealogie, die Historie, in: Chr. Konrad / M. Kessel (Hg.): *Kultur und Geschichte. Neue Einblicke in eine alte Beziehung*, Stuttgart 1998, S. 47.

15 Jörg Baberowski, *Der Sinn der Geschichte. Geschichtstheorien von Hegel bis Foucault*, München 2005, S. 196.

16 Ebd., S. 204-209.

17 Rudolf Steiner, Vortrag vom 20.7.1924, in: GA 217a, Dornach 1981, S. 183.

18 Ders., *Vier Mysteriendramen*, GA 14, Dornach 1998, S. 20.

19 Ebd.

20 Rudolf Steiner, Vortrag vom 14.3.1918, in: GA 67, Dornach 1992, S. 196 f.

21 Siehe Rudolf Steiner, Vortrag vom 25.8.1922, in: GA 305, Dornach 1991, S. 171, oder bereits die Ansprache zur Eröffnungsfeier der Stuttgarter Waldorfschule 1919, Vortrag vom 20.8.1919, in: GA 293, Dornach 1992, S. 14-16.

22 Alle Arbeiten sind im Literaturverzeichnis aufgeführt.

23 Stuttgart 1981, S. 59-124.

24 Albert Schmelzer, Der Anfangsunterricht in Geschichte an Waldorfschulen, in: Harm Paschen (Hg.): *Erziehungswissenschaftliche Zugänge zur Waldorfpädagogik*, Wiesbaden 2010; in kürzerer Fassung: Prinz und König im Land des Möglichen. Entwicklungspsychologie und Kulturentwicklung im Anfangsunterricht, in: *Praxis Geschichte* 3/2003, S. 6-11.

25 Rudolf Steiner, Vortrag vom 17.6.1921, in: GA 302, Dornach 1986, S. 95.

26 Catherine Santschi, *Schweizer Nationalfeste im Spiegel der Geschichte*, Zürich 1991, S. 49.

27 Man könnte viele Beispiele solcher «Entzauberung» erwähnen – stellvertretend sei hier nur angeführt der symptomatische Artikel von Gustav Seibt in der *Süddeutschen Zeitung*, 21./22.2.2009, S. 13: «Schnee, Buße und ein Pakt. Der legendäre Gang nach Canossa war nicht das, was wir glauben», in dem Johannes Frieds Entmystifizierung des großen mittelalterlichen Ereignisses (Der Pakt von Canossa, in: *Die Faszination der Papstgeschichte*. Herausgegeben von Wilfried Hartmann und Klaus Herbers, Köln 2008) besprochen wird.

28 Christian Meier, *Athen. Ein Neubeginn der Weltgeschichte*, Berlin 1993.

29 Alexander Demandt, *Der Fall Roms*, München 1984.

30 Theodor Mommsen, *Reden und Aufsätze*, Berlin 1905, S. 37.

31 Zit. in: A. Wucher, Theodor Mommsen, in: H.-U. Wehler, (Hg.): *Deutsche Historiker*, Göttingen 1973, S. 392.

32 Zit. in: A. Wucher, *Theodor Mommsen. Geschichtsschreibung und Politik*, Göttingen 1956, S. 131.

33 Rudolf Steiner, Vortrag vom 14.2.1918, in: GA 174a, Dornach 1982, S. 205.

34 Rudolf Steiner, Vortrag vom 15.12.1917, in: GA 179, Dornach 1993, S. 99,

35 Jakob Kaiser am 13. Februar 1946 und am 12. Juli 1947, in: Werner Conze: *Jakob Kaiser, Politiker zwischen Ost und West* (Bd. 3), Stuttgart 1969, S. 68.

36 Siehe George F. Kennan in seiner Stellungnahme im Sommer 1945, in: George F. Kennan, *Memoiren eines Diplomaten*, Stuttgart 1968, S. 262, sowie das geheime britische Positionspapier vom 14.5.1948, in: Rolf Steininger, *Deutsche Geschichte 1945–1961. Darstellung und Dokumente in zwei Bänden*, Bd. 2, Frankfurt/M. 1983, S. 303f.

37 Rudolf Steiner, Vortrag vom 7.11.1917, in: GA 73, Dornach 1987, S. 75.

38 Rudolf Steiner, Vortrag vom 14.3.1918, in: GA 67, Dornach 1992, S. 196.

39 Rudolf Steiner, Vortrag vom 8.10.1918, in: GA 73, Dornach 1987, S. 233.

40 Siehe GA 185, Dornach 1982.

41 Den Begriff «Symptom» bzw. «symptomatisch» verwendet Steiner im hier dargestellten Sinne sporadisch schon vor der Jahrhundertwende (1897, in: GA 30, Dornach 1989, S. 546; 1898, in: GA 32, Dornach 1971, S. 22) und in den darauf folgenden Jahren (1906, in: GA 55, Dornach 1983, S. 23; 1913, in: GA 147, Dornach 1997, S. 10; 1915, in: GA 161, Dornach 1999, S. 278), als dezidierte Bezeichnung für

die Methodik von Geschichtserkenntnis fungiert er aber erst in einem Vortrag vom 4. Juli 1916: Steiner spricht hier – bezeichnenderweise wieder mit direktem Bezug auf Goethe – von einer «symptomatischen Geschichtsbetrachtung»; siehe GA 169, Dornach 1998, S. 107f. Wissenschaftlich-systematisch wird dieser Begriff dann erst 1918 hergeleitet (im Vortrag «Das geschichtliche Leben der Menschheit und seine Rätsel im Lichte der Geistesforschung»; 14.3.1918, Berlin; in: GA 67, Dornach 1992), obwohl erstaunlicherweise in dem nur vier Monate zuvor gehaltenen, sehr ähnlichen Vortrag «Anthroposophie und Geschichtswissenschaft» (7.11.1917, Berlin, GA 73, Dornach 1987) nicht mit einer Silbe vom Symptom gesprochen wird. Man wird hier Zeuge einer echten Genese dieses Begriffes, die darauf hinweist, dass ein Verständnis des Symptoms bestimmte Erkenntnisschritte voraussetzt, die in diesem Kapitel nachvollzogen werden sollten.

42 Rudolf Steiner, Vortrag vom 27.12.1910, in: GA 126, Dornach 1992, S. 22-24.

43 Ebd., S. 24.

44 Rudolf Steiner, Vortrag vom 13.9.1914, in: GA 174a, Dornach 1982, S. 12.

45 Ebd., S. 14.

46 Ebd., S. 15.

47 Siehe hierzu Reinhardt Habel, Goethes Symbolbegriff, in: *Die Drei*, Heft 2, Febr. 1981, S. 81-98.

48 Brief an Friedrich Schiller vom 16.8.1797, WA IV. Abt., Bd. 12, S. 243ff.

49 Ebd., S. 243.

50 Ebd., S. 243 f.

51 Ebd., S. 245.

52 Ebd., S. 246.

53 Ebd., S. 244.

54 Ebd.

55 *Maximen und Reflexionen*, Nach den Handschriften des Goethe- und Schiller-Archivs hg. v. Max Hecker, Weimar 1907 (Schriften der Goethe-Gesellschaft 21), Nr. 314.

56 Nachträgliches zu Philostrats Gemälden, WA I. Abt. Bd. 49, S. 140 ff.

57 Ebd.

58 Ebd.

59 Ebd.

60 Siehe Michael Bockemühl, *Die Wirklichkeit des Bildes. Bildrezeption als Bildproduktion. Rothko, Newman, Rembrandt, Raphael* (Habilitationsschrift), Stuttgart 1985; dieser Arbeit bzw. dem grundsätzlichen ästhetischen Ansatz des Autors verdankt die vorliegende Schrift maßgebliche Anstöße.

61 Christoph Lindenberg, Auf dem Wege zu einer geschichtlichen Symptomatologie, in: *Die Drei*, 7-8/1979, S. 409 f.

62 Rudolf Steiner, Vortrag vom 28.8.1915, in: GA 163, Dornach 1986, S. 60.

63 Hans-Jürgen Lendzian (Hg.), *Zeiten und Menschen. Geschichte. Oberstufe. Bd. 1*, Paderborn 2004.

64 Ebd., S. 87.

65 Ebd., S. 87 f.

66 Rudolf Steiner, Vortrag vom 20.1.1914, in: GA 151, Dornach 1990, S. 19.

67 Rudolf Steiner, Vortrag vom 7.11.1917, in: GA 73, Dornach 1987, S. 85 f.

68 Christoph Lindenberg, Erforschung der Geschichte. Vom Wissen zum Erkennen, in: Karl-Martin Dietz / Barbara Messmer (Hg.): *Grenzen erweitern – Wirklichkeit erfahren. Perspektiven anthroposophischer Forschung*, Stuttgart 1998, S. 280-303.

69 Ebd., S. 289.

70 In: C. W. Ceram, *Götter, Gräber und Gelehrte im Bild*, Hamburg o. J., S. 262.

71 Zit. in: H. D. Schmid, *Fragen an die Geschichte*, Frankfurt/M. 1974, S. 22.

72 Frank Teichmann, *Die Kultur der Empfindungseele*, Stuttgart 1990.

73 Zit. in: Georges Contenau, *So lebten die Babylonier und Assyrer*, Stuttgart 1959, S. 127.

74 Zu den hier und im Folgenden genannten Gesichtspunkten bzw. Beispielen siehe z.B. Oskar Weggel, *Die Asiaten*, München 1997.

75 Johan Huizinga, *Herbst des Mittelalters. Studien über Lebens- und Geistesformen des 14. und 15. Jahrhunderts in Frankreich und in den Niederlanden*, München 1924.

76 In: *Zahme Xenien*, 1827, Den Vereinigten Staaten.

77 München 2001.

78 Ebd., S. 36.

79 Ebd., S. 40.

80 Ebd., S. 41.

81 Ebd., S. 45.

82 Rudolf Steiner, Vortrag vom 28.8.1915, in: GA 163, Dornach 1986, S. 57 f.

83 Rudolf Steiner, Vortrag vom 15.5.1921, in: GA 325, Dornach 1989, S. 14.

84 Rudolf Steiner, Vortrag vom 17.9.1916, in: GA 171, Dornach 1984, S. 36.

85 Rudolf Steiner, Vortrag vom 15.5.1921, in: GA 325, Dornach 1989, S. 14.

86 Paul Watzlawick, *Wie wirklich ist die Wirklichkeit?*, München 1976; siehe auch ders. (Hg.), *Die erfundene Wirklichkeit*, München 1981.

87 Ernst von Glasersfeld, Einführung in den radikalen Konstruktivismus, in: Watzlawick (Hg.), *Die erfundene Wirklichkeit*, München 1981, S. 16.

88 Heinz von Foerster, Das Konstruieren einer Wirklichkeit, in: Paul Watzlawick (Hg.), *Die erfundene Wirklichkeit*, München 1981, S. 39.

89 Karl-Martin Dietz, *Die Suche nach Wirklichkeit. Bewusstseinsfragen am Ende des 20. Jahrhunderts,* Stuttgart 1988, S. 97 f.

90 Daniel J. Boorstin, *Die Entdecker*, Stuttgart 1985, S. 326.

91 Karl-Martin Dietz, *Die Suche nach Wirklichkeit,* Stuttgart 1988, S. 105.

92 Paul Watzlawick, *Wie wirklich ist die Wirklichkeit?*, München 1976, S. 142 f.

93 Nelson Goodman, *Weisen der Welterzeugung*, Frankfurt/M. 1984, S. 118 f.

94 Charles Taylor, *Negative Freiheit?*, Frankfurt/M. 1988, S. 232

95 Zit. in: Werner Heil, *Der stille Ruf des Horusfalken. Ist die Geschichtswissenschaft unhistorisch?*, Marbach a. N. 1999, S. 22.

96 Ebd., S. 24 f.

97 Rudolf Steiner, *Wahrheit und Wissenschaft*, GA 3, Dornach 1980, S. 11.

98 Ebd.

99 Rudolf Steiner, *Die Philosophie der Freiheit*, GA 4, Dornach 1987, S. 36 ff.

100 Siehe hierzu Rudolf Steiner, *Anthroposophische Leitsätze*, GA 26, Dornach 1989, S. 30-33.

101 Ebd., S. 30.

102 Ein Beispiel sehr präziser Beschreibungen solche Qualitäten findet sich in Goethes Farbenlehre in dem Abschnitt über die «sinnlich-sittliche Wirkung der Farbe», in: J. W. von Goethe, *Werke* Bd. 13, hg. von Erich Trunz, München 1981, S. 494-521.

103 Rudolf Steiner, *Anthroposophische Leitsätze*, GA 26, Dornach 1989, S. 31.

104 Ebd.

105 Die höheren Erkenntnisarten können in Bezug auf Geschichtserkenntnis hier nur knapp umrissen werden. Es sei insofern auf meine bereits erwähnte Schrift *Imaginative Geschichtserkenntnis* verwiesen.

106 Rudolf Steiner, *Anthroposophische Leitsätze*, GA 26, Dornach 1989, S. 32 f.

107 Rudolf Steiner, Vortrag vom 15.4.1923, in: GA 84, Dornach 1986, S. 72: «Dieser Denklärm, dem sich der heutige Mensch, insbesondere auch, wenn er Wissenschaftler ist, hingibt, stört ihm die feinere Wahrnehmung der inneren Denktätigkeit. Daher verschläft er auch die innere Denktätigkeit.»

108 Die hier folgende Darstellung der Theorien zur Sesshaftwerdung sind der Schrift von Jost Herbig entnommen: *Nahrung für die Götter. Die kulturelle Neuerschaffung der Welt*, München/Wien 1988, Kap. 3-4.

109 Ebd., S. 107.

110 Ebd.

111 Ebd., S. 108.

112 Ebd., S. 109.

113 Ebd., S. 115.

114 Ebd., S. 114.

115 Ebd., S. 115.

116 Siehe z.B. Jacques *Cauvin, Naissance des divinités, naissance de l'agriculture: La révolution des symboles au Néolithique*, Paris 1994

117 Rudolf Steiner, *Von Seelenrätseln*, GA 21, Dornach 1983, Kap. I und IV.

118 Ebd., S. 21.

119 Ebd.

120 Ebd., S. 27.

121 Rudolf Steiner, Vortrag vom 23.3.1921, in: GA 324, Dornach 1991, S. 131.

122 Rudolf Steiner, Vortrag vom 19.10.1918, in: GA 185, Dornach 1982, S. 35-39.

123 Ebd., S. 38 f.

124 Zum Begriff des «Bildekräfte»- oder «Ätherleibes» siehe Rudolf Steiner, *Theosophie*, GA 9, Dornach 2003, S. 28-33.

125 Siehe z.b. den Vortrag «Die Geschichte der Neuzeit im Lichte der geisteswissenschaftlichen Forschung», in: Rudolf Steiner, GA 73, Dornach 1987, 17.10.1918.

126 So der Adjutant des Regimentes List, zit. in: Joachim Fest, *Hitler*, Frankfurt/M. / Berlin / Wien 1973, S. 104.

127 Reh im Walde II, 1912, München, Städtische Galerie im Lenbachhaus.

128 G. W. F. Hegel, *Vorlesungen über die Philosophie der Geschichte.* Frankfurt/M. 1986, S. 86.

129 Leopold von Ranke, *Weltgeschichte,* Leipzig 1881 ff., I., 1., S. 210 f.

130 Goethe, *Faust I*, Studierzimmer, Z. 1939.

131 Siehe Frank Teichmann, *Der Mensch und sein Tempel. Ägypten*, Stuttgart 1978.

132 Karl-Martin Dietz, *Die Suche nach Wirklichkeit,* Stuttgart 1988, S. 138-140; ders. auch in: *Metamorphosen des Geistes,* Bd. 1, Stuttgart 1989, S. 167-177.

133 Karl-Martin Dietz, *Die Suche nach Wirklichkeit*, Stuttgart1988, S. 140.

134 Rudolf Steiner, *Anthroposophische Leitsätze*, GA 26, Dornach 1989, S. 76-100.

135 Johannes Kepler, Prodromus Dissertationum cosmographicarum, continens Mysterium Cosmographicum (1596); in Bd. 1 der *Gesammelten Werke*, München 1937 f., S. 34 f.

136 Jacques Lusseyran, *Das wiedergefundene Licht,* München 1996, S. 219.

137 Julia Hill, *Die Botschaft der Baumfrau*, o. O. 2000, S. 24.

138 Karl Jaspers, *Vom Ursprung und Ziel der Geschichte*, München 1949.

139 Siehe z.B. GA 121, Dornach 192, Vorträge vom 7., 8. u. 12.6.1910; GA 122, Dornach 1984, 20.8.1910; GA 159, Dornach 1980, 13.5.1915; GA 179, Dornach 1993, 17.12.1917.

140 Rudolf Steiner, «Was tut der Engel in unserem Astralleib?», GA 182, Dornach 1996, 9.10.1918.

141 Ebd., S. 154ff.

142 Walter Benjamin, *Über den Begriff der Geschichte*, Stuttgart 1992, S. 146.

143 Paul Klee, Tagebucheintrag Nr. 952, 1915; in: Felix Klee (Hg.): *Tagebücher von Paul Klee 1898–1918*, Köln 1957, S. 270.

144 Ders.: *Gedichte* (Hg. Felix Klee), Zürich 1998, S. 7.

145 Ders. in: Christian Geelhaar (Hg.): *Paul Klee, Schriften, Rezensionen, Aufsätze*, Köln 1976, S. 118.

146 Rudolf Steiner, Vortrag vom 12.6.1910, in: GA 121, Dornach 1982.

147 Siehe hierzu ausführlich: Christoph Lindenberg, *Die Technik des Bösen. Zur Vorgeschichte und Geschichte des Nationalsozialismus*, Stuttgart 1985.

148 Zit. in: Joachim C. Fest, *Hitler,* Frankfurt/M. / Berlin / Wien 1973, S. 456.

149 Ebd., S. 457, S. 463, S. 718-721.

150 Die Diskussion um «intentionalistische» Deutungen (K. D. Bracher, E. Jäckel u.a.) und «funktionalistische» Deutungen (v.a. Hans Mommsen) würde sich auflösen, wenn man betrachten würde, wie es tatsächlich einen Adolf Hitler brauchte, um über eine bestimmte Person als Gefäß in die Gesellschaft hineinzuwirken, wie andererseits dieses Gefäß nicht durch das individuelle Handeln eines einzelnen Menschen entstanden ist, sondern durch die gesamte Gesellschaft und Zeitsituation «zubereitet» und getragen wurde, welche die Wirksamkeit der geistigen Zerstörungskräfte erst zum Zuge kommen ließen.

151 Zit. in: Inge Scholl, *Die weiße Rose,* Frankfurt/M. u. Hamburg 1953, S. 142.

152 Jub.-Ausgabe 25, S. 220.

153 An Herder, 4. Sept. 1788.

154 6. März 1828.

155 In: *West-östlicher Divan,* Buch des Unmuts, Hamburger Ausgabe 1982, Bd. 2, S. 49.

156 Viktor E. Frankl: *Ärztliche Seelsorge.* Wien 1982, S. 7-18.

157 Christian Meier: *Athen. Ein Neubeginn der Weltgeschichte.* Berlin 1993, S. 8.

158 Ebd., S. 17.

159 Ebd., S. 32.

160 Ebd., S. 36.

161 Ebd., S. 37.

162 Siehe u.a. das Kapitel «Leib, Seele und Geist» in: Rudolf Steiner, *Theosophie,* GA 9, Dornach 2003.

163 Rudolf Steiner, *Die Philosophie der Freiheit,* GA 4, Dornach 1987, S. 161.

164 Zit. in: Thomas Kracht, *Robert Hamerling. Sein Leben – sein Denken zum Geist,* Dornach 1989, S. 29.

165 Aus: *Kritik der politischen Ökonomie,* Marx-Engels-Werke, Berlin 1956, Bd. 13, S. 9.

166 Rede vom 30. September 1862.

167 Theodor Mommsen, *Reden und Aufsätze,* Berlin 1905, S. 397.

168 Rudolf Steiner, GA 168, Dornach 1995, S. 104 oder in verschiedenen Wendungen in GA 185, Dornach 1982, S. 24 ff.

169 Veronika W., 19 Jahre alt; Schlusssätze einer Erzählung, die von Henning Köhler in seiner Schrift *Jugend im Zwiespalt,* Stuttgart 1999, auf S. 210 zitiert wird.

170 Rudolf Steiner, Vortrag vom 2.1.1915, in: GA 275, Dornach 1990, S. 125.

171 Rudolf Steiner, Vortrag vom 21.6.1922, in: GA 302a, Dornach 1993, S. 85.

172 Rudolf Steiner, Vortrag vom 12.10.1917, in: GA 177, Dornach 1999, S. 135.

173 Siehe Ernst-Michael Kranich, *Anthropologische Grundlagen der Waldorfpädagogik,* Stuttgart 1999; Henning Köhler, *Jugend im Zwiespalt,* Stuttgart 1999; Pädagogische Forschungsstelle (Hg.): *Zur Menschenkunde der Oberstufe,* Stuttgart 1981; Mona Doosry, *Zwischen Pubertät und Mündigkeit. Erziehungsaufgaben im*

Jugendalter, Heidelberg 2003, oder das Themenheft der Zeitschrift *Erziehungs-kunst* zur Pubertät, Mai 2008.

174 Friedrich Schiller, *Über die ästhetische Erziehung des Menschen in einer Reihe von Briefen,* Stuttgart 1965, S. 11.

175 Rudolf Steiner, Vortrag vom 1.2.1924, in: GA 234, Dornach 1994, S. 74.

176 Martin Basfeld, *Wärme: Ur-Materie und Ich-Leib. Beiträge zur Anthropologie und Kosmologie,* Stuttgart 1998, S. 37.

177 Rudolf Steiner, *Theosophie,* GA 9, Dornach 2003, S. 39.

178 Ebd.

179 Rudolf Steiner, *Anthroposophie,* GA 45, Dornach 2002, S. 60.

180 Rudolf Steiner, *Theosophie,* GA 9, Dornach 2003, S. 38 f.

181 Rudolf Steiner, Vortrag vom 15.12.1917, in: GA 179, Dornach 1993, S. 91.

182 Rudolf Steiner, *Anthroposophie,* GA 45, Dornach 2002, S. 60.

183 Henning Köhler, *Jugend im Zwiespalt,* Stuttgart 1999, S. 137.

184 Rudolf Steiner, Vortrag vom 5.1.1922, in: GA 303, Dornach 1987, S. 253 f.

185 Ebd.

186 Ebd.

187 Anne Frank, *Tagebuch,* Frankfurt/M. 1992, S. 19 f.

188 Henning Köhler, *Jugend im Zwiespalt,* Stuttgart 1999, S. 155.

189 Rainer Patzlaff, Die nächtliche Seite der Geschichte. Menschenkundliche Hinweise Rudolf Steiners zur Gestaltung des Faches und seiner Methodik, in: Ernst-Michael Kranich et al. (Hg.): *Die Bedeutung des Rhythmus in der Erziehung,* Beiträge zur Pädagogik Rudolf Steiners 2, Stuttgart 1992, S. 78.

190 Henning Köhler, *Jugend im Zwiespalt,* Stuttgart 1999, S. 150.

191 Siehe Wolfgang Schad, Zur Menschenkunde des Jugendalters – vom Wesen des Astralleibes, in: *Zur Menschenkunde der Oberstufe,* Pädagogische Forschungsstelle, Stuttgart 1981, S. 10-19.

192 Rudolf Steiner, Vortrag vom 16.5.1923, in: GA 226, Dornach 1988, S. 12-15.

193 In: Juan Ramón Jiménez, *Herz, stirb oder singe. Gedichte,* Zürich 1977, S. 77.

194 Siehe Goethes Schilderung in *Dichtung und Wahrheit,* Dritter Teil, 11. Buch, in: J. W. von Goethe, *Werke* Bd. 9, hg. von Erich Trunz, München 1982, S. 500.

195 Rudolf Steiner, Vortrag vom 4.11.1910, in: GA 115, Dornach 2001.

196 Ebd., S. 189.

197 Ebd., S. 190.

198 Ebd., S. 191.

199 Siehe z.B. Christoph Lindenberg, *Rudolf Steiner 1861–1914. Eine Biografie,* Stuttgart 1997, S. 91.

200 Rudolf Steiner, *Einleitung zu Goethes naturwissenschaftlichen Schriften,* GA 1, Dornach 1987, S. 272.

201 Ebd., S. 273.

202 Siehe z.B. Rudolf Steiner, GA 226, Dornach 1998, Vortrag vom 16.5.1923.

203 Rudolf Steiner, Vortrag vom 19.4.1923, in: GA 306, Dornach 1989, S. 103.

204 Ebd.

205 Rudolf Steiner, Vortrag vom 4.1.1922, in: GA 303, Dornach 1987, S. 239 und 253.

206 Rudolf Steiner, Vortrag vom 14.6.1921, in: GA 302, Dornach 1986, S. 52.

207 Ebd., S. 53.

208 Reinhart Koselleck, *Vergangene Zukunft. Zur Semantik geschichtlicher Zeiten*, Frankfurt/M., hier in der Ausgabe von 1989.

209 Ebd., S. 130 ff.

210 Ebd., S. 151 ff.

211 Ebd., S. 192

212 Ebd., S. 191 ff.

213 Rudolf Steiner, Vortrag vom 4.11.1910, in: GA 115, Dornach 2001, S. 201.

214 Rudolf Steiner, Seminarbesprechung am 5.9.1919, in: GA 295, Dornach 1984, S. 147 f.

215 Rudolf Steiner, Vortrag vom 14.8.1923, in: GA 307, Dornach 1986, S. 188.

216 Rudolf Steiner, Vortrag vom 7.5.1920, in: GA 301, Dornach 1991.

217 Ebd., S. 185 f.

218 Ebd., S. 187.

219 Ebd., S. 187 f.

220 Rudolf Steiner, Vortrag vom 4.11.1910, in: GA 115, Dornach 2001, S. 192 f.

221 Siehe Stefan Mögle-Stadel, *Dag Hammarskjöld. Vision einer Menschheitsethik*, Stuttgart 1999, S. 36 und 78.

222 Walter Holtzapfel, *Krankheitsepochen der Kindheit*, Stuttgart 1978.

223 Henning Köhler, *Jugend im Zwiespalt*, Stuttgart 1999, S. 124.

224 Rudolf Steiner, Vortrag vom 26.5.1922, in: GA 212, Dornach 1998.

225 Ebd., S. 116.

226 Ebd.

227 Ebd., S. 113-116.

228 Ebd., S. 116

229 Ebd., S. 116 f.

230 Henning Köhler, *Jugend im Zwiespalt*, Stuttgart 1999, S. 124.

231 Ernst-Michael Kranich, *Der innere Mensch und sein Leib. Eine Anthropologie*, Stuttgart 2003, S. 238-244.

232 Ebd., S. 243 f.

233 Armin Husemann, Das Herz in der Raumordnung des strömenden Blutes, in: *Der Merkurstab* 2, 2004, S. 110.

234 Rudolf Steiner, Vortrag vom 20.7.1924: Die Erkenntnis-Aufgabe der Jugend, in: GA 217a, Dornach 1981, S. 178 und 182.

235 Ebd., S. 185.

236 Ebd., S. 186.

237 Rudolf Steiner, Vortrag vom 5.4.1919, in: GA 190, Dornach 1980.

238 Rudolf Steiner, Vortrag vom 20.7.1924, in: GA 217a, Dornach 1981, S. 185.

239 Rudolf Steiner, Vortrag vom 7.5.1920, in: GA 301, Dornach 1991, S. 188.

240 Rudolf Steiner, Vortrag vom 14.3.1913, in: GA 150, Dornach 1980, S. 20.

241 Rudolf Steiner, Vortrag vom 16.6.1921, in: GA 302, Dornach 1986, S. 82 f.

242 Wolf-Ulrich Klünker, *Selbsterkenntnis und Selbstentwicklung. Zur psychotherapeutischen Dimension der Anthroposophie*, Stuttgart 2003, S. 147-155.

243 Ebd., S. 151.

244 Ebd.

245 J. W. von Goethe, Der Versuch als Vermittler von Subjekt und Objekt, in: *Werke* Bd. 13, hg. von Erich Trunz, München 1981, S. 10.

246 Rudolf Steiner, *Theosophie*, GA 9, Dornach 2003, S. 59.

247 Rudolf Steiner, Vortrag vom 25.8.1919, in: GA 293, Dornach 1992, S. 62-77.

248 Ebd., S. 68.

249 Reiner Kunze, Fünfzehn, in: *Die wunderbaren Jahre*, Frankfurt/M. 1980, S. 26-28.

250 Rudolf Steiner, Vortrag vom 25.8.1919, in: GA 293, Dornach 1992, S. 68.

251 Ebd., S. 69.

252 Ebd., S. 70.

253 Rudolf Steiner, *Theosophie*, GA 9, Dornach 2003, S. 143.

254 Heinz Zimmermann, *Was kann die Pädagogik des Jugendalters zur Willenserziehung beitragen?*, Heidelberg 2002, S. 9.

255 Das bis in unsere Tage nachwirkende Staunen über diese Tatsache fand zuletzt seinen Ausdruck in der Schiller-Biografie von Rüdiger Safranski, der gleich zu Beginn schreibt: «Idealismus ist, wenn man mit der Kraft der Begeisterung länger lebt, als es der Körper erlaubt. Es ist der Triumph eines erleuchteten, eines hellen Willens.» (*Schiller oder Die Erfindung des Deutschen Idealismus*, München/Wien 2004, S. 11.)

256 Rudolf Steiner, Vortrag vom 20.7.1924, in: GA 217a, Dornach 1981, S. 185.

257 Rudolf Steiner, Vortrag vom 12.6.1910, in: GA 121, Dornach 1982, S. 145-147.

258 Ernst-Michael Kranich, *Der innere Mensch und sein Leib*, Stuttgart 2003, S. 230-234.

259 Ebd., S. 231.

260 Ebd.

261 Siehe Martin Basfeld, *Wärme: Ur-Materie und Ich-Leib*, Stuttgart 1998.

262 Ebd., S. 78.

263 Ebd., S. 12.

264 Rudolf Steiner, *Die Geheimwissenschaft im Umriss*, GA 13, Dornach 1989, S. 158.

265 Ebd., S. 169 f.

266 Ebd., S. 164.

267 Rudolf Steiner, Vortrag vom 31.10.1911, in: GA 132, Dornach 1999, S. 9-23.

268 Ebd., S. 19.

269 Rudolf Steiner, Vortrag vom 20.7.1924, in: GA 217a, Dornach 1981, S. 186.

270 Rudolf Steiner, Vortrag vom 7.5.1920, in: GA 301, Dornach 1991, S. 196.

271 Rudolf Steiner, Vortrag vom 2.12.1911, in: GA 130, Dornach 1995, S. 174.

272 Ebd., S. 173.

273 Ebd.

274 Siehe Andre Bartoniczek, Seelisches Vakuum als Gewaltursache und sein thera-peutisches Gegenbild, in: Andreas Neider (Hg.), *Mobbing und Gewalt unter Kindern und Jugendlichen*, Stuttgart 2009, S. 147-197.

275 Thilo Sarrazin, *Deutschland schafft sich ab. Wie wir unser Land aufs Spiel setzen*, München 2010.

276 Frank Schirrmacher in seinem Artikel «Sarrazins Konsequenz. Ein fataler Irr-weg», in der *FAZ*, 30.08.10.

277 Thilo Sarrazin (Anm. 275), S. 172.

278 Siehe Andre Bartoniczek, Seelisches Vakuum ... (Anm. 274), S. 170.

279 Rudolf Steiner, Vortrag vom 14.3.1918, in: GA 67, Dornach 1992, S. 212 f.

280 J. W. von Goethe, *Maximen und Reflexionen*, 216, in *Werke* (Hamburger Ausgabe), S. 395.

281 Heinz Zimmermann, *Was kann die Pädagogik des Jugendalters zur Willenserzie-hung beitragen?*, Heidelberg 2002, S. 20.

282 Die «Leitsatzbriefe» Februar 1924 – April 1925, in: GA 26, Dornach 1989.

283 Zit. in: Günter Brakelmann, *Helmuth James von Moltke, 1907–1945. Eine Biografie*, München 2007, S. 355.

284 Rudolf Steiner, Vortrag vom 14.6.1921, in: GA 302, Dornach 1986, S. 53.

285 Ebd.

286 Die erste Hälfte des Gedichtes «O Mensch! Gib acht», erschienen 1884 in Nietz-sches *Also sprach Zarathustra*.

287 In: Ich schlafe, also bin ich, Interview in: *Zeit. Wissen*, Nr. 3, April/Mai 2010, S. 64.

288 Siehe www.zeit.de/2002/48/Lernen-Schlaf.

289 Rudolf Steiner, Vortrag vom 21.8.1919, in: GA 293, Dornach 1992, S. 25 f.

290 Aus der zweiten Strophe von «Hyperions Schicksalslied», entstanden zwischen 1797 u. 1799.

291 Rudolf Steiner, Vortrag vom 14.8.1923, in: GA 307, Dornach 1986, S. 175-177.

292 Rudolf Steiner, Vortrag vom 16.5.1923, in: GA 226, Dornach 1988, S. 17.

293 Rainer Patzlaff, Die nächtliche Seite des Geschichtsunterrichts, in: Ernst-Michael Kranich et al. (Hg.), *Die Bedeutung des Rhythmus in der Erziehung*, Stuttgart 1992, S. 86.

294 Rudolf Steiner, Vorträge vom 7. bis 17.6.1910, in: GA 121, Dornach 1982.

295 Ebd., S. 52-57.

296 Ebd., S. 54.

297 Ebd., S. 56.

298 Rudolf Steiner, Vortrag vom 27.11.1921, in: GA 209, Dornach 1982, S. 36.

299 Rudolf Steiner, Vortrag vom 14.6.1921, in: GA 302, Dornach 1986, S. 46.

300 Christoph Lindenberg, Die leiblichen Grundlagen des Lernens, in: Stefan Leber (Hg.), *Waldorfschule heute. Einführung in die Lebensformen einer Pädagogik*, Stuttgart 1993, S. 160 f.

301 Siehe Christian Rittelmeyer, *Pädagogische Anthropologie des Leibes. Biologische Voraussetzungen der Erziehung und Bildung*, Weinheim/München 2002, S. 88.

302 Rudolf Steiner, Vortrag vom 14.6.1921, in: GA 302, Dornach 1986, S. 47.

303 Ebd., S. 47 f.

304 Ebd., S. 48 f.

305 Rudolf Steiner, Vortrag vom 12.3.1923, in: GA 222, Dornach 1989, S. 28.

306 Ebd.

307 Friedrich Nietzsche, Unzeitgemäße Betrachtungen. Zweites Stück: Vom Nutzen und Nachteil der Historie für das Leben. In: *Werke in drei Bänden. Erster Band*, München 1960, S. 213.

308 GA 5, erstmalig erschienen 1895.

309 Erste Strophe seines 1920 verfassten Gedichtes (ohne Titel).

310 Rudolf Steiner, *Theosophie*, GA 9, Dornach 2003, S. 69.

311 Ebd., S. 71.

312 Ebd., S. 72.

313 Ebd., S. 79.

314 Rudolf Steiner, *Grundlinien einer Erkenntnistheorie der Goetheschen Weltanschauung*, GA 2, Dornach 2003, S. 126.

315 Ebd., S. 127.

316 Ebd., S. 127 f.

317 Ebd., S. 128.

318 Pierre Nora, hier die Ausgabe von 1990 (Berlin).

319 Paul Ricoeur, *Das Rätsel der Vergangenheit. Erinnern – Vergessen – Verzeihen*, Göttingen 1998; siehe auch Ricoeurs nachfolgendes, wesentlich umfänglicher ausgearbeitetes Werk *Gedächtnis, Geschichte, Vergessen*, München 2004.

320 Aleida Assman, *Erinnerungsräume. Formen und Wandlungen des kulturellen Gedächtnisses*, München 2009; Jan Assmann, *Das kulturelle Gedächtnis. Schrift, Erinnerung und politische Identität in frühen Hochkulturen*, 5. Aufl. München 2007.

321 Harald Welzer/ Hans J. Markowitsch, *Das autobiografische Gedächtnis: Hirnorganische und biosoziale Entwicklung*, Stuttgart 2005; *Warum Menschen sich erinnern können. Fortschritte in der interdisziplinären Gedächtnisforschung*, Stuttgart 2006.

322 Jan Assmann, *Das kulturelle Gedächtnis* (Anm. 320), S. 11.

323 Reinhart Koselleck, Nachwort zu: Charlotte Beradt, *Das Dritte Reich des Traums*, Frankfurt/M. 1994, S. 117.

324 Ebd.

325 Aleida Assmann, *Erinnerungsräume* (Anm. 320), S. 15.

326 Zit. ebd., S. 228.

327 Ebd.

328 Cornelia Zumbusch, Der *Mnemosyne*-Atlas. Aby Warburgs symbolische Wissenschaft, in: Frauke Berndt / Christoph Brecht (Hg.), *Aktualität des Symbols*. Freiburg i. Br. 2005, S. 78-98.

329 Zit. in Zumbusch (Anm. 328), S. 90.

330 Maurice Halbwachs, *Das Gedächtnis und seine sozialen Bedingungen*, Frankfurt/M. 1991.

331 Ebd., S. 200 f.

332 Ebd., S. 161 f.

333 Ebd., S. 103.

334 Jörg Baberowski, *Der Sinn der Geschichte. Geschichtstheorien von Hegel bis Foucault*, München 2005, S. 173.

335 Ricoeur, *Das Rätsel der Vergangenheit*, S. 80.

336 Ebd., S. 79.

337 Jan Assmann, *Das kulturelle Gedächtnis* (Anm. 320), S. 48.

338 Ebd., S. 46.

339 Ricoeur, *Das Rätsel der Vergangenheit*, S. 75-81.

340 Ebd., S. 75.

341 Ebd., S. 77.

342 Ebd., S. 81 ff.

343 Ebd., S. 81 f.

344 Ebd., S. 82.

345 Rudolf Steiner, GA 233 und GA 26.

346 Rudolf Steiner, Vortrag vom 26.11.1914, in: GA 64, Dornach 1959, S. 96.

347 In: Martin Basfeld, Wolf-Ulrich Klünker, Angelika Sandtmann, *Einsicht in Wiederverkörperung und Schicksal*, Stuttgart 1993, S. 11-56.

348 Ebd., S. 19 f.

349 Ebd., S. 21.

350 Rudolf Steiner, Vortrag vom 8.4.1914, in: GA 153, Dornach 1997, S. 45.

351 Ebd., Vortrag vom 10.4.1914, S. 92.

352 Ebd., S. 38.

353 Ebd., S. 93.

354 Ebd., Vortrag vom 8.4.1914, S. 45.

355 Ebd., S. 46.

356 Ebd., Vortrag vom 10.4.1914, S. 93.

357 Dirk Lorensen, Kemaris Traum, in: Martin Zimmermann (Hg.), *Weltgeschichte in Geschichten*, Würzburg 2004, S. 10-12.

358 Freya Stephan-Kühn, *Menschen, die Europa bauten. Geschichte in Geschichten*, Würzburg 2003, S. 48.

359 Hermann Bengtson, *Geschichte der Alten Welt*, Frankfurt/M. 1989, S. 110.

360 Ernst Meyer, *Einführung in die antike Staatskunde*, Darmstadt 1992, S. 177.

361 Rudolf Steiner, Vortrag vom 14.6.1921, in: GA 302, Dornach 1986, S. 53.

362 Ebd.

363 Rudolf Steiner, Vortrag vom 19.8.1921, in: GA 206, Dornach 1991, S. 168.

364 Ebd., S. 169.

365 Zit. in: Peter Boerner, *Goethe*, Reinbek bei Hamburg 1997, S. 73.

366 Ebd., S. 71.

367 Rudolf Steiner, Vortrag vom 19.8.1921, in: GA 206, Dornach 1991, S. 172-177.

368 Ebd., S. 177.

369 Sehr hellsichtig sind die Sätze: «Nun, da Sie ein Deutscher geboren sind, da Ihr griechischer Geist in diese nordische Schöpfung geworfen wurde, so blieb Ihnen keine andere Wahl, als entweder selbst zum nordischen Künstler zu werden, oder Ihrer Imagination das, was ihr die Wirklichkeit vorenthielt, durch Nachhilfe der Denkkraft zu ersetzen und so gleichsam von innen heraus und auf einem rationalen Wege ein Griechenland zu gebären.»

370 Siehe z.B. Vortrag vom 1.6.1924, in: GA 240, Dornach 1992, S. 132 f.

371 Rudolf Steiner, Vortrag vom 19.8.1921, in: GA 206, Dornach 1991, S. 177.

372 Ebd., S. 177-179.

373 Ebd., S. 180.

374 Ebd., S. 181.

375 Ebd., S. 180.

376 Rudolf Steiner, Vortrag vom 8.2.1916, in: GA 166, Dornach 1982, S. 109.

377 Ebd.

378 Ebd., S. 109 f.

379 Ebd., S. 111.

380 Rudolf Steiner, Vortrag vom 20.3.1920, in: GA 198, Dornach 1984, S. 16 f.

381 Rudolf Steiner, Vorträge vom 25.6. bis 6.8.1918, in: GA 181, Dornach 1991, S. 279-430.

382 Ebd., 16.7.1918, S. 339-358.

383 Ebd., S. 359.

384 Ebd., S. 360.

385 Ebd., S. 361.

386 Ebd., S. 363.

387 Rudolf Steiner, Vortrag vom 12.10.1917, in: GA 177, Dornach 1999, S. 117.

388 Ebd., S. 118 f.

389 Ebd., S. 119.

390 Ebd., S. 119 f.

391 Rudolf Steiner, Vortrag vom 14.6.1921, in: GA 302, Dornach 1986, S. 48.

392 Rudolf Steiner, Vortrag vom 18.1.1909, in: GA 108, Dornach 1986, S. 267-269.

393 Wolf Singer, Das Bild in uns. Vom Bild zur Wahrnehmung, in: Klaus Sachs-Hombach (Hg.), *Bildtheorien. Anthropologische und kulturelle Grundlagen des Visualistic Turn*, Frankfurt/M. 2009, S. 116.

394 Rudolf Steiner, Vortrag vom 9.5.1924, in: GA 236, Dornach 1988, S. 119.

395 Ebd., S. 121 f.

396 Johannes Tautz, *Walter Johannes Stein. Eine Biografie*, Dornach 1980, S. 120.

397 Rudolf Steiner, Vortrag vom 9.5.1924, in: GA 236, Dornach 1988, S. 118.

398 Rudolf Steiner, Vortrag vom 18.1.1909, in: GA 108, Dornach 1986, S. 269.

399 Rudolf Steiner, Vortrag vom 12.6.1921, in: GA 302, Dornach 1986, S. 23 f.

400 Henning Köhler, *Jugend im Zwiespalt*, Stuttgart 1999, S. 103.

401 Rolf Schörken, *Historische Imagination und Geschichtsdidaktik*, Paderborn / München / Wien / Zürich 1994.

402 Ebd., S. 38.

403 Ebd., S. 40.

404 Ebd., S. 38.

405 Theodor Storm, *Der Schimmelreiter*, Stuttgart 2001, S. 24 f.

406 Aleida Assmann, *Erinnerungsräume* (Anm. 320), S. 114-129 und S. 149-178.

407 Rudolf Steiner, Vortrag vom 22.3.1921, in: GA 324, Dornach 1991, S. 96-103.

408 Ebd., S. 103.

409 Ebd., S. 101.

410 Siehe dazu Andre Bartoniczek, *Imaginative Geschichtserkenntnis*, Stuttgart 2009, S. 171-178.

411 Rudolf Steiner, Vortrag vom 2.10.1920, in: GA 322, Dornach 1980, S. 76 f.

412 Ebd., S. 78.

413 Rudolf Steiner, *Theosophie*, GA 9, Dornach 2003, S. 65 f.

414 In: Wolf Singer, *Der Beobachter im Gehirn. Essays zur Hirnforschung*, Frankfurt/M. 2002, S. 77-86.

415 Ebd., S. 78.

416 Ebd., S. 82.

417 Ebd., S. 84.

418 Daniel J. Siegel, Entwicklungspsychologische, interpersonelle und neurobiologische Dimensionen des Gedächtnisses. Ein Überblick, in: Harald Welzer / Hans J. Markowitsch (Hg.), *Warum Menschen sich erinnern können. Fortschritte in der interdisziplinären Gedächtnisforschung*, Stuttgart 2006, S. 19-49, hier S. 23-25.

419 Wolf Singer, *Der Beobachter im Gehirn. Essays zur Hirnforschung*, Frankfurt/M. 2002, S. 84 f.

420 Ebd., S. 54.

421 Maurice Halbwachs, *Das Gedächtnis und seine sozialen Bedingungen*, Frankfurt/M. 2002, S. 73.

422 Lucian Hölscher, *Semantik der Leere. Grenzfragen der Geschichtswissenschaft*, Göttingen 2009, S. 81-99.

423 Ebd., S. 83.

424 Siehe in dieser Formulierung Rudolf Steiner, GA 324, Dornach 1991, S. 69, ähnlich S. 65 f., S. 98-103 oder GA 78, Dornach 1986, S. 116 und S. 120.

425 Rudolf Steiner, Vortrag vom 22.3.1921, in: GA 324, Dornach 1991, S. 99.

426 Micha Brumlik, Individuelle Erinnerung – kollektive Erinnerung. Psychosoziale Konstitutionsbedingungen des erinnernden Subjekts, in: Hanno Loewy, Bernhard Moltmann (Hg.), *Erlebnis – Gedächtnis – Sinn: authentische und konstruierte Erinnerung*, Frankfurt/M., New York 1996, S. 31-45.

427 Ebd., S. 39.

428 Ebd., S. 40.

429 Rudolf Steiner, Vortrag vom 10.4.1914, in: GA 153, Dornach 1997, S. 92-95.

430 Rudolf Steiner, Vortrag vom 22.3.1913, in: GA 145, Dornach 2005, S. 57.

431 Rudolf Steiner, Vortrag vom 3.9.1921, in: GA 78, Dornach 1986, S. 116.

432 Rudolf Steiner, *Theosophie*, GA 9, Dornach 2003, S. 66.

433 Rudolf Steiner, Vortrag vom 14.11.1917, in: GA 73, Dornach 1987, S. 184 f.

434 Rudolf Steiner, Vortrag vom 5.8.1922, in: GA 214, Dornach 1999, S. 75.

435 Rudolf Steiner, Vortrag vom 28.8.1915, in: GA 163, Dornach 1986, S. 58.

436 Rudolf Steiner, Vortrag vom 16.3.1915, in: GA 157, Dornach 1981, S. 217.

437 Aristoteles, Parva Naturalia 450a 30ff., «Über Gedächtnis und Erinnerung», in: Paul Gohlke (Hg.): *Aristoteles. Kleine Schriften zur Seelenkunde*, 2. Aufl. Paderborn 1953, S. 65.

438 Rudolf Steiner, Vortrag vom 19.6.1915, in: GA 159, Dornach 2005, S. 375.

439 Rudolf Steiner, Vortrag vom 29.5.1915, in: GA 162, Dornach 2000, S. 51.

440 Rudolf Steiner, Vortrag vom 2.7.1921, in: GA 205, Dornach 1987, S. 99-101.

441 Rudolf Steiner, Vortrag vom 12.12.1915, in: GA 156, Dornach 2003, S. 115.

442 Rudolf Steiner, Vortrag vom 19.6.1915, in: GA 159, Dornach 2005, S. 375 f.

443 Rudolf Steiner, Vortrag vom 10.4.1914, in: GA 153, Dornach 1997, S. 92.

444 Gotthold Ephraim Lessing, *Die Erziehung des Menschengeschlechts*, §99.

445 Rudolf Steiner, *Theosophie*, GA 9, Dornach 2003, S. 90-145.

446 Stefan Granzow, *Das autobiografische Gedächtnis*, Berlin/München 1994, S. 152 f.

447 Zit. in Aleida Assmann, *Erinnerungsräume* (Anm. 320), S. 251.

448 Ebd.

449 Ebd., S. 252.

450 Ebd., S. 253.

451 Rudolf Steiner, Vortrag vom 30.10.1913, in: GA 63, Dornach 1986, S. 18.

452 Rudolf Steiner, Vortrag vom 22.3.1913, in: GA 145, Dornach 2005, S. 55.

453 Ebd., S. 56.

454 Rudolf Steiner, Vortrag vom 12.6.1921, in: GA 302, Dornach 1986, S. 11 f.

455 Ebd., S. 12 f.

456 Rudolf Steiner, Vortrag vom 14.3.1918, in: GA 67, Dornach 1992, S. 196.

457 Rudolf Steiner, Vortrag vom 22.7.1923, in: GA 225, Dornach 1990, S. 174.

458 Rudolf Steiner, Vortrag vom 14.11.1917, in: GA 73, Dornach 1987, S. 188 f.

459 Rudolf Steiner, Vortrag vom 20.10.1917, in: GA 177, Dornach 1999, S. 172 f.

460 Ebd., S. 181-186.

461 Ernst Cassirer, *Die Philosophie der symbolischen Formen*, erschienen in Berlin in 3 Bänden 1923 bis 1929.

462 Siehe Cornelia Zumbusch, Der *Mnemosyne*-Atlas (Anm. 328), S. 90.

463 Aleida Assmann, *Erinnerungsräume* (Anm. 320), S. 255-257.

464 Ebd., S. 256.

465 Ebd., S. 256 f.

466 Ebd., S. 257.

467 Rudolf Steiner, Vortrag vom 22.3.1921, in: GA 324, Dornach 1991, S. 97.

468 Ebd., S. 68 f.

469 Ebd., S. 64.

470 Siehe Andre Bartoniczek, *Imaginative Geschichtserkenntnis*, S. 170 ff.

471 Rudolf Steiner, Vortrag vom 4.5.1924, in: GA 236, Dornach 1988, S. 108.

472 Rudolf Steiner, Vortrag vom 9.5.1924, in: GA 236, Dornach 1988, S. 121.

473 Rudolf Steiner, Vortrag vom 14.6.1921, in: GA 302, Dornach 1986, S. 43.

474 Ebd., S. 48.

475 Rudolf Steiner, GA 236, Dornach 1988, S. 123 ff.; GA 302, Dornach 1986, S. 43-45 und 48 f.

476 Siehe hierzu Andreas Neider, *Die Evolution von Gedächtnis und Erinnerung. Lesen in der Akasha-Chronik,* Stuttgart 2008.

477 Siehe z.B. Klaus Theweleit, Menschliche Drohnen, in: *Der Spiegel*, Nr. 9, 2010, S. 132 f.

478 Aleida Assmann, *Erinnerungsräume* (Anm. 320), S. 408 ff.

479 Ebd., S. 408 f.

480 Andreas Neider, *Die Evolution von Gedächtnis und Erinnerung* (Anm. 476), S. 180 f.

481 Aleida Assmann, *Erinnerungsräume* (Anm. 320), S. 411 f.

482 «As long as memory holds a seat/ In this distracted globe».

483 Aleida Assmann, *Erinnerungsräume* (Anm. 320), S. 412.

484 Siegfried J. Schmidt, *Die Welten der Medien. Grundlagen und Perspektiven der Medienbeobachtung,* Braunschweig/Wiesbaden 1996, S. 68.

485 Johann Gottfried Herder, Abhandlungen über den Ursprung der Sprache, in:

Frühe Schriften 1764–1772, hg. v. Ulrich Gaier, Bibliothek deutscher Klassiker, Frankfurt/M. 1985, S. 722

486 Rudolf Steiner, Vorträge vom 19.3. und 22.3.1921, in: GA 324, Dornach 1991, S. 68 und S. 98.

487 143 von der tschechoslowakischen Exilregierung in London zwischen 1940 und 1945 erlassene Bestimmungen, die die Wiedererrichtung der ČSSR und die Regelung des öffentlichen Lebens in ihr festlegten und zu einem Teil auch Gesetze über die Verhaftung, Enteignung und Ausweisung der deutschen Bevölkerungsteile enthielten.

488 Siehe Heidemarie Uhl, Koordinaten des Erinnerns. Zur ambivalenten Semantik des «sozialen Gedächtnisses», in: Herbert Alt (Hg.), *Erinnern und Vergessen als Denkprinzipien*, St. Ingbert 2002, S. 163-171.

489 Ebd., S. 163.

490 Ebd.

491 Friedrich Nietzsche, *Vom Nutzen und Nachteil der Historie für das Leben*, S. 211-213 und 281 f.

492 Eberhard Lämmert, Vom Nutzen des Vergessens, in: Gary Smith, Hinderk M. Emrich (Hg.), *Vom Nutzen des Vergessens*, Berlin 1996, S. 11.

493 Harald Weinrich, in: ebd., S. 128f.

494 Friedrich Nietzsche, *Vom Nutzen und Nachteil der Historie für das Leben*, S. 216.

495 Theodor W. Adorno, *Noten zur Literatur*, Frankfurt/M. 1974, S. 137 f.

496 Heinz Dieter Kittsteiner, in: Smith/Emrich, *Vom Nutzen des Vergessens* (Anm. 492), S. 137.

497 Friedrich Nietzsche, *Vom Nutzen und Nachteil der Historie für das Leben*, S. 214.

498 Rudolf Steiner, Vortrag vom 2.11.1908, in: GA 107, Dornach 1988, S. 82-96.

499 Ebd., S. 86.

500 Ebd., S. 89-91.

501 Siehe Eberhard Lämmert, in: Smith/Emrich, *Vom Nutzen des Vergessens* (Anm. 492), S. 13.

502 Augustinus, *Bekenntnisse*, Frankfurt/M. / Hamburg 1955, S. 183.

503 Aleida Assmann, *Erinnerungsräume* (Anm. 320), S. 166-168.

504 Ebd., S. 167.

505 Friedrich Nietzsche, Zur Genealogie der Moral. Eine Streitschrift, in: *Sämtliche Werke*, Bd. V, Berlin / New York 1988, S. 291.

506 Eberhard Lämmert, in: Smith/Emrich, *Vom Nutzen des Vergessens* (Anm. 492), S. 14.

507 Rudolf Steiner, Vortrag vom 2.11.1908, in: GA 107, Dornach 1988, S. 91.

508 Es ist dem Buch *Die okkulte Bedeutung des Verzeihens* (Stuttgart 1995) von Sergej O. Prokofieff entnommen (siehe S. 30-34), auf das in diesem Zusammenhang ausdrücklich hingewiesen werden soll.

509 Ebd., S. 31.

510 Ebd., S. 31 f.

511 Ebd., S. 32.

512 Ebd., S. 33.

513 Siehe z.b. den Artikel in der *Süddeutschen Zeitung* vom 1.6.2005, S. 3: «Der verurteilte Gnadenakt». Thorsten Schmitz berichtet hier über Eva Moses Kor, die mit ihrer Zwillingsschwester von Josef Mengele in Auschwitz für seine Experimente missbraucht wurde (und 117 Familienmitglieder verlor) und sich 1993 nach einer Begegnung mit dem KZ-Arzt und Mengele-Freund Hans Münch dazu entschlossen hat, ihren Peinigern innerlich zu vergeben. Sie selber hat die ungeheuer positiven und befreienden Folgen dieses Vorgangs erlebt, erntete aber großes Unverständnis und Kritik.

514 Peter Singer, *Praktische Ethik*, Stuttgart 1994, S. 425-451.

515 Symptomatisch ist z.B. seine Reaktion auf die Ermordung seines Mitstreiters Chris Hanis, die Südafrika an den Rand des Chaos zu bringen drohte: In einer Radioansprache betonte er den Schmerz, den Weiße der schwarzen Bewegung zugefügt hatten, hob zugleich aber hervor, dass es eine weiße Frau gewesen war, die den Mörder überführt hatte. Siehe Albrecht Hagemann, *Nelson Mandela*, Reinbek bei Hamburg 1995, S. 140.

516 Siehe Matthias Ries, *Oslo – Tor zum Frieden in Nahost?*, Idstein 2000.

517 Ein differenzierter und zugleich einführender Überblick über die wissenschaftliche Diskussion findet sich in Peter H. Ludwig, Partielle Geschlechtertrennung – enttäuschte Hoffnungen? Monoedukative Lernumgebungen zum Chancenausgleich im Unterricht auf dem Prüfstand, in: *Zeitschrift für Pädagogik* 49 (2003), S. 640-656.

518 Inwiefern auch dieser Trend bereits wieder problematisiert wird, belegt *Sience*, Bd. 333, 2011, S. 1706.

519 «Geschlechtergetrennte Pädagogik kann helfen», Artikel in der *taz* vom 23. Oktober 2006.

520 Lotte Rose / Ulrike Schmauch (Hg.), *Jungen – die neuen Verlierer? Auf den Spuren eines öffentlichen Stimmungswechsels*, Königstein/Ts. 2005; Dieter Schnack / Rainer Neutzling, *Kleine Helden in Not. Jungen auf der Suche nach Männlichkeit*, Reinbek 2000; Melitta Walter, *Jungen sind anders, Mädchen auch. Den Blick schärfen für eine geschlechtergerechte Erziehung*, München 2005.

521 Rudolf Steiner, Vortrag vom 25.8.1922, in: GA 305, Dornach 1991, S. 167.

522 Menschenkundliche Betrachtungen zur geschlechtsspezifischen Entwicklung von Jungen und Mädchen, in: Andreas Neider (Hg.), *Brauchen Jungen eine andere Erziehung als Mädchen?*, Stuttgart 2007, S. 42-79.

523 Ebd., S. 55.

524 Peter Singer, Störenfriede im Unterricht – warum Jungen so oft geschimpft wer-

den, in: Andreas Neider, *Brauchen Jungen eine andere Erziehung als Mädchen?*, Stuttgart 2007, S. 80-120.

525 Rudolf Steiner, Vorträge vom 16.6.1921, in: GA 302, Dornach 1986, 4.1.1922, in: GA 303, Dornach 1987, 21.6.1922, in: GA 302a, Dornach 1993, und 25.8.1922, in: GA 305, Dornach 1991.

526 Rudolf Steiner, Vortrag vom 25.8.1922, in: GA 305, Dornach 1991, S. 165.

527 Ebd., S. 168.

528 Rudolf Steiner, Vortrag vom 16.6.1921, in: GA 302, Dornach 1986.

529 Ebd., S. 74-79.

530 Ebd., S. 76.

531 Rudolf Steiner, Vortrag vom 6.1.1922, in: GA 303, Dornach 1987, S. 242 f.

532 Rudolf Steiner, Vortrag vom 25.8.1922, in: GA 305, Dornach 1991, S. 167.

533 Rudolf Steiner, Vortrag vom 16.6.1921, in: GA 302, Dornach 1986, S. 75-81.

534 Ebd., S. 78.

535 Ebd., S. 83.

536 Ebd., S. 79.

537 Ebd.

538 Ebd., S. 78.

539 Ebd., S. 83.

540 Ebd., S. 82 f.

541 Rudolf Steiner, Vortrag vom 6.1.1922, in: GA 303, Dornach 1987, S. 244-246.

542 Ebd., S. 247.

543 Ebd., S. 248.

544 Ebd., S. 244-248.

545 Ebd., S. 251 f.

546 Rudolf Steiner, Vortrag vom 25.8.1922, in: GA 305, Dornach 1991, S. 164.

547 Rudolf Steiner, Vortrag vom 6.1.1922, in: GA 303, Dornach 1987, S. 243 f.

548 Ebd., S. 242.

549 Rudolf Steiner, Vortrag vom 16.6.1921, in GA 302, Dornach 1986, S. 73.

550 Neben den im Folgenden zitierten Arbeiten sei vor allem auf das grundlegende Kapitel «Geschichtsverständnis und Altersstufen» in Christoph Lindenbergs Buch *Geschichte lehren*, Stuttgart ³2008, hingewiesen.

551 Albert Schmelzer, *Wer Revolutionen machen will ... – Zum Geschichtsunterricht der 9. Klasse an Waldorfschulen*, Stuttgart 2000, S. 24 f.

552 Ebd., S. 24-30.

553 In: *Erziehungskunst*, Heft 6/ 2010, S. 18-21.

554 Ebd., S. 21.

555 Diese Begriffe stammen aus einem am Lehrerseminar für Waldorfpädagogik, Kassel, gehaltenen Vortrag. Eine ähnliche Darstellung, die aber wiederum mit etwas abgewandelten Begriffen arbeitet und sich gut zu einem ergänzenden Vergleich

eignet, findet sich in Manfred v. Mackensen, *Ideen einer menschengemäßen Pädagogik. Die Urteilsfähigkeit auf den verschiedenen Altersstufen*, in: *Berichtsheft zum Ausbildungsjahr 1999/2000*, Lehrerseminar für Waldorfpädagogik Kassel, S. 1-14. Eine ausführlichere Publikation zur Urteiltätigkeit in den Klassen 9-12 ist erst in Vorbereitung.

556 Wilhelm Rauthe, *Stufen der Urteilskraft*, in: *Zur Menschenkunde der Oberstufe*, Pädagogische Forschungsstelle, Stuttgart 1981, S. 74.

557 Heinrich Schirmer, *Bildekräfte der Dichtung. Zum Literaturunterricht der Oberstufe*, Stuttgart 1993, Kap. III.

558 Rudolf Steiner, Vortrag vom 21.6.1922, in: GA302a, Dornach 1993, S. 74.

559 Über ihn und seinen Forschungsansatz siehe Aaron Antonovsky, *Salutogenese. Zur Entmystifizierung der Gesundheit*, Tübingen 1997.

560 Ebd., S. 15.

561 Ebd., S. 34-36; siehe hierzu und zu den Konsequenzen für die Pädagogik auch Bernd Meine-von Glasow, *Erziehung zur Gesundheit. Antonovskys Modell der Salutogenese – Versuch einer waldorfpädagogischen Interpretation*, in: *Das Goetheanum. Wochenschrift für Anthroposophie*, Nr. 3, 13.1.2002, S. 32-35.

562 Siehe z.B. das Kapitel «Leben und Tod» in: Jaques Lusseyran, *Das wiedergefundene Licht*, München 1996, S. 230 f.

563 Rudolf Steiner, Vortrag vom 15.12.1917, in: GA 179, Dornach 1993, S. 98 f.

564 Viktor E. Frankl, *Der Mensch auf der Suche nach dem Sinn*, Öffentlicher Vortrag im Rahmen des XIV. Internationalen Kongress für Philosophie (Wien 1968), in: *Psychotherapie für den Laien*, Freiburg 1978.

565 Rudolf Steiner, Vortrag vom 14.1.1909, in: GA 57, Dornach 1984.

566 Ebd., S. 62.

567 Ebd., S. 63 f.

568 Ebd., S. 63.

569 Ebd., S. 65.

570 Inge Scholl, *Die weiße Rose*, Frankfurt/M. und Hamburg 1953, S. 15.

571 Melita Maschmann, *Fazit. Mein Weg in der Hitlerjugend*, München 1983, S. 9.

572 Rudolf Steiner, Vortrag vom 12.6.1921, in: GA 302, Dornach 1986, S. 25 f.

573 Rudolf Steiner, Vortrag vom 28.7.1923, in: GA 350, Dornach 1991.

574 Sie ist von Walter Riethmüller seinem lesenswerten Artikel «Über das Vergessen» in der Zeitschrift *Erziehungskunst*, Heft 9/2008, S. 973 vorangestellt und findet sich in: Daniel Heller-Roazen: *Echolalien. Über das Vergessen von Sprache*, Frankfurt/M. 2008, S. 205-207.

575 Rudolf Steiner, Vortrag vom 11.9.1920, in: GA 199, Dornach 1985, S. 258.

576 Ebd.

577 Ebd.

578 Rainer Patzlaff, *Sprachzerfall und Aggression*, Stuttgart 1994, S. 36.

579 Siehe Andre Bartoniczek, Seelisches Vakuum als Gewaltursache und sein therapeutisches Gegenbild, in: Andreas Neider (Hg.), *Mobbing und Gewalt unter Kindern und Jugendlichen*, Stuttgart 2009, S. 147-197.

580 Okt. 2006, zit. in Frank J. Robertz / Ruben Wickenhäuser, *Der Riss in der Tafel. Amoklauf und schwere Gewalt in der Schule*, Heidelberg 2007, S. 167.

581 Siehe http://www.heise.de/tp/r4/artikel/24/24032/1.html

582 *Der Spiegel* 12/2009, S. 36.

583 Rudolf Steiner, Vortrag vom 15.6.1921, in: GA 302, Dornach 1985, S. 61 und 69.

584 Rudolf Steiner, Vortrag vom 21.6.1922, in: GA 302a, Dornach 1993, S. 75 f.

585 Rudolf Steiner, Vortrag vom 11.9.1920, in: GA 199, Dornach 1985, S. 259.

586 Rudolf Steiner, *Die Geheimwissenschaft im Umriss*, GA 13, Dornach 1989, S. 85.

587 Rudolf Steiner, *Theosophie*, GA 9, Dornach 2003, S. 144.

588 Rudolf Steiner, Vortrag vom 30.8.1922, in: GA 214, Dornach 1999, S. 173.

589 Rudolf Steiner, Vortrag vom 9.10.1918, in: GA 182, Dornach 1996, S. 134-156.

590 Alle Zitate ebd., S. 144.

591 Ebd., S. 144-146.

592 Ebd., S. 146.

593 Ebd.

594 Rudolf Steiner, Vortrag vom 11.9.1920, in: GA 199, Dornach 1985, S. 259.

595 Albert Schmelzer, *Wer Revolutionen machen will* (Anm. 551), S. 15.

596 Martin Buber, *Werke, Erster Band: Schriften zur Philosophie*, München/Heidelberg 1962, S. 120.

597 Ebd., S. 85.

598 Rudolf Steiner, Vortrag vom 30.8.1919, in: GA 293, Dornach 1992, S. 133.

599 Rudolf Steiner, Vortrag vom 21.9.1920, in: GA 302a, Dornach 1993, S. 51 f.

600 Ebd., Vortrag vom 15.9.1920, S. 17 f.

601 Rudolf Steiner, GA 293, Dornach 1992, S. 139-148 und GA 302, Dornach 1986, S. 27-31. Außerdem Peter Guttenhöfer, Ästhetische Erkenntnisse als Quellpunkt des Hauptunterrichts, in: *Elemente der Naturwissenschaft*, Dornach 2003, Heft 1, S. 116-121, und Jost Schieren, Schluss, Urteil, Begriff – Die Qualität des Verstehens, in: Ders. (Hg.), *Was ist und wie entsteht Unterrichtsqualität an der Waldorfschule?*, München 2008, S. 11-31.

602 Rudolf Steiner, Vortrag vom 30.8.1919, in: GA 293, Dornach 1992, S. 135.

603 Peter Guttenhöfer, Ästhetische Erkenntnisse (Anm. 601), S. 120.

604 Jost Schieren, Schluss, Urteil, Begriff (Anm. 601), S. 12.

605 Siehe dazu Rudolf Steiner, *Die praktische Ausbildung des Denkens*, Vortrag vom 18.1.1919, in: GA 108, Dornach 1986, S. 259.

606 Peter Guttenhöfer, Ästhetische Erkenntnisse (Anm. 601), S. 118 und 120.

607 Rolf Schörken, *Historische Imagination und Geschichtsdidaktik*, Paderborn / München / Wien / Zürich 1994, S. 125.

608 Ebd., Kap. 7: Kritik und Zukunft der Geschichtserzählung (S. 117-127); wertvoll, aber leider unveröffentlicht: Lothar Reiners, *Athen. Erzählte Geschichte im Unterricht*, Stuttgart 1996 (vorliegend als Staatsexamensarbeit im Staatlichen Seminar für Didaktik und Lehrerbildung Stuttgart, Abteilung Gymnasien).

609 Siehe Rolf Schörken, *Historische Imagination und Geschichtsdidaktik*, Paderborn / München / Wien / Zürich 1994, S. 7-13 und S. 117-124.

610 Jörn Rüsen, Geschichtsdidaktische Konsequenzen aus einer erzähltheoretischen Historik, in: Siegfried Quandt / Hans Süssmuth (Hg.), *Historisches Erzählen*, Göttingen 1982, S. 132-135.

611 Zit. in Rolf Schörken, *Historische Imagination und Geschichtsdidaktik*, Paderborn / München / Wien / Zürich 1994, S. 91.

612 Rudolf Steiner, Vortrag vom 14.6.1921, in: GA 302, Dornach 1986, S. 45.

613 Ebd., S. 46.

614 Theodor Mommsen, *Reden und Aufsätze*, Berlin 1905, S. 11.

615 Rolf Schörken, *Historische Imagination und Geschichtsdidaktik*, Paderborn / München / Wien / Zürich 1994, S. 120.

616 Ebd., S. 126.

617 Ebd., S. 83 f.

618 Rudolf Steiner, Vortrag vom 14.8.1923, in: GA 307, Dornach 1986, S. 191 f.

619 Rolf Schörken, *Historische Imagination und Geschichtsdidaktik*, Paderborn / München / Wien / Zürich 1994, S. 19.

620 München 1990.

621 Rolf Schörken, *Historische Imagination und Geschichtsdidaktik*, Paderborn / München / Wien / Zürich 1994, S. 11.

622 Malte Schuchhardt, Anregungen zum Erzählstil des Lehrers im dritten Jahrsiebt, in: Christoph Göpfert (Hg.), *Jugend und Literatur. Anregungen zum Deutschunterricht*, Stuttgart 1993, S. 48-59.

623 Ebd., S. 53.

624 *Erziehungskunst*, Januar 2001, S. 13-23.

625 Ebd., S. 18.

626 Ebd., S. 19 f.

627 Ebd., S. 20.

628 Rudolf Steiner, Vortrag vom 21.8.1919, in: GA 293, Dornach 1992, S. 28.

629 Siehe hierzu Rudolf Steiner, Vortrag vom 4.11.1910, in: GA 115, Dornach 2001, S. 190 ff.

630 Rolf Schörken, *Historische Imagination und Geschichtsdidaktik*, Paderborn / München / Wien / Zürich 1994, S. 7.

631 Aus *ANNO 1*, Ausgabe Baden-Württemberg, 1995, S. 147.

632 Sehr anregend hierzu ist Walter-Herwig Schuchhardt, Olympia und Delphi. Ein Vergleich, in: *Antike Welt* 1972, Heft 3, S. 11-25.

679

633 Hans Ebeling, *Zur Didaktik und Methodik eines kind-, sach- und zeitgemäßen Geschichtsunterrichts*, Hannover 1968, S. 106.

634 Aus: Laurens van der Post, *Die verlorene Welt der Kalahari*, Zürich 1995, S. 290 und 296.

635 Siehe auch Christoph Lindenberg, *Geschichte lehren*, Stuttgart ³2008, S. 185-192 und Albert Schmelzer, *Wer Revolutionen machen will*, Stuttgart 2000, S. 12 f.

636 Die genannte Schrift befindet sich im Nachlass von Siegfried Pütz. Inzwischen hat im Kontext einer Dissertation Ralf Jäger in einem Artikel in der Zeitschrift *Stil*, Januar 2008, die Passage zitiert. Dies ist meines Wissens im Moment die einzige Stelle, an der die Szene öffentlich gemacht wurde.

637 Ebd., S. 12.

638 Rudolf Steiner, *Die Philosophie der Freiheit*, GA 4, Dornach 1995, S. 92.

639 Rudolf Steiner, *Wahrspruchworte*, GA 40, Dornach 2005, S. 15.

640 Rudolf Steiner, *Die Philosophie der Freiheit*, GA 4, Dornach 1995, S. 69.

641 Rudolf Steiner, *Grundlinien einer Erkenntnistheorie der Goetheschen Weltanschauung*, GA 2, Dornach 2003, S. 79.

642 Rudolf Steiner, Vortrag vom 30.8.1919, in: GA 293, Dornach 1992, S. 137.

643 Ebd., S. 140.

644 Zu den Nebenübungen siehe z.B. Karl-Martin Dietz, *Die Herzen beginnen Gedanken zu haben. Zur Spiritualisierung des Denkens im Michael-Zeitalter*, Stuttgart 1998, S. 35-44.

645 Rudolf Steiner, *Wie erlangt man Erkenntnisse der höheren Welten?*, GA 10, Dornach 1993, S. 31 f.

646 Günther Anders, Ikonomanie, in: Wolfgang Kemp, *Theorie der Fotografie 1945-80*, Bd. III, S. 108 (Essay von 1956).

647 Clemens Wischermann, Armin Müller, Rudolf Schlögl, Jürgen Leipold, *GeschichtsBilder. 46. Deutscher Historikertag vom 19. bis 22. September in Konstanz. Berichtsband*, Konstanz 2007.

648 Siehe z.B. Christoph Hamann, *Visual History und Geschichtsdidaktik. Bildkompetenz in der historisch-politischen Bildung*, Herbolzheim 2007, und Gerhard Paul (Hg.), *Visual History. Ein Studienbuch*, Göttingen 2006.

649 Bielefeld 2009.

650 Ebd., S. 122; zu Walter Benjamin siehe S. 123-127.

651 Ebd., S. 122 u. 127.

652 Ebd., S. 132.

653 Markus Bernhardt, Verführung durch Anschaulichkeit. Chancen und Risiken bei der Arbeit mit Bildern zur mittelalterlichen Geschichte, in: Markus Bernhardt, Gerhard Henke-Bockschatz, Michael Sauer (Hg.), *Bilder / Wahrnehmungen / Konstruktionen. Reflexionen über Geschichte und historisches Lernen. Festschrift für Ulrich Meyer zum 65. Geburtstag*, Schwalbach/T. 2006, S. 47-61.

654 *Frankfurter gelehrter Anzeiger*, 1772, Nr. 104.

655 Klaus Bergmann, Gerhard Schneider (Hg.), *Handbuch Medien im Geschichtsunterricht*, Schwalbach/Ts. 1999, S. 211.

656 Christoph Hamann, *Visual History und Geschichtsdidaktik* (Anm. 648), S. 49.

657 Ebd., S. 170-172.

658 Ebd., S. 171.

659 Siehe hierzu auch die empirischen Studien zu der Wirkung von Schulgeschichtsbüchern auf Schüler in Bodo von Borries, Das Geschichts-Schulbuch in Schüler- und Lehrersicht. Einige empirische Befunde, in: *Internationale Schulbuchforschung* 17, 1995, S. 45-60.

660 Siehe Rainer Patzlaff, *Der gefrorene Blick. Physiologische Wirkungen des Fernsehens und die Entwicklung des Kindes,* Stuttgart 2000, oder Edwin Hübner, *Medien und Gesundheit. Was Kinder brauchen und wovor man sie schützen muss,* Stuttgart 2006.

661 Zitiert nach Walter Benjamin, *Das Kunstwerk im Zeitalter seiner technischen Reproduzierbarkeit,* Frankfurt/M. 1973, S. 52.

662 Rolf Schörken, *Historische Imagination und Geschichtsdidaktik,* Paderborn / München / Wien / Zürich 1994, S. 125.

663 Reinbek bei Hamburg 2002.

664 Ebd., S. 149 f.

665 Jurek Becker, *Bronsteins Kinder*, München 2004, S. 162 f.

666 Andrej Tarkowskij, *Die versiegelte Zeit. Gedanken zur Kunst, zur Ästhetik und Poetik des Films,* Berlin/Frankfurt am Main 1985, S. 90-92.

667 Johann Wolfgang von Goethe, *Wilhelm Meisters Wanderjahre*, Zweites Buch, Zweites Kapitel, in: J. W. von Goethe, *Werke* Bd. 8, hg. von Erich Trunz, München 1982, S. 158-165.

668 Klaus Theweleit, Menschliche Drohnen, in: *Der Spiegel*, Nr. 9, 2010, S. 132 f.

669 Siehe Kap. V in Andre Bartoniczek, *Imaginative Geschichtserkenntnis*, Stuttgart 2009.

670 In: *Goethes Werke*, Band 13, hg. von Erich Trunz, München 1982, S. 42.

671 Aus: Brita Steinwendtner, *Ich weiß immer weniger, wie das Schreiben geht. Gespräche mit Peter Handke*, unveröffentlicht.

672 Siehe z.B. Herbert Gudjons, *Handlungsorient lehren und lernen. Schüleraktivierung – Selbstaktivierung – Projektarbeit*, Bad Heilbrunn 6., überarb. u. erw. Aufl. 2001 (1. Aufl. 1986).

673 Frauke Stübig, Wider einen verkürzten Handlungsbegriff. Überlegungen zur Handlungsorientierung im Geschichtsunterricht, in: Markus Bernhardt, Verführung durch Anschaulichkeit. Chancen und Risiken bei der Arbeit mit Bildern zur mittelalterlichen Geschichte, in: Markus Bernhardt, Gerhard Henke-Bockschatz, Michael Sauer (Hg.), *Bilder / Wahrnehmungen / Konstruktionen. Reflexionen über*

Geschichte und historisches Lernen. Festschrift für Ulrich Meyer zum 65. Geburtstag, Schwalbach/T. 2006, S. 193.

674 Ebd., S. 194.

675 Ebd., S. 195.

676 Berlin 2010.

677 Interview mit Thomas Stöckli, in: *Erziehungskunst,* Heft Nr. 10, 2010, S. 57.

678 Bärbel Völkel, *Handlungsorientierung im Geschichtsunterricht,* Schwalbach / Ts. 2008, S. 8.

679 Frauke Stübig, Wider einen verkürzten Handlungsbegriff (Anm. 673), S. 196.

680 Ebd., S. 198.

681 Bärbel Völkel, *Handlungsorientierung im Geschichtsunterricht,* Schwalbach / Ts. 2008, S. 20.

682 Ebd., S. 39-43.

683 Ebd., S. 8 f.

684 Ebd., S. 18 f.

685 Ebd., S. 57.

686 Ebd., S. 16.

687 Ebd., S. 80.

688 Rudolf Steiner, Vortrag vom 28.8.1915, in: GA 163, Dornach 1986, S. 57 f.

689 Siehe hierzu Wolfgang Schad, Die frühen Erfahrungen am Stein der Erde, in: *Die Drei,* November 1985, S. 795-825 und Albrecht Schad, Die leibliche und kulturelle Entwicklung des Menschen, in: Albrecht Schad, Albert Schmelzer, Peter Guttenhöfer, *Der Kulturmensch der Urzeit. Vom Archaikum bis an die Schwelle zur Sesshaftwerdung,* Kassel 2009, S. 37-109.

690 Siehe Wolfgang Schad, Die frühen Erfahrungen am Stein der Erde (Anm. 689), S. 808 f. und 817.

691 In: Hans Christoph Berg, Theodor Schulze (Hg.), *Lehrkunst. Lehrbuch der Didaktik,* Neuwied / Kriftel / Berlin 1995, S. 94-110.

692 Ebd., S. 97 f.

693 Ebd., S. 99.

694 Einen Überblick über den Forschungsstand geben Jens Kroh und Anne-Katrin Lang in: Christian Gudehus, Ariane Eichenberg, Harald Welzer (Hg.), *Gedächtnis und Erinnerung. Ein interdisziplinäres Handbuch,* Stuttgart / Weimar 2010, S. 184-188.

695 Frauke Stübig, Wider einen verkürzten Handlungsbegriff (Anm. 673), S. 195.

696 Wolfgang Lautemann, Möglichkeiten der Stoffbeschränkung im Geschichtsunterricht der Oberstufe der Höheren Schule, *GWU* 6 (1955), Heft 10, S. 627.

697 Ebd., S. 630.

698 Zit. in: Kurt Fina, *Geschichtsdidaktik und Auswahlproblematik. Vom Sinn des Exemplarischen im Geschichtsunterricht,* München 1969, S. 9.

699 Siehe Berthold Gerner (Hg.), *Das exemplarische Prinzip. Beiträge zur Didaktik der Gegenwart*, Darmstadt 1968, S. IX f.

700 Ebd., S. IX.

701 Ebd., S. XI.

702 Zit. ebd., S. 2.

703 Ebd., S. 3.

704 Ebd., S. 5.

705 Kurt Fina, *Geschichtsdidaktik und Auswahlproblematik* (Anm. 698), S. 140.

706 Konrad Barthel, Mißverständnisse des Exemplarischen, *GWU* 15 (1964), Heft 9, S. 552.

707 Ihre Aufsätze zum Thema siehe Literaturverzeichnis.

708 Konrad Barthel, Das Exemplarische im Geschichtsunterricht, *GWU* 8 (1957), Heft 4, S. 217.

709 Ernst Wilmanns, Fragen zum «exemplarischen Geschichtsunterricht», *GWU* (1956), Heft 4, S. 231.

710 Ernst Wilmanns, *Grundlagen des Geschichtsunterrichts*, Stuttgart 1962, S. 182.

711 Ebd., S. 181.

712 Ebd., S. 180 f.

713 Martin Wagenschein, zit. in Kurt Fina, *Geschichtsdidaktik und Auswahlproblematik* (Anm. 698), S. 13.

714 Zit. in Konrad Barthel, Das Exemplarische im Geschichtsunterricht (Anm. 708), S. 225.

715 Kurt Fina, *Die Praxis des Lehrens und Lernens*, München 1981, S. 172.

716 Ebd., S. 173.

717 Kurt Fina, *Geschichtsdidaktik und Auswahlproblematik* (Anm. 698), S. 139.

718 Kurt Fina, *Die Praxis des Lehrens und Lernens* (Anm. 715), S. 139.

719 Zit. in Berthold Gerner (Hg.), *Das exemplarische Prinzip* (Anm. 699), S. XVII.

720 Konrad Barthel, Das Exemplarische im Geschichtsunterricht (Anm. 708), S. 222-228.

721 Ernst Wilmanns, *Grundlagen des Geschichtsunterrichts* (Anm. 710), S. 181.

722 Ebd., S. 183.

723 Ebd., S. 227.

724 Von wichtiger Bedeutung sind hierfür auch die Momente der «Schuld» und des «Scheiterns», die gerade in den negativen Entwicklungen die eigentlich anstehenden geschichtlichen Kräfte erahnen lassen; siehe Konrad Barthel, Exemplarisches Lehren im Geschichtsunterricht, in: Kurt Strunz (Hg.), *Pädagogisch-psychologische Praxis an höheren Schulen,* München / Basel 1963, , S. 109-114.

725 Konrad Barthel Das Exemplarische im Geschichtsunterricht (Anm. 708), S. 227.

726 Ernst Wilmanns, Fragen zum «exemplarischen Geschichtsunterricht» (Anm. 709), S. 230.

727 Martin Wagenschein (Anm. 713), S. 8.

728 Siehe Kurt Fina, *Die Praxis des Lehrens und Lernens*, München 1981, S. 136-138, und ders., *Geschichtsdidaktik und Auswahlproblematik. Vom Sinn des Exemplarischen im Geschichtsunterricht*, München 1969, S. 142, sowie Konrad Barthel, Das Exemplarische im Geschichtsunterricht, *GWU* 8 (1957), Heft 4, S. 217, und ders., Mißverständnisse des Exemplarischen, *GWU* 15 (1964), Heft 9, S. 556 f.

729 Kurt Fina, *Die Praxis des Lehrens und Lernens* (Anm. 715), S. 137.

730 Ebd., S. 138.

731 Ebd., S. 137.

732 Ebd., S. 138.

733 Fina, *Geschichtsdidaktik und Auswahlproblematik* (Anm. 698), S. 142.

734 Konrad Barthel, Exemplarisches Lehren im Geschichtsunterricht (Anm. 724), S. 94.

735 Wolfgang Lautemann, Möglichkeiten der Stoffbeschränkung (Anm. 696), S. 637-639.

736 Ebd., S. 637.

737 Ebd., S. 636.

738 Ebd., S. 638.

739 Ebd., S. 637.

740 Ebd., S. 639.

741 Rudolf Steiner, Vortrag vom 7.5.1920, in: GA 301, Dornach 1991, S. 190.

742 In: Albrecht Hagemann, *Nelson Mandela*, Reinbek bei Hamburg 1995, S. 114

743 John E. Yellen: Die !Kung der Kalahari – Wandel archaischer Lebensformen, in: *Spektrum der Wissenschaft* 6/1990, S. 88 ff.

744 Siehe zu diesem Themenbereich Markus Osterrieder, *Sonnenkreuz und Lebensbaum*, Stuttgart 1995, und Ekkehard Meffert, Entstehung und Entwicklung wichtiger Mönchsorden in Europa, in: *Die Drei*, Juli/August 1998, S. 15-29.

745 Louis Fischer, *Gandhi – Prophet der Gewaltlosigkeit*, München 1983, S. 218.

746 *Focus* 41, 2011, S. 57.

747 Ebd., S. 59.

748 Rudolf Steiner, Vortrag vom 21.9.1920, in: GA 302a, Dornach 1993, S. 51.

749 Siehe hierzu auch Johannes Kühl, Spiritualität und praktische Arbeit, in: *Goetheanum*, Nr. 46/2007.

750 Rudolf Steiner, Vortrag vom 30.12.1921, in: GA 303, Dornach 1987, S. 138f.

751 Gleich im ersten Satz seines Einführungsvortrages vor dem Gründungskollegium der Stuttgarter Waldorfschule (am 21.8.1919) betont Steiner, dass deren Aufgabe nicht als eine «intellektuell-gemütliche, sondern als eine im höchsten Sinne moralisch-geistige» zu betrachten sei (GA 293, Dornach 1992, S. 17).

Literaturverzeichnis

Adorno, Theodor W. : *Noten zur Literatur*, Frankfurt/M. 1974.

Anders, Günther: Ikonomanie, in: Wolfgang Kemp, *Theorie der Fotografie 1945-80*, Bd. III.

Antonovsky, Aaron: *Salutogenese. Zur Entmystifizierung der Gesundheit*, Tübingen 1997.

Aristoteles: Parva Naturalia 450a 30ff., «Über Gedächtnis und Erinnerung», in: Paul Gohlke (Hg.): *Aristoteles. Kleine Schriften zur Seelenkunde*, 2. Aufl. Paderborn 1953.

Arlt, Herbert: *Erinnern und Vergessen als Denkprinzipien*, St. Ingbert 2002.

Assman, Aleida: *Erinnerungsräume. Formen und Wandlungen des kulturellen Gedächtnisses*, München 2009.

Assmann, Jan: *Das kulturelle Gedächtnis. Schrift, Erinnerung und politische Identität in frühen Hochkulturen*, München 2007.

Augustinus: *Bekenntnisse*, Frankfurt/M.; Hamburg 1955.

Baberowski, Jörg: *Der Sinn der Geschichte. Geschichtstheorien von Hegel bis Foucault*, München 2005.

Barthel, Konrad:
- Das Exemplarische im Geschichtsunterricht, GWU 8 (1957), Heft 4, S. 216-230.
- Exemplarisches Lehren im Geschichtsunterricht, in: Kurt Strunz (Hg.): *Pädagogisch-psychologische Praxis an höheren Schulen*, München/Basel 1963, S. 93-120.
- Missverständnisse des Exemplarischen, GWU 15 (1964), Heft 9, S. 552-562.

Bartoniczek, Andre:
- *Imaginative Geschichtserkenntnis. Rudolf Steiner und die Erweiterung der Geschichtswissenschaft*, Stuttgart 2009.
- Seelisches Vakuum als Gewaltursache und sein therapeutisches Gegenbild, in: Andreas Neider (Hg.): *Mobbing und Gewalt unter Kinder und Jugendlichen*, Stuttgart 2009, S. 147-197.

Basfeld, Martin: *Wärme: Ur-Materie und Ich-Leib. Beiträge zur Anthropologie und Kosmologie*, Stuttgart 1998.

Basfeld, Martin/ Klünker, Wolf-Ulrich/ Sandtmann, Angelika: *Einsicht in Wiederverkörperung und Schicksal*, Stuttgart 1993.

Becker, Jurek: *Bronsteins Kinder*, München 2004.

Benjamin, Walter:
- *Das Kunstwerk im Zeitalter seiner technischen Reproduzierbarkeit*, Frankfurt/M. 1973.

- *Über den Begriff der Geschichte*, Stuttgart 1992.

Bergmann, Klaus/ Schneider, Gerhard (Hg.): *Handbuch Medien im Geschichtsunterricht*, Schwalbach/Ts. 1999.

Bergmann, Klaus: *Geschichtsdidaktik. Beiträge zu einer Theorie historischen Lernens*, Schwalbach/Ts. 2008.

Bernhardt, Markus: Verführung durch Anschaulichkeit. Chancen und Risiken bei der Arbeit mit Bildern zur mittelalterlichen Geschichte, in: Markus Bernhardt, Gerhard Henke-Bockschatz, Michael Sauer (Hg.): *Bilder-Wahrnehmungen-Konstruktionen. Reflexionen über Geschichte und historisches Lernen. Festschrift für Ulrich Meyer zum 65. Geburtstag*, Schwalbach/T. 2006, S. 47-61.

Bockemühl, Michael: *Die Wirklichkeit des Bildes. Bildrezeption als Bildproduktion – Rothko, Newman, Rembrandt, Raphael* (Habilitationsschrift), Stuttgart 1985.

Boerner, Peter: *Johann Wolfgang von Goethe*, Reinbek bei Hamburg 1997.

Boorstin, Daniel J.: *Die Entdecker*, Stuttgart 1985.

Born, Jan: Ich schlafe, also bin ich, Interview in *Zeit. Wissen*, Nr. 3, April/Mai 2010.

Borries, Bodo von: Das Geschichts-Schulbuch in Schüler- und Lehrersicht. Einige empirische Befunde, in: *Internationale Schulbuchforschung* 17, 1995, S. 45-60.

Brakelmann, Günter: *Helmuth James von Moltke, 1907-1945. Eine Biografie*, München 2007.

Brumlik, Micha: Individuelle Erinnerung – kollektive Erinnerung. Psychosoziale Konstitutionsbedingungen des erinnernden Subjekts, in: Hanno Loewy, Bernhard Moltmann (Hg.), *Erlebnis – Gedächtnis – Sinn: authentische und konstruierte Erinnerung*, Frankfurt/M., New York 1996, S. 31-45.

Buber, Martin: *Werke, Erster Band: Schriften zur Philosophie*, München/Heidelberg 1962.

Cassirer, Ernst: *Die Philosophie der symbolischen Formen*, erschienen in Berlin in 3 Bänden 1923–1929.

Cauvin, Jacques: *Naissance des divinités, naissance de l'agriculture: La révolution des symboles au Néolithique*, Paris 1994.

Ceram, C. W.: *Götter, Gräber und Gelehrte im Bild*, Hamburg o. J.

Contenau, Georges: *So lebten die Babylonier und Assyrer*, Stuttgart 1959.

Conze, Werner: *Jakob Kaiser, Politiker zwischen Ost und West* (Bd. 3), Stuttgart 1969.

Demandt, Alexander: *Der Fall Roms*, München 1984.

Dietz, Karl-Martin:
- *Die Suche nach Wirklichkeit. Bewusstseinsfragen am Ende des 20. Jahrhunderts*, Stuttgart 1988.
- *Metamorphosen des Geistes*, Bd. 1, Stuttgart 1989.
- *Die Herzen beginnen Gedanken zu haben. Zur Spiritualisierung des Denkens im Michael-Zeitalter*, Stuttgart 1998.

Doosry, Mona:
- *Zwischen Pubertät und Mündigkeit. Erziehungsaufgaben im Jugendalter,* Heidelberg 2003.
- Den Göttern gleich ich ...> – oder nicht? Das Drama des dritten Jahrsiebts, in: *Erziehungskunst,* Heft 6/ 2010, S. 18-21.

Ebeling, Hans: *Zur Didaktik und Methodik eines kind-, sach- und zeitgemäßen Geschichtsunterrichts,* Hannover 1968.

Esterl, Dietrich: *Was geschieht in Geschichte? Zum Geschichtsunterricht an der Waldorfschule,* Stuttgart 2005.

Fest, Joachim: *Hitler,* Frankfurt/M.-Berlin-Wien 1973.

Fina, Kurt:
- *Geschichtsdidaktik und Auswahlproblematik. Vom Sinn des Exemplarischen im Geschichtsunterricht,* München 1969.
- *Geschichtsmethodik. Die Praxis des Lehrens und Lernens,* München 1981.

Fischer, Louis: *Gandhi – Prophet der Gewaltlosigkeit,* München 1983.

Foucault, Michel: Nietzsche, die Genealogie, die Historie, in: Chr. Konrad / M. Kessel (Hg.): *Kultur und Geschichte. Neue Einblicke in eine alte Beziehung,* Stuttgart 1998

Frank, Anne: *Tagebuch,* Frankfurt/M. 1992.

Frankl, Viktor E.:
- Der Mensch auf der Suche nach dem Sinn, Öffentlicher Vortrag im Rahmen des XIV. Internationalen Kongresses für Philosophie (Wien 1968), in: *Psychotherapie für den Laien,* Freiburg 1978.
- *Ärztliche Seelsorge,* Wien 1982.

Gabert, Erich: *Verzeichnis der Äußerungen Rudolf Steiners über den Geschichts-Unterricht,* Stuttgart 1969.

Gaede, Peter-Matthias (Hg.): *GEO Epoche. Das Magazin für Geschichte, Nr. 34, Die Germanen,* Hamburg 2008.

Gerner, Berthold (Hg.): *Das exemplarische Prinzip. Beiträge zur Didaktik der Gegenwart,* Darmstadt 1968.

Goethe, Johann Wolfgang von:
- Brief an Schiller vom 16.8.1797, WA IV. Abt., Bd. 12, S. 243ff.
- Nachträgliches zu Philostrats Gemälden, WA I. Abt. Bd. 49, S. 140 ff.
- *Maximen und Reflexionen,* Nach den Handschriften des Goethe- und Schiller-Archivs hrsg. v. Max Hecker, Weimar 1907 (Schriften der Goethe-Gesellschaft 21)
- *Faust I u. II.,* in: Erich Trunz (Hg.), J. W. von Goethe, Werke Bd. 3, München 1986
- *Wilhelm Meisters Wanderjahre,* Zweites Buch, Zweites Kapitel, in: Erich Trunz (Hg.), J. W. von Goethe, Werke Bd. 8, München 1982.
- *Dichtung und Wahrheit,* Dritter Teil, 11. Buch, in: Erich Trunz (Hg.), J. W. von Goethe, Werke Bd. 9, München 1982.

- Die sinnlich-sittliche Wirkung der Farbe, in: Erich Trunz (Hg.), J. W. von Goethe, Werke Bd. 13, München 1981, S. 494-521.
- ebd.: Der Versuch als Vermittler von Subjekt und Objekt, S. 10-20.

Goodman, Nelson: *Weisen der Welterzeugung*, Frankfurt/M. 1984.

Granzow, Stefan: *Das autobiografische Gedächtnis*, Berlin/München 1994.

Gudehus, Christian/ Eichenberg, Ariane / Welzer, Harald (Hg.): *Gedächtnis und Erinnerung. Ein interdisziplinäres Handbuch*, Stuttgart/Weimar 2010.

Gudjons, Herbert: *Handlungsorient lehren und lernen. Schüleraktivierung – Selbstaktivierung – Projektarbeit*, Bad Heilbrunn 2001.

Guttenhöfer, Peter:
- Griechische Plastik im Kunstunterricht der 9. Klasse einer Waldorfschule in Kassel, in: Hans Christoph Berg / Theodor Schulze (Hg.): *Lehrkunst. Lehrbuch der Didaktik*, Neuwied / Kriftel / Berlin 1995, S. 94-110.
- Ästhetische Erkenntnisse als Quellpunkt des Hauptunterrichts, in: (Hg.): *Elemente der Naturwissenschaft*, Dornach 2003, Heft 1, S. 116-121.

Habel, Reinhardt: Goethes Symbolbegriff, in: *Die Drei*, Heft 2, Febr. 1981, S. 81-98.

Hagemann, Albrecht: *Nelson Mandela*, Reinbek bei Hamburg 1995.

Halbwachs, Maurice: *Das Gedächtnis und seine sozialen Bedingungen*, Frankfurt/M. 1991.

Hamann, Christoph: *Visual History und Geschichtsdidaktik. Bildkompetenz in der historisch-politischen Bildung*, Herbolzheim 2007.

Haverkamp, Anselm/ Lachmann, Renate: *Memoria: vergessen und erinnern*, München 1993.

Hegel, G. W. F.: *Vorlesungen über die Philosophie der Geschichte*, Frankfurt/M. 1986.

Heil, Werner: *Der stille Ruf des Horusfalken. Ist die Geschichtswissenschaft unhistorisch?*, Marbach a. N. 1999.

Herbig, Jost: *Nahrung für die Götter. Die kulturelle Neuerschaffung der Welt*, München/ Wien 1988.

Herder, Johann Gottfried: Abhandlungen über den Ursprung der Sprache, in: *Frühe Schriften 1764–1772*, hg. v. Ulrich Gaier, Bibliothek deutscher Klassiker, Frankfurt/M. 1985.

Hill, Julia: *Die Botschaft der Baumfrau*, o. O. 2000.

Hölscher, Lucian: *Semantik der Leere. Grenzfragen der Geschichtswissenschaft*, Göttingen 2009.

Holtzapfel, Walter: *Krankheitsepochen der Kindheit*, Stuttgart 1978.

Hübner, Edwin: *Medien und Gesundheit. Was Kinder brauchen und wovor man sie schützen muss*, Stuttgart 2006.

Huizinga, Johan: *Der Herbst des Mittelalters. Studien über Lebens- und Geistesformen des 14. und 15. Jahrhunderts in Frankreich und in den Niederlanden*, München 1924.

Husemann, Armin: Das Herz in der Raumordnung des strömenden Blutes, in: *Der Merkurstab* 2, 2004.

Iser, Wolfgang: *Der Akt des Lesens. Theorie ästhetischer Wirkung*, München 1990.

Jaspers, Karl: *Vom Ursprung und Ziel der Geschichte*, München 1949.

Kačer-Bock, Gundhild: Das Gedächtnis in der Darstellung Rudolf Steiners, in: dies.: *Wie hat Rudolf Steiner gesprochen? Studien zur Entwicklung und Geschichte der Anthroposophie und der Anthroposophischen Gesellschaft* (hg. von Andreas Neider), Stuttgart 2009, S. 11-42.

Kennan, George F.: *Memoiren eines Diplomaten*, Stuttgart 1968.

Kertész, Imre:
– *Roman eines Schicksallosen*, Reinbek bei Hamburg 2002.
– *Eine Gedankenlänge Stille, während das Erschießungskommando neu lädt*, Reinbek bei Hamburg 2002.

Klein, Naomi: *No Logo! Der Kampf der Global Players um Marktmacht. Ein Spiel mit vielen Verlierern und wenigen Gewinnern*, München 2001.

Klünker, Wolf-Ulrich: *Selbsterkenntnis und Selbstentwicklung. Zur psychotherapeutischen Dimension der Anthroposophie*, Stuttgart 2003.

Köhler, Henning: *Jugend im Zwiespalt. Eine Psychologie der Pubertät für Eltern und Erzieher,* Stuttgart 1999.

Koselleck, Reinhart:
– *Vergangene Zukunft. Zur Semantik geschichtlicher Zeiten*, Frankfurt/M. 1979.
– Nachwort zu: Charlotte Beradt, *Das Dritte Reich des Traums*, Frankfurt/M. 1994.

Kracht, Thomas: *Robert Hamerling. Sein Leben – sein Denken zum Geist*, Dornach 1989.

Kranich, Ernst-Michael:
– *Anthropologische Grundlagen der Waldorfpädagogik*, Stuttgart 1999.
– *Der innere Mensch und sein Leib. Eine Anthropologie*, Stuttgart 2003.

Kühl, Johannes: Spiritualität und praktische Arbeit, in: *Goetheanum*, Nr. 46/2007.

Kunze, Reiner: Fünfzehn, in: *Die wunderbaren Jahre*, Frankfurt/M. 1980.

Lämmert, Eberhard: Vom Nutzen des Vergessens, in: Gary Smith / Hinderk M. Emrich (Hg.): *Vom Nutzen des Vergessens,* Berlin 1996, S. 9-14.

Lautemann, Wolfgang: Möglichkeiten der Stoffbeschränkung im Geschichtsunterricht der Oberstufe der Höheren Schule, *GWU 6* (1955), Heft 10, S. 627-641.

Lendzian, Hans-Jürgen (Hg.): *Zeiten und Menschen. Geschichte. Oberstufe.* Bd. 1, Paderborn 2004.

Lessing, Gotthold Ephraim: *Die Erziehung des Menschengeschlechts*, Stuttgart 1986.

Lindenberg, Christoph:
– Auf dem Wege zu einer geschichtlichen Symptomatologie, in: *Die Drei*, 7-8/1979.
– *Geschichte lehren. Thematische Anregungen zum Lehrplan*, Stuttgart ³2008.

– *Die Technik des Bösen. Zur Vorgeschichte und Geschichte des Nationalsozialismus*, Stuttgart 1985.

– Die leiblichen Grundlagen des Lernens, in: Stefan Leber (Hg.): *Waldorfschule heute. Einführung in die Lebensformen einer Pädagogik*, Stuttgart 1993, S. 151-186.

– *Rudolf Steiner 1861–1914. Eine Biografie*, Stuttgart 1997.

– Erforschung der Geschichte. Vom Wissen zum Erkennen, in: K.-M. Dietz / B. Messmer (Hg.): *Grenzen erweitern – Wirklichkeit erfahren. Perspektiven anthroposophischer Forschung*, Stuttgart 1998, S. 280-303.

Ludwig, Peter H.: Partielle Geschlechtertrennung – enttäuschte Hoffnungen? Monoedukative Lernumgebungen zum Chancenausgleich im Unterricht auf dem Prüfstand, in: *Zeitschrift für Pädagogik* 49 (2003), S. 640-656.

Lusseyran, Jacques: *Das wiedergefundene Licht. Die Lebensgeschichte eines Blinden im französischen Widerstand*, München 1996.

Mackensen, Manfred von: *Urteilstätigkeiten im Lernen und Leben*, Dürnau 2011.

Marx, Karl: *Kritik der politischen Ökonomie*, Marx-Engels-Werke, Berlin 1956.

Maschmann, Melita: *Fazit. Mein Weg in der Hitlerjugend*, München 1983.

Mayer, Gisela: *Die Kälte darf nicht siegen*, Berlin 2010.

Meffert, Ekkehard: Entstehung und Entwicklung wichtiger Mönchsorden in Europa, in: *Die Drei,* Juli/August 1998, S. 15-29.

Meier, Christian: *Athen. Ein Neubeginn der Weltgeschichte*, Berlin 1993.

Meine-von Glasow, Bernd: Erziehung zur Gesundheit. Antonovskys Modell der Salutogenese – Versuch einer waldorfpädagogischen Interpretation, in: *Das Goetheanum. Wochenschrift für Anthroposophie*, Nr. 3, 13.01.2002.

Mögle-Stadel, Stefan: *Dag Hammarskjöld. Vision einer Menschheitsethik*, Stuttgart 1999.

Mommsen, Theodor:

– *Reden und Aufsätze*, Berlin 1905.

– *Römische Geschichte*, Bd. 1, 1854.

Andreas Neider (Hg.):

– *Brauchen Jungen eine andere Erziehung als Mädchen?,* Stuttgart 2007.

– *Die Evolution von Gedächtnis und Erinnerung. Lesen in der Akasha-Chronik*, Stuttgart 2008.

Nietzsche, Friedrich:

– Unzeitgemäße Betrachtungen. Zweites Stück: Vom Nutzen und Nachteil der Historie für das Leben. In: *Werke in drei Bänden*. Erster Band, München 1960.

– Zur Genealogie der Moral. Eine Streitschrift, in: *Sämtliche Werke*, Bd. V, Berlin / New York 1988.

Nora, Pierre: *Zwischen Geschichte und Gedächtnis*, Berlin 1990.

Osterrieder, Markus:

– *Sonnenkreuz und Lebensbaum*, Stuttgart 1995.

– *Durchlichtung der Welt. Altiranische Geschichte*, Kassel.

Pädagogische Forschungsstelle (Hg.): *Zur Menschenkunde der Oberstufe*, Stuttgart 1981.

Patzlaff, Rainer:
– Die nächtliche Seite des Gechichtsunterrichts. Menschenkundliche Hinweise Rudolf Steiners zur Gestaltung des Faches und seiner Methodik, in: Ernst-Michael Kranich et al. (Hg.): *Die Bedeutung des Rhythmus in der Erziehung* (Beiträge zur Pädagogik Rudolf Steiners 2), Stuttgart 1992.
– *Sprachzerfall und Aggression*, Stuttgart 1994.
– *Der gefrorene Blick. Physiologische Wirkungen des Fernsehens und die Entwicklung des Kindes*, Stuttgart 2000.

Paul, Gerhard (Hg.): *Visual History. Ein Studienbuch*, Göttingen 2006.

Post, Laurens van der: *Die verlorene Welt der Kalahari*, Zürich 1995.

Prokofieff, Sergej O.: *Die okkulte Bedeutung des Verzeihens*, Stuttgart 1995.

Ranke, Leopold von:
– Einleitung zum Wintersemester 1831/32, in: *Werke und Nachlass*, München/Wien 1965–1975, Bd. 4.
– *Weltgeschichte*, Leipzig 1881.

Rauthe, Wilhelm: Stufen der Urteilskraft, in: *Zur Menschenkunde der Oberstufe*, Pädagogische Forschungsstelle, Stuttgart 1981.

Reiners, Lothar: *Athen. Erzählte Geschichte im Unterricht*, Stuttgart 1996 (vorliegend als Staatsexamensarbeit im Staatlichen Seminar für Didaktik und Lehrerbildung Stuttgart, Abteilung Gymnasien).

Ricoeur, Paul:
– *Das Rätsel der Vergangenheit. Erinnern – Vergessen – Verzeihen*, Göttingen 1998.
– *Gedächtnis, Geschichte, Vergessen*, München 2004.

Ries, Matthias: *Oslo – Tor zum Frieden in Nahost?*, Idstein 2000.

Riethmüller, Walter: Über das Vergessen, in *Erziehungskunst*, Heft 9/2008.

Rittelmeyer, Christian: *Pädagogische Anthropologie des Leibes. Biologische Voraussetzungen der Erziehung und Bildung*, Weinheim/München 2002.

Robertz, Frank J. / Wickenhäuser, Ruben: *Der Riss in der Tafel. Amoklauf und schwere Gewalt in der Schule*, Heidelberg 2007.

Rohlfes, Joachim: Exemplarischer Geschichtsunterricht, in: K. Bergmann / A. Kuhn / J. Rüsen / G. Schneider, *Handbuch der Geschichtsdidaktik*, Bd. 1, Düsseldorf 1979, S. 200–202.

Rowling, Joanne K.: *Harry Potter und die Kammer des Schreckens*, Hamburg 1999.

Rüsen, Jörn: Geschichtsdidaktische Konsequenzen aus einer erzähltheoretischen Historik, in: Quandt, Siegfried / Süssmuth, Hans (Hg.): *Historisches Erzählen*, Göttingen 1982.

Safranski, Rüdiger: *Schiller oder Die Erfindung des Deutschen Idealismus*, München / Wien 2004.

Santschi, Catherine: *Schweizer Nationalfeste im Spiegel der Geschichte*, Zürich 1991.

Schad, Albrecht: Die leibliche und kulturelle Entwicklung des Menschen, in: A. Schad / A. Schmelzer / P. Guttenhöfer: *Der Kulturmensch der Urzeit. Vom Archaikum bis an die Schwelle zur Sesshaftwerdung*, Kassel 2009, S. 37-109.

Schad, Wolfgang:
-   Zur Menschenkunde des Jugendalters – vom Wesen des Astralleibes, in: *Zur Menschenkunde der Oberstufe*, Pädagogische Forschungsstelle, Stuttgart 1981.
-   Die frühen Erfahrungen am Stein der Erde, in: *Die Drei*, November 1985, S. 795-825.

Schieren, Jost: Schluss, Urteil, Begriff – Die Qualität des Verstehens, in: Ders. (Hg.): *Was ist und wie entsteht: Unterrichtsqualität an der Waldorfschule?*, München 2008, S. 11-31.

Schiller, Friedrich: *Über die ästhetische Erziehung des Menschen in einer Reihe von Briefen*, Stuttgart 1965.

Schirmer, Heinrich: *Bildekräfte der Dichtung. Zum Literaturunterricht der Oberstufe*, Stuttgart 1993.

Schlögel, Karl: Vortrag vom 1.11.02 in Frankfurt/M. im Rahmen der Römerberggespräche.

Schmelzer, Albert:
-   *Wer Revolutionen machen will ... Zum Geschichtsunterricht der 9. Klasse an Waldorfschulen*, Stuttgart 2000.
-   Schritte zu einem vertieften Geschichtsverständnis, in: *Erziehungskunst*, Januar 2001, S. 13-23.
-   *Aktuelles Mittelalter. Zum Geschichtsunterricht der 11. Klasse an Waldorfschulen*, Stuttgart 2003.
-   Exakte Fantasie als Organ der Geschichtserkenntnis, in: Bund der Freien Waldorfschulen (Hg.), *Lehrerrundbrief* Nr. 91 (April/Mai 2008), S. 4-13, und Nr. 92 (April 2009), S. 4-18.
-   Der Anfangsunterricht in Geschichte an Waldorfschulen, in: Paschen, Harm (Hg.): *Erziehungswissenschaftliche Zugänge zur Waldorfpädagogik*, Wiesbaden 2010; in kürzerer Fassung: Prinz und König im Land des Möglichen. Entwicklungspsychologie und Kulturentwicklung im Anfangsunterricht, in: *Praxis Geschichte* 3/2003, S. 6-11.

Schmidt, Siegfried J.: *Die Welten der Medien. Grundlagen und Perspektiven der Medienbeobachtung*, Braunschweig/Wiesbaden 1996.

Schörken, Rolf: *Historische Imagination und Geschichtsdidaktik*, Paderborn / München / Wien / Zürich 1994.

Scholl, Inge: *Die weiße Rose*, Frankfurt/M. u. Hamburg 1953.

Schuchhardt, Malte: Anregungen zum Erzählstil des Lehrers im dritten Jahrsiebt, in: Christoph Göpfert (Hg.): *Jugend und Literatur. Anregungen zum Deutschunterricht*, Stuttgart 1993, S. 48-59.

Schuchhardt, Walter-Herwig: Olympia und Delphi. Ein Vergleich, in: *Antike Welt* 1972, Heft 3, S. 11-25.

Selg, Peter: «*Eine grandiose Metamorphose*». *Zur geisteswissenschaftlichen Anthropologie und Pädagogik des Jugendalters*, Dornach 2005.

Siegel, Daniel J.: Entwicklungspsychologische, interpersonelle und neurobiologische Dimensionen des Gedächtnisses. Ein Überblick, in: Harald Welzer / Hans J. Markowitsch (Hg.): *Warum Menschen sich erinnern können. Fortschritte in der interdisziplinären Gedächtnisforschung*, Stuttgart 2006, S. 19-49.

Singer, Peter: *Praktische Ethik,* Stuttgart 1994.

Singer, Wolf:
- *Der Beobachter im Gehirn. Essays zur Hirnforschung,* Frankfurt/M. 2002.
- Das Bild in uns. Vom Bild zur Wahrnehmung, in: Klaus Sachs-Hombach (Hg.): *Bildtheorien. Anthropologische und kulturelle Grundlagen des Visualistic Turn,* Frankfurt/M. 2009.

Steiner, Rudolf:
- GA 1: *Einleitungen zu Goethes naturwissenschaftlichen Schriften*, Dornach 1987.
- GA 2: *Grundlinien einer Erkenntnistheorie der Goetheschen Weltanschauung*, Dornach 2003.
- GA 3: *Wahrheit und Wissenschaft*, Dornach 1980.
- GA 4: *Die Philosophie der Freiheit*, Dornach 1987.
- GA 5: *Friedrich Nietzsche, ein Kämpfer gegen seine Zeit*, Dornach 2000.
- GA 9: *Theosophie*, Dornach 2003.
- GA 10: *Wie erlangt man Erkenntnisse der höheren Welten?*, Dornach 1993.
- GA 13: *Die Geheimwissenschaft im Umriss,* Dornach 1989.
- GA 14: *Vier Mysteriendramen*, Dornach 1998.
- GA 21: *Von Seelenrätseln*, Dornach 1983.
- GA 26: *Anthroposophische Leitsätze*, Dornach 1989.
- GA 30: *Methodische Grundlagen der Anthroposophie*, Dornach 1989.
- GA 32: *Gesammelte Aufsätze zur Literatur 1884 – 1902*, Dornach 1971.
- GA 40: Credo – der Einzelne und das All, in: *Wahrspruchworte*, Dornach 2005.
- GA 45: *Anthroposophie. Ein Fragment aus dem Jahr 1910*, Dornach 2002.
- GA 55: *Die Erkenntnis des Übersinnlichen in unserer Zeit und deren Bedeutung für das heutige Leben*, Dornach 1983.
- GA 57: *Wo und wie findet man den Geist?,* Dornach 1984.
- GA 63: *Geisteswissenschaft als Lebensgut*, Dornach 1986.

- GA 64: *Aus schicksaltragender Zeit*, Dornach 1959.
- GA 67: *Das Ewige in der Menschenseele. Unsterblichkeit und Freiheit*, Dornach 1992.
- GA 73: *Die Ergänzung heutiger Wissenschaften durch Anthroposophie*, Dornach 1987.
- GA 78: *Anthroposophie, ihre Erkenntnisfrüchte und Lebenswurzeln*, Dornach 1986.
- GA 84: *Was wollte das Goetheanum und was soll die Anthroposophie?*, Dornach 1986.
- GA 107: *Geisteswissenschaftliche Menschenkunde*, Dornach 1988.
- GA 108: *Die Beantwortung von Welt- und Lebensfragen durch Anthroposophie*, Dornach 1986.
- GA 115: *Anthroposophie – Psychosophie – Pneumatosophie*, Dornach 2001.
- GA 121: *Die Mission einzelner Volksseelen*, Dornach 1982.
- GA 122: *Die Geheimnisse der biblischen Schöpfungsgeschichte*, Dornach 1984.
- GA 126: *Okkulte Geschichte*, Dornach 1992.
- GA 130: *Das esoterische Christentum und die geistige Führung der Menschheit*, Dornach 1995.
- GA 132: *Die Evolution vom Gesichtspunkte des Wahrhaftigen*, Dornach 1999.
- GA 145: *Welche Bedeutung hat die okkulte Entwicklung des Menschen für seine Hüllen und sein Selbst?*, Dornach 2005.
- GA 147: *Die Geheimnisse der Schwelle*, Dornach 1997.
- GA 150: *Die Welt des Geistes und ihr Hereinragen in das physische Dasein*, Dornach 1980.
- GA 151: *Der menschliche und der kosmische Gedanke*, Dornach 1990.
- GA 153: *Inneres Wesen des Menschen und Leben zwischen Tod und neuer Geburt*, Dornach 1997.
- GA 156: *Okkultes Lesen und okkultes Hören*, Dornach 2003.
- GA 157: *Menschenschicksale und Völkerschicksale*, Dornach 1981.
- GA 159: *Das Geheimnis des Todes. Wesen und Bedeutung Mitteleuropas und die europäischen Volksgeister*, Dornach 2005.
- GA 161: *Wege der geistigen Erkenntnis und der Erneuerung künstlerischer Weltanschauung*, Dornach 1999.
- GA 162: *Kunst- und Lebensfragen im Lichte der Geisteswissenschaft*, Dornach 2000.
- GA 163: *Zufall, Notwendigkeit und Vorsehung. Imaginative Erkenntnis und Vorgänge nach dem Tode*, Dornach 1986.
- GA 166: *Notwendigkeit und Freiheit im Weltengeschehen und im menschlichen Handeln*, Dornach 1982.
- GA 168: *Die Verbindung zwischen Lebenden und Toten*, Dornach 1995.
- GA 169: *Weltwesen und Ichheit*, Dornach 1998.

- GA 171: *Innere Entwicklungsimpulse der Menschheit. Goethe und die Krisis des neunzehnten Jahrhunderts*, Dornach 1984.
- GA 174: *Zeitgeschichtliche Betrachtungen*, Dornach 1966.
- GA 174a: *Mitteleuropa zwischen Ost und West*, Dornach 1982
- GA 177: *Die spirituellen Hintergründe der äußeren Welt. Der Sturz der Geister der Finsternis*, Dornach 1999.
- GA 179: *Geschichtliche Notwendigkeit und Freiheit. Schicksalseinwirkungen aus der Welt der Toten*, Dornach 1993.
- GA 181: *Erdensterben und Weltenleben*, Dornach 1991.
- GA 182: *Der Tod als Lebenswandlung*, Dornach 1996.
- GA 185: *Geschichtliche Symptomatologie*, Dornach 1982.
- GA 190: *Vergangenheits- und Zukunftsimpulse im sozialen Geschehen*, Dornach 1980.
- GA 198: *Heilfaktoren für den sozialen Organismus*, Dornach 1984.
- GA 199: *Geisteswissenschaft als Erkenntnis der Grundimpulse sozialer Gestaltung*, Dornach 1985.
- GA 205: *Menschenwerden, Weltenseele und Weltengeist – Erster Teil*, Dornach 1987.
- GA 206: *Menschenwerden, Weltenseele und Weltengeist – Zweiter Teil*, Dornach 1991.
- GA 209: *Nordische und mitteleuropäische Geistimpulse. Das Fest der Erscheinung Christi*, Dornach 1982.
- GA 212: *Menschliches Seelenleben und Geistesstreben im Zusammenhange mit Welt- und Erdentwicklung*, Dornach 1998.
- GA 214: *Das Geheimnis der Trinität. Der Mensch und sein Verhältnis zur Geistwelt im Wandel der Zeiten*, Dornach 1999.
- GA 217a: *Die Erkenntnis-Aufgabe der Jugend*, Dornach 1981.
- GA 222: *Die Impulsierung des weltgeschichtlichen Geschehens durch geistige Mächte*, Dornach 1989.
- GA 225: *Drei Perspektiven der Anthroposophie*, Dornach 1990.
- GA 226: *Menschenwesen, Menschenschicksal und Welt-Entwicklung*, Dornach 1988.
- GA 233: *Die Weltgeschichte in anthroposophischer Beleuchtung*, Dornach 1991.
- GA 234: *Anthroposophie – Eine Zusammenfassung nach einundzwanzig Jahren*, Dornach 1994.
- GA 236: *Esoterische Betrachtungen karmischer Zusammenhänge. Zweiter Band*, Dornach 1988.
- GA 240: *Esoterische Betrachtungen karmischer Zusammenhänge. Sechster Band*, Dornach 1992.
- GA 275: *Kunst im Lichte der Mysterienweisheit*, Dornach 1990.
- GA 293: *Allgemeine Menschenkunde als Grundlage der Pädagogik*, Dornach 1992.

- GA 295: *Erziehungskunst. Seminarbesprechungen und Lehrplanvorträge*, Dornach 1984.
- GA 301: *Die Erneuerung der pädagogisch-didaktischen Kunst durch Geisteswissenschaft*, Dornach 1991.
- GA 302: *Menschenerkenntnis und Unterrichtsgestaltung*, Dornach 1986.
- GA 302a: *Erziehung und Unterricht aus Menschenerkenntnis*, Dornach 1993.
- GA 303: *Die gesunde Entwicklung des Menschenwesens*, Dornach 1987.
- GA 305: *Die geistig-seelischen Grundkräfte der Erziehungskunst*, Dornach 1991.
- GA 306: *Die pädagogische Praxis vom Gesichtspunkte geisteswissenschaftlicher Menschenerkenntnis*, Dornach 1989.
- GA 307: *Gegenwärtiges Geistesleben und Erziehung*, Dornach 1986.
- GA 322: *Grenzen der Naturerkenntnis*, Dornach 1981.
- GA 324: *Naturbeobachtung, Experiment, Mathematik und die Erkenntnisstufen der Geistesforschung*, Dornach 1991.
- GA 325: *Die Naturwissenschaft und die weltgeschichtliche Entwicklung der Menschheit seit dem Altertum*, Dornach 1989.
- GA 350: *Rhythmen im Kosmos und im Menschenwesen*, Dornach 1991.

Steininger, Rolf: *Deutsche Geschichte 1945 – 1961. Darstellung und Dokumente in zwei Bänden*, Bd. 2, Frankfurt/M. 1983.

Stephan-Kühn, Freya: *Menschen, die Europa bauten. Geschichte in Geschichten*, Würzburg 2003.

Stübig, Frauke: Wider einen verkürzten Handlungsbegriff. Überlegungen zur Handlungsorientierung im Geschichtsunterricht, in: Markus Bernhardt, Verführung durch Anschaulichkeit. Chancen und Risiken bei der Arbeit mit Bildern zur mittelalterlichen Geschichte, in: Markus Bernhardt, Gerhard Henke-Bockschatz, Michael Sauer (Hg.): *Bilder – Wahrnehmungen – Konstruktionen. Reflexionen über Geschichte und historisches Lernen. Festschrift für Ulrich Meyer zum 65. Geburtstag*, Schwalbach/T. 2006.

Tarkowskij, Andrej: *Die versiegelte Zeit. Gedanken zur Kunst, zur Ästhetik und Poetik des Films*, Berlin / Frankfurt am Main 1985.

Tautz, Johannes: *Walter Johannes Stein. Eine Biografie*, Dornach 1980.

Taylor, Charles: *Negative Freiheit?*, Frankfurt/M. 1988.

Teichmann, Frank:
- *Die Kultur der Empfindungsseele*, Stuttgart 1990.
- *Der Mensch und sein Tempel. Ägypten*, Stuttgart 1978.

Theweleit, Klaus: Menschliche Drohnen, in: *Der Spiegel*, Nr. 9, 2010, S. 132 f.

Uhl, Heidemarie: Koordinaten des Erinnerns. Zur ambivalenten Semantik des «sozialen Gedächtnisses», in: Herbert Alt (Hg.): *Erinnern und Vergessen als Denkprinzipien*, St. Ingbert 2002, S. 163-171.

Völkel, Bärbel: *Handlungsorientierung im Geschichtsunterricht*, Schwalbach/Ts. 2008

Wagenschein, Martin: Zur Klärung des Unterrichtsprinzips des exemplarischen Lehrens, in: Gerner (s. o.), S. 1-18.

Watzlawick, Paul:
-   *Wie wirklich ist die Wirklichkeit?*, München 1976.
-   (als Hg.:) *Die erfundene Wirklichkeit*, München 1981.

Weggel, Oskar: *Die Asiaten*, München 1997.

Weinrich, Harald: *Lethe. Kunst und Kritik des Vergessens*, München 2000.

Welzer, Harald / Markowitsch, Hans J.:
-   *Das autobiografische Gedächtnis: Hirnorganische und biosoziale Entwicklung*, Stuttgart 2005.
-   *Warum Menschen sich erinnern können. Fortschritte in der interdisziplinären Gedächtnisforschung*, Stuttgart 2006.

Wettig, Sabine: *Imagination im Erkenntnisprozess. Chancen und Herausforderungen im Zeitalter der Bildmedien*, Bielefeld 2009.

Wilmanns, Ernst:
-   Fragen zum «exemplarischen Geschichtsunterricht», *GWU* 1956, Heft 4, S. 223-232.
-   *Grundlagen des Geschichtsunterrichts*, Stuttgart 1962.

Wischermann, Clemens / Müller, Armin / Schlögl, Rudolf / Leipold, Jürgen: *Geschichts-Bilder.* 46. Deutscher Historikertag vom 19. bis 22. September in Konstanz. Berichtsband, Konstanz 2007.

Wucher, Albert:
-   Theodor Mommsen, in: H.-U. Wehler, (Hg.): *Deutsche Historiker*, Göttingen 1973.
-   *Theodor Mommsen. Geschichtsschreibung und Politik*, Göttingen 1956.

Yellen, John E.: Die !Kung der Kalahari – Wandel archaischer Lebensformen, in: *Spektrum der Wissenschaft* 6/1990, S. 88 ff.

Zech, Markus Michael: *Der Geschichtsunterricht an Waldorfschulen. Genese und Umsetzung des Konzepts vor dem Hintergrund des aktuellen geschichtsdidaktischen Diskurses*, Frankfurt am Main / Berlin / Bern / Bruxelles / New York / Oxford / Wien 2012.

Zimmermann, Heinz: *Was kann die Pädagogik des Jugendalters zur Willenserziehung beitragen?*, Heidelberg 2002.

Zimmermann, Martin (Hg.), *Weltgeschichte in Geschichten*, Würzburg 2004.

Zumbusch, Cornelia: Der *Mnemosyne*-Atlas. Aby Warburgs symbolische Wissenschaft, in: Frauke Berndt/Christoph Brecht (Hg.): *Aktualität des Symbols*, Freiburg i. Br. 2005, S. 78-98.

Über den Autor

Andre Bartoniczek, geboren 1965, studierte Germanistik, Geschichte und Philosophie in Heidelberg. Nach dem Referendariat am Gymnasium war er von 1997 bis 2003 Oberstufenlehrer für Deutsch und Geschichte an der Waldorfschule Weimar, seit 2004 unterrichtet er an der Waldorfschule Uhlandshöhe in Stuttgart. Zudem ist er in der Lehrerbildung tätig.

Andre Bartoniczek

Imaginative Geschichtserkenntnis

Rudolf Steiner und die Erweiterung der Geschichtswissenschaft

284 Seiten, kartoniert

Welche Wege kann das Erkennen beschreiten, um zu einer wirklichen Anschauung von Geschichte zu gelangen? Inwieweit sind in unserem Bewusstsein schon die Möglichkeiten einer höheren Erkenntnis veranlagt und wie lassen sie sich praktisch entwickeln? Diese Fragestellungen rücken verschiedene Übungsfelder in den Blick, denen Andre Bartoniczek ausführlich nachgeht.

Verlag Freies Geistesleben

Albert Schmelzer

Wer Revolutionen machen will ...

Zum Geschichtsunterricht der 9. Klasse an Waldorfschulen

166 Seiten, gebunden

Wie könnte eine umfassendere Konzeption des Geschichtsunterrichts aussehen, die nicht nur Daten und abrufbares Wissen vermittelt, sondern die Jugendlichen insgesamt näher an die Geschichte heranführt? Albert Schmelzer zeigt dies exemplarisch für die zentralen Themen des 18. bis 20. Jahrhunderts – das Ringen um liberale, demokratische und sozialistische Impulse –, die im Geschichtsunterricht an Waldorfschulen in der 9. Klasse behandelt werden. An einzelnen Gestalten und Ereignissen stellt er die Methoden der Geschichtserzählung, der Texterfassung und der Quellenanalyse dar. Durch einen sorgfältigen Unterrichtsaufbau, der vom sprachlichen Bild zur lebendigen Begriffsbildung führt, werden allmählich die geschichtlichen Prozesse in ihrer Vielschichtigkeit deutlich.

Verlag Freies Geistesleben

Albert Schmelzer

Aktuelles Mittelalter

Zum Geschichtsunterricht
der 11. Klasse an Waldorfschulen

200 Seiten, gebunden

Angesichts des Aufflammens von religiösem Fanatismus in vielen Teilen der Welt ist von einer «Rückkehr des Mittelalters» gesprochen worden, und in der Tat drängen sich Bezüge zur Kreuzzugsmentalität förmlich auf. Aber ist die Gleichung ‹Religion gleich Fanatismus gleich Mittelalter› nicht allzu schlicht? Gab es im mittelalterlichen Spanien nicht jahrhundertelang ein friedliches Zusammenleben von Muslimen, Christen und Juden, entwickelte sich in diesem Schmelztiegel verschiedener Völker und Religionen nicht eine ausgesprochene Kulturblüte? In welcher Weise solche Überlegungen für den Geschichtsunterricht der 11. Klasse fruchtbar gemacht werden können, zeigt Albert Schmelzer in diesem Band auf. Dabei spannt sich der zeitliche Bogen vom römischen Kaiserreich zum Spätmittelalter, der geografische von Irland zur Arabischen Halbinsel, der kulturelle vom Christentum zum Islam.

Verlag Freies Geistesleben